戦後日本金融システムの形成

白鳥圭志

八朔社

本書は，一橋大学大学院商学研究科21世紀COEプログラムからの助成資金，2002〜2004年度文部科学省科学研究費補助金（若手研究B，研究課題番号1470062），2006〜2009年度文部科学省科学研究費補助金（基盤研究B，研究課題番号17330079，代表　齋藤憲氏）による研究成果の一部である。

目　次

序　章　課題と視角 …………………………………………………………… *1*
　第1節　本書の課題 ……………………………………………………… *1*
　第2節　研究史の整理①
　　　　　――高度成長期の銀行史，金融システムの特質に関する先行研究―― …… *4*
　第3節　研究史の整理②
　　　　　――メインバンク・システムの歴史的起源に関する先行研究―― ……… *11*
　第4節　企業集団を巡る研究 ………………………………………… *15*

第1章　総力戦体制下における金融システムの変化 ……………… *17*
　はじめに ……………………………………………………………… *17*
　第1節　基　調
　　　　　――軍拡財政の展開と国債の日銀引受・市中売却の動向，軍需融資―― … *19*
　　1　局面の転換――地域間の資金分布と大企業の資金調達の変化　*19*
　　2　日本銀行を中心とする国債消化の動向　*21*
　　3　日本銀行の国債消化への対応　*23*
　　4　銀行信託会社懇談会・金融懇談会による調整　*26*
　　5　日本興業銀行を中心とする軍事産業向け融資体制の整備　*28*
　第2節　国債オペによる信用調節の実施基盤の整備 …………… *31*
　　1　国債累増・物価対策としての地方銀行への着目　*31*
　　2　金融統制会の設立目的と統制会組織における日本銀行の位置　*35*
　　3　国債消化割当・消化実績　*36*
　第3節　銀行合同と金融構造の再編成 ……………………………… *38*
　　1　銀行合同政策過程での地方銀行存置の決定と貸出基盤の確保　*38*

2　銀行合同過程における利害調整
　　　　——系列関係の形成が多く見られた地域の事例　*41*
　　3　銀行合同過程における利害調整
　　　　——都市銀行との系列関係が見られない山形県両羽銀行の事例　*43*
　　4　地方資産家の銀行経営からの撤退と中央専門官僚支配の進展　*49*
　第4節　軍需指定会社金融機関制度の内実 *50*
　第5節　総力戦下における証券市場 *53*
　第6節　戦時金融統制の統合政策としての限界と金融的不安定性 *55*
　おわりに *59*
　　1　国債消化・インフレ抑制　*59*
　　2　メインバンク関係　*61*
　　3　「業態」単位での行政指導と中央専門官僚支配の進展
　　　　——「護送船団方式」の歴史的前提条件の形成　*62*
　　4　証券市場の変化　*63*

第2章　戦後改革期における金融制度改革
　　　　——インフレ抑制的，産業発展促進型制度の形成—— *64*

　はじめに *64*
　第1節　複数レート制から単一為替レートへ
　　　　——貿易金融制度の効率化と産業育成策への影響を中心に——　...... *66*
　　はじめに　*66*
　　1　占領開始直後の為替レート設定を巡る占領側・日本側の認識の相違　*69*
　　2　制限付き民間貿易再開と占領側・日本側の動向——為替問題を中心に　*76*
　　3　1ドル＝360円単一為替レートの設定と貿易金融の制度変化・
　　　　産業構造再編成への影響　*84*
　　むすび　*106*
　第2節　長期資金供給制度の形成過程 *108*
　　はじめに　*108*

1　復興金融金庫の成立と展開　*112*
　　2　1948年以前の資金供給の特徴とその問題点
　　　　──レント・シーキングと制度改革　*121*
　　3　長期信用銀行制度の成立──中小企業金融金庫との制度的補完性の形成　*134*
　　おわりに──復興金融から産業発展促進型資金供給制度へ　*142*

　第3節　金融規制の再編成　………………………………………… *146*
　　はじめに　*146*
　　1　敗戦後における金融機関の存在状況　*147*
　　2　臨時金利調整法の制定と運用方針　*149*
　　3　金融制度改革構想・規制案の具体化──金融業法案問題との関連で　*150*
　　4　1950年銀行法改正問題とGHQの介入　*164*
　　おわりに──戦後復興期金融規制再編論議の歴史的位置　*167*

　第4節　証券市場の再編成
　　　　　──株式流通市場における大衆市場の形成過程──　……… *171*
　　はじめに　*171*
　　1　戦後改革期における投資家層の概観──議論の前提として　*175*
　　2　証券取引所再開以前の証券市場の状況　*176*
　　3　証券取引所の再開・証券民主化と大衆動員への対応　*187*
　　結　論　*201*

　（補論）戦後改革期における日本銀行斡旋融資についての研究動向　… *203*
　　はじめに　*203*
　　1　戦後改革期における日本銀行斡旋融資の歴史的推移　*204*
　　2　岡崎説の含意と杉浦氏による批判　*206*
　　むすびにかえて──杉浦説の問題点と残された課題　*207*
　おわりに　………………………………………………………………… *208*

第3章　高度成長期における金融機関経営の変容　……………… *213*
　はじめに　………………………………………………………………… *213*
　　1　研究史の整理　*213*

   2　産業資金供給の動向　*215*

第1節　日本銀行の金融政策 *218*

   1　日本銀行の金融政策：1952 年以前──「金融政策復活」への模索　*218*

   2　日本銀行の金融政策：1953～61 年　*224*

   3　日本銀行の金融政策：1962～70 年──「新金融調節方針」の展開　*228*

   4　小　括　*232*

第2節　開銀，輸銀の大企業向け融資 *233*

   1　日本開発銀行　*233*

   2　日本輸出入銀行　*239*

第3節　興長銀による長期資金供給状況 *242*

   1　日本興業銀行　*242*

   2　日本長期信用銀行　*249*

   3　日本不動産銀行　*253*

   4　小　括　*255*

第4節　融資系列の形成と都市銀行経営の変容 *256*

   1　本項の目的　*256*

   （補論）信託銀行　*266*

   2　都市銀行上位行の融資姿勢，貸出審査・管理体制の変化
      ──三菱銀行の事例　*268*

   3　三和銀行の事例──「重化学工業化路線」と企業統治　*291*

第5節　六大銀行以外の都市銀行 ──融資系列形成と結合度を中心に──... *322*

   はじめに　*322*

   1　北海道拓殖銀行の都市銀行化過程
      ──北海道開発・本州進出と銀行経営の変容　*327*

   2　1960 年代中盤以降の業容拡大と首都圏の中小企業金融機関化の進展　*341*

   結論と展望　*353*

第6節　地方銀行と相互銀行の階層性 *354*

   はじめに　*354*

1　金融検査と金融機関経営の組織的管理体制の構築
　　　　――経常収支率規制と組織的管理体制構築問題を巡って　*357*
　　2　金融機関に対する行政指導――経常収支率規制を中心に　*365*
　　3　大蔵省金融検査体制の変容と検査の基本的動向　*368*
　　4　金融機関の組織的経営管理体制に関わる検査官の認識と指導の方向性　*369*
　　5　財務管理体制に関わる問題認識　*373*
　　6　貸出業務に関わる認識――審査・管理を中心に　*376*
　　7　受検銀行側から見た金融検査官の問題認識　*379*
　　結　論　*388*
　おわりに *390*
　　1　通説的議論とその問題点　*390*
　　2　日本銀行の金融政策　*391*
　　3　開銀，興長銀　*391*
　　4　都市銀行――個別行の経営発展の経路依存性に着目する必要性　*393*
　　5　地方銀行・相互銀行　*394*
　　6　総　括　*394*

第4章　高度成長前半期における証券市場 *396*
　第1節　概　観 *396*
　第2節　高度成長前半期における証券市場 *398*
　　はじめに　*398*
　　1　歴史的前提――消化基盤としての地方銀行・個人投資家への着目とその挫折　*401*
　　2　株式市場における「金融正常化」
　　　　――オープン型投資信託を中心とする制度改革　*406*
　　3　「金融正常化」路線の強化と証券市場の悪化――投信を中心に　*415*
　　おわりに　*431*

終　章　総括と展望 *434*
　第1節　戦後日本金融システムの変遷と戦後金融制度改革の画期性 ... *434*

第 2 節　再　考
　　　　　——「銀行(メインバンク)による借り手企業に対する規律付け」—— ... *437*
第 3 節　地方銀行以下の業態 *442*
第 4 節　戦後日本金融システムが包含した不安定性 *443*
第 5 節　戦後日本金融システムが危機的状況に陥らなかった理由 *444*
第 6 節　展　望 *445*

初出一覧
文献一覧
あとがき

序章　課題と視角

第1節　本書の課題

　本書では，時期的には，第二次世界大戦期から1970年前後までの時期を対象にして，戦後日本金融システムの形成過程を検討する。これにより次の諸点を明確化する。

　同システムは，戦時中という一定の歴史的前提を持ちつつも，それはインフレ促進的・産業発展阻害型(1)に過ぎないことを論じる。このようなシステムは，証券市場も含めてドッジ・ラインに伴う金融制度改革により激変し(2)，1ドル=

---

(1)　インフレ促進的・産業（製造業，以下，略）発展阻害型のシステムに関わって，本書では悪性インフレを次のように定義する。まず，戦時については国債消化との関係に限定して，国債の安定消化を困難にするようなインフレと定義する。本定義は日本銀行の悪性インフレの捉え方とも整合しよう。なお，その進展度を測る基準の設定は難しいが，インフレの進展という時代状況を前提とすれば，さしあたり，第1章で示す構成比の推移と国債消化の政策的強制の度合いが目安となろう。
　　次に，戦後改革期におけるインフレであるが，これは商品交換を不可能にし，かつ生産活動の円滑化を阻害するような貨幣価値の急激な原価と定義したい。このような戦後インフレの特徴は周知のことと思われるが，本定義を根拠付ける，当時の状況の一例として，吉岡昭彦『歴史への旅』未来社，1990年，8-9頁に記載されている，吉岡氏が山田盛太郎著『日本資本主義分析』を古本屋から入手した際に，主人から「金では売らない，然るべき貴重本と物々交換しよう」といわれ，「風呂敷に10数冊の理科関係の書物を持参して，ようやく『分析』1冊との等価交換が成立した」とのエピソードを挙げておく。
　　このほか，本書での分析に当たり，悪性ではないインフレを必ずしも問題視しなかったことは，平時におけるマネタリズム的な通貨価値の安定性維持一般とは異なるという意味で特に留意されたい。また，同じインフレ促進型システムといっても，敗戦を境に大きな変化が生じていることには留意されたい。
(2)　詳細を第2章で具体的に示すように，批判対象として念頭に置いているのは加藤俊彦氏，浅井良夫氏の見解である。このほか，同様に，戦後改革期の変化を高く評価する見解でも，筆者の見解と杉浦勢之氏のそれ（「戦後復興期の銀行・証券」橋本寿朗編

360円レートに規律付けられた，インフレ抑制的・産業発展促進型のシステムへと転換すること，その後，周知の60年代後半以降の資金需要の減退，特にニクソン・ショック以降，機能不全に陥ることを明らかにする。

次に戦後日本金融システムの中核である「メインバンク・システム」[3]（以下，本書では鍵括弧を省略）について，貸出基盤や組織管理体制を中心とする個別銀行経営の経路依存性（以下，単に経路依存性と略記）の問題があるので一様には言えないが，総体としては極めて戦後の歴史的状況の産物であること[4]，借手規律付け機能は，三菱銀行など都市銀行最上位行を除き殆ど不十分なものに止まり，協調融資の広がりとともに，融資系列形成が明確化した1960年前後から60年代半ば頃にかけて，借手企業の経営悪化（の進展）防止のための役員派遣も含む救済機能や株式持合い機能（特に前者）がより大きな役割を果たす形で制度化したこと，その際，救済原資となるレント形成の制度的条件が，

　『日本企業システムの戦後史』東京大学出版会，1996年，など一連の諸研究。なお直ぐ後で述べる60年前後頃の協調融資の広がりは第3章「おわりに」で注記する）は着眼点や議論の内容が大きく異なる。

(3)　本書で用いるメインバンク概念（以下，本書では通説又は理念型と表現することもある）は，通説的見解で用いられる融資比率，株式所有比率・株式所有関係，役員派遣を基準にした機能論的な概念である（Aoki M. and Patrick H. (eds.), *The Japanese Main Bank System*, Oxford University Press, 1994, p.6. 邦訳『日本のメインバンク・システム』東洋経済新報社，1996年，16頁）。特に非メインとは異なるメインバンクの特徴として，借手の選別と監視（モニタリング）機能，「メイン寄せ」に代表される救済機能を挙げておく。また，「メインバンク・システム」（以下，本書では鍵括弧を省略。メインバンク制と記すこともある）の概念は，青木氏らに従い「貸出審査・監督機能を果たす幹事行を中心とする協調融資を指し，長期的な融資関係に基づく情報生産・蓄積機能，貸出リスクの分散を持つもの」と定義する。ただし，これはあくまで方法論的な基準であり，本文中に記すように，メインバンクと借り手企業の関係のあり方には時期別の相違がある。なお，Hoshi and Kashyap はメインバンクが果たす役割が，単なる融資には止まらないことを根拠にして青木氏らの概念を批判して，「系列（Keiretsu）」概念による分析を提起した（*Corporate Financing and Governance in Japan*, The MIT Press, 1999, p.91,93.）。しかしながら，青木氏らにあっても，上述のとおり融資以外の諸機能を考慮している。それゆえ，Hoshi and Kashyap らの批判は適切さを欠くように思われる。

(4)　同様に，勝又壽良「メインバンク・システムの形成に関する史的考察」『東海大学教養学部紀要』第28輯，1997年（加筆修正の上で同『メインバンク制の歴史的生成過程と戦後日本の企業成長』第7・8章，東海大学出版会，2003年に収録）を念頭においている。なお，以下での議論はメインバンク・システム形成のメルクマールになる。

中小企業保護政策との関係で戦後改革期に整えられたことを明確化する。つまり，本書では戦後のメインバンク・システム形成の始期を戦後改革期，終期を60年代半ば頃に求める。

その上で，特に地方銀行以下の業態では，借手規律付けの前提となる，人的資源のあり方やルールと手続きに基づく審査・管理体制の構築や絶えざる改善の継続も含む金融機関側の規律性が総じて弱かったこと（救済機能の発揮と金融機関側の規律性の弱さの表裏一体性）を論じる。これらを踏まえて，最終的には，預貯金的観念の強い大衆の市場への誘導を課題とするが故に65年の証券危機まで不安定さを払拭できなかった証券部門を含む戦後日本金融システム(5)は，全体として規律性に乏しく，それ故に重化学工業を中心とする高度(6)成長に必要な大量の資金を迅速に供給できたこと，その結果として生じたリーディング産業の急速な交代ゆえに，逆説であるが，それへの対応が困難であり，借手規律付け機能に対する救済機能の強さに見られるように，固有の不安定性を抱えていたことを明確化する。

なお，65年の証券危機による証券市場からの不安定性の払拭は，メインバンク制に代表される銀行部門の中核化を決定づけたという意味で，戦後日本金融システムに重要な変化を与えたことも改めて指摘する。

---

(5) 杉浦「戦後復興期の銀行・証券」279頁以下では，大衆投資家の嗜好に合わせた金融商品設計や市場への誘導の問題が看過されている。本書では第2章第3節，第4章でこの問題を取り上げる。なお，直ぐ後で論じるメインバンク制の制度化と証券市場との関係は，杉浦「1965年の金融危機」伊藤正直ほか編『金融危機と革新――歴史から現代へ』日本経済評論社，2000年，324頁を参考にしているが，上記の問題を看過している点で本書とは異なる。
(6) 勝又「メインバンク・システムの形成に関する史的考察」では，戦前期に株式持合が成立しており，これを戦後のメインバンク・システムに直接連続するものとして捉えている。しかし，そのような見解は，戦後改革により放出された株式の安定的所有関係が1960年代半ばに至るまで成立せず，大衆の証券市場への誘導が50～60年代半ばまで重要な政策上の焦点になること（第4章を参照）を看過するという致命的欠陥を持つ。

第2節　研究史の整理①
――高度成長期の銀行史，金融システムの特質に関する先行研究――

次に戦後復興期から高度成長期にかけての研究史を整理する。伊藤修氏[7]は，戦後の金融行政の重要な特徴である「護送船団方式」の特質として，一方では数量的かつ裁量的な行政指導を指摘しつつ，他方で個別銀行には銀行局長からの口頭伝達および検査結果に基づく示達を指摘した。その際，周知の大蔵省当局による許認可行政を通じた利益供与という誘引の存在を単純なゲーム理論に基づき整理した。その上で1950年代前半を健全経営への誘導期，同後半を「金融正常化」への誘導期とした。しかしながら，大蔵省が，通牒・通達を通じた各金融機関に提示した「諸比率」達成のために，銀行の経営管理体制に関わる問題で，どのような具体的改善措置を求め，かつ，指導したのか，という点までは踏み込んだ検討はされなかった。後述のように，この問題は，通牒・通達の内容が検査の前提となる大蔵省の方針を示す以上，当該期における大蔵省金融検査の特質を考える上でも重要である。また，上記の誘引の効力がもっぱら結果のみから導出されているが，その過程において何の問題も無かったかどうかは疑問である。仮に問題が生じていたとすれば，どのような手段でこれを解決したのかが問われる必要性がある。このほか戦前来の金融機関の組織的管理体制の構築を巡る検査と行政指導の歴史的な文脈の中に，1950年代から60年代初頭の検査と行政指導のあり方を結びつけていない。第3章第6節では，このような諸問題を念頭において，経常収支率規制を取り上げて，大蔵省金融検査と行政指導の実態に迫りたい。このことを通じて，地方銀行以下の業態の金融機関の規律性の在り方とその変化，

---

(7)　伊藤修『日本型金融の歴史的構造』東京大学出版会，1995年。なお，関連研究として，同「戦時金融再編成（上・下）」『金融経済』第203・204号，1983年12月・1984年2月，「戦後日本金融システムの形成」近代日本研究会編『年報　近代日本研究8――官僚制の形成と展開』山川出版社，1986年，がある。前者は戦時の変化の大きさを強調しつつも，戦後との連続・断絶問題には踏み込んでいない。後者については，計数分析が中心であり，果たして戦後日本の金融システムを巡る官僚支配の特質を究明しているかどうか疑わしい。

当局による規律付けの実態を明確化する。このほか、伊藤氏の見解では、戦後の金融行政の変化とメインバンク制度の特質形成との関連が明確な形で問われていない(8)。そもそも、伊藤氏は、根拠は不明であるが、通説的なメインバンク制の存在それ自体に否定的であるから(9)、そのような議論になったのかもしれない。本書では、いわゆる護送船団方式と言われる戦後金融行政が、戦時には実現できなかった地方銀行以下の業態への利益付与を通じた制度内統合を背景とする都市銀行へのレントの発生を通じて、戦後の統制経済の大幅な後退と非効率な経営を行っている企業を淘汰する市場経済の復活とも相俟って、メインバンクの重要機能とされる企業救済機能が形成・発揮される条件となったことを論じる。その意味で両者は制度的補完関係にあったことも指摘する。その上で、戦後日本金融システムの中核であるメインバンク・システムは、中小機関保護政策と制度的補完関係を持つ形で、救済機能を軸に、戦後改革により形成が始まったことを論じる。

　なお、関連して、メインバンク制の日本的独自性を「最終貸付保証」(青木氏的に言い換えれば救済機能にほぼ近い。ただし、債務整理など事業再建関係機能が欠落している)に求めた上で、その形成の歴史的起源を、株式持合、役員派遣、大口貸出などが戦前に既に行われたことを以て、メインバンク制の歴史的源流を明治期以降の近代銀行制度の移植・導入過程に求める、勝又寿良氏の見解がある(10)。本書でもメインバンク制の歴史的形成過程を見る上で、規律付

---

(8) この点は、寺西重郎『戦前日本の金融システム』岩波書店、2011年、第4-4章では、戦後の金利規制が、「金融機関の経営安定化、経常収支の均衡と利益確保、内部留保の蓄積」を目的とする第1局面（1945年8月〜49年3月）、「金融機関の流動性問題すなわち期間変換に関する負担の増大に対して、対応がなされるうちに、金利規制は信用割当のツールとしての役割が追加された」第2局面（以上、引用は884頁）から形成されるとした。しかしながら、金利規制を中心とする護送船団方式の形成とメインバンクの企業救済機能の形成との関連についての指摘は無い。

(9) 伊藤『日本型金融の歴史的構造』93-94, 281頁。

(10) 勝又壽良氏の諸研究の中でも、本書に関係のある業績として、同「メインバンク・システムの形成に関する史的考察」『東海大学教養学部紀要』第28輯、1997年、特に115頁のみを挙げておく。なお、勝又氏は、不動産担保とオーバーローン、持株会社を中心とする財閥内での株式持合が戦前から行われてきたことを挙げて、メインバンク制の歴史的源流が明治期以降の近代銀行業の定着過程にあることを主張している。しかし、詳細は省くが、前者は地方銀行が中心であるし、持株会社中心の株式持合と戦後の銀

け機能以上に救済機能を重視しており，その限りでは勝又氏の見解にほぼ同意する。しかし，勝又氏の議論では，メインバンクの救済機能が発揮される歴史的条件は必ずしも明確ではない。特に大銀行にレントを恒常的に与える制度的条件が整わなければ，如何に大銀行といえども救済機能を発揮することはできない。これを可能にする制度的条件は，特に第2章で明確化するように，戦後改革期に形成されたのであり，単純にメインバンクの持つ機能にのみ着目して明治期以降にまで遡るとこの点が不明瞭になる。さらに，救済機能が最重要な特徴であるにしても，その発揮状況は，各個別銀行の経営発展の経路依存性の在り方に依存した審査・監督機能も含む銀行行動の在り方次第で変わってくる（後述）。この点を，個別行に即して吟味する必要性もある。本書では各行の経営発展の経路依存性の問題と戦後金融制度改革に焦点を当てる形で戦時と戦後との連続と断絶の統一的把握を試みる。しかし，勝又氏の議論には，このような問題関心は見られない。これらに加えて，高度成長期に多くの有力銀行が借手規律付け機能を発揮できず，主に救済機能を発揮せざるを得なくなった，高度成長期に固有の歴史的条件も明確化されていない。

　次に，メインバンク・システムを巡る問題である。青木＝パトリック説では，金融システムを①「典型的な企業と取引銀行との間の金融，情報，経営上の多様な関係」，②「主要銀行相互間の関係」，③「規制当局——大蔵省および日本銀行——と金融界との関係」という3つの「関係の束」としてメインバンク・システムが捉えられている。[11] しかしながら，中央銀行や大蔵省といった政策当局との関係性やその歴史的変化がシステム形成やその在り方に与えた影響は十分に考慮されていない。このほか，「主要銀行間の相互間の関係」に着目するあまり，その形成過程も含めて，システムと地方銀行など非「主要銀行」との関

　行中心の持合では企業統治の在り方が大きく異なることは多くの先行研究が明らかにしている。さらに，勝又氏の研究では，戦後のメインバンク制の在り方が実証的に論じられていない。以上，勝又氏の見解は理解に苦しむ。

(11) 本書では Aoki & Patrick (eds.), *Main Bank*, p.5 のメインバンク概念（邦訳，18頁。引用は原文と照合の上，邦訳のものを使用）を念頭においている。ここでの批判は，同書の日本の金融システムを論じた各章についてのものでもある。なお，当時の現状分析的研究として，山本繁「三菱銀行」野口編『日本の都市銀行』があるが，本書の課題は未検討である。

係についての検討も殆どされなかった。さらに，前述した勝又氏の諸研究もそうであるが，日本の有力銀行を「主要銀行」として一括して捉えていることも問題である。周知のように，都市銀行に限っても，旧財閥系，新興系，その他の三類型に分類されている。本書でも，「その他」都市銀行をさらに類型別に取り上げる点では異なるが，基本的にこの議論を継承する。さらに，本書で示すように，「主要銀行」の経路依存性の在り方は一様ではない。そうであるならば，各行の経路依存性の個別性を踏まえて検討した上で，個別有力銀行の「束」としての「主要銀行」全体の機能上の特徴を論じるべきであろう。その際，類似の見解として，鈴木健氏の議論に言及する必要性がある[12]。鈴木氏は，富士銀行を取り上げて，同行と旧財閥系諸銀行が「原型（戦前来の蓄積基盤となる各財閥の所属企業──引用者。以下，省略）に合わせて企業集団化したのではなく，富士もまたそれなりに原型に合わせ，しかも原型以上の規模を持つ総合化を達成した」と論じた。この指摘は重要である。しかし，鈴木氏の議論では，企業集団に所属する企業の産業別構成が問題にされているに過ぎない。さらに，宮島英昭氏も専門経営者支配の問題を主眼に据えて，企業金融の在り方も含む企業統治の連続と断絶の問題を論じた[13]。しかし，宮島氏の研究では，戦前来の企業経営の在り方が戦後の銀行の融資審査・監督に関する組織的体制整備への影響や銀行の与信行動への影響は論じられていない。本書では，宮島氏に学びつつも，専門経営者化の問題ではなく，蓄積基盤の在り方（融資系列企業が属する産業種別の在り方）に着目して，借手企業を統治する側に立つとされる，メインバンクとしての都市銀行の歴史的特質を戦時・戦後の連続・断絶の問題も含めて明確化する。以上，本書では，メインバンクの借手規律付け機能の体制整備状況や効力発揮状況といった観点から，メインバンクの階層性を踏まえつつ，借手企業統治を巡る銀行行動と戦前来の蓄積基盤との関係を検討

---

(12) 鈴木健『メインバンクと企業集団──戦後日本の企業間システム』ミネルヴァ書房，1998年，201頁。
(13) 宮島英昭『産業政策と企業統治の経済史──日本経済発展のミクロ分析』有斐閣，2004年，471-473，480頁。なお，宮島氏は高度成長期に借手企業が機関投資家を中心とする証券部門と銀行部門の双方から規律付けを受けたことを指摘しているが（宮島「財界追放と経営者の選抜」等を参照），著書でもその見解は変わっていないようである。

する。これに加えて，宮島説では機関投資家を中心とする証券市場とメインバンクの二方向から企業への規律付けが行われたことが論じられた。この議論は，戦後改革により生じた大衆投資家（個人株主）を市場に誘導する必要性が企業統治に与えた影響を看過している。この難点の克服も本書の課題となる。

　さらに，青木説を継承した岡崎哲二氏は[14]，氏を中心とする共同研究も含む一連の諸研究の中で，メインバンク・システムと産業政策との制度的補完関係が，効率的な資金配分を通じて健全な産業発展を促したことを強調した[15]。しかしながら，その把握は動態的な観点が希薄である。資金配分に関する研究については，産業側からの特質規定に止まる。そこには，明示的であるか否かはともかく，金融面からの特質を明確化するものとしてメインバンク・システム論があると思われるが，次の問題が残されていないか。まず，岡崎氏以外の論者も含めて，検討対象なる業態が，六大企業集団の中核行に限定されている[16]。そのため，金融機関による借手企業に対する規律付けの前提となる自己規律をどこまで持っていたのか否か，経路依存性に規定されたメインバンク機能の在り方の特徴とは何かといった論点が問われていない。つまり，岡崎氏を中心とする共同研究では，「産業政策の実施過程で，開銀だけではなく民間金融機関の審査能力が利用され」[17]，効率的な資金配分に基づく産業発展が実現したことが強調されているが，この点を検証するには各「民間金融機関の審査能力」の実態が問われる必要性がある[18]。

---

(14) 岡崎哲二「戦後日本の金融システム」森川英正・米倉誠一郎編『日本経営史5 高度成長を超えて』岩波書店，1995年；岡崎哲二・奥野正寛・植田和男・石井晋・堀宣昭『戦後日本の資金配分』東京大学出版会，2003年など。
(15) Hoshi and Kashyap も同様な指摘を行っている（*Corporate Financing*, pp.205-210）。
(16) とりあえず，法政大学産業情報センター・橋本寿朗・武田晴人編『日本経済の発展と企業集団』東京大学出版会，1992年；岡崎「戦後日本の金融システム」；橘川武郎・加藤健太「戦後日本の企業集団と系列融資」『社会科学研究』（東京大学）第48巻1号，1996年7月；日高「銀行」橘川武郎ほか編『日本の企業間競争』有斐閣，2000年など一連の諸研究；石井晋「戦後日本の銀行経営」下谷政弘・鈴木恒夫編『講座日本経営史5「経済大国」への軌跡』ミネルヴァ書房，2010年，135-178頁；Aoki and Patrick, *The Japanese Main Bank system*；Hoshi and Kashyap, *Corporate Financing*.
(17) 岡崎ほか『戦後日本の資金配分』383頁。
(18) このほか，国民所得倍増計画との関連から高度成長期の財政・金融政策を検討した研究として，伊藤正直「国民所得倍増計画と財政・金融」原朗編『高度成長期の日本経

さらに，政府の産業政策に促された産業発展が，金融機関経営に，どの程度，影響力を持っていたのか，という点を，直ぐ前で論じた個別の金融機関の経営行動の相違との関連で検討する必要性もある[19]。この点に関連して，山崎広明氏は[20]，近代，現代日本の産業発展の特徴が，あるリーディング産業が，その前の主要産業の「遺産」を土台として継起的に発展することを指摘した。その際，銀行，特に長期資金供給機関からの資金供給がリーディング産業の発展と交代を促したことも論じている[21]。関連して，大企業の上位ランキングを見ると，銀行が安定的地位を保持していることも指摘している。

しかしながら，通時的に大企業ランキングを取ると銀行が安定的地位を占めたことと，リーディング産業の交代を伴う急速な産業発展に対して，銀行が適切な貸出審査・管理体制を構築した上で取引が実施できたかどうかは話が別である。この点に関して，欧米の研究者の間で取り上げられている問題は非常に示唆的である。例えば，Feisteinらは[22]，1860年代以降，第一次世界大戦後までのイギリスやドイツを取り上げて，産業と金融との関係が密接なほど金融危機が生じやすいこと，両者の関係が密接ではない当該期におけるイギリスでは，深刻な金融危機が生じなかったことを論じた。言うまでも無く，当該期には，一方ではイギリスの経済的衰退が顕在化し，他方では銀行部門に支援を受ける形で重化学工業を中心にドイツが台頭してくる。銀行部門と産業が密接な場合，産業発展が促される一方で，他方では銀行制度が不安定化する。ましてや，リーディング・セクターの交代が比較的頻繁に生じる日本の場合はなおさらであろう。このような激しい産業構造変化という日本の特徴に対応して，

　済』日本経済評論社，2012年，61-100頁があるが，金融システムの実態についての検討は殆どなく，政策形成過程の検討に偏っている。
(19) 政府の産業政策については，Hoshi and Kashyap, *Corporate Financing*, pp.205-212（邦訳286-293頁）でも論じられている。しかしながら，産業政策が銀行部門，特に1970年代以降の個別金融機関経営の帰趨に与えた影響は，少なくとも明確には論じられていない。
(20) 山崎「日本産業発展のダイナミズム」武田晴人編『日本産業発展のダイナミズム』東京大学出版会，1995年，3頁。
(21) Feinstein, C.P. (ed.), *Banking, Currency, & Finance in Europe Between the Wars*, Oxford University Press, 1995, Chap.1.
(22) Feinstein (ed.), *Banking*, pp.20-21.

銀行側が経路依存性的問題に制約を受けながら，どこまで適切な貸出審査・管理体制を構築できたのかを問う必要性がある。その際，近年の産業史研究，特に高度成長期についての研究が，綿糸紡績業[23]，石炭業[24]などを取り上げて，衰退産業も含める形で産業発展のダイナミズムを取り上げていることを考慮して，衰退産業との関連も含めて金融システムの歴史的変化を考察したい。

　関連して，金融機関が適切な貸出審査・管理体制を作るには，金融機関内部に厳格な自己規律が必要とされる。このような規律性を金融機関が持っていたのかどうかは不問に付されている。むしろ，銀行が自身に対して適切な統治をできていることが暗黙の了解にされている感すらある。本書では，事実上，この了解事項について，地方銀行以下の業態が中心になるが，できる限り銀行経営内部に立ち入って検討する。その際，重要なことは，銀行で実際に業務にあたる生身の人間としての銀行労働者が，経済状況の急速な変化に対応可能であり，かつ「ルールと手続き」が明確な融資審査・管理体制も含む経営組織，管理の在り方を，どこまで自発的に構築できたのかが問われる必要性があろう。このように，組織や管理体制を形作る人間の在り方との関係で銀行経営，ひいては戦後日本の金融システムの特質を問題にすることは，本書のもう一つの独自な論点となる[25]。

---

(23) 渡辺純子『産業発展・衰退の経済史』有斐閣，2010年。
(24) 島西智輝『日本石炭産業の戦後史』慶應義塾大学出版会，2011年；杉山伸也・牛島利明編著『日本石炭産業の衰退』慶應義塾大学出版会，2013年。
(25) 関連して，高度成長期までの戦後日本の金融構造を概観したものとして川口弘氏の「二重構造論」がある。しかしながら，本書の課題は未検討である（川口弘・川合一郎編『日本の金融』有斐閣，1965年，9-15頁及び同書第2章〈宮沢健一，加藤寛孝両氏執筆〉；川口『金融論』筑摩書房，1977年，369-373頁など高度成長期についての諸研究を参照）。そこでは，当該期日本の金融構造の「重層性」も指摘されている。「二重構造」とどのように整合するのかは不明瞭なものの指摘それ自体は興味深い。

第3節　研究史の整理②
――メインバンク・システムの歴史的起源に関する先行研究――

　戦後日本金融システムの中核を，大銀行(26)を中心とするメインバンク・システムと押さえた上で，その歴史的起源やその後の形成過程について問題提起をしたのは岡崎哲二氏(27)らであった。特に，岡崎氏は(28)，第二次世界大戦期に都市銀行がこぞって審査関係セクションの増強を行ったこと，貸出先不足に悩む地方銀行を協調融資に参加させることで，いわゆる delegeted monitoring の成立を説くなどして，戦時体制下におけるメインバンク・システムの形成を論じた。その上で，戦後の日本銀行による協調融資を通じて，メインバンク・システムが戦後金融システムの中に定着することが論じられた（詳細は第2章補論を参照）。

　これに対して，橋本寿朗，杉浦勢之，伊藤修の各氏による批判が行われた(29)。

---

(26) 本書では，長興銀のほか，分析期間では行数に変動があるものの（1955・60・65年 13行，70年15行，75年14行），『銀行局金融年報』各年において都市銀行と分類されたものを大銀行と考えている。
(27) 岡崎哲二・奥野正寛編『現代日本経済システムの源流』日本経済新聞社，1993年。このほかにも，古典的見解であるが，戦時期に間接金融制度や融資系列が現れていたことを論じ，戦後との連続性を説く見解がある（加藤俊彦「資本蓄積と金融市場」東京大学社会科学研究所編『戦後改革8――改革後の日本経済』東京大学出版会，1975年，110-111頁；山崎広明「戦時下の産業構造と独占組織」東京大学社会科学研究所編『ファシズム期の国家と社会2――戦時経済』東京大学出版会，1979年等）。なお，戦後改革による断絶面と連続面の「統一的把握」の必要性を説く大石嘉一郎「戦後改革と日本資本主義の構造変化」東京大学社会科学研究所編『戦後改革1――課題と視角』東京大学出版会，1974年の他，近年の戦時・戦後の連続・断絶に関わる研究動向の整理として，沢井実「戦争による制度の破壊と革新」社会経済史学会編『社会経済史学会創立70周年記念　社会経済史学の課題と展望』有斐閣，2002年も参照。
(28) 岡崎哲二「第2次世界大戦期の金融制度改革と金融システムの変化」原朗編『日本の戦時経済――計画と市場』東京大学出版会，1995年，121-137頁。
(29) 白坂亨氏も財閥解体に伴う放出株の安定株主化を理由に，メインバンク制が戦後に成立したことを論じている（「メインバンクの形成とコーポレート・ガバナンス」明治大学経営学研究所『経営論集』第47巻第2・3号，明治大学，2000年，141-143頁）。ただし，この点は，既に後に言及する杉浦氏が指摘しており独創性に欠ける。森昭三「メインバンク・システムの形成プロセスと組織間関係」横浜国立大学国際開発学会『横浜国

橋本寿朗氏(30)は戦時体制下の「共同融資」には「競争制限機能があった」こと，岡崎氏の指摘する審査関係セクションの増強は「融資関連の事務量」の「激増」にあり貸出審査体制の厳格化が目的ではなかったことを指摘した。その上で，岡崎氏による soft budget constraint という戦時体制についての評価がメインバンクによる規律付け機能を発揮したという議論と不整合なこと，戦時中に推進された銀行合同政策が戦後に緩和されたこと，戦後改革による銀行・証券の分離，投資家としての資産家層の解体等を指摘して，戦後日本の金融システムが「単純に戦時体制が継続した結果ではない」と主張した。杉浦氏は，橋本氏の議論を継承しつつも，1950年代前半に至っても，都市銀行の貸出審査・管理体制，特に協調融資に関連する体制が未整備であったことを指摘し，メインバンク・システムの定着は50年代後半以降に持ち越されることを論じた(31)。その際，「協調融資をつうじて，取引先企業への把握力の減退を経験した銀行は，50年代に融資系列化を推し進めることで，主取引銀行としての体制を強化していくこと」(295頁)が論じられた。この指摘が，メインバンクの借手規律付け機能の強化を意味するとすれば，実証的裏付けが提示されていないと言わざるを得ない。ただし，このような指摘がある以上，実証的検討が必要であろう。本書では，第3章でこの問題を検討する。このほか，杉浦氏の議論で注目すべき点は，戦後復興期以降における中小企業金融の重要性を指摘していることである(32)。しかしながら，中小企業金融が重要性を増したことが，メインバンク制を中心とする戦後日本金融システムの形成にどのような特質を付与したのか，特に中小企業金融機関保護政策とメインバンク制の救済機能形成との関係が明確化されていない。杉浦氏の見解を踏まえれば，この点を追究する必要性がある。このことを通じて，本書では，中小企業金融機関保護行政とメインバンクの救済機能が制度的補完関係にあったこと，

　　際開発研究』第4巻3号，横浜国立大学，1999年，では，戦後の資金不足を原因にメインバンク制が成立するという戦後説を唱えている。しかし，両者の因果関係は実証的に明確化されていない。
(30) 橋本編『日本企業システムの戦後史』21-28頁。
(31) 杉浦『戦後復興期の銀行・証券』特に268-296頁。
(32) 杉浦「戦後金融システムの生成」青山学院大学総合研究所経済研究センター編『金融史の国際比較』同センター，1998年3月，132-146頁などの一連の諸研究。

救済機能を軸にして戦後改革期にメインバンク制の形成が始まったことを論じる。さらに、伊藤修氏は、三菱銀行や富士銀行の事例に依拠して、戦時体制下における都市銀行の貸出審査・管理体制の大幅な弛緩を指摘した。これにより岡崎氏が論じた当該期都市銀行の審査関係セクションの拡張を貸出審査・管理体制の増強の証拠とする見解を批判した。このほか、「戦時源流説」を論じた岡崎・奥野編著の中でも、戦時期のメインバンクは「シンジケート・ローンの必要性の要因がより強く、戦後のメインバンクの形成では企業モニタリングの必要性がより大きなファクターとして作用した」ことを論じた寺西重郎氏のように見解の相違も存在する。

　ここまで明らかなように、少なくとも借り手企業に対する規律付けという側面から見た場合、メインバンク・システムを中心とした金融システムの歴史的形成に関して言えば、「戦時源流」説は成立しないことは明白であろう。しかし、未だ課題は残されている。それでは、通説がいうメインバンク・システムはいつ頃、どのくらいの広がりをもって成立したのか。特に、先行研究では、特に六大企業集団の中核行に焦点を絞って、メインバンクの貸出審査・管理機能に焦点を絞る形で議論がされてきた。しかし、青木昌彦氏らの定義によれば、メインバンクの機能には株式持合い機能、救済機能が含まれる。貸出に関する審査・管理のみならず、これらの諸機能が発揮される条件がいつ頃形成さ

---

(33) 伊藤「戦時戦後の財政と金融」石井寛治・原朗・武田晴人編『日本経済史4　戦時・戦後期』東京大学出版会、2007年、176, 189頁。このほか、論理的な批判として、同『日本型金融の歴史的構造』93-94頁。なお、Hoshi and Kashyap も富士銀行の事例を挙げてほぼ同様な議論をしている（*Corporate Financing*, pp.60-61. 鯉渕賢訳『日本金融システムの進化論』日本経済新聞社、2006年、79-80頁）。
(34) 寺西「メインバンク・システム」岡崎・奥野編『現代日本経済システムの源流』、特に92-93頁。
(35) ただし、宮崎忠恒「設備資金調達と都市銀行」武田晴人編『高度成長期の日本経済』有斐閣、2011年、では、都市銀行が一括された上で、設備資金調達が検討され、銀行貸出の役割が小さかったこと、ひいてはメインバンク・システムの役割が「限定的なものであった」ことを論じている（98-99頁）。しかしながら、問題の焦点は、産業側から見た都市銀行の貸出全体の動向ではなく、主要取引先である大企業向けの貸出において、メインバンク・システムがどれだけの役割を果たしていたのか、その役割は都市銀行を階層別に見た場合、どのような相違があるのか、といった点ではなかろうか。この意味で、メインバンク・システム論に対する批判としてみた場合、産業側から見るという宮崎氏の批判の仕方からして問題があるように思われる。

れたのか，という論点も含めて検討する必要性がある。ここまでの議論でも分かるように，本書では，借手規律付け機能ではなく，救済機能を軸にして，メインバンク制の形成に対する金融制度改革も含む戦後改革の意義の大きさを強調する。

なお，救済機能に関連して，先行研究でもこの点について複数の事例が紹介されている(36)。しかし，そこで挙げられている6つの事例のうち，1970年代以降のものが4つを占めている(37)。この時期以降は，高度成長期に比べれば経済環境が不安定化する時期にあたり，少なくとも1960年代以前と比べた場合，破綻企業が出やすい状況にある。さらに，どの階層の銀行で企業救済がより頻繁に行われたのかが不鮮明である。メインバンクの救済機能が，貸出審査・管理機能の弱さの帰結として出てくることを考慮した時，理念型に近い機能を持つメインバンクが階層的，業態的にどの程度の広がりを持っていたのか，という問題と関連付ける形で企業救済の問題が検討されねばならない。これらの諸点を踏まえた場合，時期的には1960年代までを対象にして，企業救済の問題を検討する必要性がある。

このほか，中央銀行政策や長期資金供給制度，対外金融と内国金融との関係，収益付与を通じた地方銀行のシステム内部への安定的統合も含めた金融規制との関係も含めて，システム全体として考えたとき，その形成を巡りどのような議論ができるのか(38)。この点も検討する余地があろう。

---

(36) Hoshi and Kashyap, *Corporate Financing*, Chap.5（邦訳199-254頁）では，丸善石油，東洋工業（マツダ），三光汽船，ジャパンライン，大昭和製紙，マツダの事例が挙げられており，1970年以前のものは丸善石油だけである。

(37) 宮島英昭「戦後日本企業における状態依存的ガヴァナンスの進化と変容」『経済研究』（一橋大学）第49巻2号，1998年4月も，経営者交代を巡るメインバンクの介入の定量的検討を通じて，「80年代にこそメインバンク関係の強度が意味をもった」としている。もっとも，経営介入など救済機能の発揮は「陰」の部分になるから，「陽」の部分としてのメインバンク・システムの「最盛期」は，やはり高度成長期に求めるべきであろう（この点は終章で論じる）。

(38) 柴田善雅『戦時日本の金融統制』日本経済評論社，2011年では，金融統制のあり方を論じる際に中央銀行政策が考慮に入れられていない。この点を考慮に入れて，戦時・戦後期における金融システムの変容を論じる必要性があろう。

第 4 節　企業集団を巡る研究

　関連分野として，企業集団を巡る研究を簡単に整理する[39]。企業集団を巡る主要研究は，宮崎義一氏の「系列ワンセット投資」論，融資順位 1 位企業のみに着目するのではなく，大銀行による大企業融資全般を問題にする鷲尾透氏の「系列融資」論，奥村宏氏の株式持合論を挙げることができる[40]。なお，鷲尾氏の議論は大蔵省金融検査官としての業務経験に基づくものと考えられる。それゆえ，研究というよりは，業務を通じて金融検査官側から系列融資を観察した史料として扱うべきなのかもしれない。これに加えて，歴史分析では，ここまで引用した橋本寿朗氏を中心とする研究がある[41]。しかし，これらの諸研究の対象は，銀行等金融機関の分析を含むものの，あくまで企業集団である。橋本氏らの議論を除けば，1960 年代の現状分析が中心であり，歴史的変化の把握は不十分である。このほか，橋本氏らの議論も含めて，戦後日本金融システム全般の特徴を明らかにする方向性を持っていない[42]。ただし，鷲尾氏による「都市銀行系列融資の積極面たる主力取引関係は大企業の資金調達を容易にする仕組みであり，銀行側が健全な融資原理と客観的にして冷静な審査準則とを持ち込むことの極めて困難な関係であります」との指摘は重要

---

(39) ここでの議論をするにあたり，鈴木健『メインバンク』第 7 章のサーベイに学んだ。宮崎氏の関連業績は，『戦後日本経済の機構』新評論社，1966 年。鷲尾氏のそれは「系列融資」『銀行研究』第 392 号，1964 年 5 月，「講座　都市銀行における系列融資（1）〜（9）」『銀行研究』1968 年 4 月〜 69 年 1 月。奥村氏のそれは，『法人資本主義の構造』など一連の法人資本主義論関係著作を参照。
(40) 橘川武郎『企業集団』有斐閣，1996 年，第 4 章，第 5 章 4 節などで系列融資について論じている。しかし，残念ながら，全く学問的貢献は皆無である。
(41) 橋本ほか編『日本経済の発展と企業集団』中の関連部分の問題点などは既に論じたので，ここで再論することはしない。
(42) 関連して，山崎「日本産業発展のダイナミズム」14 頁では，1944 年の軍需会社指定金融機関制度による「すべての軍需会社と興銀及び都市銀行との個別的結びつきが強化され」たことが，50 年代前半以降の六大銀行融資系列形成に繋がることを論じている。しかし，本書による都市銀行の個別事例分析で示すように，個別的に見た場合，山崎氏の議論のように戦時・戦後が単純に連続するわけではない。

である[43]。本書では，上述の個別銀行の経営発展の経路依存性の問題を取り入れることにより，系列融資や株式持合（特に前者）を，鷲尾氏も未検討であった階層別相違も含めて金融システム総体の特質把握に繋げることを目的とする[44]。これにより青木氏ら銀行による借手規律付けを重視する通説的メインバンク像がどの程度の広がりを持っていたのかを明らかにする。

　これ以外の個別論点に関わる研究史の整理と問題点についての指摘は，各章・各節の冒頭で行う。

---

(43) 鷲尾透「都市銀行における系列融資(9)　ビッグビジネスと銀行」『銀行研究』第451号，1969年1月，143頁。
(44) 宮崎『日本の企業集団（普及版）』日本経済新聞社，1976年，218-220頁でも，戦前の旧財閥系銀行の経営状況を概観している。しかし，本書のように企業統治を考慮に入れる形で，戦前から戦後への銀行行動の変化を把握していない。

第1章　総力戦体制下における金融システムの変化

はじめに

　本章では，総力戦体制下において，メインバンク関係を中心とする戦後日本金融システムの諸特徴が，どの程度，形成されていたのかを確認する。結論は次のとおりである。日銀信用(1)に依存したインフレ促進的，産業発展阻害的な制度であったという点では，戦時のシステムはドッジラインを契機とする1ドル＝360円レートを前提とするインフレ抑制的，産業発展促進型のシステムへの転換まで，一定の変化はありつつも連続性が強かった。このほか，業態単位で行政指導を行う点や，研究史上，明確化されている銀行と企業との間の取引関係の拡大という連続面も指摘するが，メインバンク・システムの在り方や証券市場も含めて，基本的には戦時と戦後の断絶性の強さを主張する。

　研究史を整理する。戦後日本における金融システムの特徴として，青木昌彦氏らはメインバンク関係に基づく，長期的視点からの企業経営，ひいてはシステム全体の規律付けを指摘した(2)。この議論を踏まえて，岡崎哲二氏(3)らは，青木氏らが主張するようなシステムの歴史的「源流」が第二次世界大戦期にあることを主張した。この議論は大きな反響を呼び，橋本寿朗氏らをはじめ(4)，多数の論者により反論が行われた。このほか，岡崎氏らの編著の執筆者の中でも，寺西重郎氏のように岡崎氏の議論に疑問を呈するものもある。

---

(1) 日本銀行の金融調節を巡る佐藤政則氏の見解については，既に白鳥「戦時体制下における日本銀行の金融調節と地方銀行」『社会経済史学』第72巻5号，2007年1月で既に批判済みである。日本銀行と国債消化問題との関連についての研究史も含めて，こちらを参照されたい。
(2) Aoki and Patoric, *The Japanese Main Bank System*.
(3) 後に引用する寺西氏の論文も含めて，『現代日本経済システムの源流』。
(4) とりあえず，橋本編『日本企業システムの戦後史』。

このような中で，Hoshi and Kashyap[5]，山崎志郎氏[6]，伊藤修氏[7]らによって，メインバンク・システムを中心に見ると，戦時における金融システムのあり方と戦後のそれが断絶していることが実証的に明確化された。筆者もこれらの見解を支持する。ただし，日本銀行を中心とする戦費調達や国債消化とインフレの問題という，戦時期における金融状況を強く規定した要因，このことが政府，興銀，都市銀行，地方銀行の相互関係や「ミクロの資源配分」にどのような影響を与えたのかという点には立ち入った検討はされていない。これらの諸点も含めた上で，戦時と戦後の断絶性を示す必要性がある。

　その際，特に，上記業態の相互関係については，伊牟田敏充氏により提起された「リスク迂回化」論を再検討することにする[8]。「リスク迂回化」論とは，政府による都市銀行に対する融資の保証や，興銀債の地方銀行への売却等を通じて，貸出リスクを市中金融機関が直接に負担するのではなく，政府や興銀といった公的機関が直接に負担し，これにより軍需産業への貸出の円滑化を図るというものである。戦時下におけるマネーフローの特質を明確化した点では，この見解は非常に重要である。しかし，特に，地方銀行から他業態へ資金が円滑に流れるにあたり，如何に戦時下とはいえ市中金融機関である以上，収益性を付与する必要性が生じる。本章では，この点が結果的に極めて不十分なために，地方銀行の合同を推進しつつも，地方銀行経営を総力戦体制に安定的に統合できなかったことを論じ，この点で「リスク迂回化」システムには重大な限界があったことを明らかにする。

　以上，諸点に即して，本章では総力戦体制下における金融システムの特徴を論じたい。

---

(5)　Hoshi and Kashyap, *Corporate, Financing,* Chap.3.
(6)　山崎『戦時金融金庫の研究』日本経済評論社，2009 年，「はじめに」。
(7)　伊藤「戦時戦後の財政と金融」石井寛治・原朗・武田晴人編『日本経済史 4 ──戦時・戦後期』東京大学出版会，2007 年。
(8)　伊牟田編『戦時体制下の金融構造』日本評論社，1990 年，序章。ただし，平智之「地方銀行の実態と再建整備」原朗編『復興期の日本経済』東京大学出版会，2002 年，は，伊牟田説が地方銀行の収益性確保のために採った投資行動を看過していることを批判している。本書もこの指摘に学んでいる。ただし，平説では体制内統合，あるいは「強制的同権化」の問題が問われていない。

第1節 基　調
——軍拡財政の展開と国債の日銀引受・市中売却の動向，軍需融資——

1　局面の転換——地域間の資金分布と大企業の資金調達の変化

　ここでは，先行研究等を踏まえて，昭和恐慌期における局面の変化を概観する。

　戦前期の金融構造（「重層的金融構造」）は，一方では，日本銀行を頂点に，特殊銀行，都市銀行，地方銀行，無尽等の下級金融機関から構成され，同一の業態内部でも階層性があるという「重層性」を持っていた。他方で，貸出基盤となる産業，特に在来産業の多様性を背景とする，強い「地域性」をも帯びていた。

　その後，第一次世界大戦期の投機ブームを経て，1920年恐慌以降，昭和恐慌を脱却するまで，金融危機の時代が続く。周知のとおり，両大戦間期の金融危機，特に昭和恐慌の過程で，多数の弱小銀行を中心とする地方銀行が破綻した。

　同時に，特に昭和恐慌期になると，銀行破綻の影響を受けて在来産業を中心とする地方産業の斜陽化が明確化した。このような地域産業経済の衰退は，「地域性」の後退とともに，銀行数の減少の要因にもなった。普通銀行数は，1919年末の1,345行，27年末の1,283行，銀行合同政策を中心とする普通銀行改善政策が取られ，これに金解禁・昭和恐慌による経済的打撃の影響を受けた32年末には538行にまで減少した。昭和恐慌前には資金の取り手であった地方銀行・非大都市圏地域の資金ポジションは大幅に変化した。その結果，昭和恐慌期以降，地方銀行・非大都市圏は，それまでとは異なり資金の取り手となった大都市圏・大都市圏所在の産業等に対する資金の出し手となった。

---

(9)　以下，戦前期日本の金融構造の特質とその再編成についての概観は，伊牟田敏充『昭和金融恐慌の構造』経済産業調査会，2002年；石井寛治『近代日本金融史序説』東京大学出版会，1999年，特に序章；伊藤修『日本型金融の歴史的構造』12-15頁；白鳥『両大戦間期における銀行合同政策の展開』八朔社，2006年，終章などによる。

関連して，両大戦間期の企業金融についての最近の研究によれば[10]，所要資金を自己資金で賄えるのは，三大紡績と1910年代の電力産業，20年代の三大財閥に過ぎず，三大紡績以外は自己資本不足，20年代の電力業は「内外社債の大量発行を行い」，三大財閥も株式公開により資金調達を図るようになったという。「鉄道・海運業は社債と借入金依存度が高く，製糸・織物業も直接，ないし問屋経由の多額の借入れを銀行に仰ぐのを常とした」という。このほか，総貸出に占める株式担保金融の比重も1916年末に40％だったものが，36年末には27％と低下したものの，依然として高い比率を維持していた。ここから銀行部門優位という「重層的金融構造」の特徴は，両大戦間期を通じて見られたことが分かる。もっとも[11]，三井鉱山，王子製紙，鐘淵紡績，東京芝浦電気，台湾製糖，東洋レーヨンといった三井系企業，住友鉱山，住友化学，日本電気といった住友系企業を事例に，特に財閥系企業を中心に，1936年頃までは依然として銀行依存度が低く，自己資本比率が高い状況が継続していたという指摘もある。この状況が転換するのは，軍事産業・大企業向けを中心とする重化学工業向け資金需要が増大する準戦時期（1937年）以降であったという。この時期に至って，地方銀行・非大都市圏が資金の出し手（資金余剰状態）になる一方で，他方では大都市圏・重化学工業系の大企業が資金の取り手（資金不足）になるという状況が定着したと考えられる。なお，これらの重化学工業系企業の多くは，第3章で示す三和銀行の事例に見られるように，敗戦後のGHQの非軍事化政策の影響により，都市銀行群の主要な取引先ではなくなる。重化学工業系企業の融資系列化は，周知のように1960年前後を待つことになる点には注意が必要である。

さらに，以下で詳細にみるように，準戦時期以降になると，軍事費調達の関係から日銀による国債引受に依存した資金調達が大規模に実施され，イン

---

(10) 以下，両大戦間の企業金融についての議論と引用等は，石井寛治「企業金融の展開」佐々木聡・中林真幸編『講座日本経営史3 組織と戦略の時代』ミネルヴァ書房，2010年，226-229頁。
(11) 以下での財閥系企業の資金調達動向についての概観は，鈴木良隆・白鳥圭志「戦時経済と企業」鈴木良隆・橋野知子・白鳥圭志『MBAのための日本経営史』有斐閣，2007年，第5章（鈴木良隆氏執筆部分）107-108頁による。

フレが促進される状況になった．ここにインフレ促進型の金融システムの形成が見出せる．高率のインフレの発生とその抑制が重要な課題になったという意味で，このような金融システムの形成は戦後日本金融システムの歴史的形成過程を考える上で重要な局面の転換になる．この点を踏まえて，以下では，戦後日本金融システムの歴史的前提として，第二次世界大戦期におけるインフレ促進的な金融システムの形成と展開過程を検討する．

2　日本銀行を中心とする国債消化の動向

周知のように，1937年7月の盧溝橋事件の発生を契機とする日中戦争の勃発に伴い，政府は戦時統制三法を発布し，軍事費の増大と軍需産業の生産力拡充を重点的政策課題として打ち出す．その結果，市場に対する資金供給に占める政府散超の割合が突出した[12]．周知の事柄とは思われるが，ここでは，この点を，今一度，日本銀行を中心に確認する．

まず，政府散超の構造を見ると[13]，政府の対民間支出超過額は1937年の1,400百万円から38年には5,579百万円と急上昇し，以後，44年の24,051百万円まで上昇の一途を辿る．これをファイナンスしたのが対日銀収支における黒字であり，37年の1,635百万円から38年には5,013百万円と急上昇し，以後，データが採取可能な44年の22,469百万円まで基本的に増額する．この間，対日銀収支中の国債発行額は，37年の982百万円から38年に3,289百万円に急上昇した後，44年の16,706百万円まで増加を続けており，政府の日本銀行からの収入額の36％から47％程度を占めていた．ここから日銀の国債引受が対日銀収支の黒字要因であり，これにより対民間収支の支出超過

---

(12) 伊藤正直「財政・金融」大石嘉一郎編『日本帝国主義史』第3巻，東京大学出版会，1994年，第1表（117頁）．本論文では当該期の金融状況を検討しているが（116-121頁），やや事実誤認があり（後述），かつ日本銀行の金融政策との関連での分析が手薄である．

(13) 以下，特に断りのない数値は，日本銀行「戦時中金融統計要覧」『日本金融史資料』昭和編，第23巻，1969年からの算出値．なお，原薫「戦時インフレーション（1）〜（4）」『経済志林』（法政大学）第70巻4号（2003年3月），第71巻2・3号（2003年12月），第72巻1・2号（2004年7月），第72巻4号（2005年3月）が発表されたが，同論文は伊藤「財政・金融」など通説的研究で指摘されている諸点に関わる諸史料の紹介の域を出ていない．

を相殺したことや，このことが市場への資金供給の主因であったことが確認される。

次に，新規発行内国債の日銀引受状況，国債現在高に占める日銀残高の割合を見る。新規発行内国債の日銀引受高の比率は，両者の金額が増加する中で，1941年まで70〜80％台前半と高い割合で推移し，その後60％台後半で変動する。それにもかかわらず，国債現在残高に占める日銀残高の比重は，39年末までは約12％で安定的に推移していた。しかし，40・41年末になると約15％にまで上昇し，以後，10〜11％で推移する。さらに，40・41年末にかけて国債の新規発行高が急上昇し，これに伴い日銀引受高も，以後，大幅に増加した。その結果，日本銀行の国債前年度末残高＋引受高に占める純売却高の比率は，39年度の56.1％から40年度には50.9％にまで低下し，日銀の手許滞留分が増大した。その後，後述する地方銀行等への強制保有などの措置により，43年度にかけて60％台半ばまで改善するが，44年度には61％となり，再度悪化する。

これに加えて，1938年以降の生産力拡充計画の開始に伴い，民間非金融部門向け資金放出額に占める貸出額・証券投資額合計も，37年末の1,990百万円（53.4％）から39年末には5,484百万円（45.8％）と，構成比こそは落ちているものの，軍需部門を中心に貸出額は大幅に増大していた。それまで国債消化の中核であった都市銀行も含めて，各市中金融機関も国債投資を抑制して軍需部門向け貸出増加を図るべく競争を激化させていた（後述）。このよう

---

(14) 以下，特記のない数値は，日本銀行「戦時中金融統計要覧」『日本金融史資料』昭和編，第23巻，1969年より算出・作成。

(15) 伊藤「財政・金融」第2表より算出。なお，「三十九年秋の第二次欧州大戦勃発以降になって（卸売物価が——引用者）はじめて急騰する」（同論文118頁）という伊藤氏の評価は，同論文の第1図（119頁）からは支持されない。このほか，本章では紙幅の関係上，事実の確認のみにとどめて，39年上半期の時点で卸売物価が急騰した理由の検討は今後の課題としたい。このほか，生産力拡充計画の本格的展開に伴う投資需要の増加は，山崎志郎「生産力拡充計画の展開過程」『年報近代日本研究9 戦時経済』山川出版，1987年，45-50頁を参照。なお，山崎澄江「価格統制と企業動員」原・山崎編『戦時日本の経済再編成』49-80頁が発表されたが，物価統制を考える上で重要な日本銀行の動向は未検討である。

(16) 山崎志郎「戦時金融統制と金融市場」『土地制度史学』第112号，1986年7月。同「経済総動員体制の経済構造」歴史学研究会・日本史研究会編『日本史講座9 近代の

な貸出増加に伴う国債消化の抑制が主因となり，39年2月以降，物価上昇率の急上昇等に見られる悪性インフレが顕在化し，臨時資金調整法の枠組みや日本銀行の資金統制は機能不全状態に陥る[17]。この意味で，この時期が，日本銀行の金融調節行動にとっても，ひとつの重大な転換点になった[18]。

3　日本銀行の国債消化への対応

ここでは，上記の問題への日本銀行の対応を検討する。日本銀行の基本的な政策姿勢は，1938年4・10月の支店長会議での結城総裁の演説に見られるように，日中戦争という国家の非常事態に際して，国家の最重要な枢要機関の観点および全国家的観点から組織的に統制経済の運営に積極的に協力することであった[19]。その際，国債オペに関しては，特に「戦費の円滑なる調達」の観点から言及されており，単なる通貨価値の安定性確保という次元を遥かに超越していた。1936年以降になると[20]，周知のように，2.26事件による岡田啓介内閣の崩壊と，「広義国防」を唱える広田内閣の登場などに見られるように，軍部の政治的発言力が強化されていた。この状況は，日中戦争期以降，一定額以上の事業設備資金の政府による許可の必要性などを定めた臨時資金調整法の施行（1937年9月10日）にも見られるように[21]，金融面も含めてさらに強ま

　　　転換』東京大学出版会，2005年，213-241頁；原朗・山崎志郎編『戦時日本の経済再編成』日本経済評論社，2006年，迎由里男「戦時銀行統合と安田保善社」『地方金融史研究』第36号，2005年3月，32-38頁が公刊されたが，本章の課題は未検討である。
(17)　伊藤「財政・金融」118-119頁。
(18)　佐藤「日本銀行の銀行統合構想」伊藤正直ほか編『金融危機と革新』日本経済評論社，2000年，180頁では，悪性インフレの発生要因を日銀引受による国債累増に求めているが，業態別の金融機関行動の変化を看過している。
(19)　日本銀行『支店長会議書類　昭和13年4月』48-49頁；同『支店長会議書類　昭和13年10月』14-15頁。以下，特記のない日本銀行史料は，日本銀行金融研究所所蔵。
(20)　以下の点は，膨大な研究があるが，さしあたり，白鳥圭志「戦前東北振興政策の形成と変容」『歴史学研究』第740号，2000年9月，28-33頁を参照。
(21)　臨時資金調整法については，『日本銀行百年史』第4巻，287-297頁，原朗「資金統制と産業金融」『土地制度史学』第34号，1967年1月；日本銀行『日本銀行百年史』第4巻，287-296頁；山崎「戦時金融統制」；同「協調金融体制」伊牟田編『戦時体制』208-210頁；麻島昭一「戦時金融統制の一考察」『社会科学年報』（専修大学）第32号，1998年3月，岡崎「第2次世界大戦」111-123頁があるが，後述の金

った。このような中で，日本銀行条例第24条で「政府ハ」(中略)「政府ニ於テ不利ト認ル事件ハ之ヲ制止スヘシ」(22)(傍点は引用者。以下，省略)と規定されている日本銀行も，組織的に国策としての日中戦争に協力する姿勢を示す必要性があった。以上を前提に，結城は，当初，日中戦争の勃発と臨時軍事費支弁のための国債発行と消化に対して楽観視した上で，強制的保有を実施しない姿勢を示した(23)。結城総裁は，日中戦争は半年から一年程度という比較的短期間に終結するとの見通しを抱いていた。また，金融懇談会等を通じて経済界の協力を得られれば，国債消化は問題無く実行できるとも考えていた(後述)。これらが国債の強制保有を実施しないと考えた理由であった。

　この認識に基づき，公債市価の維持，発行条件の逆転阻止を基本方針として政策運営を行うとした。つまり，戦費調達それ自体は日銀の国債引受のみでも可能であるが，この結果，生じる市場への多額のベース・マネーの供給・滞留は，悪性インフレの発生を通じて準戦時体制を含む総力戦体制を崩壊させる危険性がある。この問題の顕在化阻止を日本銀行は最重要政策目的とした。このことは，それ以前にも物価上昇が見られたにもかかわらず(後述)，悪性インフレの顕在化により戦費の安定調達への支障が顕在化した39年以降に，日本銀行が強力な措置を採ったことからも確認される。以後，戦時下においては，時期によって状況の相違はあるが，この点が一貫して重要な政策目的とされる。

　この支店長会議では，総裁から，本基本方針に基づき公債市価と発行条件の維持の必要性が述べられた上で，それらが不可能な場合，「士気にかかわる」ので，各支店長に各管内の経済界の監視強化と，国債消化ひいては国民の戦争に対する士気に影響を与えるような何らかの「騒ギガ起リサウダツタラ」，「平素ノ委任範囲ヲ超エテモ好イカラ，自分ガ総裁ノ積リデ処置サレテモ差支無イ」として，各支店長裁量の大幅な拡大を指示した。次に既に指摘されてい

　　融懇談会も含めて，本書の課題は未検討である。
(22)　日本銀行『日本銀行百年史』資料編，1986年，195-196頁。
(23)　日本銀行『支店長会議関係書類　昭和12年9月』『支店長会議関係書類　昭和13年4月』。なお，37年8月18日の支店長会議でも結城総裁は同様の発言をしている(日本銀行『支店長会議関係書類　昭和12年8月』)。

る取引先・極度金額枠の拡大，37年7月以降の数次にわたる公定歩合引き下げを通じた国債担保貸出の順鞘化による消化への誘引の強化が示された[24]。特に前者に関して，結城は円滑な国債消化確保の観点から，貯蓄銀行も含む取引先の拡大の必要性を論じていた。つまり，業態を問わない取引先拡大を通じて，すべての業態・階層の金融機関を国債消化の円滑化に寄与させようとした。

　しかしながら，1938年10月24日の支店長会議になると[25]，発言の内容が明確に変化する。つまり，この会議で結城総裁は「今後戦闘行為は仮令小康」になってもその「終結」は「考えられない」とした上で，重要資源開発など日満支経済ブロックの建設を理由に日中戦争が長期戦化するとの見通しに改めた。その上で，国債管理について，「国債の消化に関しては更に一層の努力を必要とする」ことを論じた。しかし，この会議では低金利の維持・普及により各種金融機関が国債を所有できる状況に誘導すること，民衆の投資行動を指導することを挙げるに止まり，必ずしも長期戦・長期の戦時経済体制の構築に応じた新たな措置を提起していない。別な箇所で，結城は「幸ひにも現在迄の処此（国債の消化）の過程は極めて順調に進んで」いるとしていた。前述のように38年時点では実態面で国債累増の問題点が未顕在であったことがその理由であろう。

　さらに悪性インフレが激化する39年になると様相が変化する。同年4月10日に開催された部局長支店長会議では[26]，下村神戸支店長，有澤松山支店長らから，統制経済の運営上，重大な阻害要因となる悪性インフレへの懸念が出された。さらに，次の会議にあたる11月6日の会議でも田中熊本支店長から[27]，悪性インフレ防圧のための「国債ノ半強制的公募案」が提起され，川北営業局次長も業態毎に資金蓄積額中国債消化に廻す比率を定め，これに基づき国債消化を義務付けるという「国債消化圏」の設定構想を表明した。戦争の長期戦化・総力戦化が明白になると，それまでの公定歩合操作を通じた

---

(24) 以下，公定歩合政策も含めて，日本銀行『日本銀行百年史』第4巻，201-204頁。
　　なお，公定歩合政策については，伊藤「財政・金融」124頁も指摘している。
(25) 日本銀行『支店長会議関係書類　昭和13年4月』。
(26) 日本銀行『部局長支店長会議関係書類　昭和14年4月』。
(27) 日本銀行『部局長支店長会議関係書類　昭和14年11月』。

国債消化への誘導や，市中金融機関に自発的な協力を求める「自治的」管理から，強制的な国債保有による国債管理への転換が求められた。この意味で政策転換が必至な情勢になった。

4　銀行信託会社懇談会・金融懇談会による調整

1936年以降，日本銀行および各市中金融機関は，銀行信託会社懇談会・金融懇談会（以下，金融懇談会で統一）を開催し，日中戦争下の金融統制の運営に関して意見交換を重ねた[28]。以下，日本銀行の国債消化策との関連に重点を置いて，その内容を検討する。

日中戦争勃発時点では，未だ国債消化に対して懸念は表明されていなかった。このことは，1937年8月3日の懇談会の席上での，強制消化をしないという結城豊太郎総裁からの発言からも明らかである。もっとも，38年5月11日の懇談会では結城総裁から「満州北支其他資金」と生産力拡充資金と国債向け資金の競合への懸念が出された。実際，生産力拡充計画が実行に移されると，市中銀行は軍需関連産業向けの融資を重視するようになり，この面での銀行間競争も激化していた[29]。それでもなお同年11月17日の懇談会における発言でも，38年末までは国債消化に関しても臨時資金調整法の「自治的統制」の趣旨と同様に，国債の強制割当を伴う統制の必要はないとの認識を示していた。

しかし，1939年5月11日になると，国債消化への協力を求める発言がされた。さらに，別の箇所では，地方銀行協会代表者側にさらなる資金蓄積を要請した上で，「国債の郵便局に於ける買戻思ふ様に行かず，商売人の所に持行けば買戻安し，之は結局預金部，日本銀行にて引受けるものなる故各銀行の本支店に於て国債売却希望者に対しては面倒を見て貰ひ度と思ふが如何」との発言もされた。上述の悪性インフレを要因とする，事実上の国債価格の下落（長期金利の上昇）の阻止を目的に，各行に国債価格維持への協力を求めるという，注目すべき発言まで飛び出した。

---

(28) 関連する注 (21) の諸研究では，本書が取り扱う問題は未検討である。
(29) 山崎「戦時金融統制と金融市場」。

このほか同年 11 月 14 日の会議では，物価への影響はないと思われるとしながらも，8 月以降「本行所有国債の市中への売却少々鈍化を示し」（中略）「兌換券の発行高も増加し，又其の収縮振りも従前に比し少々鈍りたり」という，国債保有高増大に伴うベース・マネーの発行増加への懸念がだされた。その上で，特に資金量の大きいシンジケート銀行が貸出を増加しているがゆえに，国債消化の不円滑が発生することへの懸念が表明されている。この懸念は，特に各業態の限界国債増加率（除貯蓄銀行）・限界預貸率（38 年下期から 40 年下期）が低下していること（地方銀行 77.1%→41.5%・−27.6%→11.1%，都市銀行 9.9%→18.2%，70.2%→65.9%，ただし，38 年上期の前者の値は 96.0%，貯蓄銀行 62.7%→64.5%，1.4%→8.2%）からも確認できるが，生産力拡充の結果，軍需部門向け資金需要が増大する中で金利裁定が働き，普通（都市）銀行側が，周知のように，より利回りが低位の国債消化の増加高を抑制する事態が生じた。これに伴い日本銀行の国債所有高に占める純売却高の比重も 40 年度になると 51% にまで低下しており，国債オペによるベース・マネー回収がかなり鈍化した。この事態がインフレ惹起を通じて長期金利水準の上昇を招く以上，日本銀行側もこれの是正を望んだのであろう，生産力拡充資金の供給のみならず国債消化も強化して欲しいとの協力要請を金融機関代表側に行った。

しかし，本要請にもかかわらず，1940 年 1 月 18 日の懇談会での「本行手持国債は前年に比し七億二千二百万円を増加し，恰かも兌換券の膨張と相応するの状態なり」との結城総裁の発言に見られるように，国債未消化がベース・マネー増＝インフレの要因であることを表明せざるを得ない状況に陥った。さらに，40 年 3 月 14 日，11 月 13 日，11 月 21 日の懇談会でも，さらなる国債消化への協力を要請するに至った。しかし，同年 11 月 28 日の懇談会では地方銀行の代表者側から，国債消化など国策に協力した結果，普通銀行の中でも特に地方銀行は「今日利潤追求ノ運営ヲ為シ居ルニ非」ざる状況であり，「殆ト公共機関ト申シテ差支ナ」い状況であるにもかかわらず，戦時金融統制にあたり収益の付与という意味での営業地盤面での配慮の欠落に対する不満や，「銀行ハ国債ヲ預金ノ二十七％保有シ居ルカ更ニ強制保有スル考ヘアリヤ」との疑念が出された。この間，周知のように，地方銀行の貸出基盤は傾向として縮小しており，しかも国債を中心に有価証券保有を増加させた結果，

収益性も低下させていた。これらのことが上記発言の背景であろう。

以上，1940年に至り，生産力拡充計画の開始にともない，大銀行側が産業向け資金供給に重点を置くなかで，国債消化の難渋化＝日本銀行への滞留とともに，地方銀行の金融統制体制内への統合という問題が顕在化したのである。

5　日本興業銀行を中心とする軍事産業向け融資体制の整備(30)

1930年代の後半には，日本の金融の仕組みに変化が生じていた。周知のように，この時期には，大企業は，財閥系も含めて，銀行部門からの資金調達比重を飛躍的に上昇させ，系列外の諸銀行への資金依存が決定的になった。このような変化を金融機構面からみると，重工業企業への協調融資団（当時，シンジケートを略して「シ団」と称された）の中核として，日本興業銀行（以下，興銀）が企業への資金供給に関わりを深めた点が重要となる(31)。ここで「協調融資」という資金供給方式が登場する。それでは，興銀を中心として登場した協調融資団は，どのような資金供給を行ったのだろうか。

1937年以降，生産力拡充計画の実施と，これに伴う首都圏など大工業地帯での資金需要増大を背景に，資金需要の乏しい遠隔地所在の有力地方銀行も，東京支店などを通じて軍需産業関係企業への融資に乗り出した(32)。一方で，この時期には，前述のように，戦費調達の目的で大量の国債が発行され，軍需産業企業と国債との資金需要の競合も高まった。このことは国債未消化による悪性インフレを発生させ，金融市場の混乱をもたらす危険性をはらんでいた。そのため興銀は地方銀行の融資分を肩代わりし，貸出競争に基づく金融市場

---

(30) 本項は，鈴木・白鳥「戦時経済と企業」の関係部分（白鳥執筆部分）を，加除修正したものである。

(31) 以下，日本興業銀行については，日本興業銀行『日本興業銀行50年史』同行，1957年，日米開戦以前の金融市場動向は山崎志郎「戦時金融統制と金融市場」『土地制度史学』第112号，1986年1月，統制体制全般は伊牟田編『戦時体制下の金融構造』による。

(32) 白鳥圭志「戦時体制下における地方銀行経営の変容」『社会経済史学』第74巻1号，2008年6月；伊藤正直「戦時体制下の地方銀行」朝倉孝吉編『両大戦間における金融構造』御茶の水書房，1980年，などを参照。

の混乱は回避された。この過程で全国銀行総貸出額に占める興銀の割合は急上昇し，36 年末の 4.2 パーセントから，41 年末には 13.2 パーセントに達した。この間の三井，三菱，住友，安田など六大銀行のシェア 13.4 パーセントから 16.3 パーセントで推移した。興銀の地位の上昇ぶりがわかる。

　しかしながら，1939 年以降，悪性インフレが激化する中で，当局は金融市場調整策を抜本的に立て直すことになった。41 年の「財政金融基本方策要綱」に基づき，融資調整を重要な目的として，興銀を中心に都市銀行 10 行と 5 大信託銀行が参加した「時局共同融資団」が結成された。41 年末の数値によれば，共同融資団貸出総額の 7 割，取引口数の 9 割を興銀が占めていた。さらに命令融資も 41 年末時点で，総融資額の 25％を占めており，興銀はこれを通じて軍事産業との関連を深めていた。これにより，興銀の「旧財閥系諸有力会社との交渉度が急速度に高まった」。さらに地方銀行からの興銀向けの貸出も増加し，興銀は戦時下の時局産業への資金供給の中核を担うようになった（後述）。この意味で，興銀に各金融機関から時局産業への融資リスクが集中する体制ができた。[33]

　これに加えて，興銀を中心とする社債のシ団引受も実施された。特に 1940 年 12 月の大蔵省，企画院，日本銀行，興銀からなる「起債計画協議会」の設立以降，「『三分主義』（官庁筋，シ団，公募）に基づく官庁資金依存強化，シ団親引の義務化」が図られてからは，興銀を中核とする「ほぼ完全な統制市場」が実現した。これにより，興銀による会社債引受の発行総額に占めるシェアは 1939 年以降，9 割にも達したという。

　社債の担保付化と分割発行については，1940 年以降の株価下落への対策として，41 年に興銀が資金を供給して，「実質的に本行（興銀）の分身ともいってよい」とされる日本共同証券（後の戦時金融金庫の前身のひとつ）が設立された。同社は，「太平洋戦争勃発直後のブーム」時の「売操作」実施を除いて，

---

(33) 伊牟田編『戦時体制下の金融構造』における「リスク迂回化」論による。岡崎は，興銀の審査能力をもって，同行の戦時金融体制における中核機関化の理由としているが，興銀に適切な審査能力があったのかは明らかではない（岡崎「第 2 次世界大戦下の金融制度改革」126 頁）。しかも，大半を占めた政府による命令融資について，貸出リスクの管理の必要性が自覚されていたのかどうかも疑わしい。

基本的に「買操作」により社債や「株価の一定水準での釘付け」をすることで価格下落（金利上昇）を阻止していた。(34)この点を踏まえたとき、興銀や興銀中心のシ団引受による社債は、流動性が強く制約を受けており、事実上、証書貸出に類似していた。これに加えて、臨時資金調整法に基づく起債、株式発行の制限も実施されていた。(35)以上から社債取引に見られる証券市場や、都市銀行の審査体制に象徴される戦時期の協調融資は、戦後のそれとは大きく異なると見るべきであろう。

　興銀の圧倒的な資金力は、1）日本銀行からの資金調達、2）興銀債券発行と他金融機関による消化、3）興銀手形の地方銀行への割当、といった資金供給要因によって支えられていた。1）日本銀行からの資金調達については、1937年以降、日本銀行が「社債担保乃至社債前貸手形担保手形割引制度」を創設し、興銀への資金供給を支えたことが大きい。この意味で、日銀から興銀への資金供給はインフレ促進的であり、長期信用銀行制度が成立する戦後のそれとは異なる（第2章第2節）。2）興銀債券発行と他金融機関による消化については、40年8月から開始された地方銀行による特別引受が重要であった。興銀債の4割が地方銀行により引き受けられたが、その際、大蔵省、日本銀行、興銀といった「起債当局と地方銀行協会との間に、転売、質入を禁ずる旨の強力な申合わせが行われ」ていた。つまり、地方銀行等により引き受けられた興銀債は、事実上、流動性が剥奪された、いわば地方銀行等から興銀への証書貸出とでも言うべきものであった。3）興銀手形の地方銀行への割当についてであるが、興銀は、全国金融統制会を通じて、地方銀行に同行振出の手形を割り当てることにより、資金調達を図っていた。

　では興銀手形や興銀債の引受を行った地方銀行の取引姿勢は、どのようなものであったか。山形県の有力地方銀行だった両羽銀行の事例によれば、(36)興銀貸出先のほとんどが時局産業であり、命令融資に見られる政府補償が付いていることを根拠に安全な貸出先と判断していたことが判明する。両羽銀行では、貸出審査組織を縮小し、貸出審査や監督といったリスク管理をしようとし

---

(34) 伊牟田編『戦時体制下の金融構造』。
(35) Hoshi and Kashyap, *Corporate Financing*, p.63.
(36) 白鳥「戦時体制下における地方銀行経営の変容」を参照。

なかった．さらに，興銀手形の割当だけでは，地方銀行経営に安定的かつ十分な利益を保障することはできなかった．この点は，後述する，安定的な収益付与を通じた，業態としての地方銀行の体制内統合を図れたか否かという論点に関わる．

興銀を中心とする協調融資や社債のシ団引受は，このような統制的措置に支えられて実施されていた．

第2節　国債オペによる信用調節の実施基盤の整備

1　国債累増・物価対策としての地方銀行への着目

このような状況の中で，「国民総生産額から予測・推計した『国家資力』によ」る財政・産業・国民消費への資金の統制的・計画的分配を定めた「財政金融基本方策要綱」が，1941年6月に閣議決定され，実行に向けた動きが加速した．同時に日本銀行も同年4月以降，特に同年後半になると明確に国債消化を巡る改善策を模索する．まず，4月の部局長支店長会議で，新潟・名古屋・岡山の各支店長から地方銀行の投資難是正に関する提言が出された．このほか，結城も各支店長・部局長に対して，地方銀行の資金の集中運用の方策の構築や日本銀行への利付き預金制度の導入も含めて，この問題の解決策の検討を指示した．

さらに，同年後半になると，日本銀行調査局は「貯蓄目標達成ニモ不拘国債消化及生産力拡充資金ノ調達不円滑ナリシ原因ニ就テ」(1941年10月20日．田中参与指導)，「地方普通銀行ノ性格」(1941年12月，日時不詳．久保田参与

---

(37) 伊牟田「第二次大戦期の金融構造」15頁．岡崎「第2次世界大戦」123頁以下．
(38) 「昭和十六年四月部局長支店長会議ニ於ケル主要提案事項」の「市中銀行ノ預金貸出ニ関スル件」および「昭和十六年四月二十六日部局長支店長会議席上　結城総裁閉会ノ辞」いずれも日本銀行『昭和十六年四月部局長支店長会議関係書類』に合綴．
(39) 両史料とも『日本金融史資料』昭和編，第30巻，232-233, 248-253頁．以下，引用などは当該箇所からによる．なお，同史料に最初に着目したのは，平「地方銀行の実態」349頁であったが，「国債消化機関化」を巡る議論については一部重複するものの，それ以外の議論は上述のように本書の分析視点とは異なる．

指導）という史料を作成した．以下，両史料の検討を通じて，日本銀行の問題改善構想を明確化する．なお，上記史料は日本銀行内部史料でも，特に「調査局参与関係調査物」として他の史料とは区別されており，大蔵大臣により任命され総裁の諮問に応じて意見具申できる参与クラスの幹部が指導に入っている，日本銀行調査局作成史料としては珍しいものである．以上から，両史料は，政策決定上，日本銀行幹部により重要視されたと判断される．

最初に前者（田中参与指導史料）から検討する．ここでは，まず，1938年度以降の政府による「国債発行及生産力拡充ニヨル資金散布額」の推定に基づく「資金蓄積ノ目標」の良好な達成にもかかわらず，「発行国債ニ未消化」が生じた理由を検討している．その結果，「国際情勢ノ緊迫度加重ニ因」る財政支出の膨張と，戦時経済の進展に伴う生産力拡充計画の予定以上の増強の結果，散布資金量が，当初，決定した貯蓄目標を超過したが，これら「資金ガ所得ニ分解セラレ終局貯蓄トナリテ国債消化ニ働キテ日本銀行ニ還流スルマデニハ『時ノ遅レ』ヲ免レズ，其ノ流通行程ニアル間ハ即市場ニ滞留スル」という，「政府資金ノ滞留多キコト」が第一の要因として指摘された．次に，①「物価騰貴」「切符制度ノ拡充其ノ他配給機構ノ再編成，物資ノ偏在及不足ニ伴」う「現金取引ノ増加」，②「取引ノ不円滑，統制ノ強化或ハ貿易停頓ニヨル滞貨累増ニ伴」う「現金取引ノ増加」，③「国際情勢ノ緊迫化ニ伴ヒ非常用現金ノ手持ヲ増加」させる「個人及商店手持現金ノ増加」，④預金増加に伴う支払準備・日常営業資金の増加を背景とする「銀行手持資金ノ増加」，以上4点を原因とする「市中ノ現金通貨需要量ノ増大」が第二の要因として指摘された．

さらに，同史料では，「生産力拡充資金ノ調達ヲ不円滑ナラシメタル理由」として，①「物資ノ不足ニ基ク生産ノ萎縮，採算ノ悪化等ニ伴フ事業会社ノ内容業績或ハ前途ニ関スル不安ハ増資，株式ニヨル資金調達ヲ困難ナラシメ，或ハ金融業者ヲシテ融資ヲ逡巡セシムルモノアリ」という「事業会社ニ対スル信任欠如」，②「短期資金ノ長期運用難」，③「時局産業」と直接の関係をも

---

(40) 土屋喬雄「『戦時金融関係資料』（四）解題」『日本金融史資料』第30巻，3頁．
(41) 『日本銀行百年史』資料編，196-197頁の日本銀行参与法の規定を参照せよ．

つことが少ない，「郵便貯金，貯蓄銀行又ハ信用組合」「地方銀行へ（ノ）資金集積」，④③と「国債消化資金ト相克」を挙げていた。本史料の末尾で，日本銀行は，この不円滑を「機構整備途上ノ摩擦ニ因ルモノ多シ」と見ており，「其ノ改編整備」により改善されると考えていた。特に，本章との関係で重要なのは④である。この時期，地方銀行は地方への好景気波及を背景に39年6月末まで89％と高い水準の預貸率を示しており，日本銀行側の認識の正しさを一定程度裏付ける状況が存在した。なお，ここで資金需給のミスマッチの原因として，地方銀行などの時局関連産業との関連が薄い金融機関への資金集積が挙げられていることは，後論との関係で留意されたい。

次に，後者（前掲久保田参与指導史料）を検討する。本史料の中では，まず，1940年末現在における地方銀行の資金量79億円が，全金融機関の資金量541億円の14％と，郵便貯金などの官庁資金，市中大銀行に次いで第3位の地位を占めたことを論じる。続いて，「物資統制ノ強化」の結果，「地方農村金融」における産業組合のさらなる進出を容認せざるを得ないことのほか，中小商工金融でも統制組合の結成に伴い，地方銀行の営業分野がさらに縮小せざるを得ないことが見込まれるために，収益性面で地方銀行の先行きが厳しくなるとの見通しを示した。その上で，地方銀行は資金の吸収と「公社債投資」の両面で「国家総力戦ニ全面的ニ協力スルニアルベキ」であるとして，経営規模の弱小性，「各地ニ孤立分散シテ其ノ機構ハ組織化セラレ」ていないという「有機的組織ノ欠如」「資金コスト高」「中央融資ニ関与セザルコト」などを是正すべき問題点であると指摘した。

以上を踏まえて，同史料では「戦時経済ノ現状ニ於テ地方銀行ハ伝統的ナル固有性（地方産業向けの融資活動）ヨリ移行シテ一般性（「資金吸収及公社債消化」）ニ重点置カレルノミナラズ，カカル臨戦的ナル地位ハ相当継続性アリト見ラルルナリ」として，「資金吸収及公社債消化」に重点をおきつつも，「適正ナル範囲及規模ニ於テ其（地方産業）ノ存在ノ確保セラルベキ」程度ではあるが，戦時下においても「計画性ノ程度」などについて地方産業を指導する必要

---

(42) この時期の地方への好景気波及の実態と地方銀行の貸出姿勢については，一例に過ぎないが，白鳥「戦時体制下における地方銀行経営の変容」を参照。

性からも，明治以来 地方銀行が行ってきた，地方産業向けの融資活動という「固有性」に配慮すべきであると結論付けた。その上で，「地方銀行整備ノ方策ハ現時ニアリテハ戦時適格性ノ補正ニ重点ヲ置クベキハ免レザルベキモ，尚ホ戦時経済的要請ニ応フルノミヲ以テハ未ダ完全ナルモノニアラズシテ，国防国家ノ要請ニ即応スルト同時ニ地方銀行ガ従来地方金融ノ問題ヲモ包摂シ是ヲモ併セテ解決シ得ルモノタラザルベカラズ」という「整備方策」を提起した。なお，ここまで示した史料解釈からすれば，総力戦下におけるメインバンク・システムの形成の一環としての協調融資の成立の側面を過度に強調する解釈には妥当性がないことは，もはや，明確であろう(43)。

このように 1940 年後半になると，日本銀行は生産力拡充資金，国債消化資金の確保策を検討し，本問題是正のための一焦点として，地方銀行の存在に着目した(44)。そして，1941 年末になると地方銀行は戦時経済の円滑な運営のための，「資金吸収及公社債消化」を主要な任務とすべきとの考えが，日本銀行上層部の中で打ち出された。ただし，再編方策の提起にあたり「固有性」を一定程度尊重すること，「地方特殊性ニ即スルコト緊要ナルベシ」と指摘し

---

(43) 岡崎「金融システムの変化」122 頁でも，これら史料を用いて，資金分布の空間的・業態間的ミスマッチが問題視されたことを指摘した上で，この問題をもっぱら協調融資の形成要因に解消している。しかし，当該史料の主たる検討目的は国債消化であり，協調融資の問題はこれと補完関係を持ちつつもあくまで副次的であった。もし，岡崎氏のように解釈するとすれば，史料の記述中，国債消化に大部分が割かれているという事実についての説明に加えて，何故，日本銀行内部において国債消化問題が台頭した後になって，本史料が作成されたのかという問題が出てくる。これらの諸点において岡崎氏には同意できない。

(44) 南條隆・粕谷誠「銀行ポートフォリオ選択の効率性に関する一考察」『金融研究』第 23 巻 5 号，日本銀行金融研究所，2006 年 3 月，133-134 頁では，戦時期において都市銀行と「国債消化機関化」が進展したとされる地方銀行との間で，有価証券投資を中心とする収益性・経営の効率性に格差が殆ど見られなかったことを論じ，地方銀行の収益性低下を強調する先行研究を批判している。しかし，提示データは 1940 年下期のものである。この時期には未だ地方銀行は地元での貸出も含めて高い水準の貸出残高を維持していたと判断される（両羽銀行の事例では預貸率で 60% 弱程度，その後，44 年下期末の 30% 弱まで急速に低下。白鳥「戦時から戦後復興期における地方銀行経営の変容」一橋大学大学院商学研究科ワーキング・ペーパー，2005-17，表 4・5）。この意味で 40 年下期のデータに基づく分析は不適切である。このほか同論文が論じる戦時期より両大戦間期のほうが有価証券投資の収益性が高かったという事実は研究史上の常識である。

ているように，地方産業向け融資という明治以来の地方銀行の主要任務にも配慮する姿勢を示した。つまり，地方銀行を存在させることは，地域経済の円滑な運営を一定程度保証することを意味し，地方銀行を含む地域経済の総力戦体制への統合を図る上でも必要であると認識されていた。この意味で，業態としての地方銀行の存置理由は単なる国債消化基盤の整備や「地方産業の戦時整備」の必要性には止まらない[45]。さらに，この考えは，系列関係など地方銀行の経営実態を重視した，戦時体制下における日本銀行の銀行合同政策にも強く反映した[46]。

2　金融統制会の設立目的と統制会組織における日本銀行の位置

周知のように，1941年の「財政金融基本方策」の一環としての日本銀行法施行後の42年5月になると[47]，同行を会長行に金融機関の統制組織を結成させて「政府指導の下に同業連帯一体的にその機能を発揮し金融統制の実施に協力し且つ金融と産業との連絡の密接を図らしむ」趣旨の下，各業態別に金融機関を糾合した統制団体である全国金融統制会が設立された。その際，同統制会は統制規定を作成した。ここでは[48]，まず，日本銀行の国債オペの分析の前提として，資金吸収・資金運用関係を中心に同規定を検討する。

まず，「第二条（号の誤り）　資金の吸収及運用の計画に関する件」である。第1条では，個別金融機関・業態別統制会の，日銀総裁の定めに従った「一定期間毎」の資金吸収・運用計画の全国金融統制会への提出義務，日銀総裁の計画への指示・変更命令権の保持が規定された。第2条では，主務大臣から特別の指示がない限りでの，第1条を踏まえた資金運用計画の実施義務が規定された。つまり，資金の吸収・運用にあたり，会長は各金融機関から提出された資金吸収・運用に関する計画書をもとにして，金融統制上の必要事

---

(45) 平「地方銀行の実態」349頁。
(46) 佐藤「銀行統合構想」第2節以下を参照。
(47) 「全国金融統制会報」創刊号，1942年8月，『日本金融史資料』昭和編，第10巻，56頁。
(48) 以下に示す統制規定は，注(39)史料，16-17頁。渋沢の説明は14-15頁。なお，山崎「協調金融体制の展開」213-217頁でも，日本銀行が資金計画業務のほぼすべてを担当した旨の指摘はあるが，国債消化を巡る規定の具体的内容の分析はされていない。

項を指示する権限をもっており，日本銀行は，事実上，統制運用上の司令塔であった。

次に「第三号　有価証券の応募，引受又は買入等に関する件」を検討する。まず，第一条では，日本銀行総裁に「有価証券に関する政府の計画に基き会員たる金融事業を営む者に対し其の応募，引受又は買入を為すべき有価証券の種類，金額又は割合其の他当該計画の実施に必要なる事項を指示する」権限と，「有価証券に関する政府の計画に基き業態別統制会に対し其の会員又は其の会員たる統制組合の組合員が応募，引受又は買入を為すべき有価証券の種類，金額又は割合其の他当該計画の実施に必要なる事項を指示する」権限があることを規定する。第三条では「有価証券の売買時期，方法又は条件に関し必要なる事項を指示する」権限を明記している。特に，第一条に関する渋沢敬三副会長に説明には「特に国債等に付いては一定の標準，方法等で相当立入ったお願いを致す」とあるほか，第三条についても「特に売却に付きましては必要に応じて直接に或いは業態別統制会を通じ予め本会に連絡して戴き本会は市場の状勢に応じて之に関する適切な指導，統制を行つて行く様にならう」とある。この説明に見られるように，本規定は国債消化の円滑性維持のための強大な権限を，日本銀行に付与するものであった。[49]

3　国債消化割当・消化実績

ここでは，上述した規定の検討を前提に，日本銀行の国債消化策と消化実績を検討する。まず，数値が判明する1942年度の国債消化割当を示す[50]。なお，以下に示す数値は，前述の統制会規定の内容，ならびに「会長（日本銀行総裁）は対外的に全国金融統制会を代表すると同時に，対内的には，唯一の意思決定機関であった」[51]との指摘を踏まえた場合，日本銀行の意向が強く反映していたと見てよいことに留意されたい。最初に消化率であるが，普通銀行と地方銀行は60％，地方の銀行が殆どを占める貯蓄銀行は75％に設定され

---

(49) この点は，『日本銀行百年史』第4巻，330-441頁では明瞭に把握されていない。
(50) 日本銀行「戦時金融統制の展開」414頁。
(51) 日本銀行『日本銀行百年史』第4巻，331頁。
(52) 進藤「昭和18年貯蓄兼営法の歴史的意義」368-369頁によれば，当時の都市貯蓄

ている。さらに，民間金融機関消化額 9,675 千円に占める地方銀行と貯蓄銀行の割合をみると，前者が 1,590 千円・16.4％，後者が 1,500 千円・15.5％を占めていた。ちなみに最大の構成比を占める都市銀行からなる普通銀行が 3,220 千円・30％であることと比較したとき，地方銀行・貯蓄銀行両業態の占める位置の大きさが窺える。さらには，資金量・収益性において，大銀行と比べて大幅に劣るこれら両業態に，同様に資金蓄積額の 60％，ないしそれ以上の国債消化を要求することは，極めて大きな負荷をかけることをも意味する。これに加えて，本制度はもっぱら収益性対策の側面が濃厚であった銀行合同政策とは異なり，直接に各金融機関の資金蓄積・国債消化増加量に重大な影響を与える。以上，国債オペと密接な関係をもつ諸施策の中でも，特に重要な役割を果たしていた。このほか，先行研究によれば[53]，各業態ともほぼ全期間にわたり，統制会側により設定された国債保有計画額は未達成であった。それゆえ，この金額設定それ自体が極めて過大であった。

次に，史料の制約もあり，1942 年第三四半期以降のものになったが消化実績を示す。地方銀行・貯蓄銀行ともに長期国債の消化実績が，資金蓄積額の 60％という前述の比率上の基準を上回り，しかも地方銀行は絶対額で資金蓄積高を国債消化高が大きく上回る時期すらある。これに対して，普通銀行統制会加盟行は，実績が資金蓄積額の 60％を下回っている。都市銀行はこの時期には軍需資金需要増大に応えて貸出を大幅に伸ばしていた（40 年上期 8,832 百万円→ 42 年上期 12,933 百万円）。これが目標の未達成の要因であろう。以上，国債消化にあたり日本銀行が地方銀行・貯蓄銀行に重点を置く計画を立てたことや，もっぱら資金需要に応じて国債消化に廻す余力に乏しい普通銀行を補完する形で，これら両業態の国債消化への貢献度の高さが確認される。その結果，1941 年度の 56.4％から 42・43 年度にはそれぞれ 64.4％，64.7％と，日本銀行の国債売却率は 10％近く改善された。

以上，全国金融統制会設立以降，日本銀行は地方銀行・貯蓄銀行を重要な国債消化の基盤に位置付け，かつ，これら両業態も国債消化に重要な貢献

　　銀行，ないしはその系列と目されるのは，安田貯蓄（都市貯蓄銀行），内国貯金，東京貯蓄，大阪貯蓄，日本貯蓄（以上，系列）の各行のみであった。
(53) 以下，国債消化に関する数値は，山崎「協調金融体制の展開」表 2-1-9（216 頁）。

をした。同時に，日本銀行を中心とする一連の公債発行・消化メカニズムを想起した場合，両業態による国債消化は日本銀行による国債オペの実施にとって重要基盤にもなったのである。

第3節　銀行合同と金融構造の再編成

1　銀行合同政策過程での地方銀行存置の決定と貸出基盤の確保

　総力戦体制下における銀行合同政策の主要目的は，低利資金による国債消化の実現であり，日本銀行もこの点を強く意識していたこと，1930年代後半以降の地方産業の後退，特に40年の米穀管理規則の制定に伴う融資基盤の喪失と国債消化の増大が地方銀行の収益を圧迫しており，この面からも銀行合同の進展が望まれていたことはよく知られている。以上を踏まえて，ここでは日本銀行による地方銀行合同の特質を，総力戦体制への統合政策の観点も含めて検討する。

　まず，銀行合同政策への対応等を目的に1942年6月に設置された，企画委員会での議論を検討する。本委員会については，銀行合同方針を巡る佐藤氏による検討がある。ここでは，最大限，氏の分析との重複を避ける形で検討する。同年8月11日の委員会では総裁からの諮問事項である「地方銀行ヲ存続発展セシムル為メ業務ノ範囲経営方法等ニ付キ指導スヘキ方針如何」への回答が検討されている。ここでは，次の議論が注目される。この委員会では提出された答申に対して，総裁から「資金運用テハ『地方所在ノ事業会社ニ対スル融資ニハ原則トシテ同地所在ノ有力地方銀行ヲ加入セシムルコト／地方会社カ中央会社ニ統合セラレタル場合ニ於テモ之ニ準シ同様考慮スルコト／尚中央会社ノ地方工場ノ運転資金等融資ニ対シテモ事情ノ許ス限リ同地所在地

---

(54) 日本銀行「戦時統制の展開」413頁。
(55) 佐藤「銀行統合構想」179-181頁。「国債消化機関化」については注 (9) の諸研究も参照。
(56) 佐藤「銀行統合構想」185頁以下。
(57) 以下での引用は，日本銀行『企画委員会関係書類』1942年。

方銀行ノ加入ヲ斡旋スルコト』／之レテ尽クシテハ居マイガ，之等ノ方法ヲ採ルコトカ必要ト謂フコトニ一致シテ居ルノヵ／『右ニ就テハ本行本支店之ヲ斡旋スルハ勿論ナルモ全国金融統制会ニ於テモ此方針ヲ決定シ充分ナル指導ヲ為スヲ要スヘシ』ト謂フコトカ斯ウシタ方カ良イノナラ本店及統制会テモ其ノ方針ノ如ク指導スル様ニセネハナラヌ」という確認が出された。

　この質問のうち，地方所在の事業会社・工場等に対する貸出関係の部分は，地方銀行を存置する以上，上記方針を通じて育成することを委員会が一致しているのかを確認している。それ以外の部分は本方針を実行する上で，日本銀行や金融統制会が斡旋活動などを通じて主要な活動の担い手になるのかを確認している。この確認に対して，各委員からは異論は出されていない。ここから，日本銀行は地方銀行を業態として存置する以上，国債と比較して相対的に利廻りのよい貸出先を与えるという意味で，営業基盤確保に配慮する方針を構想したことが分かる。現に，1942年8月に各支店長に上申させた報告書でも[58]，軒並み各支店長とも地方銀行の「発展促進」のために同様の措置を採る必要性を指摘しており，現に一部の支店では支店長の斡旋により地方銀行の貸出基盤確保のための措置が採られていた。このほか，前述のように40年の段階で地方銀行側からも収益との関係で営業地盤確保への配慮が求められていた。さらに，44年の軍需会社指定金融機関制度の導入に際しても[59]，全国金融統制会会長行として日本銀行は「地方的軍需会社」向けを中心に地方銀行への追加指定を実施する姿勢を示しており，現に少なからぬ地方銀行が指定を受けていた。以上から，これら措置は，地方銀行・地域産業を中心とする地域経済を，国債消化を中心とする戦時体制に円滑に統合するための配慮と言える。

　本方針が実行されたことは[60]，1942年8月から43年12月までの間に，全国金融統制会を組織者とする共同融資参加状況からも確認可能であり，幹事件数は全56件と少ないものの，機械金属（196件）・繊維（157件）・食糧（77

---

(58) 日本銀行審査部『昭和十七年八月企画委員会第一回特別委員会諮問事項ニ対スル支店長意見（全）』に合綴の各支店長からの報告による。なお，支店長による地方銀行への貸出先斡旋は函館支店，岡山支店などに見出せる。
(59) 平「地方銀行の実態」349頁以下。
(60) 以下での引用も含めて，山崎「協調金融体制の展開」470-471頁。

件)の配給機関を中心に,融資参加件数で1,176件に達する。これらの共同融資であるが,「その他の金融機関が幹事となるのは府県単位で設立された各地食料営団,木材統制会社や繊維配給会社が大部分を占め,県内中心銀行を幹事にその他地銀,勧銀,産組中金,商工中金,都銀支店等を構成員として共同融資団が組まれた」との指摘にもあるように,地方所在の企業向け融資の場合に地方銀行が幹事になるケースが多かった。さらに,地方銀行統制会は[61],42年6月以降,国債消化割当額および「貸出金(コール・ローン及興銀ノ手形ニヨル融資ヲ除ク)増加額ヲ控除シタル金額(貸出金減少セル場合ハ減少額ヲ加算シタル金額)ヲ以テ其ノ銀行ノ『余裕金』トシ,余裕金ノ八〇%相当額ヲ額面トスル」興銀債権の特別引受の斡旋を行った。これら措置を採った「ひとつの動機はこの引受によつて投資利廻を調整し,地方銀行の国債消化能力を培養,促進すること」であったとされること,資金蓄積・運用計画が最終的に全国金融統制会会長である日本銀行総裁の承認が必要であること(前述)を踏まえた時,上記措置が実施されたことそれ自体,日本銀行がその必要性を考えた地方銀行の総力戦体制への統合策(「強制的同権化」策)[62]の一環としての収益基盤確保策と評価できる。この限りで,部分的に,国債強制消化による収益性低下を緩和すべく,一定の利潤原理の利用した点は認めなければならない。しかし,預貸率等の資金運用(43年上期と44年上期の預貸率,地方銀行34.4%→30.9%,都市銀行58.9%→66.5%,貯蓄銀行5.4%→7.2%)の動向や後述の両羽銀行の経営行動の事例が示すように,それは,せいぜい統制の論理に基づく国債強制消化の弊害(収益性低下)を若干緩和するものに過ぎず,国債所有増→利潤増という形で積極的な国債保有への誘引を付与するものではなかった[63]。この意味で,当該期の地方銀行への収益付与を巡る「強制的同権化」策は限界が著しかった。

---

(61) 直後の引用も含めて,地方銀行統制会「地方銀行の社債券特別引受に就て」『全国金融統制会報』1942年10月号(『日本金融史資料』昭和編,第10巻,19-23頁)。
(62) 山之内ほか編『総力戦と現代化』。なお,この点は先行研究では着目されていない。
(63) この意味で,岡崎哲二「戦時計画経済と企業」東京大学社会科学研究所編『現代日本社会』第5巻,東京大学出版会,1991年,391-395頁が検討した製造業とは,統制手法がかなり異なる。

以上，限界は著しいものの，銀行合同政策の展開にあたり，金融統制会を通じて地方銀行に対する貸出基盤上の配慮が行われていた。この意味で，上記政策は，少なくとも，日本銀行当局者の中では，国債消化の円滑化と総力戦体制への統合の両面で，金融調節政策と補完関係にあるとされていた。その際，日本銀行の合同方針は，1943年の「全国銀行統合並店舗整理案」に見られるように⁽⁶⁴⁾，基本的に，一方では金融統制会会長行として積極的に銀行合同政策を推進する姿勢を示し，合同による規模の経済性により国債強制消化による収益性低下への耐性を滋養した。他方では競争関係など，各地・各行の実情に阻まれる形で，状況調査に基づき「現実感覚に富んだ」「漸進主義」的な計画を立案した。この結果，40年末に286行あった普通銀行は，45年10月末には61行まで激減した⁽⁶⁵⁾。しかし，当局の構想どおりに銀行合同が実現しておらず，統制力の行使には限界があった。

2　銀行合同過程における利害調整
―― 系列関係の形成が多く見られた地域の事例

それでは，銀行合同過程において，銀行や各地域を取り巻く実態を重視したとされる日本銀行はどのような利害調整を行ったのであろうか。また，銀行間の系列関係の形成が進んだ地域とそうでない地域の銀行合同はどのような違いがあったのであろうか。まず，前者について，佐藤政則氏による三和系地方銀行の統合問題を[66]，後者については筆者による山形県本店所在の両羽銀行の銀行合同を見てみよう。

まず，三和系地方銀行の実態を見る前に，主要都市銀行による系列形成の状況を確認する。1942年6月末現在で，住友銀行は4行，安田銀行は9行，三井銀行は1行，第一銀行は8行，三菱銀行は1行，第百銀行は4行，三和銀行は9行あったという。それら系列地方銀行の所在地を見ると，全36行中，愛知県・富山県以西の西日本地域が25行，関東が6行，北海道が1行，

---

(64) 佐藤「銀行統合構想」第3節・第4節を参照。
(65) 佐藤「合同政策と三和系地方銀行」伊牟田編『戦時体制下の金融構造』535頁。
(66) 以下，三和銀行の系列整理と銀行合同の進展については，系列関係の地域別状況も含めて，佐藤「合同政策と三和系地方銀行」による。

新潟県が2行，静岡県が2行であった。都市銀行の系列地方銀行は，西日本に偏っていた。このことは，系列関係が少なからず存在する地域と，そうではない地域では銀行合同のあり方に相違があったことを暗示する。

　この点を踏まえて，三和系地方銀行の銀行合同過程を見てみる。1943年に合併問題が浮上すると，神戸湊西銀行と恵美酒銀行（兵庫県本店所在）は三和銀行との合併を希望していたが，日本銀行側は地理的に見て神戸銀行への合併を希望し，三和銀行側にその意向を示していた。これに対して，三和銀行の岡野副頭取は，湊西銀行を神戸銀行へ合併させた上で，神戸銀行と三和銀行で株式の持合を行うことを提案した。しかし，神戸銀行側はこれを断った。これを受けて，大蔵省は，湊西銀行の経営者・筆頭株主である末正一家の持株を三和銀行が買い取り，その上で三和銀行が株主となった湊西銀行を神戸銀行が合併するという形で，三和銀行が資本参加することを神戸銀行に提案した。最終的には，三和銀行が湊西銀行の株式を神戸銀行に譲渡する形で合併案が纏まった。恵美酒銀行も同様の方法で，神戸銀行への合併が図られた。このような方法は，「三和銀行の資本参加を拒む神戸銀行，神戸銀行を軸に一県一行を実現したい大蔵省・日銀のそれぞれの希望を満たす方策であ」り，この合併それ自体を見ると三和銀行は「なんら得るものはなかった」。

　しかし，これには三和の系列行である長周銀行（山口県本店所在）の不良債権処理問題が絡んでいた。当初，日本銀行は，三和銀行からの支援要請に難色を示し，三和銀行がこの不良債権処理に全責任を持つことを求めていた。しかし，1943年末になると，日本銀行は長周銀行の不良債権処理の一部を負担することを了承した。これにより三和銀行は系列地方銀行の他の都市銀行による合併に寛大になったという。以後，43年末から44年にかけて上記の兵庫県内の銀行合同のほか，「三和銀行が筆頭大株主である北國銀行の初代頭取人事，土予銀行の四国銀行への合併などで大幅な譲歩を行っ」た。特に，三和銀行は，後に北國銀行創立に参加する加能合同銀行の株式取得を進め，その比率は4.0％に達しており，同行創立直後になると，三和銀行の持株比率は11％ほどになっていた。ここで三和銀行側と非三和銀行側での頭取人事を巡る内紛が生じた。これも，上記の長周銀行の不良債権処理の際の日銀負担が決定すると，三和銀行は派遣していた専務，常務を引き揚げて，同行との

系列関係を解消するという譲歩を行った。

1945年になると、三和系列下にあった阪南銀行（大阪府本店所在）が合併相手先として住友銀行を選択することを許容した。このほか、同系列下の大同銀行（和歌山県本店所在）の合同についても、同じ和歌山県本店所在の紀陽銀行が合併希望を打ち出す中で、三和銀行が大同銀行を一旦合併の上で、「新宮等に支店を置きて其他の店を紀陽に譲」る方針を示した。福井県本店所在の三和系列行の大和田銀行についても、同県本店所在の有力行である福井銀行との合併に難色を示す中で銀行合同が進展していなかった。しかし、45年7月以後、三和銀行が大和田銀行を一旦合併後、福井銀行に店舗を譲渡する案が台頭し、三和銀行もこれを受容した。その結果、福井銀行による大和田銀行の事実上の合併が成立した。

以上、三和銀行の系列整理と関連各府県の銀行合同を見ると、それらは相互に関連しており、その中心には「既得権益の保障」「住友銀行とのバランス」が貫徹していたという。この事例のように都市銀行による地方銀行の系列化が進展していた地域では、一県一行化を進めるにあたり、系列の整理が重要な問題となった。そこで、関係とする都市銀行に、兵庫県の銀行合同を巡る日銀による不良債権処理の一部負担に見られるように、日本銀行や大蔵省が一定の配慮をすることで、兵庫県以外の他府県の系列整理と銀行合同が進むことになった。このように、都市銀行に系列関係の解消への誘引を与えることが、系列問題を通じて関係する他府県の銀行合同の進展の重要要因になった。

3　銀行合同過程における利害調整
―― 都市銀行との系列関係が見られない山形県両羽銀行の事例

ここでは、まず、都市銀行との系列関係が見られなかった地域の銀行合同の事例として、両羽銀行の銀行合同を巡る基本方針を検討する。その上で銀行合同と収益性維持の関連について明確化する。なお、同行の銀行合同については、長谷川頭取が藩政期の小藩分立や、県内各地域の地理的分断性に基づく地域性の強さを理由に、荘内地方と内陸地方に分けて合同を行うべきであると主張して当局もその主張を容れたこと、同行が内陸地方の合同の中心にな

ったことが既に指摘されている[67]。以下，これ以外の点に着目して，同行の銀行合同の特質を検討する。

長谷川頭取の銀行合同の基本方針は，純資産の買収（資産内容を査定し不良資産額を控除した上で，これから債務額を差し引いた金額）による損失を最大限回避する形での吸収合併であった。周知のように，戦時期に大蔵省や日本銀行が推奨した主たる銀行合同方針は，合併への参加各行の資産内容を査定した上で債権・債務内容を確定した上で，参加銀行を解散した上で新たに設立した銀行に債権・債務を継承するという新立合併方式であった[68]。しかしながら，山形県，特に両羽銀行が中心的活動基盤としていた内陸部地域においては，両羽銀行が経営内容の健全性に加えて，圧倒的な規模を誇っていた。このような状況の中では，合併参加各行の対等性確保を図る新立合併方式を採用するという選択肢は，少なくとも同行にはなかったと推定される。これに加えて，全銀行との契約書に被合併銀行の重役個人責任の瑕疵担保条項を挿入しており，この点でも損失回避に意を注いでいた[69]。現に，合同により損失を蒙った1935年の楯岡銀行の合併を「非常にまずかった」とする長谷川の回顧に見られるように[70]，銀行合同にあたり損失回避を最重視していた。歴史的経験に学んで損失回避を徹底することが，この方針が決定された重要要因だった。

大まかではあるが，預金増額への合同による預金継承の貢献度を示す引継預金額を見ると，合併による預金増額の貢献度は21.0％から87.0％に及ぶ。特に，多数の銀行を合併した1941年下期の87.0％であることは際立っているにしても，前述した預金吸収の努力とともに，合同による預金引継も預金増加

---

(67) 以下での記述は，両羽銀行『両羽銀行六十年史』同行，1956年，300-301頁；『山形銀行百年史』298-299頁，白鳥「戦時体制下の地方銀行経営」による。なお，後藤新一氏も『六十年史』に依拠して，この事実のみを記している（『本邦銀行合同史』金融財政事情調査会，1968年，389頁）。
(68) 後藤新一『銀行合同の実証的研究』日本経済評論社，1991年の各県についての記述や佐藤「日本銀行の銀行統合構想」を参照。
(69) 各行との『引継書類』「合併契約書」による。以下での合併方法などについての議論は基本的に『引継書類』による。
(70) 楯岡銀行の救済過程に対する長谷川の評価は，白鳥『両大戦間における銀行合同政策の展開』第5章第1節を参照。

に貢献した重要要因のひとつとして指摘しておきたい。さらに，買収の際に支払った買収代金（暖簾代を含む）の引継総資産に占める比重を，判明する羽前・三浦・東根・村山・羽陽・高野の各行についてみると，その決定基準は必ずしも引継資産額に応じていないので現時点では不詳ではあるが，それぞれ8.7％，2.0％，16.0％，6.7％，7.1％，4.7％であった。純資産合併であることをも併せ見たとき，買収代金は必ずしも高いとは言えない。以上，買収による合併は，少なくとも，両羽銀行にとって不利ではなかった。

　第二の特徴として，前述のように長谷川頭取が重視した県内金融の地域性に基づく利害調整が挙げられる。同行は銀行合同に際して被合併銀行から取締役を一名経営陣に加えていた。問題は，このような役員人事の理由である。一例を挙げると羽前・天童両行合併後の株主総会で，長谷川頭取は「先般天童銀行及羽前銀行ノ営業ヲ譲渡ケマシテ営業地盤ノ拡充ニ基キマシテ将来同地方支店営業等ニ関シ色々ニ相談願ヒマスル二名ノ取締役ヲ選任シ度」いと説明していた。(71)合併に伴い支店化した地方金融への配慮がその狙いであった。ここからも銀行合同過程における固有性が強い県内各地域への強い配慮が理解できよう。さらには，各行との合併にあたり，行員全員を新規採用という形ではあるものの，両羽銀行側が継承することも契約書に盛り込まれていたこと(72)も，各行・各地域への配慮・合併円滑化の要因として指摘しなければなるまい。

　第三に指摘したいのは，利害調整者としての大蔵省の役割である。確認できた限りで，三浦・東根・村山・羽陽の各行が，合併の際の資産および暖簾料の査定を大蔵省に依存していた。(73)その際，大蔵省は「公平ナル裁定」者と位置付けられており，これが大蔵省への依存の理由であった。このほか山形商業銀行との合併前に，両羽銀行に大蔵検査が入り資産査定が実施されたことが確認できる。ここからも同行との合併の際にも特に資産査定面で大蔵省が重要な役割を果たしたことが窺える。ここでは自己査定を実施した昭和恐

---

(71) 長谷川吉三郎「第八十九期定時株主総会（昭和十五年七月廿五日午前十時）」『第八十九期』。
(72) 『山形銀行百年史』311-325頁。
(73) 各行『引継書類』「合併覚書」による。

慌期とは異なり,資産査定を通じた公平な裁定者としての大蔵省の存在が合併を円滑化した要因であることを指摘しておきたい。

最後の特徴として,収益性の維持の手段として銀行合同を用いたことを挙げる。長谷川は両羽銀行側の買収のメリットとして資本効率の上昇を挙げていた。現に,戦時下において合同を通じて資産・負債が増加する中で,資本金は山形商業・山形貯蓄両行の合併時以外増加していない。これにより利鞘の縮小にもかかわらず,純利益の低下に歯止めがかかり,結果として払込資本金利益率はほぼ一定ないし逓増ぎみに推移していた。両羽銀行は,公債重点投資に見られるように,一定程度,収益性を犠牲にしていたが,これを補完したのが純資産買収による吸収合併という銀行合同方針であった。

次に,被合併銀行側の上記方針の受容要因を検討する。この点についての十分な史料は提示できない。さしあたり,被合併銀行の経営事情を検討し,「国策への協力」以外のもので,その要因を推定する。まず,被合併銀行中,東根・天童各行はすでに1928年の時点で両羽銀行に合併を申し込んでおり,しかも,多額の不良債権の処理に手間取り合併が遅れていた。特に東根銀行は,合併時でさえ不良債権額は167千円,総資産1,550千円の10.3%を占めていた。ここから必ずしも昭和恐慌期の打撃から立ち直っていたとは見なせない。以上から昭和恐慌期に経営が既に行き詰まったグループの存在をまずは指摘しておきたい。

次に,史料の制約上,検討可能分のみであるが,それ以外の銀行について検討する。最初に,収益性低下状況を確認する。史料の制約上,村山・羽前長崎(敗戦後の48年6月合併)の二行のみになったが,39年下期から40年下期にかけての利鞘の動きをみると,戦時統制初期にもかかわらず,両行

---

(74) 白鳥『両大戦間期における銀行合同政策の展開』第5章第3節;『山形銀行百年史』257-258頁。
(75) 長谷川ほか「長谷川吉三郎氏金融史談」627頁。
(76) 詳細は,白鳥「戦時体制下の地方銀行経営の変容」を参照。
(77) 『山形銀行百年史』257-259頁。
(78) 以下,各行の不良債権額,契約内容などは各行の『引継書類』による。
(79) 詳細は『山形銀行百年史』372-376頁。
(80) 両行の『営業報告書』各期による。

とも運用総利回りがそれぞれ 0.008％→0.007％, 0.023％→0.001％と殆ど 0 になるとともに, 払込資本金利益率もそれぞれ 9.1％→8.6％, 27.4％→26.1％ へと低下を示している。もっとも, 羽前長崎銀行はかなり高い払込資本金利益率を維持している。同行が敗戦後まで合同せずに単独で存続した例外的な銀行であることを想起した場合, このことは同行に固有な特徴と見るべきであろう。このほか, 史料の制約上, 対払込資本金利益率で見ると[81], 前述のように米穀など地方産業向け融資が強い規制を受け, なおかつ国債消化が強く求められ始める 40 年以降になると[82], 三浦・山形商業両行も収益性が低下しているほか, 羽前銀行も利益率は低下こそはしないものの 7～8％で停滞的に推移した。これら銀行も収益性面で限界に直面していた。ここから, 通説どおり, 全般に国債消化機関化に伴う低収益性問題に苦しんでいたことが確認される。

その上で, 史料の制約上, 判明分のみになるが, 個別の要因に着目して検討する。まず, 昭和恐慌の打撃が残存していた村山, 山形商業, 羽前の各行である。村山銀行は両羽銀行との合併後である 1943 年 3 月に至るまで補償法口特融を完済しておらず, 不良債権額 2,051 千円が総資産額 3,922 千円の 39.2％にも達していた[83]。羽前銀行であるが,「覚書」によると 23 千円の不良資産を抱えていたことのほか,「二. 所有不動産ハ極力資金化ニ努メ可成引継カサル様善処スル事」という条件が付されていた。ここから不良資産・流れ込み不動産に苦しんでいたことが確認される。さらに, 山形商業銀行も多額の不良資産を抱えていた点では同様であった[84]。したがって, これら各行に関しては, 必ずしも両大戦間期における金融危機による打撃から脱却しきれておらず, このような状況と国債消化機関化に伴う収益性低下に挟撃されたことが合併に応じた理由であると判断される。

次に, 通説どおり, 三浦銀行のように国債消化機関化による低収益性問題が主要要因と判断されるものの存在を指摘しておきたい。同行は合併時の不良

---

(81) 各行とも利益率は新聞決算広告からの算出値で確認。
(82) 本章における日本銀行の国債消化政策についての分析を参照。
(83) 石井寛治「地方銀行と日本銀行」朝倉編『両大戦間における金融構造』165 頁。なお, 特融残額は両羽銀行との合併後に清算法人が返済したと推測される。
(84) 『山形銀行百年史』320-322 頁。

資産比率が1.5%に上まりながらも、合併に応諾した。同行は、三浦弥太郎専務の一族経営の銀行であることも考慮しなければならないが、経営状況から見てもっぱら国債消化機関化に伴う収益性低下がその要因であると推定される。最後に、両羽銀行の役員兼職関係・資本関係が重要であったと見られる、山形貯蓄銀行のケースを指摘したい。同行は1942年末時点で20%と他に比べて高い対払込資本金利益率を維持しているが、44年に合併に応諾している。同行の筆頭株主は両羽銀行であり[85]、しかも長谷川吉三郎頭取・三浦弥太郎専務がそれぞれ取締役・監査役に就任していた。さらにはそもそも同行設立の際に中心になったのは両羽銀行であった[86]。同行は、事実上、両羽銀行の系列銀行であった[87]。つまり、43年の貯蓄銀行法改正は、法制度上、別銀行にせざるを得なかった同行を、両羽銀行が吸収可能になる契機だった。このことが、同行が両羽銀行との合併に応じた理由であると判断される。

以上、通説で言われている、国債消化機関化に伴う低収益性問題は被合併銀行に共通していた。しかし、より状況を仔細に検討すると合同に応じた各行の事情は多様性があることが強く推定される。このほか長谷川によれば[88]、時価による買収代金（看板料＝暖簾代）のほか、重複資産の売却益も取得できるので、解散の際に株主に支払う解散料（残余財産）も発生するため、解散時に被合併銀行の株主側に利益をもたらすという。前述のように、合併に応じた少なからぬ銀行が「国債消化機関化」に伴う問題のほか、両大戦間期以来の不良債権問題に苦しんでおり、経営体としての維持・存続が難しい状況にあった。このような状況を考慮した時、戦時体制下における収益性の低下が経営基盤を不安定化する中での合同への応諾は、株主も含む被合併銀行側に、一定程度のメリットが確保可能なことを意味する。このことも被合併銀行が合同を受容する誘因となったと推察できる。

---

(85) 同行株主名簿・新聞決算広告により確認。
(86) 『山形銀行百年史』323頁。
(87) 進藤寛「昭和18年貯蓄兼営法制定の意義」『朝倉孝吉先生還暦記念論文集　経済発展と金融』創文社、1982年、361-373頁。
(88) 長谷川ほか「長谷川吉三郎氏金融史談」626-627頁。

4　地方資産家の銀行経営からの撤退と中央専門官僚支配の進展

　両大戦間期における金融危機の過程で，経営破綻や政策的合同の結果，普通銀行数は1919年末の1,345行から32年末には538行にまで減少した。同じ時期に公称資本金1,000千円未満の銀行の比率も，85.8％から27.3％にまで低下した。このような金融構造の「集約化」への動きは，第二次世界大戦期になると地方銀行の国債消化基盤を理由にさらに進展し，41年末には186行，45年9月には61行にまで減少した(89)。

　この過程で(90)，それまで地方銀行に出資し，さらには役員に就任することで，その大資産家・地方名望家としての社会的信用力により地方銀行経営の信用を補完していた，多くの地方資産家たちは地方銀行経営から撤退し，第二次世界大戦期になると大蔵省・日本銀行出身者といった，中央専門官僚層を中心とする専門経営者化が進展した(91)。両大戦間期における金融危機の過程で，地方資産家たちは私財提供等により相当の打撃を蒙っていた。このことを背景に，地方銀行経営者の中には，例えば，北海道函館市本店所在の第百十三銀行頭取の大資産家＝小熊幸一郎のように(92)，第一次世界大戦後の比較的早い段階で専門経営者化の必要性を唱えるものさえもいた。さらに，地方銀行の「国債消化機関化」に伴う収益性の低下が，この動向に拍車をかけた。これらのことが，大資産家の地方銀行経営からの撤退と，上記の専門官僚中心の専門経営者化進展の背景であった。この事実は，産業革命期から昭和恐慌期に至るまで地方銀行経営・地方金融の特徴として存在した，地方資産家の経営参加

---

(89) 全国地方銀行協会編『地方銀行小史』同協会，1961年，270-76頁；白鳥「戦時体制下における日本銀行の金融調節と地方銀行」。
(90) 戦前期における地方資産家と地方銀行との関係のあり方について，詳細はSHIRATORI Keishi, *Local Banks and Local Magnets in Modern Japan-A Historical Overview-*, The Japanese Research in Business History, Vol.25, Business History Society of Japan, 2008.を参照されたい。
(91) 杉山和雄「『地方的合同』の人的側面」『朝倉幸吉先生還暦記念論文集　経済発展と金融』創文社，1982年，382-390頁。ただし，専門経営者化の背景は指摘されていない。
(92) 白鳥「明治後期から第一次世界大戦期における地方資産家の事業展開」『経営史学』第39巻1号，2004年7月。

による地方銀行経営の信用力補完の終焉を意味する。

　第二次世界大戦下における，人的側面から見た地方銀行経営・地方金融の中央，あるいは中央専門官僚に対する自律性を巡る，このような歴史的変化を前提にして，戦後の固有な状況をより強く反映する形で，中央専門官僚支配によって，地方銀行も含む銀行経営の信用力が補完される側面が濃厚な「護送船団方式」が形成されるのである。

第4節　軍需指定会社金融機関制度の内実

　ここでは，1944年に実施された軍需指定会社金融機関制度の内実について検討する。周知のようなメインバンク・システムの定義によれば，興長銀，都市銀行といった幹事行を中心に複数の金融機関が集まり，幹事行の審査・監督能力に依存してリスク管理を行いつつ，組織的に資金供給を行うのが，同システムの特徴である。岡崎哲二氏は，41年7月の三菱銀行を皮切りにとする都市銀行における審査部門の拡充，日本銀行考査部の考査局への拡充による都市銀行に対する「モニタリング能力」の「強化」を根拠にして，総力戦体制下においてメインバンク関係が形成されたことを論じた。しかし，この動きは，直ちに都市銀行による審査機能の発揮を通じた借り手企業に対する経営規律付けの実現を意味するのであろうか。以下では，まず，軍需指定会社金融機関制度の下での幹事行の役割を確認した上で，この点について確認する。

---

(93) 白坂亨「メインバンクの形成とコーポレートガヴァナンス」『経営論集』第47巻2・3号，2000年3月，141-143頁では，本書同様，本制度を戦後メインバンク制の源流と見做す見解に批判的である。ただし，批判の視点は，以下で論じる本書のものとは異なる。このほか，勝又壽良「メインバンク・システムの形成に関する歴史的考察」104-106頁では，軍需融資指定金融機関制度の意義として，「この段階ですでに銀行と企業との取引関係が，株式所有や役員派遣によってできあがっていた」ことを強調する。しかし，根拠に挙げている『三菱銀行史』からの「資本並びに人的関係等を勘案して各軍需会社担当金融機関の指定が行われた」（中略）「それは，メインバンク・システムの存在を物語っている」（105頁。下線は勝又氏）という引用文中，傍点部は戦後の銀行を中心とする株式持合や役員派遣と同質なものであることは実証されていない。従って，勝又氏の見解には同意できない。

(94) 岡崎「第2次世界大戦期の金融制度改革と金融システムの変化」131-136頁。

44年3月に日本銀行が作成した史料によれば⁽⁹⁵⁾、興銀、戦時金融金庫、普通銀行の役割分担は次のとおりであった。「（イ）興銀は長期設備資金，社債関係事務，社債前貸，命令融資／（ロ）戦時金融金庫ハ設備資金，特殊資金（特ニ機密性又ハ危険性多キモノ等）／（ハ）普銀ハ主トシテ運転資金」。ただし，実際には興銀や戦金が運転資金を担当したり，普通銀行も設備資金を供給することもあるとされた。

次に興銀と都市銀行の融資先と融資内容は次のとおりであった[96]。特に，後者に着目すると，安田銀行，日本勧業銀行，三和銀行は運転資金の担当が殆どであり，設備資金も含む取引が多いのは住友銀行，帝国銀行であった。ただし，帝国銀行の場合，総取引先47中，15が運転資金のみの取引であった。「一般資金」や「一切の資金」には設備資金のほかに，運転資金も含まれるから，実際には都市銀行や日本勧業銀行の主要な役割分担は，短期資金の供給にあったと言えよう。これを特殊金融機関である興銀と戦金が補完する形で長期資金供給を行っていた。特に，最近，明らかにされた戦時金融金庫の取引内容によれば[97]，木造船生産など，中小企業が手がけており，都市銀行にとっては高リスクと認識されたものや，軍事上の機密性が高い取引先企業への融資が大半だったという。こうした事実を踏まえた場合[98]，戦後復興期には市中銀行が短期資金供給の比率が高いことを根拠にして，戦時と戦後復興期の金融システムのあり方が断絶するとの見解には無理があろう。

さらに，都市銀行の場合，協調融資（協力団の結成）の実施数は，三菱銀行12，住友銀行12，帝国銀行12，三和銀行6，安田銀行11，勧銀は0，興銀でも26と，絶対数ではそれほど多くない。さらに，当該都市銀行以外の指定機関数（幹事行）はせいぜい1〜2であり，自行のほかに指定金融機関がある取引先で，なおかつ協力団を結成していないものは，三菱銀行5，住友銀

---

(95) 日本銀行「軍需融資の融資分担方法および協力団結成に関する事項の内報」1944年3月14日，『日本金融史資料』昭和編，第34巻，400-402頁。
(96) 以下，特記のない指定会社関係の数値と議論は，『日本金融史資料』昭和編，第34巻，402-420頁。
(97) 山崎志郎『戦時金融金庫の研究』日本経済評論社，2009年を参照。
(98) 武田晴人編『日本経済の戦後復興』有斐閣，2007年，第4章。

行6,帝国銀行11,三和銀行5,安田銀行5であった。つまり,幹事行が制度化されたといっても,協力団の結成数との比較で,協力団(協調融資)を伴わないものを見ると,銀行によりばらつきがあるものの,必ずしも少ないとは言えない。以上から,総力戦末期の段階においてさえこのような状況であるのだから,部分的には存在したとはいえども,総力戦体制が協調融資普及の画期となったとは言い難い[99]。

次に,協調融資が実施される際の貸出リスク管理の要となる,都市銀行の審査の実態についての事例である。都市銀行上位行である三菱銀行の事例によれば[100],同行も含めて「軍需産業向け融資はリスクのないものと思われていたため,銀行ができる限り多くの指定を獲得するために奔走した」という。同行が指定を受けた軍需会社数は22社であった。確かに[101],同行は,1941年7月に内国課を審査部と業務部に分離し,44年2月には審査部に軍需融資を担当する第6課を設置し,さらに45年5月には審査部軍需融資課を軍需融資部として独立させるといった軍需関係融資に関わる部門を拡充させていた。同様の事例は,三菱銀行と同様に,戦時下において軍需審査の拡充を図っていた安田銀行や,第3章第4節で取り上げるように,軍事関係融資については,ほぼ無条件に融資するように上層部からの圧力を受け,しかも融資基盤を綿糸紡績業などの軽工業においていた関係で,戦時下の産業構造の変化に伴い融資基盤が縮小した,都市銀行中位行である三和銀行にも見出せる。さらに,協調融資に参加した地方銀行側の貸出リスクに関する認識も,山形県本店所在の両羽銀行の事例に見られるように[102],貸出先が軍需産業という「時局産業」であることを根拠に協調融資に参加していた。これに加えて,同行の場合,経営組織面でも融資審査部門は縮小していた。この事態の背景には,政府が損失補償を付けたことが大きく寄与していた[103]。さらに,後述のように,戦後と

---

(99) この点は,序章で示した山崎広明「日本産業発展のダイナミズム」13-14頁に対する批判でもある。
(100) 以下,戦時体制下における都市銀行の審査体制の弛緩は,Hoshi and Kashyap *Corporate Financing*, Chap.3.;伊藤修「戦時戦後の財政と金融」注(60)(189頁)。
(101) 岡崎「金融システムの変化」表Ⅲ-17。
(102) 白鳥「戦時体制下の地方銀行経営の変容」による。
(103) 山崎志郎「戦時鉱工業動員体制の成立と展開」『土地制度史学』第151号,1996年4月。

は異なり，低利による国債の消化を求められたために，両羽銀行も含む地方銀行は軒並み収益性が悪化していたが，協調融資への参加を通じて安定的な収益基盤を付与することはできなかった。そのため，少なからぬ地方銀行が，より高い利回りを求めてよりリスクの高い社債投資を行う動きを示した[104]。以上の事実は，銀行が借手企業の規律付けを行っていたとの議論を棄却する。その上，協調融資を通じて充分な収益性を地方銀行に付与することはできず，地方銀行の体制内への安定的な統合は実現しなかった。

第5節　総力戦下における証券市場

ここでは，基本的に二上季代司氏の研究に依拠して，総力戦下における証券市場を概観する[105]。

まず，公社債発行市場についてである。前述のように大量の国債が発行される中で，1938年に有価証券引受業法が制定され，野村，山一，藤本，小池，日興，川島屋，共同，勧証の8社に証券引受会社の免許が交付された。その上で，元引受対象であった地方債，農工債の発行抑制，起債統制を背景とする起債の事実上の変形融資化を理由に，公社債業者が元引受から排除された。さらに，38年末以降，上記引受8社に日銀引受国債売捌きの取次が委託された。最後に，「起債市場の不振，元引受からの排除と株式公開，実物取引の活況」を背景に，公社債専業者が株式市場へと進出した。

次に株式市場についてである。株式公開，「二流以下の中小企業」による株式発行による資金調達は，低位株式市場における「詐欺横領，文書偽造等の不正行為が見られた」ほか，株式公開は需給バランスを崩すことで市場を混乱させる恐れがあった。前者については，1938年に有価証券業取締法が制定され，取引所によらない有価証券業が免許制にされた。後者については，39年に東株関係の自治的調整案に基づき日本銀行が売出時期を調整すること に

---

(104) 平智之「地方銀行の実態」371-375頁。
(105) 以下での証券市場の再編成についての議論は，二上『日本の証券会社経営』東洋経済新報社，1990年，23-34頁。なお，戦時金融金庫による株価操作について詳細は，山崎志郎『戦時金融金庫の研究』を参照。

なった。40年4月以降になると，統制の進展により株価の暴落，思惑資金の流入による騰貴が発生したために，「時局重点会社の株式払込が困難になっ」た。これへの対応として，独立の株価維持機関である40年9月に日本証券投資，41年3月には日本協同証券（42年4月に戦時金融金庫に吸収）が設立されたほか，41年8月には株価統制令が出されて，政府による株価決定が実施された。特に，日本協同証券については，日中戦争期における「小規模な大日本証券投資，日本証券投資や生保証券」での市場介入への有効性の確認を踏まえて，「興銀資金を潤沢に投入できる」制度内容になっており，「特に1941年12月アジア太平洋戦争開戦後の株価下落局面の買い支えで効果を示し」，42年2月まで株価を維持した上で，同年に戦時金融金庫に統合された。

　これらに加えて，1941年以降，証券投資を促進するために，投資信託制度が導入された。この制度は委託者＝証券会社を受益者として，「株式其他有価証券投資を目的とする特定金銭信託〈又は金銭信託以外の金銭信託〉を締結」後，「その受益権を均等に分割し」（中略）「受益証券売出の形式に於いて一般に有償譲渡する」ものであった。本制度には，①「委託者が当初有する受益権」の分割・譲渡後も当該証券会社が委託者の地位に留まることができるかという「委託者の運用指図権」に関する問題，②受託者が信託報酬を得るにあたり，受託者は「別途その報酬の一部を委託者に支払うこと」が規定されているに過ぎないという「委託者の報酬取得権」が精緻化されていないという問題，③受益証券は「指名譲渡の方式によるほかはなく」，「債務者（受託者）への対抗要件として」，「譲渡人，譲受人の連署した『受益権譲渡名義書換請求書』に受益証券を添えて委託者に提出」しなければならないという「受益証券の譲渡」の煩雑性という問題，があった。戦後の投資信託制度との関係で，特に問題になるのは③である。つまり，有価証券譲渡，譲受に際して譲

---

(106) 以下，柴田善雅『戦時日本の金融統制』日本経済評論社，2011年，260頁。
(107) 以下，総力戦下の投資信託については，社団法人証券投資信託協会編『証券投資信託二十年史』同協会，1975年，156-163頁。なお，以下に示す戦時期の投資信託の金融商品としての特徴は二上『日本の証券会社経営』や小林和子『日本証券史論』日本経済評論社，2012年，283，287頁でも指摘されていない。ただし，戦時投信の投資対象が換金処分不可能なものが殆どを占めていたとの小林氏の指摘（283頁）は金融商品の性格の特質とともに重要である。

渡人は譲受人を相対で探す必要性があったほか，煩雑な手続きが必要であり，流動性の確保面で問題があった。この条件をクリアして「受益証券の譲渡」を図ることは，第2章第4節で見るように，有価証券投資に対して殆ど知識を持たない一般大衆には困難であった。そのために，財閥解体により大量の浮動株が発生する中で，その消化のために一般大衆の動因が必要となる中で，流動性確保の問題が戦後問題となり，実際，匿名性の高い市場での売買を可能にすることで問題の解決が図られた。この点を見ても，総力戦下における投資信託と戦後のそれには重要な相違があると言える。

さらに，1943年以降になると，同年4月制定の日本証券取引所法により，取引所の公共性の強化，取引所による株式買支え，取引の実物化，最低資本金制度の導入による取引員の参入制限措置の実施による株式流通市場の管理強化が図られた。さらに，同年10月以降，大蔵省主導の企業整備に伴い引受8社の統合が実施され，山一，日興，野村，大和が「債券，株式併営の唯一の全国的支店網をもった大規模業者となり，戦後4社寡占の基礎」が形成された。これに加えて，株式取引員，現物商の整理が実施され，整理着手直前の43年10月の441社から，44年6月には217社へと減少した。

このように，一方では政府による管理市場化の様相が濃厚になったが，他方では投資家保護の観点から参入制限，産業組織の集約化が図られた。後者は戦後証券業界の歴史的な前提条件となる。

第6節　戦時金融統制の統合政策としての限界と金融的不安定性

以上を踏まえて，ここでは実態面を検討する。地方銀行の国債消化割当は預金増加（資金蓄積）額の60％に設定されたことは既述した。この措置は，直接に各銀行の資金吸収・国債消化に影響を与えるがゆえに，国債オペ実施上，死活的ともいうべき役割を担った。それでは，この措置の下で，地方銀行はどのように資金を運用したのであろうか。この点を確認すれば，貸出と国債のほか社債にもそれなりに大きな割合が向けられていたことが判明する[108]。当時の

---

(108) 以下，白鳥「戦時体制下における日本銀行」表3による。同表の地方銀行欄中，42

ある地方銀行経営者の回顧談によれば，「ただ，あの際（戦時中）に利回りからいうと，政府の保証債の方が公債よりはるかに利回りがいいので，政府の保証債を重点的に投資された銀行が多かった」[109]という。地方銀行の限界預金社債投資増加率はほぼ10～20％，貯蓄銀行のそれは大幅マイナスの営業期はあるが基本的に10％台半ばの増加率を記録することが多い。これは国債以外の有価証券への投資は金利選好の帰結と見られる。これに加えて，指定金融機関としての貸出が，貸出増加率の減少を緩和したことは充分推定できる（前述）。換言すれば，経営体としての地方銀行の存置により生じた収益性原理の貫徹と，統合政策上の必要性から生じた営業地盤確保への配慮が，地方銀行の国債消化への利用という戦時経済統制上の重要目的と背反した結果，地方銀行でほぼ60％から80％台後半と60％という最低限のノルマである比率上の数値はクリアしたものの，上述した国債消化割当計画額の未達成に繋がったと見てよかろう[110]。なお，貯蓄銀行の動向であるが，要因は不明であるが，少

　年下期末の預金増加に対する各有価証券・貸出の増加率の数値は負の値を示しているが，これは預金量の減少によることに留意されたい。
(109)「長谷川吉三郎氏金融史談」『日本金融史資料』昭和続編第21巻，637頁。南條・粕谷「銀行ポートフォリオ選択」注36（119頁）では，本引用を示した上で「多くの銀行はリスクとリターンを意識し，その観点から国債と政府保証債の選択を行っていたと見られる」として，あたかも平時同様に「リスクとリターン」のみを基準に地方銀行が自由にポートフォリオ選択をしていたかのような議論をしている。しかし，この議論は統制措置による国債消化圧力の強さという戦時固有の要素を看過するという致命的欠陥を抱えている。
(110) 現時点で判明する諸事例を挙げれば，伊藤「戦時体制下の地方銀行」416-423頁が検討した秋田県の有力銀行のひとつである羽後銀行の場合，証券平均利回りと資金コストの差＝利鞘は国債の強制消化が開始されたばかりの1942年時点で0.47％に過ぎなかった。筆者が検討した山形県の最有力銀行である両羽銀行の場合，過大な資金蓄積目標の設定や蓄積の強制とこれに伴う競争激化を背景として，預金利子率が総運用利回りより低下の度合いがやや小さいことを考慮する必要はあるものの，国債消化の増加に伴い43年臨時期には総運用平均利鞘で0.28％の逆鞘を記録しており，その後も0.2％程度で推移している。さらに，Δ国債／Δ預金も逐次低下し45年上半期には60％を割っている（以下，同行関係の議論は白鳥『地方銀行経営の変容』表4）。各県の最有力行クラスでさえこのような状況であることを想起した場合，国債消化機関化を主要な要因にして，多くの地方銀行の収益基盤は相当悪化していたと判断される。以上から，60％ルールに基づく国債消化には，安定的な収益基盤の確保という意味では，かなりの無理があったと判断される。現に，山形県の事例によれば，40年以降，両羽銀行に統合された弱小銀行10行中，村山・山形商業・羽前の三銀行は少なからぬ不良資産や補償

なくとも地方銀行に比べて国債消化への協力は良好であった（44年3月期の520.8％は異常値と思われるが，それ以外は80％台で推移）。

以上の事情に加えて，1943年下（44年3月）期になる計画の絶対額だけではなく，規制値である限界預金国債投資率の値も60％を割り込んだ。このため地方金融統制会側もてこ入れを図り，44年1月19日付けで「『貯蓄総力発揮期間』実施ニ関スル件」という通牒を発し，大蔵省側から43年度の貯蓄目標額270億円では「幾分低キニ過ギ二百九十億程度ノ貯蓄ヲ達成」できるはずであり，地方銀行の分担額も25億円から30億円に増加するだけでは不十分であるとの指摘を踏まえて，さらなる貯蓄増強運動を展開すべきであると督励した。これとともに，44年3月20日付け通牒では，全国金融統制会が決定した「『本年度預金増加額（国債貯金及甲種特殊預金ヲ除ク）ノ六〇％消化』達成」に「配慮」すべきとの国債消化の督励も行った。さらに，両羽銀行の事例によれば，44年に入ると「毎四半期ニ（当初の割当額）以上々々ノ買入ヲ督励サレ」た上に，消化目標を達成不能な場合，「統制会カラ注意ヲ受ケ」たり，「統制会ヲ通ジテ遥進鞭撻」されるなど，極めて厳しい突き上げがされており，無理やり資金量と国債消化額の増大を図らせられるところにまで追い込まれた。実際，日本銀行のこのような姿勢に追い詰められた多くの地方銀行が，何とか収益性確保すべく，相対的に利回りの高い社債投資を行う，敗戦後，それが損失化するという現象まで生じた。本措置は，上述した金融統制会規程の検討や最重要課題としての国債消化を踏まえた場合，計画策定に最終的な権限をもつ会長行＝日本銀行の意向を強く反映していた。内容的にも「協力方を伝達した」という程度の評価は到底不可能である。したがって，

法口特融の未返済の存在に見られるように，両大戦間期の金融危機の後遺症を抱えた状況で「国債消化機関化」に伴う低収益に悩んでおり，数値が分かる羽前長崎銀行は43年臨時期時点で逆鞘状態であった。

(111) 以下での地方銀行統制会文書は，地方銀行統制会「『貯蓄総力発揮期間』実施ニ関スル件」（会員銀行宛。1944年1月28日付け）；地方銀行統制会理事長和田正彦発会員銀行宛文書（1944年3月20日付け），いずれも両羽銀行『昭和十七年四月以降昭和拾九年参月マデ 地方銀行統制会綴』山形銀行所蔵，に合綴。

(112) 両羽銀行頭取長谷川吉三郎「昭和十九年四月八日午前一時昭和十八年下半期決算其他ニ関スル重役会」；同「第九拾八期提示株主総会報告書」山形銀行所蔵。

(113) 平「地方銀行の実態」図10-1（374頁），375頁。

地方銀行統制会側も、金融統制会会長行である日本銀行の意向を踏まえて、資金吸収の一層の増加を図り、かつ、過大な資金吸収計画を立案した上で、預金増加額の60％という国債消化目標の実現を地方銀行に強要することで、市中にある余剰資金の吸収、ひいてはインフレ・金利上昇の抑制を企図したと言える。そして、預金獲得競争の激化は、このような統制会による強要に原因があった。
(114)

しかし、より一層の国債強制消化の徹底は、経営体としての地方銀行の収益性原理と衝突した。一例に過ぎないが、山形県の両羽銀行は「国家と運命をともにする」という観点から、国債消化を最重点に資金運用を行っていた。この結果、1944年になると収益性低下が激化した。以上の状況の中で、同行は他の有価証券への資金運用を考えざるを得ないところにまで追い込まれた。このため、同行は45年上期になると預証率を若干ながら低下させざるを得なくなり、かつ、純資産買収による合同を通じて資本金利益率維持を図ったにもかかわらず、45年上期になると収益性も低下した。このことは、地方銀行の純益金総額の42年6月末25,909千円から45年9月末14,608千円への大幅減少、および44年上下期における地方銀行の預金増加に対する国債消化の弾力性からも全国的に確認可能であり、預金増加以上に国債消化額の増加を図っている所から、無理な国債消化の実施ぶりが理解できる。本措置により、44年上期以降国債消化率は急激に改善されたが、地方銀行に関して見ると44年上期から下期にかけて国債増加率それ自体は低下した。

貯蓄銀行は1944年上期に国債消化の比較的大幅な増加（11％強）を図っていたが、44年下期には増加率は急落しており、しかも絶対額は大きく無く、これで地方銀行・貯蓄銀行の国債以外の資金運用分合計額を相殺するには程遠い。したがって、当該期の地方銀行・貯蓄銀行の資金運用行動の変化は、

---

(114) 佐藤「日本銀行の銀行統合構想」201頁では、銀行合同への誘導にあたり、競争関係など「したたかな企業家意欲」（中略）「をそそ」ったことを論じて「正常な経済活動の枠組み」の側面を強調しているかのようである。統制会による強制が競争を煽ったことを考慮したとき、「したたかな企業家意欲」を強調することに妥当性はなかろう。
(115) 以下、両羽銀行の事例については白鳥「地方銀行経営の変容」による。
(116) 土屋喬雄監修『地方銀行小史』全国地方銀行協会, 1960年, 264頁。

都市銀行の貸出額の増加及び国債消化状況を考慮した場合，悪性インフレの抑制力としては極めて脆弱であった。これらの事実は，収益基盤付与を通じた総力戦体制への地方銀行の統合と，悪性インフレ顕在化阻止を通じた統制経済秩序の維持との両立という政策目的それ自体が非現実的であり，前者が国債消化増への誘引化していないことを意味する。その結果，中国・四国・東北地方本店所在行を中心に，低収益に耐えられない地方銀行の多くは，収益確保の観点から総資産の12％を越える社債投資を行った。結果的に，これらの諸行は，再建整備時に多額の切捨てを余儀なくされた。

このことは，悪性インフレの発生にも重要な影響を与えた。まず，東京卸売物価指数の年平均の増加率に見られるように，1943年の6.0％から44年の11.4％と，この時点で大幅に上昇しているが，45年になると1～8月の期間平均で18.7％と爆発的水準に達することが分かる。民間非金融部門における資金放出額に占める政府散超の割合が，43年に51.8％，44年に54.5％，45年に45.4％と突出した値を示す中で，44年度になると日本銀行の国債引受高に占める純売却高の構成比は64.7％から61.6％と低落に転じており，41年度以降実施された地方銀行を国債オペの主要引受基盤とするインフレ制御策も限界を露呈していた。このことは，同時に，総力戦体制の崩壊を意味することは言うまでもない。

おわりに

1　国債消化・インフレ抑制

総力戦体制下における日本銀行の国債オペを中心とする金融調節行動は，時期別の状況は異なるが，国家の最枢要機関という立場から，総力戦遂行上，死活的重要性をもつ戦費の円滑調達の維持を最優先にしつつも，その阻害要因となる悪性インフレの顕在化を通じた総力戦体制の崩壊阻止を一貫して目的

---

(117) 平「地方銀行の実態」374-375頁。
(118) 伊藤「財政・金融」第6表より算出・作成。直後で指摘した悪性インフレ顕在化による総力戦体制の崩壊については，伊藤論文でも指摘されている。

としていた。しかも，経済統制に対する姿勢もまた，日中戦争期から極めて自発的かつ積極的であった。さらに，これと強い関連をもつが，1942年以降における実際の国債オペを通じた金融調整の過程でも，日本銀行は金融統制会会長行として積極的に銀行合同政策を推進するとともに，国債消化にとって死活的重要性をもつ上述の60％ルール達成のために，その基礎となる預金増強も含めて，統制会を通じて地方銀行経営者に激烈な圧力をかけ続けた。

　日本銀行の政策姿勢がこのようなものである以上，同行の「能動的」ないしは積極的な金融調節行動と，中央銀行の独立性維持・確保という観念を前提にすらしない統制への積極姿勢は全く矛盾しない。このほか，これに伴い利潤誘引の欠如にもかかわらず，熾烈な預金獲得競争が生じたが，それはあくまでも統制の帰結に過ぎない。[119]

　次に，1940年以降，軍事産業への資金供給の必要性の増大を背景とする都市銀行の国債消化力低下を補完すべく，資金循環構造の関係から資金の空間的分布の関係で，余資を抱える地方銀行の活用が着目された。その際，長期にわたり地域経済社会の発展に貢献して来た地方銀行を存置することが，地方銀行も含む地方からの反発を抑制し，早急にかつ円滑に国債消化体制を整える措置と考えられた。そのために，地方銀行間の合同促進とともに，国債消化促進目的の誘引には遥かに遠いものの，地方銀行に一定程度収益を付与し，業態として総力戦体制に統合する方針が採られた。この意味で，業態としての地方銀行の存置理由は，単なる「地方産業の戦時整備」に止まらない。さらに，戦費調達＝国債消化を巡る中央政府財政・日本銀行・都市銀行・地方銀行間の「ミクロの資源配分」に関する戦略的補完関係の脆弱性，特に国債消化による高インフレの抑止についての脆弱性にも関わるが，その効果が著しく限定的であった収益付与の問題とともに，銀行間の競争関係などの実態を，一定程度，尊重した銀行合同方針を採った点で，金融調整目的の統制手法行使や総力戦体制への安定的統合の面で，著しい限界が生じたことには留

---

[119] 日本銀行による国債消化強制は，企業間競争が統制を弛緩させた製造業（山崎「経済総動員体制」などを参照）とは異なり，一定程度とはいえども，競争に支えられて機能した面があると言えよう。

意すべきであろう。(120)その際，少なくとも戦時末期には，収益確保を狙って，少なからぬ有力地方銀行が社債を中心とする資金運用を行ったことに見られるように，金融市場安定化のための「金融機関の組織化」「協調金融体制」(121)には明らかに綻びが生じていたことは，先行研究との関連で強調しておきたい。これらの事実は，総力戦体制下における金融システムの変化を戦後に連続するものとして捉える見解には無理があることを示している。ただし，後述のとおり，戦後改革期までは，日本銀行のベース・マネー供給に依存したインフレ促進的な要素は残存する。この意味では，限定つきではあるが，その解決が戦後改革期以降に持ち越されたものがあることにも留意すべきである。

以上の諸点の中に，国際的に見ても戦費と軍拡資金の調達の両面において顕著な役割を果たした(122)，第二次世界大戦期における日本銀行の金融調節行動の特質が確認できる。

2 メインバンク関係

上述のように，総力戦体制下において，都市銀行は軍需融資関係部局を拡充した。さらに，日本銀行も考査部を考査局に拡充した。しかしながら，都市銀行の貸出審査は無いに等しいものであった。協調融資に参加した地方銀行もまた，貸出先が「時局産業」であることを根拠に，貸出リスクの管理体制が弛緩していた。さらに，協調融資の絶対数もそれほど多くは無く，総力戦体制が協調融資普及の重要画期になったとは看做せない。この意味で，幹事行中心のDelegated Monitoringは成立しなかった。なお，周知のとおり，総力戦下においては，「時局産業」向け融資には政府補償が付いていたので，救済機能の発揮も著しく制約された。これらに加えて，国債消化が強制され

---

(120) この点は，「戦時源流説」（岡崎哲二・奥野正寛編『現代日本経済システムの源流』第2・3章；山之内ほか『総力戦と現代化』など）や伊牟田編『戦時体制下の金融構造』Hoshi and Kashyap, *Corporate Financing*, Chapter 3, pp.51-89 では看過されている。さらに，以下の議論はこれら諸研究への批判を蔵する。
(121) 山崎志郎『戦時経済総動員体制の研究』日本経済評論社，2011年，第2章。
(122) この点は国際比較の観点からも確認できる（Harrison (ed.), *The Economics of World War II*, Cambridge University Press, 1998.を参照）。ただし，同書では本書のような形での中央銀行行動の日独比較はされていない。

る中では,「リスク迂回」すべく協調融資に参加した地方銀行に収益性を付与することで,体制内に安定的に統合することもできなかった。この問題の解決は戦後に持ち越される。

以上,当該期の幹事行を中心とした協調融資の形成は,各金融機関の経営発展の経路依存性の影響を考慮する必要性はあるが（第3章），総じて戦後に連続するものではなかった。

3 「業態」単位での行政指導と中央専門官僚支配の進展
―― 「護送船団方式」の歴史的前提条件の形成

もっとも,戦時期の諸変化のうち,戦後日本金融システムが形成される歴史的前提条件になったものが皆無なわけではない。第1に,国債消化の際に業態毎に預金増加額に対するパーセンテージが示されたことに見られるように,行政指導の手法として金融機関を業態別に分けて数値を提示するという手法が採られたことを挙げなければならない。第2に昭和恐慌期以降,戦時期に至るまで金融危機による打撃が完全に払拭されない中で,それまでその資産力や名望性で地方銀行経営の信用力を支えてきた地方資産家たちが地方銀行経営からの撤退が進展し[123]、これに代わって大蔵官僚や日本銀行出身者などの中央の専門官僚層が地方銀行経営に「天下る」動きが目立ってきたことである。このことは,地方銀行経営の信用が地方資産家の属人的資質から中央の専門官僚の信用力へと変化したことを意味する。このような動きは,戦後にも継承され,「護送船団方式」と称される金融行政の特徴の重要な構成要素の一部となる。ただし,周知のとおり,各業態の金融機関を中央の専門官僚主導による「護送船団方式」に従わせるには,十分な収益を付与することが重要な条件となるが,本条件は国債の低利消化が国家的に死活的重要性を持つ中では実現できなかった。この意味で,戦時と戦後の連続性を過大に評価することはできない。

以上,戦後の「護送船団方式」には程遠いものの,戦後の金融システムを特徴付ける金融行政が形成される歴史的前提条件が,この時期に見られたこ

---

(123) 山形県の事例分析であるが,本章の両羽銀行の銀行合同についての分析を参照。

4 証券市場の変化

上述のとおり，戦時下における証券業者の集約化は，四大証券の形成など産業組織面では戦後への一定の連続性をもつ。しかし，戦時下における政府による株価操作は戦後には否定され，証券経営も市場における価格変動に重要な影響を受けるようになる。企業も株式や社債の発行に際して市場の動向に強い影響を受けるようになる[124]。この結果，戦後，証券市場の産業組織はさらなる再編成，集約化を受けることになる。このほか，満州事変以降，進展したとされる法人所有の進展，個人所有の後退という所有構造の変化も[125]，戦後改革により個人中心の所有構造へと変化する（第2章第4節）。こういった点を考慮した時，証券市場面でも連続面を強調するのは難しいであろう。

以下の諸章では，これらの諸点を踏まえて，戦後改革期以降の変化を考慮に入れて，戦後日本金融システムの形成過程を検討する。

---

[124] 例えば，本書第3章第6節（2）を参照。
[125] 志村嘉一『日本資本市場分析』東京大学出版会，1969年，第7章。

第2章　戦後改革期における金融制度改革
―― インフレ抑制的，産業発展促進型制度の形成 ――

はじめに

　本章では，長期資金の供給制度の変化，金融規制の再編成，証券市場の動向を中心にして，戦後改革による金融システムの変化を検討する[1]。その際，特にドッジ・ライン以降に根本的なシステム変化が生じ，戦時期以来の日銀信用に大きく依存したインフレ促進型のシステムから，日銀信用への依存を極小化，市中資金利用の極大化を図るシステムをビルト・インしたインフレ抑制型の重化学工業を中心とする産業発展促進的なシステムへと変化が生じたことを明らかにする[2]。

　ここでは戦後金融制度の変化全体に関わる見解に絞って研究史を省みる。当該期の金融再編成については，GHQが大銀行分割構想を持っていたものの，その実現が見られなかったこと，日本銀行の政府からの独立性問題[3]，長信銀制度の導入による実質的な戦前来の特殊銀行制度の継承をもって，戦後改革による変化が殆どなかったことを主張する加藤俊彦氏の見解[4]，証券市場から

---

(1) これらの論点は，寺西『日本の経済発展と金融』第7章，同『日本の経済システム』など，寺西重郎氏の一連諸研究でも検討されていない。

(2) 浅井良夫「高度成長と財政金融」石井寛治・原朗・武田晴人編『日本経済史5――高度成長期』東京大学出版会，2010年，162-164頁も占領期以降の「民間投資促進型の金融・財政制度の整備」を指摘している。しかし，金融制度の部分に関しては，浅井論文に先立って公表され，なおかつ本章のもとになった白鳥「大企業と金融システム」鈴木・橘川・白鳥『MBAのための日本経営史』での概観と大きな相違はない。

(3) 関連して，伊藤正直『戦後ハイパーインフレと中央銀行』IMES Discussion Paper No. 2002-J-35, 日本銀行金融研究所，2002年がある。間接統治という制約下でどのような中央銀行政策が取られていたのか，という問題提起は分かるものの，全体を通して何を主張したいのかが理解不能である。

(4) 加藤「戦後インフレーションと銀行」『社会科学研究』第22巻2号，東京大学社会科学研究所，1970年12月，3-4頁;「金融制度改革」東京大学社会科学研究所編

第2章　戦後改革期における金融制度改革　65

断絶面を強調した志村嘉一氏の見解[5]，第1章でも見た岡崎哲二氏らのメインバンク・システムの形成の問題に着目して戦時・戦後の連続性を説く見解[6]，岡崎氏らの見解に対して，貯蓄構造の変化，特殊銀行改革，協調融資の在り方の変化，証券制度改革といった諸点を取り上げて戦後改革の影響の大きさを強調する杉浦勢之氏らの見解がある[7]。このほか，戦時期・戦後改革期にわたり戦後日本の金融システムが形成されたことを主張しつつも，特にメインバンク・システムについては，各金融機関の組織的な審査・管理能力が戦後復興期に形成されたことを強調する Hoshi and Kashyap の見解もある[8]。なお，加藤説に対して，浅井良夫氏[9]からの財閥解体，中央集権化，独占禁止，集中排除と関連付けて歴史的評価を下すべきとの批判がある。もっとも，加藤氏の研究は東大社研の共同研究の一環として狭い意味での金融制度部分を分担したのであり，財閥解体や独占禁止との関係は他の共同研究者の論文で取り扱われている。さらに，財閥解体を戦後金融制度改革の一環として捉える見方も，根拠なり論理が明示されていない。このような意味で浅井氏の批判は全く学問的意義はない。このほか，単純に金融規制面での「独占そのものの排除」が弱かったことを強調することも問題である（本章第3節参照）。

　これらの見解では，特に第二次世界大戦期から戦後復興期にかけて，どのようなシステムへと変化したのか，特にメインバンクの重要機能中，救済機能と株式持合機能，特に前者がどのような経緯で付与されたのか，という点については実証的かつ論理的に十分に論じられていない。この点は，系列内部での株式持合，日銀信用の「受動的」供給に支えられた短期貸出のロールオーバーと長期資金供給が可能な体制という二つの条件から検討して，1950年代後半にメインバンク・システムが成立したことを論じる寺西重郎氏も同様である[10]。さ

　　『戦後改革7　経済改革』東京大学出版会，1974年。
(5)　志村「証券制度改革」東京大学社会科学研究所編『戦後改革7——経済改革』。なお，志村説も含む証券市場についての先行研究への批判は本章第3節で詳述する。
(6)　岡崎・奥野『現代日本経済システムの源流』日本経済新聞社，1993年。
(7)　杉浦「戦後復興期の銀行・証券」。
(8)　Hoshi and Kashyap, *Corporate Financing*, Chap.3.
(9)　『戦後改革と民主主義』第2章。同書では「中央集権化」意味内容が不明である。
(10)　寺西重郎『日本の経済発展と金融』岩波書店，228頁。なお，同『日本の経済発展と

らに，筆者同様に戦後改革の意義の大きさを強調する杉浦氏にしても，その把握の仕方は，悪性インフレを抑制する制度の形成，企業統治の問題を中心とする長期資金供給制度の変化，地方銀行以下の業態のシステム内への安定的統合とメインバンク制の救済機能発揮を可能とする制度形成を強調する筆者の見解（後述）とは大きく異なる。関連して，メインバンク制の形成の源流を明治期の近代銀行業の移植過程以後の戦前期に求める勝又壽良氏の見解もある。[11]しかし，本章で明確化するように，勝又氏も強調する救済機能（≒「最終貸付保障」）が制度的に機能できる体制が整うのは戦後改革期である。

以下，個別論点に即して戦後金融改革について検討し，「おわりに」と補論では本書では十分に検討できなかった日本銀行による斡旋融資のメインバンク・システム形成に与えた影響も含めて，戦後改革期における金融システムの変化の特徴をまとめたい。[12]

第1節　複数レート制から単一為替レートへ
——貿易金融制度の効率化と産業育成策への影響を中心に——

はじめに

本節の課題は，戦後復興期における単一為替レートの設定過程を，占領側・日本側の動向も含めて，日本の経済復興ないし経済発展を巡る構想，な

　金融』岩波書店，1982年では，政府系金融機関（中小企業金融公庫など）が中小企業金融を補完したことに簡単な言及があるくらいで，主たる対象は人為的低金利政策の分析に向けられている（420頁以下）。同「終戦直後における金融制度改革」香西泰・寺西重郎編『戦後日本の経済改革——政府と市場』東京大学出版会，1993年でも，本書の課題は取り扱われていない。
(11) 勝又『メインバンク制の歴史的生成過程と戦後日本の企業成長』第7・8章，247-341頁；同「メインバンク・システムの形成に関する史的考察」113-115頁。
(12) このほかにも，伊藤修『日本型金融の歴史的構造』117-127頁では，戦後金融制度改革の意義として，金融機関の業務別分業体制を取ったことを指摘している。しかし，本書では悪性インフレを抑止し，なおかつ地方銀行以下の業態からなる中小企業金融機関を安定的に体制内に統合することを可能にする制度の形成を問題にしている。従って，その視点と議論の内容は異なる。

らびに貿易金融制度の変化との関連から検討することを課題とする。このことを通じて，日本銀行のベース・マネー供給に大きく依存した，非効率的かつインフレ促進型の貿易金融制度が，1ドル＝360円レートの設定を契機に日銀への依存を極小化し，市中資金利用の効率的利用の極大化を図る制度へと転換したこと，同レートの設定の各地域経済の受け止め方や，レート設定後における産業再編成に与えた影響を明確化する。

　本分野の研究としては，まず，当該期における外国為替制度の内容とその変遷過程を詳論した犬田章氏の研究が挙げられる[13]。しかしながら，そこでは，単一為替レートの設定を巡る占領軍・日本側の利害・構想の相違や，その交渉・調整過程は殆ど未検討なままに終わった。その後，伊藤正直氏による研究が発表され[14]，犬田氏の欠陥が補足されたが，そこでは検討対象が狭義の外国為替問題に限定されており，この問題の背後にある日本の経済復興・経済発展を巡る構想や，単一為替レート設定が国内の産業構造に与えた影響については未検討のまま残された[15]。小湊浩二氏が鋭くも指摘しているように[16]，特に1947年以降，アメリカ側は日本を「アジアで能動的に需要される資本

---

(13) 大蔵省財政史室編（犬田氏執筆）『昭和財政史――終戦から講和まで』第15巻，東洋経済新報社，1976年。
(14) 伊藤「外貨・為替管理と単一為替レートの設定」通商産業省・通商産業政策史編纂委員会編『通商産業政策史』第4巻，通商産業調査会，1990年，262-368頁（後に同『戦後日本の対外金融 360円レートの成立と終焉』名古屋大学出版会，2009年に第1章として収録）。なお，同「解題『経済計画』編」『経済安定本部　戦後経済政策資料』第7巻，1994年，浅井良夫「解題『貿易・為替・外資』編」同第24巻，1995年，深尾光洋・大海正雄・衛藤公洋「単一為替レート採用と貿易民営化」香西・寺西編『戦後日本の経済改革――市場と政府』でも，本節の課題に関わる検討はない。
(15) このほか関連する研究として，浅井良夫「ドッジ・ラインの歴史的意義」同著『戦後改革と民主主義』161-198頁，があるが，同論文は対外均衡に伴う内国経済の均衡の進展という平板な議論をしているに過ぎない。この点は伊木誠「単一為替レート設定の影響分析」『国学院経済学』第21巻4号，1973年7月，35-76頁，でも検討されていない。なお，最近刊行された，浅井良夫『IMF8条国移行』日本経済評論社，2015年，第1章でも1ドル＝360円レート設定が検討されているが，本節が着目する中央銀行の信用供給と貿易金融制度との関係やその変化，地域経済に与えたインパクトは未検討である。
(16) 小湊「第5次計画造船と船舶輸出をめぐる占領政策」『土地制度史学』第169号，2000年10月，11-18頁。

財・消費財に比重を移した新たな輸出パターンに移行する必要」性を前提にした経済復興を構想しており，実態面でも見返資金など対日援助を基礎とする復興促進制度もこの方向で機能していた。この点を踏まえた時，このような復興方針の変化の下での単一為替のレート設定が，日本の経済復興方針の形成と変容も含めて，国内産業の再編成政策に与えた影響を具体的に究明する必要がある(17)。この点の検討がここでの第一の課題となる。その際，これまでの研究では未検討であった，日本銀行各支店が本店宛に提出した，制限付民間貿易の実施や単一為替レート設定前後の状況についての報告を検討する。このことを通じて，各地域の産業経済に，貿易再開や単一為替レート設定が与えた影響も接近する。

次に，上記諸研究では，単一為替レート設定に伴う貿易金融制度の変化とそれが日本の経済復興にもたらした意義のほか，対日復興援助のための国内金融も含む制度的変化との関連についても未検討のまま残されている(18)。特に，後者については，マーシャル・プランによる援助を受けた欧州同様，経済安定化が援助の前提になったことは指摘されているのみで，制度的変化の特徴は検討されていない。この問題の検討が本節の第二の課題となる(19)。

---

(17) 日本銀行『日本銀行百年史』第5巻，同行，1985年，219-233，247-262頁でも，単一為替レートの設定過程が検討されているが，日本銀行の同問題へのスタンスが示されている点を除けば，本書での検討課題は未検討である。山口健次郎『360円単一為替レート設定過程について——SCAP資料の分析を中心として』IMES Discussion Paper Series 96-J-4 はアメリカ側の単一為替レート設定を巡る議論を整理しているが，本書の課題は未検討である。

(18) 柴田善雅「見返資金」大蔵省財政史室編『昭和財政史——終戦から講和まで』第13巻，1983年，917-1086頁。浅井「対日援助と経済復興」同『戦後改革と民主主義』199-228頁も同様である。ただし，『日本銀行百年史』第5巻，119-135頁では，貿易金融政策について検討されているが，貿易金融機構の特徴やそれが包含する効率性・非効率性，そして，単一為替レート設定に伴うそれらの歴史的変化といった諸点を看過している。

(19) このほか，後述する単一為替レート設定にあたり，1ドル＝330円から1ドル＝360円レートへの変更が行われる際に，ドッジによるマッカーサーの説得の役割の大きさを指摘した浅井良夫「360円レートの謎」『成城大学経済研究』第192号，2011年3月，23-28頁がある。しかし，マッカーサーがドッジの説得を受け入れた要因は明らかにされていない。近著の浅井『IMF8条国移行』46-49頁では，NACが1ドル＝360円レートを勧告したことが同レート決定の要因であることが論じられているものの，依然とし

なお，最近，アメリカ国立文書館（NARA）が日本占領関係文書を公開したとされている。本節の作成にあたり，現在，NARA所蔵の単一為替レート関係史料を検索した上で，該当史料が日本の国会図書館が所蔵しているものとどの程度重複しているかを調査した。その結果，NARA所蔵の関連史料はすべて日本の国会図書館が所蔵していた。それゆえ，NARAで日本占領，特に経済面でのそれに関わる新規史料が公表されたとは考えられない。本書の分析は，既存の史料を用いた。このことを，まずはお断りさせていただく。

1　占領開始直後の為替レート設定を巡る占領側・日本側の認識の相違

(1)　占領軍側の対外金融方針とその目的

ここでは管理貿易再開（1946年4月）以前の，占領開始直後の占領軍側・日本側の為替レート設定を巡る認識の相違について概観する。

占領軍側は占領開始直後の1945年8月22日付けで「降伏後における米国の初期対日方針」（SWINCC-150／3）[21]を発表した。これは占領軍側の為替レート政策方針を示した最初の文書となる[22]。同文書は占領政策の最終目的を明示した上で，占領権力の構成や政治・経済両面のおける占領政策の内容を示している。ここでは伊藤論文で指摘されなかった，同文書全体の構造を踏まえた為替政策方針の内容を検討し，これを踏まえてその後，出された他の関連

　て1ドル＝330円レートに強く拘るマッカーサーが折れたのかが不明である。このほか，NACがどのような根拠でSCAP案（1ドル＝330円レート案）が「インフレの進展を十分に考慮して」おらず，1ドル＝360円レートに設定しても「物価にはほとんど影響を与え」ず，輸出計画を達成できず「早晩，為替レートを変更せざるを得なくなる」と判断したのかが判然としない。なお，1ドル＝330円レートはインフレを早期に収束させるために，あえて円高のレートを採用することで強いショック療法を与えようとしたものとも解釈できる。しかし，その点について同書ではなんらの検討も説明もない。着眼点が異なるため，本書ではこの論点には踏み込まない。しかしながら，1ドル＝360円レートの採用要因は未だ明確化されていないと言えよう。

(20)　以下，NARA所蔵史料の検索方法や国会図書館所蔵史料との照合については，三輪宗弘「National Archives II（米国国立文書館II）の実践的利用法」『九州大学付属図書館研究開発室年報 2009/2010』を参考にした。また，三輪氏，NARAのアーキビストの方に日本占領関係の史料が，最近になって新規公開されたとの情報について問い合わせたところ，そのような史料はないとの回答を得た。

(21)　『昭和財政史――終戦から講和まで』第20巻，63-67頁。

(22)　伊藤「外貨・為替管理と単一為替レートの設定」262頁。

文書の位置付けを明確化する。

　同文書では占領政策の最終目的として，日本を非軍事化することで，アメリカ等連合国も含む世界の脅威となることを阻止すること，日本を民主化し，平和経済を発展させることを述べられている。その上で，対外関係を中心とする経済面における政策方針部分では，まず，政策目的が非軍事化，民主勢力の助長にあることが示されている。その際，注目すべき点は，日本政府がその実現を許容される政策目的とされる部分である。そこでは，急激な経済不安の回避，必需品の流通確保，連合国が容認した復興に関わる製品の流通確保，妥当な平和的需要を満たすことが可能な経済の復興が該当部分として示される。これを踏まえて，同文書では復興と賠償，対外貿易・金融関係についての議論が示される。ここで問題になるのは後者である。

　そこでは，まず，日本は将来的には正常な貿易関係を結ぶこと，平和目的の財貨の購入が許されること，しかしながら，対外貿易・金融取引については，当面は占領軍の管理下におかれ，日本が最低限必要なもののみ取引が許容されることが示されている。以上が為替政策を中心に見たSWINCC150／3の内容であるが，その後[23]，9月12日に「B号円表示軍票の早期法貨指定，米国通貨及びその他の外国通貨の使用禁止に関する日本政府あて覚書」(SCAP-IN-21)，同22日に「金，銀，有価証券及び金融上の諸証書の輸出入統制方に関する日本政府あて覚書」(SCAPIN-44)ならびに「金融取引の統制方に関する日本政府あて覚書」(SCAPIN-45)が日本政府に提示され，占領軍の許可なしでは一切の対外金融取引ができないことにされた。さらに[24]，9月30日の「植民地および外地銀行ならびに戦時特別機関の閉鎖に関する覚書」(SCAPIN74)，10月12日の「金，銀，有価証券および金融上の諸証書の輸出入統制方に対する追加指令に関する覚書」(SCAPIN127)では戦時および植民地・対外金融機関の閉鎖，引揚者の持込可能通貨の円への限定と金額制限が指令され，より対外金融取引の制限はより厳格化された。

　占領軍の政策の最終目的が上述のようなものである以上，SWINCC150／3

---

(23) 以下の文書は『日本金融史資料』昭和続編，第25巻，38-42頁に収録。
(24) 伊藤「外貨・為替管理と単一為替レートの設定」263-264頁。

以降に出された為替政策に関する政策の目標は，日本軍国主義の存立にとっても不可欠であった対外取引を占領軍の下で一元的に管理することで徹底的に軍国主義を破壊し，これを通じて日本が再び世界の脅威となることを阻止することにあった。また，引揚者の持込可能通貨と金額の設定に見られるように，占領軍側は，後述する為替レートの円高設定を通じたインフレ抑止を主眼とする日本側案よりも，厳格な案を想定しており，引揚に伴うインフレ遮断の側面でも日本側より徹底した措置を講じていた。

(2) 日本側の為替相場再設定に対する認識

これに対して日本側は早期の対外取引が容認されるとの見通しのもとで，為替レートの設定についての検討がされた[25]。ここでは，「戦後通貨対策委員会」（1945年8月28日設置）へ提出された各委員からの意見を中心に再検討し，その特徴を明確化する。

まず，新木栄吉（日銀副総裁），小笠原三九郎（元大蔵省政務次官），野田哲造（住友銀行副社長）の各委員から意見が提出され，中山伊知郎委員（東京商大教授）からは「日米為替相場の推算」結果が提出された[26]。ここで上記三委員に共通した意見を示せば，インフレ問題，賠償問題，対朝鮮・台湾・満州通貨との相場決定問題であり，これら三問題が特に重要な課題であったと見てよい。まず，賠償問題については，円レートの低位設定がインフレ助長に繋がることが指摘されており，ここから三委員とも早急に対外取引が認められ，輸入への依存が可能となることを前提としていた。賠償問題については，負担軽減の観点から議論がされており，早期の経済復興を睨んだ相場設定を求めていた。

最後に，対朝鮮・台湾・満州通貨との交換比率設定の問題である。小笠原・野田両委員より，これら地域からの資金流入が国内インフレを助長するという見地から議論がされた。8月23日大蔵省外資局作成の「為替換算率に関

---

(25) 伊藤「外貨・為替管理と単一為替レートの設定」262-263頁。
(26) 以下，各委員の意見は大蔵省財政史室編『終戦直後の財政・通貨・物価対策』霞出版，1985年，75-82頁。

する考え方」でも同様の方針が示されていた。このほか,貿易面に関しては,既に指摘されているように,10月1日の政府次官会議で国内業者・金融機関を貿易及び貿易資金決済主体とする方向で,占領軍側と交渉することが決められた。三問題に関する各委員の意見・外資局見解や貿易に関する方針を踏まえた場合,対外金融取引に対する主体性を最大限確保しつつ,インフレを抑制し,なおかつ,賠償支払額を抑制することで,早期の日本経済の復興を図ることが,為替相場設定にあたっての日本側の基本目的であったと言えよう。

(3) 貿易庁設置と必需物資輸入——貿易資金融通制度と融通状況

① 資金供給制度の内容——階層的貿易金融機構の形成　しかしながら,為替レート設定・貿易再開という,日本側の構想は結果的に挫折する。その後,10月9日になると占領軍側は「必需物資輸入に関する覚書」(SCAPIN110) を発し,必需物資の輸入機関としての貿易庁設置を日本側に指令した。ここでは貿易庁を中心とする貿易制度を概観した上で,貿易金融制度と資金決済状況を検討する。

まず,貿易制度は,貿易庁を取引当事者とする「国営貿易方式」が採られており,占領軍側の認可がない限り,貿易庁以外の者・業者は「貿易を行い得ない」。もっとも,「貿易実務の複雑多岐にして貿易庁のみで之を処理する事は技術的に不可能である」ため,「当初貿易庁の下に補助機関として七十余の輸出入代行機関を指定し物資毎に実務の取扱ひを行わせてきた」。しかし,「何等法律的根拠」がなく,「大小区々で業務運営上極めて非能率的である上に,此等機関の中には私的独占の弊を有する向も多分に有」ったので,「繊維,食糧,鉱工品,原材料の四貿易公団が設立され」,貿易代行機関は廃止された。

次に決済方式である。まず,輸出品は貿易庁から連合国側に引き渡された

---

(27) 以下,貿易方法に関する交渉方針も含めて,伊藤「外貨・為替管理と単一為替レートの設定」262-263頁。
(28) 以下,伊藤「外貨・為替管理と単一為替レートの設定」265頁。
(29) 以下,次項の議論も含めて,貿易制度・貿易金融に関しては,特に断らない限り,日本銀行調査局「終戦後に於ける貿易とその金融」1948年1月,『日本金融史資料』昭和続編,第13巻,187-215頁。

上で，アメリカの商事会社が海外市場でこれを売却し，その売値から司令部負担の諸掛を差し引いた額がアメリカの対日貿易勘定に「貸記」される。輸入品は，逆に，同勘定に買値＋諸掛を「借記」する。その上で，貿易庁がこれを内地統制価格＋諸掛手数料で買い取り，統制価格で売却の上で代金を貿易資金勘定に受け入れる。このような取引方法は「円と弗とは全然関係無く両勘定にはそれぞれ別個の残高が存在している」状況であった。この結果，貿易金融は外国通貨の受け払いとは無関係な状況，すなわち「純然たる国内金融」となり，しかも貿易庁を窓口とする「国営貿易方式」をとった帰結として「財政面との密接な関係」が生じることとなった。財政との関係については，当初は「貿易資金設置に関する法律」に基づき為替調整特別会計から五千万円を繰り入れ，これを日本銀行が取り扱うというものだったのが，1946年11月の「貿易資金特別会計法」施行以後，為替交易特別会計から独立し，輸出入物資の代金・諸掛等の受け払いを行い，資金不足は日本銀行・預金部からの借入に依存するものになった。

　次に，貿易公団に物資を納入する業者向けの資金融通を検討する。同公団に物資を納入する業者は，製造資金・集荷資金などの貿易資金よりの前貸しが禁じられており，これら資金は一般の金融機関に依存する必要があった。このほか，物資の買上代金・諸掛等などの貿易資金からの支払が遅延する場合，業者は自分で資金調達する必要があった。これらの資金融通は，日本国民が最低限度の生活水準を維持するために行われる貿易向けである関係上，貿易手形の低利率割引などの優遇措置が採られていた。これを次に検討する。貿易公団発足前には製造業者・集荷業者向けに繋ぎ資金供給目的とする，輸出取扱機関振出・業者受取・市中銀行割引の約束手形による融通（貿易手形甲），同様に輸出物資買上資金支払目的の資金融通（貿易手形乙），輸出入諸掛支払目的の融通（貿易手形丙），日本輸出品用原材料株式会社の原材料購入資金支払のために，同社振出・購入先引受・市中銀行割引の約束手形による資金融通，紡績加工賃融資のための業者振出・輸出入代行機関支払・市中銀行割引の為替手形による資金融通の五種類があった。「日本銀行貿易金融措置要領」によれば，これら手形は国債担保貸出同様の低利率での割引を受けられるとされた。

さらに，これが貿易公団発足後になると，従来の貿易手形乙が廃止され，手形も当該業者が関係するなら為替・約束いずれの手形で，しかも単名手形でも差し支えないものとされた。このほか，貿易公団の発注依頼書・実務委託書・加工修理等委託書写を添付の上で割引を依頼した手形を貿易手形と認めること，日本銀行がスタンプを押印したもののみを適格担保とすることが新たに制度化され，日本銀行が主体的に割引対象手形を選別可能な体制が整えられた。さらに，史料の制約上，貿易公団発足直前の1947年6月末時点での，貿易手形の銀行別割引状況を見ると，A銀行（東京銀行と判断される）が全体の63.5％を占め，ついでB銀行11.8％，C銀行4.6％，D銀行3.5％（以上，銀行名不明），その他銀行16.6％という順になっていた。特に，東京銀行は同時点での総貸出額の3割を貿易手形が占めており，貿易手形割引額の約62％を日本銀行での再割引に依存していた。日本銀行が横浜正金銀行以来の対外金融機関の伝統を受け継ぐ東京銀行をバック・アップすることで，同行が圧倒的に優位な形で貿易金融に関する市場が形成されていた。

　以上，貿易財取引面では，GHQ―貿易庁・貿易公団―輸出関連業者という階層的取引関係が整備され，金融面では日本銀行―貿易庁・貿易公団―（東京銀行を中心とする市中銀行）―輸出関連業者という，日本銀行を頂点とする階層的貿易金融機構が整備された。

　②　「国営貿易方式」下の貿易資金供給制度の効率性と非効率性　　上記の制度の下で，制限付き貿易実施以前の貿易金融が実施されることになったが，この制度の効率性と非効率性はどのようなものであったか。

　まず前者に関しては，「綿布等の輸出を中心とする繊維の輸出が我国輸出貿易の大宗をな」すとされる綿業への重点的かつ選別的融資が可能なったことである。貿易公団設立以前の紡績業向けの加工賃手形は，貿易手形総額の30％もの金額に達していた[30]。さらに，この傾向は日本銀行が能動的に割引対象手形を選別可能になった，貿易公団成立後にも見出すことができ，1947年7月から10月の累計額6,428百万円は割引総額9,009百万円の71.35％にも

---

(30)　日本銀行調査局「終戦後に於ける貿易とその金融」『日本金融史資料』第13巻，199頁による。

達していた。この制度が金融面から重要な輸出産業と目される，綿業の発展を促進したことはもはや明らかであろう。

しかしながら，この時期の貿易資金供給制度に問題がなかったわけではない。日本銀行によれば，それは，(1)貿易手形の信用の問題，(2)貿易資金の金繰の問題，(3)金利の問題の3点に現れるという。(1)については，貿易手形に付される貿易庁の認証は支払保証を意味するものではないこと，輸出物資買上時期が司令部側の配船の都合に左右され手形決済時期が不安定化すること，輸出業者の多くが中小業者のために信用力が脆弱であることが原因であるとされる。(2)については，輸入棉花が政府所有のままで国内売却がされず，しかも巨額な加工賃が支払われていること，輸入諸掛が貿易資金の一方的負担とされていること，輸入物資は食糧等必需品のため売却価格が輸出品に対して低位に抑えられていること，輸入物資の売却先が官公庁でしかも大口のために代金決済が遅延しがちなこと，が挙げられている。この結果，貿易資金受払は巨額の赤字を抱えていた。[31]そのため，1946年度の円収支に占める借入金比率を見ると，受入額4,089百万円に対して借入額は1,400百万円・34.2％にも達していた（全額日銀借入）。このほか，日銀依存の要因として，対外価格と無関係に円受払いが行われたことが指摘された。為替レート設定の欠落した「国営貿易方式」は，円収支赤字とともにベース・マネー供給増を通じて，インフレの加速要因になった。

(3)の問題であるが，インフレ行進を背景に市場金利が上昇する中で，市中割引協定利率1銭4厘では採算困難となり，それゆえ市中金融機関は「積極的融資を渋る様になった」。その後，割引利率引き上げが実施されたものの，市中金利より低位な状況は続いていた。さらに，貿易公団への制度変更後，単名手形の流通が認められた（前述）。その結果，「信用度の区々な業者に対し一律の金利を適用するを不便とすると云ふ事情」が生じた。これへの対応として1947年8月6日より最高2銭3厘と一般貸出並に引き上げられ，業種別に

---

(31) 以下の円収支赤字の実態と借入先は，伊藤「外貨・為替管理と単一為替レートの設定」266-267頁。同論文では，日本銀行調査局「貿易資金の動向に就いて」『日本金融史資料』昭和続編，第13巻，という別の史料に依拠して，円収支赤字の要因に言及しているが，貿易資金赤字の発生要因については，具体的に踏み込んだ検討はしていない。

調整するという内容に変化した。この結果,「貿易金融の隘路は除去」されたものの,インフレが進行する中では貿易手形割引利率の優遇を通じて,輸出促進を図ることは不可能であり,この意味でも非効率性が残存していた。

　以上,特に日本銀行が割引対象手形を選別可能になった1947年7月以降になると,重要産業である綿業関連に重点的な資金供給を図る点では階層的貿易金融機構は効率性を発揮した。しかし,貿易手形の信用問題・貿易資金の金繰りの問題・金利問題では,必ずしも輸出産業の発展を促進し得る体制を整えることはできなかった。

2　制限付き民間貿易再開と占領側・日本側の動向——為替問題を中心に

(1) 複数為替レート設定を巡る占領軍側の方針

　この状況下で,占領側が外国為替再開を検討しはじめるのは,1947年5月以降のことであった[32]。ESSは為替レートの早急な設定は輸出減退,日本政府所有外貨の消尽,為替投機をもたらすことを理由に不可能とした上で,これらを回避するために日本経済,特にインフレの沈静化,国内価格の海外価格への鞘当,国際収支の均衡の必要性を指摘したものの,数ヶ月以内でのこれらの実現は不可能との展望を示した。このような見解は,基本的には6月25日付けのマーカットから参謀長宛でも基本的には変わらなかったが[33],ESSの経済安定化策を実現すること,日本側からのアドヴァイザーを用いること,輸出促進のための補助金交付を前提とした国内物価体系の改正,大規模な原材料購入のための外為資金貸付の必要性が指摘された。ほぼ同様な見解は,食料品や原材料の過度な輸入が賃金—価格関係の歪みと高インフレをもたらしていることを問題視する,47年12月24日付のESS文書でも指摘された[34]。ただし,そこでは,単一為替レート設定の前提として,複数レートの中で取引の中心となるレートを設定し,日本経済の安定化の進展状況を見て,単一為替レー

---

(32) 伊藤「外貨・為替管理と単一為替レートの設定」276–281頁。
(33) A Foreign Exchange Rate for Japan from W. F. Marquat to Chief of Staff SCAP, June 25, 1947,『昭和財政史——終戦から講和まで』第20巻, 584–587頁。
(34) ESS Report on Yen Exchange Rate : Reasoning for postponing the establishment of an overall single exchange rate, Dec. 24, 1947. (国立国会図書館所蔵)

ト設定の時期を探ることも指摘されていたが，それすら文書作成時点では導入は不可能とされた。以上，マーカットらESSは日本国内の財政補助と，海外からの資金援助を前提とするソフト・ランディング的な経済安定化＝為替レート設定を構想したと見てよい。

　しかしながら，他方で1947年7月16日に作成された「日本との私的貿易の復興」と題する極東問題に関する国家・戦争・海軍の調整副委員会の報告では，日本の国際収支均衡と貿易障壁の撤廃を実現し，かつ日本の輸入額を相殺し自立的かつ持続的な発展を可能にする輸出を確保し，特に日本の侵略地域での必需品供給拠点にすることが，長期的な政策目的とされた。同文書中には，その目的実現の一環として，貿易実行に関係する民間業者の参入とともに「可能な限り早急に商業用外国為替レートを設定すべき」との項目が挿入された。このように，本委員会では日本経済の自立化とかつて日本が侵略したアジア地域への物資供給拠点化という観点から，早急に為替レート設定を求めており，ESS の構想とはその内容が大きく異なっていた。

　以上，アメリカ本国側と占領側には，早急な日本経済の安定化によるものか，ソフト・ランディングによるものかという，為替レート設定を巡る見解の違いが生じていた。しかしながら，この時点では輸出入外貨貸付を謳った輸出入回転基金の設置に見られるように，ESS の意向を反映する方向に占領軍側の政策は進んだ。

(2) 日本側の動向――産業・貿易に関する復興政策を中心に

　占領側が上記の動向を示す中で，日本側は為替レート設定を巡りどのような対応をしていたのであろうか。この点について，1946年12月に経済安定本部内に，貿易庁総務局，大蔵省理財局，外務省外務局など対外政策の当局者た

---

(35) Restoration of Private Trade with Japan, Report by the State-War-Navy Co-ordinating subcommittee for Far East, July 16, 1947.『昭和財政史――終戦から講和まで』第20巻，587-588頁。
(36) その内容は伊藤「外貨・為替管理」283-286頁；SCAP Establishment of Occupied Japan reVolving fund, Aug. 15, 1947.『昭和財政史――終戦から講和まで』第20巻，588-589頁。

ちで組織され，47年7月末まで活動を継続した国際通貨問題研究会での議論・報告内容や，経済安定本部内の貿易・産業構造に関わる議論について，主としてこれまで未検討であった日本経済——特に産業構造——の再編成構想を中心に検討する。その上で，占領軍側の構想との相違点を確認する。

為替相場設定については，既に1947年1月29日作成の「設問」[37]で，為替相場再開は日本側だけの意向で決定できないとしつつも，早急に実施する案，時期尚早延期案，中間的な再開為替相場案があるとした上で，為替相場再開が国内経済の「撹乱要因とならぬように，部分的，段階的であることが望ましい」とした。その際，「国際経済水準に絶対的なものがあるならば我国の産業乃至貿易の構造にまで手をつけてもよいし，逆に或る国内事情の維持が絶対的ならばそのための相場を考えてもよい」として，特に後者の「場合でも世界経済の方が，日本の為替相場のなしうるところよりも常に強力である」としており，中間策を採った場合でも，多かれ少なかれ，国内産業の再編成が不可避であることを指摘した。さらに，2月26日作成の「日本の再開為替相場」では，「為替再開を安定のための好契機として捉へ強力な手術を行つても安定をもち来たすようにする積極的態度」を採用すべきであるとした上で，現状での再開の場合，その「安定維持」が不可能なので，これへの対応として「金乃至弗」と円の連関・アメリカからの通貨安定クレジット授受を通じた「通貨強化」を図る必要性が提示された。つまり，アメリカからの信用供与を支柱に為替レートの設定・維持を梃子に産業構造の再編成も含む国内経済の安定化を図る構想が示された。

同研究会『報告書』でも本構想と同様な方針が示された[38]。その際，「我国経済の米国経済に対する依存度は殊に大きい」こと，「米国の支援によつて，東亜諸国の平和と産業の復興が達成されない限り，我国は食糧及び重要原料の輸入市場と工業生産物の安全な輸出市場を見出すことは出来ない。資本主義日本の延命は，かくして更に，太平洋周辺におけるアメリカ的平和の確立如何にかかつている」ことが表明されていた。このほか経済安定本部の「貿易の

---

(37) 総合研究開発機構・戦後経済政策資料研究会編『経済安定本部　戦後経済政策資料』第24巻，11–16頁。
(38) 『経済安定本部　戦後経済政策資料』第24巻，157–295頁。

再開に関する対策」(1947年5月17日)では「昭和五－九年の生産及び貿易の実績を調査し，当時の国民一人当たり生活水準を確定しかかる水準を保障するに必要な産業構成を検討確立する」ことが謳われ，産業構造の適正化への誘導を行うことが表明されていた。その際，別の文書では，経済再建のために「食糧及び重要資材の輸入は絶対必須条件であり」，その確保のために輸出振興が必要であることが指摘されていた。なお，そこで挙げられていた輸出品目は，綿製品・羊毛製品・麻製品・人絹製品などの繊維品，帽子・ゴム製品・皮革製品・自転車・硝子製品，缶詰・燐寸・鉛・電球などの雑貨品などであり，これら製品の輸出促進を目的に，資金のほか塗料・鋼板などの資材を重点配分する必要性が唱えられていた。これらの品目の多くは，48年9月時点での商品別為替レートの中でも1ドル＝300円以下から460円以下のレート帯に入る，中位のレート帯より上にあたる，比較的競争力のある製品が殆どあった。この点を踏まえた時，現状における競争力水準を前提にして，輸出促進対象製品を選択したと見てよかろう。

さらに，輸出入回転基金の設置後になると，「加工貿易制度の確立要綱案」(1947年9月19日，48年1月13日)が作成された。そこでも冒頭で「今回設置された輸出入回転基金の運用等により輸入される原材料を加工し，その製品を輸出する加工貿易制度を，先に決定した輸出振興対策に基づいて確立」することが謳われ，綿製品の「国有加工方式」の拡充，輸入原材料を一定の換算率で加工業者に供給し，業者に「引渡責任を課する」「リンク加工方式」の導入などが具体策として挙げられていた。以上，商品別実質為替レート設定を通じた日本経済の再編成の方向性は，日本も含む対アジア地域向け援助も含

---

(39) 以下，特に断らない限り，経済安定本部「輸出振興対策要領案」『経済安定本部　戦後経済政策資料』第24巻，405－427頁。
(40) 経済安定本部「長期輸出計画第一次試案作成要領」1947年7月11日，「輸出計画品目」でもほぼ同様な製品名が挙げられている(『経済安定本部　戦後経済政策資料』第24巻，540頁)。
(41) 経済安定本部「K作業に準ずる簡単な試算」1948年9月3日，表1(『経済安定本部　戦後経済政策資料』第26巻，20－21頁)。なお，同表では，これ以外に，1ドル＝461〜820円のレート帯を12区分の上で表示している。
(42) 『経済安定本部，戦後経済政策資料』第24巻，474－488頁。

むアメリカの世界戦略に乗っかる形で,「食糧,石油,綿花金属類の輸入及び生糸,雑貨類の輸出」市場面ではアメリカに依存しつつも,輸出面では軽工業品,輸入面では食糧・原材料の市場をアジアに依存する,輸出重視産業ものが構想されていた。その際,後述の単一為替レート設定前後の時期とは異なり,重化学工業化の促進に見られる,根本的な産業構造の再編成は考えられていなかった点は重大な相違点であることには留意すべきである。

以上が日本側の為替レート設定に伴う国内経済再編成構想である。このような構想は為替レート設定による「積極的な」経済安定化という面を含みつつも,それが国内経済の「攪乱」を回避する「中間策」であり,アメリカからの資金援助に依存した為替相場維持といった点で,本案はESSのそれに近いものになったと言えよう。このほか,旧植民地・旧占領地からの通貨持込=インフレ防圧や賠償軽減を考慮していない点や,アメリカの世界戦略との関係での経済再編成を構想している点で,占領開始直後の為替レート設定構想とは異なっていた。

(3) 制限付民間貿易の開始・為替レート設定交渉難航下の貿易金融の問題点

以上の基本方針を踏まえて[43],8月26日になると総司令部の指示に基づき「円為替委員会」が設置され,日本側と密接な連絡をとりつつ為替レート設定を巡る交渉がされ,為替要因設定を通じた複数為替レート設定を軸に議論が交わされた。最終的には1948年1月14日の「円為替レートに関するESS報告」で占領軍側の主張する基準レートとしての一般レート設定(1ドル=150円)とこれに基づく複数換算率制の導入が決定されたが,同年1月下旬になるとマッカーサー・マーカットの反対によりこの案が握りつぶされる。そして,芦田内閣下の外資導入による中間安定路線の下で,「単一為替レートの設定は後景に退き,商品別の実質複数レートが以後急速に拡大する」。ここでは実質複数レート下の貿易金融制度の抱える問題の変容について検討する[44]。

この点については,伊藤正直氏が既に貿易資金の赤字拡大とその要因の検

---

(43) 以下での経緯の詳細は,伊藤「外資・為替管理と単一為替レートの設定」291-301頁。
(44) 以下での検討史料は,特に断らない限り,日本銀行調査局「貿易資金の収支状況に就いて」『日本金融史資料』昭和続編,第13巻,425-431頁。

討をしている。本書でも，伊藤氏の分析と重複しつつも，そこでは未検討であった内国金融との関係での要因分析とそれへの影響との関連を重視して検討する。まず，貿易資金勘定の動向を見る。制限付民間貿易が開始された1947年下半期以降，特に実質複数為替レート制が進行した48年度上期に差引収支赤字が膨張している（47年3月末迄累計1,322百万円，48年度上期3,185百万円）。史料には「我国経済が国際経済へ接触する面が漸次拡がるにつれ，貿易資金に依る受払いも亦その幅を増して来た」とあるが，47年12月から輸出代金決済機能の一部を民間銀行が担うようになったとはいえ，制限付民間貿易開始以後も，基本的な資金決済にかかわる貿易制度が前述した貿易庁―貿易公団を通じたものである以上，貿易拡大は貿易資金の増大を意味するのは当然である。

　次に貿易資金赤字拡大の要因である。第一に指摘されているのは，「輸出入物資の価格差」である。その内容であるが，現行制度では輸出入品の円価格は「弗価格とは無関係に原則として国内公定価格に拠っているが，輸入品の大部分食糧或は原材料であるのに対し輸出品は工業製品が多い為め農業生産と工業生産との能率の相違と社会政策的見地の二点から輸入品価格と輸出品価格との間には大なる隔差を生じ前者は後者に比し」低位に設定され，輸出品の円ドル比率が1ドル＝300円以上のものが「大部分」であるのに対して，輸入品は1ドル＝100〜150円程度に設定されていた。その結果としての為替差損の存在が，貿易資金赤字拡大の要因になった。史料の制約上，1947年度末時点の日銀推計によれば，その額は152,903百万円，総資産額212,773百万円の71.8％にものぼり，最大の要因であった。第二点目は「為替レート未決定の為め輸入品の払下価格は国内公定価格に拠っている」ことから輸入諸掛が貿易資金負担とされたことである。この額は同じく3,047百万円，1.4％と比率は低位であった。第三点目は原綿・原毛の「大部分が国有委託加工」方式で実施されたため，これら輸入は貿易資金の受入にならず，しかも加工賃支払が一方的に行われることになっていたが，輸出後の代金受取とのラグがあ

---

(45) 伊藤「外貨・為替管理と単一為替レートの設定」313–318頁。
(46) 日本銀行国庫局「戦後の貿易方式及び貿易会計について」1950年1月6日，『日本金融史資料』昭和続編，第13巻，433頁。

るためにこれが資金不足に繋がるというものである。仮にこの要因によるものを未収金とすれば，9,117百万円・4.2%であった。

第四点目は輸出入物資の売行き不振に伴う累積である。同じく仮にこれに伴うものを保有物資とすれば，27,559百万円・12.9%であった。さらに，この間，公団買上物資が手持ちのまま滞貨となったために，貿易公団向けの貸付金が増大し1948年10月末迄に新規貸付金額は48,996百万円にも達していた。そのうち償還額は12,301百万円に過ぎず，「大部分が借換を続けている現状」であり，合計残高は36,694百万円にのぼった。47年度末時点の推計残高が18,518百万円であるから，実質複数為替レート下の増大ぶりが確認できよう。これらの問題は，大部分は単一為替レートの未決定と「国営貿易方式」[47]（特に前者）に起因するものであったが，輸出入額（ドル建）が46年計で129.4百万ドル・305.6百万ドル，47年計で172.6百万ドル・526.1百万ドル，48年上期計で77.4百万ドル・348.9百万ドルと，[48]実質的複数為替レート下で貿易が伸張する中では貿易資金赤字をより一層激化させた要因でもあった。

この結果，貿易資金は借入金依存を深化させ，1947年9月末時点で全額日銀借入により110億円にも達していたが，これでも増大する貿易資金赤字を賄えず48年6月には法定借入限度額が150億円に，さらに同年12月6日付けで250億円に引き上げられた。これら借入金は日本銀行からの資金供給に依存していたと見られるが，日銀史料は「此の如く著大な商品ストックの回転，消化策に努めずして借入にのみ依存することはそれだけ通貨膨張を余儀なくしインフレーションを激化することは否定すべくもない」と指摘していた。また，この間，貿易資金赤字増大に伴い貿易資金額自体も，当初の為替交易調整特別会計からの繰入金50百万円に加えて，一般会計からの繰入金950百万円が加えられ合計100百万円に増額されていた。つまり，貿易資金赤字は財政負担の増大にも繋がっていた。この意味でも「インフレーションを更に進展せしめるもの」であった。

---

(47) ただし，1948年8月以降，輸出に関しては海外バイヤーと国内業者との直接取引が認められ，「政府輸出は一部商品」に限定された（日本銀行国庫局「戦後の貿易方式及び貿易会計について」433頁）。

(48) 伊藤「外貨・為替管理と単一為替レートの設定」第5-3-9表（306頁）。

以上，輸出代金決済面で民間への業務解放という制度的変化は見られたが，制限付民間貿易の開始，特に実質複数為替レート制進展以後は，輸出入物資間の為替レートの相違を通じて貿易資金赤字が急増し，日銀資金・政府財政への依存度増大を通じて単一為替レート設定のために本来は抑制すべき，インフレをより一層激化させる状況が生じた。

（4）制限付民間貿易再開に対する各地域の反応——日本銀行各支店報告の分析

ここでは，二次史料ではあるが，日本銀行各支店報告を用いて，制限付民間貿易再開に対する各地域の反応を検討する。[49]

民間貿易の再開は，多くの地域では好意的に受け止められたようである。例えば，小樽支店管内（1947年6月）では，「過般当地に設立された小樽貿易協会の加盟者は6月末現在で120名の多きに及んでいる」とされた。その上で，貿易協会を中心に市役所，海運局，貿易業者が一丸となり「貿易態勢促進協議会（仮称）」を設立し，「8月10日より貿易復興祭を催し，輸出品見本，貿易参考品の展示，貿易に関する講演会等多彩な行事を繰り広げる予定」であったという。ほぼ同様の内容は松江支店（同），高知支店（同），門司支店（同），福岡支店（同），熊本支店（同）の文書にも見られる。

ただし，前橋支店報告（1947年6月）では「従来貿易の前途に些して関心を示さなかった業界は8月15日民間貿易再開許可の抜打ち発表には却つて聊か虚を突かれた貌であり指導機関である県庁ですら，生糸，織物の外は殆ど県内の現状を把握して居らぬ実情で急遽係員を派遣して実態調査を進め」たという。このように，貿易に無関心であったが故に，制限付民間貿易の再開に「虚を突かれた」地域があったことも看過すべきではない。このほか，積極的な姿勢を見せた小樽支店管内（上掲）でさえも，他方では競争力強化の努力を払うことで貿易自由化に積極的に対応しようという業者数は少なかったことが報告されている。このように，前橋支店管内のように，「虚を突かれた」地域や，小樽支店管内のように地域全体としては積極的な対応を試みている地域でも，

---

(49) 以下での引用と議論は，『日本金融史資料』昭和編，第16巻，308-336頁に収録の各支店報告による。

制限付民間貿易に迅速かつ積極的に対応しようという業者が少なかったことには注意を促したい。

　これが8月の制限付民間貿易再開後の支店報告では，厳しい現状が報告された。例えば，新潟支店管内では（1947年8月），「不安定な国内条件のもとに於ける変則的貿易に立ち上り遅き本県業界は幾多の問題と矛盾を孕みつつ未だ歩調が揃わぬ状態である」とした。その上で，具体的内容として，輸出産業における「セクト主義」の強さ，「地域的家内工業の域を脱せず，設備技術製造過程を異にし，横に連絡無く個別経営に手一杯」なこと，アメリカ向け，東洋向けの高級品や意匠の中央模倣のための「前途は期待薄」，金属工業における滞貨増大と燃料原価高，繊維工業における原料，糸代の高騰など資材難・資金難が障害になっていることを挙げた。金沢支店管内（47年8月）でも，「当初活発な動きを予測された業界も，ジャーナリズムの喧伝に反し一部を除いてはどちらかと云えば打診的乃至逡巡の態度を示して居り，総じて貿易の前提条件は具備に対する反省が強い」と報告された。大阪支店管内（47年8月）でも「待望の民間貿易も蓋を開ければ期待外れの感を免れず，当地方に於いて一件の商談成立も見るに至らなかったことはいささか寂寥の感なきを得ない」と報告された。ほぼ同様な報告は，神戸支店（47年8月，10月），門司支店（47年8月），京都支店（47年9月）にも見られる。

　以上，制限付民間貿易の開始発表直後は，少なからぬ地域で歓迎して受け止められた。しかし，そのような地域であっても，競争力強化に取り組む業者は少数であったようである。さらに，これが貿易再開後になると，商談が殆ど見られなかったが故に，歓迎の熱も早期に冷めた地域も少なからずあったようである。このように，輸出競争力強化への動きが鈍い状況が，単一為替レートの設定の動きが出てくるまで継続したと推察される。

3　1ドル＝360円単一為替レートの設定と
　　貿易金融の制度変化・産業構造再編成への影響

(1) ヤング・レポートからドッジ・ラインへ——占領側の政策動向

　単一為替レート設定を巡る膠着状態は，1948年5月20日のラルフ・A・ヤングを中心とする使節団の来日と6月20日の同使節団の報告以降大きく転換

する。ここでは，まず，ヤング報告の内容を，単一為替レート設定と産業構造問題との関連を重視して再検討する(51)。

同報告では管理単一為替レートの導入は可能であるとした上で，単一為替レート導入をインフレ終息の梃子とすることを論じる。そして，単一為替レートの導入は貿易手続を簡素化すること，輸出から得るドル収益を増加させること，対日投資を増加させることを通じて日本経済の復興を促進させるであろうことを示す。その上で，持続的かつ輸出促進可能で, high cost industries を合理化へ誘導するレートとして，1ドル＝270～330円というレートを提示し，その実行期限を1948年10月までとした。本レートの決定基準は，現行円価格ないしそれ以上に改善された円価格で想定した日本の輸出の8割を成り立たせるという前提で作成されたとされる(52)。同レポートでは単一為替レート設定の目的が輸出増進にあることを指摘しつつ，日本の将来的な輸出製品が「綿織物を中心に金属，機械製品から構成されているが，後二者はその比重を増加させて行く」(53)ものと認識していた。この点を踏まえた時，上記のレートは日本の産業・貿易構造が輸出主導・重工業中心となることを前提に設定されたと見てよかろう。同時に，同報告は，貿易手続の簡素化を通じた輸出促進や外資導入促進も謳っており，この意味では貿易金融制度の再編成も視野に入っていた。

同報告を受けた国際金融に関する国家諮問委員会でも，その実施期限について占領統治安定化の観点から，準戦時期以前のインフレ発生前の水準である1930-34年水準の経済状況の実現後の時期を主張するマッカーサーと早期実現を求めるヤング報告の間に相違があることを指摘しつつも，アメリカへの過度の依存期待を排除し，かつ，インフレを制御下に置き，貿易取引を持続

---

(50) 伊藤「外貨・為替管理と単一為替レートの設定」310頁。
(51) 同報告は, Report of the Special Mission on Yen Foreign Exchange Policy, June 12, 1948.『昭和財政史——終戦から講和まで』第20巻，597-600頁に英文要旨が，『日本金融史資料』昭和続編，第25巻，665-697頁に全文が掲載されている。
(52) 以下での議論も含めて, NAC Minutes on International Monetary and Financial Probroblems Draft of the Minutes, June 28, 1948.『昭和財政史——終戦から講和まで』第20巻，604-607頁。
(53) Report of the special Mission on Yen Foreign Exchange Policy.『日本金融史資料』昭和続編，第25巻，678頁。下記の貿易手続の簡素化は，676頁。

可能にする基礎を築くという観点から，後者の支持を打ち出した。ここに至り，上記水準での為替レート設定を通じた日本経済の安定化・復興という方向性が決定された。もっとも，マッカーサーを中心とするSCAPがこれに反発し複数為替レート設定の精緻化を進めたために，単一為替レートの設定作業は遅延した。しかしながら，同年10月になると「日本の経済復興に関する陸軍省メモ」という文書も作成され，貿易収支均衡を通じた日本経済復興が，援助削減を通じたアメリカの納税者負担の軽減に繋がることを指摘しつつ，アメリカの日本の経済復興に関する基本方針が，民主的組織の永続的存続のための経済基盤の構築のほか，極東地域諸国の経済発展と域内貿易の促進，日本経済の自立による援助削減にあることが示され，マッカーサーらSCAPの上部組織にあたるアメリカ陸軍側も本戦略に従う姿勢を示した。このような政策内容は10月7日付けのアメリカ安全保障会議「アメリカの対日政策に関する諸勧告」(NSC13/2)でも明確化されていた。これら一連の文書から，単一為替レート設定の目的が，従来，指摘されてきた冷戦激化に伴う日本の反共防波堤化に加えて，その目的実現との関連で極東諸国の経済発展と域内貿易の拡大を通じて，これを基盤に日本経済の復興と自立を実現し，ひいてはアメリカの援助負担を削減することにあり，48年10月以降になると関係諸機関が早期の単一為替レート設定に同意したと言えよう。その後，同年12月3日にはロイヤル陸軍長官はSCAP宛に「強力な経済安定措置」を採ること，政策実行のための適切な人物の派遣，単一為替レートの具体的設定時期の確定を指令し，同11日にはドレーパー陸軍省次官作成の「経済安定九原則」が極東委員会の中間指令という形でマッカーサーに伝達された。

さらに，1949年1月になると「為替レートに関するコメント」(56)という文書が

---

(54) 以下，ロイヤル陸軍省長官の指令等も含めて，伊藤「外貨・為替管理と単一為替レートの設定」330頁。
(55) もっとも，財閥解体政策の立案に携わったハドレーによれば，納税者負担の軽減は名目に過ぎず，冷戦激化に伴う日本の共産主義への防波堤化が本質的理由であったという (Hadley E.M. with Kuwayama P.H., *Memoir of a Trustbuster* 2003 Univ. of Hawai Press, pp.115-116. 邦訳『財閥解体 GHQ エコノミストの回想』東洋経済新報社，2004年，182-184頁）。
(56) 以下，特に断らない限り，Comments on the Exchange Rate Paper of January

第2章　戦後改革期における金融制度改革　87

作成され，ESS内部でも具体的な為替レート設定作業が開始される。この時期には既にドッジによる経済改革の実施が既定なものになっていたから（1月17日トルーマン大統領による公使任命）[57]，これへの対応と見られる。ここでは単一為替レートの設定水準と，その背景にある要因——特に，産業との関連——に重点をおいて検討する。同文書の中で注目に値するのは，日本の輸出競争力に関わる部分である。そこでは，1ドル＝330円ないしこれより円高水準では，日本の輸出額の83％が成り立ち得る，との結論をまずは否定する。その上で，「適切な（為替計算上の）ウェイトをかけられた場合の金属，機械製品の輸出額と生糸のそれを加えた場合，輸出比率は劇的に低下するだろう」として，この水準で輸出産業として成り立つのは，合理化の進んだ綿業のみとする。そして，次が重要なのであるが，綿業を重視した為替交換比率が許容されない理由として，「対外支払に関わるすべての計画は，綿業への依存度を減らし，将来的な機械，金属産業，高度な加工製品への依存度上昇を前提としている。依存度上昇を見込んでいるほとんどすべての輸出品は1ドル＝330円水準より円安でなければならない」ことを挙げている。これに加えて，綿業でも翌年は1ドル＝330円で利益を見込めるか分からないこと，同様なことが金属，機械産業にも言えること，セラミック，雑貨，ガラス製品，生糸，繊維，鉄製品，機械輸出，海運などの産業では，1ドル＝330円レートで採算が見込めるところまで，すぐに合理化を実現することは難しいことを挙げている。このほか，さりとて，1ドル＝400～430円はインフレを許容するレートであるとして，これは受け入れられないことも指摘されている。

同文書の最後では，単一為替レートが近々「政治的理由」で決定され，しかもそれは経済的に悪条件の中で実施されるであろうこと，それゆえ，より良い方針は輸入レートを1ドル＝330円で固定し，その上ですべての輸出品が適合しなければならない，8つを超えない安定的で強い制約を受けた輸出比率（a series of firm and very limited export ratio not to exceed eight in number）を設定することになるだろうとした上で，「仔細に各産業の費用構成を検

　　11th, 1949 Memorandum by Seimour J.Janow, Foreign Trade and Commerce Div. ESS, SCAP. 『昭和財政史——終戦から講和まで』第20巻，613-617頁。
(57) 伊藤「外貨・為替管理と単一為替レートの設定」332頁。

討すれば，330円レートより円安になる」とした。以上，ESS側は日本を極東経済圏の工場に位置付けるアメリカ政府の方針に従い，金属，機械，鉄鋼，海運などの重工業を基盤とする産業構造をもつ国として日本経済を復興させる方向で，「政治的理由」で1ドル＝330円から400円未満の間で単一為替レートの設定を図る方針を示したと言えよう。

そして，特に輸出産業の育成という点では，「為替レートに関するマーカットのメモ」[58]でも鉄鋼業を日本経済復興の基軸とする上では同様の方針を示していたが，これに加えて単一為替レート設定と同時に導入される見返資金でも輸出産業向けの補助金として用いる側面を強調していた。現に，見返資金はこのような方向で使用された[59]。単一為替レート設定とこれに伴う見返資金制度の設置は輸出向け重化学工業の発展のために相互補完性をもつ形で制度設計されたと言ってよかろう。

これに対して，既に指摘されているように，ドッジ使節団は産業合理化へのインセンティブを強める観点から1ドル＝330円レートを主張したが，結局，SCAPもこれに沿う形で1ドル＝330円レートの4月1日付け実施がワシントンに提案された。しかしながら，アメリカ国家諮問委員会（NAC）では[60]，これを拒絶し1ドル＝360円レートの設定を決定した。なお，本レート設定にあたり，消極的なマッカーサーをドッジが説得したことの指摘がある。しかし，マッカーサーがドッジの説得を受け入れた理由は不明である[61]。ところで，注目すべきはその理由である。そこでは「提案されているレート（1ドル＝330円）は過大であり，これではSCAPの貿易目標の実現に事後的な修正が必要にな」り，1950年度の日本の経済・財政計画の成功も疑わしいことが指摘され，そ

---

(58) Application of Exchange Rate Proposals Memorandum (Draft) by W.F.Marquat, Chief, ESS, Feb. 19, 1949.『昭和財政史――終戦から講和まで』第20巻，617-621頁。
(59) 例えば，小湊「第5次計画造船と船舶輸出をめぐる占領政策」での造船業向け融資の分析を参照。
(60) Proposed Single Rate For Japanese Yen and Related Measures Memorandum from National Advisory Council Staff Committee March 25, 1949.『昭和財政史――終戦から講和まで』第20巻，622-623頁。なお，最初にNACが1ドル＝360円レートの設定を決定したことを指摘したのは，本節の元になった拙稿（初出一覧参照）であるが，浅井『IMF8条国移行』ではこの点への言及はない。
(61) 浅井「360円レートの謎」23-28頁。

れゆえ1ドル＝330円レートより10％切り下げるべきであるとされた。前述のように，アメリカの対極東戦略に従いSCAPは鉄鋼など重化学工業を基軸とする日本経済の復興を考えていたが，1ドル＝330円レートではこれに支障が出ることを主たる根拠のひとつに，重工業の交易にとって望ましいとされる1ドル＝360円レートの設定が求められたのである。(62) これに対して，合理化促進のためにも，(63) 1ドル＝330円レートが望ましいとしたドッジも，産業補助金削減のための合理化の将来的進展に楽観的な姿勢を示すなどして，これに同意した。ここに至り，占領側での1ドル＝360円レートの導入は決定的になり，4月25日付けで本レートが導入されることになったのである。

（2）日本側の単一為替レート設定作業

アメリカ側の単一為替レート設定に向けた動きが進む中で，日本側でも単一為替レート設定に向けた作業が進展する。この点については，(64) 既に1948年12月に総理ら閣僚のほか，日銀総裁，民間有識者等から構成される「単一為替設定対策審議会」が閣議決定により設置され，「賃金，物価，財政との関連」「価格差補給金」の如何を中心に議論がされたこと，その際，後者を巡り現状維持を主張する商工省とこれに反対する日銀の間で意見が分かれたこと，単一為替レートの設定水準を巡り220～240円ないし350円案（経済安定本部），330円案（大蔵省），350～400円案（商工省・貿易庁）など意見が分かれたことが明らかにされ，その上で商工省・経済安定本部・大蔵省のレート設定の根拠が検討された。ここでは，これまで未検討であった，(65) レート設定と産業

---

(62) この点を踏まえた時，伊藤「外貨・為替管理と単一為替レートの設定」344-345頁が主張する1ドル＝330円レートから360円レートへの変更がNACによる「ポンド危機を見越した」ことにあるとの議論は，少なくとも直接の説明にはならない。

(63) 伊藤「外貨・為替管理と単一為替レートの設定」345頁；Dodge's Telegram on foreign Exchange Rate by J.M.Dodge, Financial Advisor, SCAP 30 March, 1949.『昭和財政史——終戦から講和まで』第20巻，625-626頁。

(64) 以下，伊藤「外貨・為替管理と単一為替レートの設定」334-341頁。なお，以下で明らかにするような，各省庁の単一為替レート設定の背景とその特徴は，伊藤説では明確化されていない。

(65) 以下での検討は，輸出総量の一定割合確保と，これとの関係からの補助金支出額を決定していることを指摘している点では，伊木「単一為替レート設定の影響分析」の経

再編成との関連性の等徴を検討する。

　まず，商工省案から検討する$^{(66)}$。同省は350～400円レートを主張していたが（前述），本レートの算定に当たり1ドル＝300円と350円の場合を想定して，「単一為替レート設定の輸出産業に及ぼす影響の調査について」（総務局，49年1月24日付け）という史料を作成した。同史料によれば，鋼材輸出に関しては大幅な合理化がない場合でも総生産量180万トン中35万トンを見込んだほか，機械類は大幅な合理化が見られた場合でも「輸出はかなり困難」とされた。化学品に関しては「一般にかなりの企業合理化」がされ，特にソーダについては「生産集中も考慮」して算定されたが，それでも350円レートの場合にはじめて「輸出可能となる」と試算された。窯業については「大幅」なコスト削減を考慮しても「輸出不可能になる場合が相当多い」とされたが，「企業体制に考察して350円の（2）の場合（大幅な合理化と企業集中が行われた場合）にはかなり輸出可能となるものがある」とされた。さらに，輸出補助金についても，優先的に支出が必要とされるもののみであるが，1ドル＝300円，350円の場合を比較して，①合理化が行われた場合，②増産が行われた場合，③レート設定により原材料輸入価格が変化した場合，④未変化の場合，4要因の組み合わせで試算されたが，いずれのケースでも350円レートの方が300円レートに比べて大幅に下回る結果が提出された（次頁表2-1-1）。

　商工省は「「経済九原則」及び単一レートの設定に関する意見」（49年1月20日）$^{(67)}$の中で，輸出補助金の影響の短期性とその影響下での合理化実施の限界，他国からの「不正競争」批判回避を目的とする補助金の極小化の必要性，賃金引き上げ・価格差補給金の圧縮・電気料金値上げ等を背景とする基礎物資価格の上方改定の必要性を考慮した場合の，350円レートよりの円高設定の「貿易産業に与える影響」の「甚大」さを理由に，輸出額の8割を確保する観点から1ドル＝350円又は400円レートが「適当」と主張していた。商工省側は金属・機械・化学製品の輸出確保と補助金削減に重点を置きつつも，輸出総

　　済安定本部に関する指摘と重複するが，同論文では他省庁も含めた産業再編成構想との関連，アメリカ側の案との対比での特質等は明らかにされていない。
(66) 以下，『経済安定本部　戦後経済政策資料』第25巻，81-88頁。
(67) 以下，『経済安定本部　戦後経済政策資料』第25巻，73-80頁。

表 2-1-1　商工省試算の為替レート設定と補助金

摘要	(1)(A)	(1)(B)	(2)(A)	(2)(B)
300円の場合	1,367	2,113	1,354	1,861
350円の場合	511	1,058	262	888

　　注：1)(A)(B)は輸入原材料価格の変化がある場合と新レートでの換算の場合。
　　　 2)(1)(2)は企業の生産状況が現状のままの場合と大幅な合理化あった場合。
　　出所：『経済安定本部　戦後経済政策資料』第25巻, 88頁。単位は百万円。

額の8割確保という主張に見られるように, 最大限, 輸出総額面での現状維持を図るべく上記レートを主張した。この意味で, 商工省案は受動的であった。

　これに対して, 経済安定本部は, 最初に「現行国内価格体系に全く影響を与えないようにクレヂット全額を用いる。すなわち輸入品はすべて現行価格で払下げうるよう補助金を出し輸出品は現行PRSが設定レートを上回る分だけ補助金を出す」ことを前提にレートを試算した。その結果,「いかなるレートでも要補助金額はクレヂット額を上回るが, 220-240円程度まではその不足額は極めてゆるい。それ以上のレートになるにしたがつて不足額は次第に強く増加する。その意味で220-240円が一つの最適レートといえる」という結論を出した。ここから, もっぱら貿易庁中心の現行輸出制度を前提に, 補助金抑制の観点から, 当初のレートを試算したといえよう。しかし, 2月1日付け文書「R作業資料」になると,「輸出面だけから一本レートで仕切つた場合の補助金必要額を試算」したことに見られるように, 輸出を重視したレート算定を行うようになる。そこでは, 1ドル=300, 330, 350円で試算が行われ, 350円レートの場合, 全輸出品の補助金との差益がプラスになるとの結論が導出された。もっとも, 本試算では「輸出補助金は商品の輸出順位, 不採算の

---

(68) 経済安定本部物価局「為替作業　試算(1)」1949年1月5日,『経済安定本部　戦後経済政策資料』第25巻, 64-72頁。
(69) この点は, 伊藤「外貨・為替管理と単一為替レートの決定」339-340頁でも指摘されている。

吸収可能性等を吟味せず，機械的に，現行 PR が一本レートより円安のものについで，現行 PR まで全額支給されるものと」されており，この点を踏まえた場合，前述した経済安定本部の1ドル＝350円レート案それ自体は，産業再編成構想に欠けるという意味で受動的であった。

次に，大蔵省である。当初，同省は，国内経済への影響の大きさゆえに，輸出入補助なしでの即時強行は回避すべきとしたが，単一為替レートの設定の必要性それ自体は否定しなかった。しかし，単一為替レート導入の条件として，「生産，貿易，物価などの実際的見透しを基礎に計画を樹立して合理化実行の強度を段階的に予定」するという，「急激な社会不安や生産の減退を避け」た「着実な合理化」というソフト・ランディング路線を提示した。(70)もっとも，1949年に入りアメリカ側が単一為替レートの設定実現を急ぐ中で（前述），大蔵省も1ドル＝330円レートを提起した。本レートの設定にあたり，(71)大蔵省は為替差益（＝補助金削減）の観点を重視していた。以上，商工省・経済安定本部と同様に，積極的な産業再編成は構想せず，補助金削減を中心に，単一為替レート設定には受動的に対応した。

なお，日本銀行の姿勢であるが，(72)レートは1ドル＝300～350円を見込んでいたが，その際，輸出入価格水準の維持のために当面は補助金支出が許されると想定されること，賃金安定・物価安定（「均衡回復」）を図ること，金融引締め・市場競争導入により企業経営の合理化を図ることなどを提示し，設定されたレートを維持する姿勢は示されている。しかしながら，中央銀行であるから当然ではあるが，レート安定のための諸施策がもっぱら重視され，国内の産業・貿易構造の変革を図る構想は持ち合わせてはいなかった。

以上，アメリカおよび占領軍側の単一為替レート設定の動きに対する日本側の対応は，輸出産業の合理化推進の必要性こそは認識しているものの，被占領国としてある意味で当然ではあるが，総じて補助金削減や輸出量確保の観点を重視した，受動的側面が濃厚であった。この点では，極東地域の経済再

---

(70) 大蔵省「単一レート設定の問題」1948年10月27日，『昭和財政史——終戦から講和まで』第15巻，385-392頁。
(71) 伊藤「外貨・為替管理と単一為替レートの設定」342-343頁。
(72) 『日本銀行百年史』第5巻，226-229頁。

編成の一環として，単一為替レート設定を産業構造再編成への誘導の積極的機会と位置付けるアメリカ側とは対照的であった。

(3) 単一為替レート設定の動きと各地域経済の動向——日本銀行支店史料の分析

ここでは，日本銀行支店文書を用いて，単一為替レート設定に対する地域産業経済側の動向を検討する[73]。

まず，1948年7月の静岡支店報告である。そこでは，「県下産業は重大な関心を」寄せているとした上で，「現行のドル換算レートを概観すれば，平均ハーモニカ450円（物価改定前280円）型染300円，釣針300円，釣竿150円，茶290円，ミカン罐詰327円，鮪罐詰260円見当となつて居り今回の物価改定に依り何れも昂騰は免れず，仮にレート300円とすれば採算割にて輸出不能に陥るものが多く，現状では輸出振興の見地より原料資材入手に関する適当なる措置は是非とも必要である」との報告が出された。ここでは，ハイパー・インフレの継続を前提に，1ドル＝300円レート設定がされた場合，多くの産業が立ち行かなくなること，原料資材の確保を中心に政府による適当な措置の必要性が論じられた。

次に8月の松本支店報告である。「一封度三弗に引上を見たとすれば，為替換算率は一弗三五〇円見当となり」，この程度のレートだと「極めて簡単に考えている向きが多い」とした。しかし，レート設定の如何によっては重大な影響を蒙る可能性があり，「一部」で合理化の必要性が認識されていたが，総じて楽観視されていた。その後，別の史料（同年12月）では，「単一レートが400円以上に決定した場合には生糸は補給金なしでは輸出不能に陥る慮がある」と悲観的な認識へと変化した。

第3に，大都市部である大阪支店報告（1948年9月20日）を見る。そこでは，原材料費や労賃などの諸コストが計算された上で，公定加工賃を基準に修正する場合，綿糸については1ドル＝120円60銭，綿布は184円36銭となるとした。このように，国際競争力のある綿業については，後に見る多くの

---

(73) 以下での分析は，『日本金融史資料』昭和続編第16巻，607-652頁に収録の各支店報告による。

商品とは異なり，かなりの円高水準でも対応できることが報告された。ゴム製品については「最低に自動車タイヤの一八〇円最高は布靴の三五〇円となっており生産財に対する比率は円高，消費財に対するレートは概ね円安である」とされた。しかし，自転車タイヤ，チューブについては，物価改定後の原価によってレートを算出した場合，1ドル＝610円85銭，537円25銭，又は683円になるなど，「自動車タイヤの一弗四〇〇円を最低に大体六〇〇円の比率が要求せられている」とされた。このようなレート設定要求は，原材料費の高騰や枯渇による操業率の低下による製品価格の高止まりが要因とされる。ガラス工業も，狭口普通薬壜（10cc入）で1ドル＝708円，電球外殻で700円88銭であった。これは戦争を要因とする熟練工不足に伴う労働コストの増加（戦前30％，調査時点40％），低カロリー炭利用による熱不足，配給諸資材の入手や輸出のために関係各省庁と連絡を取る費用の存在が原因であったという。模造真珠も，原材料の粗悪化や労賃の上昇を背景に，物価改定後で，1ドル＝513円25銭となり，「一弗五〇〇円以上でなければ引き合わなくなる」とされた。ピンポン球も1ドル＝600円と算出され，セルロイド品全般では原材料不足による高騰を背景に「一弗六〇〇円—六五〇円が適当」とされた。

以上を踏まえて，大阪支店は「当地雑貨工業の中代表的業種について其為替レートを算出した結果」(中略)「大体一弗五〇〇円から七〇〇円と言う極めて円安な比率が求められた」と総括した。その上で，「巷間伝えられる如く一弗三百円見当に決定」された場合，壊滅的な打撃を受けるとした。大阪のような大都市部でも，綿業などの国際競争力を持つ産業を除けば，為替レートの設定如何では地域産業経済が壊滅する可能性があるとされた。

大都市部である名古屋支店の報告（1948年10月25日）でも同様の事実が指摘されている。対ドル270円で設定された場合，概ね大阪同様のことを要因として，織機の250円，輸出毛織物の平均280円を除けば，陶磁器の500円，時計の350〜400円，自転車450円など，地域の主要産業の多くが成り立たないとされた。その上で「要するに，現在の客観的情勢は日本経済が未だ単一為替レートの実施段階に非ざることを明瞭に示している」とした。しかしながら，別の報告（1949年1月）では，「要するに一時三五〇円レートでは」(中略)「管内主要輸出産業（陶磁器，自転車，時計，毛織物，綿織物，紡織機等）に関

する限りその弾力性は意外に大きく，この中 350 円で落伍するのは自転車工業位と推察され，従って円高レート設定に伴う犠牲は案外少ない」とも述べられた。自転車以外の産業では合理化の余地があったと推察される。なお，自転車工業については，A 社を除き「真に合理化の努力をしている企業は見当たらない」とされた。企業が合理化努力を払おうとしない理由の一つとして，現在の金融状況が設備投資関係の長期資金供給を許さないことが挙げられていた。金融面の問題が合理化の隘路になっていたことが窺える。

　京都支店報告（1949 年 1 月 15 日）では，「当地輸出の大宗たる綿織物は総て染色加工がなされて居るが現在の 300 円，350 円のレートに於いて普通捺染では 300 円以上ならば殆ど影響はないが，高級捺染では現在の品質を維持してゆくためには 350 円以上」に設定されるのが望まれるとされた。綿織物業については，一部を除き，1 ドル = 300～350 円でも競争力を維持可能であるとの見通しが示された。ただし，別の報告（49 年 1 月 31 日）では，一方では，西陣などの高級変織は，1 ドル = 350 円程度「ならば何とか切抜け得る」とされ，丹後織物も「320 円以下で絶対採算可能であり」（中略）「（その程度の）単一為替レートならばそれによる影響は少ない」とされた。しかしながら，他方で，伝えられる 1 ドル = 300～350 円というレートでは，生糸はアメリカでの価格上昇又は生産費の切り下げがない限り，「全く悲観的であると言う外ない」という状況が示された。その上で，1 ドル = 400 円以下にレートが決まった場合，設備の縮小や人員整理を通じたコスト削減とともに，政府による「何らかの保護助長政策」が必要であるとされた。これに加えて，同年 1 月 31 日付けの報告では，「生産の合理化についても」（中略）「現在最も大きな悩みとなつている資材及び資金の不足が解決されるならば単一レートの設定に際してもなお充分に対応して行くだけの余地はある」とあり，合理化投資に際して「資金の不足」が重要な隘路であったことが窺える。

　仙台支店管内についての報告（1949 年 1 月）では，仮にかなりの補給金が講じられても，生糸生産は現在価格の維持が限界とした。その上で，山形県の絨毯工業は 1 ドル = 500 円以上が必要であるとした。仙台産の牡蠣についても，「養殖業者の限界生産費から見ると 350 円では 20％の生産減，300 円では 40％減」になるとされ，竹製品についても「円高レート設定による生産減が

更に商談不調の原因になるのではないかと懸念されている」とした。この状況を打破するための設備投資による合理化も,「銀行方面では警戒気分が濃く目下の処支店等を督励して得意先の情報入手に努めている模様」として,銀行側が融資に中々応じないことが報告された。前橋支店報告 (1949 年 1 月) では,「現在レート三五〇円はかなりの弾力性あるものと有望視され織物関係は一般に楽観気分が強い」ことが述べられたが,自転車は 676 円と「望み薄」とされた。スクーターは 360〜380 円,ミシンは 393 円,柱時計は 350 円,自転車用発電ランプは 300 円,スパルツリーは 450 円,木製玩具は 120〜480 円と何とか操業継続可能であると報告された。

　高知支店報告 (1949 年 2 月 22 日) では,製紙業については 1 ドル = 550 円が採算ラインであり,単一為替レートの設定により採算割れが生じるのは明確とされた。雑工業も同様で,現状では 1 ドル = 500 円で取引しているが,350 円水準に変化した場合,コスト引き下げが不可能なために,「採算不能」になることが指摘された。ただし,木材業については,1 ドル = 450 円で取引がされているものの,「今後長期的に纏まった受注を得るとすれば技術の習熟,能率の向上,資材の節約等により更に七％のコスト引き下げも可能であり三五〇円レートでも採算可能と見られる」として,合理化による対応が可能であるとされた。

　岡山支店報告 (1949 年 2 月) では,1 ドル = 300 円の場合,綿糸・綿布は「採算有利」となるとされた。しかし,製糸業は,採算可能ラインはせいぜい 380〜400 円とされ,鋼造船はコストの 6 割以上が外注であるため合理化が難しく,それゆえ,500 円以上を希望しているとされた。木造船については,1 ドル = 350 円を希望しているとされた。アメリカ向けの野草筵も 300 円で「かなりの業者が存続可能」とされた。麦稈真田も 350 円レートを希望しているとした。しかし,花莚やバンコック帽は現行レートが 530 円,切り下げ限度が 400 円とされたが,原材料資材の確保と中間業者のマージンの引き下げが可能ならば,1 ドル = 350 円でも対応可能であるとされた。人造真珠も,現行レートが 470 円,切り下げ限度額が 400 円であるが,労働基準法適用除外による労働時間の延長と「年少労務者」の使用が実現すれば,350 円程度まで切り下げが可能であるとされた。

　以上,日本銀行支店所在地では,1 ドル = 300〜350 円水準での単一為替

レートの設定が行われると予想され，輸出産業が少ない青森支店管内（1948年12月）など一部の地域，綿糸紡績業・綿布業等を除けば，各地の産業，特に在来産業や雑貨工業では不採算に陥るか，又は合理化など再編成が余儀なくされるという先行きが示されていたことが確認される。合理化の度合いは，その地域や産業によって異なるが，単一為替レート設定への動きが本格化する中で，各地域産業経済が上記レートを前提にして，それへの対応を考えていた。しかし，京都支店や仙台支店等の報告に見られるように[74]，その過程で在来産業や中小企業を中心に資金調達問題の解決という課題が浮上した。この意味で，日本銀行各支店文書からは，単一為替レート設定への動きは，地域産業経済のあり方に再編成や合理化への圧力をかけ始めていたことが窺える。

（4）1ドル＝360円レートの実施に伴う貿易金融制度の再編成

1949年4月25日の単一為替レート設定前後の時期以降，経済安定九原則に従い，占領軍側は外貨管理権の日本側への移管を考えるようになった。その経緯を先行研究により示せば，次のとおりである[75]。GHQは，外為の大蔵省による一元的管理を唱える日本側とは異なり，ESS案に基づき各省庁から独立した外国為替委員会の設置を指令した。本指令に基づき3月16日に同委員会が総理府外局として設置され，国際収支計画の策定，外貨・円資金管理，輸出入手続の整備など対外金融取引に関わる行政権限が明確化された。しかしながら，対外貿易・金融取引権限を巡る大蔵省，商工省，経済安定本部，外国為替委員会の対立から外為法案の成立が遅延する中で，9月以降，国際貿易調査団，合同輸出入機関理事長ローガン，IMFのムラデク・ウインチンが来

---

[74] これらの店舗のほかにも，岡山，下関，松本，仙台，新潟，高松，熊本，福岡の各支店報告でも，在来産業や中小企業を中心に，単一為替レート設定に伴う合理化にあたり，金融梗塞問題が重大な隘路になっていることが報告されている（1948年10月22日から49年8月までの報告；『日本金融史資料』昭和編，第16巻，653-672頁に収録）。

[75] 以下の単一為替レート設定前後の制度変化については，伊藤「外貨・為替管理と単一為替レートの設定」346-368頁。なお，Okazaki T. and Korenaga T., The Foreign Exchange Allocation Policy in Postwar Japan, in Ito T. and Krueger A.O. (eds.), *Changes in Exchange Rates in Rapidly Developing Countries*, University of Chicago Press, 1999. も後に示す制度の効率化については検討していない。

日し,彼らによる貿易政策・制度の改善勧告を受けて,各省庁に権限を分属させる形で外為法改正が実施された。しかし,「外国為替の集中,支払,債権,不動産その他については」全く具体的な制度改善が見られなかった。このため,外国為替の集中を柱に貿易外取引も含む対外決済の制度内容を規定した外国為替管理法が公布された。さらに貿易資金特別会計の廃止,事業費・経費・清算の各勘定に分割した貿易特別会計の設置が行われた。その上で,このような制度的再編成を前提に,52年4月にSCAPから外国為替特別委員会が外貨勘定を完全に継承した。ここでは,このような経緯を踏まえて,これまで未検討であった,本制度的変化が貿易金融に与えた影響を考察する。

まずは,貿易資金特別会計の廃止,貿易特別会計の設置に関わる貿易金融の変化について検討する。貿易資金特別会計の廃止に伴い,1946～48年度までの日本銀行からの一時借入金の累積額250億円が全額償還された。次に,貿易特別会計の推移を見ると,収入の部では一般会計受入は変動もあるものの50億円でほぼ横ばい,公団貸付金償還額はほぼ20億円台で推移し,支出の部では公団貸付金,借入金償却額も減少した。一時借入金もゼロの月が殆どであるほか,国庫余裕金がプラスになる月も存在している。もっとも,49年度末にかけて,輸出の増加に対して輸入のそれが伴わず,かつ,不況深刻化による滞貨発生・輸入物資売払代金未収ために,12月末時点一時借入金合計額が250億円にまで膨張した。その後,当局の努力により50年4月には一時借入金を全額償還するなど,収支状況の改善が図られた。このように,輸出入アンバランスによる借入金膨張が,一時,生じたものの,この事態は貿易資金特別会計時代の円・ドルのリンク欠如とこれに基づく物資の内外価格差に基づく支払超過に見られるような,制度的要因に基づくそれではなかった。それゆえに,数ヶ月後には,当局の努力により一時借入金も全額償還されてい

---

(76) 日本銀行「戦後の貿易方式及び貿易会計について」『日本金融史資料』昭和続編,第13巻,439-440頁。

(77) 日本銀行国庫局「本年度貿易特別会計資金不足見込みとその対策」1950年2月28日;同「貿易並に外国為替特別会計年度末対策のその後の状況について」1950年3月25日;同「昭和二十四年度貿易特別会計年度末収支並に二十五年度見込について」1950年7月17日,『日本金融史資料』昭和続編,第13巻,442-447頁。

る。さらに，このような政府貿易は51年度には完全に廃止されており，これにより「民間輸入に移れば輸入業者は外国為替が銀行の到達後直ちに円貨代金を払込んでB／Lを受け取らなければ貨物を引取ることができなくなるので」，同会計赤字の最大の要因とされる「輸入物資代金の回収遅延」が完全に消滅するとされていた。以上，単一為替レート設定以後の時期になると，政府を窓口とする貿易資金に関しては，制度的非効率性は完全に除去された。

このことは，中央銀行と中央政府財政からの資金に依存した，インフレ促進的な貿易金融制度が，外為銀行の資金決済能力に依存することで，単一為替レート設定を契機に外成的資金を最大限排除した，インフレ抑制的な効率的制度に変化したことを意味する。この結果，貿易庁—貿易公団を介することにより生じた，インフレ・バイアスの強い非効率的な貿易金融制度は再編成され，日本銀行—市中銀行という階層的な貿易金融制度による選別を通じた，効率的かつインフレ抑制的な貿易金融制度が形成された。

(5) 単一為替レート設定の国内産業振興政策へのインパクト

最後に，単一為替レート設定の国内産業振興政策へのインパクトを，経済安定本部「経済復興計画委員会報告書」(1949年5月30日)[78]，日本銀行営業局「機械貿易調査」(同年7月24日)[79]と，対日講和成立以後の経済安定本部資料により検討する。

まず，前者から検討する。経済復興計画の立案作業は1948年5月17日から開始されたが，立案作業当初から「国際経済へ参加する体制をいかに準備するか，その影響をどの程度計画面に取入れるか」という問題が提起され，「国際経済に参加するにはまず単一為替レートの関門をくぐらざるを得ない」(中略)「そこで復興計画において，目標に掲げている生活水準を向上するためにも輸出増進を図るためにも企業の合理化，近代化は是が非でも強行しなければならない」[80]として，レート水準自体は不明確であるあるものの，これとの関連

---

(78) 有沢広巳監修・中村隆英編集『資料・戦後日本の経済復興』第3巻，東京大学出版会，1990年，255-340頁。
(79) 『日本金融史資料』昭和続編，第13巻，46-49頁。
(80) 『資料・戦後日本の経済復興』281頁。

も含め国際経済への参加・企業合理化,「機械,金属,化学にウエイトをかけた計画をたてなければならない」(中略)「さらに国家競争の激化が予想される将来において,わが国の重化学工業を飛躍的にのばしてゆく条件が具備されているか,どうか,これまた慎重な検討を要する問題である。この点をとくに鉄鋼業,化学工業について考慮されなければならない」[81]との議論に見られる,産業構造の重化学工業化が明確に打ち出されていた。もっとも,8月10日に提出された基本方針では,50年度中に暫定レートが設定され,しかも為替管理・貿易管理が継続されるという前提で計画が立案されていた。この意味で,ここで示された姿勢は,比較的遠い将来に重化学工業育成に取り組むというものであり,単一為替レート設定を先取りする形で,いわば積極的に具体的な設定レート水準を睨んで育成方針案を具体化するものではなかった。インフレ収束に代表される国内経済の安定策も,特に上記のアメリカの構想を取り込む形では計画に盛り込まれてはいなかった。これらの意味で本案では為替レート設定はソフト・ランディング的な将来的な育成策の実施が前提にされており,かつ,具体的かつ積極的な計画であるとは言い難い。

　しかしながら,上述したアメリカ・GHQの単一レート設定への動きが急進展した,1948年12月になると趣が変わる。つまり,ドッジ・ライン的なハードランディング路線を前提に単一為替レート設定が「昭和二四年度早期には実施され」[82],「日本経済は相当大きな影響を受ける」ことを想定しつつも,これに伴う「諸影響が若干緩和されるような対策がとられるものと前提して,生産,貿易には急激な構造的変化が起こらぬものと想定」して,経済安定九原則実施に伴う経済安定化を織り込む形で修正された計画が立案された。以上,経済安定本部の経済復興計画は,具体性はもたないものの,当初から単一為替レート設定を想定した重化学工業化を構想していた。しかし,1948年12月以降の修正に見られるように,重化学工業化を前提とした具体的なレート水準の設定や,ある具体的なレート設定水準に基づく重化学工業化方策は盛り込まれておらず,むしろ,アメリカ側の単一レート設定の動きに受動的に対応する形で

---

(81)『資料・戦後日本の経済復興』301頁。
(82)『資料・戦後日本の経済復興』307頁。

計画内容の修正が図られていた。このことは，上述した安本の単一為替レート設定案の受動性とも符号する。ただし，経済安定九原則を織り込む形で，アメリカ側が要求する「安定と自立実現」を包含した重化学工業中心の計画を策定した点は，アメリカ側の想定した経済発展の方向に日本のそれを誘導した点は，特に留意されたい。

次に，後者では，まず，1948年中の輸出総額520億円と，それが綿織物110億円(21%)，生糸82億円(15%)，絹織物37億円(7%)，石炭28億円(5%)，陶磁器26億円(5%)，玩具と人絹糸がそれぞれ11億円(2%)，機械10億円(1.9%)から主に構成されることを提示する。その上で，これらの将来性を概観する。その際，綿織物は印度・南方市場での英国との競争や，ならびにこれら市場における軽工業化の「目覚しい進展」，生糸・絹織物は輸出先のアメリカ市場においてナイロンなどの化繊に需要の大半を奪われたこと，石炭は内需すら満たせない状況で将来性がないこと，「戦前低賃金家内工業の威力をもって，貿易界の寵児であったが，三六〇円レートでは動きがとれなくなった」ことを指摘する。その上で，「機械貿易の将来は決して楽観出来ない。しかも万難を排してもこれを振興する以外生きる道はない」とする。1949年1月から6月20日までの日本銀行本店における貿易手形スタンプ押捺手形に関する成約額を見ると「比島向貨物船」，「シヤムその他の車両」でほぼ半分を占める。これら主要な機械関係の輸出品について「以前の円安レート契約分であり，今後三六〇円ではコストの合理化を必要とする」，「車両については現在シヤムがポンド圏に入ると英国に奪われることも考えられ，大口引合のあるパキスタン，印度も英国と競争して割込むのはかなり困難である」と論じており，ここから将来的な市場条件の悪化見込みも含めて，1ドル＝360円レートの設定が機械工業の合理化・振興を必至にしたことが確認できよう。同史料では

---

(83)『資料・戦後日本の経済政策構想』317頁。
(84) なお，日本レイヨン『有価証券報告書　昭和24年9月決算』には，「昭和24年2月1日　弗420円さらに4月25日単一レート弗360円の決定を見た。単一レート設定に伴い生糸A格一俵当たり18,296円の損失となり現在のA格生産費全国平均56,114円から48,886円まで生産コストを引き下げる事が要請されるに至った」(27頁)とある。ここから，市場シェアの問題に加えて，単一為替レートの設定が，生糸のような既存の輸出品の価格競争力をも低下させたことが確認される。

「幸いにも東亜市場の要求するものは精密高級の機械ではなく，安く強い機械である」とした上で，「米国の対日自立化政策も具体的にはガリオア資金よりイロア資金(ママ)に，消費物資より工作機械輸入へと転換しつつある。この要請に応えこの線に沿つて我が国機械工業が東南亜工業化の推進力として画期的の発展をすることが何をおいても必要である」と指摘された[85]。

　日銀の認識は，特に産業振興を主要課題とする通産省側でも共有されていた。そのことは，通商機械局産業機械課文書「プラント輸出促進要綱案」（1950年3月28日付け）の冒頭で「機械類の輸出は」（中略）「その飛躍的促進が計画され且つ要請されている」ことについての指摘や，経団連側から政府に提出された「緊急要望意見」の中で[86]，機械輸出の一環としてのプラント輸出向け長期金融制度の整備が求められていること，経済安定本部も本要望を受けて各省庁と対応を協議したことからも確認できる。同様の動きは，官庁ないしそれに準じる組織のみに見られたものではなかった。1949年5月9日には，証券業協会連合会，経団連，金融団体協議会，日本産業協議会，日本商工会議所，証券民主化議員連盟が社債促進全国大会を開催した。そこで挙げられた決議文には「経済の安定なくして経済の復興なく，経済の復興なくして日本の再建はないのである。今回設定された単一為替レートを維持し，均衡財政の下，経済安定を所期するためには，今年度生産計画を支障なく遂行するの要あり。これが為には各企業の自己資本充実を図ると共に，社債発行の増加により長期産業資金の調達を確保することが先決問題である」との記載がされていた[87]。傍点部分にあるように，金融界も含む各産業界も，1ドル＝360円レート前提とした産業発展を強く意識した動きが出てくるのは，単一為替レート設定以後であることが確認される。

　以上，諸商品の市場環境の将来的悪化とも相俟って，1ドル＝360円への単一為替レートの設定が，アメリカの対アジア戦略に乗る形での機械産業の合

---

(85)『経済安定本部　戦後経済政策資料』第25巻，825頁。
(86)　経済安定本部「経団連の『当面の貿易政策に関する緊急要望意見』に対する意見」
　　『経済安定本部　戦後経済政策資料』第25巻，834頁。
(87)　大蔵省財政史室編『昭和財政史――終戦から講和まで』第14巻，東洋経済新報社，
　　1979年，429頁。

理化と振興を，重要な政策課題にしたことが確認される。この方向性は，対日講和以後も継続する。例えば，経済安定本部「輸出振興対策について」(1953年6月13日)では，「スターリング地域に対する輸出品目のうち，その大宗をなすものは繊維殊に綿糸布であるが，これらは輸入制限が特に厳格であるので」(中略)「機械，鉄鋼，硫安等重化学工業品の輸出を促進することが必要である。しかしながら，重化学工業品については割高の問題があるので，別途助成措置を講ずる必要がある」として，輸銀貸出金利の5%から3%への引き下げと，融資限度と単独融資比率のそれぞれ60%から80%，90%から100%への拡大，乙種保険料の2%から0.5%への引き下げ，所得控除特別措置控除比率・輸出振興積立金の繰入比率の5%への設定，特殊物資の輸入権を付与することを挙げていた。ほぼ同様な趣旨の議論は，他の文書でもされている。別の文書でも，「特定の選ばれた産業」の助成の必要性が指摘されている。その際，「光学機械，ミシン，自転車，車両，電気機械，通信機，ビール，等々」が対象産業として例示されていた。このほか，「機械輸出を，現在の総輸出額の十パーセント前後の水準から二十乃至二十五パーセントに引き上げるべく努力すること。機械工業を輸出産業に育成することは通産行政の最重点に置かれるべきである」ことが論じられていた。

　さらに，通産省も，重化学工業を重視する姿勢を示しており，「新情勢に対応する通商産業施策の基本方針（案）」(1951年7月13日)では，「基本方針」として「東南アジア諸国との経済協力関係を緊密にし，特にそれらの工業化及び資源開発に積極的に協力する」ことを挙げていた。その具体的内容として，「プラント輸出その他の一般輸出の振興を図る」ことを挙げており，当該目的のために関係物資を当該業者に「指示価格で優先的に」出荷させる姿勢を示していた。現に，このような関係各省庁などの政策姿勢もあり，通産省も含む各省庁等の代表が入った，経済復興委員会で経済復興計画が立てられていたが，51年度には重点項目であった「金属，機械，窯業の三つの部門が（生産）

---

(88) 同史料は『経済安定本部　戦後経済政策資料』第27巻，17-26頁。なお，重化学工業化促進に関する文書は，同資料集所収の安本文書を参照せよ。
(89) 「輸出対策試案」54年3月21日，調査部大来調査官執筆，『経済安定本部　戦後経済政策資料』第27巻，113-123頁。

計画を上回り」(中略)「重工業部門の比重増大が顕著に現れ」ていた[90]。また，経済審議庁が作成した「今後の重要経済政策要綱」(52年8月11日)によれば，「国際収支及び貿易政策」面で，「現行為替レートを堅持しつつ，貿易規模の拡大を実現し，将来にわたる国際収支の均衡を図ることを基本方針とする」ことを表明した上で，産業政策面では「今後の産業構造としては重化学工業の方向が適当であると考えられるので，合理化すべき産業としては，特に，鉄鋼業，機械工業等に重点を置く」ことが論じられていた。この時期，大蔵省は1ドル＝360円レートの堅持を前提とする貿易拡大を図る姿勢を示し[91]，通産省も「貿易産業構造を決定する死活問題」として「東南アジアとの経済連携強化」を打ち出していたから，上記経済審議庁がまとめた文書は，このような各省庁の動向を反映していたと判断される。

この意味で，単一為替レートの設定は，アメリカ側が想定した方向への誘引の日本側への付与に成功した。

(6) 単一為替レート設定後の各地域産業経済への影響
―― 日本銀行支店文書の分析を通じて

ここでは単一為替レートの設定が各地域産業経済に与えた影響を考察する。

まず，名古屋，秋田，札幌，高知，広島の各支店報告に見られるように，1949年4月25日の単一為替レートの実施は，多くの地域で予想外に早いものとして受け止められたようである。また，名古屋，秋田，大阪，高知，小樽，神戸の各支店報告 (以上，49年4月) に見られるように，全般に1ドル＝330円レートを予想していた地域が多く，360円レートは予想よりも円安であるとそれなりに評価された。

次に，1ドル＝360円レートが各地域の産業に与えた影響である。まず，名

---

(90) 経済計画室貿易班「経済復興計画，自立経済と実績との比較検討」1952年2月26日，同4月5日一部修正，『経済安定本部　戦後経済政策資料』第27巻，576頁。

(91) 経済審議庁「各省主要経済施策の要目」1952年8月29日，『経済安定本部　戦後経済政策資料』第27巻，711-750頁。なお，同史料冒頭には7月中旬に作成されたこと，「審議庁の総合的且つ基本的な政策立案にあたつて素材として審議に資せんとするものである」(711頁) とあり，「要綱」の作成にあたり収集した情報を記載したと判断される。

古屋支店から見る。陶磁器については，1ドル＝330円レート前提に合理化を進めてきた一部の企業を除けば，「前途多難なものが多い」とされた。ただし，先物レートを1ドル＝420円又は450円で予約していたため，この期間内に合理化を行えば「採算可能となる見透しを持っている向も少なくない」と報告された。時計や自転車については，1ドル＝430円レート（前者）や530円レートを前提にしていたために，かなりの打撃を受けていたようである。それゆえ，これらの諸産業では，「思い切った」合理化への動きが表面化すると記載されている。

打撃を蒙ったのは，製糸地帯が多い。甲府支店の報告によれば，「予想レートより円安とは云へ設定時期が意外に早くこの為現在手持の5,600掛繭及滞貨糸の影響は致命的であり業者は之に対する補償措置は絶対必要であるとしてゐる」とした。福島支店報告でも「単一為替レート決定実施の当地蚕糸業界並に金融界に及ぼす影響は極めて甚大」とした上で，多額の生糸滞貸の「処理並にレート360円による損失補償問題等については，早急なる政府施策の実施に望みを嘱している」状況であったという。前橋支店報告（1949年4月）でも「為替レート360円の決定は県是産業たる製糸業に重大なる危機を招来せんとしている」とした上で，「三月末県下購繭融資残高」9億円のうち，掛目4,600掛に引き下げの場合，「損失は1億6千万円に上り輸出生糸分5割補償を見込んでも8千万円程度の融資焦付きは必死」とされた。松本支店報告（49年4月）でも，「現行加工費15％」の切り下げが可能な製糸業者のみが継続可能であるとした上で淘汰再編の進展への予想が示された。神戸支店報告（1949年4月）でも生糸の打撃が最も大きいとした上で，D格1俵当たりで公定価格より2万円の引き下げが必要となるために，「到底採算合わず」とされた。このほかにも，松江支店（1949年4月）でも「今後の蚕糸対策特に繭価並びに春繭購入資金（5,600掛として概算240百万円）調達に就いて政府の早期対策を要望する声が強い」として，製糸業が大きな打撃を受けて，政府救済を求めていることが論じられた。松山支店報告（49年4月）も同様であり，「本県輸出産業の中心を為す」（中略）「生糸が行詰り，有利と見られた綿業においても今治地方の高級タオルの如く採算割れを来すものがある外雑貨類についても従来どおりの経営」の継続が不可能なところが「見受けられる」とした。

重工業でも1ドル＝360円レートの設定では厳しいところが出てきた。神戸

支店（1949年4月）報告では，造船業の契約内容を見ると，1万8千トンのタンカーで1ドル＝563円，1万5,500トンのタンカーで1ドル＝480～525円，1万トンの貨物船で1ドル＝520円であるとされた。その上で，合理化と補助金，そしてドル建て価格の引き上げの必要性が指摘された。鉄鋼業も価格差補給金が12％カットにより採算割れになったとされた。車両工業と紡績機械は採算割れの危険は無いとされたが，「農機具，ミシン，自転車等」は1ドル＝400～600円と採算割れしており，「可也の合理化が必要」とされた。化学工業もベルトを除くと1ドル＝400円以上がないと採算割れするし，政府補助金も打ち切られたため，「先行見込のない」とされた。このほか，長崎支店報告（49年4月）でも1ドル＝590円で契約を結んでいたために，合理化と受注増加が求められるとされた。ただし，「関連下請産業の合理化と相俟って現在の物価水準に余り変動がない限り輸出産業として十分成立ち前途有望」とされた。

このように，1949年4月に実施された1ドル＝360円の設定と実行は，少なからぬ地域で意外に早く，しかも円安方向で実施されたと認識された。しかし，特に製糸業では産業全体として存続の危機感が高まるとともに，造船，機械といった重工業系の産業，時計，自転車，陶磁器業等でも，合理化への取組みの必要性が認識され，一部の地域では合理化へ向けての取組みも始まっていた。もっとも，茶や冷凍魚などを産出している静岡支店管内，海産物，木造船，林檎を主要産物とする青森支店管内では（49年4月報告），これら商品の採算ラインが1ドル＝360円を下回るが故に，同レートはビジネスの拡大をもたらすものとして歓迎された。このように，一部の地域では，単一為替レート設定は産業発展の見地から歓迎されたものの，多くの地方産業では1ドル＝360円レートでは採算が取れなかったがために，製糸業に典型的に見られる産業そのものの再編成や衰退とともに，合理化の必要性が認識されるか，あるいは合理化への取組みに着手されるかした。以上，その内容は産業や地域によって異なるものの，1ドル＝360円単一為替レートの設定は，各産業や地域経済に大規模な合理化や産業・衰退の再編成を促した。

むすび

当初，占領軍側は原則として一切の対外金融取引を禁止したが，その姿勢

は特に1947年以降になると変化する。極東アジア地域の復興が必須となる中で，日本をこれら地域への金属・機械製品の供給地，食糧・原材料の需要地化する戦略を提示するようになった。単一為替レートの設定も，この戦略に強い影響を受けた。その結果，1ドル＝360円というレートは，金属・機械産業の合理化誘導と中心産業化を狙って設定された。対日援助との関係ではアメリカの納税者負担の軽減が重視された(92)。以上，対日援助の条件が単なる「単一為替レートの設定をテコとした経済安定(93)」というのはあまりに平板で皮相極まりない見解である。貿易金融の効率化も含めて，インフレを制御する金融制度を創出しつつ，援助も含むアメリカの対アジア戦略に沿う形での日本経済の輸出主導・加工貿易型の重化学工業化へ誘導可能な環境を，対外金融面から整備することに主眼があったことを強調する必要がある。

次に日本側の為替レート設定に対する姿勢である。少なくとも単一為替レート設定作業が実施されていた1949年春まで，日本側はアメリカの対アジア戦略に乗る前提はもっていたが，アメリカの対日戦略，特に対外関係を重視した国内産業の再編成まで織り込んで単一為替レート設定に取り組んだとは言えない。この意味で日米の姿勢には乖離が生じていた。

最後に，単一為替レート設定が日本の内国金融・貿易金融や各地域の産業経済に与えたインパクトを提示する。まず，指摘したいのは貿易金融制度の効率化（悪性インフレをもたらすような日銀への過度な依存からの脱却）である。次に各地の反応である。日本銀行各支店報告によれば，各地域や産業によりその状況は異なるが，制限付貿易の再開直前には，一時的にこれを歓迎して対応する動きが高まったものの，再開後，実際の商談が少ない中で，このような動きも下火になったようである。その後も暫くはこの状態が続いたと推測される。しかし，予想よりも早期に，かつ円安にレート設定がされたとはいえ，単一為

---

(92) 小湊「第5次計画造船と船舶輸出をめぐる占領政策」も，計画造船との関連でこの点を強調している。ただし，注(55)に示したように，ハードレーから異論も出されていることにも注意すべきである。
(93) 浅井『戦後改革と民主主義』212頁。ただし，同書でもアジアへの重工業品輸出についての指摘はあるが，これが1ドル＝360円レート設定に基づく，日本経済ないし日本の産業構造変化への誘導と当該目的での産業育成の帰結であったことは論じられていない。

替レート設定への動きと単一為替レートの設定(特に後者)は,1ドル＝360円を前提にして,多くの地域,産業に合理化や,製糸業を典型として衰退も含む産業そのものの再編成を促したことが推察された。このことが,合理化投資を通じた設備資金需要をもたらした重要な背景となったと見られる。

以上,単一為替レートの設定は,日本のIMF加盟に代表される国際経済への復帰により[94],対外金融面からの金融・産業経済の効率化を促すことを通じて,その維持に資するディス・インフレ型の貿易金融制度の形成をもたらした。その上で,前述したアジア向け重化学工業品育成を主眼とする通産省等の産業育成策とも相俟って,1ドル＝360円レートを前提に輸出主導で重化学工業化への官民挙げての誘導を図る,経済発展の方向を巡る合意を作り出した[95]。結果的に見て,当初の構想とは異なりアジア向け輸出は伸びず,対米輸出が増大したことには留意する必要があるが[96],この意味で,1ドル＝360円レートの設定は,各地の在来産業を衰退する方向に誘導すると同時に,重化学工業を中心とする日本の高度経済成長の歴史的前提条件を整えることになった。

第2節　長期資金供給制度の形成過程

はじめに

本節では,復興金融金庫(以下,復金と略)から長期信用銀行制度への変遷過程を検討して,復興金融から成長促進型金融への長期産業資金供給の制度変化の特質を明確化する。

---

(94) ごく最近の研究では,この過程で,日英間で,戦前日本の外債,特に英貨債の支払(ポンド支払か,ドル支払か)が問題となった際に,対日経済支援負担の増加を懸念したアメリカの調整により,為替差損分の割増を伴うポンド支払で決着がつき,日本のIMF加盟が実現したことが指摘されている(岸田真「日本のIMF加盟と戦前期外債処理問題」伊藤正直・浅井良夫編『戦後IMF史』名古屋大学出版会,2014年,254-278頁)。
(95) 1950年代における物価水準や金利水準の国際水準への鞘当を通じた国際競争力強化論も,本レートを前提としていた(さしあたり,第4章を参照)。
(96) 経済企画庁『現代日本経済の展開』。浅井『戦後改革と民主主義』224頁も同書に依拠して,この点を指摘している。なお,対米依存が決定的になった時点で,産業育成策にも変化が顕れてくる可能性があるが,この点の検討は今後の課題である。

近年,開発経済学・開発金融論の分野では,経済発展における長期資金供給を中心とする,政策金融の役割に対する関心が高まっている[97]。しかし,歴史研究の面では,特に戦後改革期から復興期における長期資金供給制度の変遷・成立過程は検討が遅れている。この点についての研究は,戦後の特殊銀行改革との関連で,敗戦直後から設立構想が見られたことを指摘した加藤俊彦氏や,大蔵省財政史室・通商産業政策史編纂委員会の概観的検討がある程度であった[98]。その後の当該期についての金融制度改革研究でも,この問題が検討されることは殆どなかった[99]。関連分野である復金研究でも,残高ベ

---

[97] 若干の例として,福田慎一編著『日本の長期金融』有斐閣,2003年;福田慎一・寺西重郎「経済発展と長期金融」『経済研究』第54巻2号,2003年4月。海外の主要な研究動向は,福田編著の序章を参照。経済開発における長期資金の必要性についての理論的説明として,寺西『工業化と金融システム』東洋経済新報社,1991年,第1章を参照。

[98] 加藤「長期信用銀行の一考察」『社会科学研究』第25巻1号,1973年;「復興金融金庫」(志村嘉一執筆),『昭和財政史――終戦から講和まで』第12巻,東洋経済新報社,1976年。なお,鈴木武雄『現代日本財政史』第2巻,東京大学出版会,1956年,291-319頁;加藤俊彦「復金インフレ」鈴木武雄先生還暦記念論文集『経済成長と財政金融』至誠堂,1962年,57-72頁;原薫『戦後インフレーション』八朔社,1997年,112-124頁;Tsutsui W.M., *Banking Policy in Japan*, Princeton University Press, 1988, chap.5 (pp.91-116) でも,戦後のハイパーインフレと復金融資の関連,復金融資の大企業偏重(鈴木著)について簡単に検討されている。Aoki and Patric (eds.), *The Japanese Main bank System*, pp.144-153(邦訳,167-213頁)でも,長期信用銀行制度の形成過程の検討を通じて,長期資金の不足がその成立理由であることを指摘した。しかし,本節全体で示すように,この把握では不十分である。このほか,最近,宮崎忠常「復興金融金庫融資の実施過程に関する一考察」『社会科学論集』(茨城大学人文学部)57号,2014年3月が発表された。しかし,その内容は史料紹介の域を出ていない。また,1948年に電力融資委員会で復金が自らの意見を主張したことを強調しているが(24頁),後述のとおり,この時期には重要案件には復金も意見を出すことが決められている(本書129頁)。したがって,その指摘だけでは先行研究の批判にはならない。

[99] 加藤「金融制度改革」;大蔵省財政史室編『昭和財政史――終戦から講和まで』第12・13巻(金融),東洋経済新報社,1976年;通商産業政策史編纂委員会編『通商産業政策史』第3巻,通商産業調査会,1992年,200-220頁;浅井『戦後改革と民主主義』2章;平智之「地方銀行の実態と再建整備」;伊藤修「戦後日本金融システムの形成」238頁;同『日本型金融の歴史的構造』120-122頁;Tsutsui, *Banking Policy*. なお,『昭和財政史』や『通商産業政策史』では,本節の主要な利用史料である国立国会図書館所蔵のESS/SCAP文書は若干利用されている程度である。さらに,最近,復金から開銀への承継債権を問題にした宮崎恒晴「1950年代前半における日本開発銀行と承継債権」東京大学ものづくり経営研究センター・ディスカッション・ペーパー2005MMRC-57が発表されたが,本節とは検討内容と対象が異なる。

ースで見た融資状況や資金調達動向については相当明らかにはされたものの，1950年に至る復金の運営に関わる制度改革の特質，特に残高ベースの分析のみならず，各営業期間内の融資総額ベースで見た融資姿勢の特質や，他の金融機関や復金後の長期資金供給との関連も，興銀との関係を除けば不問に付された。このほか，最新の研究では，開発資金の融資過程におけるレント・シーキングの発生と抑制も検討されているが，このことが問題視された社会的・歴史的文脈とこれへの政策的・制度的対応の検討は必ずしも十分ではない。本節では，一定程度，このような研究に学びつつも，近年におけるもうひとつの研究潮流の中で指摘されている，中小企業金融問題を重視する形でこの問題を検討する。ただし，この点の重要性を指摘した諸研究では，戦後復興期における長期金融機関の設立と復金融資を巡る諸問題との関連や，当

---

(100) 杉浦「戦後復興期の銀行・証券」259-268頁では，以下で見る復金の設立過程や勧銀の動向との比較も含めて，復金業務と興銀の関係を，融資ノウハウの形成との関係で言及している。なお，概観的研究として注 (99)(100) の『昭和財政史』『通商産業政策史』があるが，本書での分析視点からの検討はされていない。原司郎『現代長期金融機構の性格』中央書房，1963年，18-55, 125-160頁も，復金の資金調達や残高ベースで見た各産業への貸出状況を概観し，さらに長期信用銀行制度の形成過程を取り扱っている。しかしながら，そこでの復金融資の特質把握は概観に過ぎない。このほか，復金の歴史的経験が制度変化（復金融資の停止と長期信用銀行制度の形成）に与えた影響は看過されている。

(101) Okazaki T. and Ueda K., *The Performance of Development Banks : The Case of the Reconstruction Finance Bank in Journal of The Japanese and International Economies*, Vol.9-4 1995, pp.486-503 では，復金のパフォーマンス分析の上で，主にレント・シーキングを巡り日本開発銀行（Development Bank）との比較分析をしている。本節では長期資金供給制度という，やや違う観点から，占領当局・中小企業などの諸利害関係者の動向と調整過程に着目して検討する。同論文では中小企業金融との関係は問われていない。宇沢弘文・武田晴人編『日本の政策金融Ⅰ 高度成長と日本開発銀行』東京大学出版会，2009年，第1章（岡崎哲二氏執筆）では，経営組織や「融資決定の仕組み」復興金融金庫の資金配分を概観している。「地方融資懇談会」に代表される地方利害を過大評価している。

(102) 同様の批判は，Aoki and Patrick (eds.), *Main Bank System*, Chap.5 にも当てはまる。

(103) 戦後復興期研究における中小企業金融問題の重要性を最初に指摘したのは，管見の限りでは杉浦勢之氏であった（杉浦「占領期日本の中小企業金融と地方銀行」『地方金融史研究』第25号，1995年，1-25頁；同「戦後金融システムの生成──『日本的金融システム』の原型創出過程」75-153頁に代表される，一連の諸研究を参照）。近年，地方産業に着目して論じられている（平「地方銀行の実態」377-389頁など）。

時の金融状況を巡る議会側・中央官僚やGHQに見られる利害関係者の動向は看過されているほか，分析それ自体も静態的である。ごく最近になると，戦時金融金庫との関係で，特殊金融機関を通じて民間金融機関からの融資獲得が困難な企業の資金繰りを改善するという政策手法が，本節の主要検討対象である復金や日本開発銀行にも継承されるという形で，戦時と戦後との連続性を強調する見解も提起された。しかしながら，本見解では，復金など戦後の特殊金融機関についての分析が欠落しており，著しく説得力に欠けるのが現状である。それゆえ，上記の連続性に関する主張の妥当性も検討する。

なお，最近になって，1940年代後半の企業金融が短期の運転資金中心であったことを指摘することで，戦時と戦後との断絶性を強調する見解が現れた。しかし，敗戦後，殆どの民間金融機関が戦時補償打ち切りに伴い9割以上の減資を余儀なくされたこと，それに伴い，特に，長期性資金も含めて市中金融機関の資金供給能力が大幅に低下したために，この問題を補うべく復興金融金庫が設立されたことは，ここまで整理した先行研究からも明らかである。さらに，上記の見解では46～50年を1単位にして，復金の果たした役割の意義を低く評価している。しかし，同金庫は，47年に融資業務を開始し，49・50年には既に融資を停止した上で資金回収を図っていた。その分，計算上の同金庫の貸出額は大幅に減少する。この減少分を除けば，殆どを復金が占める46～50年の政府系産業資金供給増額は，1,111億円に達する。ちなみに，この間の民間金融機関による産業資金供給の増減（すべて増加）は，11,836億円，内全国銀行勘定は8,736億円であった。49年3月末時点の数値であるが，復金融資残高1,319億円中，設備資金は943億円（71.5％）を占めていた。つまり，残高ベースで見た場合，復金の貸出の大半は設備資金だ

---

(104) 山崎『戦時金融金庫の研究』221頁。
(105) 武田晴人「企業金融」同編『日本経済の戦後復興――未完の構造転換』有斐閣，2007年，187-189，240頁。なお，同論文表4-1（189頁）では，産業資金貸出に占める政府系金融機関（復興金融金庫）の比率の低さを指摘して，その意義の低さを強調している。
(106) 以下での特に断らない数値は，大蔵省財政史室編『昭和財政史――終戦から講和まで』第19巻（原典は，武田論文同様，日本銀行『明治以降本邦主要経済統計』）よりの算出値，武田「企業金融」表4-1の数値。

った。これに対して，民間金融機関の貸出の殆どが運転資金であったこと，さらには復金融資の停止と回収が，産業界に大きな衝撃を与えたことを想起した場合（以上，後述），少なくとも，長期貸出＝設備資金については，復興金融金庫による産業貸出の意義を低く評価するのは不適切である。

このほか，「長期金融機関は」（中略）「資本市場の機能を代替するために政策的に」創出されたのであり，したがって「間接金融体制」とは「直結」しないとの見解の主張も全く実証されていない。直接金融中心の資金調達を理想としつつも，間接金融中心の制度で行かざるを得ないという，当時の現実を踏まえて長期信用銀行制度の設立を主導・実現した大蔵省等日本の政策当局の議論（後述）と，その後の定着ぶり（第3章第3節）を見た場合，このような議論は空理空論も甚だしい。これらの諸点を踏まえた場合，最近の武田晴人氏らによる1940年代後半の企業金融に関する研究は全く学問的意義をもたない[107]。

以下，当該期における長期資金供給制度の変遷とその特質を明確化する。

1　復興金融金庫の成立と展開

(1) 復興金融金の設立目的と運営規定

ここでは復金の成立の背景について，主として先行研究によりつつも[108]，若干の史料をも加味して確認する。復金の設立構想が浮上したのは，大蔵省文書「復興金融会社設立要綱（試案）」が作成された1946年1月22日であった。本文書は同年1月14日付けのGHQ文書「日本に対する金融計画（第一稿）」を受けたものと見られる[109]。まず，この構想が出された理由である。その第一

---

[107] Hoshi T. and Kashyap A., *Corporate Financing*, pp.50-89, Chapter4 pp.108-109では戦時から戦後復興期にかけて間接金融優位の戦後日本における金融システムが形成されることを論じ，復金の融資停止措置や長期信用銀行についても言及しているが，復金や長期信用銀行制度に代表される長期資金供給制度の形成過程の特質は未検討である。武田晴人編『日本経済の戦後復興』第4章も同様である。

[108] 以下，志村「復興金融金庫」623-642頁による。原史料からの引用や『昭和財政史』で指摘がない部分については，その都度，本文に記載ないし注記する。なお，以下で検討する史料は，特に断らない限り，大蔵省「復興金融会社設立要綱（試案）」1946年1月22日，『日本金融史資料』昭和続編，第19巻，660-661頁。なお，以下，『日本金融史資料』昭和続編は巻数のみを示す）。

[109] 平「地方銀行の実態と再建整備」378頁。

の理由は「民需生産ノ再興」であった。敗戦後の状況下では，戦時下に削減された民需生産を拡大する必要性があるが，敗戦後，政府補償が打ち切られたことにより，軍事関係融資が不良債権化し，後の再建整備で9割以上の減資を余儀なくされたことに象徴される「各種ノ政治的，経済ノ原因」のために，民間金融機関は民需産業への必要資金の供給が不可能な状況にあった。そのため，民間金融機関に代わる資金供給機関が必要であった。このことが，第一の理由であった。

　第二の理由は「インフレーションの抑制」であった。戦後，ハイパー・インフレが発生した要因は，輸入途絶を背景に生産物供給量が低下する中での，臨時軍事費の大量撒布を背景とする貨幣供給量の増大であった。このように，ボトル・ネック・インフレとマネー・サプライ・インフレの二要因が絡み合う形でインフレが進行する中では，貨幣供給量の削減とともに，財の供給量の増加が望まれる。後者を実現するために「必要ナ」資金供給を実施することが，もうひとつの目的であった。その際，「復興金融会社」は，「一般金融機関」が将来に不安を感じて取引不能なものに融資するとされており，あくまで民間では資金供給が不能であるが「公衆ノ利益ノ為ニ必要ナル資金」に限定して資金供給を実施するとされた。このように，本機関は民間との競合を回避するとされていた。その具体的な融資目的として，「国民生活ノ維持」，農地改革・財閥解体など経済民主化の円滑な実行に代表される「我国経済ノ速カナル民主主義的再建」「我国経済ノ速カナル国際経済ヘノ協力参加（輸出品産業ニ対スル資金ノ供給）」の三点が挙げられていた。このように，国民経済の混乱抑制，戦後改革ならびに国際経済への復帰の促進が主要目的であった。なお，GHQも3月18日付けの文書で，復興金融機関（Reconversion Financing Agency）の設立を命じるメモを日本政府に示しており，占領軍側も復興金融機関の

---

(110)「金融機関の再建整備」大蔵省財政史室編『昭和財政史――終戦から講和まで』第13巻，1983年，199-327頁。
(111) 寺西重郎「安定化政策と生産拡大・成長」同ほか編『戦後日本の経済改革』51頁。
(112) Memorandum [SCAPIN] (Draft) to The Imperial Japanese Government from The Supreme Commander for the Allied Powers Subject：Establishment of Reconversion Financing Agency May 18, 1946（第24巻，652-653頁）。

早期設置を促した。

　次に，先行研究では未検討であった，企業運営について検討する。本案では資本金は未確定であったが，全額政府出資によるとされた。役員構成は，正副総裁各一名のほか，「理事及監事若干名」を政府により任命するとされていたが，「役員ハ関係官庁官吏ノ兼務ニ依ルモノ及金融機関，商工業者，農業関係者ノ代表者ヲ以テ之ニ充ツル」とされていた。本機関は社債発行，一般金融機関からの共同融資，「日銀，預金部ヨリノ借入」を資金調達源泉にすると定められていたほか，発生した損失は政府により補填されるとされた。その上で，資金供給を受けた相手先企業の内容をも含めて，事業運営全般について政府の厳重な監督を受けると定められていた。なお，その存続期間は5年間とされた。以上，本金融機関の経営陣の大半を官庁側が押さえ，しかもその統治主体に関しても，政府ないしはその関係先が殆どを占めることが謳われていた。

（2）設置要綱の作成とGHQからの修正意見

　大蔵省は，同年6月19日になると，「復興金融資金設置要綱」を作成し[113]，さらに詳細を詰めた制度案を策定する。以下では，本史料の検討を通じて，その特徴を明確化する。

　本案は，次の5つの柱から成っている。①新金融機関は民間金融機関では供給不能な分野における資金供給を担うとされたこと，②特別会計から資金を2億円拠出し，不足が生じた場合，一般会計から繰り入れるとされたこと，③資金貸付が可能な期間を，設置日より3年とした上で，貸付当初2年以内は特別な事情がある場合，低利融資を実行し3年目から民間金融機関と同水準に転換するとしたこと，④復興金融委員会を設置した上で，同委員会で貸付審査・決定することが明記されたこと，⑤同委員会は中央委員会，地方委員会から構成し，委員・地方委員会の所在地を定めたこと。以上，本案では民間との非競合・財政資金の拠出を明記した上で，基本的な貸出条件，貸出審査を行う組織構成を明確化した。

---

(113) 大蔵省理財局「復興金融資金設置要綱【付】司令部の復興金融機関設置案」1946年6月19日，第19巻，661-662頁。

続いて貸出審査を実施する委員会構成について検討する。地方委員会は日本銀行支店所在地に設置すること，下部組織として第一部会・第二部会を設け，第二部会が民間金融機関で貸付可能か否かを審査し，不可能と判断された案件を第一部会に上げ最終的な貸付の可否，金額・条件を決定するとされた。次に委員の構成である。中央委員会は「大蔵，商工，農林，運輸，経済安定本部各庁関係官，金融及び産業の業務に従事する者及び政党代表合計二十人以内を以て構成する」とされた。地方委員会であるが，「第一部会の委員は，関係各庁官吏，産業及び金融の業務に従事する者」から，第二部会は「大蔵省官吏及び金融に従事する者」から，それぞれ構成されると規定された。このように，委員構成は中央官僚のほか，金融・産業代表者から構成されると規定された。このほか，各委員会の相互の関係であるが，融資実務を担当する「支部（「概ね日本銀行本支店所在地」に設置）は中央委員会が決定し其の決定に従つて本部より配布を受けた資金の範囲内で，地方委員会の議を経て資金の貸付に関する業務を行ふ」との規定に見られるように，資金配分の最終決定権は中央委員会が掌握しており，地方委員会側の決定はこれに制約を受けるという関係になっていた。つまり，地方側の貸付決定への関与の如何は，中央委員会によって強く制約を受けるという組織構成になっていた。

ところで，本案作成前の同年6月3日付けでGHQから「復興金融機関設置案」[114]が日本側に示された。大蔵省理財局資料にもこれの翻訳が添付されている。現時点では，原史料を参照できない。この翻訳に基づきGHQの修正意見を検討する。司令部が示した設置案は，次の7項目からなっていた。(1) 経済安定本部の下部機関として復興金融機関を設置し，産業資金供給を実施すること，(2) 同機関は予算の予備金より二億円を限度に資金供給を受け，追加資金は議会の承認を得た上で，通常の政府歳入から経済安定本部の「副申附ケ得ラレルモノトス」ること，(3) 同機関の貸出業務機関は3年ないし経済安定本部が「最早不必要ト考へ」た時とすること，(4) 貸出先は平和産業の再建，復興のために必要な産業の「緊急需要ノ金融ニ限定」すること，(5)「復興金融機関ハ中央ニ集中セズ各地方」にも設置し，かつ，「経済安定本部ノ定メル

---

(114) 同上史料，662頁。

総合政策並ニ規定ニ従フモノトス」ること，(6)「国民経済上必要ナル施設ノ復興転換ヲ行フ為期限二カ年ヲ限リ市中金利ヨリ低利ニテ資金」融通ができること，(7)同金融機関が実施した貸付は「低金利ノ期間ノ満了ノ際又ハ最初ノ借入ノ日ヨリ三年以内ノ適当ナル期日ニ於テ私的金融機関へ容易ニ肩代リ出来ル」ようにすること。

これを前掲の日本政府案と比較対照すると，以下の諸点においてGHQの主張が取り込まれたことが確認される。①地方への配慮を促している点，②財政からの支出限度を定め，なおかつ，不足分が生じた場合，一般会計からの繰入などに関する議会の承認を求めている点，③経済安定本部作成の計画に同機関の貸出行動が制約を受ける点を規定している点。その後，政府は6月25日に「戦後産業復興のための応急的金融対策」を閣議決定し，同年7月には大蔵省側も「復興金融金庫（仮称―原文）法案要綱」を作成しており，上記「復興金融資金設置要綱」はGHQの承認を得たと判断される。なお，大蔵省作成の法案要綱は，基本的に上記「設置要綱」に沿った内容になった。ただし，復興金融委員会の委員構成については異なる面があった。その内容であるが，法案第十九条には「委員長及び委員は関係各省官吏，日本銀行及び復興金融金庫役員その他学識経験者の中から政府がこれを命ずること」とされており，金融界・産業界といった民間側代表者が入ることは盛り込まれていない。さらに，復興金融金庫役員についても，任命権は政府側が握っていた。以上，本法案は「設置要綱」以上には金融に関わる専門官僚支配が濃厚であった。

(3) 議会上程案の成立

このように日本政府側作成の法案もできあがり，復興金融機関の設立の方向性が明確化したことに伴い，1946年7月27日付けで大蔵省側は興銀を通じた復興資金供給という暫定措置に関する通牒を，興銀総裁・日銀総裁宛にそれぞれ発した。さらに，同31日には暫定措置も含めた復金の設置及び事業

---

(115) 第19巻，662-663頁。
(116) 以下，本法案の分析に第19巻，662-664頁による。
(117) 大蔵省銀行局「復興金融金庫（仮称）設立に至るまでの暫定措置に関する興銀総裁

方針の概要を発表した。その上で，同年8月27日から衆議院において法案の審議が開始された。これに先立つ8月上旬にGHQ側は大蔵省に対して独自の法案を示した[(118)]。日本政府は既に法案を作成しており（前述），GHQの法案提示はこれに対して修正を要求したと判断される。この点を踏まえて，以下，前記した日本政府案とGHQ案を比較した上で，議会への上程案とその審議過程を検討する。

　まず，復興金融委員の構成がGHQ案と政府案との重要な相違点である。前者案第4条には「金庫の全般の統括機関は復興金融委員会とし，同委員会は大蔵・商工・農林の各大臣，経済安定本部長官，日本銀行総裁の職にあるもの又はそれに代わるべきもの各一名宛及び産業並びに金融界の有識者四名より成る。委員会の会長は大蔵大臣これにあたる」との規定がある。委員構成であるが，基本的には上記三省の大臣などの，専門官僚ではない議会を通じて信任された政治家と，産業界・金融界といった民間出身者で多数が占められている。特に，民間側は4名と登用数が重視されていた。このように，GHQが示した委員会構成は，基本的に反専門官僚支配という方向性が濃厚であり，官吏・学識経験者を政府が任命するとした日本政府案とは根本的にその内容が異なっていた。関連して第8条には役員として総裁1名，副総裁2名，監事1名以上をそれぞれ置くことが定められた。次の第9条でこれら役員は「委員会の認めた政策に従って一般業務を総理する」とあり，金庫役職者は委員会の監督のもとで業務を執行するとされた。さらに，第26条では「定款は委員会又は議会の同意なくしてこれを変更できない」と規定されており，金庫の運営ルールについても委員会（又は議会）の影響力が強く保たれていた。この意味でも，GHQの示した組織統括案は，基本的に専門官僚支配を牽制する側面が強かった。

　以上，GHQは日本政府案の特徴である，専門官僚支配が濃厚な法案に批判的であった。そのため，日本政府側は蔵相・安本長官・商工相・農林相・

　　宛通牒」；同「復興金融金庫（仮称）設立に至るまでの暫定措置に関する日銀総裁宛通牒」1946年7月27日付け，第19巻，664-665頁。
(118) その翻訳は，大蔵省「復興金融金庫法案司令部案」1946年8月6日，第19巻，667-669頁に収録されている。以下，GHQ案の検討は本史料を用いる。

日銀総裁のほか，金融界・産業界の代表及び学識経験者7名，合計12名とする形に構成を改めた法案を議会に提出した。このように，委員構成面ではかなりの程度，GHQの意向が取り込まれた。

(4) 議会での審議過程と復興金融金庫の成立

GHQからの指摘を踏まえた法案は，衆議院において1946年8月27日から議会での審議が開始された。ここでは，委員会構成，融資方針，民間金融機関との競合の如何，インフレ抑制と資金供給との関係といった諸点に焦点を絞って，審議状況を検討する。

まず，本会議冒頭で石橋湛山蔵相から法案に盛り込まれている設置目的，融資方針について説明があり，その上でこれを巡り質疑応答がされた。まず，議会で重要な焦点になった論点は，委員会の構成である。具体的には，復興金融委員会に産業側代表・議員をも入れるかどうかといった点である。例えば，自由党の青木孝義からは産業側代表をも入れるべきであるという提案がされた。議員あるいは労働者側の代表を加えるべきであるとした点は異なるが，ほぼ同趣旨の質問が北村徳太郎，島田晋作（社会党），藤井正雄（協同民主党），葛西重治（無所属倶楽部）といった議員からも出された。これらの質問に対して，政府側は石橋蔵相の答弁に見られるように，ほぼ議会側の主張を取り入れる姿勢を示した。

本会議では，特に，敗戦・民需増加に伴い復興に向かいつつある，中小企業向け融資を重視すべきという議論が，北村・島田・藤井の各議員から出された。これに対して，政府側は特に重視する考えを示した。このほか民間金融機関との競合について青木議員から質問が出された。これに対して政府側は民間では貸出不能な場合に融通を実施するので「絶対ニ起ラナイ」と断言した。さらに，インフレとの関係について青木・島田・藤井各議員などからも質問が

---

(119) 土屋喬雄「『帝国議会・国会議事録中金融資料（二）』解題」第23巻，4頁。
(120) 以下，委員会構成に関する質問と引用は第23巻，5-6, 8, 11-12, 17, 22, 25頁。
(121) 以下，中小企業向け融資に関する質問は第23巻，11, 18, 23頁。
(122) 第23巻，14, 20頁。星島，石橋両相の発言。
(123) 以下での質疑応答は第23巻，6, 8頁。

出された$^{(124)}$。これに対して政府側は，インフレの要因が供給不足に基づくデマンド・プル・インフレであるとの見解を示した上で，復興金融金庫からの供給資金はその解消を目的とすることと，供給先は生産拡大に資するものに限定することを示した。

本会議での審議を踏まえて，9月3日から衆議院で委員会審議が開始された。まず，上記諸点に関連する質問として，第3回委員会で石原円吉委員から中小企業金融が軽視される傾向が生じることへの懸念が出された。この点に関しては，例えば$^{(125)}$，第5回委員会で平岡良蔵委員，第7回委員会で島田晋作委員，第9回委員会で竹山祐太郎委員・町田三郎理事から，第10回委員会で平岡・町田両委員からも出された。これに対して，福田越夫政府委員から今回の金庫は回転率や収益性の高さには「大シテ重点ヲ置クコトハ出来ナイ」「特ニ中小工業ノミヲ対象トスル所ノ相談部」を設置するという趣旨の答弁がされたことに見られるように，中小企業金融を重視する姿勢を示した。

さらに第4回委員会では，苫米地義三から政府の出資金の出所，復興金融債の引受先についての質問が出された$^{(126)}$。これに対して，福田政府委員から出資金は議会での審議を経て出資の協賛を得たこと，後者については市中消化が難しいために日銀引受を中心に考えていることが説明された。このような答弁に対して，苫米地はインフレを助長するものではないか，と質問した。これに対して福田政府委員からは苫米地を納得させるような答弁はなかった。次に，委員会構成について，村上勇委員から，日銀・興銀以外から民間委員を入れて「一層民主的」な「運用」を行えるようにすべき旨の提言がされた$^{(127)}$。これと同趣旨の質問は，例えば$^{(128)}$，青木・平岡両委員からも出された。これに対して，政府側は日本銀行総裁や関係省庁の大臣は「其ノ職業柄入レル必要」があるとはしたものの，中小企業・産業界への対策という側面も含めて，民間側からも委員を登用する考えを示した。

---

(124) 以下での質疑応答は第23巻，7-10, 17, 21-23頁。
(125) 第23巻，49, 75-76, 93, 111, 118-119頁。
(126) 第23巻，39-41頁。
(127) 第23巻，99, 117頁。第8回委員会における発言。
(128) 第23巻，113頁。第8・10回委員会における発言。

このような委員会での審議を踏まえて，9月21日には，再度，本会議において法案が審議され，その上で採決が採られた。ここでは，例えば，収益性や回転率の低位な企業ないし産業，中小企業への融資を重視する点と，産業資金供給に基づくインフレ発生の防止との関係の如何など，整合性があるとは言い難い答弁があった。しかし，これらの諸点は問題にされず，委員会審議での質疑応答の概要が確認された上で，原案どおり可決され法案は貴族院に送付された。その後，9月23日から同院における審議が開始された。まず，冒頭で石橋から中小企業金融を重視するという点が付け加わった以外は，基本的に衆議院とほぼ同様の法案の趣旨説明がされた。その上で審議が行われた。最初に質問に立った西西乙議員からは，中小企業金融を重視し，なおかつこれらに迅速な資金供給を実施する必要性があるが，「中央集権的デアル官僚的デアル是等ノ復興金融金庫」のような組織でこれができるのか，復興金融委員会にはかなり大きな権限を付与しているが，責任の所在が不明確な委員会制度に運営権限「ノ重点ヲ置」くのは「金融機関経営者無責任ノ範ヲ示」すことになるのではないかとの，もっぱら官僚主義的な運営に関わる批判が出された。これに対して，石橋蔵相はその指摘を認めた上で，これを回避するために「有能ナ人達」による組織された委員会による，経営陣の監視を強化する旨の，もっぱら委員会構成員の属人的資質に依存して中央専門官僚主義の蔓延を防ぐとの答弁をした。

　9月25日からは特別委員会で審議が開始された。ここでも，板谷順助委員から中小企業金融を重視する際の具体的「腹案」を説明されたいとの質問が出された。[129] これに対して，石橋蔵相・膳経済安定本部長からは復金に中小企業専門の部局を設けて，金融に関する便宜を図りたい旨の答弁がされた。このほか，市中金融機関との競合の如何について高橋是賢委員から質問が出された。[130] これについて福田政府委員からは「或ル意味ニ於テ競争相手ニナ」るので，調整を十分に行いたいという，石橋の説明（前述）と微妙に異なる答弁が出された。このような審議を踏まえた上で，本会議で委員会の基本的運営[131]

---

(129) 第23巻，132-134頁。
(130) 第23巻，151頁。
(131) 第23巻，163-164頁。

方針，委員会の構成の官僚主義化を避けること，中小企業金融を重視する融通方針といった，審議過程での議論を確認した上で，本法案は原案どおり可決された。

この結果，同法に基づき，1947年に復金が設立され，活動を開始した。そこで，ここでの政府側の答弁がどの程度反映したのかが問題になる。次にこの点を検討する。

2　1948年以前の資金供給の特徴とその問題点
　　——レント・シーキングと制度改革

(1) 委員会・役員構成

ここでは創立直後の委員会・役員の構成を確認する[132]。まず，前者であるが，1946年6月25日の閣議決定に基づき，7月27日付けで暫定的に「大蔵次官を委員長，内閣，商工，農林，運輸の関係部局長及び日銀，興銀の関係部局長を委員として発足した」とある。その後，10月29日付けで復興金融委員会が官制され，会長に大蔵大臣，副会長に安本長官を任命し，商工大臣・農林大臣・日銀総裁および学識経験者7名が委員とされた。その構成であるが[133]，日銀総裁を除けば中央官庁の官僚出身者は皆無であった。このほか，委員会に上程する融資案件の「下審査」をし，かつ，300万円以上5,000万円未満の融資案件の決定権を有する幹事には，大蔵，商工，農林，運輸，安本の関係局課長，日銀・復金の関係局部課長，産業界・金融界の代表から計「二五，六名」が任命された。その構成は23人の委員中，14名を日銀も含む中央官庁出身者が占めた[134]。幹事会は委員会に上げる融資案件の選別権や，比較的小口の案件の決定権を握っていた。さらに，後に鹿喰精一（当時，1947年1月，復興金融金庫総務部長，50年同理事）も，「復金融資の事実上の決

---

(132) 以下，委員会・役員構成に関する引用は，復興金融金庫『復金融資の回顧』同金庫，1950年，15-17頁；188頁。
(133) 以下，委員会，幹事の構成については「復興金融委員会職員名簿」『愛知文書　復興金融金庫 (5) 復金運営Ⅳ』財務省所蔵による。
(134)「復興金融委員会職員名簿」『愛知文書　復興金融関係 (5) 復金運営Ⅳ』財務省所蔵による。

が」(中略)「幹事会のような外郭的なところでなんとなしに決ま」ったと回顧している。以上，幹事会も含めた委員会運営に与える専門官僚の影響力は相当大きかった。その上で11月15日の委員会で末広幸次郎が理事長に，篠原三千郎が副理事長に推薦されたが，両名が公職追放の対象になったために，翌年1月10日の復興金融委員会で興銀総裁伊藤謙二が理事長に，日銀理事川北貞一が副理事長に現職のままそれぞれ推薦され，1月23日付けで任命された。

　この構成は，前述したGHQからの役員構成に関する意見や，官僚主義を排すべきとの議会からの批判をほとんど踏まえていない。この意味で，復金のトップ構成は中央官僚主義に陥る危険性を強く孕んでいた。このほか，後に問題視される融資案件の決定権も，委員会，幹事，金庫のいずれが最終責任を有するのかが不明確な組織構成を採っていた。

(2) 融資状況

　復金の融資状況については，既に資金調達動向・残高ベースの産業別・企業規模別構成比といった諸点が明確化されている。それゆえ，最初に先行研究により，資金調達とともに，残高ベースでの復金融資の特徴を確認する。まず，資金調達である。貸出金は200億円全額政府出資であった（前述）。次に主要な資金調達手段である復興金融債の発行状況を確認する。発行額は，1946年度は3,000百万円，47年度は55,900百万円，48年度は109,100百万円であった。この内，日銀引受額はそれぞれ2,824百万円（94.1％），42,463百万円（76.0％），70,305百万円（64.4％）に達していた。次第に市中金融機関が構成比を高めつつも，日銀引受が大半を占めた。次に金融機関貸出残高に占める復金融資残高を見ると，47年3月，9月にはそれぞれ4.2％，17.6％だ

---

(135) 鹿喰「復金と傾斜生産」志村嘉一監修・エコノミスト編集部編『戦後産業史への証言』毎日新聞社，1979年，158頁。なお，岡崎ほか『戦後日本の資金配分』383頁とは融資決定の責任の所在面で議論が重複するが，幹事会の重要性が曖昧である。また，典拠に挙げられているOkazaki and Ueda, *Development Banks*. では，上掲書の議論は実証されていないと思われる。
(136) 以下，『昭和財政史』における検討への言及等は，特記しない限り，志村「復興金融金庫」643-675頁による。

ったが，23年以降になると24％台で推移する。全国銀行との合計額に占める融資シェアは，特に長期性資金である設備資金融資で60％台半ばから70％台後半と比率が高い⁽¹³⁷⁾。特に復金は長期資金の供給において重大な地位を占めていた。次に産業別では「石炭，電力，肥料，鉄鋼の四業種に重点的に融資が集中」しており，例えば47年末を見ると石炭が33.4％，電力が4.7％，肥料が6.3％，鉄鋼が3.1％を占めたほか，フローで見た場合，公団向け融資残高も30.6％という値を示した。ただし，公団向けの融資比重は，この値以上であった（後述）。このほか，「一定期間内における企業の損失を補填し，その企業の運営を維持せしめるための融資」と定義される，赤字融資も実行されており，48年12月末時点で18,761百万円，総貸出残高の16.87％を占めた⁽¹³⁸⁾。

　以上から，復金融資は47年度末の公団向け30％を除けば，その大部分は民間向け融資であったと言えるかもしれない。しかし，実際にはそうではない。ここでは，この点をフロー・ベースで検討する。四半期ごとの復金融資総高に占める公団向け貸出と，回収高に占める公団からの回収額の比重を前者から見ると，当初，公団向けの融資は1947年第2四半期の4％余りという数値に見られるように，殆どネグリジブルな比重であった。しかしながら，47年第3四半期以降，その比重はほぼ50％台半ばから60％台半ばという，過半以上の値で推移する。さらに，後者は，同じく47年第3四半期以降，復金の回収額のほぼ殆どを公団からの回収が占めた。この時期はインフレにより資金回収が容易だったということもあるが⁽¹³⁹⁾，このような事実は，復金融資の大部分が回転率の良い公団に向けられていたことや，これにより可能な限り通貨供給面からのインフレにつながる資金供給の抑制を図る努力を払っていたことを意味する⁽¹⁴⁰⁾。同時に，この事実は，これまでの指摘以上に，復金融資に占める

---

(137) 『昭和財政史――終戦から講和まで』第19巻，488-489, 571-573頁より算出。
(138) この構成比のみ，志村「復興金融金庫」表1-27（671頁）の数値，および『昭和財政史――終戦から講和まで』第19巻，566頁より算出。
(139) 鹿喰「復金と傾斜生産」161頁。鹿喰の証言によれば，インフレを背景に資産の流動化が確保され，復興金融金庫閉鎖時にあたる1949年8月時点での回収不能額の貸出総額に対する比重は2.6％に過ぎなかったという。
(140) 『昭和財政史――終戦から講和まで』第19巻のデータを用いて，1947年3月から49年12月までの月次インフレ率を被説明変数，復金融資残高の増加率（X）を説明変数と

公団向けの比重が大きかったことを示している。しかも，公団向けの貸付利率は，少なくとも47年9月時点までは，他の貸出に対して0.7〜1.0%ほど低位であった。以上から，復金の公団に対する融資姿勢の優遇ぶりが理解できよう。さらに，残高ベースの検討を通じた，インフレ促進の側面，特に赤字融資による「ソフトな予算制約」の発生を背景とするレント・シーキングの発生を強調する見解では不十分であり，コスト増加分の安易な価格転嫁という意味での日銀への資金依存により金融面からインフレ促進を図る面があったことは認める必要はある。しかし，中小企業金融の円滑化の観点からは問題があるものの，本見解以上に復金は金融面からのインフレ抑制を重視した行動を採っていたことには注意する必要がある。

次に，この事態が生じた理由である。資金調達も含めた公団運営の特徴は，

する回帰分析（サンプル数25，以下，すべての推計式は加重最小自乗法により不均一分散を修正）を行った（データ自体は1947年2月期から採れるが，復金活動開始直後の数値であり，増加率が過大に出てくる（活動開始前は0円）ことによる異常値と判断されるため，除外して推計）。その結果，$Y = 1.491X (P = 0.000^{**}) - 1607.02 (P = 0.019^{*})$ という推計式を得た（adjR2は0.76。なお。*は5%，**は1%で統計的にそれぞれ有意）。復金融資残高の増加率はインフレ率に対して統計的に有意にプラスに効いていた。このことは，仮に復金が資金回転率を重視しない融資方針をとった場合，インフレをさらに促進した可能性があること，この意味で復金の融資行動にはインフレ抑制への配慮が見られることを示唆する。

このほか，生産増加率の物価上昇率に対する影響と，復金融資増加率の生産増加率への影響も計測した。前者については $Y = 1467.66 (P = 0.113) + 0.63X (P = 0.00^{**})$，adjR2 = 0.747と生産増加率は，むしろインフレを促進するとの結果が出た。このことは，この時期の生産増加がインフレを収束に導くほど強いものではなかったことを示唆する。後者については，$Y = -2187.66 (P = 0.73) - 0.522X (P = 0.000^{**})$，adjR2 = 0.860であり，復金融資の増加は生産増加には負の働きをしたと考えられる。もっとも，物価上昇の生産増加への効果は $Y = 3975.093 (P = 0.02^{*}) + 0.504X (P = 0.00^{**})$，adjR2 = 0.44であり，統計的に有意に生産増の方向に効いていた。ただし，上述のように，生産増加はさらなるインフレを惹起しており，物価上昇抑制には結びつかなかった。それゆえ，復金融資は，物価上昇を促進すると同時に，生産増加を阻害（後述）することで，経済面での混乱をより促進したと推定される。

(141) 志村「復興金融金庫」表1-29（675頁）。
(142) Okazaki and Ueda, *Development Banks*, pp.492-499. 岡崎氏らの見解とは異なり，後述のように，このような復金の融資姿勢に伴う民間向け資金供給の厳格さが，昭和電工事件に見られる贈賄による融資獲得という形でのレント・シーキング行動を激化させた要因となった。
(143) 日本銀行資金局『昭和二十四年三月　飼料配給公団の現況』；同『昭和二十四年三

経済安定本部の策定した経済計画に従うことであった。この点は、例えば、飼料配給公団史料の記述や、経済安定本部作成の産業資金計画にも明らかである。その上で、指摘すべきことは、資金調達・返済に関してである。上述の飼料配給公団史料では、「資金繰りの明確を期するため」(中略)「事業費等は必要の都度復興金融金庫から借入れ、其の代り回収資金は挙げて復興金融金庫に返済する方針を樹」てているとの記述がある。この状況は、ほぼすべての公団に共通していた。前述の復金の貸出総高・回収総高に占める公団向け融資比重の高さの背景には本方針が存在した。各公団の運営が「経済安定本部総務長官の定める割当計画」に従わねばならない以上、中央官僚側の方針の如何が復興金融金庫の貸出方針にも影響したと見なければなるまい。

このような融資は、復金は復興に必要ながらもハイ・リスクであるがゆえに、民間金融機関からは信用授受不能な産業に限定されるとの、前述の政府が表明した方針とは矛盾するかのようである。この点はどのように正当化されたのであろうか。この点を明確に示す史料は存在しないが、窺い知り得る史料は存在する。産業復興公団の史料には、同公団は「平和産業の急速なる復興を促進し、日本経済の復興と安定を図る為国内企業力の現状に於て民間資本が負担すること困難な産業設備の整備活用を図る」ことが設立目的であるとされている。さらに、油糧配給公団史料には運転資金ではあるが、全額を復金に依存する理由として「公共的事業に市中資金を参画させるのは面白くない」との記述がある。以上から、次のようにこの問題は正当化されたと強く推定される。公

月　食糧配給公団の現況』；同『昭和二十四年三月　食料品配給公団の現況』；同『昭和二十四年三月　酒類配給公団の現況』；同『昭和二十四年三月　油糧配給公団の現況』；同『昭和二十四年　産業復興公団の現況』(東京大学経済学部図書館蔵)による。以下での当該史料の引用の際には、○○公団史料とした上で、頁数を付す。

(144) 飼料配給公団史料, 2頁.
(145) 一例を挙げれば、経済安定本部財政金融産業金融課「昭和二十二年度　第二・四半期　復興金融金庫融資配分計画　説明資料」1947年10月20日,『経済安定本部　戦後経済政策資料』第19巻, 日本経済評論社, 431-521頁.
(146) 飼料配給公団史料, 11頁. 食糧配給公団を除く他の公団にも、ほぼ同様な記載がある. 食料品配給公団史料, 4頁；油糧配給公団史料, 4頁；産業復興公団, 17頁.
(147) 産業復興公団史料, 4頁.
(148) 油糧公団史料, 4頁.

団が携わる事業は，民間資本の負担には耐え得ない。それゆえに民間資本の一角を占める市中金融機関からの資金供給は望めない。したがって，事業運営・資金供給ともに政府や関係機関が関与する必要がある。政府が関与する以上，事業は公共的なものであり，「市中資金の参画は面白くない」。この観点からすれば，公団融資を通じた復興金融金庫の貸出の効率性確保と，当初の政府方針は矛盾せず，事業の公共性ゆえに政府金融機関による排他的な取引まで正当化される。さらには復金による供給資金がインフレ促進に繋がることを最大限回避するという，政府の説明（前述）とも一定程度整合性を確保できる。

　前述のように，復興金融金庫の設立にあたり，産業資金の供給がインフレ促進的か否か，中小企業金融に資するか否か，という，場合によっては矛盾する問題が提起されていた。ここまでの検討は，産業向け資金供給の効率性の側面が重視されたかのような印象を与える。この点の妥当性の如何を明確化するためには，議会で強く要求され，なおかつ，ハイ・リスクという意味で非効率な融資である中小企業向け融資状況について，特に1947年中までに重点を置いて検討する必要がある。もっとも，現時点では，史料的制約から，復金融資が中小企業にとってどのような意義をもったのかは[149]，定量史料で明確化することはできない。このほか，復金融資総額に占める比重も定かではなく，49年3月までの期間について，重点産業を除外した金額の19％に過ぎないことが分かるのみである（後述）。したがって，接近方法を変えて，47年12月に日本銀行が作成した「事業会社金詰りの現状」[150]という，借り手――特に中小企業――に関する定性的な調査から状況を探る。

　本史料の中には，「『大阪に於ける中小工業の資金梗塞に関する調査』の要旨」という項目がある。同調査は，「資本金100万円から500万円，従業員百名から五百名程度の中小工業二十社」を対象に，金融梗塞の原因・影響・当局への要望といった諸点が記されている。ここでのサンプルは「余り小規模なるものは採ら」なかった。それゆえ，本調査以上に深刻な状況があったと見

---

(149) 鈴木『現代日本財政史』第2巻，第147表（316頁）とその分析（373頁）では，後述する復金の融資姿勢変化後にあたる1949年のデータしか提示されておらず，変化前の検討はされていない。また，借り手側から見た分析もされていない。

(150) 以下，同史料からの引用などは第8巻，451-539頁。

てよかろう。サンプル中，特に逼迫しているものは 6 社，少々逼迫しているもの 6 社，残りは「普通の金詰り」であるとされる。もっとも，史料には「従来の金繰りを銀行借入金と支払延期とによつて泳いで来たものが多いだけに，㈠銀行借入金は最近の預金伸悩みを反映して益々困難となるであろうし，㈡資材仕入先への支払延期は限度を超えれば次期仕入を困難ならしめる等前途にはかなりの難関が予想される」（中略）「問題は寧ろ将来に残されている」との評価があり，サンプルの 6 割が程度の差はあれ資金繰りが逼迫している点を想起した時，その状況は，相当程度，深刻であった。

さらに注目すべきは，「六，銀行借入状況」である。これによれば，「金融機関よりの新勘定借入金は平均四，三五〇千円（設備運転），最高は A 社の三七，九〇〇千円である。現在借入なき会社は三社である／復金より借入を行つている会社は A 社（三，〇〇〇千円）のみである。総じて零細工業は銀行借入困難な模様である」とされている点である。A 社は資本金 13,000 千円，従業員 1,200 名と，二位の企業の資本金が 5,670 千円，従業員 500 名であることを想起した時，サンプルの中では突出した存在であった。この点を踏まえた時，大阪の事例からではあるが，少なくとも 1947 年時点においては，大多数の中小企業は復金との取引は殆ど不可能な状況にあったと判断できる。このほか，「中小企業専門金融機関としての復金中小工業部」（中略）「等が何れも資力不足の為め充分の活動をしていないのは遺憾である」という福島支店，「復金の大口重点融資を再検討し中小事業家に対しても機会均等の実を挙げられたきこと（現在中小金融の道あるも，実際融資は極めて微々たるのみならず大口赤字融資に依り中小事業家は資金資材面に甚大なる犠牲を強いられておること――原文）」という前橋支店からの指摘など[151]，類似した問題は大阪のみではなかった。

以上，少なくとも 1947 年中までは，復金は，中央官僚層主導で公団向けを中心に効率的な資金運用を重視し，回収困難な中小企業向け融資など，非効率的でかつインフレ促進に結実しかねない資金供給を回避する志向性が強かったと判断される。この意味で，議会での政府答弁とは異なり，復金は中小企業

---

(151) このほか鹿児島支店からの報告では，金融機関その他からの借入金により事業をしているものは 72 工場であり，この中には復金は入っていない（上掲史料，536 頁）。

の資金梗塞を改善するには程遠い状況だった。これに加えて，この事実は，赤字融資による企業の赤字のファイナンスと，これに基づく「従業員と経営者のレント・シーキング」という恩恵は，最近の研究でその実態が詳細に明確化された石炭産業企業などを除けば，大半の中小企業は受益不能であったことをも示す。このように復金は，中小企業には極めて厳しい融資姿勢を採っていた。

(3) 1948・49年の制度改革——その1：レント・シーキングと金庫批判の激化

　復金の民間企業——特に中小企業に対する厳格な融資姿勢は，民間側の贈賄を通じたレント・シーキングを顕在化させた。昭和電工事件がそれである。同社は，融資を申請した22年1月下旬当初，13億5,441万円という金額を申請した。その後，インフレ進行に伴い設備建設費が不足した。このため，12月に12億8,423万円を追加申請して融資実行の許可を得た。この際に中央専門官僚が中心を占める（前述）幹事会所属者を中心に当局関係者に贈賄が行われた。復金の融資額等は，経済安定本部の年度計画に基づき決定されるから，追加申請の許可確保はそう簡単ではない（前述）。しかも，計画に基づく新規融資先の大半は，公団向け等政府関係に重点が置かれており，民間側の追加申請の受理はより一層困難であった。以上，昭和電工の贈賄工作は，民間による新規融資獲得が厳しさが原因だった。

　この事件は世間からの強い批判を浴びた。産業金融面に限っても中小企業の大多数がインフレによるコスト高と金融梗塞に苦しんでいたのだから当然であろう。このため，議会でも，復金の増資に伴う法改正が審議された，1948年1月から2月にかけての第2回国会で融資姿勢を巡る質疑が行われた。そ

---

(152) 岡崎哲二・石井晋「戦後日本の産業政策」青木昌彦ほか編『東アジアの経済発展と政府の役割』日本経済新聞社，1997年，100-101頁。
(153) 杉山伸也・牛島利明編著『日本石炭産業の衰退』慶應義塾大学出版会，2013年，84-88頁。
(154) 以下，『昭和電工五十年史』同社，1977年，113-116頁。
(155) 鹿喰「復金と傾斜生産」158頁。
(156) 議会でも昭和電工の名前を挙げた上で，復金の融資状況に関する審議が提起されている（佐藤観次郎委員の発言。『衆議院　財政及び金融委員会議録第五号』第23巻，253頁）。
(157) 現に，中曽根康弘委員からもこの問題に対する批判が出された（「衆議院　財政及び金融委員会議録第三号」第23巻，231頁）

こでは，中小企業金融への配慮不足，貸出姿勢の不明瞭さに対する批判を受けて，政府・復金側は不十分であった中小企業向け融資の拡充，監査部設置などの融資状況のチェック強化といった措置を実施したことを説明したほか，公団向け融資も今後は最大限民間に委ねることを表明した[158]。さらに，議会からはこの問題が生じた背景として，金庫運営の官僚主義の弊害が指摘され，その改善（「民主化」）が求められた[160]。この点は，復金の運営に関する国政調査承認要求書が提出され，調査要求が衆参両院で提出・実施されたから，ほぼ議会の総意であった[161]。

このほか，同趣旨の批判はGHQからも出された。GHQからの批判は，大蔵省が1948年10月27日付けでまとめた，フィリップスの意見に関する史料の中に見出せる[162]。ここでは，興銀を長期金融機関として認めた上で，復金の役割を興銀・市中銀行の融資保証に限定した上で，その資本金額を上限とすることが述べられた。その上で，昭和電工事件に見られる，レント・シーキングへの対応として，融資決定の責任を金庫におき，そのため理事を強化すること，参与理事を置かないこと，委員会の権限は運営の大綱・融資方針の決定に限定し，重要な個別の案件に意見を出すこと，産業行政との連絡協議会を開催し個別案件を問題にすることには反対であること，融資の管理・監査強

---

(158)「参議院　財政及び金融委員会会議録第六号」第23巻，302頁における湊守篤元復興金融金庫融資部長（22年末に退任）の発言。
(159)「参議院　財政及び金融委員会会議録第三号」第23巻，268頁における愛知揆一政府委員（銀行局長）の発言。
(160)「衆議院　財政及び金融委員会議録第四号」第23巻，249頁における田中織之進委員の発言。
(161)「衆議院　財政及び金融委員会議録」252-253頁；「参議院　財政及び金融委員会議録第六号」295-296頁；「参議院　財政及び金融委員会議録第八号」297-307頁，いずれも第23巻に収録。
(162) 大蔵省「復金制度改革に関するフイリップス氏の意見」1948年10月23日，第19巻，669-673頁。なお，Memo for file by Ralph E.Phillips, Chief, Credit Policy Unit, Money and Banking Branch, Finance Division, ESS Subject：Reconversion Finance Bank. March 2, 1948；Memorandum to Major General William F.Marquat, Chief, ESS from Walter K.LeCount, Chief, Finance Division, ESS Subject Reconversion Finance Bank. October 6, 1948（第24巻 658-672，673-678頁）でも，ほぼ同様の復金批判が出されている。この批判はESS内部での議論を踏まえたものと推定される。

化の必要性が示された。さらには，赤字融資の停止と既存の赤字融資対策の樹立が述べられたが，これはインフレ対策であろう。

　このような意見に対して，日本銀行・商工省・大蔵省も，復金の管理を大蔵省管理官に委ねるか（日銀，大蔵省），各界の代表者に委ねるか（商工省）で相違はあるものの，特に赤字融資問題，レント・シーキング対策の面では，フィリップスの意見に同意する運営改革案を示した。ただし，復金側は，「金庫の長期化は必至」という前提のもとで，フィリップスが明確な賛意を示さなかった地方店舗の拡大のほか，新たに預金業務を行うことを示した。融資対象に関しては，中小企業金融は，後述する専門機関の整備をまって対象外とすることや，公団融資は，全額政府融資とする建設公団を除いて，漸次市中融資に置き換えるとしたものの，これ以外の融資に関しては一切の言及を避けていた。復金側は，基本的に事業縮小方向を示すGHQやこれに基本的に同意する上記諸官庁などに一定の譲歩を示しつつも，地方店舗の設置や預金業務の開始など，組織の生き残りを追求した。

　ここでのGHQや各組織の意見聴取を踏まえて，再度，GHQの意向を聴取した上で，大蔵省は同年11月13日に「復金制度暫定改組の件」[163]という改革方針をまとめた。本史料によると，GHQは運転資金を市中銀行に全額融資させ，その内の一定割合を復金に保証させ，設備資金は復金が融資する場合でも一定割合は市中銀行に融資させるという，基本的に市中銀行重視の方針を示した。このほか，赤字融資停止を徹底すること，融資先にも「増資等自己資金の調達」に努力させることも示した。さらに，企業統治面でも日本側が求めた復金理事長の諮問機関の設置や，理事・一般人員の拡大にも反対又は慎重な姿勢を示した。基本的に，GHQは「市中銀行を極力活用し」，復金の組織拡大には反対する姿勢を示した。

　その後，1949年2月28日に大蔵省は基本的にGHQの意向に沿う方向での改革方針を示した[164]。これらの意見を踏まえて，「1949年2月4日より金融

---

(163) 第19巻，673-674頁。
(164) 大蔵省銀行局復興金融課長杉山知五郎「復金融資の機構及び運営の刷新について」1949年2月28日，第24巻，596-598頁。
(165) 以下の引用等は『復金融資の回顧』188-190頁。

委員会幹事会が廃止され，地方融資懇談会も，日銀支店長の諮問機関たる性格を，復金理事長の諮問機関たることにした」。本改革は，「復金の自主性を確立」するとされていた。委員会への上程案の下審査と300万円以上5,000万円未満の融資認定権を通じて，融資案件の選別に強い影響力をもつ幹事会の廃止により，融資案件の選別に関する金庫経営陣の責任を明確化するとともに，中小企業の多い地方融資を理事長直轄にすることで，中小企業融資への積極姿勢を示したと判断される。しかしながら，ドッジ・ライン実施に伴う融資停止に見られる組織機能の「大幅」な「制限」のために（後述），「復金の自主性を十分発揮するに至ら」ずに終わった。

(4) 1948・49年の制度改革――その2：経済安定九原則と機構改革

この改革を受けて，復興金融金庫の融資姿勢は激変した。既に1948年11月の企業三原則に伴う形で赤字融資が停止された。公団向け融資も市中資金への依存を強めた[166]，さらには49年3月末までの公団・重点産業を除外した一般融資額に占める中小企業向け（資本金100万円未満）の比率19%から[167]，同年3月末の総貸出残高に占める比率30.2%が示すように，中小企業向け融資も積極化した。このほか，経済安定九原則の実施に伴い，新発債の日銀引受も停止されたほか，企業の資本構成・資金調達の自己資金化を促す内容も含んでいた[168]。しかし，GHQからの指示で，49年10月には新規融資が停止された[169]。ここでは経済科学局（ESS）「復金に関する計画【覚書】[170]」を用いて，

---

(166) この点は，それ以前は復金融資に全面依存していたが，「昭和二十三年三月以降認証手形による市中資金活用の途を開き現在（1949年3月時点）は極力其の利用に努めている」との油糧配給公団史料4頁の記述からも確認できる。
(167) 1949年3月末までの期間の数値は，復興金融金庫『復金融資の回顧』166頁。同年3月末残高に占める数値は，「復興金融金庫」表1-22（664頁）。
(168) 大蔵省銀行局「経済安定九原則下に於ける復金融資の諸問題」1949年1月5日，第19巻，674-675頁。
(169) 「復興金融金庫」713頁。
(170) 第19巻，683-684頁。なお, Memorandum (Draft) to Hayato Ikeda, Minister of Finance From Major General William F.Marquat, Chief, ESS. Subject : Collection of Reconversion Finance Bank Loan. Informal. August 12, 1949（第24巻，692-694頁）が原文と見られる。

この指示の意図を明確化する。

本史料では「復金融資の回収」が日本の納税者の負担を軽減し，かつ，健全な企業金融の発展をもたらすことや，「復金は，借手の会社と交渉するに際し，固定資本の適当な額を得且つこの目的のために新たな政府融資又は銀行融資を永久に使うという慣行を排除するように主張すべきである。かかる行為は，日本経済の金融的基礎を著しく強化するであらう」ということが述べられている。さらに「三，復金融資の回収及び『リファイナンシング』については，次の目的を考慮して行うべきである」（中略）「B　復金融資を私的に肩替りすることにより，日本政府は私的金融分野より離脱すること／C　操業を継続している会社に対し，適当且つ均衡のとれた資本構成をとるように主張すること／（原注）三，Bの項は，財政と金融の安全な分離を明確に示したもので，復金のみならず預金部も亦私的金融の分野から除かれることが，別途司令部から明らかにされた」との記述もある。

以上，GHQは財政負担の軽減とその健全化，設備資金を中心とする借入金依存の是正を通じた企業財務内容の健全化により，財政・金融の基盤安定化を図ることを目的としていた。しかし，それ以上に重要なのは，当時，経済政策上の重要課題となっていた単一固定為替レートの設定を睨んだ[171]，ディス・インフレ体制の早期構築の必要性との関連である。1949年1月24日付けの文書で，GHQはインフレの早期終息の必要性を理由に，復金債の日銀引受の大幅な削減と，都市銀行による引受への転換が望ましいと指摘していた[172]。その理由は本文書には直接には示されていないが，その直前に作成された復金改革を巡るESSの文書の中には，改革が必要とされる理由として単一為替レートの設定が挙げられていた[173]。以上，復金債の日銀停止・市中消化促進のほかに企業金融・財政面をも含めた諸措置が採られた根本的な理由は，経済緊縮を通じた安定化（1ドル＝360円レートの設定）による，アメリカ中心の資本主

---

(171) 第2章第1節を参照。
(172) ESS Reconversion Finance Bank Raising Necessary funds of the RFB for Loan.
(173) ESS Finance Division Money and Banking Memorandum for Mr.Walter K. LeCount.

義体制とのリンクという問題があった。

　これに対して，日本側は工藤復金理事長を中心に，経済復興の隘路が資金不足にあり，それゆえに成長資金供給が必要なことを理由に復金融資の再開を申し入れた[174]。しかし，これは復金融資が政治的に流され，かつ，インフレを助長するというGHQの反対により受け入れられなかった。その後の占領軍側と資金不足への対応として資金供給機関の必要性を主張する日本政府の交渉により，金融梗塞・オーバー・ローン対策（後述）を理由に占領軍側も譲歩し[175]，復金の資産を継承する形で，長期資金供給業務のみを行う日本開発銀行の設立が決定された。その際[176]，政府から独立した銀行設立を通じて，レント・シーキング対策が重視された[177]。これ以外で重要なのは，独立の銀行として経営に自主性を持たせることで，リスク管理を重要視させることで資金供給量を制御させ，かつ，ディス・インフレへの貢献が目的とされたことである。この点は大蔵省からESSへの説明にも見出せる[178]。このほか，開銀法第22条では同行の業務はあくまで都市銀行を中心とする市中銀行の補完に限定されることが明示されていた[179]。この点でも復金融資が結果的に民間を圧迫したことの

---

(174) Memo for file by Ralph E.Phillips, Public Finance Division, ESS. Subject Future Operation of RFB. August 17, 1950（第24巻，712-715頁）。

(175) Memorandum to Major General William F.Marquat, Chief, ESS from Joseph M.Dodge. Subject Possible Reorganization of Reconstruction Finance Bank ; Letter to Ralph W.E.Reid, Chief, Far Eastern Affairs Branch, Office for Occupied Areas, OSA, Washington, D.C. from Joseph M.Dodge, May 22, 1951（第24巻，718-722頁）。なお，Tsutsui, *Banking Policy*, pp.Chap.5 では，実際に設立された開銀の業務内容が，ドッジの意向と異なっていたことを指摘している。

(176) Okazaki and Ueda, *Development Banks*. また，開銀設立を巡る動きの詳細として，「日本開発銀行」（伊藤修執筆），『昭和財政史――終戦から講和まで』第14巻，96頁以下も参照。ただし，伊藤修論文では復金の歴史的経験のインパクトは必ずしも十分検討されていない。

(177) このほかにも開銀法には，復金法にはなかった役職員の懲罰規定も盛り込まれており，この点でもレント・シーキングの対策が打たれていた。

(178) ESS Memo for Record : Subject : Counterpart Fund Investment in Japan Development Bank Second Quarter Japanese Fiscal Year 1951-52, 20 August 1951.

(179) Ministry of Finance, the Japanese Government 'On the Operation of Japan Development Bank, etc. August 6, 1951.

反省に立ち，市中銀行重視の姿勢を打ち出した。つまり，GHQ の姿勢が強い影響を与えた。

3　長期信用銀行制度の成立——中小企業金融金庫との制度的補完性の形成

（1）復金融資停止後における金融梗塞問題——ドッジ・ラインから朝鮮戦争期

　経済安定九原則とこれに伴う緊縮政策は，デフレ的な金融梗塞問題を激化させた。特に，1949年度の産業設備資金供給量の半分は復興金融金庫を通じて行う予定であったから[180]，復金融資の新規融資停止のインパクトは極めて大きかった。ここでは，その点を，ドッジ・ライン実施開始後から朝鮮戦争時までの期間についてごく簡単に確認する。

　まず，この時期に金融梗塞問題が集中的に現れたのは，中小企業金融問題であった。この点を日本銀行調査局史料により検討する[181]。本史料によれば，1948年末時点では中小企業の資金繰り悪化の理由として，人件費増加（13.9％），物価騰貴に伴う逼転資金増大（13.5％）といった，インフレが背景にあるものが3割弱を占めており，かつ，受取手形増加と銀行割引の不円滑（2.9％），貸倒れ増加（2.0％）などは低位に止まり，「インフレ下の金詰り現象を示していた」。しかしながら，同史料が引用している中小企業庁調査データによれば，1949年1月から7月までの期間内における，中小企業の整理理由として資金難（41.2％），販売不振（31.4％）のふたつで約70％以上を占めており，49年に入り状況が逆転したことが確認できる。この原因として，売行き不振とこれに伴う「無理な売掛」（「親工場と下請工場との間に顕著」），「親工場乃至問屋の支払は六〇-九〇日の手形で行われる場合が増加しているが，信用程度の低い中小工場にとっては銀行割引も困難な場合が多」いという，「受取手形の増加と銀行割引の不円滑」，「原料の仕入が依然として現金取引が多い」（「依然過半に近いもの」）ことが挙げられていた。この状況下で，金融機関からの借入は「インフレ下の場合より一層選択的且つ厳格となっており」（東京都商工指導所による斡旋成立割合は8.8％！），「闇金融業者からの借入」への依存が強かったという。

---

[180]「見返資金」（柴田善雅執筆），『昭和財政史——終戦から講和まで』第13巻，979頁。
[181] 以下の記述などは，特に断らない限り，日本銀行調査局「最近の中小工業の金詰り状況について」第8巻，578-580頁。

さらに，デフレ的な金融梗塞は，中小企業に限った問題ではなかった。この点を，日本銀行調査局「機械工業における金詰りについて」[182]を用いて確認する。同史料は「産業機械，電動機，電気機械及び車両を生産する一流メーカー四社（A社，B社，C社，D社）を中心に調査し」たとあるから，この点を確認するには十分な史料である。これら機械メーカーは「石炭関連」「国家依存度の高い」産業に属し，それゆえにドッジ・ラインの影響を強く受けていた。その帰結として売掛金の増大，政府支払の遅延，購買力低下による在庫増に悩まされるなど，デフレ要因による金融梗塞に陥っていた。これへの対策として，各社とも銀行借入や増資による対応を試みている。しかしながら，前者については「各社の借入金残高は増加の一途を辿つているが昨年九月末にかけての増加に比し，十二月末より本年一月末にかけての残高は微々たるものであり，復金の融資停止後において市中からの借入が困難であつたことを示している」とされており，復金融資停止が金融梗塞の原因であることが窺える。後者についても，「増資を繰り返し行うことは現実に不可能であり，その金額にも限界があり，一般に採上げられる対策とはなり得ない」とされている。このような金融難が，デフレ対策でもある「経営の近代化，機械化」(中略)「を行わんとしても資本蓄積の極度に貧困な現状では不可能」にしていた。このほか，最近の研究によれば，旧財閥系銀行である千代田（三菱）銀行さえ，系列企業への融資資金に事を欠いていたことも報告されている[183]。大企業群でさえも深刻な金融梗塞に直面していた。しかも，本章第1節で見たように，1ドル＝360円単一レートの設定により，採算可能なまでに経営効率化を図る必要性から，新規の設備投資を行う必要性がある産業や企業が少なからず存在した。当該目的の資金調達が必要とされたが，このような金融梗塞状況の中ではそれは極めて困難であった。それゆえ，1ドル＝360円レートでの国際経済への本格復帰という状況の中での各産業や個別企業の採算確保の観点からもその解決が必要であった。

---

(182) 以下での引用等は，特に断らない限り，第8巻，555-567頁による。なお，本史料では，具体的な数値を挙げて説明しているが，紙幅の都合上，これについての引用は行わない。史料末尾のデータをも併せて参照されたい。
(183) Hoshi and Kashyap, *Corporate Financing*, p.65.

この状況は、朝鮮戦争勃発・停戦後も「動乱以来著増した企業利潤が銀行よりの借入金返済に充当されず、無方針な設備拡張に固定されたこと」を主因にしている点では異なる。しかし、ドッジ・ライン期とは異なり、鉄鋼・機械・造船・繊維・電力などの主要産業のみならず、朝鮮戦争停戦後、在庫ストックを抱え込んだ商社をも巻き込む形で金融難に陥っていた。このように、ドッジ・ライン以後、歴史的位相には異なる面があるものの、産業金融の梗塞問題が、日本の経済発展にとっての重大な隘路のひとつとして浮上してきた。

　これに加えて、復金融資の停止は市中金融機関への過大な設備投資向けの融資負担につながった。この点を日本銀行の調査により確認する。1949年4月以降翌年12月までの全国銀行・信託の設備投資向け貸出金増加額は692億円に達していた。これに対して復金の設備投資向け融資の減少額は153億円となっていた。同調査では、復金融資が引き上げられた交通通信（90億円）、鉱業（21億円）、電気瓦斯水道（15億円）といった業種は（カッコ内は復金から引揚げられた金額）、「銀行、信託貸出に於いて大きい増加率を示している」ことが、具体的に数字を挙げて（順番にそれぞれ8.6倍、4.0倍、3.1倍。ただし、電気瓦斯水道は不明、平均は2.4倍）論証されていた。このことは、当時、問題視されていた、いわゆる市中金融機関のオーバー・ローン問題を先鋭化の要因になったと見てよかろう。この意味でも復金融資の停止は新たな問題をもたらしたのである。

(2) 長期信用銀行制度の形成

　当局も本問題への対応を迫られた。まず、政府は占領軍側の承認のもとで、1950年3月31日に「銀行等の債券発行等に関する法律」を公布し、普通銀

---

(184) 以下の記述・引用などは、日本銀行調査局「最近における金詰りの実情について」第8巻、580-592頁。
(185) 以下での引用などは、日本銀行統計局「復金融資停止後の設備資金貸出状況」第8巻、340-341頁。なお、50年代前半における産業資金の供給状況の概況については、加藤俊彦「資本蓄積と金融市場」東京大学社会科学研究所編『戦後改革8――改革後の日本経済』東京大学出版会、1975年、111-117頁も参照。
(186) この問題に対する経済界有力者の認識も含めて、日本銀行調査局「オーバー・ローン解消案に関する各界の意見」第9巻、58-61頁を参照せよ。

行化していた興銀・勧銀・拓銀の旧特殊銀行が債券発行・長期金融を担うという「変則的な姿」で対応していた(187)。1952年以降になると主として大企業向けの長期融資を担当する長期信用銀行制度と，中小企業向けの専門金融機関を整備する方向に動き出す。

　この点について，まずは，長期信用銀行制度から検討する。この問題について，大蔵省銀行局は1951年3月7日付けで「長期金融制度の整備について（案）(188)」という文書を作成した。ここでは復金融資の停止，旧特銀の普銀転換，対日見返資金の「漸次縮小」という状況下で，長期資金の供給不足が生じているとの認識を示した。その上で，是正策として専門金融機関の設置の必要性を提起した。その際，①長期金融機関の専門化を望ましいとしたものの，いわゆる長短分離を性急に行うことは，「資金蓄積の不十分な現段階」の実情や長い取引上の沿革を踏まえた場合，「必ずしも適当ではない」こと，②旧特銀の普銀転換が進む中でこれを長期金融機関にすることは不可能なこと，③「復興金融金庫の再活用は政治的，心理的に好ましくないこと」，④「長期金融制度の拡充にあたり，蓄積資金以外から資金源を求め或ひは放漫融資の途を開き以てインフレを促進することのないよう厳重な配慮が必要なこと」を指摘した。その上で，全額政府出資による専門金融機関を設置し，「わが国の資本市場の現況にかんがみ，広く大衆の零細且つ不安定な資金が，政府機関及び民間商業銀行に集積されてきたもの」を資金源とする債券発行権を付与し，これで調達した資金を「経済復興のため緊要とされる中長期資金」の供給や，「不動産担保金融」に向けるという方針を策定した。ここでは長期金融機関は，民間による供給不足を補うものとして位置付けられており，長短分離は想定されていないことや，復金の「再活用」が考えられていないことに注意を促したい。特に，後者は，未だ占領軍として強い影響力を保持していたGHQも含めた，前述した融資の政治化などの復金融資を巡るレント・シーキング問題の顕在化や，組織運営を巡る中央官僚主義批判を受けたと判断される。

　さらに，金融債の市中金融機関消化による調達は，前述した単一為替レー

---

(187) 以下での長信銀制度成立以前に関する政府の対応に関する議論・引用などは第24巻，589頁の日本語解説。
(188) 第19巻，519-520頁。

ト設定に伴うディス・インフレの必要性を理由とする復金債の市中消化への転換を唱えるGHQの主張を踏まえた場合，特にGHQからの復金インフレ批判の反省を踏まえたものと見てよい。さらに，大蔵省銀行局長河野通一の議会答弁に見られるように[189]，大銀行に加えて，地方銀行を主たる金融債引受先に想定していた。周知のように，1950年代に入ると地方銀行の資金ポジションは預貸率低下の方向に向かっていたから，地方銀行に資金運用先を付与するとともに，地方資金を用いてディス・インフレを目的とした効率的な資金の使用を企図していたと言えよう。なお，長期金融機関は全額政府出資の開発銀行のみが想定されていることも，実現した政策内容とは異なる点も併せて指摘しておきたい。

　本案を踏まえて，1952年1月25日付けの大蔵省銀行局文書「長期金融機関の整備について」[190]では，普通銀行のオーバー・ローン問題を解決するためにも，長期金融と短期金融の窓口を分離すること，長期金融機関設置のための特別の立法措置を行うこと，長期金融機関の数を「差し当たり，二乃至三行」とし，民間の採算に乗らない分野を担当する開発銀行とそうではない機関に分離し，できる限り民間機関を中心として，開発銀行に補完作用を果たさせないことが盛り込まれた。ここでは，当時，問題化していた市中銀行のオーバーローン問題[191]への対策として，長短分離が構想されている点が異なるほか，金融機関数と民間中心の構想が提示された点では具体化された。特に後者であるが，復金批判の経験を重視していたこと（前述）を想起した時，このことは民間中心にすることで復金問題に現れた政府系金融機関を巡る批判に対応したものと見てよかろう[192]。同様の内容は，同年2月2日付けの文書「長期金融機関の整備について」でも確認でき[193]，これに基づき同20日付けでは「長期信

---

(189)「衆議院　大蔵委員会・通商産業委員会連合審査会議録第一号」1952年4月25日，第23巻，643頁。
(190) 第19巻，523-525頁。
(191) 大蔵省預金部資金課長加治木俊道「『オーバーローン』を巡る問題」第20巻，731-737頁。
(192) この点を踏まえた時，開銀の運営形態をもって，復金に見られたレント・シーキング問題への対応が図られたとする，Okazaki and Uedaの議論では不十分であり，長期金融機関を民間中心に据えたことこそをより重視すべきであろう。
(193) 以下，二つの資料は第19巻，525-527，528-531頁。

用銀行法（仮称）案」が作成された。ここで基本的に大蔵省側の構想は固まった。しかし，これに対して臨時金融制度懇談会側から，「長期金融に関する既往の知識と経験とを有功に活用することに努めるとともに，制度切替に伴う長期金融のギャップを生じせしめないように特に配慮されたい」との，長短完全分離に釘を指す意見が提示された。この点については，法案が審議された衆議院大蔵委員会での現状を踏まえれば長期信用銀行制度ができたとたんに，一般の預金銀行による長期金融をゼロにすることはできないとの河野通一政府委員（銀行局長）の発言に見られるように[194]，政府側も現状を踏まえて完全分離を実施する意図はなかった。周知のように，その後，実態面でも長短完全分離は実現していない。この意味で分離案は事実上形骸化した。なお，管見の限りでは，この間，GHQがこの問題に口出しした形跡は見られない。その理由は，次のように推定される。まず，既に1950年時点でドッジからマーカット宛書簡の中に[195]，日本側からドッジに対して長期資金供給機関の設立構想が示されていたようである。これに対してドッジは歓迎の意向を示し，長期資金供給機関のための特別立法の必要性をも支持していた。別の文書で[196]，ドッジは政府による収益保証は復金のような安易な融資に繋がる懸念があること，金融債消化円滑化の観点から金融債発行銀行を限定すべきであること，通貨供給抑制の観点から長期資金供給機関は私企業化すべきであることを指摘した。これらの諸点は日本政府案で基本的に尊重されていた。このように長期信用銀行制度の設立構想は，ほぼGHQの意向を踏まえられており，このことが立法過程において特に干渉がなかった理由と見られる。

かくして，同年3月11日に閣議決定された「長期信用銀行法案」[197]は，6月

---

(194) 「衆議院会議録情報　第013回国会　大蔵委員会　第54号」（国立国会図書館HP）6頁。以下，議会審議関係史料は，同HP所載のものによる。
(195) Memorandum to Major General William F.Marqat, Chief, ESS from Joseph M.Dodge. Subject：Industrial Financing December 3, 1950（第24巻，589-590頁）。
(196) Letter to Ralph W.E.Reid, Chief, Far Eastern Affairs Branch, Office for Occupied Areas, OSA from Joseph M.Dodge. February 19, 1951（第24巻，590-593頁）。
(197) 第19巻，531-536頁。議会などの通過状況は，『日本長期信用銀行十年史』同行，1962年，48-49頁による。

3・4日に衆参両院を通過し，同12日に公布され，長期金融機関制度の法制化が実現した。同法に基づき，11月には「政府主導の経緯から」大蔵官僚原邦道を頭取に迎え，浜口副頭取以下，全行員の60％を供給した日本勧業銀行をはじめ，常務取締役ほか17名の行員を移籍させた北海道拓殖銀行等の旧特殊銀行の債券発行部門を継承して日本長期信用銀行が新立し，12月には日本興業銀行が長期信用銀行に転換したほか，やや遅れて1957年には日本不動産銀行も長信銀に仲間入りした。これにより，既に51年に設立された開銀とも併せて，戦後日本の長期資金供給機関の陣容が固まった。なお，上記の人材派遣や債券発行資格を巡る議論が示すように，興銀の長期信用銀行化も含めて，特に日本長期信用銀行の設立は，序章で示した先行研究が論じた旧特殊銀行改革の一環であった。

(3) 中小企業金融専門機関の形成

しかし，これで金融梗塞問題への対応が十分だった訳ではない。中小企業対策が課題として残されていた。単一為替レートの設定前後以降，中小企業の資金難の解決が最も重要な課題となっていた（前述）。この点は，既に，長期信用銀行法の審議時点で問題にされており，衆議院大蔵委員会での三宅委員からの長期信用銀行設立にあたり，地方の中小産業者向けのものも設置して欲しいとの要求に対する，池田蔵相の「各地の相互銀行」などが「今後中小企業または不動産金融の方にも向いて行くのではないかと考えており」，大蔵省

---

(198) 渡邉秀明『長銀四十六年の興亡——彼の体験記録より』創英社／三省堂書店，2009年，21-22頁。
(199) 『北海道拓殖銀行史』同行，1971年，310頁。
(200) 以上から，浅井良夫「1927年銀行法から戦後金融制度改革へ」伊藤正直ほか編『金融危機と革新』日本経済評論社，2000年，165-166頁が論じる，1946年の第一次金融制度調査会，47年11月の第二次調査会での長期信用銀行制度を巡る議論が1952年の同制度導入の前提になり，かつ，長信銀制度が「日銀信用に支えられ」形成されたとの議論は，同制度がドッジ・ラインに伴う金融梗塞への対応として実現し，かつ，復金に見られる日銀信用への依存とこれに伴うインフレ発生の是正策という側面があったこと，復金での経験の長信銀制度形成への反映を看過している点で重大な欠陥を抱えている。

として金融機関を育成するとの答弁や，小金委員など議員からの度重なる中小企業金融の改善要求に対する，河野局長のその是正を重視するとの答弁からも確認できる。

　その後，この点は重要問題として採り上げられる。1952年11月27日の衆議院本会議で池田通産大臣が中小企業金融を問題として指摘し，12月になると「衆参両院が中小企業年末金融促進に関する決議を行った」。その後，この問題への対応として翌年1月17日になると中小企業金融公庫を設置することが閣議決定され，2月以降，同法案の議会審議が開始された。ここで重要な点は，中小企業金融対策として公庫方式が採用された理由の中に，「役職員の身分が公務員ではないため，理事者に専門の金融人を迎え入れることができ」，「公庫の役員が自主的に業務を行い，政治的な干渉を受けない一方，役員の任命，業務の方法等の重要事項について主務大臣の認可または監督を受けるので政府の施策に即応できるなどの積極面がある」ことが挙げられている点である。このように，公庫方式の採用は「政治的な干渉」などの，レント・シーキング防止が重要な理由であった。この意味で，長期信用銀行同様，復金融資の経験を踏まえたものであった。

　次に公庫の業務内容について検討する。中小企業金融公庫法案を審議した1953年の第15臨時国会での衆議院通産委員会の席上（6月23日），岡野通産大臣は中小企業振興が「喫緊事」であるとした。そのために「必要な設備資金及び長期運転資金」(中略)「中小企業に対する長期金融の特別の恒久的機関として中小企業金融公庫を設立」することを述べた。つまり，中小企業向けの長期資金融資が主要な業務目的であった。それゆえに，同公庫の設置要綱では開銀の中小企業向けの債権を継承するとされた。同じく中小企業金融を担

---

(201)「衆議院会議録情報　第013回国会　大蔵委員会　第70号」3頁。
(202)「衆議院　大蔵委員会・通商産業委員会連合審査会議録第一号」642-643頁。
(203) 以下の叙述・引用などは，中小企業金融公庫編『中小企業金融公庫10年史』同公庫，1964年，170-182頁による。議会答弁などは，同書からの再引用。なお，最近，同公庫の業務内容については，宮崎忠恒「中小企業金融公庫の代理貸付」社会経済史学会第73回全国大会自由論題報告，於大阪市立大学，2004年5月29日など，宮崎氏による一連の検討があるが，制度形成と長信銀制度との補完関係に関する検討はされていない。

当する国民金融公庫との関係である。同公庫が主に短期資金と見られる小口融資を担当するのに対して、中小企業金融公庫は長期の大口資金を担当する面で融資内容に相違があった。

　このような業務内容・設置目的をもつ中小企業金融公庫法案は、1953年7月22日に衆議院で、同27日に参議院でそれぞれ可決され、8月1日公布＝施行された。かくして、同公庫は同年9月11日から中小企業向け長期融資を開始した。

おわりに――復興金融から産業発展促進型資金供給制度へ

　復金運営を巡り、基本的に中央官僚支配の排除を巡り、GHQ・議会側と政府・官僚側との間で意見の相違があった。その結果、幹事クラスには金融界・産業界の代表者が入ったが、基本的には復興金融委員会、金庫経営陣クラスは中央官僚に殆ど独占された。融資方針も、議会側の強い要望に反して、中小企業向け融資は極小化された。

　その上、当初の目的であった民間金融機関が貸付不能な業種への貸出も、公団設立という形での政府関与により信用度を高めることでリスク低減を図り、もっぱら復金独占と高い資金回転率を確保した。このことは政府関与により、事実上、民間でも貸出可能になった業種から、市中金融機関を締め出すことにもなった。なお、戦時金融金庫と戦後の復興金融金庫との連続性が主張されている(204)。しかし、復金は公団融資に重点を置いており、中小企業など民間分への資金供給の改善にはあまりに不十分であった。戦時金融金庫が復金とは異なり限界的資金供給者であったことも鑑みた時、その歴史的経験を、復金など戦後の特殊金融機関に安易に連続させるのは重大な問題がある。

　この意味で、復金の運営は中央官僚の主導性が濃厚であり、かつ、それゆえに民間金融機関との競合や、新規融資における公団向け融資の絶対的優位性と民間企業の絶対劣位、資金不足に悩む中小企業向け融資が手薄になった。この状況が、昭和電工事件に見られる、贈賄を通じた資金調達の確保というレント・シーキング活動の温床になり、復金批判の社会的な高揚をももたらし

---

(204) 山崎『戦時金融金庫の研究』221頁。

た。以上の諸点は，研究史上，明確化されていない。なお，通常，戦後復興期のハイパー・インフレを促進した側面のみが強調される復興金融金庫ではあるが，限界が大きいものの，最大限，インフレ抑制を重視する融資行動を採っていた。そのことがレント・シーキング問題の深刻化を招いたことにも注意を払うべきであろう。

　この批判を受けて，復金は中央官僚支配を緩和した上で，融資責任の明確化を図る方向で改革を行った。本改革はドッジ・ライン実施に伴う復金融資の停止という，事実上の組織行動の停止にも等しい事態の発生により十分に実を結ばなかった。しかし，1940年代後半における復金融資を巡る歴史的経験は，日本側が長期資金供給を中心に，その必要性を痛感し，かつ，強く求めた，50年代前半における金融梗塞問題への対応としての，長期資金供給制度の形成に看過し難い影響を与えた。ひとつは，中央官僚支配とレント・シーキングに関連する。これについては，一方では，周知の，開銀の設立と運営の問題がある。他方でそれ以上に重要なのは，長期資金供給機関が基本的に民間金融機関に委ねられた点である。本措置により復金融資の中央官僚主導の弊害への対応が図られた。この対応が採られた要因として，本節では，復金融資・運営に対する社会的批判の高揚と共に，融資の政治化の弊害を一貫して指摘し，復金融資の再開に反対し，弊害是正を強く主張したGHQの姿勢を重視したい。関連して長期金融機関の資金調達の問題を指摘したい。金融債の発行と民間金融機関による消化を通じて，インフレ問題への対応が図られたことは既述した。この対応が図られた重要な要因は，単一為替レート設定に伴うインフレ終息とその管理の必要性であった。この点を踏まえた時，金融債の市中消化という資金調達方法を，復金問題が与えたインパクトとして併せて指摘しておきたい。このほか，開銀が政府から独立の経営体として設立された背景に，ディス・インフレ対策の側面があったことも同様である。

　もう一つの問題は，中小企業金融に関わる。1950年代前半には長期金融機関設立は基本的に民間に委ねられた。この過程で中小企業向けの長期資金供給の問題は看過された。その結果，中小企業の金融梗塞が政治問題化し，もっぱら議会からの圧力を受けて，中小企業向け長期資金供給機関＝中小企業金融公庫が設立された。同公庫の運営にあたってもレント・シーキング対策

が盛り込まれており，復金融資の歴史的経験が反映していた。

　以上を経て，1950年代前半には，単一為替レートの設定というアメリカ中心の資本主義経済への安定的なビルト・インという事態のインパクトを受けて，銀行経営と資金調達を基本的に市場内在的に行うことにより，反レント・シーキングならびにディス・インフレ機構を埋め込む形で，長期資金供給を巡る大口の大企業向け資金供給機関と，中小企業向け資金供給機関の制度的補完関係が成立した。この点は1955年末時点での金融機関業態別，資金内容別の金額構成に現れている。中小企業向け設備資金では中小企業金融公庫が23.7％を，大企業向けでは長期信用銀行が28.4％を占め，重要な長期資金供給機関となった。[205]このほか，55年の長期信用銀行発行の金融債の市中金融機関消化高は全体の76.7％（内都市銀行21.3％，地方銀行11.2％，その他業態44.2％）[206]に達し，56年から60年に到る時期に入ると都市銀行（53.8％）を中心に普通銀行が金融債を消化する状況が形成された。人為的低金利政策を背景に，[207]資金調達面でも他業態の金融機関との相互補完性が形成された。この意味で戦後の長期資金供給制度は，単一為替レートの設定というGHQからのインパクトを，資金不足と分厚い中小企業を抱え込んだ日本側が受け止めた帰結として形成された。[208]その際，中小企業金融の影響力を媒介した要因が議会制民主主義に基づく政党政治状況の復活であった。[209]なお，このビジネスの在り方は，[210]早くも1956年には長期的かつ安定的な基盤を持ち得ないと認識されていた。この点に重大な限界があった。

---

(205) 杉浦「戦後金融システムの生成」第15表（144頁）。
(206) 日本銀行調査局『長期信用銀行の発展と今後の方向』同調査局，1968年，16-17頁，第2表，42頁。
(207) 寺西重郎『日本の経済システム』岩波書店，2003年，232-233頁。
(208) 小湊「第5次計画造船」17頁は「ドッジ・ラインが産業資金供給先の大きなシフトを伴ったということも，これまで強く指摘されなかった」と先行研究を批判している。しかし，産業資金供給先の変化のみでは不十分であり，産業資金供給のメカニズムの変化をも同様に重視すべきであろう。
(209) この点は高橋俊英大蔵省検査部長による保革を問わない政治要請を受けて中小企業金融の充実を図ったとの発言（1962年当時）からも確認される（全国地方銀行協会編『検査から見た地方銀行経営』同協会，1962年，18-19頁）。
(210) 渡邉『長銀四十六年の興亡』18頁。

第 2 章　戦後改革期における金融制度改革　145

　この制度的補完関係の形成は，新鋭設備投資実施による経済近代化の隘路になっていた，長期資金問題の解消を通じて経済自立を図るという戦略的内容を持っていた。かくして，長期資金供給制度は，特に興長銀が大きな地位を占めるようになる1950年代後半以降（第3章第3節），大企業はもちろん，中小企業も含む巨額の設備投資の実施や新鋭技術の導入を基礎とするイノベーション(212)に基づく高度経済成長の実現の歴史的前提条件を形成した。さらに，この時期の重工業部門を中心とする投資向け資金需要の飛躍的増大が，長信銀の営業基盤を拡大させた。しかし，この過程で企業の銀行借入依存の是正と資本市場の育成という問題は後景に退いた。さらに，1960年代後半以降には高度成長の実現に伴う企業の資本蓄積不足の解消・国債発行増大に伴う金融債消化難傾向の顕在化は，この制度の存立基盤を揺るがした。この事態は80

---

(211) 西口敏宏『戦略的アウト・ソーシングの進化』東京大学出版会，1998年，第3章，105-112頁でも，戦後のサプライヤー・システムの形成とその発展にとって，復興期から50年代にかけての中小企業金融機関の充実が重要であったことを指摘している。もっとも，当該期においては大企業も資金不足であり，かつ，サプライヤー・システムは中小企業のみならず大企業も含めて構成されることを考慮した時，中小企業向け金融機関のみならず，長期信用銀行制度との相互補完関係にも注目すべきであるように思われる。
(212) この点については，借り手企業の資本購入を可能にする資金供給者としての銀行行動の，イノベーションにおける重要性を強調したシュムペーターの議論を想起せよ（Schumpeter J., *Theorie der Wirtschaftlichen Entwicklung*, Neunte Auflage, Duncker & Humblot, Berlin, 1997 (Erste Auflage, 1911), s.165. 塩野谷祐一・中山伊知郎・東畑精一訳『経済発展の理論（上）』岩波文庫，1977年，291頁）。
(213) さしあたり，企業側の資金調達行動については，伊牟田敏充「企業の資金調達政策」川合一郎編『日本証券市場の構造分析』有斐閣，1966年，33-66頁を参照。
(214) 日本銀行調査局『長期信用銀行』35-36頁。このような金融制度が，サプライヤー・システムが機能する条件になったように思われる。
(215) この点については，さしあたり，日本銀行調査局『長期信用銀行の発展と今後の方向』51-59頁。そこでは不動産金融に長信銀の活路を見出すべきことが主張されている。このほか日高千景「戦後日本の産業金融システム」『武蔵大学論集』第47巻3・4号，2000年3月，564-567頁では，1967年の金融制度調査会において「長期信用銀行制度の存続の適否」が問題になったことを指摘している。
(216) この意味で，福田編著『日本の長期金融』第2章（45-78頁）における，計量分析を通じて日本の長期資金需給構造が，1980年代初頭に変化した点を強調する議論は不十分であり，60年代後半から70年代における変化をより重視すべきであろう。このほか，中小企業金融機関と長信銀の競合関係を踏まえた分析も必要であると思われる。この点，同じ当事者である渡邉秀明は的確に事態を把握している（渡邉『長銀四十六年の興亡』第3章）。

年代後半から 2000 年代前半に至る，現代金融危機発生の歴史的起点になるように思われる[217]。

第 3 節　金融規制の再編成

はじめに

　ここでの課題は，敗戦直後に問題化した金融業法案の審議過程と，1950〜52 年の銀行法改正問題の検討を通じて，特に前者の過程で構想された改革案の特質とともに，そこでの改革構想が戦後の金融規制・行政の原型になったことを明確化することである。

　戦後日本の金融規制は，いわゆる護送船団方式[218]と呼ばれ，金融経済の安定化に重要な役割を果たしてきた。この問題については，大蔵省の正史である『昭和財政史　終戦から講和まで』第 13 巻のほか，伊藤修，浅井良夫両氏が検討している程度である[219]。しかしながら，前者については史料提示を通じた事実関係の流れに終始している。伊藤・浅井両氏の研究では，敗戦後から 50 年代前半にかけての金融規制を巡る金融制度改革論議については，金融

---

(217) 箭内昇（元長銀行員・執行役員。1970 年入行）『メガバンクの誤算』中公新書，2002 年における，著者自身の勤務経験に基づく 1970 年代以降の回顧（49-72 頁）を参照。

(218) 語源などについて，飯田隆「『護送船団方式』についての一考察」『経済志林』（法政大学）第 72 巻 4 号，2005 年 3 月が歴史的に考察している。ただし，本書とは検討内容が異なる。

(219) 伊藤『日本型金融の歴史的構造』第 4 章；同「戦後日本金融システムの形成」228-237 頁；浅井「1927 年銀行法」155-167 頁。なお，この点は，加藤俊彦「金融制度改革」297-350 頁，日本銀行『戦後の金融制度改革論議』同行，1980 年でも検討されていない。1960 年代後半以降の規制も含む金融制度改革論議について，西村吉正『日本の金融制度改革』東洋経済新報社，2003 年が検討しているが，本書の検討時期は分析対象外である。ただし，その改訂版である『金融システム改革 50 年の軌跡』金融財政事情研究会，2011 年，22-26 頁では戦後の金融規制形成を概観している。さらに，Hoshi and Kashyap, *Corporate Financing*, pp.51-143 では，戦後復興期の金融制度の再編成や戦後日本の金融システムにおける規制の重要性を論じているが，本書の課題は未検討である。このほか Aoki and Patrick (eds.), *The Japanese Main Bank system*, Chapter 3, pp.89-108（邦訳第 3 章，105-127 頁）でも戦後の金融規制について検討しているが，戦後復興期の再編成問題は未検討である。

業法の主要内容の紹介や同法制定の挫折の指摘など，概観に止まったままである[220]。しかしながら，挫折したとはいえ，金融業法を巡る諸議論も含めて，敗戦後における金融規制改革を巡る諸議論は，広汎な国民各層から金融制度改革を巡る議論を聴取し，その上で新たな状況に適合する金融規制の形成を目的とした，大規模かつ重要な場であった（後述）。ここでの議論が如何なる特徴をもち，戦後の金融規制形成にどのような影響を与えたのか，という点については未だ確定されない[221]。むしろ，先行研究では，法案挫折のみが把握されているに過ぎない。戦後の「諸比率指導」に代表される規制の形成過程や要因を理解する上でも，この位置付け方を再検討する必要がある[222]。その際，近年，明確化された，中小企業金融問題との関連をも踏まえる必要がある[223]。以上，戦後日本における金融規制形成の過程とそこでの議論の影響を歴史的に跡付け，その特徴を析出することが本節の課題となる。

1　敗戦後における金融機関の存在状況

まず，金融規制の形成に際して，これに重大な影響を与えた実態面の状況を，市中金融機関の店舗数・預金シェア・貸出シェアの各面から確認する[224]。1946年末から53年末にかけて，都市銀行はそれぞれ1,592店→1,585店，38.8%→51.3%，71.3%→58.1%，地方銀行は2,398店→3,595店，28.2%→26.7%，17.8%→26.0%，信託銀行は36店（48年末）→67店，0.5%→1.8%，0.5%→2.3%，相互銀行は57店→1,663店，2.4%→9.2%，1.5%→6.0%，商工組合中央金庫は21店→97店，8.3%→2.4%，0.0%→0.4%，農林中央金庫は39店→65店，10.7%→1.7%と推移した。特に他業態に対

---

[220] このほか，証券取引法の制定により，いわゆる銀証分離が実現された点を指摘した，杉浦「戦後復興期の銀行・証券」285頁があるが，本書で検討する問題は検討されなかった。

[221] この点に関連して，植田和男「金融システム・規制」岡崎・奥野編『現代日本経済システムの源流』53-56頁では，いわゆる「戦時源流説」を唱えているが，氏の論考では史料に基づく具体的検討はされていない。植田説の吟味も本書の重要な狙いである。

[222] この点は，日本側の抵抗により改革が骨抜きにされた点を強調する，Tsutsui, *Banking policy.* も同様である。

[223] 杉浦「戦後金融システムの生成」75-153頁。

[224] 以下の数値は，『昭和財政史——終戦から講和まで』第19巻，442-443頁より算出。

する相互銀行の店舗数増大が確認される。データの提示は省略するが，各業態とも預金額，貸出額を増加させているが，貸出シェアでは地方銀行や相互銀行といった中小企業金融機関が相対的に大きく伸ばしている。この動向は，在来産業の復興など，戦後における中小企業による民需生産の復興に基づいていた。預金シェア亘では，都市銀行が大きく値を伸ばし，相互銀行も絶対的なシェアは低いものの伸び率は6倍近い。地方銀行・農林中金は減少に転じており，信託銀行では一度伸びた後，横ばい，商工中金ではほぼ横ばいで推移した。店舗数面では都市銀行の店舗数が抑制されたほか，地方銀行・相互銀行が増加した。1949年のGHQの史料に拠れば，この時期，大蔵省には各業態の金融機関から支店増設要求が殺到したという。上掲の店舗数増設の事実は競争激化の反映であろう。都市銀行については，例えば，『住友銀行史』によると「当時（1945年）新店舗の設置には幾多の困難を伴ったにもかかわらず，大銀行は競って店舗開設の希望地を当局に申し出た」が，都市銀行の新支店設置に難色を当局が示したため，許認可が得られる簡易店舗・中小企業特別店舗制度等で店舗増設を図った旨の記載がある。ほぼ同様の記述が幾つかの都市銀行行史に見られるから，都市銀行の新規支店増設意欲も相当強かったのであろう。以上，預金シェアは店舗数が抑制された都市銀行に中小企業金融機関が圧迫される状況にあった。

　敗戦後，新たな事態として生じたのは，各金融機関がリスクを採る形で競争が行われたことである。一例を挙げれば，山形県の最有力銀行である両羽

---

(225) 杉浦「戦後金融システムの形成」。
(226) 戦後の中小企業活動の実態について，特に商業者に着目した研究として，柳沢遊「戦後復興期の中小商業者」原朗編『復興期の日本経済』東京大学出版会，2002年，313-345頁。在来産業については，中村隆英『明治大正期の経済』東京大学出版会，1985年，183-185頁；高度成長期以降の動向は，同編『日本の経済発展と在来産業』山川出版，1997年，244-261頁。
(227) Memo for Record by Walter K. LeCount, Japanese Finance Division, ESS, August 1949.『日本金融史資料』昭和続編第24巻，601頁。
(228) 『住友銀行史』同行　1955年，285頁。なお，ほぼ同様の記載は『第一銀行史』下巻，1958年，同行，516頁；『三井銀行八十年史』1957年，360頁；『東海銀行史』同行，1961年，第三篇，24頁などにも見出すことができる。
(229) 白鳥「戦時体制化における地方銀行経営の変容」結論部を参照。

銀行は，この時期，戦時期とは一転して貸出額が急増し，これに対応すべく預金吸収も重要視した戦略を採った。その際，戦後は市場原理が復活したので，他業態の金融機関との競争を意識すると同時に，自己のリスク管理を重視する姿勢を示していた。この状況の中で，政府やGHQは如何にして信用秩序を管理しようとしたのか。以下では，この点を検討する。

2　臨時金利調整法の制定と運用方針

まず，具体的に法制化した金利規制に関する法律である，臨時金利調整法の制定過程（1947年12月13日公布，同15日施行）について検討する。

同法は[230]，第1条では金融機関の範囲，金利の意味内容が規定された。その際，第2条の規程では大蔵大臣の命令に基づき，日本銀行総裁をして決定させることが，第3条では金融機関及び地域別に金利上限を設定すること，第4条では設定金利の水準は「一般金融市場の情況に相応する」こと，第5条では金融機関は定められた金利の最高限度を超えて契約，支払，受領はできないこと，第6条以下では，各界代表者からなる金利調整委員会を設置の上，大蔵大臣・日銀総裁に意見を具申できることがそれぞれ定められた。

以上，臨時金利調整は各階層の金融機関の，あらゆる業務にかかわる金利水準を公的に決定するとされていた。本法案の提出理由について，政府はインフレ克服目的の金利調整の必要性のほか，従来，大蔵省・日本銀行の了解の下に行われていた，各金融機関による金利水準の相互協定に基づく設定が「私的独占の禁止並びに公正取引の確保に関する法律」に反するという疑義が生じたために，本法の制定による合法化を図る必要性があった。その際，愛知揆一政府委員から法案成立後も実態は従来と変わらない」[231]との答弁がされた。

このように，大蔵省側は，他産業とは異なり，例外的に独占金利法の適用範囲外と位置付けた上で，各業態・各金融機関が生き残るための金利設定を巡るカルテル行為を，事実上，合法化・公的設定化した。この点を踏まえた場合，インフレ抑制という目的はあるにしても，金融業界を特別扱いし，カル

---

(230) 以下，同法の条文と内容は，『日本金融史資料』昭和続編第22巻，611-612頁。
(231) 『日本金融史資料』昭和続編，第22巻，602頁。

テル行為を容認することで，各階層に亘る金融機関，ひいては金融界の安定的存続を図ることも重要な運用方針であったと言えよう。その際，日本銀行が金利設定の主体となるが，これについて愛知政府委員から全国各地に支店網をもち，かつ，多くの取引先を抱える日本銀行のもつ組織的な情報収集能力に依存しつつ，事実上，最終的に決定権限を大蔵省が握るとの説明がされた。これについて，GHQ は，好ましくないとはしたものの，最終的には日本側に決定権限の掌握主体の決定を委ねた。これが大蔵省の影響力が残ることが可能になった背景であった。

本法案は，大蔵大臣・日本銀行総裁・金利調整委員会の相互関係の説明が出席議員から求められた程度で質疑は終わり，基本的に原案に従って議会を通過した。これにより上述の目的を包含した法規制が施行された。1951年6月以降，相互銀行，長期信用銀行，外国為替銀行，信用金庫・信用組合連合会，労働金庫・塩業組合が本法による規制の対象に加えられ，各業態の金利競争を抑制する枠組みが成立したのである。

3　金融制度改革構想・規制案の具体化──金融業法案問題との関連で

(1) 敗戦直後における制度改革構想
　　──第一次金融制度調査会から金融業法案の形成まで

既に，敗戦直後の 1945 年 12 月時点で，政府は金融制度改革の施策作りのための調査会設置を決定した。ここでは，そこでの議論を，特に信用秩序維持関係に限定して検討する。

この点は 1945 年 12 月 20 日付けの大蔵省文書「金融制度整備改善概要（幹事試案）」の中で扱われている。そこでは，前述した金融機関間での競争が激化への対応として，戦時中に一時中断していた検査を通じた，信用秩序

---

(232)『日本金融史資料』昭和続編，第 22 巻，602 頁。
(233)『日本金融史資料』昭和続編，第 24 巻，776-782 頁，の文書による。
(234) 日本銀行『日本銀行百年史』第 5 巻，1985 年，166-167 頁。
(235)『日本金融史資料』昭和続編，第 19 巻，47-50 頁。
(236)『昭和財政史──終戦から講和まで』第 13 巻，468-469 頁，の「検査制度の推移と検査事務概要」（大蔵省銀行局検査部史料，1949 年作成）による。

管理の強化がもっぱら考えられていた。

　上記文書での方針に基づき，委員を選定の上で，同年 12 月 19 日から第一次金融制度調査会での議論が開始された[237]。同調査会第一部会第二回会議では，広瀬委員から[238]，おそらく普通銀行以外の特殊な金融機関については政府による検査を利用すべきとの問題提起がされた。さらに第 5 回会議では[239]，配当率設定に関して柳田委員から情勢に応じて大蔵大臣が指定する方法が提起されたほか，大内兵衛委員から業務報告書等の整備と公表方法の改善が，石橋委員から業務報告が簡単に過ぎるのでその改善の必要性がそれぞれ提起された。

　以上を踏まえて，金融制度調査会では 12 月 26 日付けで「金融制度整備改善ノ基本方針ニ関スル件（案）[240]」という文書が作成された。そこでは健全経営維持策として預金準備制度の採用の如何の検討も含めて，「資本金額ノ引上，積立金ノ充実等ニ関シテ所要ノ改正ヲ為スコト」，「金融ノ公共性ニ鑑ミ金融機関ニ対スル政府ノ監督ハ之ヲ強化シ特ニ検査ヲ活発ニ励行スルコト」が基本方針案として決定された。その際，これらの措置は単なるプルーデンスの手段のみならず，「金融統制ノ見地ヲモ併セ之ヲ実行スル」とされた。この意味で，敗戦後の悪性インフレ防圧の手段という位置付けもされた。本案は翌年 1 月 10 日付けで正式に政府に答申された。

　次に，第二・第三部会での議論を検討する。そこでは，第二回会議での発言に見られるように，中小商工業金融問題を重視し[241]，組合金融の拡充が強く要求された。第三部会では[242]，船山幹事から都市銀行と地方銀行の預金競争の激化が将来的に予想されるので，両者の競争制限の方法として「地域的ナル分ケ方ト業務内容ニ依ル分ケ方トニア」ること，それにあたり法的規制は困難であること（木内委員）が唱えられた。もっとも，一部委員からは，地方銀行による特定地域市場の独占化の弊害の指摘はあったが，店舗設置を巡り都市

---

(237)「金融制度調査会第一部会議事記録（第一回）」1945 年 12 月 19 日，『日本金融史資料』昭和続編，第 19 巻，13－16 頁。
(238)『日本金融史資料』昭和続編，第 19 巻，21 頁。
(239)『日本金融史資料』昭和続編，第 19 巻，30－34 頁。
(240)『日本金融史資料』昭和続編，第 19 巻，47－50 頁。
(241)『日本金融史資料』昭和続編，第 19 巻，59 頁。
(242)『日本金融史資料』昭和続編，第 19 巻，116 頁。

銀行から地方銀行を保護する方向で議論が進んだ。地方銀行とそれ以外の下級金融機関との関連では，第三部会第二分科会で貯蓄銀行・地方銀行による無尽業務兼営を認めないことが決定された。ここでもより業態的に下位の金融機関に配慮する方針が示された。

第一次金融制度調査会は，委員の大半が公職追放の対象になったために[244]，成案を見ないまま消滅し，1946年12月10日から16名の議員，日本銀行理事1名，民間・学識経験者13名からなる第二次金融制度調査会が新たに設置された。以上，調査会で打ち出された制度改革の基本的方向性は，より下位の業態の営業基盤確保に配慮するとともに，もっぱら検査強化によりプルーデンスを確保するものであった。それは，調査会での議論でも何度か出てきたように，中小商工業者が経済復興の主要な担い手になるという状況に応じたものであった。この点は，非専門官僚中心の第二次金融制度調査会で，さらに明確化される[245]。

まず，1947年1月26日開催の「各業種別金融機関公聴会意見摘要——金融機関再建整備暫定措置ニ関シ——」[246]によれば，地方銀行からは「大銀行の地方進出は希望しない」こと，市街地信用組合からは「地方銀行との合併は明文化しないこと」がそれぞれ要求されたほか，信託会社からは銀行による兼業の禁止が要求された。公聴会での意見を踏まえて，同年7月17日付けで「第一特別委員会中間報告（原案—原文）——金融機構並に金融機関の民主化について」[247]が作成された。そこでは，「金融管理の民主化」が論じられた。その上で，一融資先に対する最高融資限度の規程（「前期末預金総高の二十分の一を限度」），中小企業金融の改善，経理内容の公開，長短分離，地方産業の育成は大銀行ではなく「地方銀行の活動に期待すること」が提起された。

その後，同調査会での議論は1947年11月18日付け「金融制度調査会答

---

(243) 『日本金融史資料』昭和続編，第19巻，126頁。
(244) 『日本金融史資料』昭和続編，第19巻，3頁。調査会の構成員は，同150–151頁。
(245) 政治学研究により明らかにされているように，議会制民主主義の復活が戦後の金融行政の形成に強い影響を与えており（樋渡展洋『戦後日本の市場と政治』東京大学出版会，42–49頁），大蔵省側の姿勢は，後述する「民主化」を求める風潮の中でも，特にかかる状況が影響したのかも知れない。
(246) 『日本金融史資料』昭和続編，第19巻，155–157頁。
(247) 『日本金融史資料』昭和続編，第19巻，160–166頁。

申並に特別委員会報告」⁽²⁴⁸⁾でさらに具体化された。特に，中小企業金融については，協同組合方式が適当であり，信用保証機関の設置・拡充により充実（「積極化」）が図られるとされた。金融機構の整備については，長短分離，地方産業の育成は地方銀行に委ねることが盛り込まれた⁽²⁴⁹⁾。

　ここでの議論は，金融業法案にも「発展的に吸収され」⁽²⁵⁰⁾た。1947年12月4日付けで作成された金融業法案では⁽²⁵¹⁾，「第一　通則／一　目的」は，第二次金融制度調査会までに議論された，より階層的に下位な業態の金融機関の保護する方針が反映していた。さらに注目すべき点は，「事前的規制」関係の諸規定で基準値が明確に表された点である。この点を列挙すれば，一株主は当該銀行の株式を5％以上所有できないという大株主の禁止規定，相互会社及び組合を除く金融機関の自己資本の外部負債に対する比率を5％以上とする，対外部負債自己資本比率の設定，期限一ヶ月以内の預金は10％以上，一ヶ月以内の預金は3％以上とする支払準備比率の設定，一銀行が当該会社発行株式の5％以上を所有できないとする株式所有規制，金融機関が他の金融機関（除日銀，系統中央機関）に預託できる資金額を預金量の10％以内とする資金預託に関する規程，兼職者ないし5％以上の出資者・株主に対して自己資本の一割以上を貸し出せず，百万円以上の貸出には全役員の承諾を必要とするという大口貸出規制がそれにあたる。さらに大蔵大臣の認可事項も商号変更，資本金変更，店舗設置及び設置位置・種類の変更と廃止，業務方法書の変更に限定されていた。第二次金融制度調査会では，これらの数値に基づく規制は，「資本構成の民主化」「運営並に活動の民主化」の観点から提起されていた⁽²⁵²⁾。このほか，「金融機関における経営者の独占的支配を排除するため，独占禁止法，経済力集中排除法等の趣旨に則ることはいうまでもない」ともされていた⁽²⁵³⁾。これに加えて，「政府官

---

(248)　『日本金融史資料』昭和続編，第19巻，166頁以下。
(249)　この点についての詳細は，本書第2章第2節を参照。
(250)　『日本金融史資料』昭和続編，第19巻，5頁。
(251)　以下，『日本金融史資料』昭和続編，第19巻，262頁以下に所収の同法案資料による。
(252)　金融制度調査会「第一特別委員会中間報告（原案）　金融機構並に金融機関の民主化について」1947年7月17日，『日本金融史資料』第19巻，161頁。
(253)　金融制度調査会「金融制度調査会答申並に特別委員会報告」1947年11月18日，『日本金融史資料』第19巻，170頁。

僚の一方的支配」の排除も謳われていた。以上，単なるプルーデンスの観点だけではなく，専門官僚による「一方的支配」排除のための基準提示と，独占排除＝「民主化」実現に必要な水準の設定の必要性が，これら数値の根拠だった。

次に指摘すべき点は，3年に1回という形で検査回数を明確化した規程が盛り込まれた点である。前述のように，検査体制の強化は敗戦後の状況に応じた喫急課題のひとつであった。このことが反映したと見てよかろう。さらに，大蔵省内に銀行局長，日銀副総裁，金融経験者五人，産業及び勤労者学識経験者代表四人からなる通貨信用委員会を設置し，蔵相の諮問に応じて金融機関の設立免許，金利の最高限度，支払準備の率及び方法など11項目にわたる事項についての「同意又は不同意をなす」ことが盛り込まれた。この点は大蔵省から独立する形での信用秩序管理委員会を構想した占領軍側と大きく異なる（後述）。後にこの問題を巡り日本側とGHQとで交渉が難航するので留意されたい。

本法案の施行後，銀行法など既存の金融機関関連法規の廃止が決定されており，本法が唯一の金融行政上の法的根拠化が予定されていた。以上，既に日本側の金融規制改革構想は，大蔵省を規制体系の運営の中心には据えてはいるものの，法規程により権限と責任を明確化され，かつ，裁量の範囲も法規により明確に制限されるものとなっていた。この点は，1927年銀行法のように，大蔵官僚に広汎な裁量性を付与するものとは根本的に異なる。しかも，より階層的に下位の業態を保護する姿勢も打ち出された。つまり，戦時とも1920年代とも異なる性質を持つ規制体系構想が提起された。

(2) GHQの改革方針指令とその特質[255]

GHQも占領直後になると，金融制度改革を構想し始める。1946年1月14日

---

(254) 白鳥『両大戦間期における銀行合同政策の展開』第2・3章を参照せよ。
(255) 浅井「1927年銀行法から戦後金融制度改革へ」160-163頁では，GHQが中小企業金融機関の充実に影響力を行使したとの「仮説」を提示しているが，以下で明らかにするように，浅井氏が編集に携わった『日本金融史資料』収録のGHQ史料にその点を明示する史料が収録されている。平「地方銀行の実態と再建整備」377-383頁では，GHQが地方銀行の保護育成を重視する姿勢を示したことを指摘しているが，本節で示すように，GHQは地方銀行以外の中小企業金融機関の存在も考慮していたことも看過すべきではなかろう。

付け文書「金融制度再編成計画」[256]には，両業態の相互関係を認めつつも，地方銀行制度の保護・育成と都市大銀行の支店網縮小により，各地域への資金供給の円滑化を図ることが述べられている。この議論は，財閥系大銀行による国内金融支配力を削減する方針の一環に位置づけられている点には留意すべきであるが，GHQも，当初，より階層的に下位の業態の銀行の保護を考えていた。さらに47年4月16日付け文書では[257]，日本の特殊性として，無尽等下級金融機関も含む複数の業態からなる多様性に対する認識を示すようになった。

この認識に基づいた上で，1948年3月には多様な業態への対応を包含する，金融業法案（New Overall Banking Law）構想を提示した。そこでは，多様な業態の金融機関を包含する日本の金融構造に対応可能な，単一且つ完全な金融機関及び金融に関する法規（a new complete banking and Finance）の制定の必要性を指摘した上で，現行法体系の抱える問題点として，複数の法律が乱立し体系性に乏しい上に，包括性・規定の範囲・明確性に欠けており，問題への対応がアドホックに各担当大臣に任せられている点を挙げていた。これへの対応として，11項目の改革の必要性が挙げられた。本節の関心から見て重要な点を挙げれば，①十分に包括的かつ権限と責任が法的に明示された，新しい金融業法に基づく規制実行を担当する，均衡の取れた，非政治的な金融機関ならびに金融委員会の設置，②その委員会による信用秩序管理を通じた，各業態の金融機関を包含する日本経済の発展への貢献，③銀行設立・閉鎖・出店・合同に関わる条件と制約条件の法的明確化，④金融委員会による信用秩序管理の適切性を証明する適切な報告書作成と検査，法規違反行為に対する適切な処罰の法制化の4点になる。

以上，法規に基づく支配を明確化し，さらには，監督主体として金融委員会を設置することで，大蔵省からの信用秩序管理権限の事実上の分離が図ら

---

(256) A Financial Program for Japan, by Major E.C.Sherborne and Lt. R.B. Johnson, Financial Division, ESS. January 14, 1946.『日本金融史資料』昭和続編，第24巻，366–378頁，特に377頁を参照。
(257) Minutes of the Allied Council for Japan (30th Meeting, Abstract) by : The Allied Council for Japan. April 16, 1947.『日本金融史資料』昭和続編，第24巻，378–391頁。

れている点に重要な特徴が見出せる。特に，委員の任免権は議会の同意に基づき内閣総理大臣がこれを行うとされ，委員も地域的観点のほか，金融機関の業態的及び機能的観点から選択し，議長は，官僚以外の者（ex-officio）で，内閣の構成員から選出するとされており，大蔵官僚が入り込む余地はなかった。この点は，他の文書，例えば連合軍最高司令官から日本政府に宛てたメモ案の中の，金融委員会は大蔵省からは独立して金融業法の管理を実施する（independent of the Ministry of Finance to administer the banking law）との規定からも明らかである。[258] つまり，ESS が構想した包括的金融業法案は，中央の専門官僚支配に著しく制約を加えていた。本案は，経済科学局内部でも，基本的に高く評価された。[259] 以上の方針に基づき，[260] 5月28日付けで，ESS 金融局で金融業法案（Proposed Banking Law）が作成され，非公式に8月17日付けで大蔵省・経済安定本部・日本銀行に提示された。以後，アメリカ本国も巻き込みつつ，日本側・GHQ で改革を巡る意見の対立と調整が行われた。

(3) GHQ の改革構想の挫折[261]

GHQ の意向を受けて，日本政府側も，1948年8月以降，金融業法案の再

---

(258) Memorandum [SCAPIN] from The Supreme Commander for the Allied Power to The Japanese Government. Subject：Overall Revision of Financial Structure through Enactment of New Legislation, Mach 5, 1948.『日本金融史資料』昭和続編，第24巻，423頁。
(259) New Overall Banking Law Submitted by Finance Division. March 9, 1948； Proposed New Overall banking Law March 26, 1948.『日本金融史資料』昭和続編，第24巻，425-430頁。
(260) Overall Revision of the Banking Structure through Enactment of New Legislation. Memorandum from ESS to The Ministry of Finance, the Economic Stabilization Board, the Bank of Japan. August 17, 1948.『日本金融史資料』昭和続編，第24巻，447-449頁。
(261) 関連して，バンキング・ボードの設置について，武藤正明「『バンキング・ボード』設置構想」『創価経営論集』第9巻1号，1984年など，武藤氏の一連の諸研究があるが，氏の研究は事実関係の整理の側面が濃厚であり，専門官僚支配のあり方を巡る日本銀行・大蔵省・日本政府，そして GHQ の利害の相克・調整についての検討はされていない。浅井『戦後改革と民主主義』103-105頁，同「1927年銀行法から戦後金融制度改革へ」155-167頁も，本問題を検討し，大蔵省の権限確保への姿勢の強さを指摘しているが，挫折への過程における諸利害の相克とその帰結は未検討である。

検討の動きを示す。まず，同年8月18日付けの「大蔵省渉外特報（第八十九号）」では，マーカット少将と北村蔵相ら日本側との会見の際に，蔵相から「慎重研究致したい」[262]という申し出がされたことに見られるように，GHQ提示の金融業法案は日本側に重大なインパクトを与えた。これに対して，マーカットは「金融機関に対してはさほど大きな変化を与へる提案ではないが政府機構に対しては相当大きな改革も要望して居ると思ふ」と返答した。このやりとりから大蔵省から独立した金融委員会を設置し，日本銀行のもつ金融調節に関わる権限や，規制の実行も含む金融行政の権限をこれに移管するという方針が，日本側に大きなインパクトを与えたことが確認できる。

その後，8月19日以降，9月20日まで，11回に渡り，日本側代表と司令部担当官との間で本法案に関する会談が持たれた。[263]第1回会談では「大蔵省から，本件は極めて重大な問題であるから，日本側の根本的態度は第一に大蔵大臣，安本長官，日銀総裁の三人からなる委員会で考究され次の閣議で決定」されるべきであるとの姿勢が示された上で，個々の法案条文の内容についての質問がされた。8月19日付け作成の大蔵省文書「金融制度の全面的改正に関する準備機構（案）」では，GHQの意向とは異なり短期間での改革実行を行わず，時間をかける意向が示された。その理由は，アリソンと渡辺渉外部長とのやり取りに見られるように，大蔵省の権限を，最大限，確保することにあった。そのことは，9月8日付け文書「北村蔵相が『中間報告』としてマーカット局長に手交した文書」[264]でも明らかである。

これに対して，日本銀行側は，[265]銀行・金融政策の民主化，銀行・金融政策に対する過剰な政治側の影響力の排除，過剰な財政側の影響力の排除を前提とした，銀行・金融政策と財政政策の調和，金融機関の民主化など8項目については，特に，金融政策に関わる点で日本銀行の意向を踏まえた上で決

---

(262)『日本金融史資料』昭和続編，第19巻，326頁。
(263) 大蔵省「司令部提案の金融立法について司令部担当官との会談記録」1948年8月19日〜9月20日，『日本金融史資料』昭和続編，第19巻，327-334頁。
(264)『日本金融史資料』昭和続編，第19巻，343頁。
(265) Report by The Bank of Japan, Subject：Concerning Overall Revision of Banking Structure though New Legislation, September 22, 1948.『日本金融史資料』昭和続編，第19巻，450-461頁。

定・実行するという修正を求めた。しかし，大蔵省とESSとの間で重大な争点となっているバンキング・ボードについては，「金融と財政という二部局をひとつの省庁に置くべきではない」，「金融機関の管理の政策を調和させ，円滑な実行を確保する上でも，バンキング・ボードを首相の権限の下に置くことは都合が良い」として，大蔵省とは異なり，基本的にGHQ案を支持した。

　大蔵省による引き伸ばし戦術に対して，ESSの法案作成者であるクーゲルは非常にいらだっていた。クーゲルによれば，愛知揆一銀行局長は金融行政権限確保に固執しており，クーゲル自身をして「幾つかの点において，彼らに任せた場合，きちんと仕事をするか疑問だ。何人かはさらなる検討と考究に必要性を示しているが，しかし，全員が早急な包括的な行動の実行を強調している」と日本側の対応の曖昧さに首を傾げざるを得ない状況だった。このような中で，1948年10月以降，アメリカ本国から金融制度の抜本改革よりも経済安定化の実現を優先すべきとの指示が出され，クーゲルからの反論にもかかわらず，結局は日本銀行内にバンキング・ボードを設置する方向で改革方向が固まることになる。

　この間，1949年1月26日になると，「金融業法の制定について司令部マーカット経済科学局長に提出」という，大蔵省作成の金融業法案の内容が明らかになった。同法案の特徴は，次のようになる。まず，同一人に対する融資比率を自己資本の一割に，相互に関連関係にある二人以上の者に対する融資比率を自己資本の二割以内に，融資期限を一年とした上で，一年以上の期間にわたる融資額は自己資本ないし定期預金の6割以内に，不動産担保融資の最高額を担保物権評価額の7割以内，有価証券投資総額を資金総額の1割以

---

(266) Memorandum to Walter K. LeCount, Chief, Finance Division, ESS from Clifford E. Cagle, Chief, Bank of Japan Unit, Money and Banking Branch, Finance Division, ESS, Subject：Overall Banking Legislation. September 24, 1948.『日本金融史資料』昭和続編，第24巻，461-466頁。
(267) この点については，『日本金融史資料』昭和続編，第24巻，466-512頁，ESS側とアメリカ政府とのやり取りを巡る諸文書による。
(268) この意味で，バンキング・ボードの設立は，冷戦の論理を背景とする1ドル＝360円レート設定の影響を受けていた。
(269) 以下，本法案の内容は『日本金融史資料』昭和続編，第19巻，353-366頁。

内に，事業会社発行の株式所有額を当該会社発行額の5％以内に，他金融機関からの預り金額を一機関につき預金総額の5％以内に，営業用不動産所有額を自己資本金額の7割以内にそれぞれする，という規定に見られるように，特に資金運用・預託に関しては，具体的な基準となる数値を法定した点が第一の特徴である。担保掛目・営業用不動産所有額の規定であるが，戦前の正常状態とされた1930年代の数値が7割であったことを基準に戦後の規制を実行しており[270]，これを基準としたと見られる。それ以外の規制は，前述の第二次金融制度調査会でのそれとほぼ同様であるところから，独占禁止政策との関連を重視したと見られる。

次に，本法案に基づく規制の実行主体は，基本的に大蔵省が想定されていることを指摘したい。この意味で，本法案は，ESSの要求とは根本的に異なる。もっとも，日本銀行預け金・市中金融機関の資金運用命令に関しては，通貨発行審議会の議決に基づきその内容を決定することには留意しなければならない。しかし，これら諸点以外の項目には通貨発行審議会の議決に基づく，という制約条件は見出せない。さらには通貨発行審議会のメンバー構成や意思決定の手続等はここでは明示されていないという限界を抱えていた。この意味で，通貨発行審議会による大蔵省の金融行政に対する制約は限定的なものであった。金利設定も臨時金利調整法の内容を殆ど踏襲していた。ここで作成された法案は，専門官僚支配を含めて，1947年12月時点での金融業法案と基本的な内容は同様であった。

このように，大蔵省側はあくまで，金融行政に関する自己の権限を手放さない姿勢を強く打ち出した。そして，上述のように，アメリカ政府が金融制度の抜本的改革よりも，早期の安定化を求める方針を打ち出す中で，クーゲルらESSが構想した中央専門官僚＝大蔵省による信用秩序管理を打破する改革案は頓挫を来すのである。

(4) 銀行検査の改革

第二次金融制度調査会までの議論の段階で，既に銀行検査の拡充は重要

---

[270] 伊藤『日本型金融の歴史的構造』196頁。

な政策課題となっていた(前述)。この点は,1949年8月29日付けの大蔵省銀行局作成文書「ロビンソン,ヘンリー宛書翰」[271]の中の,「二,検査制度の徹底的拡充／かねての御指示に依り検査官の質量両面に亘る早期且徹底的拡充に付一層の努力をつづけ度い」との記述に見られるように,ESSと大蔵省との間で銀行業法案を巡る議論がされた後の段階でも変化はなかった。ここでは,GHQと大蔵省側による銀行検査制度の改革について検討する。

1947年5月以降,銀行監査課を設置の上で銀行検査事務が復活していたが[272],1949年5月26日付けのESS作成文書「効果的な銀行検査体制の構築について」[273]を受けて,大蔵省は銀行検査体制の充実に取組む。同文書でESSは日本では十分効果的な検査制度が最近十年間は存在しなかったことを指摘しつつ,その構築が喫緊の課題であることが論じられていた。その上で,規制と監督をも包含する包括的かつ明確な金融立法の必要性とともに,銀行が法令と規制に準拠して経営され,健全経営を確保しているかどうかを判断・報告できるような,「有能熟達の士」による銀行検査が,金融機関に対する規制と監督を有効にする上で必要であることを指摘した。さらに,これとともに,検査の人的体制の不十分さを指摘しつつ,その改善の必要性も暗示した。

さらに,1949年9月13日になると,ESSのアリソンから,少なくとも年一回検査を実施できる体制の構築と,全業態の金融機関をこの割合で検査するための検査官の人員の大規模な増大が求められた[274]。さらに同年8月18日付

---

(271)『日本金融史資料』昭和続編,第19巻,368頁。
(272)『昭和財政史——終戦から講和まで』第13巻,468頁。
(273) Memorandum to the Ministry of Finance from Major General William F.Marquat, Chief, ESS, Subject:Establishment of an Effective Bank Examination System. May 26, 1948.『日本金融史資料』昭和続編,第24巻,594-595頁。なお,『昭和財政史——終戦から講和まで』第13巻,467-468頁にも「銀行保険会社の検査制度の確立について」というESS文書の翻訳が掲載されているが,これは内容的に見て,本文書と同様であるように思われる。それゆえ,訳語に関しては,原文と照合の上で「」を付した上で『昭和財政史』掲載のものを用いた。
(274) Memorandum to the Ministry of Finance from J.M.Allison, Acting Chief, Japanese Finance Division, ESS, Subjiect:Adequate Organization to Accomplish Essential Inspection of Examinations and Financial Institutions. September 13, 1949.『日本金融史資料』昭和続編,第24巻,595-596頁。

けのメモによれば,ESS は大蔵省に対して,銀行検査業務の経験をつみ,日本語及び英語に熟達した 6 名の人員を派遣し,250 名まで検査官の人員増加を図り,検査コストの被検査銀行負担を求める法令の作成を求めたという。現に,同年 10 月末作成と推定される大蔵省文書「検査制度の推移と検査部事務概要」には,50 年度予算で本省 51 名,財務部 16 名をそれぞれ増員し,130 名体制にまで要員を増加することが述べられている。敗戦直後の時点で,既に日本側も検査体制充実の必要性を認めていた(前述)。これは日本側にとっても受け入れやすい要求であった。なお,検査実績を数値の判明する最初の年度である 51 年度について見ると,金融機関数に対する検査実施数の比率を示すと合計値で 66％に達する。うち 50％以上の業態を示すと,11 大銀行(82％)・相互銀行(55％)・無尽会社(50％)・信用金庫(61％)・信用協同組合(81％)であり,これらのうち 11 大銀行分を除く検査合計数 493 回は全検査回数 533 回の実に 92.4％を占めていた。中小企業金融機関への検査が特に重要視されていた。同じく 55 年度の数値を示すと,全金融機関に対する検査実施金融機関数の比率は 44.4％であるのに対して,地方銀行は 56％,相互銀行は 57％,信用金庫は 58％,労働金庫は 67％であり,全金融機関に対する比率こそは低下したが,中小の金融機関に対する検査率は増加した。後者については,「弱小金融機関に対する検査を充実強化」し,「基礎の一般に脆弱な相互銀行に検査の重点が指向」する方針で臨んだことが指摘されていた。本数値はその反映である。検査書式も信用金庫は,銀行のそれとは異なるものを作成しており,これと銀行用のそれを比較すると,特に経理事務面での検査を重視していた。信用金庫・信用組合の経営については,「所要の補助簿

---

(275) Memo for record by Walter K. LeCount, Chief, Japanese Finance Division, ESS, Aug. 18, 1949.『日本金融史資料』昭和続編,第 24 巻,596-597 頁。
(276)『昭和財政史——終戦から講和まで』第 13 巻,468-469 頁。
(277) 以下,『昭和財政史——終戦から講和まで』第 19 巻,474 頁の表 3-1 より算出。なお,1950 年代から 60 年代にかけての大蔵省金融検査は,金融機関の組織的管理体制の近代官僚制化・計画化の徹底による経常収支比率引き下げを主眼にしており,これを通じた貸出金利水準の低下に基づく日本経済の国際競争力強化を図ることを重要目的としていた(本書第 3 章)。
(278) 以下,引用も含め,大蔵省銀行局『銀行局金融年報』1957 年版,396-397 頁。
(279) 大蔵省銀行局『銀行局金融年報』1952 年版,418-456 頁。

すら備えられていないものや，主要勘定の平均残高も算出されていないものが意外な数に上っているような現状である」という認識が大蔵省内ではされていた。この面でも中小金融機関の固有性を踏まえて検査を実施していた。

以上，ESSからの指摘を受けて，不十分ながら，大蔵省側は検査体制の充実を図ったが，検査体制の充実はこれのみに止まらなかった。検査の事務内容の改革が行われたのである。この点を，この時期に大蔵省銀行検査官の職を経験した石井富士雄の回顧に基づき検討する。石井の回顧によれば，1948年11月に「検査部で先輩から色々検査の仕方の指導を受け」たあと，「アメリカから専門の検査官が2人来まして，指導され」たという。その際，日本の検査とアメリカのそれは「全くちがいました」とした。その上で，①業務のマニュアル化，②性善説にたたないことを挙げた。もっとも，石井によれば「アメリカと日本とでは金融の基盤が違」うので，「ほとんど今は日本流になっ」たという。それでは，具体的には，支店銀行制に関わる点と，損益計算を中心とする決算制度に関する点（キャッシュ・ベースかアクアル・ベースか），担保主義に関わる点で日本的な方向へのマニュアルの変化が見られたという。

以上，検査制度の改革は重大な変化をもたらした。その際，この中に，不良債権の査定に代表される，プルーデンス政策のみならず，事務手続きも含む金融機関の経営管理体制全般のチェックと指導が盛り込まれたことも見逃してはならない。この点は，『銀行局金融年報』1952年版にも，「規格の統一はその水準と能率の向上に大いに役立つた。又，徹底した査定と業務監査は，検査基準を平明な事務原理に帰せしめ，規格と判断の統一を容易にした」とある。しかしながら，他方で「それぞれ異なつた環境と主体的条件をもつ金融機関に対し単純にして一律の規範を以てそのすべてを律することは必ずしも

---

(280)『銀行局金融年報』1952年版，412-413頁。
(281) 以下，石井の回顧は「岩手銀行　石井富士雄氏との座談会」『続地方銀行史談』第8集，9-12頁。
(282) 大蔵省銀行局検査部『新しい銀行検査法』大蔵財務協会，1961年には，「経理・記録その他事務処理」「罫紙及び報告書用紙の使用法」「機密の部」中の「役職員」に関する記載欄が，検査書類に盛り込まれていることが示されている（262-283，322-323頁）。
(283) 大蔵省銀行局『銀行局金融年報』1952年版，413頁。

適当ではない」との指摘もある。現に，当時，銀行検査官として各業態の金融機関の検査を経験した石井によれば[284]，特に地方銀行を中心に経営のあり方は多様であったという。石井の指摘は，地方銀行等下位の業態の金融機関を念頭に置いたものと言えよう。

この間，1953年3月時点での本省の検査要員111人中，過半数である59人が専門の検査官が占めるようになったほか，各財務局にも122名（内兼任検査官80名）の検査官が配置され，キャリア官僚が腰掛け職として短期間だけ検査官に就任していた戦前期とは異なり，専門検査官の配置に伴う専門化が図られた[285]。このことは，当時の大蔵省銀行検査官清二彦の，検査部長はキャリア官僚として「本省の課長，税関長など主要な権限あるポストを歴任し」たが，自分は昭和「二八年以来，検査官としてただその仕事のみ従事してきています」との発言からも確認できる[286]。この状況を踏まえて，検査官の専門化をはかり，マニュアルを基準にしつつも，当時の実態を踏まえて，個別事情を尊重する方向で検査と行政指導を実施した点が，40年代末から50年代前半までの検査の実態だったと見られる[287]。

(5) 店舗新設の認可基準の明確化

金融業法案の中で大蔵省の許認可事項とされたものの中でも，店舗新設に関わるものは，GHQによる許可を得た上で基準の明確化が行われた[288]。

まず，主要な基準の第1は，その地域に十分な金融機関がなく，かつ，独占的支配を阻止や，過剰需要を調整可能になる点であった。第2点目は新規出店の認可は，独立の信用供給源を創出するか，競争を促進するか，貸出先

---

(284)「岩手銀行　石井富士雄氏との座談会」13-15頁。
(285) 大蔵省銀行局『銀行局金融年報』1953年版，511頁。なお，戦前期の銀行検査官の特質については，白鳥圭志「昭和初期における大蔵省銀行検査体制の強化とその実態——地方銀行を中心に」『経済史研究』（大阪経済大学日本経済史研究所）第8号，2004年3月，89頁。以下での戦前の検査への言及も同論文による。
(286) 清ほか『検査から見た地方銀行経営』全国地方銀行協会，1962年，150-151頁。
(287) なお，伊藤「戦後日本金融システムの形成」234頁ではアメリカ型の銀行検査手法の導入の事実のみは指摘されているが，その内容には立ち入った分析はしていない。
(288) Memo for record by Walter K. LeCount, Chief, Finance Division, ESS, January 24, January 24, 1949.『日本金融史資料』昭和続編，第24巻，599-600頁。

の多様化をもたらすような政策により管理されねばならないとした点である。第3点目は，都市銀行の地方出店に関しては，新規の地方銀行の設立が不能であるか，相互銀行が新規出店をしない場合にのみ限定されるとした点である。店舗の移動に関しては，二つの店舗間の距離が500メートル以上の場合にのみ考慮されるとした点である。第4点目は2ないし3ブロックはなれた店舗の統合は，当該銀行が過剰なコスト負担に苦しんでいる場合に考慮されるとした点である。第5点目は取引に関わる事務所を設置する場合，預金・貸出・為替業務を行わない旨も含めて大蔵省に届け出ることを定めた点である。

以上，大蔵省側が構想した店舗新設の認可基準は，営業エリアの独占的支配の阻止，大銀行に対するより弱小な業態の金融機関の保護が主眼とされていた。この認可基準は，GHQからの承認の上で，実行に移されたが，ここでの店舗規制は1950年代以降の店舗規制に基本的に継承された（後述）。

4　1950年銀行法改正問題とGHQの介入

1949年10月以降，挫折した金融業法案に代わり，銀行法改正による金融制度改善が模索された。ここでは，51年12月の非専門官僚中心の臨時金融制度懇談会設置[289]にはじまる銀行法改正作業の特徴と，これに対するGHQの介入とその影響について考察する。

本問題については，1949年10月26日付け大蔵省文書「銀行法の改正について」[290]で，その理由と改正のポイントが述べられている。同文書冒頭では，1927年銀行法は簡潔ながらも「その運用により銀行行政には特別な支障は見出され」ないとしながらも，「同法が制定後既に二十数年を経て」おり，「改正を加えた方が妥当であると考えられる点も存する」として，改正すべき点を11項目にわたり例示した。本節での関心から見ると，「独占禁止法，商法等の関係規定を要すれば修正の上とり入れる」とされる部分と，「更に司令部の意向，従来の指導方針，アメリカに於ける立法例等から見て新たに規定を設けること

---

(289) 大蔵省「臨時金融制度懇談会設置要綱」1951年12月22日，『日本金融史資料』第19巻。委員構成も本資料を参照。その際，「関係各官庁からは委員を出さないこととする」という規定にも見られるように，同懇談会でも専門官僚支配の牽制が意識されていた。
(290) 以下，『日本金融史資料』昭和続編，第19巻，404-405頁，の同資料による。

を慂遜されている」とされる項目の中の,「(七) 一人に対する信用供与の制限,アフイリエイツに対する信用供与の制限の規定を設ける」「(八) 右 (七) の外信用供与の制限に関する規定を設ける」「(九) 預金支払準備金に関する規定を設ける」という諸点が重要である。

　上記諸事項を具体的な銀行法改正案（第一次案）[291]に即して確認する。まず,独禁法・商法の規定との関連での改正という点に関しては,第二十三条に無額面株式の発行禁止規定があるほか,第二十四条に金融機関による他金融機関による銀行株式取得の禁止規定,第四十三条おける銀行による証券会社向け融資に際しての,担保種類・条件・価額限度に関する規定,第三十九条における同一人に対する貸出を資本金・準備金の合計額の3割以内とする大口融資規定,第四十条における同系会社に関しては,全同系会社を一人と見なし,同じく5割以内に収める規定,第四十四条における所有・担保株式に関して,当該会社発行総数の2割以内とする大口株式所有の制限規定,第四十五条・第四十六条の不動産担保の掛け目を6割以内とする制限規定,資本金・準備金合計額ないしは定期的預金総額の6割に不動産担保貸出を抑える規定,第四十九条に見られる定期的預金総額の2％,要求払い預金総額の5％にあたる金額を日本銀行に預け入れるという,支払準備規制,第五十条に見られる日本銀行政策委員会による支払準備率の変更権限に関する規定（定期性預金は2％から6％,要求払い預金については5％から15％まで）がそれにあたる。ここでの根拠は,もっぱら独占禁止との関連であった。別の史料には「金融制度の整備改善に関する重要事項について」各界から意見を聴取するために臨時金融制度懇談会を設置したとの記載がある[292]。周知のように,当時,オーバー・ローン,オーバー・ボローイングが激化し,これが主要な金融問題上の争点になっていた。本問題への対応をも念頭において,同懇談会が設置され,銀行

---

(291) 大蔵省「銀行法改正案」1949年10月1日,『日本金融史資料』昭和続編, 第19巻, 377-403頁。以下での銀行法改正案との照合は同資料による。ただし,注(273)文書の中の案条文と法案条文とは必ずしも一致しないので,筆者の判断で対応しているものを本文中に掲げている。
(292) 大蔵省「臨時金融制度懇談会設置要綱」1951年12月22日,『日本金融史資料』昭和続編, 第24巻, 486頁。

法改正が考えられたと推定される。

　以上，改正案は形式合理化が相当進んでいた。上記諸点中，GHQなどアメリカ側から新規定の追加が求められている項目については，特にGHQの介入に基づいていた。その数値内容は異なる点もあるが，具体的基準値に基づく規制実施という点では，敗戦直後から日本側で構想されてきた規制案の方向性にも沿うものであった。その上で，基準値や，「信託・無尽・信用協同組合にまで範囲を拡大した」第三次案，GHQから「銀行から信用協同組合までを一つの法体系に包含する」ことの無理を指摘された第四次案以降は，総則で競争制限により各金融機関の信用維持を図る条項が挿入され，ある基準値を示した上で，これに基づき各金融機関の経営行動を規制する点では同様な特徴を持っていた。このことは，同時に，中小企業金融機関の保護も企図していた。

　しかしながら，1951年12月に銀行法改正に伴う金融制度改革を実行する目的で設置された臨時金融制度調査会（金融界6名，産業界3名，学識経験者11名）が，翌52年3月26日に，51年12月27日付けで大蔵省銀行局側が提示した数値化に基づく規制実施に対して，「財政政策，資本蓄積対策，企業及び金融機関の経理内容の改善策等他の経済政策と総合的に併せ考慮すべきものであり，かつ，具体的内容及びその実施の方法順序等については，更に検討を加えるを適当と認められる」という，当時，問題視されていた激しいオーバー・ローン，オーバー・ボローイングの存在（企業の資本蓄積不足を背景

---

(293) Memorandum to William J.Sebald, Chief, Diplomatic Section, ESS from Major General William F.Marquat, Chief, ESS, Subject: Replies to the Thirteen Questions Raised by the Member of the Allied Council for Japan. Undated.『日本金融史資料』昭和続編，第24巻，527頁。

(294) 以下，各案の数値等の詳細と引用は，『日本金融史資料』昭和続編，第19巻，405-486頁を参照。

(295) 第四次案への変化への理由も含めて，『日本金融史資料』昭和続編，第19巻，「『大蔵省資料（一）』解題」8頁。

(296) 大蔵省「臨時金融制度懇談会設置要綱」1951年12月22日，『日本金融史資料』昭和続編，第19巻，486頁。

(297) 大蔵省銀行局「銀行法の一部を改正する法律案試案要綱」『日本金融史資料』昭和続編，第19巻，487頁。

(298) 臨時金融制度調査懇談会「銀行法の一部を改正する法律案試案要綱に対する中間的結論」『日本金融史資料』昭和続編，第19巻，487頁。

とする銀行信用への大幅依存）という現実との兼ね合いから，ほぼ反対に等しい答申が出された。日本銀行も，「殊に我国の如く銀行の設立が厳重な免許主義に基づいている結果銀行の数も自ら多数に上ら」ないならば，「監督規定は可及的に基本的に止め，自主性を尊重することが適当」[299]との理由から同様な姿勢を示した。このために，銀行法改正は実現しなかった。

おわりに——戦後復興期金融規制再編論議の歴史的位置

敗戦後，戦時の損失補償措置が撤廃される中で，各金融機関は自らがリスク・テイクする形での競争を余儀なくされた。このような状況変化に基づき，敗戦直後の第一次金融制度調査会から1950年代の銀行法改正問題に至る，戦後の金融制度改革への取り組みの中で，明確に打ち出された点は，いわゆる健全経営規制に関わる諸規定を，明確な数量的基準に基づき実施するものであった。これと専門検査官の配置に伴う専門化の進展や検査のマニュアル化という意味での検査の形式合理化も含めて，戦後の金融制度改革は，1927年銀行法に基づく規制体系がもっていた，その根拠はおろか，原則として数量的基準を示さず，中央の専門官僚＝大蔵官僚側の裁量にほぼ全面的に委ねることで，個別銀行検査を通じて銀行経営の健全化，ひいては信用秩序の維持を図るという規制のあり方に重大な変化をもたらすものであった。その際，重要な根拠として独占禁止との関連が常に念頭に置かれた点と，1930年代の健全銀行の数値が念頭に置かれた点は，特に指摘しておきたい。関連して，この時期の金融規制再編成に際しては，非専門官僚中心の委員会構成がとられた点も，専門官僚支配の牽制要因として注意を促したい。

さらに，この時期になると，出店規制に典型的に見られるように，競争抑止を通じてより下層の業態の金融機関を，より上層の金融機関からの圧迫から保護し，前者の信用を維持することに主眼を置きつつ信用秩序の維持を図ることも明確に打ち出された。この点は農協など下級金融機関に預金金利設定面で配慮した，臨時金利調整法とその運用についても妥当する。特に，業態

---

(299) 日本銀行政策委員会「昭和二十五年報告書」『日本金融史資料』昭和続編，第1巻，215頁。

単位で保護すべき金融機関の対象が想定されている点は，銀行の地域的・階層的多様性を前提にしつつ，より階層的に下位な銀行という，個別の銀行レベルで——裁量的対応を通じた——保護の対象を考えている，1927年銀行法に基づく規制体系とは大きく異なる点のひとつであった。このような意味で戦後の金融規制改革は，ある種の独占禁止政策的側面が強かったことには注目すべきである。これらの諸点は，概ね，GHQからの指摘に応えるものであり，この意味で制度の「アメリカ化」を示すものであるが，他方で日本側も敗戦直後の時点で数量的基準に基づく規制を構想していた。以上を踏まえた場合，検査制度の改革は相対的にGHQの意向に後押しされる側面が強かったものの，それ以外の「健全経営規制」に関わる「事前的措置」の改革は，上述した敗戦直後に「金融の民主化」意識が高揚した日本側に，それを受容するだけの基盤があったことには注目すべきであろう。

　しかし，法体系の明文改正に基づく規制体系の改革は，これまで論じた様々な要因により頓挫した。先行研究もこの点を捉えて，金融規制に関わる戦後の金融制度改革は見るべき成果がないことを主張してきた。しかしながら，この評価の妥当性には疑問を禁じえない。1950年代以降の金融規制の実行にあたり，[300] 上述の独占禁止・30年代の健全銀行の経営水準のほか，経営に問題があると判断された1～2割の銀行が未達成な水準への誘導も目的に加わる形で，経常収支率・不動産比率・預貸率・流動性資産比率・大口融資等の規制に関しては，一定の根拠も含めて，大蔵官僚の裁量性を一定程度制約する明確な基準となる数値を示し（「諸比率規制」），これに基づき「事前的」な行政指導が実施されてきた。このほか，中小企業金融機関の保護を眼目とする，いわゆる護送船団方式のあり方は，GHQが注意しつづけていた，[301] 大銀行による独占的な金融及び産業に対する制限という政策理念をも継承するとともに，前述した1949年にGHQの許可を得た実行に移された大蔵省の新規出店規制の内容ともほぼ同様であった。

---

(300) さしあたり，伊藤『日本型金融の歴史的構造』195-207頁。大蔵省財政史室編『昭和財政史——昭和27～48年度』第10巻，第1章，特に第3節も参照。
(301) Memorandum, Subject: Replies to the Thirteen Question.『日本金融史資料』昭和続編，第24巻，527頁。

このような，戦後の金融規制に関わる政策内容は，既に敗戦直後から1950年代初頭までの規制に関わる金融制度改革を巡る議論の中で，萌芽的ながら形成されていた。この時期に金融行政の要職を占めていた大月高によれば[302]，特に貸出面について，数値に基づく規制の法制化とこれに基づく規制実行を，大蔵省側は27年銀行法制定時より81年の銀行法改正まで，一貫してもっていた。敗戦直後の時点で，戦時下の「政府官僚の一方的支配」を排除するとのコンセンサスが政策構想立案関係者の間に形成されていた。このような政策状況が，専門官僚支配に対する制約面を伴いつつも，大月の議論に見られる大蔵官僚の意向を実現させ条件化することを通じて，復興期における規制構想を戦後に実行された規制の原型たらしめた。50年代以降も，中小企業金融の円滑化が，政党などから一貫して求められており[303]，このことが中小企業金融円滑化への配慮が継承された条件であったと見てよかろう。この意味で，戦後の金融規制は日本敗戦に基づく「民主化」意識の高揚と民需生産関連中小企業の復興の産物であった。

　このほか，周知のように，金利設定，特に預金金利の設定面でも，1950年代以降，各業態間で金利水準は同一なもの，ないしは銀行よりも無尽・農協等に有利なように設定され[304]，預金金利競争面で中小金融機関への配慮がされた。このような金利設定は，中小金融機関への配慮とともに，都市銀行などより階層的に上位の業態の金融機関にレントを発生させ[305]，特に事業救済支援の面でメインバンク制を機能させる重要な歴史的・制度的な基盤となった。実際，

---

(302) 大月編『実録　戦後金融行政史』金融財政事情研究会，1985年，399頁。
(303) 以上は，高橋俊英大蔵省銀行局検査部長（当時）の1962年の全国地方銀行協会での講演にも明確である（『検査から見た地方銀行経営』全国地方銀行協会，1962年，18－19頁）。
(304) 例えば，日本銀行政策委員会「日本銀行政策委員会月報　第一号」1947年7月，『日本金融史資料』昭和続編，第1巻，71頁によれば，すでに47年の時点で金融機関の貸出利率の最高限度を日歩2銭6厘に設定した上で，銀行の定期預金利率の共通化をはかり，さらには無尽など中小金融機関の定期預金利率は銀行の利率に1厘プラスしたものに設定し，中小金融機関を保護し，かつ，金融機関相互の競争を抑制する姿勢を明確化している。
(305) 岡崎「戦後日本の金融システム」表4－30によれば，1955年以降69年まで金額には変動があるが，一貫して多額のレントが発生している。

表 2-3-1 都市銀行のレント発生状況 (%)

営業期	全国銀行			都市銀行		
	貸出金利回(A)	預金債券コスト(B)	利鞘(A－B)	貸出金利回(A)	預金債券コスト(B)	利鞘(A－B)
1956 上	8.27	6.86	1.41	7.97	6.50	1.47
56 下	8.15	6.64	1.51	7.82	6.22	1.60
57 上	8.44	6.90	1.54	8.10	6.58	1.52
57 下	8.60	6.92	1.68	8.35	6.56	1.79
58 上	8.55	7.06	1.49	8.32	6.74	1.58
58 下	8.22	6.91	1.31	7.92	6.61	1.31
59 上	8.10	6.97	1.13	7.77	6.71	*1.06*
59 下	8.14	6.86	1.28	7.80	6.57	*1.23*
60 上	8.21	6.91	1.30	7.92	6.61	1.31
60 下	8.03	6.78	1.25	7.67	6.44	*1.23*
61 上	7.95	4.51	3.44	7.57	4.20	*3.37*
61 下	8.21	4.39	3.82	7.94	4.07	3.87
64 上	8.02	6.92	1.10	7.76	6.28	1.48
64 下	8.01	6.83	1.18	7.76	6.16	1.60
65 上	7.87	7.04	0.83	7.55	6.55	1.00
65 下	7.61	6.94	0.67	7.24	6.49	0.75

注:斜字は利鞘が全国銀行＞都市銀行。
出所:『第10回銀行局年報 昭和36年版』195頁。同12回,218頁,同15回,151頁。

　史料の制約上,1956年下期から60年下期の数値だが,表2-3-1によれば,59年上下期と60年下期以外,都市銀行の利鞘は全国銀行のそれを超過している。その際,全国銀行の預金債券コストは都市銀行に比べて高いが,貸出金利廻りは都市銀行を上回る。もし,中小企業金融機関保護を目的とする預金金利規制がなければ,全国銀行の利鞘が都市銀行を大きく下回るのは確実である。この意味で,預金金利規制が預金コストを引き下げることで,中小企業金融機関に利潤を付与すると同時に,都市銀行にはレントを発生させていた。
　以上,戦後復興期における規制を巡る制度改革の議論を,単に挫折したものとしか取り扱わない議論には問題がある。1927年銀行法の条文そのものは大部分が未改正のまま残存したとはいえども,50年代初頭の段階で,基準となる数値そのものの決定には裁量性が残されていたものの,数値に基づき一律に規制を実施して行くという点において,規制体系の形式合理化・形式的平

等化は大きく進展した。これとともに，競争抑止を通じて，より下位の業態の金融機関を上位の機関から保護し，金融面から中小企業の発展を促し，信用秩序の維持を図ることが打ち出された点でも，地域金融・銀行の多様性に基づき検査を通じて裁量的かつ「個別的」規制を実施することで，各地域の開発に資するという1927年銀行法の「法理念」も明確に変化した。この意味で，戦後復興期における金融制度改革論議は，戦後の金融規制体系成立の母胎，1927年銀行法に基づく規制体系の明確な転換点となった。この点に，同論議の歴史的位置を見出せる。

第4節　証券市場の再編成
—— 株式流通市場における大衆市場の形成過程 ——

はじめに

　本節では，戦後復興期における証券市場の再編成過程を，証券金融を通じた間接金融との関係，GHQや日本側の諸関係者の動向も踏まえて，特に預貯金的性格の強い投資信託の導入による，有価証券の取引量の大半を占めた株式流通市場への大衆誘導問題を中心に，その意義と限界の明確化を課題とする。近年，近現代日本経済史研究では資本市場の果たした役割の明確化

---

(306) 戦後の金融規制が中小企業の発展を重視した点は，下請け制度を通じた大企業との戦略的補完関係の円滑化を可能にしたことも含めて，多くの論者が指摘している。さしあたり，斎藤正『戦後日本の中小企業金融』ミネルヴァ書房，2003年，73頁；西口『戦略的アウトソーシングの進化』105-112頁を挙げておく。
(307) 白鳥『両大戦間期における銀行合同政策の展開』第2・3章。なお，この点を踏まえた時，GHQに政策転換があったとしても，実態面では地方銀行も含む中小金融機関の保護・育成という方針は，本書での検討時期を通じて一貫しており，GHQもこれを黙認していた。したがって，平「地方銀行の実態」388頁が強調する48年春以降の「地方分権的な金融改革構想」の放棄という議論は，GHQの方針転換を過大評価している。
(308) 大蔵省財政史室編『昭和財政史——終戦から講和まで』第14巻，東洋経済新報社，1979年，表2-2，表3-9によれば，1948年の株式取引量額，公社債発行額（大半が日銀引受であった復金債を除外）は，それぞれ1,070億円，404億円であった。52年の数値を示すと6,924億円，1,302億円であった（上掲書，第19巻より算出）。
(309) 本書で用いる大衆ないし大衆投資家という用語は，投資規模が小額の個人投資家を指す。

が重要視されている(310)。戦後改革期も同様である。当該期における証券金融研究の先鞭をつけたのは，志村嘉一氏による一連の研究であった(311)。そこではアメリカの制度の徹底的な移植，企業の資金調達面で資本市場が限界的存在に止まったことが論じられた。しかしながら，後述するように，この時期の証券市場が大衆市場創出を重要な目的にしたにもかかわらず，この点については従業員持株制度の導入や証券民主化運動について簡単に言及するのみに止まった。その後，志村氏は，『昭和財政史　終戦から講和まで』の証券部分を分担執筆し，GHQの改革と日本側の対応，取引所閉鎖期の証券取引の実態，1940年代の証券金融の拡充と証券民主化運動との関係性，ドッジ・ライン過程における株価暴落と大衆投資家の損失の大きさに見られる「民主化」の実質的不平等性を指摘して分析を深めた(312)。しかし，その叙述は，大蔵省の正史ということもあり，もっぱら事実関係の整理に終っており，しかも，40年代も含めて，証券民主化の推進目的の証券金融の拡充が，GHQや日本政府の証券市場改革のあり方に如何なる変容を加えたのか，といった諸点については検討されなかった(313)。

---

(310) この点は，石井寛治『近代日本金融史序説』東京大学出版会，1999年が問題を提起しており，これを受ける形で伊藤正直氏を代表とする東京大学大学院経済学研究科のグループが共同研究（「日本における資本市場の形成と構造——歴史分析と国際比較」）を行った（研究成果などの詳細は同研究科のHPを参照）。

(311) 志村嘉一「証券制度改革」；同「資本蓄積と証券市場」。川合一郎氏も戦後証券市場の形成過程を検討しているが，投信の導入や証券金融の拡充といった点には簡単な言及はあるものの，本書の課題は未検討である（川合「戦後経済における証券市場の役割」川合一郎『川合一郎著作集』第4巻，有斐閣，1981年，3-12頁）。

(312) 大蔵省財政史室編『昭和財政史——終戦から講和まで』第14巻，295頁以下。

(313) 飯田隆「昭和20年代わが国証券業の4社経営について」『証券経済研究』（証券経済研究所）第5号，1月，1997年，41-70頁でも，山一證券を事例とする経営組織の近代化（「本部スタッフ」－「営業ライン」制の導入）過程を検討する中で，証券民主化運動や投信導入といった「大衆投資家層の育成とその取り込みが戦後の証券業の重要な課題となった」事実，49年から50年にかけての大衆の証券市場からの離反の事実を指摘している。しかし，本書の課題は未検討である。このほか，国債管理政策を対象とする中島将隆『日本の国債管理政策』東洋経済新報社，1977年，公社債市場を対象とする志村嘉一監修『日本公社債市場史』東京大学出版会，1980年があるが，本書とは対象が異なる。

第 2 章　戦後改革期における金融制度改革　173

　その後，二上季代司氏が戦後証券改革について検討した(314)。そこでは，戦後証券改革の内容として，①一般大衆の市場勧誘の必要性が生じたことに伴いリテール業務が中心になったこと，②アメリカのグラス・スティーガル法に範をとった銀証分離，③上場証券取引の取引所内での執行，④非上場証券の4日以内での決済，⑤時系列的な取引の記録，⑥先物取引の禁止，⑦証券行政における「投資家保護」理念の定着，⑧円滑な受給確保のための貸株と証券金融を柱とする信用取引の導入といった諸点を指摘した。その上で，階層別の証券会社の経営動向を概観した。このほか戦時期から戦後改革期にかけての，いわゆる4社体制の成立も明確化した(315)。しかし，大衆投資家の行動様式やその誘導策については十分な検討がされていない。戦後証券改革の諸内容についても列挙されているのみで，それらの改革が行われた背景について，特にGHQ，日本政府，証券業界側の意向や行動を踏まえた特質の析出は必ずしも十分ではない。

　1990年代以降になると，戦後金融システム形成史研究の一環として，杉浦勢之氏が精力的に諸研究を発表した(316)。そこでは，二上氏同様，改めて銀証分離の重要性を指摘したほか，メインバンク・システムとの関係や，投信取扱を巡る主要四社の対応とその相違，ドッジ・ライン前後の証券取引再開への対応といった諸点が検討された。しかしながら，これらの諸研究は，メインバンク・システムとの関連や証券会社の経営行動の分析に強く傾斜しており，一応，「個人を中心とした広範な所有構造」の出現には言及はあるものの，政策

---

(314) 二上『日本の証券会社経営』第2章（31-51頁）。
(315) 二上前掲書による戦時期における4社体制の成立に加えて，最近，大石直樹「戦時期における株式市場の再編成」『社会経済史学会第80回全国大会報告要旨集』同学会第80回全国大会実行委員会，2011年，が大衆資金動員に関わる制度形成について，戦時期と戦後改革期との連続性を指摘した。しかし，戦時期の大衆資金動員は銀行，郵便局等への預貯金が中心であり，戦後のそれは財閥解体に伴う大量の放出株式の消化が課題となる中で，いかにして大衆資金動員により直接金融を制度化するのかが課題であった。この点を踏まえた時，大石氏の見解には賛同できない。
(316) 杉浦「戦後復興期の銀行・証券」；同「1965年の証券危機」伊藤正直ほか編著『金融危機と革新』；杉浦「4社体制確率過程における証券金融問題」『青山経済論集』第51巻4号，2001年3月；同「戦後占領政策の転換と証券取引所」『青山経済論集』第55巻4号3月，2004年。なお，東京証券取引所編『東京証券取引所50年史』同取引所，2002年，第1・2章（鷲見氏執筆）も参照。

面も含む大衆市場創出の側面からの分析が欠けている[317]。これとの関連での株式市場の検討も，HCLCの放出株に検討対象を限定した点でも問題を残している。当該期は，再建整備後や50年代の規模拡大等目的の増資も多く，これも含めて，先に指摘した志村氏の抱える問題点を踏まえて，大衆市場創出問題を検討する必要性が存在する。

　最後に，関連領域として，宮島英昭氏の財閥解体研究に言及する[318]。氏は1950年代前半までの時点で，安定株主形成が見られた点に着目した議論をした。持合を通じた安定株主形成の存在と60年代以降を見通した場合の重要性それ自体は否定しないものの，この時期は大衆市場創出がより重要な課題であり，所有株式の過半が個人株主の所有であった（後述）。この点を踏まえた場合，安定株主形成に引き付けた証券市場理解は，60年代以降の歴史状況に引き付けすぎである[319]。

　以上を踏まえて，本節では冒頭で示した諸点の明確化を課題する[320]。なお，本節では既存の公刊史料，国会図書館のGHQ/SCAP文書のほか，最近，占領期の新史料の公開をはじめたというアメリカ国立公文書館（NARA）の所

---

(317) この点は，コーポレート・ガヴァナンス論の立場から証券民主化を検討した宮島英昭「証券民主化再考」『証券研究』第112号，証券経済研究所，1995年5月も同様である。同論文でも個人株主比率の高さや投信導入が「市場による経営規律の日本への定着」（82頁以下）を指摘している。しかし，もっぱら企業統治との関連から議論が進められており，制度変化も含む証券市場の特質についての検討は不十分である。

(318) 宮島英昭「財閥解体」法政大学産業情報センター・橋本寿朗・武田晴人編『日本経済の発展と企業集団』東京大学出版会，1992年。

(319) Hoshi and Kashyap, *Corporate Finance*, pp.75-77 は戦後復興期の証券市場の動向にも言及している。しかし，そこでの検討は概観に止まる。

(320) 西條信弘「戦後金融システムと証券市場」『証券経済研究』第36号，2002年3月，67-85頁など氏の一連の諸研究，原司郎『現代長期金融機構の性格』中央書房，1963年，55-66,82-90頁でも，清算取引の廃止などGHQの改革や清算取引復活要求などについての簡単な言及があるが，本書での分析視点からの検討はされていない。このほか，小林和子「証券市場の復興と整備　解題」『日本証券史資料』戦後編，第6巻，1987年，による資料解題も同様である。なお，戦後改革の証券市場への影響を検討した同「証券市場の戦後改革と公社債市場」『証券研究』第64号，財団法人日本証券経済研究所，1981年，同氏による一連の概説書（同『産業の昭和史10　証券』日本経済評論社，1987年；同『株式会社の世紀——証券市場の120年』日本経済評論社，1995年）でも本書の論点について踏み込んだ検討はされていない。

蔵史料を調査した。特に，NARA 所蔵の新規公開史料であるが，占領期の株式市場を中心とする証券制度改革関係のものを調査した上で，当該史料を日本の国会図書館所蔵史料と照合した。その結果，日本の国会図書館が所蔵していない，新規史料は見出せなかった。それ以外の日本国内における公刊・公開史料も，財務省財政史室に史料開示請求をしたところ，存在確認不能を理由に史料は開示されなかった。その後，国立公文所館に移管された文書を調査したが，管見の限り利用可能なものはなかった。このほか管見の限りでは，本節で用いたものを除き，分析に耐えうるものを見出すことはできなかった。それゆえ，本節では，公開・公刊史料を中心に2次的接近を図らざるを得なかった。この点をまずはお断りしておく。

1 戦後改革期における投資家層の概観――議論の前提として

ここでは，史料の制約もあり，ごく簡単になるが，戦後の中でも利用可能な最も古い史料になる，1951年3月の東証データを用いて投資家層の特徴を概観する。[322]

まず，比較の前提として，先行研究に依拠して1936年の「主要業種における最大株主（各社上位12名前後）」を示す。[323] この時期は，個人大株主が後退して，「個人株主資本家中心の資本蓄積が」法人による「縦断的資本結合関係」へと変化する時期とされる。個人の比率は全体で16.2%，法人は74.4%を占めた。

次に戦後改革後である。個人株主は4,512千名，総株主数の97.22%を占めた。これに対して，金融機関・証券会社・その他の法人の合計数とシェアは，それぞれ122千人，2.67%に過ぎない。ここから個人株主の重要性が確認さ

---

(321) NARA 所蔵史料の検索方法や国会図書館所蔵史料との照合については，三輪宗弘「National Archives Ⅱ（米国国立文書館Ⅱ）の実践的利用法」『九州大学附属図書館研究開発室年報 2009／2010』を参考にした。なお，NARA の日本占領関係史料の所在確認にあたり，三輪宗弘氏，NARA の Archivist の方から直接の御教示を得た。記して深甚なる謝意を表したい。なお，直後に記す財務省財政史室所蔵史料は，最近，国立公文所館で公開がはじまった。筆者も確認したが，利用可能な史料は見出せなかった。
(322) 以下，東京証券取引所編『上場会社総覧』同取引所，1954年による。
(323) 以下，志村嘉一『日本資本市場分析』東京大学出版会，1969年，407-411頁。

れる。次に，所有数別の状況である。5千株以上の所有者の比率は0.94％に過ぎない。これに対して，500株未満層は81.71％，100株未満のみでも26.99％と1/4を超えていた。なお，個人株主一人当たりの所有株数は350株に過ぎない。特に500株未満の株主1人当たりの平均持株数は140株に過ぎない。この時期はドッジ・ラインに伴う不況を背景に個人株主が市場から離れた時期にあたる（後述）。それにもかかわらず，ここから，個人株主，特に零細な個人株主の比重の高さが確認できる。同時に，周知のとおり，財閥解体に伴う大量の株式放出が重要な政策課題になる中で，その受け皿として個人株主が重要視された（後述）。その背景には，このような現実があった。また，データの関係で直接の比較は難しいが，一応，戦前から準戦時期にかけて個人株主の後退と法人株主の台頭が見られた。その動きは戦後改革により切断された。

2　証券取引所再開以前の証券市場の状況

(1)　敗戦直後の取引所再開を巡る日本側の動向

周知のように，敗戦直前の1945年8月10日に証券取引所での取引が停止された。これ以後，49年の取引所再開まで取引所は閉鎖状態に追い込まれる。しかしながら，日本側に，最初から，この事態を予期していたわけではない。大蔵省は，早くも1945年9月3日付けで「証券市場再開対策案」[324]という文書を作成している。そこでは，基本方針として，軍事企業や外地企業の処理についての見透しが立つまで長時間を要するが，長期に市場を閉鎖するのは好ましくないとした。市場の混乱を防止する措置を講じた上で速やかに市場を再開することで，「証券流通の円滑化を計り」(中略)「経済再建に寄与せしむるの要あり」ともした。その上で，9月10日に取引再開をする方針を示した。その際，「但し東京及び大阪市場に於ける清算取引に付いては」当分停止とした。

本基本方針に基づき，第一案として自由再開案，第二案として3.9価格による梃入買を全廃し，「軍需株及外地株等株価暴落の懸念ある銘柄の上場を一時廃止する」という部分的再開案，第三案として軍需・外地株の暴落と民需

---

(324) 大蔵省金融局文書。『日本証券史資料』戦後編，第5巻，1985年，7-9頁。

株の急騰阻止のために，3.9価格に基づき，特殊決済により政府資金を放出しない形で日証に買操作をさせるという指値設定案，第四案として8.9価格の二割増を上限，3.9価格の三割減を下限として，情勢に応じて日証に買操作をさせる値幅限定案，第五案として第四案の価格帯以外の価格取引を禁じた上で，政府資金の放出による操作を行なうとの機動的統制案の五つの案を作成した。このように，大蔵省は軍需株・外地株の暴落と民需株の暴騰による市場の不安定化を強く懸念していたが，市場安定化策として日本証券取引所を活用しつつ，市場の早期再開を考えていた。なお，清算取引を当分停止にした理由は，市場の不安定化防止にあった。

ほぼ同時期に日本証券取引所，証券会社からも市場再開について見解が発表された。まず，前者である。1945年9月2日付けで「市場再会の推進と地方支所整理に関する日証総裁談話」[325]を発表した。そこでは，敗戦後の事態に直面して「経済秩序の維持と戦後企業の転換育成について，補導支援こそ肝要」であり，そのためにも早期の取引所を再開し「株価の公正を期さねばならぬ」とした。その上で，「清算取引の開始は近い期日に於ては困難であつて，結局実物取引によつて当分不満足な営業を続ける外ない」こと，それゆえに営業を縮小せざるを得ないため地方支所と「現業重役の縮減」が必要なことを論じた。このように，経済秩序維持と企業の民需転換の補導支援機関化を目標に，取引所の早期再開の必要性を主張した。その際，清算取引の早期再開の不可能性も悟られていた。大蔵省と同様に，市場秩序安定化防止を強く意識していたと推察される。

次に，証券業者の主張を示すものとして，山一證券の9月3日付け支店長宛文書を検討する。同社では敗戦後の事態を受けて，特別調査委員会を発足させたが，本文書の中では「八　当面の市場問題」として「我我としては出来るだけ早く，而も戦金の買入は三・九価格を以つて且つその支払代金は特殊決済等を行なはぬことを希望します」という指摘がされていた[326]。大蔵省側はインフレ要因となる政府資金放出をするにしても，極小化する方針であったから，

---

(325)『日本証券史資料』戦後編，第5巻，6頁。
(326) この点は山一證券社長小池厚之助の論評からも確認される（「三・九価格を維持せよ」『日本証券史資料』戦後編，第5巻，23頁）。

この点では証券会社の利害とは異なる面を有していた。このほか証券統制会理事長徳田昂平も清算取引に対して実物取引を先行し，適当な時期が来たら前者を再開すること，新たな買指値を設定すること，売買取引制限をすること，取引所金庫の市場介入などを条件に早期再開を求めており，ほぼ大蔵省と同様な考えを持っていた。

　以上，1945年9月早々の時点では，大蔵省，取引所，証券会社の三者間には，若干の相違点もあったが，基本的に実物取引先行による早期の市場再開と，これを通じた経済秩序の安定確保，市場秩序安定化後の清算取引復活という点では合意があった。この意味で，市場秩序の安定化後には，清算取引を中心とする戦前の取引秩序に回帰することが市場関係者の思惑であった。しかしながら，大蔵省は9月6日付け文書「株式市場再開に関する件」では，やや慎重な姿勢に転じる。同文書では，連合軍の東京進駐直前の治安面からの問題，思惑取引と株価暴騰が占領軍に与える影響，投機の活発化が復員者・罹災者等を刺激すること，賠償問題の未確定，一般投資家層・金融機関が取引再開に強い希望を持っていないこと，闇相場の発生による経済秩序の混乱などを理由に，早急な直近の再開は無理であるとした。その上で，連合国側に軍政施行の意図がなく，平和産業の積極的助長の意向があることが示された今日の時点では，「再開ノ時期ハ凡ソ一箇月内程度ト見込」めるとして，先に検討した文書とほぼ同様な市場安定化策の検討の必要性を指摘した。このように，東京進駐直前の連合軍の意向と賠償問題の不確定が，大蔵省をして市場再開に対する姿勢をやや慎重化した要因であった。

　その後，津島蔵相が市場の早期再開と安定化策を公表したところ，市場関係者がこれに好感を示し，再開への期待が高まった。この状況下で，大蔵省は9月20日付けで「平和株のみを以てする市場の再開について」という文書を作成し，GHQの了解を取り付けた上で，民需株のみの取引を再開する方向で再開を検討した。さらに9月24日付けの文書「株式市場再開対策要綱」

---

(327)「市場再開対策」1945年9月6日，『日本証券史資料』戦後編，第5巻，10-11頁。
(328) 大蔵省金融局文書。『日本証券史資料』戦後編，第5巻，11-12頁。
(329)『日本証券史資料』戦後編，第5巻，12-17頁。

では，軍需株・外地株を除外の上で，株価暴騰阻止のための日証・戦金の所有株の売り介入付きでの実物取引を再開する方針を定め，9月26日付けで10月1日をもって上記方針で取引所を再開することを新聞発表した。しかしながら，9月25日付けで発せられたSCAPIN59により，占領軍の許可を得るまでの証券取引停止指令が出され，早期の市場再開と戦前型の取引秩序への回帰は挫折したのである。

（2）GHQの証券取引所再開に対する認識と日本側の再開運動

それでは，なぜ，GHQは早期の取引所再開を容認しなかったのか。この点をESS財政金融課のタマーニャから経済科学局長マーカット宛文書で確認する。

同文書では新規有価証券の発行が停止されている場合，証券市場は投機目的，税負担の回避や所有権の移転のために，有価証券を売買する場になる。この場合，政府は市場を閉鎖するのが一般的であること，市場の再開は正常化の証になることを指摘した。その上で，現時点では証券市場が生産拡大目的には殆ど貢献しておらず，投機市場化していること，それゆえに情報流通面も含めて公正な価格形成の場になっていないとした。賠償問題，財産税，戦時補償処理と非軍事化に伴う負担も不確定であるが故に，投資家層も向こう数年間の日本経済の先行きを予想不能なことも指摘した。さらには投機市場化している状況では，証券取引所の再開は占領政策の目的に資することもなく，しかも，取引所再開は日本国民に経済状況が正常化したとの誤った認識を与えることになるとした。以上を踏まえて，タマーニャは非軍事化と戦時補償処理が公式に明確に提示され，企業に対する巨額の税負担が確定し，財閥解体の手続きが確定の上で公式に示された後に，取引所が再開されるべきであるとした。この文書が作成された後の，同年4月10日のマーカット作成の文書では，

---

(330)『日本証券史資料』戦後編，第5巻，18-19頁。
(331)『日本証券史資料』戦後編，第5巻，22頁。
(332) Reopening of the Stock Exchange April 8, 1946 From F.M.Tamagna, Finance Division ESS to Major General W.F.Marquat,『日本金融史資料』昭和編，第24巻，745-747頁。
(333) Reopening of Stock Market, April 10, 1946, From Major General W.F.Marquat to Chief of staff, SCAP,『日本金融史資料』昭和編，第24巻，747-748頁。

店頭取引による売買量が巨額であり，証券取引に対する強いニーズがあることを指摘しつつも，取引所の再開自体に早期に踏み切る意向は示していない。ここから，マーカットもタマーニャの議論に同調したとみてよかろう。

　GHQ の方針表明を受けて，日本側も取引所再開に向けた請願活動を開始する。まず，9月27日には大蔵省と GHQ と非公式会談がもたれた。そこでも GHQ は，市場再開は時期尚早であると表明した。その上で，会社内部関係者の株式売買情報の報告，清算取引を復活しない理由として「ブローカーズ・ローン」の阻止を挙げ，株式取引監督の方法，相場の暴騰暴落調整の方法などを問うた。GHQ は，例えば，相場の暴騰暴落調整の箇所で，インフレの傾向との関連を十分研究して欲しいとしていた。ここから取引所再開が悪性インフレを助長，ないし経済の不安定化をもたらすことを恐れて，本方針を表明したと判断される。さらに　この会談を受けて，大蔵省が9月29日付けで提出した「連証第一号　株式市場再開に関する覚書」では，平和産業の資金調達難解消，市場未形成ゆえに投資家が財産価値に不安を覚えていること，闇相場発生の懸念を理由に，実物取引のみで価格変動制限を課す形での早期の市場取引再開を柱とする要求が出された。これに対して，GHQ は取引停止銘柄表の提出など7項目に互る要求を出した。そこでも証券担保金融の法令による制限，情報公開を要する会社内部関係者は重役のほか，支配人・課長など重役以外の主要社員も含まれること，有価証券の店頭取引の禁止・廃止と取引所への集中が求められた。10月1日の会談では9月29日再開案中，①「差当リ実物取引ノミヲ行フコト」(中略)「(取引方法面で) 投機的取引ヲ行フ余地ナキ様適切ナル措置ヲ講ズ」，②受渡期間を売買成立後5日以内とする「(日証ヨリ取引員ニ指示ス)」の傍点部分の削除，「(ハ) 取引員ヲシテ投機的取引ヲ行ハザル様申合ハセシム」について政府による強制でなければ意味がないこと，株式購入・受渡目的での信用供与を禁止する法令を施行することを示した。

　以上，大蔵省は，市場の投機化をもたらす要素の排除を求める GHQ に対して，その要求が厳格すぎるとして緩和を求めた。この意味で，大蔵省の投

---

(334) 以下，この日以降の会談も含めて，『日本証券史資料』戦後編，第5巻，50–52頁。

機的要素排除に関する姿勢は弱かった。これに対して，10月24日の折衝で，⁽³³⁵⁾GHQはこれを証券担保金融の禁止と過当投機の抑制を大蔵省側に求めた。その後，10月30日・11月12日に，再度，折衝の機会がもたれた。そこで⁽³³⁶⁾の議論で注目されるのは，株式所有の大衆化推進のために封鎖預金を解除が必要なことや，取引所の地方分散が必要なことが指摘されたことと，近い将来の清算取引の復活も視野に入れる形での株式市場の再開が認められたことである。その際，証券担保金融，店頭売買に関しても，日本側の主張が認められており，一時は，GHQも日本側に譲歩する姿勢を示した。これを受けて，東京取引員協会役員会でも再開に向けた議論がされはじめた。しかしながら，⁽³³⁷⁾GHQとの交渉過程で取引所の機構改革が再開許可の前提になることが明確化⁽³³⁸⁾し，大蔵省も，早期の再開を断念した。ここに来て，当面，店頭取引へ依存⁽³³⁹⁾することが表明されるとともに，問題の焦点は取引所の機構改革に移った。⁽³⁴⁰⁾

(3) 日本証券取引所の廃止

1945年11月下旬以降，証券取引所再開の条件として，取引所の機構改革が条件化した（前述）。これに応じる形で日本証券取引所も機構改革の作成に着手した。まず，「取引所制度改革案」が作成された。そこでは日本証券取引⁽³⁴¹⁾所法の改正及び有価証券引受業法・有価証券業取締法を改廃の上で統合すること，取引所組織の会員制組織化，役員の一部の会員外からの登用が盛り込

---

(335) 大蔵省「連合国最高司令部との証券取引に関する折衝の件」『日本証券史資料』戦後編，第5巻，53-55頁。
(336) 「連証第三号　連合国最高司令部との会談」1945年11月12日，『日本証券史資料』戦後編，第5巻，58-59頁。
(337) 「東京取引員協会理事会議事録」1945年11月21日，同27日，『日本証券史資料』戦後編，第5巻，60-61頁。
(338) 「東京取引員協会理事会議事録」1945年12月18日，『日本証券史資料』戦後編，第5巻，65頁。
(339) LO 109 Liason office Ministry of Finance, 21 Dec. 1945.『日本証券史資料』戦後編，第5巻，65-66頁。
(340) 「石橋蔵相，市場再開までは店頭取引に依存と語る」産業経済新聞，1946年10月17日；「櫛田理財局長，取引所再会の時期について語る」産業経済新聞，1946年12月7日，『日本証券史資料』戦後編，第5巻，72-73頁。
(341) 『日本証券史資料』戦後編，第5巻，80頁。

まれた。もっとも，ここでは，取引方法は，従来どおり，実物取引と清算取引の二種類が盛り込まれていた。次に作成された「取引所改革要項案」[342]では，売買方法に「特殊銘柄ヲ選定シ之ニ紐育株式取引所ノ売買仕方及其取扱方法ヲ採用シ委託者ノ希望ニ応ジ三日受渡又ハ延取引ヲ行フ」という特殊取引の実施や，資本金2億円中，政府出資分の5千万円を減資の上で，1億5千万円の株式会社化が新たに付け加えられた。

さらに，ほぼ同時期に開催されていた第一次金融制度調査会[343]でも，証券引受会社の資本金最低限度の引き上げ，興銀の証券市場育成業務の証券引受会社への譲渡，起債業務の証券会社への限定とともに，日本証券取引所の廃止と会員制組織・株式会社化を柱とする新組織の設置，「民有民営」の取引所運営の助成機関の設置，第三者機関としての証券取引委員会の設置が盛り込まれた。これに対して，証券取引所制度改正調査委員会も制度改革案を作成した。そこでも法制度の改正のほか，会員制組織化と取引所の各地への「分立設置」，実物取引・清算取引の採用が盛り込まれた。これらに対して，日本証券取引所東京委員会[344]が，新設取引所が経営権取得に際して日本証券取引所会員の利益を無視している点，助成機関の設置が「二重管理ノ弊」と経費の「増嵩」が発生する点を批判した。その上で，特殊法人化を踏襲し，許認可の大幅縮減と納付金・補給金制度の廃止，資本金全額の民間出資化，市場運営管理機関としての市場運営委員会の設置を柱とする改革案を提示した。

この批判に対して，石橋蔵相は広範な意見を踏まえて方針を作成すると声明した。大蔵省が1946年7月6日に作成した文書でも，日本証券取引所の廃止と会員制組織の取引所の新設という方針が示されていた。本方針は47年2月に第92帝国議会に上程された「日本証券取引所の解散に関する法律案」[345]にも盛り込まれた。同法案の可決・成立により日本証券取引所の解散は現実化した。

---

(342) 『日本証券史資料』戦後編，第5巻80-81頁。
(343) 以下，『日本証券史資料』戦後編，第5巻，85-100頁の金融制度調査会関係史料による。
(344) 「日本証券取引所改組に対する意見書及び改革試案大綱」1946年2月20日，『日本証券史資料』戦後編，第5巻，100-101頁。
(345) 「第九十二回帝国議会日本証券取引所の解散に関する法律案想定質疑」1947年2月，『日本証券史資料』戦後編，第5巻，115-116頁。

(4) 集団取引の展開とその問題点

日本証券取引所の閉鎖期間中は，事実上，有価証券の取引は，東京・大阪・名古屋・京都・神戸・広島・福岡・新潟の証券協会が受渡機関として「約定又は受渡の便宜」を図るべく主催して，取引所外で実物取引を実施するという店頭売買（集団取引）に依存していた。[346] ここでは，その動向を確認した上で，店頭取引の意義と限界を明確化する。

まず，店頭売買の推移を検討する。[347] 東京，大阪，京都の各証券取引所とも，一日当たり平均取引量（1946年1月，6月）で，それぞれ34千株→485千株，40千株→353千株，3千株→61千株へと増加した。同様に月当たり取引量も，それぞれ759千株→8,248千株，971千株→6,014千株，85千株→1,048千株と増加した。さらに，1947年3月末（上場銘柄は同年5月末），49年3月末時点における参加業者数，上場銘柄数（8カ所計）を見ると[348]，前者は297千株→418千株，後者は3,454千株→4,188千株にまで増加していた。次に，45年10・11月に，金額ベースの構成比の4割以上を有価証券業者（取引所取引員以外の業者）が占めた。[349] しかし，その後，構成比を急速に低下させ，46年9月には9.1％になった。これに対して，同時期の取引所取引員の比重は56.6％→90.9％に増加した。別史料によれば，1943年12月の企業整備の一環として，2千名いた有価証券業者のうち「比較的良質なもの三三九名を残存」させたという。[350] 有価証券業者は資力が必ずしも堅実ではないものが大多数と推定され，戦後の混乱の中で市場からの撤退を余儀なくされたと見られる。以上，集団取引により取引量・金額が急拡大する中で，証券取引所取引員以外の業者の排除が決定的となったのが，この時期の第一の特徴であった。

次に，清算取引の排除により市場の投機的性格が強度に抑制されたことを

---

(346) 証券取引委員会「集団取引について」『日本証券史資料』戦後編，第5巻，1948年6月13日，282-287頁．以下，集団取引についての引用は，特に断らない限り，本史料による．
(347) 以下，『日本金融史資料』昭和編，第24巻，757頁．
(348) 大蔵省財政史室編『昭和財政史――終戦から講和まで』第19巻，東洋経済新報社，1979年，表2-1，353頁．
(349) 『日本証券史資料』戦後編，第5巻，300頁．
(350) 「有価証券業者の整備と現在」『日本証券史資料』戦後編，第5巻，300頁．

指摘したい。取引方法は実物取引のみであった。その方法は当初は当日決済と翌日決済のみであったが，1948年5月5日以降，①「売方は約定せる現株を買方は約定代金を必ず提供してその日のうちに受渡を了する」という「即日物」，②「約定日から起算して三日目に売方から現株を買方から約定代金を夫々提供せしめて受渡決済を了する取引で集団売買において別段の意思表示がないものはこの取引による」とされる「普通物」，③「約定の日から起算して十五日を越えない期間において特約の日に受渡を完了する方法」とされる「特約物」の三種類に限定されていた。特に，「普通物」は48年5月中の取引の94.2％を占めていた。取引事態も清算化しないという誓約書を当局に提出し，受渡も受渡機関を通じて行なうことにされていた。さらには，もっとも決済期間が長期に亘る「特約物」については，「受渡期日別及び銘柄別に毎週分を取まとめ東京証券，大阪代行，中部証券等の受渡機関より当局に報告せしめている」とされており，当局の厳しい監視下にあった。このように，取引方法を限定するとともに，受渡を各地の証券協会に集中し，個々の業者による「合意の受渡」を排除し，上記のような方法による取引の履行を監視することで，市場の投機化を防止したところに，集団取引のもうひとつの重要な特徴があった。

第三に，価格機能の平準化と闇市場の発生を防止した点を指摘したい。これらの諸点は，後述する1948年に東京での不正行為発覚に伴い集団取引が停止に追い込まれた際に，東京取引員協会役員会が集団取引を停止した場合，各店舗の出来値の不統一が生じる点と，売買の不円滑が街頭での集団取引の発生という形で闇市場を形成する点についての懸念からも明らかである。これら事態の発生を妨げていた点も，集団取引の重要な特徴であった。

しかし，集団取引には限界があった。その第一は少数業者による特定銘柄の投機目的での集中・大量売買を通じた，市場機能の混乱による未決済玉の発生・取引の停止であった。1948年1月に入ると，東京市場で大和証券，小田証券による三菱化成株式の乱売買が発生し，「『差金取引或ハ附替売買』等ノ不正行為」の存在が発覚した。これを契機に「東京ハ此ノ際徹底的

---

(351)「東京取引員協会・東京証券協会連合役員会議事録」1948年1月27日，同年1月30日，『日本証券史資料』戦後編，第5巻，263頁。

市場浄化ト模範的実株売買ノ実ヲ示スコトトシ」，集団売買の休止を余儀なくされた。上述の投機抑制策は，少数業者による特定銘柄の投機目的での集中売買＝市場操作を抑止できず，このことが市場機能の停止を招来した。本事実は，市場の狭隘さ故に，少数業者による市場操作行為が発生したことを示す。この点が第一の限界であった。

　第二の限界は，大衆の市場への参加を許容するような，金融的基礎が欠落していたことである。1947年7月29日に開催された東京取引員協会役員会で大蔵大臣と日本銀行総裁宛に証券金融改善の陳情書を出すことを決定した[352]。そこでは全国の電力会社が設備復旧のために一斉に株式や社債を発行すること，企業再建整備に伴う新証券の発行，経済民主化に伴う所有株式の大量放出を理由に証券市場がその機能を発揮することが求められているとした。その上で「現在の場外取引に於ても証券金融の復活，拡張が是非とも必要である。インフレーション情勢下，殊に封鎖，新円二本建の複雑なる機構の中に証券金融は全く閉塞の儘に放置されているが之は速に改善せられねばならぬ点であると信ず」として，集団取引の受渡資金が全国で5千万円，店頭売買の受渡資金が同じく1億3千万円がそれぞれ必要であるとした。このうち，少なくとも1億円ないし1億5千万円程度の融資を要求した。本陳情書の作成に先立つ7月24日の役員会では過去半年間の実績による一日当たり平均値として，売買株式の代金が7千3百万円とされたが，その受渡必要資金4千万円中，融資希望額として1千万円が提示されていた。このほか，荷為替必要資金が1千万円計上されており，1日の取引に必要な金額の半分を借入金で賄わねばならぬ状況であった。ここからも集団取引が資金面で大きな限界を抱えていたことが理解できよう。さらに，上掲の引用史料に見られるように，今後，巨額の株式・社債の市場への放出が見込まれ，しかも，その消化にはかならずしも資金面で余裕があるとは言えない大衆の動員が不可欠であった。この点をも踏まえた時，金融面での限界は極めて重大であった。

　当局もこの状況の是正に動き出す。1947年9月に大蔵省は各都道府県別の

---

(352)「東京取引員協会役員会議事録」1947年7月29日，『日本証券史資料』戦後編，
　　第5巻，254-256頁。

証券業者向けの最高限度額を総額75百万円にまで引き上げ，この範囲内で証券業者により取引銀行として特定された市中銀行が，日本銀行の監視の下で「自由支払の方法」で融資を行なうことを認めた。さらに，年末の資金繁忙期には臨時増額限度として，都道府県合計で40百万円が認められた。別の史料によれば，本措置は「経済民主化と新資本層の開拓」，大衆の市場への誘導が目的であった。もっとも，投機抑制の観点から融資限度額は存置された。

さらに，1948年になると，「証券民主化」運動の浸透のほか，「配当制限の緩和，法人税の軽減，証券金融の拡大等昨年来の資本尊重政策を好感」し，かつ物価の安定に見られる「流通秩序の確立に依り物資に流れて居た資金が株式市場に流入」するなどして，市場が大活況を呈した。このような中で，同年6月21日に司令部の意向を踏まえて決定された，「金融機関が日本銀行に丙種狭義をなすことなく自己裁量に依り貸出し得る限度」額は，三億円のままに据え置かれた。これに対して，全国証券協会連合会は，証券担保金融の全面的容認，HCLC放出株と再建整備関係株式に対する資金融通，従業員持株希望者への銀行融資，証券業者への融資限度拡大，資金融通準則の改正による運転資金融通の乙種への格上げなど証券金融の一層の拡大を求めた。その際，証券民主化の一層の進展の必要性が示唆されており，これも大衆の市場誘導

---

(353) 大蔵省銀行局「銀秘第三一三二号　証券業者に対する自由支払の方法による資金融通に関する金融緊急措置令の取扱方に関する件」1947年9月1日；大蔵省理財局「証券金融に関する件」1947年12月18日；大蔵省銀行局「銀秘第三一八〇号　年末における証券業者に対する自由支払の方法による資金融通に関する臨時措置の件」1947年12月24日；大蔵省銀行局「蔵銀第六五四号　証券業者に対する金融に関する件」1948年6月25日，『日本証券史資料』戦後編，第5巻，980-983, 991頁。
(354) 大蔵省「証券金融の措置の想定問答」1947年12月末頃，『日本証券史資料』戦後編，第5巻，984頁。
(355) 大蔵省「株価高騰対策について」1948年1月頃，『日本証券史資料』戦後編，第5巻，266頁。なお，杉浦（1995）256頁では「インフレ・マネーが株式に投資に向けられた」ことを株価高騰の要因として重視している。しかし，流通機構整備に伴うインフレ鈍化が株価市場への資金流入要因になった点を看過しており，この点は修正が必要であろう。
(356)「証券金融に関する件」（1948年6月21日，司令部意見，22日，日銀連絡，23日大蔵省付議），『日本証券史資料』戦後編，第5巻，988-989頁。
(357)「証券金融の改善に関する要望」1948年5月7日，『日本証券史資料』戦後編，第5巻，985-986頁。

を睨んだ要求であった。これに対して，大蔵省側は1949年初めになると，当面，従来の政策方針の継続を決定し，全国証券協会連合会の要求を飲まない姿勢を示した。同史料では経済安定九原則に基づく経済金融の正常化の達成が述べられており，緊縮政策に対応した措置を採る必要性がその理由であった。

以上，証券取引所閉鎖の代替手段として採用された集団取引は，一面では有価証券の流通を促す上で効果をもった。しかし，他方で，特に財閥解体・再建整備等に伴う有価証券の市場への大量放出の実施と，その受け皿としての大衆の動員面では重大な限界を抱えていた。このような状況の中で，1949年になると単一為替レート設定など政策転換に伴い，証券取引所が再開された[358]。次に，証券取引所の再開が，場外取引のもつ意義と限界をどこまで継承し，どこまで改善したのかを検討する。

3 証券取引所の再開・証券民主化と大衆動員への対応

(1) GHQの取引所再開を巡る動向

ここでは，先行研究との重複を可能な限り回避する形で，GHQの取引所再開を巡る動向を検討する。

周知のように，1948年に入るとSCAP内で取引所再開に関する議論が活発化した。2月になるとESS内部で株式取引の検討が文書化され，取引所の早期再開が唱えられた[359]。以下，その内容を分析する。そこでは，まず，47年以降の取引量の急増と，それが集団取引の容量を超え，上述した取引中止に至る原因になったことが指摘された。その上で，規制がないままに巨額の取引が実施されている状況では，投機と価格操作が広汎に生じ，上場と流通の環境が不安定化することが論じられた。その際，取引される株式量が需要量に対して少ないこと，業者の行動を管理・監督する法制度に基づき設置された機関が存在

---

(358) 以下の取引所再開の背景も含めて，杉浦「戦後占領政策の転換と証券取引所」149頁以下に依る。

(359) 以下, Memorandum by F.A.March, Research and Statistics Division, ESS, Subject : An analysis of Stock Transactions in Japan, Feb. 2, 1948. 日本銀行金融研究所編『日本金融史資料』昭和編，第24巻，日本銀行金融研究所，1995年，765－767頁。

しないことも指摘され，かつ，取引量が拡大過程にあった48年暮から49年1月にかけて問題が次第に激化したことも論じられた。他方で，48年11月末から日本経済の回復を伝える公式・非公式の報道が相次ぎ，貿易制度の再編成や外国からの直接投資・援助の流入，潜在的投資家層への直接金融のメリットについての教育の普及，配当制限の撤廃と証券荷為替枠の75百万円から115百万円への増加，円の通貨価値の増大，闇市場の縮小，配当増加が見込める特定銘柄への需要の集中などを取引所再開への貢献要因としてあげた。その上で，日本企業が作り出す経済的富の分配への大衆（a large number of people）の参加という課題が生じており，この状況に大衆も影響を受けていることを論じた。その上で，集団取引の停止という事態をいつまでも継続できないことと，集団取引の再開後，可能な限り早期に必要な取引実施の場（Facilities）と取引行動の適切な監督措置を制度化することの必要性が指摘された。以上，48年初頭に生じた集団取引の停止という事態は，GHQに集団取引という制度の非効率性とともに，当時，生じていた大衆の証券市場への参入という事態に適切に対応するためにも，取引所の早期再開が必要であることを認識させた。

さらに，同年7月付けでESSの反トラスト・カルテル部門のチーフであるE.C.ウェルシュにより作成された文書では[360]，証券取引所の閉鎖が財閥解体に伴う放出株の消化にとって重大な障害になっていること，①闇取引と投資家からの収奪，②資本市場の不確実性増加をもたらしていることを論じた。これらを踏まえて，適切な監督を伴う組織された証券取引の必要性を指摘した上で，公開の証券取引の欠如が，大衆の証券投資への関心に悪影響を与えていることを論じた。本文書では，取引所の閉鎖が適切な証券に関する情報を潜在的投資者に伝達しないことに繋がっており，これが財閥解体に伴う放出株の消化にとってマイナス要因であることも論じていた。ここでも，財閥解体の前提条件としての大衆の証券市場への参加のためにも，彼らに価格などの適切な情報を提供する手段として，証券取引法と証券取引委員会の下で早急に取引所を再開することの必要性を論じた。

---

(360) Memorandum by E.C.Welsh, Anti-Trust and Cartels Division, ESS, Subject: Openig the Securities Exchange, July 31, 1948. 日本銀行金融研究所編『日本金融史資料』昭和編，第24巻，日本銀行金融研究所，1995年，767-769頁。

以上，1948年以降，GHQは，日本経済の安定化が，一定程度，進展し，大衆が証券市場に参加する中で，集団取引の限界を認識し，財閥解体とともに，証券市場への大衆参加の手段として，取引所の再開の必要性を認識した。GHQは，日本経済安定化後の青写真として，間接金融による経済発展よりも，資本市場を通じた資金調達による発展という方向性を描いており，この点からも大衆の市場参加を伴った取引所の再開は不可欠であった[361]。もっとも，周知のように，マッカーサーが取引所再開の条件として，単一為替レート設定の実現による経済安定化を挙げていたために，その再開は49年5月にずれ込んだ。

（2）取引所再開前における大衆資金の動員——証券民主化運動の展開とその限界

　このように取引所再開への動きが加速する中で，もうひとつの問題が焦点として浮上した。企業新設や既存企業の増資（新設・増資合計で1946年3,630百万円→48年7〜12月28,867百万円）や，再建整備目的の増資株発行に加えて（48年7〜12月，49年でそれぞれ16,337百万円，15,055百万円）[362]，48年6月以降，その放出（一般売出）が本格化した，2億3千万株・約140億円分にものぼる財閥解体に伴う放出証券の消化がそれである[363]。本目的達成のためには，大衆の証券市場への参加促進が重大な政策課題となった。ここに証券民主化運動が展開される根拠があった。以下，同運動の特徴を検討する。

　証券民主化運動それ自体は，証券取引所再開前の1947年中旬には，証券民主化運動中央本部を設置する形で着手されていた。そこで作成された「証券民主化運動実施要項」では「経済の民主化は証券の民主化によつて初めて達成される」ことや，「今後放出される株式は莫大な数量に上り，経済復興のため新規証券の発行にまたねばならぬ資金も亦巨額に上ることが予想される。この要請に応える為には『国民一人一人が株主に』なる事が理想であ」ること

---

(361) 第2章第2節。
(362) 大蔵省財政史室編『昭和財政史——終戦から講和まで』第19巻，601頁。
(363) 東京証券取引所『50年史』98-99頁。同書によれば，流通市場を介さない従業員処分とOM売出の構成比は合計で23.4％（金額ベース：数量ベースでは31.6％）を占めており，大半が流通市場を介した取引であった。1948年2月から49年10月までの間の処分量も全体の86％（金額ベース），88％（数量ベース）を占めたという（大蔵省財政史室『昭和財政史——終戦から講和まで』第14巻，表2-7，380頁）。

が論じられた。その上で，目的達成のために証券民主化運動が展開される必要性が示された。さらに，大蔵省，商工省，逓信省，文部省，証券処理協議会，通貨安定対策本部，証券業協会全国連合会が会合を行い，証券民主化運動の実施主体として，各省・各機関の総務局長・事務局長クラスから成る産業民主化弘報委員会（仮称。47年11月2日に正式名称が証券民主化委員会に決定）の設置決定を論じた。その後，48年1月まで本委員会を中心に証券民主化運動が展開され，大衆への啓蒙活動のほか，配当制限の撤廃，法人税及利子所得税の軽減，株式金融の拡充などを要求する運動を展開した。

　これらに加えて，1948年3月になると，47年12月以降の活動の結果，ラジオによる相場情報の報道が認められ，大衆の市場動員を目的に，情報流通の円滑化も試みられた。その結果，47年12月に配当制限令が撤廃され，48年には法人税も軽減された。さらに，この間，大衆投資家の保護に資するべく，アメリカのグラス・スティーガル法の影響を受けて銀証分離や証券取引委員会の設置，取引所の登録制などを盛り込んだ証券取引法が制定された。以上，制度改革面では，証券民主化運動は一定の効果をもったと言って良い。

　ところで，証券民主化運動の一環として啓蒙活動が展開された（前述）。その内容を例示する。まず，株式価格の貨幣価値と企業資産の価値の乖離を要因とする株式の割安さとインフレ収束見込みに伴う株価上昇を強調するとともに，その他の付随的メリットの存在も示した。次に株式がインフレによる通貨価値の下落リスクを回避できることを強調している。特に，前二者では，株

---

(364)「証券民主化委員会委員内定」1947年11月2日，産業経済新聞記事，『日本証券史資料』戦後編，第5巻，552-553頁。

(365)『日本証券史資料』戦後編，第5巻，555-574頁。

(366)『日本証券史資料』戦後編，第5巻，576頁。

(367)『日本証券史資料』戦後編，第5巻，576頁。

(368) 大蔵省理財局証券課「第一回想定質疑応答」1947年7月，『日本証券史資料』戦後編，第5巻，122頁。なお，証券取引法の概要は，杉浦「戦後復興期の銀行・証券」284-285頁が既に検討しており，これに依った。

(369)「株式投資御案内展に就て」『インヴェストメント』第1巻第4号，1948年5月，『日本証券史資料』戦後編，第5巻，609-611頁。

(370)「証券の民主化について」『インヴェストメント』第1巻第10号，1948年11月，『日本証券史資料』戦後編，第5巻，611-612頁。

(371)「証券投資普及運動パンフレット」1948年12月12日，大阪証券業協会，『日本証

価上昇に伴うキャピタル・ゲインの取得可能性が強調されており，安定的な配当受取の問題は二次的に議論されたにすぎない。このほか，ここでは，価格下落のリスクについては何らの言及もない。この意味で，これらの史料は，一部では投機的ではないとは言うものの，基本的に投機的な株価上昇による利益確保を強調することで，株式市場を中心とする証券市場に大衆を誘導しようとしたと言えよう。

　この運動は，どの程度，大衆に対して影響力をもったのか。以下では，大阪財務局・大阪証券協会ほかが作成した「証券民主化に関する調査」(1948年4月)[372]で確認する。本調査は，層化抽出標本に対する調査員の面接と，学識経験者等への専門家意見調査を併用する形で実施された。前者に対する問は表2-4-1にまとめた。証券民主化運動に対する認識や意見，有価証券の所有動向を主に調査している。調査手法は統計学的に洗練されていた（前述）。標本数も大阪財務局管内2府5県（大阪府，京都府，兵庫県，和歌山県，奈良県，滋賀県，福井県）の3,000名と大規模であった。それゆえ，その内容は証券民主化運動の効果を見るには充分であろう。まず，問1である。「非現実的問題であるため『回答なし』が少なくなかったが」，得られた回答数2,746中，「物に代える」が第1位で「株を購う」は「甚だ低位」であったという。証券民主化運動に対する認識も，50％を超えた福井，大津，大阪の各市，30％未満の和歌山県郡部，奈良県郡部を除けば，「大体40％を前後とする状況」だった。問3の回答も「少々持っている」が70％であり，しかも関心を持たない理由として「余裕がないから」が40％，「株に不案内，無経験だから」が20％，「タブー」が8％と上位3項目で約7割を占めた。仮に，「余裕がないから」分を差し引いて余裕があるとみなせるもののみ計算すると，「株に不案内〜」は33％，「タブー」が13％，「直接生活に関係ないから」「失敗した経験があるから」「投機的で危険だから」がそれぞれ8％であり，「失敗した云々」を除いた各項目の合計は62％に達する。表2-4-2（前頁）には「現在株を購うとしてどういう点に不都合がありませうか」という問いへの回答を示した。取引単位の大

　　券史資料』戦後編，第5巻，612-613頁。
(372) 以下，特記のない引用等は『日本証券史資料』戦後編，第5巻，576-585頁。

表 2-4-1　「証券民主化に関する調査」質問内容

第1問	あなたは経済的に若し余裕があればその金をどうしますか。
第2問	現在全国に証券民主化運動が行はれていますがあなたはこの運動をご存じですか。(知っていれば)何によってお知りになりましたか。
第3問	あなたは株に関心を持っておられますか。その理由，程度。
第4問	あなたは現在株を持っておられますか。(持っていれば)株種，入手時機，経路。
第5問	あなたは今後新しく株を購いたいと思っておられますか。(購いたいと思っていれば)株種。(購いたくなければ)理由。
第6問	現在株を購うとしてどういう点に不都合がありませうか。
第7問	証券民主化ということに何か御意見をお持ちですか。

出所：本文参照。

表 2-4-2　「現在株を購うとしてどういう点に不都合がありませうか」への回答

端数取引が不可能であり，売買がすべて100単位であること。
株には特殊な知識が要る。その為には信用の出来る相談機関の設置が望ましいこと。又株の知識を普及して貰いたい。
現在の証券会社が多く信用しかねること。尚其他主なものを拾って見ると。
　取引に極めて非民主的な色彩が強いこと。
　株屋の不正行為が多い。
　矢張り株は投資としてより投機であると思はれる。
　或程度の安定性が欲しい。例えば暴騰，暴落の限界を或る程度法的に規定するとか。
　株屋が不親切だ。
　税金をとられる可能性が多い。
　もう少し簡単に売買出来るようにして欲しい，例えば銀行や郵便局の窓口等で。
　株屋の利喰いが多すぎる，仲買人の都合で値がいろいろ変わる。
　農業協同組合等に信用ある仲介所を設けよ。
　市場値と地方値の差が大きすぎる。
　会社の事業内容を明確に知りたい。
　地方に信用ある株屋がない。
　購いに行っても現株を手に掴むことが出来ない。

出所：本文参照。

きさ・方法の難しさや，業者への信用度の低さ・不親切さが重大な障害と認識されていた。ここまでの証券民主化運動では，啓蒙活動のほか，制度面を中心に経済復興に対する証券投資拡充の必要性を強調し，税制改革・配当制限・株式金融の改善が重視されていた（前述）。しかし，この運動方法は自らの生活感覚で物を考える大衆には説得性が弱かった。

　1948年1月以降，株式の取引量が急増した（前述）。49年1月7日付けの大蔵省側の史料によれば，新年になり出来高280万株に達したが，その理由は単一為替レートの設定，アメリカによる対日援助，通貨整理の未実施声明が新聞に掲載されなかったことが原因であったという。これにより「財産保全に真剣」な大衆が再建整備の増資株の消化基盤になっていたという[373]。個人株主数とその所有株数は1945年度末と49年度末を比較すると[374]，それぞれ絶対数で1,673,828人→4,190,523人，23,542万株→138,247万株，比重で53.1%→69.1%にまで急増した。しかも，同様に1個人株主当たりの所有株数は，140株→320株と増加したほか，この間の個人株主数の100名増加当たりの株式数の増加は15万株であった。これらから個人株主の市場参加の理由は，明確に市況好況下での供給増加である。以上，株価上昇の重要要因のひとつとして，証券市場を取り巻く経済状況の改善を背景とする，大衆の市場への参加があった。しかし，この大衆参加の効果も，市場の狭隘性を背景とする四大証券による発行会社選択の際のスキャンダル発生に伴い，再度，弱体化し，同年1月20日には取引量は「100万株に落ち，相場も下がっ」た。大衆が証券市場への消極的な参加の重大な理由のひとつに，証券会社や関連業者の行動に対する低い信頼性があった（前述）。このことが，一度は，市場に向かった大衆を，短期間で市場から遊離させた。

　このように，取引所再開以前における大衆の証券市場への動員は，啓蒙活動面でも限界が大きく，株価が下落局面に入ると，1949年度末には個人株主は所有残高の7割近くを占めたが，51年度末には57.0%に下落したことに見

---

(373) 大蔵省「部局長会議の要旨」（第一号），1949年1月7日，『日本証券史資料』戦後編，第5巻，290-291頁。
(374) 以下，特記の無い数値等は，大蔵省財政史室『昭和財政史——終戦から講和まで』第14巻，609頁。

られるように，短期間のうちに大衆の市場からの遊離を発生させた。この点に重大な限界を包含していた。

(3) 証券取引所再開開始期
　　＝ドッジ・ライン下の証券市況対策と信用取引の導入

　以上の状況の中で　日本政府は，GHQに対して，集団取引では市場の狭隘性ゆえに相場の激変が生じやすく，「健全な投資に障害を及ぼしていること」，「大衆投資家保護上充分な監督取締」の必要性を理由に，取引所の早期再開を強く要求した。1949年1月31日になるとGHQから取引所再開許可が正式に表明され，これを受けて，先物取引の禁止，「一定の例外」を除く上場証券の取引所での売買，取引所における売買は時間順に記録されることという条件付きで，同年5月16日に取引所における取引が再開された。

　しかし，前述のように，既に再開直前の1949年1月の時点で，流通市場は不安定な状況にあり，同年4月の時点で関西経済同友会から上述の証券金融三億円枠の拡大を求める陳情が大蔵省宛に出されることが報じられた。これが再開まもない11月になると，状況の悪化に伴い関係者の市場対策要求への動きが顕在化する。11月7日には大阪証券取引所・大阪証券業協会が連盟で，融資回収の延期による金融機関からの借入金返済目的の増資の延期，増資・売出を行わざるを得ない場合の払込資金融通要求を柱とする陳情書を提出した。さらに，同25日には東京証券取引所が証券金融の実行機関としての証券金融金庫（仮称。資本金10億円）設置を求める意見書を国会議員に提出

---

(375) 大蔵省「LO二〇一一　証券取引所の再開について」『日本証券史資料』戦後編，第5巻，130頁。
(376) 杉浦「銀行・証券」285-286頁。ただし，直後の引用は，証券取引委員会委員長「証取第二五号　上場証券に関する顧客注文の執行方向について」1949年5月13日，財団法人日本証券経済研究所『日本証券史資料』戦後編，第5巻，9頁。
(377) 「関西経済同友会，証券問題委員会を開催，証券金融について意見書を決定，近く関係当局へ陳情」『大阪証券日報』1949年4月15日付け記事，『日本証券史資料』戦後編，第5巻，997頁。
(378) この点は，小林和子「証券市場の復興と整備　解題」2頁でもごく簡単に触れられている。
(379) 「証券市場対策の陳情書」『日本証券史資料』戦後編，第5巻，20-21頁。

した。この動きを受けて，民主自由党が優良株式払込資金の市中銀行からの自由融通，日銀の株式担保金融の復活，「貸株制とコール制」から成るレギュラー・ウェイ（短期信用取引）の実現を中心とする恒久策，証券処理調整協議会の株式放出中止，再建整備計画による増資期限延期，銘柄を限定した上での市中銀行経由の日銀による株式担保融資を中心とする応急策を策定した。このほか証券処理調整協議会も，再建整備法令における標準資本金額の緩和，増資実行時期の延期，株式発行相談機関の設立，日銀株式見返担保制度の復活，見返り資金融資，総司令部の市場安定化目的の声明発表からなる上申書を司令部に提出した。経団連もほぼ同様の内容を要求した。さらには，50年3月には国会でも資本発行の総合調整，過剰株式の吸収保有措置実施，日銀の株式担保金融，投資大衆の保護を柱とする決議がされた。

　以上，業界団体，政党等から出された対策は，市場崩落阻止のための資金面からの対応を求めるものが中心であった。これら対策の眼目は，大衆の株式市場からの離反阻止にあった。証券民主化運動の実施にあたり，業界側は株価上昇によるキャピタル・ゲイン取得を強調していたから，株価低落はこのような運動そのものの基礎を動揺させることになりかねない。このことが，株価の下支えを目的に，証券金融の供給増加を強く要求した背景と見てよかろう。これに対して，政府は1949年7月に大蔵省銀行局が「金融機関資金融通準則」中の「証券金融中丙種以下に抑制されている制限」の撤廃と「一定

---

(380)「証券政策の確立と証券金融金庫設立に関する意見」『日本証券史資料』戦後編，第5巻，21-22頁。
(381)「証券対策確立要綱」1949年11月30日，『日本証券史資料』戦後編，第6巻，25-26頁。
(382) 証券処理調整協議会「証券市場再建に関する上申書」1949年12月2日，司令部宛文書，『日本証券史資料』戦後編，第6巻，27頁。
(383) 以下の引用も含めて，「証券市場対策に関する意見」1949年12月15日，『日本証券史資料』戦後編，第6巻，30-31頁。
(384)「長期産業資金調達促進のための株式対策確立に関する国会の決議」1950年3月28日，『日本証券史資料』戦後編，第6巻，45頁。
(385) ほぼ同様な主張は，群馬証券業協会「証券対策の陳情書」1949年12月6日；日本証券投資協会会長長崎英造「臨時証券保有期間設立等証券対策に関する意見書」1950年1月17日，『日本証券史資料』戦後編，第6巻，28, 39-40頁にも見られる。

限度内」での「金融機関の自主判断」を検討し，同年8月に証券業者向け運転資金の乙種引き上げが実行されたほか，11月29日に再建整備に伴う増資の延期，閉鎖期間の株式売出緩和を打ち出した。さらに証券処理協議会による株式売却を，11月14日以降，3度に亘り停止したほか，日本銀行内への増資等調整懇談会の設置などの措置を採ったに過ぎなかった。ドッジ・ライン下のディス・インフレを目標とする強い緊縮局面では，証券業界やその関係者が求めた，日銀信用への依存も含む証券金融の充実は実現しなかった。

ただし，恒久的対策として要求された信用取引の導入は，戦時期のそれとは異なる，新たな信用取引制度の導入により実現されることになる。証券取引委員会の史料によれば，貸株制度とコール資金による決済を用いた短期の信用取引（レギュラー・ウェイ）の導入は，取引所再開以来の課題であったとされるが，この問題が本格的に取り上げられるようになったのは1950年10月頃であった。この時期に作成された同委員会史料によれば，証券市場対策として証券金融充実を求めていた。その理由として，戦後改革により投資者が零細資金しか持たない大衆になったので，換金を容易にし，証券の担保化により資金化することが，大量株式の円滑消化の前提条件になることを挙げていた。その上で，同史料では日銀の株式担保金融実施が要求されていた。その際，注目されるのは，レギュラー・ウェイの導入にあたり，証券業者が顧客購入の株式担保によりコールを調達するという取引制度上の仕組みからしても，市中銀行がこれを担保にして日銀から資金調達可能でなければ，証券金融の円滑化は図れないとの主張がされたことである。実際，50年8月時点で東京市場において450百万円のコール資金が証券業者により調達された。この資金が国債担保に限定されていることを問題視して，レギュラー・ウェイを実施するには，株式担保によるコール資金調達容認の必要性も指摘していた。特に，証券取引委員会の50年6～9月期の数値に基づく試算によれば，東京市場のみ

---

(386) 東京証券取引所『50年史』146-147頁。
(387) 小林「解題」2-14頁。
(388) 第2章第2節。
(389) 証券取引委員会「証券市場育成のための証券金融」1950年10月頃，『日本証券史資料』戦後編，第6巻，340-341頁。以下の分析は，特に断らない限り，同史料による。

で常時残高で現行の3倍の3,891百万円が必要とされ，その内，市中銀行からの融資が2,512百万円になるとされた．さらに，東京市場の金額から全国の所要金額を推定すると4,393百万円にのぼるとされた．

証券取引委員会は，上記金額の推定にあたり，アメリカとは異なり，わが国の証券市場と金融市場の関係が不十分であり，コール市場も発展していないので，レギュラー・ウェイを実施した場合，当面の所要資金には特別の援助を必要するとしていた．ここから，上述した日銀の株式担保金融実施，市中銀行への株式担保によるコール資金融資の要求は，コール市場の発展度や証券市場と金融市場との関係を巡るアメリカとの相違に基づいていた．上述のように，レギュラー・ウェイ導入も含めて，これらの証券金融対策が，一般大衆所有の有価証券の換金の容易性確保との関連で打ち出されていることから，このことの実現を通じて，レギュラー・ウェイの円滑な実行を下支えすることで証券市場の崩落阻止を狙っていた．この意味で，上記の対策は，一般大衆の証券市場からの離反阻止が目的であった．

以上を踏まえて，証券取引委員会は信用取引制度の構築を行なった．同委員会は1950年12月15日付けで取引要綱を作成するが，そこでは，特に，証券業者の自己計算に基づく取引の禁止，顧客勘定の明確化と顧客への閲覧実施，インサイダー取引の禁止，資産内容の監督の厳重化が謳われていた．証券業者による投機的取引が禁止されたのである．さらには，51年5月には顧客に対する証券業者の信用供与（有価証券時価の55％）[390]が認められた．その上で，日本銀行から日本証券金融株式会社に対して17億円の特別融資枠が与えられ[391]，同年6月1日付けで信用取引が実行に移された．この措置により，東証における同社の融資残高は50年の430百万円から52年には3,080百万円にまで上昇したほか，全国証券取引所の上場株式総数は51年6月の26億

---

[390] 大蔵省「大蔵省令第四四号　証券取引法第四十九条第一項により有価証券の時価に乗ずべき率に関する大蔵省令の一部を改正する省令」1951年5月17日，財団法人日本証券経済研究所編（1987），350–351頁．

[391] 以下，特記のない議論と記述は，東京証券業協会・大阪証券業協会（作成者推定）「信用取引所要資金枠の拡大要望に関する件」1952年8月頃，『日本証券史資料』戦後編，第6巻，369–370頁．ただし，日本証券金融株式会社の融資額は大蔵省財政史室『昭和財政史――終戦から講和まで』第19巻，608頁による．

株から 52 年 7 月には 42 億株へ増加し，その時価総額も同様に 2,083 億円から 4,584 億円に増加した。総売買高は 11,800 万株から 33,700 万株に増加し，約定代金は 122 億円から 671 億円に増加した。東京・大阪両証券業協会作成の史料では，上記の数値は「取引所市場が一般大衆の株式投資による資本蓄積を促進し，事業会社の資本調達に寄与しつつあることを証明する」としており，上記の諸措置が大衆の証券市場からの離反に歯止めをかける上で，一定の効果をもったと言えよう。

さらに，史料の制約上，取引所売買高の大半を占めると推定される主要 9 社の財務状況を見ると[392]，1949 年 10 月から 50 年 9 月までの期間と，50 年 10 月から 51 年 9 月までの期間の総資産＝総負債増加額 6,024 百万円に対して，外部負債増加額は 5,652 百万円であった。総資産増加額のうち 5,532 百万円は流動資産増が占めていた。これは取引の活発化に伴う手持ちの有価証券増が大半と判断される。このような取引の活発化が上述した中央銀行信用も含む証券業者への銀行信用の導入に支えられていたと見てよい。

以上の結果，金融市場と証券市場を分断性を強化することで，証券市場の安定性を重要視することが濃厚だった当初の GHQ の改革は後退を余儀なくされた。

(4) 新しい投資信託制度の導入

これらの措置に加えて，新しい投資信託制度が導入された[393]。まず，前提として，損失が出た場合，2 割補償し，利益が出た場合，1 割を証券会社がとるという，1949 年に戦時中に組まれた投資信託の解散が実施された[394]。その上で，新しい投資信託制度の導入が議論された。まず，同年 12 月以降，ドッジ・ラ

---

(392) 大蔵省財政史室『昭和財政史——終戦から講和まで』第 19 巻，464 頁，表 4-3 よりの算出値。なお，同書の表 4-4（465 頁）には四大証券のシェアが示されているが，52 年で 36％を占めており，ここから主要 9 社の動向で全体のそれを推測するのは問題がないように思われる。

(393) ここで言う投資信託は，いわゆるユニット型が中心である。なお，岡崎哲二「企業システム」岡崎哲二・奥野正寛編『現代日本経済システムの源流』135-136 頁でも当該期における投資信託に言及している。しかし，特に大衆の嗜好性との関連での商品内容の背景，投信消化が急進巽した理由は述べられていない。

(394) 瀬川美能留「証券市場と大衆資金」志村嘉一監修・エコノミスト編集部編『戦後産業史への証言 4 金融の再編成』毎日新聞社，1978 年，102-105 頁。

インに伴う株価下落への対応として，新たな投資方法として，投資会社を設立した上で，これに資金運用を委託する構想が一万田日本銀行総裁から提起された(395)。しかし，時期尚早との池田蔵相らの反対もあり，一万田構想は流産した。ほぼ同時に証券取引委員会も新投資信託導入をにらんだ新投資方法を構想した(396)。その中で「従来の投資信託に準じたもの」の実行が盛り込まれた。そこで注目されるのは，本構想を検討した結論部で「概念的にも一応投資信託として或る程度大衆に親しまれ，当社側としても一般に手馴れたものであり監督官庁側でも経験済みの問題として諒解をつけやすい」ことが指摘されている点である。これに加えて(397)，47年という早い時期から，証券業者にも「株式の大衆参加」実現のために投資信託の復興を求める強い主張があった。上記の証券取引委員会の構想は業界にとっても受け入れ安いものであったと判断される。

以上，少なくとも実物取引よりは相対的により高リスクながらも高いリターンも見込まれる，大衆に親和性のある商品の導入を通じた，彼らの株式市場からの離反抑制が投信導入の理由であった。ただし，一般大衆のほか，「株価維持の考へからユニツト(ママ)中にある各事業会社の購入を狙ふ」ともされた。もっとも，1951年1月12日付けの証券取引委員会史料では，「投資信託法制定にあたつての問題点」として(398)，「飽く迄も『自己の計算に基づく投資』であ」り，預貯金的な「貯蓄観念を離脱せしめる必要」性，単なる「株式消化手段」や「インフレ防止の為の大衆貯蓄として便宜政策化」することは，「今後の健全な発達を阻害する」ことが指摘された。この意味で，証券取引委員会は，本構想への長期的実効性付与のためには，大衆の意識変化を伴わねばならないとの問題に直面した。

この点に関連して，東京証券業協会の史料では，過去の経験から「投資信託による大衆資金動員」の実現には，「受益証券の換金性が根本的な影響を

---

(395)「投資会社案の展望」『調査レポート』第9号，1950年2月，証券処理調整協議会，財団法人日本証券経済研究所編(1987)，379-382頁。
(396) 証券取引委員会「新構想の投資方法に就いて」1950〜51年，『日本証券史資料』戦後編，第6巻，393-395頁。
(397) 瀬川「証券市場と大衆資金」105頁。
(398)「投資信託法制定にあたつての問題点」1951年1月12日，『日本証券史資料』戦後編，第6巻，394頁。

もつ」故に部分償還制度の必要性が述べられていた(399)。実際，戦時期の投信制度では(400)，受益証券の第三者への譲渡にあたり指名債権譲渡の方式しかなく，「受託者への対抗要件」として譲渡事実の債務者への通知，またはその承諾が必要とされたが，「実際には，譲渡人，譲受人の連署した『受益権上と名義書換請求書』に受益証券を添えて受託者に提出」することにされていた。つまり，市場を利用した匿名性の取引が不可能であり，譲渡人は譲受人を自ら探す必要性があるから，投資家側からすれば戦前の投資信託は換金性や流動性確保の手続き面で極めて煩雑であり，しかも預貯金的観念の強い大衆投資家を市場に誘導するには利便性の面で重大な欠陥を抱えていた。本提案も，業界側が，一般大衆が預貯金的な観念が強いため，一定程度，銀行預金的な流動性を付与しないと，その実効性が確保不能と考えていたことの反映であった。この意味で，業界側は，証券取引委員会に比べて，大衆の意識変革に対する姿勢は妥協的であった。これに加えて，信託金の最低限度設定について，零細資金により投資を行う大衆による消化確保の観点から，「一時に多額の」受益証券の大量売出しに反対していた。この点でも，業界側は金額制限が基本的に無い，銀行預貯金と同様の性格付与を試みた。なお，戦時の投資信託とは異なり，上述した損失補償等は盛り込まれなかった。

　このように，新しい投資信託制度の導入にあたり，証券取引委員会と業界側では考えが必ずしも一致してはいなかった。結果的に，業界側の主張が容れられ部分解約，金額制限のない制度が導入された(401)。新制度が実施された1951年6月以降，52年9月までの8回にわたる委託会社4社の応募状況の平均値（申込人数，申込金額）を見ると，1～5口がそれぞれ50.4％，10.7％，

---

(399) 東京証券業協会「証券投資信託制度設定に関する意見書」1951年3月27日，『日本証券史資料』戦後編，第6巻，395-396頁。
(400) 社団法人証券投資信託協会『証券投資信託20年史』同協会，1975年，157-158頁。それ以外にも，①戦時期の投信制度には受益権分割後も委託者に運用指図権が残るか，②委託者が受託者から受ける報酬取得権の曖昧さという問題もある。本節では，問題関心から受益証券譲渡の問題に焦点を絞る。
(401) この点は「山一証券株式会社第二回証券投資信託約款案」1951年7月；証券投資信託委託者会「証券投資信託に関する要望書」1952年9月19日，『日本証券史資料』戦後編，第6巻，396-401頁からも確認される。なお，以下の数値は「要望書」による。

6〜10口が27.9％，17.9％，11〜20口が13.2％，16.8％，21口以上が8.5％，54.6％であり，20口以下で申込金額の約半数，申込人数の90％以上を占めていた。設定額自体も300億円を上回っており，54年時点でユニット型・オープン型の合計が785億円（殆どがユニット型）[402]に達するなど絶対的な規模も急拡大していた。[403]もっとも，53年5月22日付けで発せられた，契約時における口頭ないし文書での損失補償実施の確約付与を禁じる大蔵省理財局長発各委託会社宛の通達に見られるように，このような「自己計算に基づく投資」という制度の趣旨に反する営業活動を行ったことも，投信の急激な普及の要因であったと判断される。この結果，50・51年においては流通代金指数で1万を超えることが殆どなかった状況が，52年になると1万の大台を超えて同年6月には38,855にまで達したことに見られるように，[404]個人の株式所有（個人その他＋投信）比率6割台を維持しつつ，[405]株式市場は拡大に向かうことになった。

以上，銀行預貯金的観念を払拭できなかったという意味で，この時期の投資信託制度は重大な限界を包含しつつも，次第に大衆に普及し資本蓄積の促進に貢献した。

結　論

敗戦直後，GHQは，日本側からの早期の戦前型証券市場復活要求を拒否した。そのために，価格形成機能・資源配分機能に代表される市場機能を，相対的にではあれ活用可能な取引所の再開はできず，取引所に比べて大量取引の円滑な実施が困難で，価格形成の公正性機能も相対的に不十分な集団店頭取引が行われた。しかしながら，財閥解体に伴う大量の株式放出が現実的課題になると，GHQは大衆投資家による広範な株式の消化に基づく所有の分

---

[402] 第4章第2節，表4-2によれば，投信元本残高に占めるオープン型投信の元本残高の比重は，1954年末時点で0.7％に過ぎなかった。その理由は，ユニット型投信はドッジ不況による「暴落の影響から優良株などが立ち直る途上」で発足したため，朝鮮特需期に発足したオープン型に比べて好成績な償還を収めたために，投資家には魅力的に映ったからであるという（東京証券取引所『50年史』190-191頁）。
[403] 東京証券取引所『50年史』表2-1-9，189頁。
[404] 大蔵省財政史室『昭和財政史——終戦から講和まで』第14巻，表3-2，399頁。
[405] 大蔵省財政史室『昭和財政史——終戦から講和まで』第19巻，609頁。

散を目指しつつも、他方で清算取引を排し、証券市場と金融市場の分断化により市場の不安定化や高リスク、高リターン化を抑止する姿勢を示した。これを受けて、資本蓄積促進の必要性から、集団店頭取引に代わり、特に単一為替レート設定への取組みが明確化した1948年以降[406]、より市場機能をより強く発揮可能な取引所の再開が現実化した。同時に日本側も官民一体となり、大衆の証券市場への誘導＝「証券民主化」運動を進めた。

ただし、戦後改革により経済力を大幅に後退させた旧資産家層に代わり、株式等の有価証券の消化基盤としての役割を期待された大衆投資家は、周知のように、所得水準は低位であり、しかも預貯金的観念が強く株式の消化基盤としては不安定であった。その帰結として、株式市場への誘導教育も株価上昇によるキャピタル・ゲイン取得可能性を強調し、有価証券がリスク商品である点を強調しなかった。この意味でもキャピタル・ゲイン取得を求める大衆投資家を市場に誘導するためには、株価下落の回避は至上命題であった。このことは、ドッジ・ライン実施に伴う株価の暴落による、大衆投資家の急速な市場から乖離とそれへの対応に如実に現れた。つまり、市場参加者＝大衆投資家の有価証券消化能力が弱い状況では、上記のように取引可能量が狭隘で、各店頭での分断的な取引故に、価格形成機能も統一性と公平性が著しく弱い店頭取引よりも、上記の店頭取引の限界を突破できるという意味で市場機能をより強く発揮できる取引所制度を再開したにしても[407]、そのことは直ちに安定的な株式消化基盤の形成をもたらさなかった。

この過程で、市場安定化のための諸措置が必要になり、具体的には、証券市場と金融市場の関係密接化（銀行部門から証券部門への資金供給）、その下での市場のもつ取引の匿名性を利用可能にし、なおかつ実物取引よりは相対的に高リスクながらも高リターンをも望みうる投信導入が導入された。これらの諸制度と補完性を持たされて、はじめて取引所制度は株式消化に対して、それな

---

(406) 伊藤『戦後日本の対外金融』第1章第3節。
(407) 戦前の取引所と店頭取引を混合した制度（1921年4月の取引所法改正後）では、「実物取引の少なからぬ部分は」（中略）「証券交換所」で行われていたとされており（志村嘉一『日本資本市場分析』341頁）、取引可能量の狭隘性、価格形成の統一性・公平性といった点で、戦後の取引所制度よりも劣っていた。

りに役割を果たすことができた。この意味で，大衆の銀行預貯金的観念の残存という重大な限界は残ったものの，1951年は投信と信用取引「が日本の証券市場でスタートした」(408)重要な画期になった。もっとも，このことは，同時に，戦前来の清算取引の排除は実現されたものの，当初，GHQが証券市場改革にあたり重視した，大衆化と高リスク化（に伴う証券市場の不安定化）の排除（実物取引への一本化）が，一定程度，二律背反であったことを意味する。

以上に加えて，投資家層としては不安定な大衆投資家に依存する形での産業資金需要の充足の困難さは，銀行部門への強い依存と同時に，証券市場の動向が金融システム全体に不安定性をももたらす，高度成長前半期における日本金融制度のもつ特徴(409)の歴史的起点となった(410)。何よりこれらのことは，戦前・戦時期を通じて，特に所得や資産面での大衆社会形成の未実現という，近代日本の歴史的遺産の影響の集約的表現であった。これらの諸点の中に，当該期の株式流通市場を中心とする証券市場の再編成の意義と限界を見出せる。

（補論）戦後改革期における日本銀行斡旋融資についての研究動向

はじめに

メインバンク・システムの歴史的形成過程が重要な研究対象になるとともに，戦後改革期に行われた日本銀行による斡旋融資が，戦時期に発生した同システムを戦後に定着させた重要な要因であるか否かを巡り研究が行われた。残念ながら，筆者は，『日本金融史資料』に収録されている幾つかの史料等を除き，日本銀行の斡旋融資に関わる史料にアクセスすることはできなかった。それゆえ，ここでは，主要論者である岡崎哲二氏と杉浦勢之氏の見解に基づき，(411)

---
(408) 瀬川「証券市場と大衆資金」106頁。
(409) 杉浦「1965年」290頁。
(410) 第2章第2節に依る。金融システムの不安定性との関連も第4章第2節で論じる。
(411) 岡崎「戦後経済復興期の金融システムと日本銀行斡旋融資」『経済学論集』（東京大学）第61巻4号，1996年1月；杉浦「戦後復興期の銀行・証券」。なお，両氏のほかに同時代的な考察として，松村秀夫「戦時，戦後の共同融資」『金融』66号，全国銀行協会連合会，1952年9月がある。

日本銀行斡旋融資の動向を紹介した上で，研究上の問題点を指摘する。

1 戦後改革期における日本銀行斡旋融資の歴史的推移

ここでは，注（411）に掲げた岡崎論文に依拠して，日本銀行斡旋融資の推移を紹介する。

1946年8月に戦時補償が打ち切られると，特別損失を蒙った企業の財務，実態両面での再建が課題となった。金融面では，復興金融金庫の設立を通じた資金供給が，その対応の重要な一環であったが，「公的資金供給には量的な限界があった」(33頁)。それを補うために実施されたのが，市中金融機関による協調融資であった。本協調融資では，460業種を「優先度の高い方から順に甲1，甲2，乙，丙の4ランク」(33頁)各付けした産業資金貸出優先順位表にしたがって融資を実施するように，市中金融機関を指導した。しかしながら，市中金融機関には必ずしも甲種産業へ融資を実施する誘引をもたなかった。この限界を突破するために，経済安定本部は「産業資金の供給について（案）」(46年11月11日付け)という文書で「最重点産業」については可能な限り多数の銀行を「シンジケート」に参加させて「計画金融」を実施するとの方針を打ち出した。その際，日本銀行が「シンジケート」への参加を指導することが挙げられ，「金融機関資金融通準則に基づく融資規制には」(中略)「日銀の斡旋によって戦略産業に対して協調融資を組織するという積極的な対策を組み込」まれた。

1946年10月になると，日本銀行でも斡旋融資についての検討がされた。一万田総裁も，戦争による被害を考慮してか，担保第一主義的貸出の困難さを指摘した上で，「専業経営に対する監査能力」を持つ必要性を強調した。第二に，復金融資利用がインフレを助長するとの懸念から市中銀行の育成の必要性が指摘された。第三に都市銀行と地方銀行との間に資金偏在が存在するという状況の中で，地方銀行を「シンジケート」に参加させることにより，都市銀行の資金不足を補完しようと考えた。この議論を受けて，同年12月に「資金配分調整に伴ふ本行貸出規制方針」，「中央地方を通する資金交流斡旋」が決定され，これを受けて47年1月に融資斡旋委員会と営業局融資斡旋課が設置された。これにより，これら以外の組織も含めて日本銀行の全組織の協

力を得る形で斡旋融資が実行された。47年の綿糸紡績業の設備復元に関する協調融資では、大日本紡績ほか10社に対して協調融資が組織され、合計108行もの銀行が参加、599百万円もの資金融資が実現した。その際、従来から取引があった大手行が幹事行を務め、企業に特別管理人を派遣し、企業を事実上の銀行管理下においたとされている。これ以後、融資斡旋額は49年1月には100億円、同年末には250億円にまで達し、全国銀行新規貸出額に占める斡旋額の割合も、時期により波があるものの、低い時で5,6%（48年1月、49年1月）、高い時で13%台（1947年3月、同12月、48年5月）を記録することもあった。産業別の広がりを見ると19の産業で斡旋融資が実施された。その中で期間平均が10%を超えたものを示すと、金属工業（1947〜1950年1-4月の平均19.17%）、鉱業（同11.35%）、鉄鋼（同17.72%）、機械器具（同11.8%）、化学工業（同12.1%）、繊維（同12.75%）といった経済復興を果たす上で重要な産業で重点的に斡旋融資が実施されたことが分かる。これら資金を量的に見ると、都市銀行の比重が63.3%（1947年）、73.4%（48年）、81.2%（49年）、86.6%（50年1-4月）であった。地方銀行は、敗戦に伴い民需産業の復興が求められる中で、地方での資金需要に応需する必要性があったから、少なくともこの時期については、日本銀行等当局が考えるほど、余資があったとは考えにくい。このことが、「都市銀行相互間の協調融資の組織を助成する機能」（43頁）がより重要性を帯びた要因と考えられる。

　1948年7月になると、いわゆる中間安定を求める動きが強まる中で、日本銀行の営業局長、資金局長、考査局長、総務部長、融資斡旋部長のほか、「主要銀行の幹部」19名（43頁）により融資斡旋委員会が設置された。ここでは、日本銀行が援助してきた結果、「産業融資先の選別のみならず、事後的監査等まで日銀に依存しようとする傾向が強まったと」いう問題点が認識されるようになったという。この認識に基づき、48年9月の融資斡旋委員会に「融資斡旋取扱要領」を提出の上で了承を得た。そこでは、「産業資金貸出優先順位表の順位を尊重」することを前提として、①生産増強に資する資金難先へ

---
(412) この点のみ岡崎論文、第6表（41頁）から筆者が算出。
(413) 第3章第6節の地方銀行の全体状況を参照。

の融資，②回収見込みの確実性と金額・期間の適正限度内化，③業者による主取引先を通じた申込み，④主取引先による「十分な調査の結果」に基づく意見を踏まえて，日本銀行は主取引先と共同して適正な融資斡旋を行うこと，⑤主取引銀行による融資先の実情の「責任ある監査」の実施と日本銀行と参加行への報告などが記載されていた。このような内容を踏まえて，メインバンクの重要性が強調されている点，メインバンクが斡旋前の審査と事後的なモニタリングを実施することが謳われている点から，「delegeted monitor としての機能」「産業内の企業ないしプロジェクトの選別 (screening)」を基本的にメインバンクに委ねた点が重要な意味を持つとされる (44 頁)。

以後，この体制で斡旋融資が実施されたが，1950 年 4 月以降，件数・金額は減少して，同年 4 月の 146 件，135 億円から同年 5 月には 3 件，2 億 9 千万円にまで急減した。この状況を受けて，50 年 5 月以降，融資斡旋委員会も，一時的に開催された時期はあったものの，開かれなくなり，54 年 2 月には融資斡旋部も廃止された。しかしながら，斡旋融資参加延べ 135 行中，① 79 行 (59%) が 55 年時点でも上位に入り，② 119 行が短期融資を継続し，③融資 1 位 25 行中 20 行 (80%) が 1 位を維持した。これらを根拠にして「日本銀行斡旋融資において幹事となった銀行の多くは高度成長期に入っても引き続き当該企業のメインバンクとしての地位を保ったと言える」(49 頁) との評価が下されている。

2 岡崎説の含意と杉浦氏による批判

以上を踏まえて，岡崎氏は斡旋融資過程を通じて「多数の協調融資の組織を通じて reciprocal celegated monitoring のネットワークを一挙に作り出し」(中略)「融資斡旋はメインバンク制の定着に関して重要な役割を果たしたという含意が導かれる」(51 頁) という。しかしながら，岡崎説では，1940 年代末から 50 年代前半にかけて幹事行となった都市銀行が貸出・審査管理体制を整えたことを論証していない。公刊されたのがほぼ同時期 (1996 年) であるから，意識的な岡崎批判かどうかは不明であるが，少なくとも結果的にこの問題点を突く形で議論を展開したのが杉浦勢之氏の議論である。まず，杉浦氏は独占禁止法の影響もあり「貸付事務は個別におこなわれることになっている」こと

を指摘した（注（411）論文，275頁）。その上で，大蔵省検査史料に基づき協調融資の「管理面の協調はむしろゼロに近い」こと，「科学的な信用調査は未だその緒についたばかり」であることを指摘した[414]。これらを踏まえて「1950年代初めにおいても銀行が審査体制を本格的に確立していなかった」ことを指摘した（同277頁）。さらに，興長銀の整備により協調融資から金融債購入を通じた「協調」への切り替えが進み，「長期債への運用を通じて，短期資金の長期資金へのコンバートがシステム的に可能になり，長期信用銀行の融資を自行取引先に向けることができれば，付き合い的な協調融資に応じることによって，自行取引先への協調の保証を取り付ける必要性もなくなった」（同278頁）ことも指摘した。

以上を踏まえて，杉浦氏は，斡旋融資を通じた1940年代末から50年代前半におけるメインバンク・システムの創出という岡崎説を，事実上，否定した。その上で，1950年代後半，「オーバーローンが再度問題に」なる中で，「協調融資が再度問題になる」とした。

むすびにかえて——杉浦説の問題点と残された課題

杉浦氏の議論の鋭さは，岡崎氏にあっては幹事行となった都市銀行の内部に立ち入って審査・管理体制，あるいは協調融資参加行との情報共有体制等が未検討なまま，強引に理論に引き付けて歴史的評価を下した問題を実態面から批判した点にある。確かに，それまで日本銀行から貸出審査・管理機能を持っていないと指摘された都市銀行が，急にそれらを整備して機能させるという議論は現実的ではない。この点では，筆者は，杉浦氏の議論に全面的に賛同する。なお，借り手側から見た協調融資について，個別事例に過ぎないが，三和銀行を中心とする銀行団から設備復元資金融資を受けた大日本紡績の事例によれば，設備復元後，社債による調達資金を用いて，同行を中心とする協調融資団に資金を返済し，資本構成を改善する動きを強めた。このことは，借り手企業側が，協調融資団からの資金調達は，設備復元後には返済するもので，資本構成の是正が重要であると考えていたことを意味する。杉浦氏

---

(414) これらの諸点は松村「戦時，戦後の共同融資」24頁でも指摘されている。

が指摘する1950年代初頭における協調融資件数の激減には，このような借り手企業側の資本構成健全化の必要性に対する意識があったと推定される。(415)このような事実からしても，日本銀行の融資斡旋は，戦時下におけるメインバンク・システムを戦後に連続させるものでなかった。

しかしながら，杉浦説に関して言えば，1950年代半ば以降の時期については，果たして，どの程度，幹事行たる都市銀行の貸出審査・管理体制が整備されたのかが不明確である。この点に関する不明確さを残したままで，50年代半ば以降のメインバンク制度の成立を展望しても，そのような展望は説得力を持たない。特に青木氏らの議論では(416)，50年代から70年代初頭までを一括してメインバンク制の「最盛期」としており，当該期の変化を不問に付している(417)。杉浦氏の議論は，暗示的にではあれ，審査・管理機能を中心とするメインバンクの機能の歴史的変化を示唆している。それだけに，この点についての具体的検討は青木説を吟味する上でも重要である。このほか，融資基盤や階層が異なる都市銀行を一括して取り扱うかのような議論も同様に説得的ではない。両氏の議論を踏まえて，メインバンク制の定着の如何を明確化するには，個別銀行内部に立ち入った検討が求められる。

以下，本書第3章では，このような研究史上の問題点を踏まえて，都市銀行を対象にそれらの階層性を踏まえつつ，可能な限り銀行内部に立ち入った検討を行う。

おわりに

日本敗戦により非軍事化の一環として，軍事融資・軍需補償が打ち切られ金融機関が再建整備という形で損失処理を迫られる一方で，他方では民需生産の重要な担い手である在来産業の復活に伴い中小企業金融が重要視されるなど(418)，戦時体制下の金融システムのあり方に大きな変化が生じていた。しか

---

(415) 以上，詳細は，第3章4節の三和銀行についての分析を参照。
(416) Aoki and Patrick (eds.), *Main Bank*, p.4.（邦訳16頁）
(417) この点は本書第3章で論じる。
(418) 中村編『日本経済と在来産業』。

し，ドッジ・ライン前の時期に至っても，復興金融金庫に代表される内国金融，貿易金融ともに日本銀行からの「受動的な」（寺西重郎）ベースマネー供給に強く依存していた。日本銀行も，復興資金を受動的に供給していたと判断される。このことは，ハイパー・インフレをもたらした。この意味で，戦時期とドッジ・ライン期までの戦後復興期は連続性が強かった。しかし，ドッジ・ラインによりこの状況は解消され，日本開発銀行の設立や長期信用銀行制度の導入により，金融債の市場消化を通じて日本銀行への依存を極小化し，これを通じて，インフレ抑制を図る制度へと転換した。この点は，ドッジ・ライン前後での日銀依存の違いを明確化していない先行研究への批判を包含する[419]。

ただし，長期信用銀行制度は導入後間もないために，1950年代には大企業向け融資比率は低位に止まった。そのため，開銀が大企業向け長期資金融資に中核になった。開銀が本来の位置づけである市中銀行の補完者になるのは，60年前後以降である（以上，後述）。その意味で，本章の対象である1950年代前半から後半にかけての長期資金供給のあり方は，復興金融金庫の経験を踏まえて大きな変化はあったが，未だ過渡的性格が強かった。

さらに，金融規制面では，従来どおり1927年銀行法が法的根拠になりつつも，実際の運用面では，GHQからの批判に加えて，戦時下の中央専門官僚支配に対する反省から，業態別に基準となる数値とその根拠など，行政指導を実施する際に一定の説明責任を果たす姿勢を示した。戦時に一定の前提はあるものの（第1章），戦後の大きな変化といえる。さらに，復興のための民需生産に中小企業が果たす役割の大きさに鑑みて，銀行合同方針を改めて，1949年までに12の地方銀行の新設を認めたことに加えて[420]，これらの企業に資金を供給する，地方銀行以下の業態を保護することが明確化された。この意味で独占禁止政策との親和性は強かった。その結果，信組・信金，相互銀行，地方銀行といった中小企業向けの業態に属する金融機関にも利益を付与

---

(419) 浅井『戦後改革と民主主義』も，貿易金融も含めて日銀依存に伴うハイパー・インフレを抑止する制度がドッジ・ライン期にビルトインされたことを看過している。
(420) 後藤『本邦銀行合同史』436-438頁。なお，橋本編『日本企業システムの戦後史』27頁も後藤氏に依拠してこの点を指摘している。

できる水準に預金金利，貸出金利が設定された(421)。このことは，第一にこれらの業態の金融機関に収益を付与することにより，戦後の金融秩序内への体制統合を図ること，第二に，より上位の業態の金融機関にレントが発生することを意味する。特に，都市銀行にとって，このレントが，メインバンクの重要機能の一つとされる経営が悪化した取引先の救済機能を発揮できる重要な条件となった。この意味で，中小企業金融機関保護政策とメインバンクの救済機能の間には制度的補完関係があった(422)。関連して，市場経済への復帰に伴い企業が経営破綻する可能性が生じたことも，戦後においてメインバンクが救済機能を発揮することになる重要な条件になった。これに加えて，地方銀行以下の業態の体制内統合の基盤が整備された点でも，この改革は，戦時期の金融のあり方を大きく変化させる画期的なものであった。

　なお，関連して，日本銀行の斡旋融資とメインバンク制の形成についての問題である。日本銀行の斡旋融資を通じて，貸出審査・管理能力面でのメインバンク・システムの機能が定着したとの見解がある。しかし，この見解は，銀行経営内部にまで立ち入ったものではない。むしろ，別の先行研究（杉浦勢之氏など）が指摘するように，1950年代初頭時点でも都市銀行の審査・管理体制は未整備であった。しかしながら，このことは，貸出審査・管理面でのメインバンク・システムの特徴が形成されたのか，されなかったのか，あるいは階層的に見て，どの階層の都市銀行ではこれらの機能が形成されたのか，その意義と限界は何か，という別の問題を惹起することになる。これらの諸点は第3章で検討したい。

　証券市場についても，戦時期における四大証券の形成に見られるように連続性はある。しかしながら，研究史上，指摘される清算取引の廃止やグラス・スティーガル法に範をとった銀証分離のほか，財閥解体に見られる膨大な放出株の消化基盤として大衆投資家の市場への誘導が重視されたこと，その際，彼らがもつ預貯金的な観念の強さを考慮し，有価証券の持つ評価損発生リスクを強調しない市場誘導運動（「証券民主化運動」）や，上記観念の強さを

---

(421) この点の評価は，齋藤『戦後日本の中小企業金融』第1章でも論じられていない。
(422) 以下の諸点において，メインバンク制の形成にとって戦後改革期が決定的に重要であることは，勝又『メインバンク制の歴史的生成過程』同「メインバンク・システムの形成に関する史的考察」では看過されている。

反映した投資信託商品の設定が行われた。これらの諸点を踏まえた場合，戦時期の証券市場と戦後復興期（敗戦から1950年代初頭まで）は断絶性が強いと言えよう。なお，財閥解体や旧資産家層の没落に伴う株式の放出が，メインバンクに株式持合機能を付与したことも付言しておく。

　従来，加藤俊彦氏は，GHQによる大銀行の解体が実施されなかったこと等をもって，戦後の金融制度改革は余り大きな意味を持たなかったと評価されてきた。既述のとおり，その議論の仕方には本章「はじめに」で指摘したように重大な問題があるが，浅井良夫氏の議論もほぼ同様である(423)。しかしながら，少なくとも，単一為替レート設定に伴い長期資金供給制度がインフレ促進・産業発展抑制型の資金供給制度から，インフレ抑制・産業発展促進型の制度への変化が生じた。このことは，ドッジ・ラインは，単なる財政面からの緊縮策ではないことを意味する。むしろ，1ドル＝360円レートを前提にして，インフレ抑制を齎す貿易金融や産業金融を巡る資金供給制度の改革を包含していた。このことは，財政面に偏って理解してきた先行研究には修正が必要であることを意味する(424)。さらに，本章「はじめに」でも示したように，戦後金融制度改革の影響の大きさを重視する見解は，同様に同改革の影響力を高く評価する杉浦勢之氏の見解とも異なる。この点に注意されたい。

　さらに，ほぼ同時期に統制が次第に解除され市場経済への復帰が進む中で，敗戦後の民需生産に重要な役割を果たした中小企業を保護すべく，より弱小な業態を保護する内容を持つ護送船団方式が形成され，より階層的に上位の業態から保護する姿勢が明確化した。この意味で戦後の金融制度改革は反独占的性格が強かった。同時に逆説的ではあるが中小企業金融機関保護政策は，レントの付与を通じて大銀行の産業支配力を強めた。この事実は大銀行が解体されなかったという事だけで，戦後金融制度改革の反独占的性格を過

---

(423) 浅井『戦後改革と民主主義』107頁。なお，本章「はじめに」で示したように，財閥解体を戦後金融制度改革の一環として捉える見方は首肯し難いので（前述），「財閥同族支配など前近代的側面の解体」は徹底的に行われたとの議論はここでは取り上げない。Hoshi and Kashyap., *Financing*. でも本書で論じたような，戦後金融制度改革とメインバンク・システム形成との関連はされていない。
(424) 念頭にあるのは，浅井『戦後改革と民主主義』，同「高度成長と財政金融」155-156頁の議論である。

小評価する浅井説の浅薄さを示す。さらに，経済活動の正常化への一環として，証券取引所の改革と再開も見られた。これらを想起した時，敗戦の影響も大きいが，戦後改革，特に単一為替レート設定以降，戦時の金融システムには劇的な変化が生じた。ここでの変化を踏まえて，既に指摘されている人為的低金利政策の定着とも相俟って[425]，高度成長期以降，重化学工業中心の経済成長を促進する方向で銀行等の金融機関からの資金供給が行われる。次章以下では，この点について考察する。

---

(425) 寺西『日本の経済発展と金融』第8・9章。

第3章　高度成長期における金融機関経営の変容

はじめに

1　研究史の整理

　ここでは，次節以降での個別金融機関の動向分析を，全体の中に位置づける目安を示す為に，重化学工業向けの産業金融を中心に高度成長期における日本金融システムの統計的概要を提示する。この点については，産業資金供給の動向と系列形成を分析した加藤俊彦氏[(1)]，橘川武郎・加藤健太両氏[(2)]の分析，さらには中小企業金融の重要性を指摘した上で，産業資金供給の全体像を提示した杉浦勢之氏の諸研究，岡崎哲二氏らによる産業資金の配分に関する研究，青木昌彦氏らによるメインバンク・システムについての研究[(3)]，大衆銀行化と銀行間競争に着目した日高千景氏や石井晋氏をはじめ，金融財政政策[(4)]

---

(1) 以下，特記した部分を除き，加藤「資本蓄積と金融市場」109-138頁と重複する。

(2) 橘川・加藤「戦後日本の企業集団と融資系列」『社会科学研究』第48巻1号，1996年7月。

(3) Aoki and Patrick (eds.), *Main Bank*；Hoshi and Kashyap., *Corporate Financing and Governance in Japan*；岡崎「戦後日本の金融システム」。

(4) 杉浦「日本の経済成長と産業資金供給」『ファイナンスとファンデメンタルズ』青山学院大学総合研究所経済研究センター研究叢書第11号，2002年3月；大蔵省財政史室編『昭和財政史——終戦から講和まで』第13巻，東洋経済新報社，1983年；同編『昭和財政史——昭和27～48年度』第9・10巻，東洋経済新報社，1991年；岡崎ほか『戦後日本の資金配分』；日高「銀行：規制下の環境適応の限界」橘川武郎・宇田川勝・新宅純二郎編『日本の企業間競争』有斐閣，2000年，第10章，220-243頁など日高氏の一連の諸研究：石井「1950年代前半の財政金融政策」『学習院大学　経済論集』第35巻1号，1998年3月；同「戦後日本の銀行経営」(135-178頁) など石井氏の一連の諸研究：『昭和財政史——昭和27～48年度』第9・10巻，東洋経済新報社，1991年では，金融行政も含む金融政策を概観している。

に着目して「人為的低金利」体系や日銀信用の「受動」的供給の論理を明らかにした寺西重郎氏や，同じく金融政策と財政政策の相互補完性について論じた石井晋氏などの優れた先行研究がある。ここでの分析は，上記の諸研究が提示した通説的な全体像と重複する部分が多いが，これら諸氏の分析に依拠しつつも，先行研究では分析が殆どされていない長期信用銀行や大企業向けの長短別資金供給シェア等ついては，筆者が加工したデータ等も用いて，戦後日本における金融システムの歴史的変動に関する概観を提示する。

本章は，①ドッジ・ラインを契機となって，それ以前の中央銀行信用に強く依存したインフレ促進型の金融制度が大きく転換して，1ドル＝360円レートを前提にして，市中銀行が預金吸収や金融債の市中消化などを通じて，市場内生的資金の利用を極大化し，なおかつ中央銀行の外生的資金への依存を極小化することで，重要産業に資金供給を行うシステムが形成されたこと，②このようなシステムを前提にして，60年前後に救済機能，株式持合機能を軸とするメインバンク・システムや融資系列の形成が進展した。しかし，人的資源の問題以上に急速な産業発展（産業構造の変化）の影響を重要な要因にしつつも，経営発展の経路依存性も大きく作用して，都市銀行上位行を除きそれは必ずしも借り手企業に対する健全経営に向けての規律付けを行うものではなかったこと，特に地方銀行以下の業態では，格差を包含しつつ改善が進むものの，人的資源の在り方を要因にルールと手続きに基づく経営管理体制の構築が遅れていたこと，③このようなシステムは，産業発展の急速さを背景とする比較的短期間での産業資金需要の減退を背景にして，長期的に見て安定的な再生産の基盤は持ちえず，1960年代後半以降，産業資金需要が減退する中で，ニクソン・ショック＝ドル危機の発生とも相俟ってメインバンク・システムの救済機能，株式持合機能を除き歴史的役割を終えたこと，以上3点を明確化する点で先行研究とは異なる。

---

(5) このような戦後日本の金融システムの歴史的変化についての理解は，白鳥「大企業と金融システム」で大まかには示しておいた。

(6) 伊藤『戦後日本の対外金融』を参照。ただし，後述のように，救済機能を中心としたメインバンク・システムは，バブル崩壊ごろまで存続する点には注意されたい。

(7) 1960年代後半に産業資金需要が減退し，都市銀行や興長銀を中心に収益基盤が動

2　産業資金供給の動向

(1) 前提――業態別の銀行数，支店数

ここでは資金供給の動向を検討する前提として，業態別の銀行数と支店数を確認する。[8]

まず，都市銀行である[9]。銀行数は10行台前半で推移した。支店数は1950年の1,558から70年の2,356と51.2％の増加率を示した。1行当たり店舗数の増加率（50～70年）は，10.94％であった。地方銀行も，ほぼ60行台前半で推移した。同様に支店数は2,926から4,058へと38.6％の増加率を示した。1行当たりの増加率は（50～70年），27.15％であった[10]。相互銀行数は70～72で推移した。52年から71年までの増加率は，130.7％であった。1行当たりの増加率は（52～70年）は127.71％であった。信用金庫数は50年の620行から71年の484行へと集約化された。しかし，支店数は51年642から70年の3,275へと510.1％もの増加率を占めた。1金庫当たりの増加率は（51～71年），546.15％であった。戦後改革期に中小企業金融機関を保護する護送船団行政が形成された（第2章第3節）。特に，預金獲得が重要課題となる状況下で，相互銀行や信用金庫の支店数，特に後者の増加率（1行当たり増加率を含む）が，都市銀行や地方銀行を大きく上回り，分厚い層を形成した。支店設置が許認可事項であったことを想起した場合，これは，行政による両業態の保護・育成を通じて，多数の中小企業を資金面から支えたことの反映であった。

揺することは，日高「銀行」などでも指摘されている。しかし，金融システム全体の歴史的変化の中に，それらのことが十分に位置づけられていない。
(8)　以下，特記の無い数値などは『昭和財政史――終戦から講和まで』第19巻による。
(9)　信託銀行であるが，既に橘川・加藤論文で，系列融資における都市銀行の補完的存在であることが明らかにされている。このほか，付け加えることがあるとすれば，周知のことかもしれないが，三菱，住友，三井の3行で信託8行の6割を占めており，それ以外はあまり存在感が無かったことぐらいである（東京証券取引所『上場会社総覧』各年版による）。それゆえ，本書では信託銀行の動向は補論に簡単に記した。
(10)　大蔵省財政史室編『昭和財政史――昭和27～48年度』第10巻，199頁では，昭和30年代末と昭和40年代末を比較して，都市銀行と地方銀行の1行当たり増加率がほぼ同率になるところから，地方銀行は「都市銀行と同等の抑制的スタンスで処理された」とあるが，1950年代，60年代を通じてみれば，必ずしもそうとは言えない。相互銀行と信用金庫の比較についても同様な批判が可能である。

(2) 産業資金供給の基本動向

　産業資金供給の動向については，基本的に加藤俊彦氏の研究に依拠する。1950年代前半（50～55年）には，民間金融機関の比率が，それぞれ43.6％，49.4％，54.3％，43.8％，31.5％，33.6％で推移したことに見られるように，民間金融機関中心の資金供給が行われた。これに対して，同時期の株式・社債は，それぞれ3.7％・5.1％，5.3％・2.7％，8.4％・2.5％，9.8％・2.4％，12.0％・1.6％，6.9％・1.9％であった。一貫して銀行融資を大きく下回っているが，その比率は，50年代半ばにかけて低下する。次に，オーバーローン問題についてみると，全国銀行で50～53年にかけて100％を超えるが，都市銀行だけを見ると50～54年にかけてオーバーローン状態が続く。これに加えて，一時的にオーバーローン・オーバーボローイングが緩和した55～56年のほか（後述），本章第3節で見るように，60年代後半に長期資金需要が減退するまで，長期信用銀行が都市銀行を中心に金融債を消化することで得た資金を使って，設備資金等の長期性資金を供給していた。[11]

　これに対して，同時期の地方銀行は80％台で推移していた。ただし，加藤氏の算出方法と異なり預貸率で算出すると，1950年代から60年代初頭までは，地方銀行のほうが都市銀行よりも10％程度高い。さらに，相互銀行も80％前後の預貸率で推移していた。敗戦後，地方の民需関係在来産業が復活する中で，50年代中葉までは地方の金融機関にも資金需要が発生していた（前述）。その際，貸出先が在来産業であるという性格上，資金需給の季節性が伴っていた。1ドル＝360円レート設定の影響も相俟って（第2章第1節），在来産業の資金需要が低下に向かい，地方銀行がコール市場における安定的な資金供給者になるのは，50年代末葉以降であった（第4章第2節，405-406頁）。地方金融機関の預貸率の高さは，この状況によるものと推定される。このような資金ポジションの不均衡は，都市銀行の場合，預借率の高さに見られるように，借入金とコールマネー（特に57年以降）で賄われた。前者は，周知のように，日本銀行からの資金供給が大部分を占めていた。これに対して，地方銀行の場合は，預借率のマイナスでの推移に見られるように，むしろ資金は

---

(11) 詳細は，第2章第2節を参照。

出し手であった。相互銀行については，データ採取不能のため不明である。

　周知のように，1950年代後半以降，日本経済は石油化学産業の勃興に象徴されるように，重化学工業化が進展した(12)。これに伴い産業資金供給の状況も変化する。加藤氏の分析は60年代前半で終わっている。ここでは筆者の算出値で産業資金供給動向を検討する(13)。50年代後半以降，民間からの供給比率は70％台で推移し，60年代後半以降，70年代前半まで80％で推移した。全国銀行の比率を見ると，50年代後半から60年代を通じて，ほぼ40％台で推移しており，70年代に入ると60％台に達する。これに対して，株式の比重は60年前後に一時的に上昇したが，投信ブームに崩壊や65年の証券不況を画期にして（第4章第2節），構成比は10％を切る状態になる。社債も数パーセントで推移する。周知のとおり，この事実は65年証券不況以降における間接金融の優位性が決定的になったことを示す。

　以上，民間中心の間接金融が1950〜70年頃までの産業資金供給の中心であったことは確認できた。それでは，これを階層別状況はどうなのであろうか。まず，預貸率である。都市銀行は他の業態に比べて80％台後半から90％近い預貸率で推移している。これに対して，地方銀行は，62年まで90％台で推移するが，その後，70％台にまで急低下した。ただし，注目すべき点は，預借率（コール・ローンからコール・マネーを差し引いて算出したもの）が53年以降，マイナスで推移していることである。地方銀行ほどではないが，相互銀行や信用金庫もコール資金の出し手であったと推定される。周知のように，この時期の地方銀行は過剰資金をコール市場に放出しており，都市銀行が重要な資金の取り手になっていた。このことは，都市銀行の「コール・マネー」が50年末の28億円から64年には10,809億円にまで増加していることからも窺える。さらに，この時期には，戦前来，地方銀行が主たる貸出基盤としていた在来産業の衰退が決定的になった関係で季節金融が縮小し，年間を通じた安定的なコール資金供給先になっていた（前述）。

　以上，高度成長期の産業資金供給は，民間，特に銀行部門中心に行われ

---

(12) 以下，1960年代後半から70年代前半まで分析期間は延ばしたものの，基本的動向は加藤論文など先行研究で明らかにされている範囲は出ない。
(13) 以下，『昭和財政史——終戦から講和まで』第19巻。

た。その際，業態別では都市銀行が資金供給の中心となった。さらに，長期信用銀行が，大企業向け長期資金の融通を行った。これに対して，中小企業向け融資を担当する地方銀行，相互銀行，信用金庫も，特に地方銀行は63年以降，明確に改善の方向を示したが，相互銀行，信用金庫は80％台という高い預貸率を示した。ただし，これらの業態の預借率は低く，むしろコール資金の出し手として，都市銀行や証券会社（第4章）などの資金繰りを支えた。周知のように，日本経済は製造業大企業の存在とともに，中小企業の層の厚さに重要な特徴がある。高度成長期における地方銀行以下の業態は，中小企業金融を支えると同時に，コール資金の放出を通じて，都市銀行による大企業向け融資を支えた。この意味で，地方銀行以下の業態は，当該期における日本金融システム，ひいては日本経済を支える重要な存在であった。もっとも，他方で，地方銀行以下の業態が放出するコール資金は，周知のような65年の証券危機の重要な要因となった，証券会社の自己勘定取引の重要な資金的基盤を提供することになった（第4章第2節）。この意味で，金融システムの不安定性をもたらす一因になったことも指摘しておきたい。

第1節　日本銀行の金融政策

1　日本銀行の金融政策：1952年以前——「金融政策復活」への模索

　本書では，章により異なるが，それぞれの議論との関係から，日本銀行の金融政策について論じている。しかし，史料上の制約から[14]，日本銀行について体系的に分析した章を設けることができなかった。そこで，ここでは，『日本銀行百年史』に依拠しつつ[15]，1950～60年代後半までの日本銀行の金融政策

---

(14) 本節の草稿の完成段階である2013年7月時点で，日本銀行アーカイブによる同行所蔵資料の整理と目録化が進み，戦後の政策委員会関係，支店長会議関係史料が新規公開されたことが判明した。しかしながら，公開請求から開示まで1～2年以上かかることもあり，本書の作成にそれら史料を用いることができなかった。本書では日本銀行についての分析は概観にとどまる。それゆえ，日本銀行内部文書を用いた1950年代から高度成長期にかけての金融政策についての検討は課題として残された。

(15) 以下，『日本銀行百年史』第5巻，第6巻による。

を，産業資金調節との関係から概観する(16)。その際，必ずしも『日本銀行百年史』では論じられてなかった，高率適用制度の歴史的変化に着目して，ディス・インフレを図りつつも，産業資金を効率的に供給する制度が，1950年代前半に制度化されることを確認する。

　ドッジ・ライン前後のインフレ促進型のシステムからインフレ抑制・産業発展促進型システムの転換については第2章で論じた。しかし，旺盛な資金需要が生じる中では，これを抑制する政策の実施が求められた(17)。それゆえ，以下では，当該期における資金供給抑制策を概観する。まず，経済安定九原則を踏まえて，1949年2月28日以降，高率適用制度が強化された。具体的には，①それまで対象外であった商業手形やこれに準じる手形，貿易手形・スタンプ手形など優遇手形担保の貸付を対象とする，②「各取引先の預金残高（前3ヶ月の各月末残高平均）の1％を超え，12％までに相当する」商業手形割引と優遇手形担保貸付を除く貸付に対して，最低歩合よりも日歩3厘高の高率適用（第1次高率），③②の12％を超える貸付の中でも，再割引適確商業手形，優遇手形担保のものは日歩2銭5厘，それら以外には2銭7厘を適用（第2次高率），という内容であった。

　このような方針は，①のような対象拡大を含みつつも，預金残高を基礎にして，第1次，第2次高率という形で貸付額に応じて割引歩合を高く設定している。本制度は，一方で，預金残高を基礎にしている点では，市中銀行に産業資金供給を，最大限，預金吸収を通じた市中資金で賄う誘引を付与している。他方で預金額を上回る貸付金額の如何を通じて金利水準を高めることで，日銀借入への依存度を極小化する誘引も付与している。以後，本節で取り扱う時期において，日本銀行は，基本的に，市中銀行に預金増強による産業資金確保を促すことで，日銀借入金の依存度を極小化する方向に誘導することで，ベース・マネー供給を制限することを通じて，インフレの抑制を図った。この点に，戦時からドッジ・ライン以前と比較した，インフレ抑制面での日本銀行の金融政策の変化が確認できる。

---

(16) 『昭和財政史――昭和27～48年度』第9巻，第2～6章（69-283頁）でも，日本銀行の金融政策が概観されている。
(17) 以下，『日本銀行百年史』第5巻，328-329頁。

しかし，ドッジ・ラインに伴う不況の深刻化に伴い，金融梗塞改善の必要性から，4月25日から第2次高率は日歩4厘引き下げられた[18]。「最低歩合，第1次高率，第2次高率と順を追って枠を利用させる扱いを廃止し」，取引先の申出により「適宜の枠を使わせる」ことにした。さらに，1950年2月1日以降，高率適用制度の見直しが実施された。具体的には，①貿易手形を含むすべての手形以外の手形割引を高率適用の対象外とする，②優遇手形以外の担保貸付に対する第1次高率の日歩3厘高から2厘高への引き下げ，③優遇手形担保貸付に対する第2次高率の日歩2銭1厘から2銭，国債担保とその他担保貸付に対する日歩2銭3厘から2銭1厘への引き下げが実施された。さらに，重化学工業向け資金需要への対応から，興銀に対して「預金・債券発行残高の12％相当額が一定金額に達するまでを目安にして，当分第2次高率を免除した」。これらに加えて，興銀の長信銀化に伴う取引先以外の預金の完全整理に伴う資金不足に対して，第2次高率を免除する措置も採った。

　このほか，時期は前後するが，1949年10月14日には[19]，「9月末取引先の総預金残高から切手・手形残高中増加額の1.5倍を控除したものを基準に」高率適用限度額を算定し，10月21日から11月16日まで本基準で高率適用が実施された。なお，上記の控除は「粉飾預金」の存在を考慮したものであった。したがって，高率適用の緩和を意味するものではない。同年8月1日以降[20]，再割引適格貿易手形割引金利を日歩2厘引き下げ，2銭6厘とすることも実施された。さらに，50年2月には①再割引適格貿易手形割引金利の2銭4厘への日歩2銭引き下げ，②同手形以外の手形割引と貸付を，1件当たり500万円を基準に分けた上で，前者は日歩2銭5厘，後者は2銭6厘とした。同3月には，①再割引適格貿易手形と商業手形の割引金利の日歩2厘引き下げ，②①以外の優遇手形の日歩1厘引き下げ，③①以外のもので300万円以下の手形割引と貸付に対する最高限度金利限度への1厘加算が実施された。

　1950年10月7日のドッジの3度目の来日以降，ドッジによる投機的需要の

---

(18) 『日本銀行百年史』第5巻，330頁。
(19) 『日本銀行百年史』第5巻，332頁。
(20) 『日本銀行百年史』第5巻，333頁。

増加に対する懸念を受けて，①10月16日における国債買入額縮減策のさらなる強化（半分への圧縮），②11月9日以降における商業手形割引の高率適用への対象化，第1次高率の上限の12％から10％への引き下げ，③第2次高率中，貿易手形・スタンプ手形・農業手形などの優遇手形以外の手形の2銭1厘から2銭3厘へ引き上げられた。さらに，同年12月には，①第1次高率適用限度額の8％までの引き下げ，②第2次高率の引き上げ（再割引適格商業手形担保貸付の1厘引き上げ，貿易手形・スタンプ手形等担保貸付の3厘引き上げ，その他の手形の2厘引き上げ）も実施された。高率適用の条件がより厳格化され，前述した誘引が強化された。

このような流れの中で，1951年5月31日に日本銀行は「インフレーション抑制の具体策」をまとめてESSへ提出した。そこでは，①投機・思惑に基づくと見られる商業手形，滞貨融資となる商業手形の厳重な選別，緊要度の低い業種の商業手形，②スタンプ手形の品目整理と期間短縮，最終的な廃止，③工業手形，一般事業手形の適用品目の整理，③外為貸付の期間短縮，将来的な乙種貸付の円貸付への振替，④起債・増資は原則として企業の自主努力により行わせ，事業債関連の国債オペの漸減が示された。本措置は，国際収支の均衡を図りつつ，インフレを回避しつつ産業資金供給を図る観点から考案されたという。

その後，朝鮮戦争の休戦を経て，1951年9月下旬になると日本銀行では，特需による過剰投資がインフレの要因になっているとして，公定歩合の引き上げと高率適用制度の強化が議論された。同29日には市中銀行の日銀への依存の抑制と，預金吸収の督励のために，公定歩合を日歩1銭4厘から1銭6厘へと2厘引き上げた。高率適用の基準については，従来の預金残高を基礎とするものから，預金残高の5％＋自己資本額に預金の外部負債に対する比率をかけた金額の15％相当額を最低歩合適用限度額とした。その上で，15～100％相当額を第1次高率適用とすることにした。本制度は，日銀借入を含

---

(21) 以下，『日本銀行百年史』第5巻，389-392頁。
(22) 『日本銀行百年史』第5巻，400-401頁。
(23) 『日本銀行百年史』第5巻，409頁。
(24) 以下，『日本銀行百年史』第5巻，410頁。

む外部負債に対する預金の比率が高いほど、日本銀行から低利での借入ができることを意味する。それゆえ、本制度は、日銀借入を含む外部負債圧縮への誘引とともに、預金増強の誘引を付与することで、市中金融機関を、より一層、市中資金を効率的に利用する方向へと誘導する。さらに、これまで同様、高率適用に段階性を付与することで、日銀借入への依存の極小化を促すものになっていた。このように二重の意味で、日銀借入の抑制への誘引を付与したところに、高率適用制度がより強化されたことが確認される。これにより、オーバーローン度合いが高い金融機関ほど、最低歩合と第1次高率適用限度額が縮小した。つまり、本制度改革は、金融機関に貸出抑制のインセンティブを付与するものであった。

　以上、1952年以前における日本銀行は、主に預金量を基礎にした高率適用制度を用いつつも、51年秋以降は公定歩合操作も加える形で、市中銀行に対して市場からの産業資金調達の極大化と日銀への依存の抑制を促すとともに、これを通じてインフレの抑制を図ろうとした。その際、いわゆるオーバーローン、オーバーボロウイングに見られるように、都市銀行を中心に、銀行界は旺盛な産業資金需要に応じるために、日本銀行への借入に依存せざるを得ない状況にあった。そのような状況の中で、本節で示した預金量を基礎とする高率適用制度は、一方では一定金額を超過した日銀借入を行う場合、高金利を課すことで市中銀行に、日銀借入を可能なかぎり抑制する誘引を付与する[25]。同時に、他方で、産業資金需要応需のために日銀借入が不可避で、かつ50年代半ば

---

(25) なお、高率適用制度が、このような誘引機構を持つことは、『日本銀行百年史』第5巻では言及されていない。もっとも、『昭和財政史――昭和27～48年度』第9巻、76-85頁では同様の誘引体系の存在が指摘されている。しかし、これらの制度がディス・インフレの観点から導入され、それ以前のインフレ促進的なシステムからの転換が図られたという、歴史的な位置づけはされていない。このほか、寺西重郎『日本の経済発展と金融』第10章では、高度成長期における日本銀行がコール市場における超過需要分を「受動的」に資金供給したことが論じられている。しかし、寺西氏の議論は、第二次世界大戦期からドッジ・ライン直前まで継続した、日本銀行への不足資金の前面依存によるインフレ促進型のシステムから成長促進型のシステムへの転換という、歴史的な変化を十分にかつ明示的に考慮されていない。また、コール市場における需要超過が日銀による信用供給の基準になっているのであれば、それはある基準に基づく選別とも考えられる。それゆえ、日銀信用の「受動」性を強調するのは過大ではあるまいか。

に一時的に借用金・コール・マネー利息の対経常支出が10%を切ったものの，それ以外の時期（60年代まで）は10%台半ばから20%台前半で推移して収益の圧迫要因になっている状況の中では，本制度は，金利面でも金額面でもより有利な条件で日銀借入を得るために，市中銀行に預金量増強の誘引を与える。周知のように，高度成長期に各金融機関は預金量増強に力を注ぎ，これにより激しい預金獲得競争が生じた[27]。また，研究史上，指摘されているコール資金との裁定行動であるが[28]，コール市場に都市銀行などのオーバー・ローンに伴う資金需要を満たせるような潤沢な資金が，しかも安定的に供給されるのは，金融の地域性がほぼ消滅することで，地方銀行が安定的なコール資金供給者になる57年頃以降であった（前述）。これに加えて，日本銀行によるコール金利の規制についても，コール市場における需要超過とそれに伴う金利水準の急騰への懸念から生じたものであった[29]。しかし，高率適用が重視されていたのは50年代半ば頃であった。両者を併せ見た時，コール資金の金利水準と高率適用のそれがほぼ同水準であることをもって，理論的に想定されるような高率適用とコール資金の代替関係が50年代前半から半ばにかけて実際に存在したと考えるのは困難である。これらの諸点を考慮した時，50年代前半における日本銀行の高率適用制度は，1ドル＝360円レートや外貨収支天井を前提に，市中銀行に預金吸収を通じて市場内生的資金の効率的利用を極大化させると同時に，ベース・マネー供給を極小化することにより，為替レート維持に支障を与える水準のインフレの発生を抑止したと言えよう[30]。

　こうして，復興期の日本銀行は，公定歩合操作を中心とする「金融政策の復活」への模索を続けた。そして，1951年9月の高率適用の改善によって，より

---

(26) 伊藤『日本型金融の歴史的構造』図4-1（121頁）。ただし，同書では「費用構成」については50年代初頭の時期のみ言及がされており，それ以後の時期についての言及はされていない。日本銀行の高率適用制度との関連からの検討も無い。
(27) 周知の事実と思われるが，この点に言及した研究として，日高「銀行」221頁と『昭和財政史──昭和27～48年度』第9巻，78頁でも，同様の議論がされている。
(28) 『昭和財政史──昭和27～48年度』第9巻，82-85頁。
(29) 『日本銀行百年史』第5巻，538頁。
(30) このような意味で，高率適用の常態化と日銀の受動的資金供給を強調する，『昭和財政史──昭和27～48年度』第9巻，82-85頁での議論には同意できない。

一層，市中銀行の日銀借入への依存を抑制する誘引を付与する制度が導入された。さらには，川崎製鉄が千葉製鉄所の建設を計画した際にも，一万田尚登総裁は「自己資金と民間融資で資金の大半を賄うなら，反対しない」と発言し，実際，同社も自己資金中心の投資計画を立案したことが指摘されている。このように，日本銀行は，重要な個別案件についても，市中資金の利用の極大化へと誘導し，資金供給量を絞り込んだ。ここにもインフレ抑制的な姿勢を見出せる。

以上，1ドル＝360円レートを前提にディス・インフレを主眼としつつ，外生的資金供給を極小化し，市中資金利用を極大化した産業資金供給制度が形成された。

2　日本銀行の金融政策：1953～61年
── 「金融政策復活」から「金融正常化」へ

1952年秋ごろからの国際収支の悪化を背景として，54年2月になると日本銀行の一万田総裁は「今日の金融政策の重点は，量的規制にあることは云うまでもない」として，「量的引締め」方針を示した。本方針は，同年5月には「効果の浸透が本格化した」という。このように，日本銀行は，53年頃から金融引締めに着手したが，その際に採られた手段は「高率適用制度の強化，輸入金融優遇制度の整理ならびに窓口指導の強化であった」。まず，窓口指導については，53年9月を境にして，それまでの貸出増加を預金増加の範囲内に抑えることから，「貸出そのもの」の抑制を重視する方針に転じた。その際，「イ．各行の毎月貸出合計額について，最近までの実績，今後の見通しおよび前年同月実績等を比較検討して総枠を算定する。／ロ．各行の業態，業容，貸出内容，最近の仕振り等を勘案し，各行間のバランスを調整する。例えば，貸出実績が査定を著しく超過した銀行については，翌月の査定でそれを調整する等の措置をとる」として，「各行間のバランスを調整するという点にも配慮が払われた」。この点に関連して，「オーバーローンといいましても，日本

---

(31) 黒木亮「"ぺんぺん草"の真実」『日本経済新聞』2014年7月13日。ここでは日本銀行政策委員会の議事録に基づく実証的な議論がされている。
(32) 以下，特記のない議論と引用は，『日本銀行百年史』第5巻，448-449頁。

銀行の窓口の姿勢は，きびしかった。復金債でこりているから，長期資金を日銀信用で出すべきではないということです。日銀の方針は必要な資金は債券を売って調達すればいい，市中銀行へ行って頼めばいいじゃないかということです。ただし，市中銀行が興銀債券を買い入れる気になるように，市中銀行が日銀に相談にきたら，興銀債券はいいといってやるということでした」という興銀の頭取経験者の証言が残されている[33]。つまり，復金の歴史的経験（第2章第2節）を踏まえて，日本銀行は，窓口指導を通じて，特に日銀からの長期資金貸出を極小化し，興銀など債券発行銀行には，債券の市中消化により内生的資金の利用の極大化を図る方向へと誘導した。その際，興銀債の市中消化を促進するために，相談があった際には市中銀行に興銀債の消化を薦めた。この点にも復金の歴史的経験を反映した政策姿勢の転換や，インフレ抑制的な政策方針が見られることには注意を促したい。

次に，高率適用制度である[34]。1953年10月以降に実施された同制度は，（自己資本＋預金×5%）×（預金／預金＋日銀一般借入額＋甲種を除く日銀「外国為替貸付」）に基づき，①15％相当までは最低歩合適用，②15％超，100％相当額まで第1次高率を適用，③100％相当額には第2次高率を適用とされた。これも前項での検討と同様に，預金量を基礎にした日銀借入抑制と市中銀行による預金の吸収と効率的利用への誘引を付与するものであった。ただし，この時期は貸出それ自体の抑制を目的としていたので（前述），預金量の増加が日銀借入可能額の増加を可能にするという制度内容にさらなる制約条件を加えて，上記の式の40％を低利適用限度額とした。その後，貸出増加額が日銀の予想を下回ったために，54年第1四半期には上記の調整率を30％に引き下げた。

それでも引締め効果が見られなかったために，第2次高率の引き上げと低利適用限度額算定方式の改正が行われた[35]。第2次高率は，①日銀再割引適格商業手形担保貸付の2厘引き上げ，②輸出前貸手形，スタンプ手形，農業手形，漁業手形・漁業信用基金保証手形担保貸付の2厘引き上げ，③①と②

---

(33) 正宗猪早夫「興銀の再建と産業金融」志村嘉一監修・エコノミスト編集部編『戦後産業史への証言5──企業集団』毎日新聞社，1979年，193-194頁。
(34) 以下，特記の無い議論と引用は『日本銀行百年史』第5巻，450-451頁。
(35) 以下，特記の無い議論と引用は『日本銀行百年史』第5巻，451-452頁。

以外の手形担保貸付の1厘引き上げ，の3点が具体的な改正内容である。本改正の狙いは「第2次高率適用貸出が」(中略)「市中金利に対して逆ざや」になることであった。この逆ザヤ貸出が第2次高率適用貸出の半ば以上に達したという。この引き上げ措置により最低歩合・第1次高率適用額＋第2次効率適用額＋高率適用免除部分に占める第2次高率適用部分の比率は，1953年6月の18.7％から55年6月には54.7％まで上昇した[36]。それゆえ，「極めて大きな効果をもった」という。

さらに，1954年3月以降[37]，低利適用限度額算定方式を，(自己資本＋預金×5％)×{(現金・預け金＋金銭信託＋コール・ローン＋適格有価証券＋適格割引手形＋適格手形貸付)／(現金＋日銀一般借入＋日銀外国為替貸付による借入金＋コール・マネー)}と改めた。本方式には乗数に資産運用に関する項目が入ったことに見られるように，単なるオーバーローン抑制に止まらず，「適格」という表現にあるように，日本銀行が適格と認めた資産のみが乗数部分の項目に入れることができた。つまり，「資産内容の健全化」への誘導を図ることも重要な目的とされた。本方式は55年8月16日まで継続され，日本銀行によれば「市中銀行の貸出態度にかなり大きな影響を与えた」という。もっとも，本章第4節で見るように，六大企業集団の中核行のうち，三和銀行でさえ資産内容に問題があったから，このような日本銀行による自己評価には留保が必要である。

1955年以降，重化学工業中心の高度成長が現実のものになる中で，55・56年には一時的に終息したかのように見えたオーバーローン，オーバーボローイング問題が，57年以降，再度，顕在化した。57年2月に，山際総裁就任後，初の本支店事務協議会が開催された。その席上，山際は「公定歩合操作を中心とする金利の弾力化，高率適用制度，貸出担保政策，公開市場操作，支払準備制度等各種の道具を適時適切に操作して金融政策の遂行にあたりたい」として，公定歩合操作を真っ先に挙げて強調しつつも，他の政策手段も駆使して金融調節を行うことを表明した。既に，前任の新木総裁が54年12

---

(36) 『日本銀行百年史』第5巻，表1-4 (453頁)。
(37) 以下，特記の無い議論と引用は，『日本銀行百年史』第5巻，452-453頁。

月の就任以降に打ち出したように,「金利体系の正常化」という観点から公定歩合中心の金融調節の方向性を打ち出していた$^{(38)}$。山際総裁は,新木前総裁が打ち出した方針を継承したのである。

その後,同年3月20日には商業手形,輸出前貸手形割引などの割引歩合を日歩1厘引き上げた。さらに,高率適用制度の改革も実施された。その背景には,高率適用の利用が常態化する中で,「同制度が例外的・懲罰的という,本来の姿を逸脱する」という懸念があったという。その内容は,①第1次,第2次高率の廃止と,最低歩合の3厘高1本への集約,②最低歩合適用限度額の拡大(算定乗率の6％から20％への引き上げ),③1956年3月1日付けで廃止した一般手形の担保としての利用の復活が実施された。これ以降,57年5月の公定歩合2厘引き上げが実施された。これらの措置は,同年後半以降に効果を現し,貸出も落ちついたとされる$^{(39)}$。それゆえ,山際総裁は,58年3月の本支店事務協議会では,低水準の外貨保有高,産業界における根強い投資需要を挙げて,現状維持を表明した。しかしながら,いわゆるなべ底不況が始まった中で,58年6月18日には公定歩合を2厘引き下げた$^{(40)}$。これに続いて,9月5日には日歩1厘の引き下げを行った。ここで注目されるのは,これらの措置により金利面での「金融正常化」の促進が挙げられたことである。ここでの「金融正常化」の意味合いであるが,証券市場の発達を前提にして,「できるだけ長期金利の割安,短期金利の割高を是正したい」$^{(41)}$というものであった。

1959年2月19日になると,景気回復を背景に,公定歩合を日歩1厘引き下げた$^{(42)}$。ここでも政策目標として「金融正常化」が挙げられていた。これに続き,57年に新たに政策手段として加えられた準備預金制度が,9月11日付けで発動された。その内容であるが,「法定準備預金額の計算の基礎となる月

---

(38)『日本銀行百年史』第5巻,562頁。
(39) 1958年4月の本支店事務協議会についての引用と議論も含めて,『日本銀行百年史』第5巻,506頁。
(40)『日本銀行百年史』第5巻,510-512頁。
(41)『日本銀行百年史』第5巻,512頁。
(42)『日本銀行百年史』第5巻,518-522頁。

の前前月前に終わる最近の営業年度の末日の週行事における預金（ただし本制度の対象となる預金に限る）の残高が200億円を超える指定金融機関」の準備率として，①定期預金は0.05％，②その他の預金は0.015％，「その他の指定金融機関」については，①定期性預金0.025％，②その他の預金は0.075％であった。産業資金供給の中核を担う大銀行に対しては，相対的に厳しい数値を課しているが，絶対的には極めて低率なものであった。このような措置になった理由は，日本銀行が景気過熱に対する「予防的」なものとして考えたからであった。それゆえ，預金増強への誘引を与える効果は小さかったと判断される。さらに，59年12月にも外国為替収支の黒字幅縮小から，予防的措置として基準割引歩合と貸付利子歩合の日歩1厘引き上げが実施された。しかし，景気過熱への懸念が遠のいたことから，60年8月には公定歩合の日歩1厘の引き下げが実施された。さらに同年秋以降，景気後退懸念が見られたことから，61年1月26日から公定歩合を日歩1厘引き下げた。

　以上，1954年12月の新木総裁の就任までは，高率適用制度を中心としてミクロの資源配分を重視した産業資金調節が行われていた。しかし，新木総裁以後，証券市場の発展を前提に「金利体系の正常化」を図る「金融正常化」路線が明確に打ち出された。その結果，公定歩合操作をより重視した，直接にマクロ経済を対象とした政策を中心に金融調節が実施された。このほか，「予防的措置」とはいえ準備預金制度の活用も始まった。50年代中庸以降，60年ぐらいにかけて，日本銀行の金融調節に関する姿勢は大きく変化した。

3　日本銀行の金融政策：1962～70年――「新金融調節方針」の展開

　この時期は，証券不況を挟むが，日本銀行による証券不況への対応は，第4章第2節で検討する。それゆえ，ここでは日本銀行の金融調節手段とその展開について概観する。

　周知のとおり，1950年代末葉以降，石油化学関連産業など化学産業を中心とする重化学工業向けの資金需要が急増した。その結果，一時，収束した

---

(43)『日本銀行百年史』第5巻，523-524頁。
(44) 以下，『日本銀行百年史』第6巻，20-29頁。
(45) 杉浦「日本の経済成長と産業資金供給」。

オーバーローン問題が再燃した。日本銀行は、「金融正常化」の観点から、本問題の是正に取り組む姿勢を示した[46]。これが、62年11月に実施された「新金融調節方針」であった。その政策目的は、①金融機関の自主性回復と自己責任体制の確立、②「金融の自律的調節メカニズムが発揮されやすい状況」の形成と、「それを通じた中央銀行の金融調節能力」の強化であったという。

　①については、昭和30年代（1955〜64年）に入っても統制色が残存しており、それが金融機関相互の競争を制限することで、市場メカニズムの「発現が妨げられて」おり、その背景にはオーバー・ローンの存在がある、との認識が存在していたという。つまり、「市中銀行が恒常的に本行からの借入れに依存し、金融逼迫時にはコール・レートが上昇する中では」、金利自由化は困難であり、金融調節も高率適用や窓口指導といった例外的な手法に依存せざるを得ず、「市中金融機関の自主性や自己責任感はなかなか生まれない」ので、この状況を是正する必要性があるという認識が背景にあった。②については、企業資金需要の増大局面において、中央銀行の借入れ依存が「市中銀行の信用供与を抑制させるという自律的な調整メカニズム」の発揮が期待できず、この事態を避けるためには、過度な信用供与を避けるべく、高率適用制度や窓口指導に依存せざるを得なくなる。このような特殊な手法を回避し、「市場メカニズムにそった方式をとるのが好ましい」という政策観が背景にあったという。

　このように金融機関行動も含めて、市場メカニズムに基づいた調整を実施することが、「新金融調節方式」の目的であった。ただし、いわゆる窓口指導は、「貸出増加額規制」という形で、1968年9月末まで残存した[47]。本制度は、「債券買入および売戻手続」と「貸出限度額適用手続」に分かれていたという[48]。前者については、①買入先が銀行、長信銀、外為銀行であり、②買入債券の種類は政府保証付債券、③買入形式は3ヶ月以内の売戻条件付であり、必要と認められる場合にのみ買入日から1年間に売戻期限が延期可能、④別

---

(46) 以下、特記の無い引用と議論は『日本銀行百年史』第6巻、97-98頁。
(47) 『日本銀行百年史』第6巻、222頁。これ以後は、「都市銀行・長期信用銀行に対し、自主的にそれぞれの資金ポジションを考慮して慎重な融資態度を保持するように要請する、いわゆるポジション指導に切り替えた」。
(48) 以下、制度内容についての引用と議論は、『日本銀行百年史』第6巻、103頁以下。

途定める基準利回りによる価格，の4つの条件から構成された。後者については，①適用先は手形割引取引先又は手形取引先中必要と認められるもの，③適用金利は，貸出最度額に一定比率を乗じた金額を最低歩合適用限度額とし，これを超過するものには基準歩合の日歩3分の高率を適用する。限度額を超過した貸出は原則として認めないが，やむを得ずこれを超過する場合，基準歩合の日歩1銭高の特別高率を適用する，という内容であった。なお，買いオペの金利水準は，詳細は省略するが，「買オペ金利が公定歩合（債券担保付貸付）あるいは当該債券の応募者利回りのいずれか高い方になるように」設定されたという。このほか，対象金融機関は日銀借入れへの依存度が高い都市銀行10行（東京，協和，拓銀の三行を除く都市銀行）であり，限度額は62年4～9月の10行の日銀借入平均残高シェアで配分し，それに115%を乗じたものとした。その上で，この限度額のうち，80%を最低歩合適用額，残り20%を日歩3厘高の高率適用限度額とした。以上，「新金融調節方針」は，短期債券の公開市場操作と一種の貸出限度額付の高率適用を軸に，オーバーローンを抑制しつつ，市中資金の過不足を調整する内容であった。

次に実際の運用をみる[49]。1962年11月の貸出限度額は12,400億円だったが，漸次，引き下げられ，63年9月には9,890億円と1兆円を割り込み，暫くは1兆円前後で推移した。65年4月以降，7,000億円台に引き下げられ，一時，65年12月に10,470億円に引き上げられたほかは，7,000億円台で推移した。貸出額中の高率適用であるが，63年3月の公定歩合引き下げの際に，3厘高から1厘高に引き下げられた後，同年7月1日以降，廃止された。

債券売買を見ると，1962年度1,990億円買入超過，63年度4,836億円買入超過，64年度2,161億円売却超過，65年度が1,856億円売却超過であった。業態別内訳を見ると，62年度は都市銀行だけで75.5%，63年度は同様に75.6%，64年度も79.8%，65年度も76.6%と，都市銀行が大半を占める形で金融調節が実施された。さらに，この間，1963年12月に預金準備率の引き上げを実施し，64年3月には公定歩合を日歩2厘引き上げるなど，64年

---

(49) 以下，証券不況期の金融調節も含めて，『日本銀行百年史』第6巻，106-114頁。ただし，都市銀行の売買シェアについては表2-6（109頁）から算出した。

以降,金融引締め姿勢を強化した。これが64年12月以降,不況局面が明確化する中で,預金準備率を引き下げ金融緩和方針に転換した。以後,山一救済資金の供給など日本銀行による資金供給額は大きく増加した。このような中で,過剰流動性供給を回避する観点から,貸出限度額が9,220億円から7,220億円へと引き下げられた。

　以上の「新金融調節方式」の導入と展開が,主として証券部門に打撃を与え,ひいてはコール市場などを通じて,金融不安を広げる懸念を生じさせ,日本銀行が多額の救済資金を供給し,市場秩序の維持を図った（詳細は第4章第2節）。これにより危機発生が回避された1966年以降も,政府短期証券の売オペにより余剰資金が吸収されたほかは,同年1〜3月までの間に買オペで2,760億円の資金不足に対応した(50)。その後も67年1〜3月期における金融市場の資金不足に対して,政府保証債と国債買入れ,「短資業者への貸出や金融債の買入れ」によるオペを実施し,緩和姿勢を継続した(51)。この時期には国際収支天井の問題が懸念されたが,67年9月になり輸出促進のために輸出貿易手形の割引歩合は日歩1銭2厘に据え置かれた。それ以外の公定歩合は日歩1厘引き上げられた。この政策変更で注目されるのは(52),民間（三菱銀行）出身の宇佐美総裁が政府はもちろんのこと,金融界,産業界といった「市場との対話」を重視し,日本銀行と市場との信頼関係を構築した上で,引締め措置をとったところであろう。これにより「『引締めやむなし』というムードが広まった」とされるから,円滑な政策運営という観点から見て重要な措置だった。さらに,68年1月には,67年9月の引締めが浸透不十分であるとして,輸出貿易手形を除き日歩1厘の公定歩合引き上げが実施された。本措置は国際収支が好転した同年8月6日に公定歩合日歩1厘の引き下げが実施されるまで継続した(53)。

　このような金融緩和の結果,周知のように,国際収支の悪化を伴わない形

---

(50)『日本銀行百年史』第6巻,201-202頁。
(51)『日本銀行百年史』第6巻,207-208頁。
(52) 以下での引用も含めて,『日本銀行百年史』210-212頁。
(53)『日本銀行百年史』第6巻,219頁。

で，景気過熱が生じた。[54] マネーサプライ(M2)も，1968年第1四半期の334,593億円から69年第4四半期には447,059億円へと約1.3倍の増加を示した。本状況に対処すべく，69年9月5日以降，準備預金の準備率を0.25～0.5％引き上げたほか，商業手形・国債担保貸付を0.41％上げて6.25％，輸出貿易手形割引歩合を0.245％上げて4.25％，輸出貿易手形担保貸付歩合を0.12％上げて4.50％，その他担保の貸出を0.13％上げて6.75％にそれぞれすることを柱とする引締め策を実施した。これは労働需給のタイト化による物価騰貴とその企業収益の圧迫，国際経済情勢の不安定化懸念を背景としたものであった。この引締めは景気減速が見られた70年10月27日の公定歩合0.75％引き下げ措置による金融緩和まで継続された。

4　小　括

　以上，1950年代，特に前半には高率適用など「例外的」とされる手段を用いた金融調節が行われた。その際，市中資金の効率的利用の極大化をもたらす誘引機構が埋め込まれていた。その背景には復金の歴史的経験（第2章第2節）が存在した。しかし，日本銀行はそれだけでは満足しなかった。つまり，そのような「例外的」とされる手段を用いる状況から脱出すべく，50年代半ば以降，「金融正常化」路線がとられた。その一応の到達点が，62年の市場メカニズム，オープン・マーケット・オペレーションや公定歩合に基づく金融調整を重視した「新金融調節方式」の導入であった。しかし，これは「金融正常化」の重大目標のひとつを構成する証券市場の育成にとってはマイナスに働いた（第4章第2節）。その結果，61年以降の60年代を通じて公定歩合操作に基づく金融調節はほぼ実現したものの，「金融正常化」論は完全な実現を見ないままに，下火となっていった。その後，70年代以降の対外金融の激変やオイルショックの影響で，「新金融調節方式」に基づく金融調節も曲がり角に直面した。

---

(54) 以下，『日本銀行百年史』第6巻，226-241頁。

第2節　開銀,輸銀の大企業向け融資[(55)]

1　日本開発銀行[(56)]

　敗戦による戦時補償打切りによって,都市銀行や日本興業銀行等の市中金融機関が軍事関係融資で大打撃を受けた[(57)]。その結果,90～100％にも達する減資とその処理(いわゆる再建整備)を余儀なくされた。このことを要因として,1940年代後半からドッジ・ライン期にかけて,特に都市銀行に代表される大銀行の資金供給能力は大幅に低下した。そのため,復興金融金庫の資産を継承する形で,民間金融機関の経営のあり方も導入する形で[(58)],新たに設立されたのが日本開発銀行であった。ここでは開銀の融資状況を概観する[(59)]。

　まず,1951年末から70年末の全体の融資動向を,全国銀行合計値と比較・検討する[(60)]。まず,開銀の融資総額に占める重化学工業向け融資の割合は51年末の44.5％から急速に低下し,56年末には4.2％まで激減した。その後,

---

(55) 関連する先行研究として,原司郎『現代長期金融機構の性格』中央書房,1963年でも長期資金供給機関についての現状分析的検討がされている。しかし,分析機関が1950年代後半で終わっているほか,本書が取り扱う1950～60年代を通じた,主要取引先である大企業との取引関係の歴史的変化については殆ど全くと言っていいほど検討が無い。

(56) 同行については,伊藤修「日本開発銀行」大蔵省財政史室編『昭和財政史──終戦から講和まで』第13巻,東洋経済新報社,1983年,95-198頁では,開銀の設立過程と1951年度の営業成績が検討されている。宇沢弘文・武田晴人編『日本の政策金融Ⅰ──高成長経済と日本開発銀行』東京大学出版会,2010年では,融資活動についての分析があり,本書の分析と重複する。ただし,大企業(東証Ⅰ部上場企業)向け長期資金や短期資金供給に占めるシェアやその変動についての分析は行われていない。このほか,宮崎忠恒「1950年代前半における日本開発銀行の第一次審査」『社会科学論集』(茨城大学人文学部)第51号,2011年5月がある。審査過程がただ細かく記述されているだけで,それが開銀の行動全体における意義にまで掘り下げられていない。

(57) 金融機関の再建整備について詳細は,大蔵省財政史室編『昭和財政史──終戦から講和まで』第13巻,213-326頁,特に表1-10を見よ。

(58) Okazaki and Ueda, *Development Banks*.

(59) 以下の数値等は,原資料は東京証券取引所『上場会社総覧』各年,日本経済新聞社『上場企業総覧』各年より算出。

(60) 以下,特記の無い数値は,『昭和財政史──終戦から講和まで』第19巻より算出。

61年まで漸増し続け，62年末以降，10％前後から15％にまで上昇した。もっとも，全国銀行と開銀の重化学工業向け融資の合計値に占める比重は，52・53両年には6％前後と比較的高い値を示したが，以後，2％前後で推移した。重化学工業向け融資に占める開銀の値は，ほぼネグリジブルだった。次に全国銀行と開銀の融資総額合計に占める開銀の比重である。52〜55年まで10％台を占めた。しかし，56年以降，低下し，60年前後には6％前後で推移した後，63年以降は4％台にまで低下した。つまり，50年代前半には，開銀は特に重化学工業も含めて資金供給にそれなりに大きな役割を果たしたが，50年代半ば以降，民間銀行にその役割を譲るようになった。近年の研究では，開銀が民間的経営手法を導入したことを根拠に，政府系金融機関という性格を過小評価する傾向がある[61]。しかし，一時期を除き，市中金融機関の補完役に徹したことを踏まえた時，改めて同行の政府系金融機関としての性格を強調する必要性があろう。関連して重要なのは，60年前後以降に都市銀行中位行を中心に重化学工業向け融資が増大する中で，都市銀行上位行を除き過剰融資が発生したが（後述），重化学工業向け資金需要が増大する前に，開銀は自らの役割を縮小したことである。この結果，開銀は，重化学工業向けの過剰融資を抱え込まずに済んだ。この事実は，開銀の企業統治能力が，他の都市銀行に比べて必ずしも優れていたことを意味するものではない。むしろ，50年代後半以降，設立当初の目的どおり，政府系金融機関として市中銀行の補完に徹したことの帰結と言えよう。

　以上が全般の動向であるが，それでは大企業向け取引はどうだったのであろうか。そこで，東京証券取引所（後の東証Ⅰ部）上場企業の資金調達状況を産業別にまとめると，以下のようになる[62]。まず，1953年上期末時点では，長期資金調達額の実に46.83％が開銀1行によって供給されていた。このほか，上場企業553社中，開銀が融資順位1位になっている企業数は149社（内1

---

(61) ここでの批判はOkazaki and Ueda, *Development Banks.* と，これを受けた宮崎忠恒「1950年代前半における復興金融金庫貸付債権と日本開発銀行による回収」『経営史学』第43巻1号，2008年6月の議論を念頭に置いている。
(62) 以下，特記の無い議論と数値は，『上場企業総覧』『上場会社年鑑』各年より筆者が算出した数値による。

社は興銀と同額で1位。これを含む）・26.94％（長期資金取引先なしの139社を除外すると35.99％）を占めた。戦時中の長期資金融資の中心が興銀であったことを考慮した時（第1章），長期資金供給には戦時と戦後で断絶性が見られたことが特筆される。なお，短期資金での役割は，全産業で0.69％であり，殆どネグリジブルであった。

次に産業別のシェアを見る。まず，長期資金では，海運の49.21％，鉱業・石炭・石油の45.20％，瓦斯・電力の64.85％，水産業の67.23％，倉庫業の39.57％が目立つ。海運業では，日本経済の世界経済への復帰を背景に計画造船が行われており，開銀が資金融資の中心であったことが良く知られている。鉱業・石炭・石油であるが，原資料によればこれは殆どが炭鉱向けの貸出であった。前身の復興金融金庫が炭鉱への貸出を重視しており，その資産を継承した関係から，このような高いシェアを示したのであろう。さらに，瓦斯・電力は，殆どが電力であった。日本経済の復興を図る観点から，電力業には重点的な資金配分が行われていた[63]。この数値はその反映であった。水産業と倉庫業については，現時点では不明である。開銀の長期資金融資総額に占める各産業別の長期資金融資額の比率を見ると，海運が23.1％，瓦斯・電気が48.7％，鉱業が11.6％であり，両者で83％ほどを占めた。開銀は世界経済の復帰に必要な海運業のほか，エネルギー産業を重視して貸出を行った。なお，産業別シェアを見た場合，短期資金面で開銀が果たした役割はネグリジブルであった。

次に重化学工業化が進展した1959年上期末について検討する。まず，長期資金である。この時期になると，長期資金借入総額に占める開銀の割合は26.89％にまで大きく低下した。さらに，上場企業（全563社）に占める取引先数も，55社・9.7％にまで大きく減少・低下した。次に産業別シェアを見ると，鉱業が26.80％，ゴム製品の72.31％，海運業の59.69％，電気ガス業の48.91％が目立つ。ゴム製品は，貸出額それ自体は大きくない。開銀による東証上場企業の長期資金融資総額に占める，各産業別の長期資金融資額の比率を見ると，海運業が21.62％，電気・ガスが51.09％であり，両者で73％ほど

---

(63) 岡崎哲二ほか『戦後日本の資金配分』を参照。

を占めた。もっとも、鉱業は 3.4％にまで低下した。この点を除けば、この状況は 53 年上期末とは変わらない。以上、50 年代を通じて、資金供給力を回復・増強した都市銀行などに貸出シェアは奪われたが、産業別の選別という点では、53 年上期末と同様な姿勢を採っていた。ここに来て、長期資金供給という点では、開銀は民間市中銀行の補完役にまわった。なお、53 年上期末同様、短期借入金の面での開銀の役割はネグリジブルであった。

第 3 に、1964 年上期末時点を検討する。まず、長期資金である。鉱業の 29.27％、海運業の 58.13％、電気ガス業の 35.85％といった業種での貸出シェアの高さが確認される。基本的に 59 年上期末と同様な傾向を示した。ただ、全産業合計に占めるシェアが 11.11％にまで低下したことは重要である。これに加えて、東証 I 部上場企業 627 社中の開銀が長期資金融資第 1 位になっている企業数は 38 社・6.06％にまで大幅に減少・低下した。そもそもネグリジブルであった短期資金に加えて、長期資金面でも他の市中銀行の補完役的性格がいよいよ濃厚になった。なお、開銀による長期資金供給総額に占める各産業の比率は、鉱業の 6.13％、海運の 18.68％、電気・ガスの 69.96％が目立つ。鉱業の比率が再び上昇したが、海運と電気・ガスで 9 割弱を占めており、融資先産業の集中度が上昇した。

最後に、1969 年上期末について検討する。まず、産業別の長期資金総額に占めるシェアである。鉱業の 33.69％、海運業の 76.51％、電気ガスの 37.78％が目立つ。これは 64 年上期までと基本的に同じ動向である。ただし、鉱業向け融資額は、大幅に減少している。長期資金融資総額全産業合計に占めるシェアでは、10.09％と、64 年 9 月末よりも微減した。東証 I 部上場企業数に占める開銀長期資金供給額第 1 位の企業数は 50 社と 63 年上期末に比べて 12 社・7.69％と微増した。開銀による東証 I 部上場企業に対する長期資金融資総額に占める、産業別長期資金融資額の比重を見ると、海運業が 42.31％、電気・ガスが 38.99％であった。鉱業は 7.04％とほぼ横ばいであった。海運業と電気・ガス業の合計が 81％あまりと若干低下したが、依然、長期資金融資額の大半を占めた。以上、産業別融資構成には 64 年上期末と比べて大きな変化はないが、他の市中銀行の補完役としての性格が 60 年代半ば以降の時期に定着したことが確認される。

以上，敗戦後に大打撃を受けた市中銀行の資金供給力が今なお低下していた1950年代前半には，エネルギー産業と海運業を中心に長期資金供給面で開銀は重要な役割を果たした。しかし，敗戦後の打撃から市中銀行の資金供給力が回復し，重化学工業向け資金需要が飛躍的に増大した60年前後からその地位は大幅に低下した。この結果，鉱業（石炭業）の比重の低下を除けば，長期資金供給先の産業別構成には大きな変化は見られなかったものの，60年代半ば以降に市中銀行の補完役としての地位が定着したと言えよう。

　ところで，これまでの開銀研究の重要焦点のひとつに，開銀融資が成長企業や成長産業への貸出を行うことで，これら産業に市中銀行を誘導するという意味での「カウベル効果」を持っていたか否か，という問題がある(64)。本書の分析結果によれば，1950年代，特に前半は，東証上場企業の半数が取引先であった。このほか，50年代前半は，「相手企業がどうなるかわからん時代でしたから，安心して市中銀行が貸し出せる時代ではなかった」ために(65)，厳密な開銀審査に依拠して「市中銀行はわりあい安心してついてきてくれた」との証言のほか，「市中銀行はみな金がなく，不足資金はほとんど日銀から借り入れていたが，日銀も開発銀行の協調融資という場合には大目に見るというか，わりあいゆるい態度で市中銀行に金を出してくれた」との証言もある。市中銀行の資金需要に対する供給能力の不足という状況を前提に，開銀中心の協調融資であれば日銀借入が比較的容易になるという状況のもとで，日銀からの資金調達とともに，貸出リスクを極小化するために市中銀行が開銀に「ついてゆく」ということはあったにせよ，成長企業や成長産業への誘導という意味での「カウベル効果」を強調するのは過大評価であるように思われる。このほか，特に都市銀行の計画造船への融資を対象にして，あくまで都市銀行は独自に

---

(64) 研究動向については，花崎正晴『企業金融とコーポレート・ガバナンス』東京大学出版会，2008年，第2章を参照。以下での引用も同書91頁によるが，これはHoriuchi A. and Quing-yuan S. 'Influence of the Japan Development Bank loans on Corporate Investment Behavior', *Journal of the Japanese and International Economies*, 7, 1993. の分析結果をまとめたものである。

(65) 以下，特記の無い引用と議論は，太田利三郎（1951年4月，開銀副総裁，57年4月～63年4月まで同行総裁）「開銀の役割」志村監修『戦後産業史への証言5――企業集団の形成』181頁。

リスクを評価の上で融資実行の可否を決定したことを論じることで「カウベル効果」を否定する見解もある。しかし，本見解の論拠となる事実は，開銀が市中銀行の補完役に変化した50年代末の第14・15次計画造船に関するものである。上記のとおり50年代半ばまでの開銀は，特に東証上場企業中の融資先企業数の比率，融資額を見ても中心的役割を果たしており，これを市中銀行が補完する構図になっていた。したがって，このような取引先との関係の歴史的変化を踏まえない見解も，開銀についての評価としては行き過ぎであろう。

1960年代半ばになり，重化学工業化の達成とともに，大企業取引に関しても開銀は市中銀行の補完者的地位になり，興長銀や市中銀行が資金供給の中心になった。このような状況下で開銀自身も将来に不安を感じたという[67]。こうした状況変化の中で，1950年代前半から高度成長期全般にかけて，無条件に開銀融資が市中銀行を成長企業や成長産業に誘導する「カウベル効果」を持ったかどうかは疑わしい。少なくとも，高度成長期に関して言えば，せいぜい，「特定企業への開銀融資が民間融資を誘導する可能性があ」った程度のように推察される[68]。このほか，開銀は，50年代後半から60年前後までの，未だ好景気のうちに，しかもエネルギー革命により石炭業が斜陽過程に入り始める前に，設備資金などの資金供給の中核から撤退し，当初，考えられていたように，民間金融機関の補完的地位についた。全体動向を概観したところで論じたように，60年代半ば以降，重化学工業向け融資比率を上昇させたものの，過剰融資が生じた50年代半ばから60年代初頭まで重化学工業向け融資を低位に抑え，なおかつ50年代半ば以降，全国銀行と開銀の重化学工業向け融資合計に占める開銀のそれを2%ほどに抑制し市中銀行の補完に徹したことが，開銀が過剰融資に苦しまなかった要因と判断される。以上，開銀の迅速な融資回収が指摘されているが，それは必ずしも借り手企業に対する開銀の

---

(66) 橋本寿朗「戦後の金融システムと日本開発銀行の役割」『社会科学研究』（東京大学）第47巻5号，1995年8月，152-160頁（後に同『戦後日本経済の成長構造』有斐閣，2001年，第10章として収録．289-299頁）．
(67) 太田「開銀の役割」182頁．
(68) 太田「開銀の役割」181-182頁におけるソニーや日本合成ゴムの育成についての回顧に見られるように，幾つかの企業では「カウベル効果」を保持したものの，開銀自身が自らの将来に不安を持つくらいであったから，この程度の評価が妥当ではあるまいか．

規律付けが奏功したことを意味しない(69)。

　以上，開銀融資は，平時市場経済において不確実性が存在する中で，高リスクでも将来性のある企業を見出した上で，その資金繰りをつけることで発展を促すことを目的とした。したがって，戦時における特殊金融機関（戦時金融金庫）のように，軍事的重要産業に属する重要企業や中小企業で資金繰りの確保が困難なものや，「金融機関融資が受けにくいもの」への貸出とは性格が根本的に異なる(70)。この点を度外視して，戦時金融金庫と開銀を同様な性格をもつ金融機関と位置づけた上で，「都市銀行が長期資金融資機能を復活させるまで，戦後復興資金の重要な部分を特殊金融機関が供給」したとする，開銀などの戦後の「特殊金融機関」と戦時金融金庫の連続性を強調する見解には重大な問題がある。

2　日本輸出入銀行

　ここでは日本輸出（入）銀行の長短資金供給について概観する。同行は，1950年に，日本経済の国際経済への復帰を背景として，主にプラントを中心に輸出振興を目的とする長期資金の供給を行う金融機関として設立された(71)。その際，業務内容を決定付けたとされる50年11月9日付けのドッジ書簡，あるいはこれに強い影響を受けた日本輸出銀行法により，「政府からの直接的監督から可能なかぎり独立した機関として設立されるものとする。同銀行（輸銀のこと）は独立的銀行として業務を行う」「同銀行の業務はその設立根拠法によって支持される」とされたように(72)，他の長期資金供給機関同様，輸銀もまた，官僚支配の弊害が批判され，閉鎖に追い込まれた復興金融金庫の歴史的経験を踏まえていた。

　まず，1953年上期の長期資金から見る。この時期の同行は，造船・造機で3.16％のシェアを占めたほかは，軒並み0.00％であった。短期資金シェアも同

---

(69)　以上は，宮崎「日本開発銀行による回収」56-86頁への批判である。
(70)　直後の引用も含めて，山崎『戦時金融金庫の研究』151，155，221頁。
(71)　詳細は，大蔵省財政史室編『昭和財政史——終戦から講和まで』第13巻，第3章（3-93頁）を参照。
(72)　日本輸出入銀行『30年のあゆみ』同行，1983年，8頁。

様で,造船・造機で2.11%を占めた。長短合計でも造船・造機で2.30%,全産業合計で0.08%を占めた。なお,輸銀の長期資金はすべて造船・造機に向けられていた。短期資金では造船・造機83.96%,貿易商社が15.99%を占めていた。これら両産業に重点的に融資を行う方針であったことが窺える。とはいうものの,創立間もないこの時期,輸銀はどの産業でも大きなシェアはもてなかった。このほか,東証上場企業555社中,輸銀が融資順位第1位の企業数であるが,長期のみ2社・0.36%に過ぎない。ここからも,創立間もない輸銀の存在感の無さが窺える。

次に1959年上期を見る。長期資金では,商業で32.01%の,輸送用機器で28.11%のシェアを握った。原資料により前者について融資順位第1位の会社名を見ると,伊藤忠商事,日綿実業,財貴産業,三菱商事,日商といった貿易商社が占めた。後者について,融資順位第1位の会社名を見ると,三菱造船,三菱日本重工業,三井造船,日立造船,播磨造船,藤永田造船,浦賀船渠,函館ドック,新三菱重工業,川崎重工業,石川島重工業といった造船関係,日本車両製造,川崎車両,富士車輌といった当時の輸出産業である鉄道車両関係により占められていた。全産業合計では2.40%のシェアを握ったに過ぎない。

なお,短期資金シェアは全産業で0.00%であり,長短合計のシェアは輸送用機器で14.65%を占めたのが目立つに過ぎない。造船・貿易商社関係の長期資金供給では,それなりに重要な地位を占めた。ちなみに,各産業向け融資/輸銀の貸出合計額を見る。長期資金では,輸送用機器67.6%,商業24.3%の2業種で9割以上を占めた。短期資金では商業61.52%,電気機械器具19.99%,輸送用機器17.3%でほぼ100%近くに達する。貿易商社への短期資金供給を重視する一方で,他方で長期資金は製造業である造船,車両といった輸送用機器への設備資金供給を重視した。ところで,東証上場企業563社に占める,輸銀が融資順位第1位の企業数であるが,長期が35社・6.21%,短期が3社・0.53%であった。53年上期よりも構成比,取引先数とも増加したが,依然,その存在感が小さかった。

第3に,1964年上期のデータを見る。長期資金供給面では,鉄鋼の4.12%,輸送用機器の23.41%,商業の14.31%のほかは0%台であった。融資順

位1位の取引先を見ると，鉄鋼では日本鋼管，輸送用機器では石川島播磨重工業，浦賀重工業，川崎重工業，呉造船所，函館ドック，日立造船，藤永田造船所，三井造船所，三菱重工業，商業では丸紅飯田，伊藤忠商事であった。取引先の所属業種の構成は基本的に59年上期と同様であろう。短期資金融資は，鉄鋼3.06％，輸送用機器で15.37％がある以外は，すべて0％であった。その結果，長短合計のシェアは，鉄鋼3.96％，輸送用機器22.29％，商業6.48％のほかは，すべて0.00％であった。全産業合計に占めるシェアも，3.72と59年上期末に比べて，若干，上昇した。輸銀は，輸送用機器や商業関係の長期資金供給で一定の地位を占めたが，それ以外では全くといっていいほど存在感が無かった。

　ちなみに，輸銀の融資総額に占める産業別融資額のシェアを示すと次のとおりになる。長期資金では，輸送用機器69.57％，商業16.67％，鉄鋼13.18％であった。前時期までとは異なり，鉄鋼が比較的高い比重を示した点に変化がある。短期資金では鉄鋼18.71％，輸送用機器81.29％でほぼ100％近くを占めた。貿易商社の短期資金の面倒を見るという，前時期まで重要であったビジネスのあり方は無くなり，重工業を中心とする製造業向けの短期資金供給を重視する姿勢に変化した。この点を踏まえた時，輸銀のビジネスのあり方は，60年代半ばには大きな岐路に直面していたことが窺える。ところで，東証Ⅰ部上場企業627社中，輸銀が融資順位第1位になっている企業を示すと，長期で12社・1.91％，短期で1社・0.15％であった。後述のように，69年上期末に長期資金借入先数が，再度，増加に転じる。それゆえ，長期資金に関しては一時的であるが，取引先企業数やシェアでは大きく低下した。

　1969年上期末を見る。長期資金のシェアは，鉄鋼2.60％，輸送用機器35.49％，商業32.52％のほかはすべて0％台である。融資順位第1位の取引先企業名を示す。鉄鋼では日本鋼管，輸送用機器では三井造船，日立造船，佐世保重工業，函館ドック，三菱重工業，川崎重工業，石川島播磨重工業，日本車両製造，近畿車輛といった造船を中心に車両が入る構成であった。商業は，伊藤忠商事，丸紅飯田，東洋綿花，日綿実業，蝶理，三井物産，三菱商事，日商岩井，松下電器貿易，大丸といった貿易商社が中心であった。短期資金シェアはすべての産業で0％であった。その結果，長短合計額に占

めるシェアは,輸送用機器21.64％,商業10.47％が目立つぐらいであった。全産業合計では4.70％のシェアを占めており,64年上期に比べて1％ほど上昇したが,さほどの比重を占めているわけではない。

ちなみに,輸銀の融資合計額に占める各産業向け融資額の比重を示すと次のとおりになる。この時期は,短期資金供給額が0百万円（単位未満）なので,長期資金のみを示す。輸送用機器61.20％,商業29.00％の両業種で9割以上を占めたほか,鉄鋼4.96％が目立つ。長期資金供給でどの産業を重視したのかという点は,前時期と同様であった。東証I部上場企業636社に占める取引先数も,長期のみで23社・3.61％であった。64年末に比べれば若干の上昇は見られるが,輸銀は,依然,ネグリジブルな存在であった。

以上,輸銀は,1950年代末以降,商社金融や造船金融といった分野で一定の存在感があり,市中金融機関の融資を補完した。その設立目的から言って当然ではあるが,それ以外の産業では殆ど存在感はなかった。

第3節　興長銀による長期資金供給状況

1　日本興業銀行

長期信用銀行制度は[73],復興金融金庫が発行する金融債（復金債）の殆どが日本銀行引受により消化されたことにより,ベース・マネー供給の増加を原因とする「復金インフレ」とも称される激しいインフレが発生し,復興期の経済混乱の一因になったことの反省に立って,発行する金融債を市中消化する方針が採られた。この結果,日本銀行が「人為的低金利政策」により市中金利を低位に誘導する中で,資金コストを抑制する形で資金調達を行い,ひいては低

---

(73) Aoki and Patrick, *Main Bank*, Chap.5 では,本書でも用いる『系列の研究』を用いて,1960年代に開銀との協調融資を実施していたこと,企業系列の枠を超えて都市銀行各行と協調融資を実施したことを論じている。しかしながら,『系列の研究』掲載データの融資順位1位行と2位行が協調融資を実施していることを意味するかどうかは,原資料の記載を見ても判然としない。このような史料に依拠して長信銀の協調融資を論じるのは問題があると言わざるを得ない。

コストの長期資金を各産業に供給することが可能になった。ここでは，長信銀各行のうち，日本興業銀行の資金供給動向について概観する。なお，同行については，「起債市場で戦後永年行われてきた起債の自主調整に関して，興銀が幹事的役割を果たしてきたので，その面から関係業界に対して調整という立場で深いかかわりをもった」との頭取経験者による証言がある[74]。つまり，興銀には，社債発行の調整という立場からの企業の資金調達に対する役割があった。しかし，史料の制約上，本書では，この点についての分析はできないことを，まずはお断りさせていただく。

まず，1953年上期末の産業別資金シェアから確認する[75]。興銀は繊維工業，食品工業といった国民生活の基本に関わる産業と化学工業での融資シェアが高い[76]。全産業合計で見ると，長期資金の14％弱を供給した。短期資金では，造船・造機の11.74％，化学工業12.77％が目立つが，全産業合計では1.57％を占めるに過ぎない。敗戦後，興銀は戦時中の巨額の軍事融資が損失となり，再建整備の過程で資金供給能力を低下させた。このことは，周知のように，興銀，大銀行，地方銀行全般に生じていた現象である。この状況を背景に，復興金融金庫が産業資金供給の中核を担うこととなり，かつ，前述のように，40年代末には開銀がその業務を継承した。その結果，前述のように，53年上期末には開銀が融資金額，融資先企業数ともに大半を占めた。このことが，戦時中において高い地位を占めていた興銀が，敗戦後にその地位を低下させた要因と推定される。

なお，興銀の東証上場企業への貸出総額に占める各産業の割合を見ると次のとおりである（構成比5％以上の産業のみを示す）。まず，長期資金は東証Ⅰ部

---

(74) 正宗猪早夫「興銀の再建と産業金融」志村監修『戦後産業史への証言5――企業集団の形成』198頁。

(75) 以下，特記の無い数値等は東京証券取引所『上場会社総覧』同取引所，各年の数値（53年9月末，58年9月末）による。ただし，69年9月末は『上場企業要覧』日本経済新聞社，1970年による。

(76) 既に杉浦勢之氏が序章で示した諸研究で指摘していることであるが，学術研究ではないものの，戦時期から高度成長期までの興銀の内部事情を窺える文献として，高杉良『小説　日本興業銀行』前編・後編，角川書店，1996年がある。その史料的価値の高さは，同書前編収録の『月報』に掲載された中山素平の寄稿文を見よ。

上場企業融資の 61.67％ を占めた。ガス・電力の 28.15％，海運の 15.51％，鉄鋼・金属製錬の 15.29％，鉱業・石炭・石油の 12.55％，化学工業の 7.71％，繊維工業の 6.99％ が目立つ。エネルギー産業と鉄鋼・金属に見られる素材産業，そして輸出振興上，重要な海運業への貸出が目立つ。このほか，1960 年前後以降に急速な発展を示す化学工業への貸出比重が比較的高いことも注目される[77]。次に，短期資金は，東証上場企業への貸出総額の 38.32％ を占めた。造船・造機の 23.43％，鉱業・石油・石炭の 18.19％，化学工業の 15.92％，海運業の 7.72％ が目立つ。ここでもエネルギー産業，輸出振興に必要な造船関連や海運への貸出比重の高さが窺える。実際，興銀の年史でも 49 年時点で重化学工業関係貸出が総貸出の 73％ と「圧倒的」比重を占めていたことが指摘されている[78]。

さらに，別の数値を用いて，戦後の興銀の地位低下を確認する。東証上場企業 553 社中，長期借入金を調達していない 228 社を除外した 325 社のうち，興銀が融資順位トップを占めている企業は 90 社・27.69％，融資順位 2 位以下は 122 社・37.53％ であった。上記 325 社の殆どすべてが協調融資と見られる複数行からの資金供給に依存していた。上記の数値は，それら企業への興銀の関与が，6 割台半ばであったこと，特に融資順位第 1 位として深く企業の借入に関与していたのは 3 割未満であることを示す。ちなみに，東証上場企業 553 社を分母にした場合，長期資金融資順位 1 位の比率は 16.27％，同 2 位以下は 22.06％ にまで低下する。第 1 章で論じたように，戦時中に採られた指定金融機関制度の下で，興銀は 63 社・29.03％ の指定金融機関になっていた。さらに，融資団への参加件数は 11 社，全 286 社の 3.8％ であった。戦時中には，興銀の協調融資への参加は積極的とは言えない。全産業合計額に占める融資比率のほぼ半分を開銀が占めたこと，長期借入金無しの企業も含めた場合，53 年上期末の興銀の主要企業に対する融資関与の割合が戦時に比較して低下していることを踏まえた場合，敗戦後，興銀の産業資金供給に占

---

(77) 日本興業銀行『日本興業銀行 50 年史』同行，1957 年，926-927 頁にも，貸出総額に占める産業別融資の比率について，ほぼ同様の事実が記載されている。ただし，本章のように取引先企業数や長期資金供給に占めるシェアの変動についての検討はない。
(78) 日本興業銀行『日本興業銀行百年史』41 頁。

める地位は低下したと判断される。なお，短期資金での産業別シェアは，造船・造機で11.74％，鉱業・石炭・石油の15.77％，化学工業の12.77％，セメントの20.79％が目立つほかは，すべての産業で5％台以下になっている。後の時期に比べると短期資金シェアの高い産業が目立つ点は，この時期の特徴として指摘しておきたい。

　1959年上期末の産業別シェアについてみる。ゴム製品（37.91％），鉱業（27.16％），化学工業（25.59％），電気機械器具（26.36％），輸送用機械（11.94％），第1次金属（20.27％）といった諸産業での比率の高さが目立つ。周知のように，50年代後半以降，重化学工業化が大きく進展する。このような状況の中で戦前来，興銀が得意としていた重化学工業向けの資金供給でその力を発揮した。なお，全産業合計でも17.15％のシェアを占めており，その地位を上昇させた。次に，東証上場企業数に占める興銀長期資金融資順位第1位の割合を示す。59年上期末時点で東証上場企業数は563社であった。このうち，興銀が融資順位第1位の企業数は119社であった。興銀が融資順位2位以下の企業数は150社であった。つまり，興銀の長期資金融資順位第1位の比率は21.13％，2位以下まで含めると47.77％であった。さらに，長期資金借入を行っていない企業48社を除外すると，長期資金融資順位第1位で23.10％，2位以下は52.23％にも達する。ちなみに，48社を加えた場合，興銀長期資金融資順位1位の企業，2位以下の企業の割合は，それぞれ21.13％，26.64％であった。融資順位1位ではシェアを落としている点には注意が必要である。企業の借入に深く関与した企業の比率は低下したが，50年代後半以降，重化学工業化が進展する中で，2位以下も含めて，興銀の大企業向けの長期資金借入への関与がより広がった。

　次に興銀の東証上場企業向け貸出総額に占める各産業の比重を確認する（5％以上）。まず，長期資金融資は，興銀の東証上場企業への貸出総額の88.45％を占めた。産業別構成比では，電気ガスの32.22％，第1次金属の16.25％，化学工業の8.38％，鉱業の6.38％が目立つ。長期資金ではエネルギー産業や素材産業といった生産要素関係が重視されていた。次に，短期資金は，興銀の東証上場企業への貸出総額の11.54％を占めた。産業別では，陸運業の14.9％，輸送用機器13.7％，繊維品13.5％，電気機械器具10.1％，鉱業

7.1%,化学工業 6.3%,電気ガスの 5.6%が目立つ。短期資金では,機械産業への貸出が重視されたといえよう。なお,短期資金では,倉庫業の 12.08%を除くすべての産業でシェアは 5%未満になっており,全産業合計でも 2.56%に過ぎなかった。

1964 年上期のデータを見る。興銀の全産業合計の長期資金融資シェアは 9.66%にまで低下した。59 年上期と比較した場合,すべての長信銀がシェアを落としている(後述)。この点から見て,周知のような,都市銀行,特に六大銀行とその関連金融機関による融資系列形成の展開が,長信銀のシェア低下の要因であると考えられる。次に,産業別の興銀の長期資金融資のシェアを見る。金属製品 (25.78%),非鉄金属 (14.64%),鉄鋼 (13.70%),電気機器 (13.88%),化学工業 (11.66%) が目立つ。重化学工業系統の産業において高いシェアを示したことは,59 年上期末の状況と基本的に同様である。日本経済の重化学工業化の進展に適応したと言える。次に,東証Ⅰ部上場企業 627 社に対する興銀長期資金取引先の比率を見る。興銀の長期資金融資第 1 位取引先数は 59 社であった。これは東証Ⅰ部上場企業数の 9.4%にあたる。長期資金融資順位第 2 位以下は 126 社であった。これは東証Ⅰ部上場企業数の 20.09%にあたる。さらに,627 社から長期資金借入無しの企業 38 社を 589 社に対する比率を見ると,長期資金融資第 1 位融資先の比率は 10.01%,同 2 位以下は 21.39%であった[79]。特に,59 年上期末に比べて融資先第 1 位の企業の比率が半減しているところに,長期資金供給における興銀の地位の低下が確認される。

次に,興銀の東証Ⅰ部上場企業向け貸出総額に占める,各産業の比重を見る(構成比 5%以上)。まず,長期資金である。長期資金は,興銀の東証Ⅰ部上場企業向け貸出総額の 96.31%を占めた。産業別構成を見ると,電気ガス 28.1%,鉄鋼 19.5%,電気機器 9.0%,輸送用機器 8.4%,化学工業 8.8%,非鉄金属 5.2%が目立つ。エネルギー産業と素材産業,そして機械産業向けの融資が目立つ。次に短期資金は,興銀の東証Ⅰ部上場企業向け融資総額の 3.68%を占めた。産業別では,鉄鋼の 23.14%,化学工業の 20.31%,繊維産

---

[79] このほかに融資先と融資金額不明の企業が 149 社ある。

業の19.15％，輸送用機器10.02％，非鉄金属の7.49％が目立つ。要素産業のほか，繊維品と化学産業向け融資比率が急増したことが目立つ。なお，短期資金の産業別シェアを見ると，すべての産業が2〜3％以下であり，全産業合計を見ても，1.41％に過ぎない。短期資金供給面での興銀の地位は明確に低下した。

続いて，1969年上期末における興銀の産業別の長期資金融資シェアを見る。全産業では9.48％であった。産業別では，水産業の17.34％，繊維業の18.84％，パルプ・紙の12.16％，化学工業の13.19％，石油・石炭製品の10.63％，ゴム製品の12.96％，ガラス・土石製品の12.69％，鉄鋼の12.89％，非鉄金属の13.53％，電気機器の13.75％，倉庫・通信業の13.20％，電気ガス13.47％が目立つ。全産業で微減したほか，産業別では50年代末から60年代半ばに重化学工業に収斂していたが，それ以外の産業にも分散する傾向を示していることが特筆される。次に取引先数を見る。69年上期末時点の東証Ⅰ部上場企業数は650社であった[80]。これに対して，興銀長期資金融資順位第1位取引先数は103社・15.8％であった。同じく融資順位第2位の企業数は179社・27.53％であった。以上，60年代半ばから69年にかけて，取引先数・比率ともに増加に転じた。この時期には，長期資金需要が減退したことが指摘されているが，恐らくはビジネス・チャンスが少なくなる中で，上記の主要な融資先産業の分散に見られるように，取引先の開拓に努めたことが取引先数やその比率で見る限りでの興銀の地位上昇をもたらしたと判断される。これらから，取引先数・比率で見た興銀の地位の上昇は高く評価できないことには留意すべきであろう。

次に，興銀の東証Ⅰ部上場企業向け融資総額に占める産業別融資の構成比を見る（構成比5％以上）。まず，長期資金は，興銀の東証Ⅰ部上場企業向け融資総額の94.13％を占めた。鉄鋼18.38％，化学工業11.53％，電気ガス13.67％，輸送用機器10.85％，倉庫通信業7.96％，繊維業5.92％が目立つ。この時期も素材，化学，エネルギー，機械といった，重化学工業の発展の基盤となる産業での貸出を重視していた。同様に，短期資金は，5.86％を占め

---

(80) このうち，14社が融資先と融資金額が不明である。

た。産業別に見ると，その他製造業の30.57％，電気機器の22.52％，化学工業の8.19％が目立つ。特に，その他製造業の構成比の突出ぶりは，それまでの要素産業向け融資中心の構造からの大きな変化である。重化学工業化が達成される中で，将来的に見て発展性の見出せる産業を模索してのことであろう。なお，短期資金供給面であるが，全産業合計でのシェアは1.01％であった。しかし，「その他の製造業」では98.63％を占めた。しかも，金額は16,880百万円と，「その他の製造業」向け長期資金貸出額3,499百万円を大きく上回る。この時期，長期資金を中心に融資基盤が縮小する中で，雑多な製造業の短期資金供給を増加させ融資先を確保したことが窺える。

　以上，興銀は，1950年代後半から60年代半ばにかけて，重化学工業系の産業向け長期資金融資で高いシェアを得た。特に，長期資金では，周知のことではあるが，重化学工業の発展の基盤となる，素材・エネルギー産業への融資が重視されていた。しかし，この時期には都市銀行が融資系列固めを行っていたこともあり，取引先企業数や比率の面で見た地位は低下した。さらに，60年代半ば以降，長期資金需要の減退が始まる中で，それまでシェアが低かった産業向けの融資も行い産業別融資額の分散を図った。その結果，長期資金取引先企業数で見た比率は，再度，上昇に転じた。このほか，産業別構成では，「その他の製造業」への短期貸出が急増した。この変化は，重化学工業化が達成される中で，次に将来性を見込める産業を模索したことを意味すると推察される[81]。しかし，それは長期資金需要が減退する中でのことであり，必ずしも経営にとってプラスには評価できない。

　なお，1950年代の興銀は[82]，56年の金融緩慢に伴う余裕資金80億円（同年4月末）の発生時には債券純増額を融資純増額に抑制する一方で，他方で57年度以降の融資額の大幅増額に伴う資金ポジション悪化時における長期資金融資純増額を債券純増の範囲内への抑制，65年度の資金ポジションのローンポジションへの変化の際の興銀債消化努力の強化によるポジション悪化の

---

[81] 岡崎「資本自由化以後の企業集団」320-331頁では，1973年以降，メインバンクの成長企業，成長産業の選別能力が低下したことを論じている。興銀については，60年代後半の時点で，その能力が低下したと推察される。

[82] 以下，1950～60年代の融資姿勢等は『日本興業銀行百年史』66-67, 90頁。

抑制姿勢に見られるように，57年3月末日銀借入残高が99億円に達したことにも見られるように一定の限界はあったものの，融資増加や資金ポジションといった点で一定の自己規律性を示していた。特に融資増加額を絞り込んだ50年代後半期に限っては，興銀の意図があったかどうかはともかく，結果的に，一定程度，企業の投資行動を規律付けした可能性がある。ただし，このような行動を採った時期は，限られた期間であったことは付記しなければなるまい。また，後述する長銀，不動産銀行とは異なり，このような相対的に融資シェア拡大を重視しない経営行動を採ることができた重要な要因として，戦前来，重工業を融資基盤にして経営発展を遂げてきたという，同行の経路依存性の在り方も指摘する必要があろう。

2　日本長期信用銀行

ここでは，日本長期信用銀行の融資動向を概観する。最初に，1953年上期の東証上場企業に対する融資シェアを見る（興銀と同様に構成比5％以上の産業のみを示す）。長期資金では，観光37.93％，セメント20％，鉄道・運輸15.02％，造船・造機11.03％，鉄鋼・金属製錬9.10％，窯業7.91％，化学工業6.75％，食品工業5.33％，繊維工業5.27％が目立つ。総額では4.28％を占める。創業後，1年あまりということもあって，総額では殆どネグリジブルであった。観光という他の長期信用銀行が融資を行わなかった産業では高いシェアを示しているものの，前述の開銀・興銀が高いシェアを占める中で，上記両行を補完する立場にあった。

このほか，東証上場企業555社中，長銀が融資順位1位を占める企業数は28社・5.04％に過ぎない。なお，短期融資は，すべての産業で1％未満であった。少なくとも，1953年上期末時点での長銀は，ほぼ長期資金供給に特化していた。ちなみに，短期資金融資順位第1位を占める企業数は僅かに2社のみであった。融資総額では鉱業・石炭・石油28.53％，倉庫業18.47％，化学工業13.42％，鉄鋼・金属製錬12.42％，造船・造機5.46％が目立つ。長銀も，興銀とほぼ同様に，エネルギー・素材関連，船舶などの輸出関連で比較的高いシェアを持っていた。このことは長銀の東証上場企業向け融資総額に占める各産業の割合からも明らかである（構成比5％以上）。長期資金で見

ると,海運5.62％,電力・ガス37.11％,鉱業・石炭・石油9.87％,造船・造機9.75％,鉄鋼金属製錬18.26％,化学産業6.07％が目立つ。同様に,短期資金では,電力・ガス5.23％,鉱業・石炭・石油18.19％,造船・造機23.43％,鉄鋼・金属製錬9.50％,繊維工業11.44％,化学産業15.92％が目立つ。ここでも,エネルギー・素材関連,船舶等の輸出関連に重点をおいた融資が実施されていた。実際,当時,営業部次長であった杉浦敏介の回顧によれば,[83]「当初,貸し付けは,政府の方針に沿い,電力,海運,鉄鋼,石炭の四重点産業が中心だった」という。

次に,1959年上期の同行についてみる（構成比5％）。まず,長期資金である。電気機械器具23.10％,繊維品17.59％,ゴム製品12.77％,第1次金属12.12％,鉱業11.98％,水産業11.44％,陸運業11.04％,食料品10.20％,化学工業9.71％,電気ガス業9.31％,輸送用機械8.50％,金属製品6.88％,海運6.85％,紙パルプ6.20％,機械6.08％,精密機械6.02％,商業5.54％,不動産5.11％と,全24産業のうち17産業で長期資金融資シェアが5％を超えている。全産業合計でも9.91％と倍以上に増加した。この時期,上述のように開銀が長期資金融資シェアを大きく落としていた。これを埋め合わせる形で長銀も融資シェアを伸ばしたと推察される。ちなみに,東証上場企業563社に占める長銀が長期資金融資順位第1位を占める企業数は49社・8.7％に過ぎない。

なお,短期資金は,すべての産業で0％台であり,53年上期末同様,ネグリジブルであった。東証上場企業中,長銀が長期資金融資順位第1位を占める企業数も0であった。長短合計では,鉱業7.00％,第1次金属7.90％,水産業6.27％,電気ガス8.55％が目立つ。素材・エネルギー関連産業でのシェア拡大が目立つ。しかし,全産業合計では,5.35％に過ぎない。本来の業務である長期資金供給面では,そのプレゼンスは増大したが,短期資金供給面では未だネグリジブルであった。さらに,長銀の東証上場企業向け融資総額に占める産業別融資額の構成を示す（5％以上）。長期資金では,化学工業

---

(83) 以下,杉浦の回顧は,同「私の履歴書」日本経済新聞社編『私の履歴書——経済人26』同社,2004年,132-133頁。

5.50％，第1次金属16.81％，電気機械器具9.18％，電気ガス33.67％が目立つ。短期資金では，海運業85.62％，化学工業7.16％が目立つ。この時期に急速な発展をした化学産業のほか，エネルギーや素材産業，そして輸出関連（海運）を重視した貸出が行われていた。実際，杉浦の回顧によれば，「次第に重化学工業が発展してくるにしたがい，この分野にシフトしていった。／併せて，私たちは長銀独自の融資基盤をつくろうと，意識的に成長産業に接近した（後略）」という。53年からの変化は，独自の融資基盤を作るための長銀の意識的な「成長産業」への接近の成果であった。このような動きは，50年代初頭に創立し政府に指示された産業以外の融資先を確保していなかった，同行の経営発展の経路依存性的問題を反映していた。

第3に，1964年上期末の長銀についてみる（構成比5％以上）。まず，長期資金である。その他製造業12.46％，水産業10.80％，電気ガス業8.79％，繊維産業6.83％，鉄鋼7.35％，非鉄金属7.26％，鉱業7.14％，化学産業6.83％，陸運業6.08％，食料品5.59％，海運業5.20％といった産業が目立つ。59年上期に全24産業中17産業で5％以上のシェアを獲得したのに対して（前述），全25産業中，12産業でしか構成比5％のシェアを占めることができず，10％を超えるものは2産業に過ぎなかった。全産業の長期資金シェアは5.63％と59年上期と比較して，半分近くにまで落ち込んだ。この時期，周知のように，系列固めがほぼ終了した関係であろう，都市銀行が長期資金融資シェアを上昇させていた。その関係で，60年代半ばになると，長銀は活躍の場が狭められたと考えられる。ちなみに，東証Ⅰ部上場企業627社中，長銀が長期資金融資順位第1位を占める企業数は31社・4.9％に過ぎない。実際，浜口巌根頭取（57年11月〜66年3月在任）は，「信用と健全経営を維持するため，いたずらに量の拡大を追うことを戒め，質の充実に努めた」という。審査体制も，営業店が起案した貸出申請書を，審査部，業務部の順に2段階で審査の上で，これらを通過した案件のみをすべて常務会での審議にかけて承認をとっていたという。このような姿勢は80年頃まで継続していたようである。[84]

---

(84) 以下，渡邉『長銀四十六年の興亡』36, 46-47, 136-138頁。なお，引用は『日本長期信用銀行』25年史からの重引。

さらに，重要なことは，(85)長銀が第一次長期経営計画を策定し，融資を中心とする業容拡大路線に転換するのは，都市銀行が融資系列固めをほぼ終えた65年以降のことであった。このような審査姿勢や業容拡大戦略転換の遅延も長銀がシェアを伸ばせなかった要因の一つと見られる。なお，65年以降の業容拡大路線への転換は，融資拡大に慎重姿勢を取り，なおかつ貸出リスク管理（＝借手の規律付け）を重視した，都市銀行上位行である三菱銀行などとは異なり（後述），長銀が借手の規律付けや債権内容の健全化よりも融資拡大を重視し始めたことを意味する。

なお，短期資金を見ると，非鉄金属で1.45％を占めたほかは，すべて0％台であった。全産業総額に占めるシェアも0.06％に過ぎなかった。長短合計でのシェアでは，水産業8.91％，鉱業6.51％，パルプ・紙6.59％，鉄鋼6.26％，非鉄金属5.85％，化学工業5.03％が目立つものの，すべてシェア10％未満に止まる。ちなみに，東証Ｉ部上場企業中，長銀が長期資金融資順位第1位を占める企業数は0であった。全産業合計でのシェアは4.48％と，59年上期末に比べると1％ほど低下している。長銀が融資シェアを拡大することが不可能になり，主に長期資金供給を通じて，主要企業の技術革新や大規模投資を資金面から支えるという，(86)歴史的な使命が終焉へと向かい始めたことが明確化した。第3に，長銀の東証Ｉ部上場企業向け融資総額に占める産業別比率（構成比5％以上）を示す。長期資金では，化学工業8.87％，電気ガス業33.84％，鉄鋼17.96％が目立つ。この時期の勃興した化学工業のほか，素材・エネルギー関係を重視した融資行動を採っていたことが分かる。短期資金は非鉄金属が100％であった。ここでも素材産業を重視する長銀の姿勢が確認できる。

1969年上期についてみる。まず，長期資金である（構成比5％以上）。ゴム製品17.61％，電気機器11.26％，水産業11.17％，ガラス・土石製品9.47％，鉄鋼8.77％，石油・石炭製品8.18％，非鉄金属7.45％，食料品7.38％，化学工業7.36％，金属製品6.87％，パルプ・紙6.37％が目立つ。これら11産

---

(85) 渡邉『長銀四十六年の興亡』66-67頁。
(86) 第2章第2節。

業中(全産業数は25),10%以上のシェア示す産業は僅かに3産業に過ぎない。ちなみに,東証Ⅰ部上場企業636社中,長銀が長期資金融資順位第1位を占める企業数は50社・7.8%に過ぎない。全産業合計に占めるシェアは6.25%と,若干,改善された。次に,短期資金である。海運業の1.82%を除けば,すべての産業で0%台になっており,全産業合計でも1.01%に過ぎない。さらに,長短合計でのシェアを見ると,ゴム製品12.46%,ガラス土石製品9.47%,電気ガス8.45%,その他の製造業8.11%,鉄鋼6.75%,水産業6.00%,石油・石炭製品5.33%,非鉄金属5.18%が目立つ。ゴム製品を除くすべての産業で融資シェア10%を切っている。ちなみに,東証Ⅰ部上場企業636社中,長銀による短期資金融資順位が1位である企業数は3社・0.47%に過ぎない。また,全産業合計に占めるシェアは3.88%であった。長期資金では若干の改善が見られたものの,長短合計では1%ほどシェアが低下したこと,全25産業に占める10%以上の産業数が,長期資金で3,長短合計では1に過ぎないことを考慮したとき,64年上期末に見られた日本長期信用銀行の歴史的使命が終焉に向かったという傾向は,より一層明確化した。次に長銀の東証Ⅰ部上場企業向け融資総額に占める各産業の割合を示す(構成比5%以上)。長期資金では,鉄鋼20.54%,電気ガス15.71%,化学工業10.58%,輸送用機器8.56%が目立つ。短期資金では,輸送用機器31.64%,化学工業29.71%,海運業14.20%,繊維産業8.14%が目立つ。主に長期では素材,エネルギー産業と化学産業を,短期では,輸送用機器のほか,化学と海運(輸出関連)を重視した融資行動を採ったと言えよう。

3 日本不動産銀行

1957年になると日本不動産銀行(後の日本債券信用銀行)が設立された。その関係で,59年上期末からは,同行の数値も採ることができる。同期の不動産銀行は,すべての産業で長短ともにシェアが0%台であった。東証上場企業中の同行長期資金融資順位第1位の企業数は6社・1.06%に過ぎない。短期資金取引先順位第1位の企業は0社であった。東証上場企業への貸出総額に占める産業別融資の割合を示す(構成比5%以上)。長期資金では,商業29.6%,電気機械器具12.6%,輸送用機器11.6%,鉱業11.8%,第1次金

属10.9％，機械5.5％が目立つ。商業のほか，エネルギー産業や素材産業とともに，機械産業関係への融資が重視されたことが分かる。短期資金はガラス・土石68.42％，不動産31.58％に集中している。なお，同行初代頭取星埜喜代治は「昭和32年4月，当行が創立された直後のころは，私は早く当行の貸出金を，千億円まで持ってゆきたいと念願し，それに向かって積極的に突進した。また，なるべく早く九分の配当ができるような決算状態にして大銀行並みになりたいと思ったし，次に，いわゆる都市銀行の仲間入りをして，できれば全国銀行協会の役員になれるようにしたいと思った。／また，次には早く相当の土地を買収し，これに立派な本店を建築したいと念願したことであった」と回顧している。[87] 周知のように，同行は旧朝鮮銀行の残余財産を基礎に設立されたから，恐らくは後発ゆえに確固たる経営基盤は持っていなかったと判断される。このような経営発展の経路依存性故に，星埜が回顧するような，強度な上昇志向をもったと見られる。この点は，後発都市銀行である北海道拓殖銀行（後述）と類似しており，非常に興味深い。また，早い時期から，貸出債権内容の健全化（＝借手企業に対する規律付け）以上に，融資拡大を重視していた点にも注意を促したい。

　続いて1964年上期末の日本不動産銀行を見る。長期資金については，不動産業で12.38％，倉庫業で6.46％のシェアを持ったほかは，軒並み0％台であった。全産業合計額に占めるシェアは0.38％に過ぎなかった。同様に短期資金でも不動産業6.09％，倉庫業5.05％のシェアを持ったほかは，0～2％台であった。全産業短期資金合計に占めるシェアは，0.00％であった。なお，全産業長短合計に占めるシェアも，0.30％に過ぎなかった。この時期になり，行名どおり不動産関連で，一時的に（後述）ビジネス展開の足がかりを得たものの，それ以外の産業ではネグリジブルな存在であった。ちなみに，融資順位第1位を確保した取引先数は，長期で9社，短期で0社のみであった。同行の東証Ⅰ部上場企業融資総額に占める産業別割合を示す。建設業5.96％，繊維産業6.29％，化学工業9.94％，ガラス・土石製品18.56％，鉄鋼14.29％，機

---

(87) 星埜『回想録』日本不動産銀行十年史編纂室，1967年，222頁。朝鮮銀行との関係は，同書，145–215頁も参照。

械 14.31％，不動産業 15.19％が目立つ。鉄鋼や機械にくわえて，不動産，建設業といった不動産関連が重視されていたことが分かる。なお，この時期の同行は，東証Ⅰ部上場企業に対する短期資金供給は 0 百万円（0％）である。なお，日本不動産銀行の東証Ⅰ部上場企業向け融資総額に占める産業別構成を示す。長期では，輸送用機器 21.95％，鉄鋼 17.27％，化学工業 14.76％，建設業 8.41％が目立つ。短期では建設業 55.8％，不動産業 41.8％が目立つ。長期資金では重化学工業向け融資が重視されていたが，短期では建設業も含めて不動産関係が重視されていた。

　最後に 1969 年上期末の同行について見る。長期資金では，建設業で 5.31％のシェアを握ったものの，それ以外は 0～2％台であり，全産業長期資金合計では 1.06％のシェアを握ったに過ぎない。短期資金でも建設業の 2.53％が目立つくらいで，それ以外の産業は 0～2％未満のシェアしか握れなかった。建設業への融資比率の高さは 70 年代以降の投機の動きとの関連で注目されるが，全産業短期資金合計でも 0.62％のシェアを握ったに過ぎない。1969 年上期末にいたるまで，大企業にとっての同行は限界的資金供給者であり続けたと言ってよかろう。ちなみに，融資順位第 1 位を占めた取引先数は，長期で 16 社，短期で 0 社であった。同行は，この面でもネグリジブルな存在であった。

4　小　括

　以上，1950 年代前半から後半にかけて，日本長期信用銀行は，長期資金供給を中心とする産業資金供給面での地位を上昇させた。しかし，上述した厳格な審査体制や業容拡大路線への転換の遅延もあり，主要都市銀行による融資系列固めが進展し，なおかつ長期資金需要が減退への動きを示した 60 年代半ば以降，長銀の歴史的使命が終焉する傾向を強めた。このため，特に 70 年以降，同行は，重化学工業系の大企業への長期資金融資に代わる，新たな資金運用先（特に，中小企業向けや第三次産業のほか，不動産向け融資[88]）を求めることになった。日本不動産銀行は，長銀以上にシェアが低く，その強い上昇志向にもかかわらず，創業後の比較的短い期間で，その存在意義が認め

（88）渡邉『長銀四十六年の興亡』90 頁。

られない状況になった。さらに，その開始時期は異なるが（上述），両行ともに貸出債権内容の健全性維持（借手企業に対する規律付け）よりも，融資拡大を重視していたことにも注意を促したい。そして，これらの行動の背景には，創業が1950年代と日が浅く，独自の融資基盤確保を重視せざるを得なかった両行の経営発展の経路依存性的問題があった。

第4節　融資系列の形成と都市銀行[89]経営の変容

1　本項の目的

　総力戦体制下には軍需会社指定金融機関制度（1944年1月）や軍需金融等特別措置法（45年3月）等の制度変化により，銀行部門からの資金供給が拡大した[90]。他方では借手企業「経営者の独自行動の余地」が広がり，銀行等の金融機関の貸出審査・管理機能は弱体化した。敗戦後，戦時補償打切りのため巨額損失が発生し，特に全都市銀行は9割減資を柱とする再建整備を余儀なくされた。その結果，銀行局の配当制限指導，物価安定の観点からの臨時金利調整法（47年12月）や融資準則に基づく金利規制，信用割当等，大蔵省の行政指導により自律性が制約される形で経営が再建された。本規制体系を前提に，高度成長期の銀行部門は重化学工業向けを中心に資金供給に重要な役割を果たした。他方で敗戦後には戦時統制，特に損失補償の解除により，各金融機関は自己責任による経営の健全性確保も迫られた。公的規制と市場経済の狭間で，各金融機関は如何なる対応をとったのか。

---

(89) 以下，本書の依拠する都市銀行の定義は，「普通銀行の中で大都市に本店を置き，大都市部を主たる営業基盤としながら，日本全国および海外にも営業拠点を有し，広域的に展開している大規模銀行。業務構成の特色としては大企業向け取引，国際金融取引，金融市場取引のいわゆるホールセール取引の割合が高いが，リテール業務においても大きなシェアを有している。」（『大月金融辞典』大月書店，2002年，406頁，「都市銀行」の項目。数阪孝志氏執筆）である。

(90) 以下，寺西重郎『日本の経済システム』209-218，228-235頁。ただし，そこでは敗戦後における市場原理の復活の影響（とりあえず原朗『復興期の日本経済』を参照）が十分に考慮されていないように思われる。

ここでは，研究史に従い都市銀行群を「旧財閥系」，「新興系」，「その他」の3類型に区分し，全体状況を概観した上で，史料の制約上，各類型から三菱銀行，三和銀行，北海道拓殖銀行を取り上げて，それらの経営の実態に迫ることを目的とする[91]。先行研究では，六大企業集団の中核行が分析対象となっており，下位行は分析対象外になっている[92]。下位行も一括して取り上げることはできない。都市銀行の持つ階層性と，特に下位行を捉えなおす。なお，各個別行についての研究史とその問題点については，各々の冒頭で論じる。

（1）六大都市銀行の融資系列の概観

ここでは，まず，都市銀行の類型・階層区分を行う。その上で，橘川・加藤論文に依拠して[93]，六大銀行の融資系列の状況を概観する。その際，単なる橘川・加藤論文の内容紹介には留めないで，六大銀行以外の都市銀行についての融資系列に関するデータの平均値・分散（ひいては変動係数）の差の検定を行う。これにより都市銀行の融資系列の形成状況の階層性を示す。同時に，各階層別の融資・選別姿勢の違いの有無も検討する。この点に関連して，都市銀行の系列企業への融資状況の平均・分散に着目した研究として，鷲尾透氏の見解が挙げられる[94]。しかし，氏の関心は系列融資の形成度に限定されており，貸出リスクの分散やリスク管理を巡る銀行行動やその階層的差異には関心が払われていない。なお，橘川・加藤論文に依れば，信託銀行は都市銀行を補完する地位を占めるに過ぎなかった。それゆえ，ここでは系列融資の中核を占める都市銀行に焦点を絞って分析する。

---

[91] 中嶋昌彦「富士銀行系企業集団におけるメインバンク・システムの形成」『北九州大学大学院紀要』第17号，2003年9月では，富士銀行を事例にメインバンク制が1950年代半ば以降に形成に向かうことが論じられている。しかし，「メインバンク・システム」を論じるからには，個別一行の分析だけでは不十分なのではなかろうか。
[92] 勝又『メインバンク制の歴史的生成過程』第12章（483-545頁）でも，階層別の貸出分散度の分析はされていない。個別行の銀行行動についても，内部に立ち入った形で実証分析もされていない。
[93] 以下，六大都市銀行の融資系列の状況については，橘川・加藤「戦後日本の企業集団と系列融資」に依拠する。
[94] 鷲尾「都市銀行における系列融資（4）——ビッグビジネスと銀行」『銀行研究』1968年7月号，138-143頁。

まず,融資系列の形成状況を見る前に都市銀行の階層性・類型的特質を確認する。次頁表3-4-2は各都市銀行による融資系列固めがほぼ終わったと判断される1965年末時点での,貸出,有価証券投資,預金残高で都市銀行を順位付けしたものである。これによれば,都市銀行は,次の4種類に区別される。①預金量,有価証券投資,貸出ともに多い六大銀行。これは後に見る融資系列の状況から旧財閥系,「新興グループ」に分かれる。②預金量,有価証券投資は多いが,貸出が少ない東海,勧銀の両行。③貸出は多いが,預金量,有価証券投資が少ない協和,東京の両行。④預金量,貸出,有価証券投資ともに少ない大和,神戸,拓銀の各行。以上の分類から,一口に都市銀行といっても,六大企業集団の中核行,特に旧財閥系を頂点に,中間部にあたる類型②③,最下層部にあたる類型④に区分される。

　以上を踏まえて,次に融資系列形成の状況を検討する。まず,六大銀行から検討する。まず,株式所有面からであるが,旧財閥系については,次のように区別される。

　①「六大企業集団のなかでも,持合い比率が際立って高く,その結束力の強さは,これまでの研究でたびたび指摘されている」住友銀行を中核とする住友グループ。本グループの融資比率に占める住友銀行の比率は,1953・58・63・68年のそれぞれについて,24.8%,25.1%,21.5%,16.4%と系列融資

---

(95) 野口祐編『日本の都市銀行』同『続日本の都市銀行』いずれも青木書店,1968年も含めて,このような都市銀行の類型的・階層的区分は,管見の限り先行研究には見出せない。なお,上掲書では役員派遣を通じた銀行と借手企業の結合関係も検討している。しかし,典拠に挙がっているのに,『年報　系列の研究』と金融財政事情研究会提供資料とある。また,富士,協和は典拠不明である。後者は,現時点ではアクセス不可能である。

(96) 以下,引用も含めて,橘川・加藤「戦後日本の企業集団と系列融資」による。ただし,系列融資における都市銀行の役割については,同論文表13の数値に依拠するものの,解釈は必ずしも一致していない。

(97) ただし,1953年のデータは,『年報　系列の研究』1960年版から確認できた系列関係を前提に,『上場会社総覧』1954年版の数値から算出したものであるという(この点は,橘川・加藤論文の著書のおひとりである,加藤健太氏に,直接,確認をとった)。この方法だと,50年代を通じて系列形成が進んでいるから,この点を考慮した場合,正確な数値とは言い難い。しかしながら,筆者自身の調査と加藤健太氏からのご教示も踏まえた場合,現段階ではこのような形で,1953年数値を推計する以外に接近方法はない。その意味で限界があることを指摘しておく。

第3章 高度成長期における金融機関経営の変容　259

表3-4-1　1965年都市銀行のグルーピング　　（単位：百万円）

貸出計での順位		有価証券投資での順位		預金残高での順位	
富士	1,200,374	富士	230,947	富士	1,399,326
三菱	*1,171,825*	*住友*	*225,553*	*三菱*	*1,348,168*
三和	1,152,680	三菱	224,610	三和	1,323,321
住友	*1,133,571*	三和	224,563	*住友*	*1,307,511*
第一	866,463	東海	180,503	東海	1,041,442
三井	*778,499*	第一	157,454	第一	914,316
協和	479,586	三井	147,020	三井	886,440
東京	451,244	勧銀	131,060	勧銀	838,161
東海	338,676	大和	125,927	協和	592,771
拓銀	298,485	協和	101,874	大和	559,501
勧銀	282,842	神戸	92,617	東京	550,777
大和	204,911	拓銀	69,835	神戸	476,142
神戸	177,009	東京	46,167	拓銀	349,730

注：**太字**は六大銀行。*斜字*は旧財閥系銀行。
　1）預金量，有価証券投資，貸出ともに多い六大銀行→旧財閥系，非旧財閥系に分かれる。
　2）預金量，有価証券投資は多いが，貸出が少ない東海，勧銀
　3）貸出は多いが，預金量，有価証券投資が少ない協和，東京
　4）預金量，貸出，有価証券投資ともに少ない大和，神戸，拓銀
出所：『銀行局年報』

総額の比率自体が低下する68年を除き，高い水準で推移する。他の系列金融機関（比較的高い信託銀行でも13～18％ほどで推移）と比較しても，融資面での住友銀行の役割の大きさが確認される。

②持合比率が「社長会の結成をはさむ1953年から63年にかけて大幅に上昇し」，なおかつ三菱銀行による所有比率が上昇した（53年0.6％→68年3.3％）三菱銀行を中核とするグループ。同時期の三菱銀行の融資比率を見ると，それぞれ16.7％，22.0％，19.6％，13.0％と，特に住友銀行と比較した場合，三菱銀行の系列融資比率はそれほど高くない。ただし，他の系列金融機関（同様に信託銀行で3～9％ほど）と比較した場合，三菱銀行の融資比率面での役割の大きさが確認できる。

③社長会メンバーの持合比率が，1958年から63年にかけて「著しく上昇し」，なおかつ三井銀行による持株比率が急上昇した（53年1.0％→63年2.0％）同行中心のグループ。同行の系列融資比率は，同様に18.1％，19.2％，16.9％，13.2％と，住友銀行と比べた場合，三菱銀行同様，銀行の系列融資比率はそれほど高くはない。しかし，三菱銀行同様，他の系列金融機関（同様に信託銀行で3〜9％ほど）であることを考慮した時，相対的に三井銀行の融資比率面での役割の大きさが確認される。

「新興グループ」は次のとおりである。富士銀行を中心とする芙蓉グループであるが，社長会メンバーとメンバー外企業の持合比率が，社長会結成を挟んで漸く1968年になって逆転するという特徴がある。中核行である富士銀行の持株比率は，53年の1.1％，58年の2.6％から63年の4.0％，68年の4.2％と，上記の社長会メンバー企業とメンバー外企業の持株比率が逆転する過程で急上昇している(98)。この過程で，持株比率という点において，芙蓉グループ内での富士銀行の存在感が大きくなった。系列融資比率に見る富士銀行の役割を見ると，53・58・63・68年の数値は，19.3％，26.7％，20.8％，17.4％であった。他の系列金融機関の融資比率を見ると，高くても信託銀行の1〜8％程度であり，系列融資に占める富士銀行の役割の大きさが確認される。

次に，三和銀行グループである。本グループは「新興企業集団の中でも，とくに結束力の弱いグループ」とされており，「日立製作所，東洋ゴム，日本通運，そして日商のように社長会メンバーでありながら，三和銀行の融資系列に属していない企業が，複数存在することからも明らかである」。三和銀行の所有比率については1950〜60年代を通じて，社長会メンバー外企業の方が高い数値を示している。しかし，社長会の結成（67年）にあわせて，1958・63年の2.5％から68年には4.3％にまで急上昇した。このような結束強化への動きはあるものの，「三和の融資系列は，他系列とは異なり，社長会メンバー企業の子会社，関係会社，あるいは共同投資会社を取り込む形で外延的に拡張していない」点に特徴があるという。系列融資比率は，同様に20.9％，27.4

---

(98) この点は，橘川・加藤「戦後日本の企業集団と融資系列」の表3（100頁）に依拠した。しかしながら，同論文ではこの点についての指摘はない。以下の銀行でも同様である。

％，16.6％，11.5％であった。50年代は三和銀行単独の数値であるが，63年以降は東洋信託銀行分離後の数値になる関係で，その比率は大幅に低下する。しかし，東洋信託銀行の数値（63年6.2％，68年7.0％）とも合わせ見たとき，三和銀行と東洋信託銀行の系列融資に占める存在は，なおも大きかった。

最後に第一銀行グループについて見る。同グループの社長会は，1966年に合同社長会が開催されるまで，「古河『三水会』と川崎「睦会」」に分かれていたという。66年以前についてみると，「古河『三水会』」の持合に占める第一銀行の比率は，53年0％，58年2.7％，63年2.1％，68年4.0％と，50年代から60年代前半にかけて着実に上昇しているが，特に合同社長会が開催されるようになった後の68年には4.0％にまで急上昇した。川崎睦会についても事態はほぼ同様であり，第一銀行の持株比率は，53年0.5％，58年1.3％，63年2.1％，68年3.9％と推移していた。このような第一銀行の行動にも関わらず，合同社長会開催以後も古河，川崎両社長会の融合は実現しておらず，「第一銀行グループを一つのグループと考えるのは難しい」との評価が下されている。なお，系列融資総額に見られる第一銀行の比率を見ると，それぞれ22.2％，14.1％，14.5％，10.1％であった。高度成長の進展に伴い系列融資比率が低下していることが確認される。それ以外の系列金融機関の系列融資比率を見ると，損保が0.3～4％ほどを占めた程度であった。第一銀行については，他の企業集団よりはその存在は小さいものの，系列内の他の金融機関と比べれば，相対的に大きな役割を果たしていたと言えよう。

（2）六大企業集団における金融機関と事業会社に対する選別姿勢

最後に，1959・63・70年上期の融資比率，持株比率それぞれについて，旧三大財閥系と新興系の平均値と分散の差についての検定を行い，金融機関の事業会社に対する選別姿勢を検証する（次頁表3-4-2）[99]。融資先の選別度合

---

(99) このような分析，特に融資選別姿勢の強弱についての分析は，管見の限り，先行研究では行われていないと思われる。関連して，勝又『メインバンク制の歴史的生成過程』483-545頁では，1961, 71, 75年度の株式所有・融資状況・役員派遣状況を検討した。しかし，本書が着目する都市銀行の階層別の融資選別姿勢の強弱は未検討である。なお，勝又著では株式持合に加えて，「メインバンクからの役員派遣が，暗黙的な『最

表 3-4-2　旧財閥系，新興系，その他都市銀行の融資系列の結合度

摘要	1959年上期融資比率			1963年上期融資比率			1970年上期融資比率		
	旧財閥系	新興系	差	旧財閥	新興	差	旧財閥系	新興	差
変　数	21.95	32.83		48.25	40.41		45.76	42.68	
サンプル数	154	100		241	171		266	174	
平均値	59.81942	39.4431	20.376	36.824	34.074	2.75	32.44575	308.7395	276.29
不偏分散	35547.45	222.4657		277.03	230.6		234.6878	13442718	
標本標準偏差	188.5403	14.91528	173.63	16.644	15.186	1.458	15.31952	3666.431	3651.1
変動係数	3.151825	0.378147	8.5209	0.452	0.4457	0.53	0.472158	11.87548	13.215
分散の差	P=0.000**			P=0.2818			P=0.000**		
平均の差	P=0.092			P=0.0413**			P=0.1608		

摘要	1959年上期持株比率			1963年上期持株比率			1970年上期持株比率		
	旧財閥系	新興系	差	旧財閥	新興	差	旧財閥	新興	差
変　数	4.68	3.12		27.45	23.71		41.41	3.45	
サンプル数	154	100		241	171		266	174	
平均値	17.32805	10.1559	7.1722	18.225	10.099	8.126	17.08023	12.45897	4.6213
不偏分散	335.5422	157.9188		4370	120.45		304.415	167.8866	
標本標準偏差	18.31781	12.56657	5.7512	66.106	10.975	55.13	17.44749	12.95711	4.4904
変動係数	1.057119	1.237367	0.8019	3.6272	1.0867	6.785	1.021502	1.039982	0.9717
分散の差	P=0.001**			P=0.000**			P=0.000**		
平均の差	P=0.001**			P=0.031*			P=0.008**		

摘要				1963年上期融資比率			1970年上期融資比率		
				新興	その他	差	新興	その他	差
変　数				40.41	56.05		42.68	56.05	
サンプル数				171	76		174	76	
平均値				34.074	40.372	6.297	308.7395	40.37171	268.37
不偏分散				230.6	302.4		13442718	302.4024	
標本標準偏差				15.186	17.39	2.204	3666.431	17.38972	3649
変動係数				0.4457	0.4307	0.35	11.87548	0.43074	13.597
分散の差				P=0.1534			P=0.000**		
平均の差				P=0.0036**			P=0.1678		

摘要				1963年上期持株比率			1970年上期持株比率		
				新興	その他	差	新興	その他	差
変　数				23.71	9.90		3.45	9.9	
サンプル数				171	76		174	76	
平均値				10.099	4.9761	5.123	12.45897	4.976053	7.4829
不偏分散				120.45	18.234		167.8866	18.23408	
標本標準偏差				10.975	4.2701	6.705	12.95711	4.270139	8.687
変動係数				1.0867	0.8581	1.309	1.039982	0.858138	1.1609
分散の差				P=0.1534			P=0.000**		
平均の差				P=0.0000**			P=0.000**		

注：1）** は1％，* は5％で統計的に有意。平均の差の検定は Welch の方法を用いた。
　　2）新興とその他の比較はデータの関係から1963年上期以降のみになった。
出所：『年報系列の研究』各年より作成。

は，事前審査や融資後の監督を通じて決まると判断される。したがって，少なくとも相対的ではあるが，借手規律付けの強弱を判断する指標となり得る。まず，1959年上期である。サンプル数については，旧財閥系が54社多い。次に融資比率を見る。両者の平均値の差については，統計的に有意な結果は見出せない。しかし，分散については，旧財閥系と新興系との間に統計的に有意な差が見出せる。これに加えて，両者の間の融資比率の差を考慮して変動係数を見ても，旧財閥系の方が圧倒的に大きい。旧財閥系金融機関は事業会社の融資比率の設定を通じた結合関係の構築にあたり，新興系に比べてより選別的な姿勢を採っていたことが推定される。持株比率については，平均値，分散ともに旧財閥系と新興系との間に統計的に有意な差が生じている。出資比率の高さや選別的姿勢という面で，旧財閥系と新興系では大きな違いがあったことが推定される。

　1963年上期についてみる。旧三大財閥系と新興系の融資比率は，分散では統計的に有意な差は見られない。変動係数もほぼ同数値といってよい。もっとも，平均で有意な差が観察される。通説的にこの時期は，ほぼ系列固めが終わった時期とされる。そのフロント・ランナーであった旧三大財閥系は，59年には強い選別姿勢を採っていた。そこでの選別を踏まえて，63年には選別を終えた個別企業毎の融資比率を引き上げ，結合関係を強化したと見られる。次に持株比率である。分散，平均とも旧財閥系と新興系との間に，統計的に有意な差が生じている。変動係数を見ても，旧財閥系の方が圧倒的に高い。株式所有比率の平均値の有意な差は，金融機関と事業会社との間における，所有面での結合関係の強化の進展が，旧財閥系と新興系との間で相違していたことを示す。同時に，分散や変動係数における有意な差は，新興系と比較して旧財閥系の方が，所有面での結合関係の構築にあたり，より強い選別姿勢を採っていたことを推定させる。

　最後に，1970年上期である。融資比率の平均値の差については，統計的に有意な差は見出せない。ただし，分散については，新興系＞財閥系という

終貸付保証』を内外に示して，他行からの蚕食（融資攻勢）を防ぐための手段であったと考える」との議論が提示されている（515頁）。興味深い仮説ながら，実証がされているとは言い難い。

形で，統計的に有意な差が生じている。変動係数も新興系が圧倒的に大きい。60年代後半以降，新興系が事業会社との結合関係の構築にあたり，旧財閥系以上に選別的な姿勢を採ったことが推定される。その背景であるが，三和銀行の事例分析（後述）が示すように，60年代半ばから70年までの間に，丸善石油の整理，大日本紡績と日本レイヨンの合併を通じた過剰債務の処理など，新興系は資産内容の健全化のために，大口貸出先の整理を行った。このような動きが，統計に反映したと思われる。持株面では，平均値に見られるように，前時期同様，旧三大財閥系のほうが，持株比率で見た結合度が全般的に高く，なおかつ分散が大きい。しかし，変動係数を見ると，新興系が若干，旧財閥系を上回っており，前者の選別的姿勢が強かった。持株比率の設定についても，融資比率と同様の背景があることが推測される。このことは，見方を変えれば，旧財閥系は，新興系に先立って，安定的な持合関係の形成を終えていたことを示唆する。

　なお，借手企業の経営悪化（の進展）防止目的と思われる，銀行による役員派遣を通じた関係に基づく借手企業への介入である。その前提として融資系列が安定的に形成された時期とされる，1946〜67年まで（括弧内は57年以降）の都市銀行の東証Ⅰ部上場と推定される企業への役員派遣状況を示すと[100]，富士銀行93社，91(55)名，住友銀行66社，58(62)名，三菱銀行73社，77(58)名（1965年9月期末現在と推定），三和銀行25社，30(30)名，三井銀行30社，25(23)名（1965年9月期末現在と推定），東海銀行14社，21(19)名（66年9月期末と推定），第一銀行28社，37(35)名，大和銀行13社，14名，協和銀行9社，9(9)名，神戸銀行7社，11(6)名，北海道拓殖銀行4社，4(3)名であった。派遣先会社数では富士，住友，三菱が突出する一方で，他方で拓銀，協和，神戸，大和の下位各行は少ない。旧財閥系では三井銀行が意外と少なく，三和，第一の両行とともに中間層を形成していることが確認される。これに加えて，派遣時期は57年以降が大半であった。この事実は融資系列形成とメインバンク制の形成が符合することを示唆する。

---

(100) 以下での銀行別数値は野口祐編著『日本の都市銀行』同『続日本の都市銀行』の各章による。なお，同書では，派遣時期の検討は殆ど無く役員派遣を巡る都市銀行の相互比較はされていない。

関連して，旧財閥系・新興系の区別はないが，宮島英昭氏が『会社 4 季報』記載の借入先・株主ともに 1 位のものをメインバンクとした上で，日本開発銀行『企業財務データベース』に記載された 204 社を対象に銀行による役員派遣の借手企業の経営者交代への影響を計測している[101]。これに依れば，メインバンクとデフォルト・リスクの交差項の経営者交代（特に外部者への交代）をみると 1959～63 年の回帰係数は 1.14, 65～69 年のそれは 1.86 と他の説明変数の回帰係数と比べて低い。統計的にも 10％で漸く有意になる程度であった。しかも，この変数は，借手企業の経営悪化に対する救済的介入を示す変数と解釈される。それゆえ，仮に有意水準の問題を措くとしても，この変数の有意性が常日頃からのメインバンクによる借手企業の経営規律付けが行われていることを意味しない。以上，高度成長期における役員派遣を通じた銀行と取引先企業との間の結合関係に基づく経営規律付けの効果はそれほど高くは評価できない。

以上，六大企業集団における金融機関と事業会社との間の結合関係は，旧三大財閥系と新興系で差があり，特に，持株比率面では 1950 年代末から 60 年代半ばまでは旧財閥系の方が，出資比率で見た結合度が全般に高く，選別的姿勢が強かった。融資比率面では，当初，旧三大財閥系の方が，選別的姿勢が強かった。しかし，系列固めがほぼ終わった 63 年上期には，選別姿勢は新興系とあまり変わらなくなった。70 年には過剰債務処理の面で新興系金融機関が動いた結果，新興系の選別的姿勢が強いと推定された。しかし，これは新興系の経営の不安定性を示すものであり，旧三大財閥系に対する優位性を示すものとは考えられない。選別姿勢に関する議論をした点で，本章と通説的議論は異なる。しかし，それ以外は通説的議論と同様な結論ではあり，六大企業集団内には，融資比率や出資比率で見た金融機関と事業会社との結合関係面で，旧財閥系と新興系で階層格差が存在した。

ただし，本書での議論から，通説に付け加えられることができるのは，こ

---

(101) ここでの議論は，宮島「戦後日本における状態依存的ガヴァナンスの進化と変容」『経済研究』第 49 巻 2 号，1998 年 4 月，表 4（106 頁）の計測結果に基づく。ただし，宮島論文では，高度成長期が「状態依存的ガヴァナンス」の「形成期」と評価するのみで，以下で示す議論はされていない。

の階層格差の背後には，個別金融機関の経営発展の経路依存性が照応していることである。つまり，戦前来，重工業を基盤にしていた都市銀行上位行は，強い選別姿勢を取ることができた。しかし，戦前来，繊維品など軽工業を蓄積基盤としており，1950年代に入ってから重化学工業を蓄積基盤として取り込もうとした都市銀行中位行の選別姿勢は弱かった。

　ここでの議論を踏まえて，次に上位行から三菱銀行，中位行から三和銀行，下位行から北海道拓殖銀行を取り上げて，より具体的に経営実態を見てみよう。

(補論) 信託銀行

　ここでは高度成長期における信託銀行の動向を概観する。管見の限りでは，麻島昭一氏が住友信託銀行について詳細な分析をする中で，同行の貸付信託への「徹底した」依存と三菱信託銀行の消極性を論じたほか[102]，加藤健太氏が[103]，信託銀行が同系列の都市銀行の資金供給を補完したことを明らかにした。ここでは，視点を変えて信託銀行内部での階層性を検討する。その前に，東証（Ⅰ部）上場企業の信託銀行からの借入／総借入額を示す。1953年，59年の9月期末と64・69年3月期末をみると，それぞれ1.26％，5.45％，2.03％，11.3％であった。信託銀行の比率は，景気動向に応じて変化していたことが窺える。特に，69年3月期の比率急上昇であるが[104]，当該期の信託銀行は通産省所管業種を中心に設備資金供給が積極化し「主力銀行の道を進む」といわれていた。これが要因である。以上，借手企業にとっての信託銀行は，資金供給面での景気変動のバッファーだった可能性がある。

　次に信託銀行の預金・貸出に占める各行の比率を示す[105]。1953年9月期の貸出（銀行勘定）は，三菱信託銀行が24.28％，住友信託銀行が23.18％，三井信託銀行が22.08％と上位3行で7割を占める。貸出（信託勘定）は，それぞれ22.22％，27.39％，22.35％とこちらも3行で7割を超える。預金（銀行勘定）は，それぞれ23.48％，23.18％，21.09％と上位3行で約7割を占めた。

---

(102) 麻島『住友信託銀行五十年史』同行，1976年，特に961頁。
(103) 橘川・加藤「融資系列」
(104) 麻島『五十年史』1211頁。
(105) 以下，『上場会社年鑑』各年による。

64年3月期を見ると，貸出（銀行勘定＋信託勘定）で三菱信託銀行が8.72％，住友信託銀行が49.4％，三井信託銀行6.4％，大和銀行信託部が9.2％を占めた。預金（銀行勘定）は，それぞれ9.87％，52.4％，10.6％，9.2％であった。この時点で，少なくとも信託勘定では3行寡占状態だったものが，住友信託銀行の独占的状態への変化が生じた。62年3月期以降，「金融商品としての貸付信託の魅力が滲透した」[106]ほか，公社債投信より利回り（五年物）は0.4％ほど劣るが，投信の信用度が低下したという。そうであれば，貸付信託に「徹底」依存する戦略を採っていた住友信託銀行の融資シェア拡大に有利に働く。ここで得た資金を貸出拡大に廻すことができたのであろう。69年3月期は，東海，日本，中央の各行の数値が取れなかった。それ故，不正確ながらこれら3行を除外した数値を示す。貸出（同）は，それぞれ27.17％，25.89％，24.94％と8割ほどを占め，預金（同）もそれぞれ26.52％，23.55％，22.59％と再び3行寡占状態に戻った。

　続いて東証（Ⅰ部）上場企業を対象に各行の産業別構成と融資分散状況を見る[107]。1953年9月期末は，各社とも鉱業・石炭・石油のほか，重化学工業関連の比重が高い。59年9月期末は同様であるが，鉱業・石炭・石油が消え去った点は異なる。53年9月期末は炭鉱企業が多かったから，これはエネルギー革命の影響と判断される。64年3月期も，新規参入の中央信託を除き重化学工業関連への貸出が多い。69年3月期になると，中央信託も含めて，重化学工業関連を中心とする貸出構成になる。信託銀行は，基本的に高度成長開始前から重化学工業向けの資金供給を重視していたと言える。融資分散状況（貸出リスク分散の変数）を見ると，53年9月期末の第一信託を除き，各年とも上位三行に加えて安田信託銀行の分散度が高く，それ以外の信託銀行との階層差があった。

　以上，高度成長期における信託銀行は，資金供給面で同系列の都市銀行を補完していたことに加えて，一時期を除き，少なくとも信託勘定では三菱，住友，三井の3行寡占状態であり，それ以外の信託銀行との格差が大きかった。

---

(106) 麻島『五十年史』968頁。
(107) 以下，紙幅の都合上，『上場会社年鑑』各年からの集計値を用いた分析結果のみを示す。

さらに，リスク分散状況も上位3行とそれ以外には格差があったが，安田信託銀行は上位3行に匹敵，ないしは上回るリスク分散を図っていた。このほか，景気変動に応じた借入比率の変動に見られるように，景気変動のバッファーであった可能性もある。

2　都市銀行上位行の融資姿勢，貸出審査・管理体制の変化
　　──三菱銀行の事例

　ここでは旧財閥系の三菱銀行を事例に，1950年代から70年前後頃にかけての貸出審査・管理体制の実態とその整備過程，融資姿勢の特徴を明確化する。これにより青木昌彦氏らの論じる理念的なメインバンクに近いものが成立するのは，[108]製造業大企業向け融資を中心とする60年代中頃であり，以後，重化学工業向け資金需要が低下に向かい始め，不動産向けや個人向け融資の比重増加を踏まえた制度改革が実行された70年前後までが，メインバンクとしての同行の「最盛期（heyday）」になることを明らかにする。その際，単に制度のみを問題にはしない。基本的に50～60年代を通じた比較的慎重な融資姿勢と貸出審査・管理体制の整備は貸出債権内容の健全性確保という点で相互補完関係にある。これらが実行された共通の要因として，その指示を出した同行経営陣の経営姿勢というヒトの問題が重要なことを論じる。周知のように，高度成長期の都市銀行は三菱，住友，三井の旧財閥系，富士，三和，第一の「新興系」，それ以外に分かれる。本項はこの区分を踏まえた旧財閥系銀行についての事例研究となる。

　関連する先行研究として，『続三菱銀行史』（同行，1980年）がある。そこには興味深い数値や史料等が掲載されている。しかし，同行の貸出審査・管理体制の特徴を体系的かつ十分に分析していない。それゆえ，社史や内部史料に依拠しながら，先行研究が抱える限界を克服するために上記の諸問題を検討する。

---

(108) 杉浦「戦後復興期の銀行・証券」276-278頁は，50年代中頃には協調融資の実施体制が不十分であったことを論じた。しかし，その後の変化は未検討である。

(1) 経営動向の概観

① 主要勘定の推移
ここでは時期別分析の前提として主要勘定を概観する（次頁表3-4-3）。まず，表示期間中の貸出金（貸付金＋割引手形）と預金の伸長が確認される。預貸率はほぼ80％台で安定的に推移した。相談役の中村俊男の回顧によれば，三菱グループには高度成長期を通じて「時流にのっ」た重化学工業系企業が多く，それら企業への貸付金が預金として「ハネ返」り「効率的な回転」ができたという[109]。実務的には貸出取引の際には，まず貸出金額を借手の預金口座に振込む。その後，借手に支払いが生じる際に，その都度，当該口座から必要金額が引き落される。当該期間は資金需要が旺盛だったから，中村の回顧にある預金と貸出の増加が実現したのであろう。

もっとも，有価証券投資も全体的には貸付金同様に伸長したが，株式投資額に関しては1950年代の増加は相対的に大きくなく，60年代以降に急増した。実際，株式／有価証券投資総額は，60年3月期まではほぼ10％台前半で推移したが，それ以降，一部の営業期を除き，10％台後半で推移した。このほか，預証率も61年9月期まではほぼ10％台前半で，それ以降は10％台半ばから後半で推移した。周知のように，50年代から安定株主化が進展しており[110]，60年代以降は資本自由化を睨んでこの動きは加速していた。このような中で，信託・生損保より構成比は低いが，銀行は株式持合いの重要な一環を占めた。以上，同行の株式投資の増大は持合伸展の反映と判断される。

② 概況：1950年代前半の貸出先
旧財閥系銀行の中でも，同系金融機関の系列融資総額に占める三菱銀行の系列融資比率（三菱系28社への融資額／総融資額）は低位に止まった[111]。しかも，1960年代前半をピークに融資比率は低下した。次に，53・57・63・69年の3月末の産業別融資構成は製造業が一貫して首位であり，それぞれ48.1％，48.0％，52.3％，48.9％を占めた[112]。

もっとも，その内容は判明しない。そこで，史料制約上，産業別構成が分かる1953年9月末時点の東証上場企業中，三菱銀行からの融資額の順位が

---

(109) 中村俊男「グループの中核――三菱銀行」大槻編著『私の三菱昭和史』75頁。
(110) 橘川武郎「戦後型企業集団の形成」264-265, 281-282頁。
(111) 橘川・加藤「系列融資」論文を参照。
(112) 以下，特記の無い数値は『有価証券報告書』各期から算出。

表 3-4-3　三菱銀行主要

営業期末	総資産＝総負債・総資本	資本金	貸付金	割引手形	コールローン		有価証券	
							内株式	％
1951.3	1,396	11	496	222	0	83	2	2.41%
1952.3	1,712	11	660	360	0	110	6	5.45%
1953.3	2,208	11	794	499	0	151	13	8.61%
1954.3	2,735	27	948	633	1	224	21	9.38%
1955.3	2,959	27	1,095	650	3	270	26	9.63%
1956.3	3,824	27	1,336	802	23	346	42	12.14%
1957.3	5,186	55	1,850	1,161	15	363	67	18.46%
1958.3	6,186	55	2,520	1,171	5	511	75	14.68%
1959.3	6,855	55	2,910	1,306	2	642	88	13.71%
1960.3	7,813	110	3,151	1,674	1	844	111	13.15%
1961.3	10,004	110	3,854	2,046	4	1,062	154	14.50%
1962.3	11,845	110	4,300	2,494	1	1,216	204	16.78%
1963.3	14,715	110	5,600	2,936	7	1,562	260	16.65%
1964.3	18,172	110	6,739	3,519	17	1,676	331	19.75%
1965.3	20,688	220	7,756	3,961	3	2,246	387	17.23%
1966.3	22,796	220	8,645	4,243	23	2,793	409	14.64%
1967.3	24,228	220	9,406	5,073	15	3,092	482	15.59%
1968.3	27,188	360	10,321	5,931	2	3,456	561	16.23%
1969.3	31,146	360	18,148		5	3,905	743	19.03%
1970.3	36,323	360	20,893		4	4,115	868	21.09%
1971.3	42,962	504	24,630		7	4,353	1,028	23.62%
1972.3	51,213	504	31,313		50	5,872	1,320	22.48%
1973.3	63,402	504	39,732		88	7,107	1,749	24.61%

出所：『有価証券報告書各期』より作成。

1位と2位の企業を取り上げて、それらへの融資合計額を産業別に整理した。その上で、それらが同行の融資総額に占める比率を示す。[113] まず、これらの企業への融資合計額283億円は、同行の融資総額1,432億円の19.7％を占めた。

---

(113) 『上場会社総覧』1954年版より算出。ここでは戦時との取引先の連続性の如何を検証するため、メイン又はサブと考えられる融資順位1，2位に集計対象を限定した。この制約を外せば、より本文で指摘した特徴が顕著になろう。

勘定の推移（単位：億円）

預金	借用金	コールマネー	当期純利益	預貸率	預証率	預借率	ROE	ROA
900	78	0	6	79.8%	9.22%	8.67%	109.09%	0.86%
1,200	136	6	4	85.0%	9.17%	11.83%	72.73%	0.47%
1,597	76	0	7	81.0%	9.46%	4.76%	127.27%	0.63%
1,934	176	13	8	81.7%	11.58%	9.77%	59.26%	0.59%
2,338	62	20	8	74.6%	11.55%	3.51%	59.26%	0.54%
3,035	19	6	8	70.4%	11.40%	0.82%	59.26%	0.42%
3,791	234	77	11	79.4%	9.58%	8.20%	40.00%	0.42%
4,431	495	127	10	83.3%	11.53%	14.04%	36.36%	0.32%
5,274	237	207	10	79.9%	12.17%	8.42%	36.36%	0.29%
5,888	359	164	18	81.9%	14.33%	8.88%	32.73%	0.46%
7,319	606	60	21	80.6%	14.51%	9.10%	38.18%	0.42%
7,811	1,380	106	22	87.0%	15.57%	19.02%	40.00%	0.37%
10,142	1,504	102	27	84.2%	15.40%	15.84%	49.09%	0.37%
12,118	1,524	432	22	84.7%	13.83%	16.14%	40.00%	0.24%
13,481	1,496	1,104	24	86.9%	16.66%	19.29%	21.82%	0.23%
15,349	1,610	891	31	84.0%	18.20%	16.29%	28.18%	0.27%
17,195	1,628	761	41	84.2%	17.98%	13.89%	37.27%	0.34%
18,633	1,558	1,358	68	87.2%	18.55%	15.65%	37.78%	0.50%
21,310	1,821	1,196	91	85.2%	18.32%	14.16%	50.56%	0.58%
24,420	2,403	1,554	100	85.6%	16.85%	16.20%	55.56%	0.55%
27,832	3,021	1,851	117	88.5%	15.64%	17.51%	46.43%	0.54%
36,985	1,244	2,066	119	84.7%	15.88%	8.95%	47.22%	0.46%
45,222	3,193	1,856	144	87.9%	15.72%	11.16%	57.14%	0.45%

　これらから重化学工業向け融資比率を算出すると，鉄鋼・金属製錬，造船・造機，化学工業の合計で50.05％であった。本数値を53年9月末の製造業向け融資額728億円に乗じて，総融資額の1/4ほどが重化学工業系大企業向けと推定される。

　次に，1963年9月期末の東証I部上場の重化学工業関連企業への貸出額

は1,281億円[114]，同行の貸出総額9,374億円の13.6％を占めた。同期末の製造業向け貸出額は4,784億円であった。だとすれば，製造業向け貸出の26.7％を重化学工業関係貸出が占めるという，53年9月時点とほぼ同様な推計結果が得られる。同様に69年3月末の東証Ⅰ部上場の重化学工業関連企業向け貸出額は1,626億円，同行貸出総額18,148億円の8.9％を占めた。同期末製造業向け貸出額は8,645億円であった。製造業向け貸出の18.8％を重化学工業向けが占めた。60年代末になり，重化学工業向け融資の比率が大きく低下したものの，依然，重化学工業が重要な貸出基盤であったことが窺える。

なお，戦時中の指定金融機関先企業を見ると，全22社が重工業関連であった[115]。軍民需転換や貸出審査・管理体制の変化等の問題を十分に考慮すべきだが[116]，戦時以来，本項の分析期間を通じて，同行の取引先は重化学工業を中心とする製造業大企業（以下，製造業大企業と略記）が中心だったと考えられる。

(2) 三菱銀行の融資姿勢

① 1950年代前半の融資姿勢——大企業向け融資と中小企業向け融資　ここでは史料制約上，社史により主に高度成長期の融資戦略を概観する。まず，1955年以前の融資姿勢全般である。48年10月から53年9月期までの輸入手形決済資金を含む貸出金は[117]，263億円から1,516億円へと増加し，年平均

---

(114) 『年報　系列の研究』より算出。次の69年3月期は『会社年鑑』1970年版より算出。
(115) 『日本金融史資料』昭和編，第34巻，402頁以下。
(116) 戦時と戦後の貸出審査体制の根本的変化については，伊藤修「戦時戦後の財政と金融」189頁，注60を参照（戦後については後述）。このほか，戦時末には三菱財閥内の内部資本市場制度が機能不全を起こし，間接金融化が進展したが（青地正史「持株会社によるコーポレート・ガバナンスの戦時期における変容」『富大経済論集』第54巻3号，2009年；岡崎哲二「戦時期における三菱本社の資本取引」『三菱史料館論集』第10号，2009年3月），潤沢な産業資金供給が行われた戦時とは違い，「各社が独自に資金を調達していかねばならない点で苦慮しているという面は戦前と戦後で根本的に変わった」との三菱関係者の証言（岡野保次郎「三菱財閥の解体」安藤良雄編著『昭和経済史への証言』下巻，毎日新聞社，1966年，176頁）に見られるように，財閥本社解体の関係での調達先確保のほか，戦略面でも三菱系企業各社が資金調達面で独自性をもった点でも戦時と戦後とでは大きく異なる。
(117) 以下での引用と議論は『続三菱銀行史』19－23頁。40年代後半の預貸率のみ19頁の表。なお，この時期の商号は千代田銀行だが，本書では，便宜上，三菱銀行で統一する。

増加率は 41.9％であった。この間，都市銀行の貸出平均増加率は 52.3％であり，相対的に増加率は低い。社史では「貸出の伸びを抑えて健全経営に徹したため」「当行の貸出が相対的に慎重で，借用金への依存を極力抑制」したと説明されている。実際，オーバーローンが問題視されたこの時期，同行の預貸率（前掲表 3-4-3 及び原史料）は，48 年 9 月末の 79.22％から低下し，49 年 9 月末には 70.91％と最低を記録した。その後，順次，上昇して 78.03％（50 年 3 月末）から 82.68％（50 年 9 月末）の範囲で変動し，56 年 3 月末には 70.4％まで低下した。これに対して，都市銀行全体は 90（50 年末）～100（51 年末）％の間で推移した。(118) これらの事実以外は提示不能だが，都市銀行他行に比べた融資姿勢の慎重さが窺える。

次に中小企業向け融資への取組みである。この点は既に 1950 年代前半には着手されていた。具体的には「昭和 25 年 4 月中小企業金融特別店として錦糸町，恵比寿，新宿西口，五条，九条，渡辺通の 6 カ店を特定し，大井，大塚，千住新橋，中村，天満，鶴橋，兵庫の 7 カ店を追加特定し，以て専門的に中小企業金融に当たら」せ，「信用保証協会の保証の活用，或いは中小企業金融公庫代理貸の制度等により一段と中小企業育成の為めの可及的豊富な資金の供給に努力」中(119) との状況であった。この取組みの結果，55 年 3 月末時点での対全貸出先数の中小企業向け貸出数の比率は 92.41％，同金額は 26.08％になった。

以上，早期の中小企業金融専門の特定店設置には一定の積極性が見られる。当該融資を特定店に最大限集中し取引費用を極小化した上で，各企業の貸出許容範囲等のノウハウを蓄積したことも注目される。(120) しかし，信用保証協会や中小企業金融公庫代理貸等を用いて貸倒リスクの管理体制を補完していた。事実，50 年代後半の都内 A 支店長経験者は，中小企業の資金需の旺盛さとともに，貸出額抑制が審査の眼目になったことを回顧している。このことは中

---

(118)『昭和財政史──終戦から講和まで』第 19 巻より算出。
(119) 以下の数値等も含めて，三菱銀行『有価証券報告書』1955 年 3 月期による。
(120) 以下，中小企業融資については「羽後銀行　塩田雄次氏との座談会」1991 年 3 月 19 日（於羽後銀行本店），地方金融史研究会編『続地方銀行史談』第 4 集，1992 年，58 頁。

小企業に対する厳格な「事前モニタリング」を通じた選別の強さを示唆する。なお，中小企業金融を巡る具体的数値は，内部史料の閲覧に重大な制約がある現状では提示できない。それゆえ断片的だが，三菱銀行も従っていた全国銀行協会連合会の自主規制基準金利の平均値（56 年 3 月から 69 年 9 月）を示す。日銀再割の最優遇利率適用の貸出債権（1 件 300 万円以上。期間平均値は日歩 1.8 銭。以下，同様）と中小企業が属すると考えられる「その他」の非優遇金利適用の貸出債権（300 万円以下，2.3 銭）の差は 0.4 銭と 2 割強（以下，金利差／優遇金利で算出）の金利が上乗せされていた。同様に「その他」の優遇金利適用の貸出債権（300 万円以上，2.2 銭）と非優遇金利適用のそれの差は 1 銭と 4.5％の上乗分が課されていた。預金利率規制により同一銀行内ならば資金調達費用が一定なことを考慮した時，この事実は，大企業向け融資に対する中小企業向けの費用の高さを示唆する。それゆえに，上記諸制度の活用可能範囲を超える融資は，収益を悪化させると判断された可能性も高い。以上，同行の中小企業融資に対する姿勢は，50 年代前半から 60 年代（後述）を通じて積極的だったとは言い難い。

② **1950 年代後半**　その後の不況期を経て 1955 年の戦後初の金融緩和の際に[121]，三菱銀行は積極的な融資拡大策をとった。その際，当初，企業側には積極的な設備投資姿勢が見られず，同行の融資拡大は，同行をメインとする企業の借入金中，他行からの借入れの同行への振替で実施された。その後，神武景気に伴い借手企業の資金需要は同行に集中した。その結果，借手企業の同行からの借入集中度（同行からの借入額／借手企業の借入金総額）は「大きく上昇せざるを得なかった」。この状況下で，特に三菱系 28 社への融資比率も[122]，57 年 3 月の 12.1％から 58 年 3 月には 16.3％にまで上昇した。また，データ採取可能な『上場企業総覧』掲載の非金融同系企業 21 社の 57・58 両年 9 月期末の借入集中度も 21.1％から 21.5％へと微増した。上昇幅の問題は残るものの，同系企業の借入集中度が上昇したのは事実であろう。

　その後，1959 年 9 月には三菱系企業への融資比率は 14％を切った。その

---

(121) 『続三菱銀行史』32 頁。
(122) 『続三菱銀行史』47 頁。

後，神武景気により予想以上の設備投資需要が発生し，これに応需した結果，三菱系 28 社への融資比率の上昇（後述）や大口融資の増加が見られた。57 年 3 月末時点で重化学工業向け融資額は，都市銀行平均 24.5％を上回る 26.9％を占めており[(123)]，上述の企業側の動向を反映したと考えられる。このほか，この時期以降，協調融資の増加によるリスク分散を試みた（後述）。以上，リスク分散を意識し，貸出姿勢面でも一定の慎重さを保持しつつも，グループ企業への融資を重視して，住友，三和，東海などの都市銀行他行とほぼ同様に「時流にのっ」て融資規模を拡大した点に[(124)]，50 年代後半における同行の融資姿勢の特徴があった[(125)]。

なお，中小企業向け貸出先数の比率は，1950 年代～60 年代を通じて 80％台後半から 90％台で推移した。しかし，以後，中小企業向け融資額／総融資額は 70 年代初頭まで 20％程度であった。このほか，中小企業向け融資が明確に経営戦略上，重要視されるのは 63 年以降であった（以上，後述）。これにより東京，大阪，名古屋に中小企業向けの経営相談所を設置したが[(126)]，前述の 50 年代前半同様，公的信用保証制度の利用により，貸出リスクが補完されるものに絞った融資を継続した。

③ **1960 年代——その 1：大企業向け融資政策**　1960 年代には貸出金が急増し，61 年 3 月末から 66 年 3 月末まで 6,988 億円・2.18 倍に伸びた（前掲表 3-4-3）[(127)]。もっとも，都市銀行平均は 2.24 倍であり，三菱銀行は若干劣る。貸出先をみると，62 年 9 月末時点での三菱系 28 社への融資比率が 17.7％と戦

---

(123) 以下，『続三菱銀行史』48 頁。
(124) 例えば，住友銀行も同様な動きを見せた（石井「戦後日本の銀行経営」142-145 頁），三和銀行も石油化学中心の「重化学工業化路線」を取ることで，これと同様の動きを見せた（以下，同行については次項を参照）。東海銀行も中京圏立地の自動車関連産業，石油化学産業向け融資を重視する戦略をとった（『東海銀行史』同行，1961 年）。都市銀行全体の貸出残高は，1958 年末 34,554 億円，65 年末 108,550 億円と大幅に増加していた（『昭和財政史——昭和 27～48 年度』第 19 巻，東洋経済新報社，1999 年，458-459 頁）。なお，史料の制約上，メインバンクとしての同行の貸出増加の他行の受け止め方は不明である。
(125) 中村「グループの中核——三菱銀行」75，134 頁。
(126) 以下の引用も含めて，三菱銀行『有価証券報告書』1969 年 3 月期による。
(127) 『続三菱銀行史』95-96 頁。

後のピークに達した。もっとも，同系も含む非中小企業取引先への融資比率は 55 年 3 月末の 9.74％から 60 年 3 月末の 7.22％へと低下した。同系企業への融資集中ぶりが窺える。さらに，重化学工業向け融資比率も，66 年 3 月末には 33.1％にまで上昇した。その後，62 年度の同系企業の大幅増資により「当行に対する借入金依存度」の低下もあるが「当行も融資分散を図った」とあり，66 年 3 月には，同系企業の大幅増資のほか，同行の融資分散政策もあり同系向け融資比率は 16％台に低下した。

ここでの問題は三菱銀行が同系企業向け融資比率の低下を可能にした要因である。以下，史料の制約上，管見の限り，多少とも事情が判明する三菱三重工の合併問題，三菱製紙設備投資への抑制姿勢の事例のみを検討する。当時，少なからぬ産業で過剰設備発生にもかかわらず旺盛な投資が行われていた[128]。それゆえ，上記の事例は例外的とまでは言えない。まず，前者を概観する[129]。1961～62 年頃，同系企業間では船舶，原動機，鉄構品，産業機械，建設機械，車両，自動車，原子力機器，エンジンの製品 30 点のうち，13 品目で三菱造船，新三菱，三菱日本の重工三社が競合関係にあったほか，1 品目（破砕機・磨砕機・選別機）で三菱造船と三菱日本重工が，2 品目（船用タービンと水車）で造船と新三菱が，8 品目（水門，鋼管，整地機械，基礎工事用機械，トラック〈普通車〉，トラック〈小型四輪車〉，バス，ディーゼル機関）で新三菱重工，三菱日本重工が競合関係にあった。三菱重工業顧問渡辺聖二によれば，「三重工の競合関係の是正」を求める声が三菱銀行から強く上がった理由として，「銀行がグループ内の重複投資」の回避があったという。この時期，造船業は[130]，産業全体として陸上機械部門に本格進出すると同時に，フルライン化も図った。さらに，航空機部門への多角化も実現しており，59 年以降の造船不況下にも積極的な投資姿勢が続いた。以上，重複投資や融資額抑制のために，同行は，三社競合を問題視した三菱商事とともに，重工三社の間に仲

---

(128) とりあえず，米川伸一・下川浩一・山崎弘明編『戦後日本経営史』第 1・2・3 巻，東洋経済新報社，1990-91 年を参照。

(129) 以下，三菱銀行の動きも含む三重工合併関係の議論と引用は，渡辺聖二（三菱重工業顧問）「すんなり決まった三重工合併」大槻ան著『私の三菱昭和史』131-133 頁。

(130) 以下，溝田誠吾「造船」米川・下川・山崎編『戦後日本経営史』第 1 巻，215-224 頁。

介に入り合併を実現させた(64年6月)。

　三重工合併の実現には，1962年11月の日本銀行の「新金融調節方式」の導入により，同行も含む都市銀行にオーバーローンの改善圧力がかかったほか，貿易為替自由化を背景に，三社の間に競争力強化の必要性，「企業体質の強化」や「ムダな競争をやめるべき」との議論の台頭もあったという。この時期，日銀の政策方針の転換のほか，政府が「貿易・為替自由化計画の大綱」(60年6月)を閣議決定し，開放経済化政策を推進する等経営環境の変化が生じた。それらが三社合併を後押ししていた。したがって，政府による直接の政策的介入はなかったが，同行の対応も上記の環境変化に促されたと推察される。この合併を挟んだ短期的変化だが，重工(系三社)向け融資比率は61年9月期末の1.08％から66年3月期には2.58％にまで上昇した。以上，短期的には実現不可能ではあったが，三社間の重複事業への投融資回避により，少なくとも，融資増加の抑制，又は長期的な融資膨張の回避策にはなったと推定される。なお，造船業は不況下だったが，三菱系も含む業界全体として積極的な設備投資が行われていた(上述)。本事例は，このような状況の中で，銀行が重複投資の発生回避を通じて貸出抑制を図った好事例の一つと言えよう。

　次に三菱製紙八戸工場増設への融資抑制姿勢である。1965年3月に同行は，「事前モニタリング」を踏まえて，①250億円もの投資の過大さ，②東北地方には白河工場があり，北上工場も近く完成予定であり，八戸工場増設は重複投資となり非効率であること，③65年不況直前というタイミングの悪さを挙げて設備投資に反対した。ここで重要なのは，本問題が生じた65年時点では通産省と業界団体が設定した設備調整期間内であり，業界全体の状況が必ずしも良くないにもかかわらず，同社が積極的な投資姿勢を示したことである。この指摘を受けて，同社は65年4月になって同行側の「提案」を受容し

---

(131)　『続三菱銀行史』76-78頁。
(132)　以下の引用と議論は，渡辺「すんなり決まった三重工合併」128-131頁。三菱重工行『海に陸に，そして宇宙へ――続三菱重工社社史』同社，1990年，55-66頁。
(133)　『上場会社総覧　1962年版』『会社年鑑　1967年版』より算出。
(134)　以下，三菱製紙の事例についての議論と引用は，三菱製紙『三菱製紙百年史』同社，1999年，355, 410-438頁(杉浦勢之氏執筆)。

た。しかし，奥野社長は，同年5月に，再度，発注先リストと建設予算を同行側に提出したが，建設予算中からパルプを除外した上で85億円への投資圧縮を求められた。さらに，65年4月になると，同行は，「過当競争と過剰設備に悩まされ続けた紙・パルプ業界」の現状を踏まえて，三菱商事とともに，三菱製紙と白河パルプの合併斡旋に動いた。その結果，同年10月に両者の合併が成立した。これも重複投資回避を通じた融資額圧縮（「融資の効率化」）が合併斡旋の根拠であった。同社は，この合併斡旋受諾を交換条件に，紙・パルプ一貫工場化を同行側に認めさせた。しかし，景気回復後にもかかわらず，その後も同行から金利負担も重く，「事業としては余りに野心的過ぎる」との疑問が出されたために，社内には直ぐに実績を出さねばとの焦りが広がっていた。ここからも同行による敷格な「事前モニタリング」を通じた強い融資抑制姿勢や「中間モニタリング」も含む厳格な規律付けが確認される。なお，同行の慎重な行動の理由として，63年以降の日本銀行の窓口指導も含む金融引締による資金ポジションの悪化，65年の証券不況の影響が指摘されている。同行の史料からは確認できないが，このような外部環境の変化に対応して厳しい「モニタリング」姿勢を取ったと推測される。本事例も不況下にも積極的な投資姿勢を示しており，景気回復後も含む銀行の「事前モニタリング」「中間モニタリング」による過剰投資の抑制や経営への規律付けを示す一好例である。

　以上，企業合併の仲介や「事前モニタリング」「中間モニタリング」によるグループ企業の財務内容・投資状況の把握による新規投資を巡る融資抑制姿勢を示すことを通じて，グループ企業への融資額削減やグループ内部での重複投資削減が，60年代後半に三菱銀行のグループ企業に対する融資比率低下が可能になった重要要因の一つと推察される。

　④ 1960年代——その2：中小企業金融　このほか，1963年10月時点で中小企業貸出の積極化が打ち出されたことも重要である。宇佐美洵頭取（当時）は取引先選択にあたり「内容，将来性のいかん（ママ）」に重点をおき「堅実な内容を持」っていれば「大いに育成」する方針を示した。もっとも，同行の中小企業

---
(135)『三菱製紙百年史』410-412頁。
(136) 以下，特記の無い議論と引用は，『続三菱銀行史』97頁。

向け融資比率は，56年3月の30.8％から63年3月には19.9％にまで低下し，以後も60年代を通じて20％前後で推移した[137]。結果的に，70年代初頭にまで，中小企業向け融資比率は殆ど改善されなかった。しかしながら，組織面での中小企業融資体制の整備（後述）のように，将来性を考慮して融資戦略を立案した点では先駆的であった。

1969年10月以降，審査第一部に融資斡旋グループが設置され，「大企業取引先」への他金融機関からの融資の積極的斡旋により「資金負担軽減を図」った点で本方針には変化が生じた[138]。しかし，「中小企業取引の伸展を掲げ」，「優良新規工作先，積極方針先を指定して，貸出枠も優先的に配分する施策を講じた」点で63年10月方針を強化・継承した。

⑤ 小　括　1950年代半ば以降，三菱銀行は，一定の慎重姿勢を持ちつつも，融資拡大姿勢をとった。しかし，神武景気を背景に融資拡大は予想を超えた。その抑制のために，60年代に入ると三重工合併への誘導や，三菱製紙と白河パルプの合併仲介と八戸工場投資への慎重姿勢等，重複投資の発生を回避し，中小企業の将来性を判断した上で融資を拡大する姿勢を示した。しかし，後者の融資比率は70年代初頭まで20％ほどで停滞した。このほか，70年3月期にかけて三菱系も含む非中小企業向け融資比率は21.35％にまで上昇した。大企業向け融資の事例が乏しいため留保が必要であるが，この時点では借手に対する規律付けを重視していたと推定される。その背景には，同行経営陣の慎重な融資姿勢があった。

(3) 内部管理体制の構築——貸出関係を中心に

① 貸出審査・管理組織の変遷——1948～70年代初頭まで　ここでは貸出審査・管理体制の整備過程を概観する。他の邦銀同様，戦時中に貸出審査・管理体制が麻痺した三菱銀行（前述）にとっては，敗戦は経営変化をもたらす重要契機となった。それは三菱財閥関係者の「銀行や保険会社はむしろ終戦によって正常の業務ができるようにな」ったとの回顧からも窺える[139]。しかし，戦

---

(137) 『続三菱銀行史』159頁の表。
(138) 以下，『続三菱銀行史』159頁。
(139) 岡野保次郎「三菱財閥の解体」安藤編『昭和経済史への証言』下巻，162頁。

後，初めて審査体制の整備に着手されたのは1948年10月末のことであった。[140]そこでは「一，職制中一部改正ノ件」として，審査部の第一部，第二部への分離が決議された。前者は「貸出ニ関スル総括的事務，特別経理会社ニ対スル貸出並ニ別ニ定ムル営業店ノ普通貸出業務ノ審査監督」を業務内容にするとされた。特に，「別ニ定ムル」普通貸出業務であるが，社史には「延滞貸出の整理監督等」や「貸出その他の業務遂行上直接必要な信用調査」も担ったとある。[141]後者は「(第一部の業務とは) 別ニ定ムル営業店ノ普通貸出業務ノ審査監督」が内容とされた。このほか，54年8月に中小企業金融課も審査第二部に設置された。前者は特別経理会社やそれ以外の不良貸出の処理が業務内容であった。

その後，償却額の増加が見られ始めた (1957・58・59・60年3月期末の金額は，それぞれ1億円，5億円，5億円，4億円) 58年1月に業務部に業務第二，第三課を設置し，審査第一部に「資金に関する連絡事務を加え」，第一部の「『信用調査に関する事務』を審査第二部に移管した」。[142]業務第二，第三課は「支店の指導，援助」を目的とした。審査第一部の「資金の関する連絡事務」は，預金増強のために業務部門と審査部門との連携強化の必要性から生じた。このほか，本制度改正は，当該期のオーバーローン問題への対応として，「貸出の適正な抑制」を重要目的の一つにしていた。特に，通常貸出を担当する審査第二部への信用調査体制の移管や業務第二，第三課の設置等，営業店の預金増強や貸出等の業務の支援体制を整えた。以上，貸出審査・管理面に限って言えば，通常の貸出関係の「事前モニタリング」体制の強化により「貸出の適正な抑制」を狙ったと評価できる。なお，50年代後半に融資拡大姿勢を取ったことは前述した。ここから当該期の融資拡大姿勢には一定の慎重性が伴っていた。さらに，63年4月には，中小企業課を廃止して，その[143]業務内容を審査部第一課，第五課に移管した。後者は信用調査課を改称したものであり，本課への中小企業課の一部業務移管は，中小企業に対する信用

---

(140) 千代田 (三菱) 銀行『取締役会議事録』1948年10月28日，三菱史料館所蔵。
(141) 以下，特記の無い引用と議論は『続三菱銀行史』57頁。
(142) 以下，特記の無い引用と議論は，『続三菱銀行史』34-35頁。
(143) 以下，特記の無い引用と議論は，『続三菱銀行史』109-110頁。

調査の強化を狙ったと推定される。さらに，65年6月には「考査室所管事項に『本部各部・所・室間の連絡・調整を要する事項』『組織の研究・企画に関する事項などを追加し，審査・調査各部の連携による審査機能の強化』」を目的に，調査部所管事項に「『特定貸出先の調査・研究に関する事項』を追加した」。60年代の一連の制度改革でも，特に中小企業向けも含めて，考査室を中心とする各部署の横断的連携強化を包含する形で「モニタリング」体制が強化された。

1965年不況の影響で僅かながら不良債権が発生した（後述）66年4月には，田実頭取が「債権内容」面でも常に他行以上に健全な「銀行にする」融資方針を表明した[144]。本方針との関係で，同年には「貸出管理機能強化」施策が打ち出された。具体的内容は「①大口貸出取引先の格付け分類／②問題会社，特定業種の集中管理／③調査部との（与信先の）ダブルチェック制度を開始／③稟議書，決算報告書等徴求書類の様式改正／⑤「企業調査必携」の作成と営業店への配布／⑥営業店貸付係長の実務研修実施」であった。③と④は後述の通達分析の際に検討する。①は，取引先の分類により，それぞれの状況に応じた貸出債権管理の実施と判断される。②については，66年度上期に「調査役グループ」の一段の拡充により，「取引先の業績悪化時点」での予防的管理を通じて「改善策を推進する体制を敷いた」とある。⑥は営業店の貸出担当者の能力向上が目的であった。以上，66年度の貸出審査・管理体制の改正は，65年不況を受けた不良債権発生防止の強化が目的だった。

続く1971年2月の組織改正では[145]，審査第二部に審査役，副審査役を配属し，「①専決権限に基づく貸出の決定／②担当取引先に対する融資方針の策定／③支店長専決限内貸出に対する臨店指導」の実施が謳われた。特に「稟議担当審査役には，営業店を店質グループ別に担当させることにより，グループそれぞれの環境，特色を十分勘案し，効率の良い貸出を」実施可能にしたという。このほか，周知のような，この時期以降の不動産ブームの発生に対応して，「担保不動産の評価，事後的管理を強化するための専任者として，不動

---

(144) 以下，特記の無い議論と引用は，『続三菱銀行史』130-131頁。
(145) 以下，特記の無い議論と引用は，『続三菱銀行史』226-228頁。

産担保グループ」も設置され,「事前モニタリング」・「中間モニタリング」体制が整えられた。既に，60年代後半（66年3月期から71年3月期）までの段階で，総融資額に占める中小企業向け融資比率は20％前後で，個人向け貸出も66年3月期の2％から71年3月期には4.3％にまで上昇した。この変化の延長線上に行内では「企業の資金調達の多様化，個人の借入需要の増加等金融環境の変化が予想され」ていた。71年2月の組織改正は，不動産融資担当者の専門化や「店質グループ別」管理に典型的に見られる融資対象の多様化への的確かつ効率的な対応が目的であった。

　以上，1940年代末から60年代を通じて，三菱銀行は，貸出債権内容の健全性を重視して貸出審査・管理体制を整備した。この中には，既に50年代前半の段階で，中小企業向け融資の健全性維持に関する組織体制整備も含まれていた。これが71年2月になると，中小企業向けのほか，不動産ブームの始まりや個人向け取引の拡大などに代表される将来的な貸出取引の多様化を予想して，不動産取引担当者の専門化のほか，「店質グループ別」の取引内容の多様性を反映させ，支店に権限を委譲し，なおかつ，調査役や審査役による支援体制も強化して，効率的かつ健全性維持も狙った組織改革が行われた。

　② 1950年代中葉以降における貸出審査・管理関係事務規定の変化　　史料の制約上，1953年から66年までになるが，ここでは通達を用いて貸出審査・管理体制の変化を考察する。54年4月3日には，「融資査定書」が制定された。そこには，債務者の氏名・商号・業種・貸出科目・申込金額・期日・商手支払人・利率・資金使途・返済方法・担保又は保証人・融資の申込事情及係意見を記載する書式が作成された。本査定書は支店の裁量貸出への使用が目的とされた。同4月28日には設備資金貸出調査表が改訂された。その背景には，日銀考査の際に三千万円以上の案件について，「増加資金の使途明細」を分かりやすいように整理・工夫するように勧められたことがあった。その結果，各支店長に「当該貸出の使途（工事名，内容等具体的に記載）／当該工事所要資金総額／着工並びに完成予想時期／協調融資の場合は自

---

(146)『続三菱銀行史』159頁の表による。
(147) 三菱銀行『行報第890号』に収録。以下での『行報』は三菱史料館所蔵。
(148) 同『行報第897号』に収録。

行分担額及び幹事行名／継続工事の場合は当該設備に関する自行既往貸出額及び今後の貸出予定額」の記載が求められた。当該期は設備投資資金が多く，その内容のより適切な把握による不良化回避が目的と判断される。なお，協調融資時の記載として自行分担額，幹事行名の記載が求められた。これは大蔵検査を通じた改善指導に基づくものであろう(149)。さらに，同年7月10日付けで各支店長宛に勘定科目，貸出先，元金，期日，利率，延滞（又は後取）利息，左記延滞利息等の内当期4月1日以降入金済額を記載した「貸出金延滞利息等明細書(150)」の提出が求められた。この年は「54年不況」の最中であった。それゆえ，その狙いは不況に伴う貸出債権の不良化の早期把握を通じた損失回避にあったと見られる。

　1956年2月22日には「貸出金事後管理報告表制定並びに貸出金現在表廃止に係る件」が通達された(151)。前者については「貸出金事後管理報告表制定の主旨」(中略)「貸出関係に於いて最も留意努力すべきは滞貸発生の防止である」(中略)「今後貸出に当たっては一層慎重を期するは勿論，従来ややもすれば等閑に付され勝ちであった貸出金の事後管理，監督を強化することとし，今般新たに本報告表を制定」したと説明された。このほか，その実施要領からは審査第一部，第二部により「本報告表は二月末分より左記要領により実施する。／様式　別紙／提出期限　翌月十日迄に必着のこと」とあり，毎月実施されていた。ここでは貸出債権の不良化回避と貸出実施の際の慎重な「事前モニタリング」の必要性が力説されるとともに，特に第2の傍点部分にあるように，貸出の「事後的管理」(「中間モニタリング」。以下，略)が等閑視されがちだったことが注目される。実際，史料で確認できる限り，54年3月期まで0億円だった貸出金償却額が，55・56両年3月期末には連続で3億円発生していた。この点も併せて本史料の内容を見れば，少なくとも，50年代半ばまでは，貸出先の事後的管理が，それ以後と比べて相対的に弱かった。これに加えて，月単位での貸出金の事後管理の実施で，50年代後半以降に事後的管理も強化に向けて着手された。なお，同年9月24日には「取引先名，貸出金合計額，

---

(149) 杉浦「銀行・証券」276頁。
(150) 同『行報第917号』に収録。
(151) 以下の引用と議論は同『行報第1070号』に収録。

前月末比＋－，預金月中平均残，前月末比＋－，場所長所見（業況上昇・不変・下降，取引方針積極・現状・消極），審査部担当課・所見，貸出金内訳（手貸（含証書貸），商手（含荷手），貸越，輸出前貸（含米軍））を記載」するとの，詳細な報告書に内容が改定された。本改訂により月ごとの貸出額変動や当該貸出先の業況の変動のほか，支店長（「場所長」），「審査担当課」による所見の記載により，その客観性を担保しており，貸出先の「中間モニタリング」体制がより洗練された。

　さらに，内容は不明であるが，同年5月28日には審査第一部長，営業場所長宛に，関係各行員に手形担保貸出，支払承諾，証書貸出，「貸出事後稟議並びに事後報告」，「審査部関係諸報告」，「滞貸金並びに償却債権の報告」に関するマニュアル（「必携」）が配布された。同文書には，「貸付事務取扱に就いては事務章程並びに貸出内規に準拠する他，当部通達を以て都度指示して来たが，事務能率の促進と取扱いの正確を期する為，今般取り敢えず左記必携を制定したから事務取扱は而今必携記載要領に拠られたい」とある。傍点部分から，この時期になり事務処理効率化を目的に，これまで組織内で認識され，かつ不定期に出した通達内容を明文化して，貸出関係事務取扱が規格化されたと判断される。

　③ **1960年代の変化**　管見の限り，通達内容から，上記の「中間モニタリング」体制は，1961年9月26日付けの通達による改正まで変化したと判断される。その内容は，まず，「全取引先を(1)特定融資先（取引先別に記入），(2)稟議貸出先（特定融資先を除く稟議貸出先を取引先別に記入）(3)裁量貸出先（一括計上）(4)その他の貸出先（一括計上）(5)その他の預金先（一括計上）の5グループに分類しかつ(1)特定融資先は別葉に記載することにした」点が注目される。貸出先のより詳細な分類により，債務者の状況に応じたきめ細かな貸出金の「中間モニタリング」の実施を試みた。同様なことは，「二，資本金下記分類番号を記入のこと。／分類番号／10億円超　1／1億円〜10億円以下　2／5千万円超〜1億円以下　3／1千万円超〜5千万円以下　4／1千万円

---

(152) 同『行報第1168号』に収録。
(153) 同『行報第1115号』に収録。
(154) 同『行報1965号』に収録。

以下　5／その他組合等特殊法人　6／個人　7」として，法人，個人，「その他組合等特殊法人」に債務者を区分した上で，法人については資本金毎に階層別に区分した点にも見られる。さらに「ヘ．取引関係／下記分類番号を記入のこと／分系1／当行主力2／準主力3／附合4」として，この時期に固まりつつあった融資系列（前述）や協調融資の増加（後述）を意識した分類も取り入れた。これにより三菱銀行との関係性の密接度を「中間モニタリング」の基準として導入した。このほか「ル．他行主力番号／取引関係が準主力または附合の場合は下記主力銀行コード番号を記入する。／富士主力1／勧銀主力6／三和主力2／東海主力7／住友主力3／興銀主力／三井主力4／第一主力5／その他主力9」として，興長銀，都市銀行を中心に主力銀行毎に貸出債権を区分した上で借手の信用度を測り融資管理を試みた点も同様である。本改革は，前述の自行分担額と幹事行のみを記した54年4月の審査規定改正と比べて遙かに充実しており，協調融資を巡る状況変化（後述）の影響の強さを窺わせる。

さらに1962年12月1日付け通達では，「貸出稟議書記載事項追加の件／最近，当行が取引先の株式を買入れるものが増大し，貸出審査の資料として，株式の持合状況を勘案する必要性が高まっている。／ついては，貸出稟議書面の『当行保有の同社有価証券欄』の記入励行は勿論，下記の要領にて，当行株式の先方保有状況を必ず補足記入せられたい」として，株式持合の進展を背景とする株式投資の増加（前述）を意識して，株式持合という三菱グループ全体の関係性の強弱も考慮した「事前モニタリング」体制が形成された。実際，通説同様に，60年代を通じて，三菱銀行でも安定株主化が進展した（次頁表3-4-4）。さらに，50年代初めの時点で下火になったとされる協調融資も，50年代後半にオーバーローンが問題視される中で，再度，増加に転じた。株式持合や融資系列も60年代前半には安定的に形成された。同行も，株式持合い，融資系列形成やメインバンク制の重要特徴である協調融資に基づくリスク分散を考慮して，「事前モニタリング」「中間モニタリング」体制の改革を実施したと判断される。これらの諸改革は，同行との関係の密接さのほか，主

---

(155) 同『行報第2145号』に収録。
(156) 以下，岡崎「日本銀行融資斡旋」50-51頁；杉浦「銀行・証券」；橘川・加藤「戦後日本の企業集団」による。

表 3-4-4　三菱銀行の

1949.9			1954.9				1961.9	
株主名	持株数	比率	株主名	持株数	比率	三菱銀行の持株比率	株主名	持株数
日興証券	208	0.95%	東京海上火災	2,000	3.64%	2.31%	明治生命	10,400
遠山証券	100	0.45%	日興証券	1,271	2.31%	－	東京海上火災	9,020
日本陶器	80	0.36%	近江絹糸紡績	1,190	2.16%	4.00%	第一生命保険	4,000
山一證券	79	0.36%	明治生命保険	1,000	1.82%	－	新三菱重工	4,000
大和証券	71	0.32%	富国生命保険	787	1.43%	?	富国生命	3,150
近鉄	70	0.32%	三菱レイヨン	775	1.41%	4.16%	三菱化成	3,000
日本電池	70	0.32%	三菱商事	569	1.03%	－	日本生命保険	3,000
南海電鉄	60	0.27%	東亜火災海上再保険	500	0.91%	－	東洋紡績	3,000
東海電極製造	60	0.27%	旭硝子	500	0.91%	2.90%	近江絹糸紡績	2,660
日興証券神戸支店	55	0.25%	東洋紡績	500	0.91%	0.67%	三菱商事	2,277
日鉄八幡共済	55	0.25%	大口株主小計	9,092	16.53%	－	大口株主小計	44,507
東京ガス	50	0.23%						
東急	50	0.23%						
大阪住友海上保険	50	0.23%						
(財)小運送協会	50	0.23%						
大口株主計	1,108	5.04%						
その他とも合計	22,000	100.00%	その他とも計	55,000	100.00%	－	その他とも計	220,000

注：1）大株主の定義は原史料には記載がない。
　　2）－は株式会社ではないために数値が得られないもの，もしくは原史料に数値がないもの。

力行の如何を基準に融資先を選別・管理するものであった。特に後者は，主力他行への依存を通じて，与信先の信用状況調査等の関連費用の削減も企図したと考えられる。

このほか融資系列形成とは関係ないが，1963年8月には「調査役臨店調査強化の件」(中略)「最近裁量限度の引き上げ，消費者金融推進による対象の多様化，ならびに当部担当貸出の漸増傾向に対応して資金の効率的運用と事故発生防止をより一層強力に指導するため，今般調査役を増員し，裁量貸出のみならず当部担当貸出全般に亘り運用状況・内容等に関し随時臨店調査するほか，営業店の要望事項を聴取する等その監督ならびに援助に当たらせること

安定持株化の進展

比率	三菱銀行の持株比率	1966.9				1969.9			
		株主名	持株数	比率	三菱銀行の持株比率	株主名	持株数	比率	三菱銀行の持株比率
4.73%	−	明治生命	24,500	5.57%	−	明治生命保険	42,200	5.86%	−
4.10%	3.75%	東京海上火災保険	18,040	4.10%	6.68%	東京海上火災	30,000	4.17%	2.50%
1.82%	?	三菱重工業	15,000	3.41%	3.06%	三菱重工業	24,000	3.33%	28.47%
1.82%	5.29%	第一生命保険	12,000	2.73%	−	第一生命保険	23,200	3.22%	−
1.43%	−	日本生命保険	10,670	2.43%	−	日本生命保険	22,000	3.06%	−
1.36%	30.74%	富国生命保険	6,400	1.45%	−	富国生命保険	10,240	1.42%	−
1.36%	−	三菱電機	6,000	1.36%	2.31%	三菱商事	10,000	1.39%	4.71%
1.36%	4.88%	三菱化成	6,000	1.36%	2.83%	三菱電機	10,000	1.39%	2.02%
1.21%	−	東洋紡績	6,000	1.36%	−	三菱化成工業	9,600	1.33%	4.75%
1.04%	−	三菱商事	4,554	1.04%	5.20%	東洋紡績	9,600	1.33%	1.34%
20.23%	−	大口株主小計	109,164	24.81%	−	大口株主小計	190,840	26.51%	−
100.00%	−	その他とも計	440,000	100.00%	−	その他とも計	720,000	100.00%	−

出所:『有価証券報告書』より作成。三菱銀行の持株比率は『上場企業総覧』各年(54年9月,61年9月),『会社年鑑』各年(66年9月のものは67年3月,69年9月のものは69年3月)より作成。

とした」との通達が出された。つまり,店舗ごとの裁量貸出額の限度引き上げや個人向け融資業務への進出など貸出債権の多様化に対応すべく,各営業店の「指導監督」をする調査役増員による,「資金の効率的運用と事故発生防止」を目的とする支店管理体制の構築や,経営環境変化への円滑な対応が目的にされた。

さらに,個人取引の拡大に伴い1966年9月には「個人貸出専用貸出稟議書制定の件」との通達が出された[157]。そこでは「制定の趣旨／最近個人取引の

---

[157] 同『行報2710号』に収録。

増加に伴い，個人向け非事業資金の貸出稟議が漸次増加して来ている。現行の貸出稟議書用紙は，一般企業向け貸出を対象としているので，個人取引先の内容把握には適切ではない点が多いため，今般個人向け貸出の審査に必要な諸要素を加えた稟議書を新たに制定」したとある。本通達以前の三菱銀行では，個人向け貸出に対しても法人向けの稟議書を用いていた。個人向け貸付は史料では「その他」と一括されているが[158]，その値は63年9月末で1.48％とネグリジブルであった。しかし，68年9月期には2.99％と比重は依然として低位だがほぼ倍増してた。恐らく，60年代前半まではその低比率故に個人向け貸出に対する適切な対応が遅れたが，その急速な伸張を踏まえて，個人向け貸出に関する適切な情報確保のために「事前モニタリング」体制を整備したのであろう。

　その上で，問題解決のために，本通達では個人貸出増加に対応したより適切な情報確保を求めた。具体的には，科目，金額，利率，新規・継続の相違，返済方法，資金調達方法，本件担保条件等，本件後与信，本件後担保状況，収入，資産，金融機関取引（三菱以外のものも含む），預金平残（1，6か月と前月），株式配当金振込当行指定（会社名），保証人・月収・資産・本人との関係・三菱銀行との取引関係，場所長所見，決定内容，審査部所見がそれにあたる。つまり，個人向け貸出専用の稟議書を作り，よりきめ細かな情報把握による適切な「事前モニタリング」の実施を目指した。ただし，個人向け貸出／総貸出額がネグリジブルな中では，改革全体の中での重要性は高くはないことには注意すべきである。

　④ **小　括**　　同行の貸出債権の管理体制を見ると，まず，1950年代半ば過ぎまで貸出の「中間モニタリング」を「等閑視」していた。それ以降，企業向け貸出審査・管理体制は改善された。さらに，60年前後以降，融資系列や株式持合いの進展が明確化し，協調融資が増加すると，50年代とは異なり，株式持合い，協調融資やリスク分散を意識した審査・管理体制の整備が進められ，これに基づき貸出金額，利率等の貸出条件を決定した。

---

(158) 『有価証券報告書』記載の1963年9月末の貸出金構成には「個人」という項目はなく，「その他」で一括され構成比1.48％であった。68年9月も「その他」で2.99％に過ぎない。

本整備も一因となり，不良債権比率の代理指標と看做しうる償却前貸出額，有価証券所有額の償却前残高に対する償却額の比率が，60年代には一貫して0.1％未満であったことが示すように，64年の不況時には「不幸にして，当行も，日本特殊鋼並びに山陽特殊製鋼の倒産に遭遇し，大口債権の滞りを余儀なくされ」[159]，64年9月期4億円，65年3月期の11億円，66年9月期の4億円と比較的大きい額の有価証券評価損の償却処理が実施された。有価証券評価損の償却程度ではあるが，救済機能が発揮された点は興味深い。しかし，基本的に高度成長期の三菱銀行は深刻な不良債権を抱え込まなかった。この点は，例えば，次にみる六大銀行の中でも「新興系」である三和銀行が，朝鮮戦争後に関西綿問屋関係に不良債権を抱え，さらに60年前後以降，丸善石油関連を中心に巨額の不良債権を抱え込んだことと比較すると，少なくとも相対的な三菱銀行の審査・管理能力の高さを示す。

次に，これらの貸出審査・管理を巡る組織的体制の構築に対する大蔵省の行政指導の影響である[160]。都市銀行については，1956年度報告に「機構の複雑化，重複化，人事管理の二元性」との過剰な組織構築から来る非効率性の指摘が[161]，59年度報告に各行とも改善努力を払っているが，「本部各部相互間の調整に未だしの感があり」，営業店の指導統制も甘いと評価された。しかし，50年代中葉以降，組織的管理体制の欠落を問題視する記述はみられない。もっとも，『銀行局金融年報』には個別行についての記述はなく，現時点では三菱銀行に対する金融検査関係の内部史料の閲覧もできない。したがって，留保が必要だが，これら史料から地方銀行以下の業態とは異なり，50年代後半以降は大蔵省金融検査を通じた「直接的」な行政指導に促されたのではなく，前述の63年以降の金融引締めや65年不況の発生など経営環境の変化を踏まえて主体的に問題点を改善したと強く推定される。

以上，融資系列，株式持合いや協調融資の増加という状況変化に対応した，製造業大企業向け融資を巡る審査・管理体制は，三菱銀行の場合，1960年

---

(159)『続三菱銀行史』98頁。
(160) この点については，第3章第6節も参照。
(161) 都市銀行に対する行政指導についての引用は，それぞれ大蔵省銀行局『銀行局金融年報』1957年版，403頁，同60年度版，449頁。同じく議論は同史料各年版による。

から同年代中頃までの間に整備され，三菱製紙の事例のように，70年頃までは一定の機能を果たしていたと見られる。個人向け融資額／総融資額の上昇（前述）のほか，建設業（63年3月末構成比3.3%→69年3月末5.1%）やサービス業（同様に2.0%→3.0%）の構成比が上昇した結果，同時期の製造業大企業向けの構成比が52.3%から48.9%にまで低下したが，依然，融資業務の中核であり続けた。それゆえ，同行の製造業大企業向け融資に関する審査・管理体制の整備は，この時期に一応の到達点に達したと判断される。その後，製造業大企業向けに代わる新たな運用先としての国債投資，不動産向けや個人向け融資の増加への着目等を要因に71年2月に組織改革が行われた。[162]それ以後，製造業大企業向け融資とそれを支える貸出審査・管理体制は，同行全体中での相対的重要性を低下させたと判断される。[163]以上，青木氏らの理念型的な意味で，同行のメインバンクとしての「最盛期」は意外に短く，60年代中頃から70年前後までであった。

(4) おわりに

高度成長期における三菱銀行の融資姿勢は，1950年代後半の一時期に一定の慎重さを残しつつも積極化したことを除けば，基本的に慎重であった。同時に同行の貸出審査・管理体制は，再度，詳論はしないが，50年代に「中間モニタリング」が「等閑視」されるなど問題が皆無だったわけではない。しかし，少なくとも50年代後半以降は，融資系列形成，協調融資の増加や株式持合い[164]，景気悪化などの経営環境変化に適切に対応すべく，金融機関として

---

(162) 引用史料にもあるように，営業店を「指導監督」する調査役増員など，融資先の多様性に応じた管理体制の構築により，「資金の効率的運用と事故発生防止」姿勢を打ち出したことにも留意する必要があろう。

(163) 『続三菱銀行史』226-227頁。なお，青木氏らは1970年代半ば以降にメインバンク制の基盤が動揺し始めたとしているが（Aoki and Patrick, *Main Bank*, p.4. 邦訳16頁），三菱銀行に関して言えば，その変化の芽が出るのはもう少し早かったと言えよう。

(164) 融資系列や株式持合い進展の結果，64年3月期から68年3月期にかけて，以前と比べて有価証券評価損が目立つ（53年3月期末から61年3月期までは58年3月期2億円を除き0億円。64～68年の3月期の金額は，それぞれ4億円，11億円，4億円，3億円，4億円）ようになった。貸出金償却額も同様に66年3月期以降，発生した（66～69年の3月期の金額は，それぞれ2億円，2億円，4億円，4億円）。後者は，史料

損失発生回避を目的に主体的に貸出審査・管理体制を改善した。その結果，60年代中頃までに整備された協調融資とリスク分散を踏まえた重化学工業を中心とする製造業大企業向けを中心に，厳格な「事前モニタリング」と共に公的制度に補完されてリスク回避が図られた中小企業向けが副次的に加わる形で，製造業大企業向けを中核とする貸出審査・管理体制の整備が一応の到達点に達した。もっとも，60年代後半以降の個人向けや不動産融資の比重増加や将来的な拡大見込みを背景に，特に71年2月にはこれらを重視した貸出審査・管理体制が構築された。以上，同行の場合，貸出審査・管理体制や事務処理規定の整備が一応の到達点を迎え，その下で特に重化学工業系大企業向けを中心に，借手企業の経営規律付けを伴う融資が行われたという意味で，三菱銀行は60年代中頃から70年前後にかけてメインバンクとしての「最盛期」を迎えた。このことが証券不況時に有価証券評価損の償却程度に損失を抑えられることができた要因であると推測される。

ここまで論じてきた同行の比較的慎重な融資姿勢と継続的な貸出審査・管理体制の改善への取組を可能にしたのは，青木氏らの言う制度の問題であると同時に，その背後にある経営陣や行員たちの姿勢という「ヒト」の問題でもある点には留意する必要性があろう。

3　三和銀行の事例――「重化学工業化路線」と企業統治

(1) 問題の所在

ここでは，戦後復興期から1970年頃までの三和銀行を取り上げて，主に『年史』等の二次文献や公開史料を用いて，融資先確保に関わる同行の経営

の制約上，系列融資が原因かどうか判然としない。前者は株式持合い進展の影響と推定される。この意味で不良債権発生回避を目的とする組織改正と矛盾する面があったと推論される。
(165) この点は青木氏らへの批判である。なお，救済機能は市場経済への復帰と護送船団方式によるレント発生を背景に戦後に成立する（第2章）。それゆえ，同行に限ってみても，メインバンクの諸機能が全て整うのは60年代中頃から70年前後である。
(166) ここでは Chandler A.Jr.*Strategy and Structure* The MIT Press，1962 の「組織は戦略に従う」との議論（p.16）を念頭に置いている。
(167) とりあえず，この時期に上枝一雄頭取から村野辰夫頭取への代替わりがある（後述）ので，この時期までを分析対象とすることにした。

戦略や大口取引先を中心とするメインバンク関係の特質を明らかにする。具体的には、歴史的に考察した場合、①同行のメインバンク関係に関しては、戦時と戦後は断絶すること、②通説がいうメインバンクの諸機能（借手に対する経営規律付け機能、株式持合機能、救済機能）中、重化学工業への基盤形成を優先するあまり、借手企業の規律付け機能は甚だ不十分となり、企業救済機能・株式持合い機能が主に発揮されたこと、③経営者が重化学工業の発展に対する先見性を持っていたが、銀行経営の健全性との両立が不能だった点に限界があること。

関連して、1960年代に発表された現状分析的研究として、荒川邦寿・野口祐・山本繁「三和銀行」（野口祐編『日本の都市銀行』、青木書店、1968年）と、A.B.C.「問題の企業を探る⑥ 三和銀行」（『経済評論』1963年6月号）がある。両者でも「重化学工業化」や「ピープルズ・バンク」への言及がある[168]。特に、「かなり無理な投融資」を進めたとの指摘（前者227頁）、「『問題企業』を抱え込」んだこと（後者154-156頁）や、60年代半ばに取引先企業の経営破綻が相次いだことについての指摘があることは注目される（前者236-237頁）。しかしながら、特に融資の審査・監督体制や企業統治の問題に着目した、戦時との連続・断絶について検討が欠落していない。さらに、「ピープルズ・バンク」のあり方の歴史的位相の相違やそれと「重化学工業化路線」との関連も不明確である。このほか、両者とも三和銀行が石油化学に着目して「重化学工業化路線」を推進した契機や経緯も十分に明確化されていない。これに加えて、60年代半ばに取引先企業の経営破綻問題が終息し、「最近急速な伸びを示した」との肯定的な評価を下しているが（前者236頁）、60年代後半の三和銀行は高い預貸率水準と資金供給力の限界に直面する（後述）。この評価自体にも妥当性はない。さうには、両者とも当時の経営陣の戦略や行動に対する歴史的評価も行われていない。特に後者は戦時重化学工業化に伴う融資基盤の縮小を反省にして、戦後の「重化学工業化路線」が出てきたことを論じているが、一方では同行の経営戦略を「功を奏した」と評価しつつも、他方では「『問題

---

(168) 本項のもとになった『地方金融史研究』第43号、2012年5月の研究ノートでは、60年代当時の現状分析的研究を見落としていた。お詫びの上、加筆訂正させていただく。

企業』を抱え込んだ」ことを論じており（後者154頁），戦後における同行の経営戦略に対する歴史的評価が不明瞭である。

このほか，宮島英昭氏による，旧財閥系銀行への対応を目的とする，同行の「重化学工業化路線」についての簡単な言及がある。もっとも，そのことが同行の経営にもたらした影響は検討されていない。岡崎哲二氏も，同行の「重化学工業化路線」と融資系列関係の形成について言及している[169]。しかし，銀行間競争との関係や同行による企業統治との関係は明確ではない。さらに，融資系列形成についても，もっぱら50年代末葉以降の時期のみを問題にしており，戦時からの長期的動向は検討されていない。その際，特に，同行が石油化学工業を有望視して，同産業中心の融資系列拡大を志向した要因やその意義と限界も不明瞭である。これらの諸点について明確化する必要性が存在する。

さらに，先行研究で未検討であった，企業者活動の特質を考える必要性がある。特に，三和銀行トップについては，当該期に副頭取，頭取，会長を歴任した上枝一雄の『追想録』（三和銀行，1988年）が存在する。『三和銀行の歴史』（同行，1974年）にも，経営者の発言に関する史料が，多数，収録されている。しかしながら，これらの書物は事実の提示に過ぎず，経営の特質を分析するところまで踏み込んでいない。そこで，これらの書物に引用されている諸史料を再解釈することで，当該期における同行の経営やトップの活動の特質を明確化する。なお，同行の一次史料については，戦前分は大阪大学経済学部に寄贈されたものがあるが[170]，戦後については三菱東京UFJ銀行が所蔵しており，現時点では非公開である。それゆえ，本書ではもっぱら二次文献に依存して議論する。

以上の諸課題を踏まえて，ここでは戦後復興期から1970年頃までの三和銀行の経営動向の特質を明確化する。

---

(169) 岡崎「資本自由化以後の企業集団」317–319頁。
(170) 史料の公開状況については，阿部武司氏（国士舘大学）にご教示をいただいた。記して深甚なる謝意を表したい。

(2) 戦後復興期における融資先の主取引先の拡大，審査・監督体制の整備

①歴史的前提——戦時体制下における融資系列形成の意義と限界　戦後復興期になると，それまでの軍事産業に代わって，民需産業が重要視された。ここでは，その歴史的前提になる戦時の主取引先のあり方を概観する。その上で，戦後復興期における三和銀行の主取引先の形成動向と取引のあり方を検討する。

次頁表 3-4-5 には三和銀行の主取引先企業の形成状況をまとめた[171]。戦前期の主取引先は，大日本紡績などが戦時期に企業整理の対象となり，生産規模等が縮小を余儀なくされたものの，戦後復興期になると最重要産業のひとつとして重要な取引先となる。戦時期に主取引先になった企業の多くは軍需関係であった。同行の場合，他行に比較して指定軍需会社数が 15 社と少ない[172]。これは，同行が「本来軍需会社との取引関係が薄かったため」指定獲得にあたり不利に働いたという。戦後復興期になると，表中の丸善石油及び川西航空機以下の企業に見られる戦時期の軍需指定を受けた企業は，1949 年 8 月時点主要取引先上位 10 社中，重化学工業が 4 社であることに見られるように[173]，丸善石油など一部を除き主要取引先から消える。さらに，これらの軍需会社や協力会社向けの融資は，臨時措置法の影響で全額不良債権となり，旧勘定に廻され処理がされた[174]。つまり，取引先の構造面で見た場合，戦時と戦後とは断絶性が強い。『「共同融資団』を通じて」(中略)「既存財閥以外の，たとえば日本発送電，日本電力，日本製鉄，中島飛行機，日立製作所，日産化学，日本電工，神戸製鋼所，呉羽紡績等の重化学工業への足掛りができたが，これも敗戦により御破算になった。重化学工業化の悲願は，戦前には見果てぬ夢となり，戦後，渡邊頭取によってはじめて実現することになる」[175]との，当時

---

(171) 橘川・加藤「戦後日本の企業集団と系列融資」表 5・6 (104-107 頁) が示すように，三和銀行の融資系列に属する企業は表 3-4-5 に示したものには止まらない。しかし，戦時期からの歴史的形成を検討する上では，橘川氏らが依拠する『年報　系列の研究』では適切な情報を得ることができない。それゆえ，サンプルは少ないが，表1では別史料を用いた。
(172) 『三和銀行の歴史』180 頁の表。直後の引用等は，同書 179 頁。
(173) 『三和銀行の歴史』264 頁の表。
(174) 『上枝一雄追想録』三和銀行，1988 年，406-408 頁。
(175) 村野辰雄『国際化の進展の中で』国際評論社，1990 年，102 頁。

第3章 高度成長期における金融機関経営の変容 295

表 3-4-5 主取引先の形成

戦前期	戦時期	戦後復興期	1960年前後	不明
大阪曹達	田辺製薬	シャープ	日本原子力発電	帝人
月島機械	三宝伸銅	大林組	日商岩井	ダイハツ
丸栄(繊維問屋)	宇部興産	コニカ	近畿日本鉄道	大和紡績
東洋紡績	*丸善石油*	東洋ゴム	神戸製鋼所	毎日新聞社
大日本紡績	東洋ベアリング	日立製作所	日立電線	錢高組
日本レイヨン	日立造船	大和紡績	東洋ホテル	積水ハウス
	川西航空機			天辻鋼球製作所
	中山製鋼所			
	尼崎製鋼所			
	東京航空機			
	日本マグネ			
	富士飛行機			
	保土ヶ谷化学			
	日本窒素			
	国産軽銀工業			

注:1)『追想録』中,取引以外の事を書いた関係者の企業は「不明」欄には入れなかった。
2) 斜字は運転資金ないし当座資金供給のみを担当。
出所:『上枝一雄追想録』『三和銀行の歴史』179頁,『日本金融史資料』昭和編,第34巻,416-417頁より作成。

の行員の回顧もこのことを裏付ける。

　次に,戦時体制下における融資先の審査・監督のあり方を検討する。ここでは,戦時中に審査部次長として軍需融資に携わった上枝一雄の回顧を用いる[176]。上枝によれば,稟議書は杜撰であり,内容も疑わしいが,重役室からの圧力もあり,殆ど審査の体をなさないままに貸出を実行していた。本史料から,三和銀行には戦時中に融資系列が形成されたものの,その多くは戦後改革期に破綻処理されたほか,審査・監督面が機能していなかったことが分かる[177]。以上,戦時体制下における重化学工業中心の融資系列の形成は,戦後のそれとは断絶性が強かった。

---

(176) 以下,特記の無い事実や議論は,「回顧談」『上枝一雄追想録』366-414頁。
(177) 例えば,Hoshi and Kashyap や伊藤「戦時戦後の財政と金融」174-176頁では,戦時期に「取引関係面」で「大きく前進した」ことを認めつつも,「機能面」(審査・監督)では「メインバンク・システム」は未成立に終わったことを指摘している。しかし,三和銀行の事例からは,「取引関係面」でさえも,戦後改革によって大きな変化を迫られたことが確認できる。従って,伊藤氏の見解は興銀の事例に引っ張られた感が強く,それ以外の都市銀行を考慮した場合,修正の余地があろう。

② 戦後における審査体制の整備と融資系列形成　敗戦直後の1945年11月になると，三和銀行は融資に関わる組織体制を変化させた。つまり，「業務部に軍需融資部と企画部の融資業務を統合」し，新たに「復興融資部を設けた」⁽¹⁷⁸⁾。後者については，「中小企業者復興に要する資金の融通について今後積極的に乗り出し，その育成に一臂の力をいたしたい」(中略)「もともと当行は大阪方面の平和産業を地盤とし，中小商工業者を主たる取引先として発展して参ったのでありますから，復興融資部の独立はいわば当行の本来の活動分野をこの国家非常時に際して，なお一層役立たせたい」ことが理由であったという。ここから，復興融資部が民需＝中小企業融資を重視して設置されたことが分かる。なお，融資に際して「できるだけ簡易敏速に取り扱」うとあるところから，市場原理が，一定程度，復活し，損失を回避する上で融資先の選別が重要になる中で，戦時中とは異なり，審査・管理を重要視していた。同時に，前者に軍需融資関係を集中させて，他の融資と切り離すことで，全損となった軍需向け融資の処理を急ぎ民需中心，市場経済の復活という状況変化に出来る限り速やかに適応する姿勢が確認される。

　さらに，再建整備完了後の1949年2月には，業務部と復興融資部を統合の上で審査部を設置した。この時期に調査部に在籍した行員の回顧によれば，審査部の設置は，戦後，新規取引先を開拓する上でも，それまでの担当者の経験や感覚に頼った非科学的なものではなく，分析基準，判断基準が画一化されたものが求められた⁽¹⁷⁹⁾。特に，この時期の三和銀行は，中小企業のみならず，大口融資先の開拓も進めており，シャープや大林組ほか6社が新たに同行を主取引先にした。さらに，大日本紡績，日本レイヨンといった繊維産業を中心とする，戦前来の重要取引先が台頭した。このような審査体制の整備は，貸出取引を巡る状況の変化への対応があった⁽¹⁸⁰⁾。朝鮮戦争期にあたる52～54

---

(178) 以下，『三和銀行の歴史』191-192頁。史料は，192頁掲載の「頭取書簡」（1945年11月日付不詳）による。
(179) この点は，都市銀行も含めて，1950年代初頭に大蔵省が金融検査を通じて推進した経営合理化とも符号する（第3章第6節を参照）。
(180) 杉浦「戦後復興期の銀行・証券」276頁では，1950年代初頭でさえも都市銀行の貸出審査体制は未整備であったことが指摘されている。

年にかけて，繊維不況が深刻化し，同行の取引先である尼崎製鋼所が神戸製鋼所に救済合併されるなどの事態があったにもかかわらず，同行は深刻な経営難には陥らなかった。このことも，それなりに，審査・管理体制が，一定程度，整備されていたことの傍証になろう。

以上，敗戦から1950年代初頭までにかけて，三和銀行の主要取引先は大きく変化した。特に民需向けの中小企業への融資や新たな大口取引先の開拓を進める中で，審査・監督体制が整備された。つまり，戦時下の系列形成や審査体制は，戦後とは大きく異なっていた。

(3) 1950～60年代における経営戦略と行動

① 貸出基盤の変化——「重化学工業化」路線と東京進出　ここでは，まず，敗戦後の貸出基盤について概観する。その上で，1950年代前半以後における融資基盤の転換戦略（いわゆる「重化学工業化路線」）の形成について検討する。

まず，三和銀行の融資基盤が判明する最初の9月期データは，1953年9月期である（次頁表3-4-6）。同表の原史料によれば，同行の主要な融資基盤は，繊維品が融資総額の13.1％，製造業全体の29.7％を占めており，戦前同様，綿糸紡績業を中心とする繊維産業であった。同行は，大日本紡績，大和紡績といった在阪紡績会社の設備復元のための協調融資の幹事行を務めており[182]，戦前に十大紡全社と取引があった関係から，これら企業への協調融資にも参加していた。なお，後に重要視される化学工業は融資総額の4.9％，製造業向け融資全体の11.0％ほどに過ぎない。使途別に見ても，運転資金がほぼすべてであった。

この取引状況を，日本銀行出身の渡邊頭取は問題視していた。1950年2月に総務部が設置された。そこで，今後の三和銀行の基本方針としての「重化学工業化路線」が形成された。その背景として「旧財閥系銀行への対抗の問題」の存在が指摘されている（前述）。しかし，根本的要因はそれではなかった。

---

(181)『上枝一雄追想録』334-335, 410頁。
(182)『三和銀行の歴史』230頁。なお，以下，大日本紡績への融資実態は，白鳥圭志「戦後復興期から高度成長前半期における大日本紡績の財務行動」『経営史学』第45巻第2号，2009年9月，を参照。

表 3-4-6　業種別貸出，資金使途内訳，

1953 年 9 月期			1955 年 9 月期			1960 年 9 月期
業種	貸出金額	構成比	業種	貸出金額	構成比	業種
製造業	77,191	44.3%	製造業	85,864	42.4%	製造業
農林漁業	816	0.5%	農林漁業	789	0.4%	農林漁業
鉱業	1,440	0.8%	鉱業	1,541	0.8%	鉱業
建設業	1,990	1.1%	建設業	2,856	1.4%	建設業
商業	75,696	43.4%	物品販売	88,461	43.6%	物品販売
金融業	1,114	0.6%	金融保険	1,807	0.9%	金融保険
不動産業	147	0.1%	不動産業	867	0.4%	不動産
運輸通信公益	11,378	6.5%	運輸通信公益	12,274	6.1%	運輸通信公益
サービス	1,465	0.8%	サービス	1,918	0.9%	サービス
地方公共団体	1,613	0.9%	地方公共団体	4,583	2.3%	地方公共団体
個人等その他	1,495	0.9%	その他	1,752	0.9%	その他
合計	174,350	100%	合計	202,717	100.0%	合計
内設備資金	3,130	4.66%	内設備資金	8,484	4.2%	内設備資金
内運転資金	166,220	95.34%	内運転資金	194,233	95.8%	内運転資金
首都圏店舗数	31	16.8%	首都圏店舗数	35	18.6%	首都圏店舗数
店舗数合計	185	100.0%	店舗数合計	188	100.0%	店舗数合計

出所：『有価証券報告書』より作成。

　戦時中，日本銀行資金調整局審議課長をしていた渡邊頭取は，戦時期に民需産業が急速に縮小するに従い，取引基盤が「急速に弱体化していくのが分かっ」ていた。[183] さらに，1951 年の海外視察を通じて，アメリカで綿製品が半値以下で「投げ売り」されているのを見たほか，ナイロンが繊維品の中心になっていることも認識した。これに加えて，プラスチックの「応用利用度の広がり」にも驚愕した。

　周知のとおり，綿業は，アジアの後発国からの追い上げを受けており，その斜陽化は時間の問題であった。この状況下で，融資構造の転換を図らずに戦前来の「繊維銀行」[184]的体質を継続した場合，戦時に相似した状況が再来し，

---

(183) 以下，『三和銀行の歴史』242-244 頁。
(184) 村野『国際化の進展の中で』171 頁。

首都圏店舗数　(単位：百万円)

			1965年9月期			1970年9月期		
貸出金額	構成比	業種	貸出金額	構成比	業種	貸出金額	構成比
231,369	45.2%	製造業	540,124	45.1%	製造業	918,175	42.5%
4,885	1.0%	農林漁業	7,888	0.7%	農林漁業	8,442	0.4%
4,797	0.9%	鉱業	8,556	0.7%	鉱業	10,585	0.5%
19,813	3.9%	建設業	74,058	6.2%	建設業	120,873	5.6%
184,296	36.0%	卸売業・小売業	353,157	29.5%	卸売業・小売業	670,210	31.0%
6,835	1.3%	金融保険	27,359	2.3%	金融保険	21,632	1.0%
5,153	1.0%	不動産	24,462	2.0%	不動産	86,005	4.0%
36,371	7.1%	運輸通信公益	86,636	7.2%	運輸通信公益	120,007	5.6%
9,351	1.8%	サービス	43,203	3.6%	サービス	86,451	4.0%
2,217	0.4%	地方公共団体	9,083	0.8%	地方公共団体	20,364	0.9%
6,337	1.2%	その他	22,183	1.9%	その他	98,421	4.6%
511,429	100.0%	合計	1,196,709	100.0%	合計	2,161,165	100.0%
35,389	6.9%	内設備資金	100,806	8.4%	内設備資金	298,845	13.8%
476,040	93.1%	内運転資金	1,095,903	91.6%	内運転資金	1,862,320	86.2%
40	21.3%	首都圏店舗数	56	28.0%	首都圏店舗数	67	32.1%
188	100.0%	店舗数合計	200	100.0%	店舗数合計	209	100.0%

遠からず同行は収益の基盤を喪失する．以上,「旧財閥系銀行への対抗の問題」は皆無ではないが,「重化学工業化路線」を選択したより本質的な理由は,将来的かつ長期的な同行の継続基盤の確保にあった．このことは, 1952年7月の支店長会議での貸出基盤を巡るとの渡邊の発言からも裏付けられる．[185]

さらに，その直後に，このような融資基盤の在り方に転換を促す事態が発生した．朝鮮特需景気後の1953～54年における「関西五綿」「船場八社」の破綻がそれである．[186] これらの内，同行は，前者では日綿実業，後者では丸永，岩田商事，田附の主取引銀行になっていた．主力銀行として，同行は日綿実業による丸永の優良資産の継承と，同行も含む取引先銀行による債権放

---

(185)『三和銀行の歴史』245頁．
(186)『三和銀行の歴史』262-267頁．

棄を柱とする業界再編を主導した。救済機能が発揮されていることとともに，ここで注目すべきことは，この経験を踏まえて渡邊頭取が「繊維偏重の取引構造を改めて重化学工業化を進めるための産みの苦しみであった」と回顧している点である。この綿関係商社の破綻と再編成を通じて，渡邊は同行の「重化学工業化路線」をより一層推進する必要性を痛感させられた。

　それでは，三和銀行の融資構造は，どのように変化したのか（表3-4-6）。1955年9月期，60年9月期，65年9月期，70年9月期ともに製造業と物品販売業が大宗を占める。このうち，55・60年9月期については，「製造業中の主なるものは，繊維工業，金属製造業，化学工業の順（構成比，金額等は不明）となっており，物品販売業中では卸売業が大半を占めている」[187]とある。55年9月期の時点では，例えば，同行の大口取引先である大日本紡績，日本レイヨンの事例を挙げれば[188]，未だ天然繊維，化繊生産が中心であり，合繊への進出は着手されたばかりであった。それゆえ，この時点での「繊維工業」は戦前来の内容とほぼ同様であったと推定される。そうであれば，この時点では，金属工業，化学工業があったものの，「重化学工業化」路線は未だ道半ばだったであろう。しかし，60年9月期になると，繊維工業中の上記2社は合繊生産を本格化させる。だとすれば，60年9月期時点での「繊維工業」の内容は戦前来のそれとは大きく異なることが強く推定される。さらに，「創立四十周年記念全国支店長会」における53年と73年を比較した村野頭取の演説によれば，繊維関係貸出／総貸出額を見ると，15％から4.5％へと低下し，製造業では重化学工業関係の比重が増加したという[189]。このほか，主取引先の形成動向を見ると，60年頃に形成されたものは，重化学工業関連が殆どであった（前掲表3-4-5）。

　大企業向け融資の総貸出に対する比率を口数，金額で見ると，1955年9月末，60年9月末，65年9月末，70年末で，それぞれ6.7％・57.63％，7.3

---

(187) なお，1961年3月期からは，このような記載は無くなる。
(188) 以下，同社については，白鳥圭志「高度成長期における日本レイヨンの財務行動」『商学論集』（福島大学）第83巻4号，2015年3月，による。
(189) 『三和銀行の歴史』559-560頁。

％・67.37％，5.1％・74.61％，2.2％・71.20％であった。口数の比重は60年9月末をピークに，以後，低下したが，金額の比重は65年9月末まで上昇し，70年には3.4％程度ほど減少した。65年以後の動きは取引先企業の合併等の結果と推察される。このような大口貸出先の比重の推移は，基本的に重化学工業系の大企業向け融資比率の上昇の反映と考えられる。また，60年5月に渡邊が会長に退き，上枝一雄の頭取昇格人事が行われた。上枝も渡邊の戦略を継承し，それをより一層促進する方針を表明した。

以上，三和銀行の融資構造の変化は，1950年代を通じて進展し，重化学工業向けの貸出増加を通じた貸出基盤の転換を至上命題化する中で，60年頃には，一応，「重化学工業化路線」に基づく目的が達成されたと見てよかろう。

② **在京店舗数の増加と審査体制の整備**　三和銀行の「重化学工業化路線」が進展した1950年代には積極的な東京を含む首都圏への進出が行われた（前掲表3-4-6）。ここでは，その目的を検討する。

東京進出の目的は，「重化学工業化路線」を展開する上で必要な取引先の確保であった。1952年9月の東日本地区の支店長会議では，当面，「東京の店舗数を三十か店とする」とした上で，「取引先＝産業構造の変化に即応した重化学工業部門への進出問題については」(中略)「東京各店が責任をもって推進する」ことが決められた。三和銀行は関西を基盤としていたが，同地域は繊維産業，商業の中心地であり，東京に進出しなくては，政府が推進する重化学工業化に乗り遅れる可能性があった。

この会議に先立つ1952年2月の審査関係の機構改革では，「それまで営業店別にとらえられていた貸出先を業種別に把握し，産業構造の変化に即応し

---

(190) 『有価証券報告書』各期より算出。なお，大企業向け融資（口数）＝総貸出額（口数）－中小企業向け融資（口数）を用いて算出した関係上，個人向けの融資を含む過大な数値になっている点には注意すべきである。
(191) 例えば，この時期は，ニチボーと日本レイヨンの合併など，三和系企業の再編成が進んでいた（白鳥「大日本紡績」など）。
(192) 上枝は1971年9月まで頭取に就任していた（『三和銀行の歴史』484頁）。
(193) 『三和銀行の歴史』338頁。
(194) 以下，『三和銀行の歴史』248頁。

た貸出」の実施が目的とされた。⁽¹⁹⁵⁾その上で，審査部を第1部から第3部に分割した。第1部では本店営業部，東京支店他17店舗貸出を，第2部ではそれ以外の店舗での貸出を，第3部では旧勘定とその関連取引先の管理や審査を担当するとされた。当時の審査部長による「三和銀行の運命を支配するような主要な取引先の貸出については，慎重な検討をするだけの時間的余裕がなければなりません。そこで審査第一部をこの担当とし」たとの回顧や，東京支店が審査第1部に属したことに見られるように，「重化学工業化路線」に対応した審査組織とそれ以外の取引先についての審査組織が分割され，なおかつ前者についての審査が重要視された。これらの諸点に「重化学工業化路線」が反映していた。さらに，56年5月の本部機構の改革により，「東京地区の審査事務を強化するために『東京審査部』を新設した」。[196] この組織改革でも，「重化学工業化路線」と密接不可分の東京での営業展開が重視された。さらに，57年12月の副頭取制度の導入にあたり，副頭取に就任した上枝一雄と常務以上の役員1名が東京に駐在した。[197] さらに，64年までに副頭取1名，専務1名，常務5名へと増員された。59年4月には東京地区の本部機能強化のために，東京事務所を廃止して，東京総務部，東京営業部，東京調査部，東京外国部が設置され，61年8月には東京経理部が追加された。

　これが1969年1月からの組織改正では，東京業務本部が新設された上で，[198] 東京外国部と外国部が統合され新「外国部」，調査部と東京調査部が統合され新「調査部」，経理部と東京経理部が統合され新「経理部」に改変された。この組織改革では組織の簡素化が目標とされ，東京関連の各部も統合対象になった。しかしながら，東京業務本部の新設に見られるように，首都圏での取引先業務は，依然として重視されていた。このように蓄積基盤の東京方面への移動とともに，組織面でも東京方面を担当する管理組織が重要視された。

　以上，1950年代以降，「重化学工業化路線」が既定のものになる中で，このことが組織改革や東京周辺の店舗網拡充を柱とする店舗政策にも強く反映した。

---

(195) 以下，『三和銀行の歴史』247頁。
(196) 『三和銀行の歴史』317頁。
(197) 以下，『三和銀行の歴史』334-335頁。
(198) 以下，『三和銀行の歴史』444頁。

③ **預金量確保とその限界──「ピープルズ・バンク」化と資金供給力の限界**　「重化学工業化路線」を明確化した1950年代前半以降，三和銀行の預貸率は50年代前半の90％台半ばから低下はするものの，80％台半ばから90％前後という高い水準で推移した。限界預貸率では，取引先の繊維企業が，化学工業の一環をなす合繊への進出を明確化し（後述の大日本紡績，日本レイヨンの事例を参照），石油産業の育成等「重化学工業化」の色彩を強めた50年代後半以降，大きく上昇し，100％を超える時期が目立ってくる。特に，60年代の20営業期中，100％超過の営業期は10営業期と半分を占めた。これが限界預貸証率になると，一部の時期を除き，100％を大幅に上回る時期がほぼ恒常的になった。さらに，融資総額に占める設備資金比率も，次第に上昇し，融資の固定化が進んだ（前掲表3-4-6）。このように，同行の資金供給力は，後述の融資系列形成のほか，「重化学工業化路線」が展開されるに従い，限界を露呈することが多くなった。

この状況下で，預金量の確保が重要な経営課題となった。そこで採用された戦略が「大衆に基盤を置き，大衆とともに伸びる」という「ピープルズ・バンク」路線であった[199]。もっとも，戦前来，三和銀行は「ピープルズ・バンク」を標榜していた。しかし，1950年代の初頭でさえ「ピープルズ・バンクといっても，大衆を相手にするという発想は，まだ生まれていない。戦前からの伝統である中小企業，中小商店との取引も大切にし，小口預金者の利益を尊重し，これを経営の柱にしていこうというものに過ぎなかった」という[200]。この路線を転換し，本格的に「大衆」（いわゆる「新中間大衆」）預金者の確保に努めるようになったのは，52年以降のことであった。同年4月から1年間，「資金獲得運動」を実施し，貯蓄性預金を中心とする預金増強が図られた[201]。これに際して，「三和積金」という新商品が売り出された。その内容であるが，大衆預金者は広範であり，各々，経済状況が異なるが，その相違に合わせる形で積立額や預入金額の目標ができ，月単位で着実に貯金を促す商品であった。これはターゲットである大衆の現状や志向性に適合したものであった。

---

(199)『三和銀行の歴史』256-257頁。
(200) 村野『国際化の進展の中で』172頁。
(201) 以下，預金増強については，『三和銀行の歴史』290頁以下を参照。

表 3-4-7　主要勘定の

営業期	預金	貸出金	有価証券	資本金	当期利益金
1950 下	85,183	72,634	7,792	1,000	483
51 下	115,516	113,653	9,890	1,000	703
52 下	155,505	149,315	13,506	1,000	781
53 下	193,208	184,255	19,867	2,500	814
54 下	225,509	196,081	24,157	2,500	879
55 下	286,383	223,723	29,968	2,500	874
56 下	372,414	308,344	36,151	5,000	1,067
57 下	433,034	374,221	48,654	5,000	1,038
58 下	512,745	425,034	59,139	5,000	1,038
59 下	576,843	484,472	80,084	10,000	1,705
60 下	705,398	585,200	105,234	10,000	2,037
61 下	748,324	674,295	120,189	10,000	2,180
62 下	1,004,636	846,201	150,280	10,000	2,606
63 下	1,184,735	1,009,332	158,568	22,000	2,160
64 下	1,323,321	1,152,681	224,563	22,000	2,270
65 下	1,505,829	1,276,420	269,466	22,000	3,017
66 下	1,676,536	1,425,424	309,457	22,000	4,066
67 下	1,840,151	1,594,157	346,696	36,000	5,985
68 下	2,110,264	1,782,633	394,366	36,000	7,348
69 下	2,367,681	2,052,630	415,963	36,000	9,145
70 下	2,699,890	2,429,883	437,168	50,400	10,109
71 下	3,413,472	3,050,299	594,933	50,400	10,523
72 下	4,303,215	3,821,564	721,536	50,400	11,805
73 下	4,678,464	4,452,118	747,420	66,000	11,682

出所：『三和銀行の歴史』資料編より作成。

　この条件整備が行われた上で、1953年の創立20周年に合わせて、預金量2,000億円への増強という、「二十周年記念事業」が展開された[202]。これは54年下期に達成された（表3-4-7）。「重工業化路線」が打ち出された一方で、

---

(202)『三和銀行の歴史』292-294頁。

推移 （単位：百万円）

預貸率	預証率	限界預貸率	限界預貸証率	ROE
85.27%	9.15%	54.8%	58%	96.6%
98.39%	8.56%	72.1%	78%	140.6%
96.02%	8.69%	102.8%	114%	156.2%
95.37%	10.28%	53.8%	70%	65.1%
86.95%	10.71%	30.7%	38%	70.3%
78.12%	10.46%	52.4%	61%	69.9%
82.80%	9.71%	103.6%	109%	42.7%
86.42%	11.24%	92.0%	115%	41.5%
82.89%	11.53%	60.1%	73%	41.5%
83.99%	13.88%	71.4%	98%	34.1%
82.96%	14.92%	75.2%	96%	40.7%
90.11%	16.06%	164.4%	176%	43.6%
84.23%	14.96%	59.4%	63%	52.1%
85.19%	13.38%	100.0%	102%	19.6%
87.11%	16.97%	83.5%	110%	20.6%
84.77%	17.89%	46.7%	61%	27.4%
85.02%	18.46%	100.7%	125%	37.0%
86.63%	18.84%	88.1%	110%	33.3%
84.47%	18.69%	71.9%	85%	40.8%
86.69%	17.57%	101.3%	110%	50.8%
90.00%	16.19%	95.2%	100%	40.1%
89.36%	17.43%	97.6%	122%	41.8%
88.70%	16.75%	95.8%	109%	46.8%
95.16%	15.98%	196.0%	211%	35.4%

他方では戦前来の繊維問屋と取引関係が残る状況では，資金の大部分がこれらに拘束される。それでは，設備投資や運転資金に多額の資金が必要な重化学工業向けの融資が制約を受ける。それでは，「重化学工業化路線」の達成が不可能になり，衰退に向かう繊維産業の道連れとなる。この状況の回避が，50年代前半の預金増強運動の目的であった。

1950年代後半になると，三和銀行は，他行に先駆けて「ネットサービス預金」を売り出した(203)。これは1冊の預金通帳で「全国どこの支店でも現金の出し入れができる」という「画期的なものであった」。続いて預金者の利便性を高めた預金商品を6商品，「定期預金に目的性を持たせたもの」11商品が売り出された(204)。特に，後者については，テレビ購入資金の貯蓄を目的とした「テレビ預金」，教育費の貯蓄を目的とした「育英預金」，住宅購入を目的とした「住宅預金」といった，消費面での「大衆化」の進展に歩調を合わせた商品を多数売り出した。このように，少なくとも50年代後半になると，商店経営者など旧来の中間層ではなく，サラリーマンなどの「新中間大衆」に焦点を置いた預金商品が販売され，これを通じて預金増強が図られた。

　しかしながら，後に見る丸善石油などの大口取引先の経営状況が悪化する中で，重化学工業向け資金の固定化が進んだために，このような預金増強策で必要な資金量を十分に確保できなかった。さらに，1967年4月の全国支店長会議で，上枝一雄頭取が，この10年間で預金額が4.6倍増にもかかわらず，取引口数は2.4倍増に過ぎなかったことを問題視したことに見られるように(205)，他行との競合もあって大衆預金の確保は十分な成果を挙げなかった。そこで，翌68年から創立35周年記念事業として，男性行員を営業店に重点配置することで，預金量の増強を図る施策を打ち出した。その結果，68年末には，預金量は2兆円を突破した。この結果，預貸率は低下したものの，一時的な現象に過ぎなかった（前掲表3-4-7）。この結果，前述した限界預貸率，限界預貸証率の上昇に見られるように，三和銀行は資金供給余力を弱体化させていった。渡邊会長をして「不況に弱い」(206)という体質，あるいは「三和銀行は金融引締め時に弱い」(207)という評価を作り出したのである。

---

(203)『三和銀行の歴史』351頁。
(204)『三和銀行の歴史』356頁。
(205)『三和銀行の歴史』442-443頁。
(206)『三和銀行の歴史』438頁。
(207)『三和銀行の歴史』454頁。

(4) 1950年代から60年代までの三和銀行による企業統治

① 概況：融資系列の形成と大株主の構成　ここでは，1950～60年代にかけての主取引先の形成，大株主の構成を中心に，三和銀行の融資系列の形成状況を検討する。

まず，主取引先の形成状況を確認する（前掲表3-4-5）。三和銀行の主取引先には，戦時に軍需関係の重化学工業関連企業が主取引先に加わる（前述）。しかし，これらの多くは敗戦とともに，主取引先ではなくなる。戦後復興期に幾つかの企業が主取引先となるが，重化学工業関連はそれほど多くない。もっとも，丸善石油のように主要取引先となるものもあるが（後述），石油化学産業を基盤に融資系列を構築する動きは1950年代後半，特に60年前後以降である。以上，単なる戦時からの取引関係の継続性が，メインバンク関係の戦時から戦後への連続性を意味するとは単純には言えない。60年前後になると日本原子力発電，神戸製鋼所，日立電線といった重化学工業関連企業が主取引先に加わった。さらに，大日本紡績，日本レイヨンといった戦前来取引があった繊維関係企業が合繊に進出した（前述）。その関係で，繊維関係企業と見られた企業が，重化学工業関係の装置産業へと転換した。

次に大株主の構成を見る（次頁表3-4-8）。大株主の数は1950年代後半に集約化され，その後，1960年代は数の面では安定的に推移した。大株主全体の持株比率は，60年9月期に，一度，低下したが，以後，70年9月期の22.51％まで上昇した。さらに，注目すべきは，特に，60年9月期から70年9月期にかけて，大株主の殆どが主取引先になった。同時に，これら企業は，三和銀行が大株主になった企業で構成された三水会のメンバーであった。

最後に，橘川・加藤論文に依拠して[208]，三和銀行の社長会メンバー企業への系列融資額と構成比を示す。1953・58・63・68年の融資額・比率を示すと，それぞれ6,464百万円（20.9％），19,923百万円（27.4％），76,438百万円（23.0％），129,127百万円（18.8％）であった。次に，同様に，同行の融資額と比率は，6,464百万円（20.9％），19,923百万円（27.4％），55,237百万円（16.6％），79,181百万円（11.5％）であった。同行の融資比率の低下は東洋信託銀行の分

---

[208] 橘川（加藤「戦後日本の企業集団と系列融資」表13（122頁），115頁。

表 3-4-8

1950年9月期		1955年9月期		1960年9月期	
会社名	持株比率	会社名	持株比率	会社名	持株比率
大阪商事	1.3%	大日本紡績	2.00	明治生命保険	2.04
礎証券	1.1%	宇部興産	1.94	大日本紡績	2.00
山一證券	0.9%	帝人	1.80	宇部興産	2.00
東亜紡織	0.8%	三菱信託銀行	1.73	帝人	1.80
日本繊維	0.8%	東亜紡織	1.60	東亜紡織	1.60
日立造船	0.6%	日本レイヨン	1.50	日本レイヨン	1.50
大津ゴム	0.5%	日立製作所	1.40	日本生命	1.50
中央商事	0.5%	大和紡績	1.20	丸善石油	1.50
日本レイヨン	0.5%	富士製鉄	1.20	富士製鉄	1.50
宇部興産	0.5%	日亜製鋼	1.00	日立造船	1.50
福助足袋	0.5%	大阪ガス	1.00		
小運送協会	0.5%	丸善石油	1.00		
櫻島埠頭	0.4%	ダイハツ工業	1.00		
日亜製鋼	0.4%				
南海電鉄	0.4%				
合計	9.7%	合計	18.37	合計	16.94

離,日本生命と思われる系列生保の融資比率の上昇が原因である。系列融資比率の低下は,六大銀行の融資系列に共通するが,その要因は不明である。特に,同行の融資系列の比率は,旧財閥系に比べると,どの時期をとっても低い。これは,周知のように,同行の融資系列形成が後発であり,「結束力」が弱かったことに起因していた。

　以上のほか,前述した融資管理体制の整備状況を見た時,三和銀行をメインバンクとする融資系列が形成されるのは,通説同様,1960年前後以降ということになる。さらに,この時期の大企業・中堅企業向け融資における同行の地位を確認する。史料の制約上,東証Ⅰ部については1963年9月末時点の633社,東証Ⅱ部については66年3月末の590社の数値を用いる。まず,東

---

(209) 橘川・加藤「戦後日本の企業集団と系列融資」。
(210) 以下,『年報系列の研究——東証Ⅰ部上場編』1964年版;『年報系列の研究——東証Ⅱ部上場企業編』1967年版による。

大株主の推移

1965年9月期		1970年9月期	
会社名	持株比率	会社名	持株比率
帝人	2.27	日本生命	3.3
明治生命保険	2.27	明治生命保険	3.03
ニチボー	2.05	新日本製鉄	2.96
宇部興産	2.00	帝人	2.24
日本生命	1.82	大同生命	2.12
富士製鉄	1.73	ユニチカ	2.08
日立造船	1.59	宇部興産	1.95
日本レイヨン	1.50	日立造船	1.67
日本通運	1.5	日立製作所	1.58
大同生命	1.41	ダイハツ工業	1.58
合計	18.14	合計	22.51

注:斜字は(後の)三水会会員(三和銀行『サンワのあゆみ』同行,1983年,117頁;『三和銀行の歴史』472頁)。
出所:『有価証券報告書』各期。

証I部融資先企業数は312社であり,全633社の49.29％を取引先にしており,順位的には三菱(394社),富士(385社),東海(339社),協和(327社)の各行に次いで5位であった。その数は都市銀行平均270社を大きく上回る。都市銀行の中では,多数の大企業を融資先にしていた部類に入る。次に東証I部上場企業取引先1社当たりの平均借入比率(以下,単に平均借入比率とする)は8.09％と勧銀(9.77％),住友(9.92％),富士(9.06％),三菱(8.64％),三井(8.24％)の各行に次いで第6位であった。都市銀行平均は6.87％であったから,平均借入比率は都市銀行の中でも高い方であったことが分かる。逆に借入比率5％未満の取引先の総取引先数に占める割合は57.96％と,住友(50.78％),富士(52.98％),三菱(55.83％),三井(57.30％),第一(57.55％)に次いで低い。都市銀行平均は64.91％であったから,都市銀行の中では,大口の融資先を多数抱えていた方であった。次に東証II部上場企業を示す。融資先企業数は179社であり,全590社の30.34％を占めると共に,順位的に

は三菱（288社），富士（279社），三井（194社），第一（187社）に次いで5位であった。その数は都市銀行平均160社を上回る。借入比率5％未満取引先の比率は43.02％と，勧銀（38.69％），三井（41.24％），三菱（42.71％），富士（43.01％）の各行に次ぐ低さであった。

以上，三和銀行は，1960年前後に「重化学工業化路線」に基づく融資系列を形成すると同時に，東証Ⅰ部上場企業，東証Ⅱ部上場企業ともに，他の都市銀行と比べると，借り手企業（大企業，中堅企業）から見て存在感がある部類に入る存在となった。このような重化学工業向け融資を至上命題化して関連企業を中心に融資を急膨張させる中で（前掲表3-4-7），これらの融資先のモニタリング・経営規律付けの実態はどうだったのであろうか。次に，筆者がこれまで研究した，同行をメインバンクとする，幾つかの取引先企業の事例等を提示し，取引先側から同行の融資先管理の実態を示す。

② **大日本紡績の事例**　　まず，大日本紡績の事例を挙げる[211]。1960年上期末時点での同社の三和銀行からの借入額は44,350百万円，同行の総融資額523,097百万円の8.47％を占める大口貸出先であった[212]。50年代前半期の大日本紡績は，増資・社債による調達資金を用いて銀行借入金を返済することで，特に長期資金を中心とする銀行依存を，最大限，回避していた。このことは資金利用にも反映していた。短期資金については，特に日本銀行を中心とする当局やワシントン輸出入銀行への依存により調達の円滑化を図った。さらに，棚卸価格調整金，別段積立金，配当準備積立金を積み立てることで，財務的体力を強化したほか，15％という高率配当を支払っていた。この利益の一部には，政策金融や借款から生じたレントが含まれていた。この時期に確保されたレントは内部留保の強化と，個人を中心とする株主への利益還元の両立確保に少なからぬ貢献をした。なお，この時期，同社は，資本構成是正への努力は払ったが，費用面の効率性を考慮してもっぱら安い調達費用の借入金に依存する，レバレッジを効かせた拡大戦略を取っていた。本戦略による当期純利益の増大が最適資本金額を上昇させ，これとの対比で同社は慢性的な過小

---

(211) 以下，白鳥「大日本紡績」の結論部を加筆修正したものである。
(212) 以下，事例としてあげる三和銀行の取引先の同行からの融資額，同行の総融資額に占める比重は，『年報　系列の研究　1961年版』『三和銀行の歴史』資料編による。

資本状態に陥った。これに対してメインバンクである同行が介入した形跡は見られない。

　1950年代後半以降，天然繊維の斜陽化の見通しと，政府の産業育成政策もあり，重化学工業への産業構造転換を見越す形で，合繊であるビニロン生産を強化した関係で，長期資金も含めて，銀行借入金への依存が進展した。さらに，50年代末以降になると，起債市場のタイト化により所要資金の社債による調達が困難となった。このため銀行依存が一層促進された。この意味で，政府の産業政策が個別紡績企業に巨額の投資を促すことにより，銀行介入の前提となる長期・短期の資金調達の銀行依存度が上昇した。しかし，このことはメインバンクによる経営規律付けの進展を直ちには意味しない。つまり，この間の株価下落は，発行済株式の過半を占める個人株主層からの不満を惹起した。このため，同社は，複数回にわたる再評価積立金の資本金組入による無償増資を実施して，事実上の配当率維持・増配を図った。これは主力の綿紡績の不振とビニロンの想定外の低収益を背景に，資本金利益率の大幅な低下が生じる中で，100％を超える配当性向が間々見られたことに象徴されるように，無理な配当性向策を採用させて，50年代前半に蓄えた内部留保の取崩に繋がった。資金収支面でも，収入面での借入金依存が決定的になる中で，支出面での借入金返済額と支払利息額の増大など，資金利用の効率性は低下した。このことは原材料費・労務費が増大する1960年代前半期に入るとより一層深刻さを増した。それにもかかわらず，メインバンクである三和銀行は同社の経営に介入しなかった。同行の姿勢が，財務面，特に巨額の設備投資に伴う財務上の問題への対策を殆ど考慮しない，原社長主導の合繊進出を支えた。このため，同社は個人株主からの要求に応えて無理な配当政策を採り続け体力を消耗し，60年代前半には合理化運動も限界に直面した。その結果，67年に日本レイヨンとの合併という形で債権放棄も含む債務整理が行われ，同社の救済が図られた。

　本事例によれば，メインバンクの重要機能とされる救済機能の発動は，三和銀行による借手企業側に対する規律付けに乏しい融資行動の歴史的帰結であった。

　③日本レイヨンの事例　　次に，三和銀行から役員派遣を受けた事例として，

日本レイヨンについて紹介する。(213) 1960年上期末時点での同社の同行からの借入額は，1,780百万円，同行の総融資額の0.34％を占めていた。同社は，同行の大口貸出先のひとつであった。このほか，54年になると(214)，同社の合繊進出にあたり，同行は後に三水会会員となる宇部興産からの原料タクラム（化学原料）の購入を斡旋・実現した。この意味で同社の合繊進出は，グループ企業も含む三和銀行の「重化学工業化路線」を反映していた。50年代以降，日本レイヨンは金融機関への出資を通じて資金調達チャンネルの多様化を模索しながらも，特にナイロンの事業化にあたり，出資も含む資金面は言うまでも無く，上記の原材料調達先の選定や役員派遣も含めて，メインバンク＝同行に強く依存し，特に1950年代後半以降，その強い介入を受けていた。もっとも，50年代前半においては，同行からの役員派遣も受けておらず，なおかつ，少なくとも，50年代後半以降に比べれば，増資・社債発行を通じて，資本構成を改善する志向性を，相対的にではあれ，強く示していた。

しかしながら，1950年代後半になると，資本市場からの資金調達を通じて資本構成の改善を図る姿勢は後景に退き，低コストの銀行借入金に資金調達を依存する姿勢を明確化する。このことは調達コストの効率性確保という面では効果的ではあったが，最適資本金額を高めることで，資本構成をより過小資本状態にしていた。三和銀行も，この問題の改善を十分に考慮することなく多額の融資を行った。さらに，同行の役員派遣以後は，減配や株式による現物配当を通じて利益金の外部漏出阻止を図るなど，一見すると，通説が主張する健全経営への誘導措置が採られたかのようである。

もっとも，同時に，設備投資による要償却資産の急拡大にもかかわらず，定率法から定額法への減価償却方法の変更を図った。仮に定率法で償却を行った場合には，資本金利益率は大幅に低下し，かつ，配当金支払いが不能であると推計される。それにもかかわらず，帳簿上は高めの資本金利益率を示した

---

(213) 以下，白鳥「高度成長期における日本レイヨンの財務行動」の結論部に基づく。最適資本構成は，同社『有価証券報告書』からの算出値に基づく。なお，ここでの最適資本構成の概念にファイナンスのそれを用いている。
(214) ユニチカ編『ユニチカ百年史』上巻，同社，1991年，550頁；『三和銀行の歴史』407頁。

上で，減配したとは言え，同社は，全産業平均値並，ないしはそれを上回る配当金を支払っていた。この結果，利益金のリークが生じ，同社の財務内容の劣化が進んだ。しかも，このような償却方法の変更に基づく財務内容の劣化は，継起する設備更新に必要な新規積立額の減少をもたらし，ひいては設備資金面での銀行部門への依存を深化させた。このような同社の財務行動は，三和銀行による役員派遣以後に行われた。この事実から，同行も日本レイヨンの経営への介入を行っているにもかかわらず，財務規律の弛緩を容認したと言える。さらに，同行が日本レイヨンのメインバンクである以上，上記の償却方法変更に伴う設備更新資金の減少分は，資金量面で余裕がないにもかかわらず，同行が引き受けることになったことを意味する。

以上の諸事実からすれば，通説的な企業経営に対する規律付けを重視する，メインバンク―事業会社の関係性で三和銀行と日本レイヨンとの関係性を把握することは，極めて重大な事実誤認に繋がる。むしろ，同行は，短期的な企業評価を維持するために，長期的な事業継続の視点を欠落させ多額の利益金漏出を容認した。その挙げ句，同社の経営末期に外資系金融機関からの資金調達を仲介・保証した点に見られるように，自らの資金供給能力の超えるかのような膨大な資金供給を通じて，設備拡大を中心とする同社の経営拡大を促した。さらに，資金収支についても，専務取締役，監査役を派遣したにもかかわらず，収支面を中心に計画と実績の乖離は大きく，1950年代前半以来の同社の資金利用を巡る体質の変化も含めて，十分な管理はできておらず，この点でも経営規律付けは不十分に終わった。このような通説に反する同行の行動の背景には，「重化学工業化路線」に伴う融資系列の確保＝貸出シェアの拡大

---

(215) この意味で，日本レイヨンの事例は，日本銀行調査局『合成繊維について』（同調査局，1954年）が危惧した「償却制度の特典により，早期償却（耐用年数六－七年）が可能とせられ，陳腐化による危険の防止が図られたとしても，兼営部門の余程の好況が伴わない限り，合成繊維のみの採算を以て果して右の如き減価償却が可能であるかどうか疑問なしとしない」（62頁）という問題が現実化したといえよう。

(216) 一事例のみであるが，このような事実は，三和銀行が「デフォルトリスクの上昇をあえて甘受する形で進展したと見ることができる」という，合理的な計算の上で損失負担を増大したと主張するかのような，宮島「企業集団」法政大学産業情報センター・橋本・武田編『日本経済の発展と企業集団』317頁の見解では捉えきれない。むしろ，審査・管理も含む銀行の融資行動の規律性の弱さこそを重視すべきである。

戦略があったと考えられる。

他方で,「競争的寡占」という市場状況を背景に生じた合繊産業における過当競争に加えて, 急速かつ継起的な技術革新が生じるという状況の中で, 三和銀行が競争に打ち勝つことで経営の継続性を維持するための投資原資を継続的に供給したことには留意すべきである。もっとも, 特に財務面を通じた借り手企業の経営規律付けに関しては, 同行が融資系列の確保を重視したあまり殆ど機能を発揮することは無かった。つまり, 同行は, 市場競争での勝ち残りという意味と, 財務面での規律性維持という意味での「ゴーイング・コンサーン」を両立させることはできなかった。

日本レイヨンの経営不振, 過剰債務問題は, 前述のように三和銀行の斡旋による 1969 年のニチボーとの合併に解決策を見出すことになる。通説が論じるメインバンクの諸機能のうち, 同行が果たしたのは, 大口貸出先企業の破綻回避という, 事実上の貸出金回収確保を目的とする救済支援のみに止まった。つまり, 本事例は規律性に乏しい与信活動の歴史的帰結だった。

④ **高島屋の事例**　次に, 史料の制約上, 1950 年代に限定されるが, 重化学工業系企業ではないものの, 経営に健全性が見られた事例として高島屋の事例を示す。1960 年上期末時点で, 同社の三和銀行からの借入金額は 875 百万円, 同行の総融資額の 0.16％を占めていた。総融資額に占める比率は他の事例よりも低いものの, 大口貸出先の一つであった。融資準則上, 不利な立場にある高島屋は, 業界内では大手企業であったにもかかわらず, 銀行借入の比重も高いものの, これだけでは充分な資金調達はできなかった。その歴史的位相は異なるが, 50 年代前半・後半ともに, 相対的に株式・社債による調達を重視せざるを得なかった。その内, 社債は「不適格債」扱いを受けた上, 調達条件の交渉も難航し, 発行見送りを決断せざるを得ない時も

---

(217) 資金供給を通じて, 銀行がイノベーションに基づく経済発展を引き起こす重要な主体となることは, シュンペータが指摘していることである (Schumpeter, *Entwicklung*, s.147-158. 塩野谷ほか訳『経済発展の理論』上巻, 264-280 頁)

(218) 白鳥「1950 年代高島屋の財務行動」一橋大学日本企業研究センター編『日本企業研究のフロンティア②』有斐閣, 2007 年の結論部を加除訂正したものである。ただし, 最適資本構成に関する議論は, 同社『有価証券報告書』からの算出値に基づく。

あり，不利な条件下にあった。

　それゆえ，周知の調達コストの高い増資——特に第三者割当増資に相対的に強く依存した。その際，特に配当確保志向の強い個人株主が過半を占める所有構成であり，しかも，その影響力遮断を目的に安定株主化を進めていたが故に，生保等の機関投資家の利回り確保要求も無視できなかった。こうした意味で個人株主の影響力は重大であった。そのため，特に1950年代前半の再評価積立金引当増資による実質的増配と配当率維持，後半の純益金＝配当原資確保目的の厳格な資金収支の確保や内部留保政策を中心とする，株主重視の利益金処分・配当政策を採らざる得なった。この結果，利益金リークのほか，積立金取崩に見られる財務内容の劣化が進んだ。さらに，このような増資策も最適資本金額の実現からは程遠かった。その結果，借入金圧縮行動にもかかわらず，コスト面で効率的ではある銀行借入金への依存度が高い状況が継続した。それ故に，特に50年代前半・中葉や不況時に特に顕著であるが，融資準則の影響を受けて，日本銀行の公定歩合操作や手形割引を巡る金融市場の動向に敏感に反応せざるを得なかった。さらに，この状況を受けて，57年4月26日の第8回本社会議以降，財務面を含む長期経営計画の立案・実行にも着手した。

　このように，元三和銀行頭取に財務顧問を委嘱してはいるが，同社の財務行動を規律付けたのは，メインバンク（同行）ではない。重化学工業を中心とする重点産業主導の発展を促進する融資準則による制約が，中央銀行である日本銀行の公定歩合操作も含む金融市場の動向とともに，分厚い個人株主層とも相俟って，株式市場を中心とする資本市場からの規律付けを強めていたと言うべきである。これに加えて，特に1950年代後半以降，百貨店法の影響もあり設備投資は抑制され，借入金を含む外部負債依存→資本構成の悪化に歯止めがかかった。その結果，50年代半ば以降，60年頃までは，資本金額が最適資本金額を超過する状況が続いた。[219]この意味で，過剰資本を抱えてはい

---

[219] この意味でファイナンス的には過剰資本の発生を意味しているが，ここでは過剰投資，過剰負債，過剰設備が未発生であり，経営の健全性が維持されているという意味で，規律付けが効いていることを主張している。必ずしも経営の効率性の観点からの議論をしている訳ではないことに留意されたい。

たが，経営内容は健全であった。以上の諸特徴は，先行研究の指摘とは異なり，メインバンクによる経営規律付けに基づくものではない。したがって，メインバンクの規律付けによる長期志向経営の獲得は未達成であったことを示唆する。

以上の状況は，同社の財務行動や設備投資を強く制約した融資準則に基づく資金制約から解放され，1950年代後半に未実現であった多角化と広域性とを伴う多店舗化が進展し，かつ，個人株主の比重が低下に向かう60年代[220]，特に後半以降に変化する。残念ながら，史料の制約上，その具体的な検討は断念せざるを得ない。

⑤ **丸善石油の事例**　丸善石油の事例については，岡崎哲二氏やHoshi and Kashyapが既に詳細な検討をしている[221]。それゆえ，ここでは彼らの研究に依拠しつつも，彼らの研究では手薄であった三和銀行の経営戦略という観点から，別な史料も加味して事例内容を提示したい[222]。1960年上期末における丸善石油の同行からの借入金額は4,442百万円，同行の総融資額の0.84％を占める大口貸出先の一つであった。

三和銀行が「重化学工業化路線」の一環として，丸善石油を中心に石油化学産業を育成する構想の形成に着手したのは1940年代の後半であったという[223]。本構想推進のため，丸善石油社員と同行行員の共同研究会を実施し，前述のように51年6～8月にアメリカを視察した渡邊頭取も「プラスティックの将来性も薄々と感じ」(中略)「その応用利用度の広がり」に驚いていた[224]。このよ

---

(220) 高島屋『高島屋150年史』同社，1982年，152-153, 158頁以下。個人株主の比重は1966年2月決算時で53.36％にまで低下し，法人株主の比重は46.37％にまで上昇する。同じく資金収支中の借入金収支は大きく乖離し，長期借入金／(社債＋資本金)も60％に，総資産＝総負債・総資本に占める借入金比率も49.0％に達し，60年代半ばには，財務体質が変化した。
(221) Hoshi and Kashyap *Corporate Financing*, pp.146-158（邦訳200-210頁）。宮島英昭氏も，若干の言及をしている（「財界追放と経営者の選抜」91頁）が，本書の観点からの検討は無い。岡崎「資本自由化以後の企業集団」317-319頁。
(222) 岡崎上掲論文では，融資系列形成・拡大にあったことを論じている。しかし，本書では岡崎氏のような視点に加えて，三和銀行の企業統治能力を問題にしている。この点で岡崎論文とは内容が異なる。
(223) 以下，『三和銀行の歴史』416頁以下。
(224) 『三和銀行の歴史』243頁。

うなこともあってか，55年頃には「行内首脳の間にも，丸善石油を軸とする石油化学グループに協力するという考えが定着しはじめた」。これを受けて，前述の共同研究会に加えて，調査部員1名の大阪大学工学部への派遣（56～57年）を通じて，融資に必要とされる石油化学産業の特質の組織内部での蓄積を図った。このような積極的な同産業への着目の理由は，この時期，合成繊維工業，合成樹脂工業が急速な発展を開始しはじめており，なおかつ，通産省を中心にその国産化が推進されていた。

さらに，この点が重要であるが，前述のとおり，三和銀行も，1950年代半ば以降，合繊進出を本格化した大日本紡績や日本レイヨンといった企業を抱えていた。丸善石油の育成は，同行の主要取引先である繊維企業の合繊進出問題，つまり繊維産業の「重化学工業化」とも密接な関係を持っていた。それゆえ，58年12月の渡邊頭取の訓示にみられるように，丸善石油を中核とする石油産業は，同行の取引先の結合のいわば基盤となっており，当該産業の育成は関連する他産業の発展にとって死活的重要性を持っていた。原本店営業部長も同社への支援は，同行の取引構成の弱体な部分を改善し，都市銀行他行との競争に打ち勝つ目的があるとした。さらに，ここが根本的に重要であるが，三和グループ企業の「分散，弱体化」と原料面からの他グループからの支配が発生することで，三和グループ自体の自律性が脅かされる危険も論じられていた。

以後，三和銀行は，丸善石油を強力に支援する体制をとった。史料の制約上，1959年上期末，63年上期末，69年上期末における同社の借入金額を示すと，それぞれ25,427百万円，59,747百万円，88,300百万円と60年代に入ると急激に膨張した。次に，同時期における同社に対する同行の融資額は，それぞれ4,025百万円，12,079百万円，9,843百万円であった。同社の

---

(225) 宮島「財界追放」91頁は，三和銀行が丸善石油「を中心とした石油化学グループの形成方針をとった」としている。しかし，三和銀行が石油化学産業基盤に，自らの融資系列企業相互の取引関係を構築し，合繊進出に見られる取引先繊維産業企業も含めた「重化学工業化路線」の達成と他行に対する競争優位性の確保を試みたのが現実であった。岡崎「資本自由化以後の企業集団」317-318頁も，冒頭で指摘した諸論点について検討していない。これらの諸点で本書の理解は先行研究とは異なる。
(226) 以下に示す数値は，『年報　系列の研究』各年，『三和銀行の歴史』資料編による。

総借入額に占める同行からの調達額の比重は，それぞれ15.8％（同行の融資総額に占める比重は0.89％），20.2％（同2.6％），11.1％（同0.5％）を占めた。さらに，同時期における同行の同社株の持株比率は，3.60％，5.40％，7.48％であった。この間，同社は，58年1月の5,250百万円から，58年11月の5,512百万円，60年2月の11,025百万円，63年5月の16,425百万円へと増資を重ねた。そのような中での持株比率の上昇であるから，同行は増資株を引受けることで同社の経営再建を支援したと考えられる。63年12月に同行は丸善石油救済への協力を興銀大阪支店に申し入れした。その際，興銀側から協力への条件として同社の大幅減資と，協調融資参加各行の同意を得るために，三和銀行が「表面に出て責任を取る」ことが求められた。興銀からの圧力も三和銀行が丸善石油の救済に積極的に取り組んだ理由であろう。以上，同行による経営介入の効果が現われ始めた60年代末（後述）に借入金額・比率が低下したものの，丸善石油が多角化・分社化を進め（後述），なおかつその経営が危機的局面に入る時期に，同行は同社再建を目標に融資比率，持株比率を急上昇させた。

　丸善石油も丸善土地（1957年8月設立，資本金2億円），丸善海運（59年6月設立，資本金25億円），丸善石油化学（59年10月，資本金25億円）など，7社もの関連会社を持つに至った。しかし，このような多角化・分社化の推進に着手した58年3月時点で5,223百万円もの赤字を計上した。58年3月末資本金額が5,250百万円であったから，ほぼ資本金を食い潰した計算になる。60年になると揮発油卸売価格の1.4万円／キロリッターから1万円を割り，C重油も60年に8,700円だったものが，62年8〜9月には6,000円を割るなど，価格下落の顕在化に伴い経営内容が急速に悪化した。同社の再建のために，62年10月になると小林中前日本開発銀行総裁ら有力財界人からなる再建顧問団が結成された。同社の和田社長の「政界有力者」との関係を通じた妨害

---

(227) 丸善石油『35年のあゆみ』62頁および資料編。
(228) 以下，興銀との関係は，高杉良『小説　日本興業銀行』後編，294-297頁。
(229) 丸善石油『35年のあゆみ』1969年，50-52頁。
(230) 以上，丸善石油『35年のあゆみ』56頁。
(231) 『三和銀行の歴史』425-426頁。

もあり遅延したものの⁽²³²⁾，三和銀行も松原與三日立造船社長からの人材派遣要請を受けて，64年11月に宮森和夫副頭取を同社に社長として送り込んだ⁽²³³⁾。宮森の社長就任後，同社は堺へのコンビナート建設計画を断念し，千葉県の五井への集約化が図られるなど，設備拡張戦略の修正が行われた。さらに，融資面と株式所有面で，同行は同社の再建を支援した（前述）。このような同行の介入によって合理化を進めたことにより，63年下期末に1,338百万円の当期純損失，5,013百万円の累積損失を抱えていた同社は⁽²³⁴⁾，負債総額が63年上期の93,501百万円から69年上期の152,968百万円まで1.6倍増加したものの，69年上期には1,414百万円の当期純利益を出すところまで業績が回復した。もっとも，70年代以降，「丸善石油は収益性を回復したが，その好調は長続きしなかった」⁽²³⁵⁾という。

以上，三和銀行は，丸善石油を中心とするグループ企業のさらなる拡大と結束，そして自律性確保を重視して，巨額の融資を実行した。その戦略には，グループの維持・拡大という目的はあっても，借り手企業経営の健全性確保という目的は希薄であった。短期間での管理不能なまでの巨額融資に繋がった。⁽²³⁶⁾この事実は，結果論かも知れないが，石油化学産業に通暁した人材の育成を試みたにもかかわらず，同産業への融資に関する審査・管理能力を発揮できなかったことを意味する。さらに，ここでも，通説上，メインバンクの諸機能とされるもののうち，発揮されたのは前述の株式持合い機能と救済機能であった。

---

(232) 『年報，系列の研究』1963年版，10頁。なお，Hoshi and Kashyap, *Corporate Financing*, p.149, 152（邦訳205, 209頁）でも，和田社長が政治家を用いて通産省に圧力をかけたことが指摘されている。この事実は，高度成長期に激しい市場競争故にレント・シーキングが見られなかったとする，宮島英昭氏の見解（『産業政策と企業統治の経済史』有斐閣，2004年，470頁）に疑問を投げかける。

(233) 以下，『三和銀行の歴史』428-429頁。なお，Hoshi and Kashyap, *Corporate Financing*, pp.151-152（邦訳209頁）によれば，問題発生当初から渡邊会長自らが乗り出し，なおかつ役員派遣による介入を考えていたにも関わらず，三和銀行による役員派遣が遅れたのは，丸善石油側の抵抗が原因であったという。

(234) 以下の数値等は，丸善石油『有価証券報告書』各期による。

(235) Hoshi and Kashyap, *Corporate Financing*, pp.152. なお，邦文引用は，原文と照合の上で，邦訳200-210頁のものを用いた。

(236) 以上の諸点は，Hoshi and Kashyap, *Corporate Financing*, pp.146-152（邦訳200-210頁）では明確化されていない。

(5) 結論と展望

　三和銀行を事例とする融資系列の形成を見ると，戦時経済の進展とともに，融資基盤が縮小する事態に陥っていた。しかし，比較的短期間ではあるが，戦後は繊維産業を中心とする民需産業の発展により取引先等が拡大した。しかし，戦時来の繊維産業の衰退という動向を踏まえて，比較的早い時期から「重化学工業化路線」を追及し，これに対応する形で積極的に東京周辺の店舗網を拡充した。(237) それが結実するのは戦時から直接連続する時期ではなく，1950年代後半であった。さらに，戦時において審査・監督機能が完全に麻痺しており，戦後になって借り手を十分に規律付けする機能はなかったにせよ，繊維関係向けを中心に組織的な審査・管理体制が整備された。これらを踏まえた時，同行の融資系列や規律付け機能は，戦前来の基盤である繊維産業衰退という点では連続性がある。この動向の延長線上で，蓄積基盤確保のために戦後の「重化学工業化路線」が推進された。特に，同路線に対応した審査・管理に関わる組織体制の整備を行ったものの，重化学工業系企業への設備投資を中心とする資金供給を至上命題化し，関連企業を中心に融資を急膨張させる中で，取引先に対する審査・管理機能はかなり不十分となり，自己の資金量では賄い切れない巨額の過剰融資を抱え込むことになった。その結果，青木氏ら通説の言うメインバンクの諸機能（貸出審査・管理＝借手規律付け機能，救済機能，株式持合機能）のうち，実際に機能を発揮したのは救済機能，株式持合機能のみとなった。もちろん，本書が提示した事例の中にも，50年代後半に最適資本構成を上回る資本金額を示した高島屋のように，一見，規律付けが奏効し経営の健全性を確保したかのような企業もある。しかしながら，それは前述のようにメインバンクによる規律付けがもたらしたものではない。このほか，救済機能を発揮せざるを得なかった点にも，戦時との断絶が見られる。

　さらに，渡邊・二枝両頭取の銀行経営者としての評価である。この二人が

---

(237) この時期，在京都市銀行のほか，ここで示した三和銀行，住友銀行（石井「高度成長と銀行経営」144頁）といった在阪都市銀行，やや遅れて北海道拓殖銀行（第3章第5節）が，一斉に東京を中心とする首都圏での支店網拡充に走る。この事実は，少なくとも都市銀行について言えば，空間面での銀行間競争の焦点が，東京を中心とする首都圏になったことを意味する。この点は冒頭で示した研究史では言及されていない。

頭取であった時期は,「重化学工業化路線」や「ピープルズ・バンク」化の促進という戦略が継続的にとられた。特に,渡邊頭取について言えることであるが,戦時中の経験も踏まえて繊維産業中心から「重化学工業」への融資基盤の転換の必要性に早期から取り組んだことの卓見性とともに,融資基盤の「重化学工業化」のための拡大志向の強さを指摘できよう。また,一定の留保は必要かも知れないが,イノベーション資金を供給したことの意義も認めなければならない。[238]しかしながら,渡邊・上枝両頭取の時期においては,丸善石油を中心とするグループ企業の深刻な経営不振を踏まえた時,借り手企業の経営健全性を織り込んだ上で,安定的な融資基盤確保ができなかった。このほか,「ピープルズ・バンク」戦略により大衆預金者に着目して資金量増大を確保する戦略をとったのも先駆的ではあった。しかし,自らの資金量や特に重化学工業向け貸出を巡る組織的な審査・管理能力を十分に省みないままに,ナイロンやプラ製品の大衆規模での「応用利用」という将来性を見込んで,丸善石油を中核として,周知のように政府の産業政策の重要な対象となった石油化学産業中心の企業グループの形成を考えて無理な経営を行った。このようにして丸善石油等に大規模融資を行った結果,過剰融資,過剰債務,過剰設備を発生させたのもまた事実である。これらの諸点で,経営者としての渡邊,上枝両頭取において「重化学工業化路線」が上手く進展しなかったことは,石油関連財の普及という意味での大衆化の進展に伴う市場拡大に幻惑された経営戦略の歴史的帰結と評価できよう。この点に重大な限界があった。[239]それにも関わらず,破綻を免れたのは,高度成長期という経営環境の産物だったと思われる(終章)。このほか,本事例は,政府の産業政策の重要な対象を貸付基盤として取り込もうとしたことが,必ず銀行経営の安定性に繋がるとは言い難いことを示している。[240]

---

(238) Schumpeter, *Entwicklung*, s.147-158(塩野谷ほか訳『経済発展の理論』上巻,264-280頁).
(239) 以上の歴史的評価は,荒川・野口・山本「三和銀行」や,A.B.C.「問題の企業を探る⑥三和銀行」の評価とは大きく異なる。
(240) この点は,Hoshi and Kashyap の議論に対する批判である。

第5節　六大銀行以外の都市銀行
――融資系列形成と結合度を中心に――

はじめに

　ここでは，六大銀行や若干の都市銀行下位行との比較を念頭に置きながら，その他の都市銀行の融資系列形成について概観する[241]。

　前掲表3-4-2には，融資比率，持株比率を指標とする融資系列の結合関係を示した。史料の都合上，1963年上期と70年上期のみだが，それぞれの時期について検討する。まず，63年上期である。サンプル数は提示しないが，新興系とその他都市銀行では融資系列先企業数に格段の差がある。次に融資比率の平均値は，その他都市銀行の方が新興系よりも，1％水準で統計的に有意に高い。平均的に見れば，融資系列先企業数が少ない分，より多額の資金を供給した結果，融資比率が高くなったと推定される。もっとも，分散の差を見ると，統計的に有意な差は生じていない。変動係数も同様である。融資系列形成の際のリスク分散という点では，新興系とその他では大きな差はなかった。

　次に持株比率の平均値を見る。新興系の方がその他都市銀行よりも1％水準で統計的に有意に高い。その他の都市銀行は，東海銀行の事例のように[242]，東海地区の重化学工業系企業の融資系列化という戦略目標を設定した上で，重化学工業の融資基盤化に取組んだ。その結果，機械産業中心だが一定程度の融資基盤を築き，重化学工業向け貸出／総貸出は1965年9月末で25.2

---

(241) 粕谷誠「日本における金融ビジネスモデルの変遷」同ほか編『金融ビジネスモデルの変遷』日本経済評論社，2010年，21-22頁で，都市銀行，上位地方銀行との比較を行っているが，そこでは表面上の計数のみを比較した浅薄皮相な検討に堕している。なお，同論文では，次節で取り上げる拓銀の経営の特徴として，外為利益のネグリジブルさ，都市銀行他行に比較した預金量の劣位を指摘している。しかし，粕谷論文には全く言及はないが，これらのことは筆者の議論の盗用である（白鳥圭志「高度成長期における北海道拓殖銀行の都市銀行化過程」『社会経済史学』第81巻1号，2015年4月，注6を参照されたい）。

(242) 以下，東海銀行『東海銀行史』同行，1961年，584-586頁；同『続東海銀行史』同行，1982年，82-84, 185-189, 214-215頁。

％（都市銀行全体は30.9％），71年3月末には28.1％（同31.3％）であった。当該期における東海地区での自動車関連産業の発展もあり，71年3月末には都市銀行全体より若干低い程度にまで比重を延ばした。以上，機械工業を中心にそれなりに当目標を達成した。66～71年3月末の平均預証率は17.7％と後述する（以下，省略）拓銀（18.1％）を若干下回る。貸出拡張の結果，60年以降，慢性的資金不足状態に陥り，外部負債を調達した。実際，66～71年までの3月末預貸率の平均値は88.3％と高い数値を示した。なお，同時期の中小企業貸出／総貸出も平均25.7％程度であり，拓銀と比べるとかなり低い。

このほか，拓銀のように融資系列形成に出遅れるか，協和銀行のように融資系列形成に消極的なものがある[243]。さらに，後者は63年以降，中堅・中小企業向け融資を積極化し，73年3月期末の中小企業向け融資比率は約34％に達した（中堅企業を含むと74年3月期末で65％）。69～74年の各3月期末預貸率はそれぞれ，78.6％，79.1％，81.2％，82.5％，82.7％，87.5％，平均81.9％であり，拓銀平均82.7％よりも若干低めに推移した。ただし，66～71年3月末の平均預証率は17.7％と拓銀を若干下回る。中小企業向け融資比率が比較的高いことや預貸率の推移では拓銀に類似している。もっとも，積極的な中堅・中小企業融資拡大政策の効果もあり借入金を拡大しており，少なくとも年史を見る限りでは遊資に苦しんだ形跡もない。このほか，都市銀行中上位行を目標とする上昇志向も見られない。

1969年4月に地方銀行上位行から都市銀行に転換した埼玉銀行は同県を中心とする首都圏を地盤としていた[244]。判明する69年3月から73年3月まで間の数値を見ると，貸出の6割を大企業が，25％ほどを中小企業が占めた。同時期の拓銀は，反対に中小企業の比率が4割を超えていた（次項で後述）。69年から74年までの各3月期の預貸率も79.3％，82.0％，84.2％，84.2％，83.9％，85.2％，87.2％（平均は83.6％）と拓銀平均よりも1％ほど高めに推移した。66～71年3月末の平均預証率も19.6％と拓銀を上回る。このほか，地

---

(243) 協和銀行『協和銀行史』同行，1969年，364-369頁；あさひ銀行『協和銀行通史』同行，1996年，190-193，195-196頁。
(244) あさひ銀行『埼玉銀行通史』同行，同行，1993年，221-222，237-338頁。拓銀の平均預貸率は『有価証券報告書』より算出。

方銀行から都市銀行化した点では，同行もまた一定の上昇志向をもっていた。しかし，それは拓銀とは異なり，都市銀行平均又はそれ以上を目標とする強度なものではない。むしろ，同行は地盤である埼玉県を都市銀行他行から守ることを重視した。

地方銀行最上位行である横浜銀行の65年下期末，70年下期末の重化学工業向け貸出／総貸出を示すと，それぞれ34.6％（都市銀行全体は22.4％），28.4％（同23.1％）であった[245]。66～70年の下期末預貸率の平均値が74.7％と比較的低い点には注意が必要なものの，当該期の重化学工業向け資金需要の落込みを反映しているが，同行の融資基盤は都市銀行全体よりも安定的であった。このほか，67年3月期末の中小企業向け融資額／総融資額は26.1％と[246]，都市銀行下位行でも低比率の東海・勧銀両行並みの水準であった。これは55年以降の工業を中心とする神奈川県経済の発展が背景であったとされる。ただし，預証率も16.2％と都市銀行に比べて低位であった。この点は地方銀行としての性格であろう。

以上の諸事例を拓銀と比較する。拓銀の場合，首都圏や東海地方等とは異なり本拠地北海道に重化学工業が立地せず，エネルギー革命に強い影響を受けて本店所在地域に安定的な営業基盤を確保できなかった。その結果，貸出基盤という点では，70年前後以降，拓銀は首都圏の中小企業金融機関化という性格を強めていた（次項）。この点では，北海道に本拠があり経営戦略や資金繰り事情も異なるが，都市銀行下位行の中では結果的に融資系列を持たず中小・中堅企業融資比率が高い協和銀行に類似しており，旧地方銀行上位行の埼玉銀行や地方銀行上位行の横浜銀行よりも不利な状況でもあった。このように各行毎に異なるが，一定の系列形成が可能であった東海銀行や（前述），融資系列形成に消極的であった協和銀行を除き，融資系列形成の積極的推進にもかかわらず，十分な融資系列企業を確保不能だったという事情が，このような結果になった要因であると推測される。なお，分散は統計的に有意な差は確認できない。ただし，変動係数を見ると，僅かながら新興系の方が高い。

---

(245) 横浜銀行『横浜銀行六十年史』同行，1980年，268-272頁。
(246) 『有価証券報告書』による。

63年上期の時点では，平均的に見ると持株比率は，新興系の方が高い。企業別の所有比率の選別姿勢は新興系の方が，若干，高かったと推定される。

次に，1970年上期を見る。サンプル数に見られるように，相変わらず，系列企業数は，その他の都市銀行のほうが圧倒的に少ない。次に，注目されるのは，融資比率の平均値には統計的に有意な差はないが，分散に統計的に有意な差が生じたことである。ただし，変動係数でも，新興系はその他の3倍弱であった。つまり，融資比率の設定にあたり，新興系は選別姿勢を強めたのに対して，その他の都市銀行は，新興系ほど選別姿勢を強めることができなかった。拓銀の事例から，融資系列形成に出遅れた分，融資基盤確保を最優先にした戦略を採ったことが，その要因と推定される。次に，持株比率では平均，分散ともに両者の間には統計的に有意な差が生じた。ただし，変動係数では，僅かに新興系がその他を上回っているに過ぎない。持株比率面から見た取引先との結合度の両面から見ると，新興系による融資系列固めとその他の都市銀行のそれとの差は決定的になった。もっとも，選別姿勢については，63年上期同様，新興系の方が僅かに強かった。

以上，取引先数や平均的融資比率の面はともかく，1963年には融資系列先の選別面では，新興系とその他都市銀行との間に，統計的に有意な差は見られなかった。しかし，融資系列形成が，一応の終了を見た直後の時期にあたる70年上期になると，新興系とその他の都市銀行の間には，融資比率，所有比率で見た取引先の選別姿勢や結合関係に，特に前者では決定的な差が生じた。このことは「その他」のスクリーニング能力に現れる借手規律付け機能の低さを窺わせる。これに加えて，首都圏や東海圏など重化学工業系産業の立地により発展した地域の銀行はともかく，拓銀のように重化学工業の立地による発展が極めて弱い地域に本拠を持つ銀行は資金運用基盤の確保という課題に悩まされた。

なお，大企業取引比率の低さから，拓銀や協和銀行を都市銀行として見做すべきではないという議論がありうる。しかし，都市銀行の標準的な定義は本章注(89)に示したとおりである。まず，経営規模であるが，68年3月期末の地方銀行最上位行の横浜銀行と最下位の拓銀を比較する。前者の総資産，預金はそれぞれ5,216億円，4,526億円であった。後者はそれぞれ7,015億

円, 5,139億円であった。いずれも, 拓銀は浜銀を大きく超えている。ここから経営規模面で拓銀を都市銀行として位置づけることには問題はない。ただし, 拓銀と協和銀行は, 大企業向け取引が弱い点で定義とは合致しないかもしれない。しかし, 融資系列形成が一段落した67年3月期の中小企業融資額／総融資額は[247], 拓銀39.1%, 神戸銀行30.1%, 埼玉銀行31.7%[248], 協和銀行52%(同行のみ69年3月期の数値), 大和銀行29.1%, 東海銀行26.5%, 日本勧業銀行25.1%であった。中小企業融資比率が3割を超える銀行が3行も存在する。以上, 都市銀行下位6行は, 三類型化できる。①中小企業向け融資比率が約4割超で, 大企業向け取引と並び重要業務になっている拓銀, 協和両行。東証Ⅰ部上場の融資系列企業数は少ない(それぞれ, 2社, 5社。1968年9月末時点)[249]。②中小企業向け融資比率が約3割と, 大企業向け取引が中心だが, 中小企業向け融資もそれなりに高い神戸, 埼玉, 大和の各行。下位行の中ではそれなりに融資系列企業を持つ(それぞれ, 6社, 7社, 8社)。③大企業向け取引に重心がある東海, 勧銀の両行。下位行では突出した融資系列企業数を持つ(それぞれ17社, 23社)。ところで, 先に預金量, 貸出量, 有価証券投資量を基準に都市銀行下位行を類型化した。取引内容を基準にした類型と一部に違いがある。しかし, 概ね似ている。

なお, 特に拓銀は本拠地ではない首都圏を主たる基盤としている点でも, このことは営業範囲の広域性という点では都市銀行の特徴の産物といえる。中小企業融資／総貸出額が都市銀行他行の中で高めだが, それ以外の点では上記の定義と概ね合致する。それゆえ, 本書では, 拓銀など①に属する諸行は, 都市銀行下位行の特殊な類型として把握可能と考える。このほか, ①②類型を中心に, バブル崩壊以後,(実質)破綻した銀行が少なからずあることを想起した時[250], 拓銀の事例研究は, バブル期以降の下位行の破綻の歴史的前提条

---

(247) 野口祐編『続日本の都市銀行』青木書店, 1968年の各行についての章による。ただし, 協和銀行は『協和銀行史』193頁による。
(248) 前述のとおり, 埼玉銀行の都市銀行化は69年4月である。それ故, ここでは参考までに記したまでである。
(249) 以下, 『年報系列の研究──東証一部上場企業編』1969年版による。
(250) この点は, 白鳥「高度成長期における北海道拓殖銀行の都市銀行化過程」を参照。

件を明らかにする上で，重要なきっかけを与えてくれる可能性がある。

1　北海道拓殖銀行の都市銀行化過程
――北海道開発・本州進出と銀行経営の変容

（1）課題と視角

　ここでは，都市銀行下位行の三類型化を踏まえて，中小企業融資比率が高く，融資系列企業数の少ない類型の代表として，北海道拓殖銀行（以下，拓銀と略記）を取り上げて，時期的には1950年4月の普通銀行転換以降，70年代半ばに至る都市銀行化過程での経営行動・戦略の変化を考察する。これにより拓銀の都市銀行過程の特徴を明確化する。(251)

　戦後の拓銀についての研究には，同行が刊行した年史が存在する。(252)しかし，その記述は事実網羅的なものに過ぎず，同行の経営体制の構築とその変化は，自覚的に検討されていない。このほか，1997年の拓銀破綻の背景を検討した研究もある。そこでは本州進出戦略について若干の言及があるが，基本的にバブル期以降の経営戦略についての検討が中心である。(253)経営史的観点に立つのならば，拓銀がバブル期にその後の破綻に繋がる過剰融資に走らざるを得なかった，その歴史的前提の形成過程が問われなければならない。このほか拓銀も含む戦後北海道開発金融についての検討もある。(254)しかし，主要検討

---

(251) 当時の現状分析として山本繁「北海道拓殖銀行」野口祐編『続日本の都市銀行』がある。東京での貸出比重の高さ，融資系列の弱さ，中小企業貸出比重の高さなど本書の指摘と一部重なる。しかし，50年代から60年代初頭までの経営が殆ど分析されず，本州進出志向も含めて，上記の諸特徴が形成された歴史的背景や変化は殆ど未検討である。このほか，拓銀の主要競争相手（249頁），預金増強姿勢の指摘（246頁）や評価は本書とは異なる。また，東京への重点移動の指摘もあるが，貸出増加の内実は不明である（256-258頁）。
(252) 北海道拓殖銀行『北海道拓殖銀行史』同行，1971年。
(253) 北海道新聞社編『拓銀はなぜ消滅したか』同社，1999年。なお，服部泰彦「拓銀の経営破綻とコーポレート・ガヴァナンス」『立命館経営学』第41巻5号，2003年1月や札幌学院大学金融問題研究会「北海道拓殖銀行破綻の分析」『札幌学院大学商経論集』第17巻3号，2001年3月，87-171頁も高度経済成長期の動向も含めて，拓銀の経営破綻について検討している。しかし，主な検討対象はバブル期以降である。高度成長期についての記述も注（252）にほぼ全面的に依拠しており，史料を踏まえた経営史的考察はされていない。
(254) 注（251）のほか，小磯修二『戦後北海道開発金融システムの形成過程』財団法人

対象は政策金融であり，拓銀関連は50年4月の普通銀行転換問題の概観に止まる。

なお，高度成長期における産業政策と銀行経営の動向との関連であるが[255]，本項もこの視点を重視する。しかしながら，その議論は未だ仮説的域を出ていない。本問題の厳密な判定には，各個別経営のおかれた条件（産業政策開始以前の初期条件にあたるもの）や固有な行動様式にどの程度の影響力を持ったのか，といった諸点も含めて検討する必要性がある。それゆえ，ここでは，拓銀側からこの問題に接近する。

(2) 1950年代前半における北海道の資源供給地化と拓銀の経営

① 資源供給地としての北海道の重要性　　ここでは既存研究に依拠して[256]，1950年代前半の拓銀の経営についての分析の前提となる，当該期における北海道の資源供給地化を概観する。

敗戦に伴い多くの植民地などを喪失した日本が，生産増大による経済の安定，ひいては国民生活の安定に寄与するための資源供給地，特に「わが国唯一の未開発資源地」として北海道に寄せる期待は大きかった。このことが北海道や関連各省庁を中心に資源開発計画が立案された背景であった。その結果，1951年10月に「北海道総合開発計画及び第一次五カ年計画」が決定された。そこでは，52年から56年の5カ年間に1,300億円を投じて，農業，林業，石炭，電力などの主要産業の生産拡大のほか，道路，住宅，都市計画，港湾，河川，砂防，水産，水道などのインフラ整備が目的とされた。生産拡大について耕地，乳牛，主食，水産，電力，人口といった主要な開発目標

　　北海道開発協会，2005年；吉田賢一『北海道金融史研究』学術出版会，2010年，163-165頁は，拓銀の普銀転換と北海道銀行の設立（後述）の概観に過ぎない。なお，結論部で簡単に言及する昭和戦前期の拓銀は，吉田著のほか，斎藤仁『旧北海道拓殖銀行論――北海道における農業金融の展開構造』農林省農業総合研究所，1957年（日本経済評論社版，1999年），白鳥『両大戦間期における銀行合同政策の展開』第3章の補論による。

(255) この論点について，詳細はHoshi and Kashyap, *Corporate Financing*, pp.205-210を見よ。

(256) 以下，北海道編『新編北海道史』第6巻通説5，北海道，1977年，327-386頁。紙幅の都合上，詳細は同書を参照。

を見ると，この5年間で51年度の生産量の128％から217％にまで引き上げることが謳われていた。

　もっとも，開発資金の投入実績額が707億円と計画額の6割にも満たなかった結果，計画を達成又は超過達成したのは，火力発電の192％（計画額は126％），乳業の234％（同217％）と，台風15号による倒木の影響で計画を無視して生産拡大をせざるを得なかった用材の5,793％（同155％）くらいであった。しかし，1952年を基準とする56年度の公共事業費の伸びを見ると，全国平均126に対して北海道は162と大幅に上回っていた。以上，資源供給地としての北海道に対する期待は極めて大きかった。

　②拓銀の経営　　同時期に普通銀行に転換した拓銀もまた，本状況の中で新たな銀行経営の構築を模索する。まず，その第一の特徴は，北海道開発の重要国策化を踏まえて，本州に本社をもつ道内進出企業向けの融資や，道内との物資の移出入に対応するために，本州，特に東京に進出することであった。第二の特徴は，本州進出に伴い相対的に資金取引の供給が疎かになる道内への対策として，一部店舗の譲渡により新設地方銀行＝北海道銀行（以下，道銀と略）を育成することであった。具体的には，54年1月から3月にかけて福島，松前ほか9支店が，さらに同年8月から9月にかけて瀬棚，今金，寿都ほかの13店舗が譲渡された。[257]このほか拓銀は支店網拡充にも取組んだ（次頁表3-5-1）。50～52年の店舗整備にあたり大蔵省の行政指導に従った。さらに，53年3月から58年5月にかけても店舗整備の推進に着手した。この店舗増加実現の背景には，[258]債券発行業務終了を見返りに，大蔵省が店舗増加を認めたことがあった。つまり，大蔵省の行政指導に従い店舗網を整備することにより，本州向け物資の円滑な流通を支え，かつ道内産業への資金供給体制を整備することで，金融面から北海道開発に寄与する経営方針を示した。

　関連して1953年10月16日付けの通牒には次の記載がある。[259]第一の特徴

---

(257)　以下，店舗増加については『北海道拓殖銀行史』316-320頁；大月高監修『実録戦後金融行政史』金融財政事情研究会，422頁による。
(258)　『北海道拓殖銀行史』318頁。
(259)　以下，注記のない引用と議論は，「企甲第175号」経理部長宛　頭取広瀬経一発，1953年10月16日，北海道開拓記念館所蔵，拓銀旧蔵文書，『広瀬経一頭取時代』に合綴。

表 3-5-1　主要勘定等の

営業期(9月)末	総貸出（割引手形+貸出）			有価証券	預金			総店舗数	うち道内	本州店舗数		
		内道内	比率			内道内	比率			内東京	その他首都圏	
1950	26,132	19,692	75.4%	3,310	32,059	26,598	83.0%	126	122	4	3	0
51	36,777	26,743	72.7%	3,958	38,087	33,697	88.5%	126	121	5	3	0
52	48,210	34,967	72.5%	5,266	49,076	41,288	84.1%	126	121	5	3	0
53	58,951	40,417	68.6%	7,673	60,183	49,573	82.4%	132	121	11	5	0
54	59,336	37,981	64.0%	8,700	65,038	52,930	81.4%	111	99	12	5	0
55	61,732	39,934	64.7%	10,335	77,271	60,156	77.9%	107	94	13	5	0
56	76,294	46,758	61.3%	13,701	95,780	76,906	80.3%	112	97	15	5	0
57	107,168	53,624	50.0%	13,358	110,494	81,256	73.5%	111	96	15	5	0
58	101,043	65,738	65.1%	20,235	130,447	93,933	72.0%	111	95	16	5	0
59	118,300	73,321	62.0%	25,235	144,973	107,056	73.8%	112	95	17	6	0
60	135,190	82,556	61.1%	29,308	168,324	123,407	73.3%	112	95	17	9	0
61	159,632	98,118	61.5%	37,984	203,536	149,895	73.6%	113	95	18	10	0
62	179,604	108,645	60.5%	45,164	232,098	168,928	72.8%	115	95	20	12	0
63	225,070	134,323	59.7%	46,465	310,349	211,388	68.1%	120	97	23	15	0
64	268,013	156,653	58.4%	61,900	347,789	233,490	67.1%	130	103	27	19	0
65	312,212	179,516	57.5%	82,804	396,199	264,135	66.7%	137	106	31	23	0
66	356,171	202,274	56.8%	90,412	436,114	299,326	68.6%	146	109	37	29	1
67	410,690	232,633	56.6%	92,661	501,877	333,300	66.4%	147	109	38	30	1
68	454,463	252,572	55.6%	107,387	549,526	364,578	66.3%	148	110	38	31	1
69	536,525	290,184	54.1%	116,695	676,250	403,815	59.7%	146	104	42	32	1
70	631,235	334,955	53.1%	127,089	798,165	482,209	60.4%	147	103	44	35	1
71	744,781	369,261	49.6%	145,047	967,793	565,975	58.5%	148	101	47	36	3
72	961,452	446,783	46.5%	191,328	1,212,341	674,270	55.6%	144	94	50	36	6
73	1,200,802	533,913	44.5%	216,193	1,421,204	840,253	59.1%	150	98	52	37	8
74	1,368,624	606,727	44.3%	244,501	1,631,386	939,200	57.6%	152	98	54	37	9
75	1,511,242	678,530	44.9%	276,352	1,830,497	1,057,508	57.8%	156	99	57	37	12

注：借入金には再割引手形を含む。？は内訳未記載。
出所：北海道拓殖銀行『有価証券報告書』各期，同『北海道経済統計』第27・36・37集，昭和37・39・41年版，北海道財務局『北海道金融月報』各号より作成。

第3章　高度成長期における金融機関経営の変容　331

推移 （単位：百万円）

借入金	内日銀以外	コールマネー(CM)	現金	内切手・手形	預け金	内日銀	コールローン(CL)	A=(現金+預け金+CL)-(借入金+CM)	遊資	預貸率	同道内	同道外
2,010	?	0	0	?	847	?	121	(1,042)	2,617	81.5%	74.0%	117.9%
2,961	?	0	0	?	738	?	181	(2,042)	(2,648)	96.6%	79.4%	228.6%
3,167	?	232	0	?	7,676	?	29	4,306	(4,400)	98.2%	84.7%	170.0%
4,996	35	167	7,650	?	543	528	13	3,043	(441)	98.0%	81.5%	174.7%
4,773	0	499	9,748	?	651	640	2	5,129	(2,998)	91.2%	71.8%	176.4%
1,832		293	13,419	?	314	309	483	12,091	5,204	79.9%	66.4%	127.4%
2,819	0	2,800	18,310	?	81	50	870	13,642	5,785	79.7%	60.8%	156.5%
4,502	300	715	23,459	?	218	153	0	18,460	(10,032)	97.0%	66.0%	183.1%
5,603	?	2,701	29,352	?	90	43	0	21,138	9,169	77.5%	70.0%	96.7%
7,026	0	3,000	24,755	?	167	83	0	14,896	1,438	81.6%	68.5%	118.6%
5,226	1,250	3,145	27,790	?	300	212	0	19,719	3,826	80.3%	66.9%	117.2%
10,600	1,620	2,360	34,063	?	1,005	779	0	22,108	5,920	78.4%	65.5%	114.7%
16,183	200	2,290	38,100	?	3,756	3,487	0	23,383	7,330	77.4%	64.3%	112.3%
15,558	990	1,800	54,849	?	7,489	5,734	0	44,980	38,814	72.5%	63.5%	91.7%
22,899	?	4,500	58,707	50,295	4,240	2,919	0	35,548	17,876	77.1%	67.1%	97.4%
28,781	?	9,350	58,955	49,737	4,680	2,895	0	25,504	1,183	78.8%	68.0%	100.5%
31,378	?	3,300	45,915	37,619	5,025	3,455	0	16,262	(10,469)	81.7%	67.6%	112.5%
30,027	?	3,200	53,047	42,698	9,850	7,479	0	29,670	(1,474)	81.8%	69.8%	105.6%
40,189	?	5,300	57,691	46,644	6,096	2,693	0	18,298	(12,324)	82.7%	69.3%	109.2%
45,569	?	6,100	82,099	?	22,100	?	0	52,530	23,030	79.3%	71.9%	90.4%
56,907	?	3,300	96,702	?	27,680	?	0	64,175	39,841	79.1%	69.5%	93.8%
20,140	?	5,450	111,453	?	32,122	?	0	117,985	77,965	77.0%	65.2%	93.5%
33,885	?	2,032	125,693	?	46,415	?	1,201	137,392	59,561	79.3%	66.3%	95.7%
69,735	?	57,096	169,322	?	87,831	?	2,813	133,135	4,209	84.5%	63.5%	114.8%
52,658	?	96,673	192,107	?	96,285	?	7,744	146,805	18,261	83.9%	64.6%	110.1%
59,102	?	96,455	203,858	?	110,812	?	18,086	177,199	42,903	82.6%	64.2%	107.7%

は，道内業者の本州方面との金融取引に便宜を図ることや，取引相手としての本州業者の選別に必要な情報提供を通じて，本州との「物資，資金供給の交流を助長」により北海道開発へ寄与することが目的であるとの記載がある。やや時期は遡るが，後に広瀬経一頭取は49年8月の築地出店の際に入荷漁量の半分が北海道産なことを理由に出店を正当化したという[260]。このほか，永田昌卓元頭取（47年4月まで在任）も石炭会社に対する大口運転資金融資は本社に貸していたのかとの質問について，これを肯定して「今（68年時点）もそうでしょうね。金融は大体東京です」と回答した[261]。さらに，拓銀の為替取引中，50年代から80年頃まで，水産物関係や開発資金（行政関係）を中心とする本州－北海道間のものが殆どだったという[262]。以上，本州店舗は道内進出企業向け融資や，道内からの移出物資関係の金融取引が目的であった。

このほか，道内貸出額／総貸出額が示すように，本時期には道内貸出を軽視していなかった（前掲表3-5-1）。さらに，1953年9月末の貸出先は，石炭（構成比10.2%），鉄鋼（同5.3%），林業（同7.6%），水産関係（食料品生産，同6.0%）など道内の主要産業が中心であった[263]。特に表の原史料には道内企業や東京本店所在の道内進出企業に融資したとある。このことは永田発言とも整合する。第二の特徴は，拓銀が北海道・本州間取引を重視する一方で，他方では道内，特に郡部の融資業務の一部を道銀に委譲することにより「営業分野の調整を図」り，相互補完関係の形成を通じて，北海道開発に関わるより効率的な金融体制を構築することが目的だった点である。

以上，拓銀は北海道開発を重視する経営体制の構築に意を注いだ。しかし，朝鮮戦争後ぐらいから復興資金需要の減少により，このような経営のあり方も行き詰まり始めた[264]。

---

(260) 広瀬経一「私の履歴書⑨」日本経済新聞社編『私の履歴書――経済人11』同社，1980年，272頁。
(261) 「永田元頭取座談会記録　テーマ　歴代頭取の経営理念」1968年9月18・19日，No.3，拓銀旧蔵文書『永田昌卓頭取時代』合綴。在任期間は『北海道拓殖銀行史』473頁。
(262) 元拓銀行員A氏からの聞取りによる（2010年4月15日，6月11日実施）。
(263) 以下，業種別貸出先は北海道拓殖銀行『有価証券報告書』各期。
(264) 前掲元拓銀行員A氏からの聞き取りによる。

(3) 北海道開発の変容と拓銀の都市銀行化・本州進出
　　──1950年代後半から60年代前半

① **エネルギー革命と資源供給地としての北海道の地位低下**　　1950年代後半以降，特にエネルギー革命の影響を強く受けて，資源供給地としての北海道の地位は低下した[265]。このことは，60年（基準年）から70年にかけて実施された第2次北海道開発計画の中に見出せる。特に第1次5カ年計画と対比すると，資源開発や農業部門に重点があったインフラ整備が後景に退き，総事業計画費6,956億円中，産業基盤整備費（工場立地目的の道路・港湾整備，治山・治水費など）が5,060億円（72.7％）を占めた。

第2次計画でも石炭を中心とする鉱業（1960-70年増産計画値12.0％増），林業・漁業生産（同じく農林水産で5.1％増）の生産拡大は謳われていた。しかし，産業振興費は1,597億円（総事業計画費の22.9％）に過ぎず，実績（60-70年）も石炭の12.5％増，農林水産で9.4％と，総人口（計画1.5％，実績0.3％），第二次産業（同じく10.5％，10.0％）を除き金額面では計画を下回った。さらに，周知のエネルギー革命の影響を受けて，石炭は道内での利用拡大が前提にされた。このほか史料的制約もあり生産量を見ると，基準年の生産量10百万トンに対して，70年の実績は20百万トンに止まった。この結果，石炭業は衰退が進み，当初計画では雇用者数は60年の111千人から70年には87千人への減少見込だったが，実績は53千人にまで落ち込んだ。木材生産高は基準年の1,040万㎥から1,410万㎥への増加計画に対して，実績は1,260万㎥と計画値を大幅に下回った。雇用者数も59千人から64千人への増加見込に対して，実績は40千人であった。このほか，その振興が重視された第2次産業はセメント，用紙を除き生産量は計画を下回った。以上，本州への資源供給面での北海道の地位の低下ぶりが確認される。

② **銀行経営の変容の開始──都市銀行化の選択と預金量の拡大**　　同時期に，拓銀の経営のあり方も変化を開始する。まず，拓銀が着手したのは地方銀行協会の脱会と，都市銀行化への道の選択であった（1955年11月）[266]。これにあ

---
[265] 北海道編『新編北海道史』第6巻通説5，386-453頁。
[266] 「企甲第108号　当行が地方銀行協会を脱会し都市銀行となることについて」1955年11月16日，頭取広瀬経一発，行内宛，拓銀旧蔵史料『広瀬経一頭取時代』に合綴による。

たり行内宛に出した文書には「今後，純商業銀行として充実発展を図」ろうとすれば，「どうしても業務全般に亘つて，全国的な視野と規模を必要とする」とある。もっとも，別な部分では北海道―本州間の経済循環促進のための都市銀行化であり「地域的特殊性から足を抜くことではない」ことも述べられていた。現に，50年代半ばから60年代初頭までの道内貸出の比率は微減に止まる（前掲表3-5-1）。このほか，60年まで同行の貸出構成は製造業中心（3月末37.5%）だが，原史料によれば，その内容は食料品製造など地元向けであり基本的に変化はない。以上，本文書が出された時点では，北海道を重視する方針は，そのとおりであった。

これに伴い都市銀行に相応しい経営規模の確保が重要な経営課題となった。このことは都市銀行として「『一,〇〇〇億円預金残，早急実質化と，より一層の増進』が，本年の中心的課題である」こと（1958年1月15日），経営規模で「都市銀行末尾に甘んじていることは到底堪え得ない」（59年1月15日）との広瀬頭取の行員向け文章からも確認される。[267] 以上，拓銀経営陣は，道内産業金融を重視し，なおかつ道内－本州間の資金仲介を基礎にした店舗網形成と，それに応じた規模拡大という形の都市銀行像を考えていた。しかし，都市銀行化の積極的推進過程で経営規模拡大がより一層強調された。周知のように，高度成長期には各金融機関が預金増強を図った。しかし，以後，歴史的状況は異なるが，本書の分析期間を通じて，拓銀は，単なる預金増強のみならず，都市銀行他行を強く意識した強度な上昇志向を伴っていたことは，多くの金融機関とは異なる特徴として留意されたい。

1960年になると拓銀初の長期経営計画が実行された。その第一の主要目標は，都市銀行平均預金残高，パーヘッド預金残高に近づけることであった。内部文書によれば，[268] 55・59の両年について拓銀の対都市銀行預金占有率を見ると，3.56%から3.33%に逓減していた。同様に拓銀のパーヘッド預金残高は都市銀行平均の70.7%，74.7%に過ぎない。「此の頽勢を挽回し当行の安定成長を達成するには，経営全般に亘る長期総合計画をもつて之に対処し

---

(267) 拓銀旧蔵史料『広瀬経一頭取時代』合綴文書による。
(268) 「企甲第118号　長期5カ年計画の策定について」1960年11月14日，検査部長宛，東条猛猪頭取発，拓銀旧蔵史料，『東条猛猪頭取時代』に合綴。

なければならない」という表現に，都市銀行他行や都市銀行平均を意識した強い上昇志向が確認される。

　このような預金増強姿勢であるが，エネルギー革命に伴う産炭地の衰退も重要な要因であった(269)。つまり，1960 年ぐらいまでは，次の資金循環が存在した。まず，政府から炭鉱会社への供給資金や，拓銀東京支店から炭鉱会社の東京本社への貸出金が，主に賃金として道内の産炭地へと循環する。炭鉱労働者が生活費等で使った資金が，地元の商店などを経由して産炭地に所在する拓銀支店へと預金される。こうして拓銀は労せずして預金を確保できた。しかし，エネルギー革命の影響が顕在化した 50 年代後半，特に 60 年以降，この循環による預金確保は困難になった。これに加えて，戦前来，長期間，債券発行銀行であった関係で，同行は預金銀行としての経験が浅かった。それゆえに，預金量確保に不安感があったともいう。さらに，拓銀も全国的展開する都市銀行化を選択した以上，これまでよりも大きな貸出需要に応える必要性があると考えられた。そのためにもできる限り大きな資金量を保持する必要性が認識されていた。これらのことも，経営陣が預金量増強を督励した重要な要因であった。

　もっとも，同時期に道銀も預金量増強に取り組んでいた(270)。同行は 1961 年下期末の預金量 486 億円を，62 年上期以降の 3 カ年で 1 千億円にまで増強する計画を立てた。本計画は 64 年下期末に 905 億円とほぼ達成された。さらに，71 年 3 月末の預金量を 3 千億円にする計画を打ち出し，同年 11 月末に 3.4 千億円と目標を達成した。この動きは 70 年代以降も継続する(271)。その結果，55 年末，60 年末，65 年末，70 年末の道内での道銀の預金市場占有率は，それぞれ 10.9％，14.6％，20.1％，22.8％と一貫して上昇した。これに対して，同時期の拓銀の占有率は，それぞれ 53.1％，50.8％，48.2％，48.8％と過半を割った。この時期，道内の預金市場は各種業態の金融機関の出店増加を背

---

(269) 前掲元拓銀行員 A 氏への聞取りによる。
(270) 以下，道内金融市場での各種金融機関の競争激化も含めて，北海道銀行『北海道銀行 30 年史』同行，1983 年，78-82，102-108，166-167，177-181 頁。ただし，預金占有率については，北海道財務局『北海道金融月報』各号より算出。
(271) 東条猛猪「頭取十五年 8」『北海道新聞』1978 年 1 月 14 日

景に,最大の市場＝札幌圏を中心に預金獲得競争が激化した。このような中でシェア伸張により預金市場では道銀は無視できない存在になった。他方で預金量拡充を目指したにもかかわらず,拓銀の地位は低下した。このことは,道銀との預金獲得競争の激化を意味する。[272]

③ **既存の地域性に基づく貸出の拡大**　長期経営計画での第二の主要目標は,既存の地域性に基づく貸出拡大であった。[273]実際,食品工業6.5％,木材・木製品工業6.4％,鉱業6.1％という対総貸出残高比（1962年3月期）がそのことを示す。[274]しかし,本方針は円滑には進展しなかった。むしろ,エネルギー転換の影響を受けて,主要貸出先である石炭,林業,水産といった諸産業の衰退が明確化した。この悪影響は,漁業関連,製材業関連,石炭関連の道内主要3業種で1962年下期の延滞債権総額4.1億円の約半分1.9億円を占めたことにも現れている。[275]特に炭鉱業の衰退は重要である。道内には戦後全国閉山炭鉱数915の約1/4が集中しており地域経済の基盤であった。しかし,エネルギー革命に伴い60年代には閉山の動きが加速し,65年までの僅かな期間に46％もの炭鉱が閉山した。[276]この結果,拓銀には炭鉱業を中心に延滞金が発生し,閉山資金支援の必要性が生じた。[277]

地域別では道内の金額と比率は2.5億円・62.1％,札幌,小樽,旭川,函館の主要4都市を除く道内の金額と比率は1.8億円・45.6％にも達した。また,60年上期末に融資第1位を占めた貸出先は,太平洋炭鉱（借入額3.0億円),北海製缶（同4.2億円),北海道曹達（同1.2億円),日本甜菜製糖（同4.6億円),

---

(272) 松原鉄策「此頃痛感したこと」『たくぎん』1966年4月号；『北海道新聞』69年4月2日。
(273) 「企甲第263号」1960年2月22日,検査部長宛,東条猛猪頭取発,拓銀旧蔵史料『東条猛猪頭取時代』に合綴。
(274) 表1,『拓殖銀行史』2-3-14表,422頁。以下の時期も含めて服部「拓銀の経営破綻」5-8頁も本表により同様の指摘をしている。しかし,銀行経営のあり方や長期経営計画との関係は未検討である。
(275) 北海道拓殖銀行『営業店成績概括表　昭和37年下期』に合綴の「38. 3月末延滞調」。
(276) 以下,道内炭鉱業の衰退等は,杉山伸也・牛島利明編著『日本石炭産業の衰退』慶應義塾大学出版会,2012年,14-16頁。
(277) 東条「頭取十五年」『北海道新聞』1978年1月10日。

雪印乳業（同 13.6 億円），北日本製紙（同 5.0 億円）であった。しかし，これらの貸出先の殆どは，63 年上期には見られなくなる。つまり，これまでの銀行経営のあり方は曲がり角に来ていた。

その後の道内産業の再編成と拓銀の不良債権処理の進展の結果，道内貸出比率や 60 年 3 月期に比べた 65 年 3 月期の製造業（室蘭の製鉄業と木製品製造業——原史料より推定）比重の低下（37.5％→31.7％），鉱業（石炭。60 年 3 月期末は 6.5％）の 5％以上の大口貸出業種からの消滅が示すように，道内産業関連貸出比率は低下した。このため道経済との関連は希薄になった。

④ 東京圏を中心とする本州への進出　さらに，長期経営計画との関連は必ずしも史料的に明確ではないが，当該期の拓銀は，本州，特に東京進出を強化した（前掲表 3-5-1）。この店舗増加の背景には，1955 年 3 月の出張所制度の復活や，オーバーローン是正のために 58 年から 61 年までの間，大蔵省の支店設置抑制方針が増設方針へと変化したこと，63 年以降，再び抑制方針が採られる直前の 66 年 3 月までの間，「いわゆる『自由化』通達」により店舗規制が緩和されたことあった。東条猛猪頭取（当時）によれば，これら配置店舗の狙いは，関東地区からの移入超過，開発資金などの財政資金の流入という資金循環構造を踏まえた，資金決済の仲介にあった。実際，移入超過に伴う資金循環を捕捉したともある。これは道内の需要者から関東の移出企業への支払い資金のファイナンスであろう。特に，50 年代とは異なり，関東からの移入超過を重視した点は，北海道の地位低下を反映するものとして注目される。

史料の制約上，港湾を通じた数量ベースの移出入のみだが，1953 年，65 年，70 年の数値を比較する。各年の移入・移出は，それぞれ 50 万トン・121 万トン，128 万トン・260 万トン，47 万トン・294 万トンであった。65 年は 53 年に対して移入で 2.56 倍，移出で 2.15 倍，同じく 70 年は 65 年に対して移入

---

(278) 社団法人経済調査会『年報　系列の研究』1961・64 年版，同調査会。
(279) 『北海道拓殖銀行史』356-357, 393-394 頁。
(280) 以下，東京進出や外為関係は，東条「頭取十五年　3」『北海道新聞』1978 年 1 月 8 日。
(281) 北海道『第 62 回北海道統計書』第 2 巻，1958 年 3 月：同『第 75 回（昭和 41 年版）北海道統計書』1968 年 3 月，同『79 回（昭和 45 年版）北海道統計書』による。

1.92 倍,移出 1.13 倍であった。東条の議論は 70 年代後半のもので,なおかつ統計数値は数量ベースである。したがって,北海道・本州間交易の移入超過は充分には裏付けられていない。それでも,本州からの移入の伸びが北海道からのそれを上回っており,物流面での北海道の重要性の相対的低下は窺える。東京進出の強化の第一の狙いは,これに伴う資金循環の変化への対応であった。

さらに東条の回顧によれば,預金増強が第二の狙いであった。当時,拓銀は都市銀行としての発展のために本州での支店網の一挙拡大の必要性を認識していたという[282]。東京進出の強化は,この課題に応えるものでもあり,同行の強度な上昇志向の一環であった。

⑤ **外国為替業務の拡大と限界** このほか,長期計画との関係は見出せないが,この時期以降,拓銀は外為業務を重視し始めた。東条は道経済の発展を図る上での国際化推進の必要性を回顧している。もっとも,1956 年から 69 年までに外為取扱店として認可を受けた 15 店舗中,道内は釧路,苫小牧の 2 店舗に過ぎない[283]。むしろ,拓銀は本州での外為取引拡大を狙っており,東条の回顧には留保が必要である。周知のように,60 年代以降,貿易為替自由化が進展し,関係業務の重大性が増した[284]。そのために,乙種為替銀行としての制約の早期解消の必要性が生じ,60 年 8 月には大蔵省に業務制限の緩和を求めた。この間,69 年 9 月に甲種外国為替銀行に昇格したほか,70 年 6 月にニューヨーク支店を設立し[285],71 年には農林中金との外為関係の提携を実施した[286]。さらに,73 年の外為センター設置,74 年の機構改正での国際部,外国業務部の新設など外為部門の拡充等[287],外為業務に力を入れた。その結果,外為取扱高は 60 年 3 月期末の 2.1 億円から 70 年 3 月期末には 107 億円に達

---

(282)『財界さっぽろ』1975 年 6 月号。本方針は,広瀬頭取時代の常務高野恒春によって進言されたという。なお,この時期,東条は副頭取として広瀬に仕えていた。
(283)『北海道拓殖銀行史』2-3-15 表(428 頁)。
(284) 以下,外為業務に関わる記述は,『北海道拓殖銀行』425-427 頁及び資料編。
(285)『たくぎん』第 177 号,1970 年 7 月。
(286)『北海道新聞』1971 年 7 月 14 日。
(287)『北海道新聞』1973 年 5 月 31 日。74 年の機構改正は,『たくぎん』74 年 10 月 20 日号。

した。しかし，70年3月末の外国為替売買益は2.8億円と経常収益282億円の1.0%，75年3月期でも12.4億円，経常収益の1.3%に過ぎない。拓銀の大手商社向け外為業務への進出は65年以降と後発であった。このほか，70年2月の段階で内部から「若い実務担当者」の不足や，「時間がかかる」とされる外為関係の人的資源の蓄積不足や，日本経済の変化に対応した取引構造改革の遅れが指摘されていた。これらが，ここでの分析期間を通じて，外為収益が無視可能であり続けた主因である。

⑥ **本州店舗の経営不振**　このほか，本州店舗も不振だった。この点について，史料制約もあり，1961年下期の店舗別経営成績を示す。まず，当期限界預貸率（当期Δ貸出／当期Δ預金）100%以上の店舗24カ店中の本州店舗は，東京（預金量0円），神戸（預金減少），北浜（900.0%），丸の内（317.4%），大阪（314.6%），名古屋（117.4%），京都（111.6%），新宿（392.9%），築地（296.7%），難波（209.5%），名古屋駅前（115.1%）の11カ店であった。これらの内，対前期預金増加率下位20位以下には，神戸（−2.8%），北浜（0.8%），丸の内（2.8%），東京（0%），築地（3.1%），難波（3.4%）が含まれていた。さらに，対前期預金増加率劣勢店76店舗の中には東京（1.5%），丸の内（−6.6%），築地（−3.3%），虎ノ門（0.2%），新宿（3.1%），横浜（7.1%），難波（3.2%），北浜（1.5%），神戸（0.3%）の本州9店舗が含まれていた。以上，この不成績は，主に預金吸収力の弱さに起因していた。

次に5百万円以上の延滞先を抱える店舗14カ店の延滞額4.4億円中，東京支店のみで1.8円，全体の42%を占めた。やや時期は早いが，延滞先が分かる1961年9月末時点の数値によれば，同支店は茅沼炭鉱向け延滞額1.8億円（同支店の延滞金額の98.4%）を抱えていた。以上，61年下期時点での同支店の高い不良貸出比率は，道内炭鉱業の衰退との関連で生じた。なお，65

---

(288) 以下の関連数値は『有価証券報告書』各期。
(289) 「OBと語る外為業務20年」『たくぎん』1970年2月15日号，4‒7頁。
(290) 北海道拓殖銀行経理部「昭和36年下期　業績審査基準及び資料」同『営業店業績概括表』1962年上期に合綴による。以下，次注も含め各店舗の数値等の記載は原史料のママ。
(291) 北海道拓殖銀行『昭和36年上期　業績審査基準及び適用計数』。

年の数値から鉱山業が消えたほか，63年3月末の不良債権調査よれば，同支店の不良貸出先は雑小売，出版，製菓子で合計1.6万円であった[292]。つまり，同支店の道内炭鉱関係不良債権処理が進み，その資産内容に影響を与えなくなった。

第3に受入為替対前年同期増加率-15.2%以上の店舗20カ店中，本州店舗は京都（-71.9%），浅草（-245.0%），築地（-133.0%），難波（-116.1%），上野（-39.3%）の5店舗が，同じく支払為替を見ると神戸（-22.2%），上野（-54.1%），難波（-21.6%）の3店舗が含まれていた。さらに，外国為替の取扱額減少店舗は，丸の内（-2.4%），名古屋（-10.2%），大阪（-2.6%），北浜（-20.8%）の全4店舗が本州店舗であった。このほか，高預金経費率店舗39カ店に該当する本州店舗は，京都（2.43%），神戸（2.33%），北浜（2.01%），大阪（数値未記載），丸の内（数値未記載），浅草（2.10%），新宿（2.37%），築地，上野（以上，数値未記載），名古屋（2.02%）の10店舗を占めた。関連して，純利益貢献度の劣勢店22カ店中，本州店舗は東京，大阪，京都，北浜，名古屋，浅草，新宿，馬喰町，入船町の9カ店が占めた。本州店舗数も考慮した時，（前掲表3-5-1），かなりの本州店舗が成績不振だった。

このほか，貸出先の構成を見ると，虎ノ門支店の石油精製業向け6.4億円（延滞分）はあるが，1963年3月末の不良貸出先（前述）が示すように，東京支店の貸出先は雑多なものが多い。同時期の名古屋方面の店舗の不良貸出先も皮革貿易，貿易，原木販売，合板メーカー，木材卸で計9百万円であった。拓銀の経営基盤はそもそも本州には無く，その進出も遅かった。このことが本州店舗の不振の要因であろう。

⑦ **都市銀行他行との業容比較**　最後に拓銀と他の都市銀行の経営拡大を比較する（次々頁表3-5-2・3）。1956年3月，61年3月，66年3月の全時期について，時期別変動が大きい遊資と経常収支比率を除く各項目で拓銀は他の都市銀行に全く及ばない。特にこれらの時期について，拡大が重要視された預金量を直上行と比較すると，それぞれ大和銀行1億万円（拓銀0.9億円），

---

[292] 以下，北海道拓殖銀行「38．3月末延滞調」『営業店成績概括表　昭和37年下期』合綴。

神戸銀行1.8億円（同1.5億円），神戸銀行4.7億円（同3.4億円）であった。拓銀は，地方銀行であった神戸銀行にも追い抜かれていた。以上，都市銀行内部での拓銀の相対的地位は明確に低下した。これが拓銀の強度な上昇志向に拍車をかけた要因と推定される。

次に変化率を見る。まず，1956年3月から61年3月である。56年3月の残高の低さ故に数値が大きい有価証券を除く各項目とも他の都市銀行に後塵を拝していた。次に61年3月から66年3月までである。前時期と比べて預金残高は都市銀行平均に劣るがかなり改善された。このほか，外為取引と貸出は都市銀行平均を大きく上回る。後者の理由は不明であるが，高く評価することはできない。つまり，前者は，エネルギー革命に伴う炭鉱業の大規模な衰退への対応に時間と労力を取られたこと（前述）が要因であった。そのため，本州大企業を対象とする融資系列形成・融資構造改革への着手は60年代半ば以降に遅延した。以上が他の都市銀行と拓銀との貸出動向の相違が生じた主因と推定される。

外国為替額は，1950年代に殆ど残高が単位未満だったものが，貿易為替自由化に伴い事業機会が急に開けた関係から若干の残高が生じたことが要因である。残高面では他の都市銀行には遠く及ばない。

2　1960年代中盤以降の業容拡大と首都圏の中小企業金融機関化の進展

（1）さらなる預金量の拡充

1965年以降実施の第2次長期経営計画を検討する。[293] まず，本計画期間中も預金増加が常に督励されていた。このことは68・69年の東条による年頭の辞からも確認される。[294] その背景には，第1次長期経営計画と同様，他の都市銀行に対する経営規模面での劣勢挽回という目標があった。ちなみに71・76年3月末の預金量でみた直上行をみると，太陽銀行7.6億円（拓銀7.2億円），埼玉銀行21.4億円（同17.3億円）と，この時期に相互銀行・地方銀行から都

---

(293) 北海道拓殖銀行「第2次長期計画の概要」1966年6月24日，拓銀旧蔵史料，『東条猛猪頭取時代』に合綴。
(294) 『東条猛猪頭取時代』合綴文書。

表 3-5-2 拓銀と都市銀行との経営拡大比較 （単位：10億円）

勘定／銀行名	拓銀	都市銀行平均	標準偏差
1956.3 残高			
預金残高	90	166	55
貸出計	61	134	48
外為取引計	0.08	18	22
有価証券投資	9	23	7
遊資	70	9	14
経常収支比率	77.6%	77.9%	2.2%
拓銀遊金シェア	105.8%		
拓銀有証投資シェア	3.4%		
拓銀預金シェア	7.0%		
拓銀貸出シェア	3.70%		
1961.3 残高			
預金残高	157	378	162
貸出計	126	611	359
外為取引計	0.2	64	92
有価証券投資	28	62	92
遊資	2	-295	233
経常収支比率	82.9%	84.2%	1.9%
拓銀遊金シェア	-0.1%		
拓銀有証投資シェア	3.5%		
拓銀預金シェア	3.2%		
拓銀貸出シェア	1.6%		
1966.3 残高			
預金残高	349	891	368
貸出計	298	656	405
外為取引計	7	150	150
有価証券投資	69	150	63
遊資	-18	84	200
経常収支比率	82.5%	85.7%	2.7%
拓銀遊金シェア	-1.7%		
拓銀有証投資シェア	3.6%		
拓銀預金シェア	3.0%		
拓銀貸出シェア	3.8%		
1971.3 残高			
預金残高	725	1,513	673
貸出計	593	1,308	576
外為取引計	42	238	243
有価証券投資	125	247	121
遊資	6	-43	60
経常収支比率	87.4%	85.9%	3.6%
拓銀遊金シェア	-1.0%		
拓銀有価証券シェア	3.4%		
拓銀預金シェア	3.2%		
拓銀貸出シェア	3.0%		

第3章 高度成長期における金融機関経営の変容 343

	1976.3 残高		
預金残高	1734	4,151	1,602
貸出計	1453	3,662	1,515
外為取引計	178	730	646
有価証券投資	257	617	243
遊資	23	－128	215
経常収支比率	92.3%	92.2%	1.0%
拓銀遊金シェア	－1.4%		
拓銀有価証券シェア	3.2%		
拓銀預金シェア	3.2%		
拓銀貸出シェア	3.1%		

表 3-5-3　拓銀と都市銀行との経営変化率　（単位：10億円）

勘定／銀行名	拓銀	都市銀行平均	標準偏差
変化率（56.3 − 61.3）			
預金残高	74.4%	127.7%	194.5%
貸出計	106.6%	356.0%	647.9%
有価証券投資	211.1%	169.6%	1214.0%
外為取引計	150.0%	255.6%	318.2%
遊資	－97.1%	－3377.8%	1564.3%
経常収支比率	6.8%	8.1%	－15.3%
変化率（61.3 − 66.3）			
預金残高	122.3%	135.7%	127.2%
貸出計	136.5%	7.4%	12.8%
有価証券投資	146.4%	141.9%	－31.5%
外為取引計	3400.0%	134.4%	63.0%
遊資	－1000.0%	－128.5%	－14.2%
経常収支比率	－0.4%	1.9%	43.1%
変化率（66.3 − 71.3）			
預金残高	107.7%	69.8%	82.9%
貸出計	99.0%	99.4%	42.2%
有価証券投資	81.2%	64.7%	92.1%
外為取引計	500.0%	58.7%	62.0%
遊資	－133.3%	－151.2%	－70.0%
経常収支比率	6.0%	0.2%	34.2
変化率（71.3 − 76.3）			
預金残高	139.2%	174.4%	138.0%
貸出計	145.0%	180.0%	163.0%
有価証券投資	51.4%	60.0%	50.2%
外為取引計	323.8%	206.7%	165.8%
遊資	283.3%	197.7%	258.3%
経常収支比率	5.6%	7.3%	－72.3%

注：各項目のシェアは都市銀行総額に対するシェア。
出所：『銀行局年報』各年より算出。

市銀行化した（前者は68年12月，後者は69年4月）銀行にも抜かれていた。[295]預金量自体は増大したが，拓銀の相対的地位は50年代から60年代半ば以上に低下した。このことが拓銀の預金増強継続の理由と推定される。

　もっとも，資金吸収の目的はこれのみには止まらない。別の箇所には「(3)当分持続される国債引き受けにたえる資金量を保持すること」が記されていた。つまり，1965年不況以降の新規内国債発行による景気刺激策を事業機会として見込んでいた。関連して，店舗配置面でも東京を中心に首都圏へ積極的に進出した（前掲表3-5-1）。東条は首都圏での業務拡大を重要戦略に掲げており，歴代頭取の中でも首都圏での業務拡大の特に重要な推進者であった。[296]それが東京での一層の店舗増加の要因と判断される。もっとも，首都圏の既存店舗の多くは劣勢店であった（前述）。ただし，「近年，東京都および札幌近郊を中心に預金吸収店として新設した店舗」で劣勢を補うことが見込まれていた。[297]本出店政策は，1店舗当たりの業績の低さを，店舗数で補うことを目的にしていたと推定される。

　最後に全体の預金量増強状況を確認する。まず，第2次長期経営計画の目標値は1兆円であった。[298]これを受けて，1969年の年頭の辞で東条は本年中の総預金7千億円達成を呼びかけた。[299]70年3月期の預金残高は7.2千億円であり，この時期まではほぼ順調であった。しかし，計画の最終営業期である70年下期には目標額1兆円の確保は未達見込みであった。本営業期に勢いが鈍化したと判断される。もっとも，パーヘッド預金，都市銀行シェアは目標値実現の目処が立っていた。70年代以降も，第4次長期計画（74〜76年）で預金量2兆円の目標化に加えて，その後も継続してこの課題に取り組んだ[300]

---

(295) 全国地方銀行協会編『全国地方銀行協会50年史』同協会，1971年「会員変遷図」；埼玉銀行『埼玉銀行通史』同行，1993年，211-213頁。
(296) 元拓銀行員A氏への聞取り（2010年6月11日実施）。
(297) 北海道拓殖銀行「第2次長期計画の概要」。
(298) 『北海道拓殖銀行史』411-412頁。なお，本目標は71年下期に達成された（東条「勇気ある前進を」『たくぎん』1972年1月1日号，2-3頁；表1）。
(299) 『東条猛猪頭取時代』合綴史料。70年3月期の数値は『有価証券報告書』による。
(300) 『たくぎん』1975年5月20日号，2頁。

ために預金量は増大した。さらに、オイル・ショックに伴うインフレなども手伝い本動向は続き、預金は75年9月期には71年3月期の2.13倍にまで増加した（前掲表3-5-1）。

（2）融資構造の改革と商社向け貸出の拡大

次に重視されたのは融資構造改革であった。その際、「計画期間中に／a銀行の融資態度に重大な変更がなく、かつ／b企業の資金調達方法に重大な変化が行なわれない」ことが前提にされていた。本前提がおかれた背景は不明である。その上で「わが国産業の発展に即応して、昭和45年度末における当行と、都市銀行の融資残高がどのような差をもつかを『偏差率』によつて示し」、これに基づき融資構造の変化を目指した。拓銀の1964年3月末実績（融資構成5％以上）は製造業が34.4％、商業が32.3％、同じく都市銀行全体は製造業が49.4％、商業が31.7％であった。これに基づき71年3月末の予測値が計算された。そこでは製造業が32〜38％程度、商業が25〜32％程度になるのに対して、都市銀行全体は製造業が31〜54％程度、商業が24〜31％程度になると試算された。これを踏まえて、企業取引の拡充強化を重視する計画が打ち出された。その際、東京を中心とする首都圏を重視した。東京支店宛の主要な指示内容は、道内への工場進出等の有無と無関係に、首都圏の大口取引先関係の資金需要を捕捉・拡大することと、大企業取引を中核化にする融資構造の改善であった。もっとも、この時期には既に有力都市銀行の重化学工業向け資金需要は減退していた。本事実は、拓銀の試算は情報収集能力の低さを示す。

外為取引も、三井物産、三菱商事など大手商社中心の取引高拡充が目標にされた。史料的に確認可能な三井物産の1966年9月期から71年9月期まで

---

(301) 紙幅の都合上、詳細は『北海道新聞』1971年10月13日を参照。
(302) 北海道拓殖銀行『（昭和40／9）　長期計画「融資構造」策定参考資料』。
(303) 以下、北海道拓殖銀行「第2次長期計画店別指示文（本州分）」拓銀旧蔵史料、『東条猛猪頭取時代』に合綴による。
(304) 1950年代における融資系列の形成と60年代中葉以降の融資減少については、橘川・加藤「系列融資」を参照。

の変化は次のとおりである(305)。円貨換算（以下，同様）で為替資金調達総額は189億円から881億円へと691億円の増加，364.3％の増加率を記録した。うち拓銀のそれは1億円から9.2億円と8.1億円の増加，増加率は768.8％であった。もっとも，シェアは，0.55％から1.04％への増加に過ぎない。

このほか，京浜地方支店中，本部の承認が要る大口貸出を中核取引先とする貸出特定店は東京，丸の内であり，それが不要な大口貸出を中核取引先とする準特定店は築地，馬喰町，虎ノ門，神田，上野，浅草，横浜，新宿，渋谷，池袋であった。これら店舗では企業取引拡充が求められた(306)。それ以外の特定店は名古屋，大阪，北浜，準特定店は名古屋駅前，難波，神戸，京都であった。その内，名古屋地区はトヨタや関係企業との，京都地区は繊維関係との，大阪地区は関西電力のほか，地元優良中小企業との取引深耕が求められた。つまり，本州の大企業や関連優良中小企業向け融資への質的変化を伴っていた。

これに対して，道内店舗の内，貸出特定店は本店営業部，函館支店，室蘭支店，旭川支店，帯広支店，釧路支店，準特定店は札幌東支店，札幌南支店，札幌駅前支店，函館駅前支店，小樽第2支店，苫小牧，北見の各支店のみとされた(307)。その上で，これら以外の店舗はエネルギー転換や木材業等の不振を背景に環境改善は望み薄とされた。このような戦略別店舗分業方針に基づき，本州店舗では，地域密着型の住宅ローンなどの消費者向け融資の拡充，主に大企業関連の中小企業向けと思われる経営相談機能の拡充が謳われた(308)。以上，1960年代中葉以降になると，拓銀は，それまでとは異なり，工場等の道内への進出の有無とは無関係に，大企業やその関連会社との取引形成を主目的に本州，特に首都圏進出を強化した。これにより六大銀行型の都市銀行像に基づく経営体制の構築を目指した。

---

(305) 三井物産『有価証券報告書』各期より作成。なお，同社については，72年3月期以降，数値が，三菱商事の数値は，少なくとも1960年代以降，確認できない。
(306) ここでの定義は前掲元拓銀行員A氏からの聞取りによる（2010年6月11日）。
(307) 以下，北海道拓殖銀行「第2次長期計画店別指示文（道内店）」拓銀旧蔵史料，『東条猛猪頭取時代』に合綴による。
(308) 北海道拓殖銀行「第2次長期計画の概要」。

（3）融資構造改革の帰結（その1）——大企業関連向け融資と系列融資の脆弱性

　ここでは，系列融資など，拓銀の大企業向け融資の脆弱性を確認する。企業集団形成の指標になる有価証券投資額は，拓銀は都市銀行上中位行に比べると一貫して根本的に劣っていた（前掲表3-5-2）。しかも，融資系列形成が一段落した63年9月末時点での東証Ⅰ部上場企業（金融・証券を除外。以下同様）633社中，拓銀が融資順位1位企業は，日本甜菜製糖（拓銀からの借入額／総借入額［以下，借入比率と略記］19.07％，持株比率5.00％），合同酒精（同15.44％，4.36％）のみである。準メイン（同2位）も日本製鋼所（同16.48％，0.00％），函館ドック（同8.72％，1.08％），雪印乳業（同20.62％，0.87％）に過ぎない。史料の制約上，66年9月期の東証Ⅱ部上場企業590社も同様で，メインは神鋼商事（同19.07％，0.00％），かねもり商事（同49.73％，1.60％）のみ，準メインも楢崎産業（同14.42％，1.45％），小野薬品工業（同18.45％，1.95％）のみであった。以上，株式持合いを通じた融資系列形成の脆弱性，融資順位第2位の企業数の僅少さが確認される。

　しかも，東証Ⅰ部上場の拓銀取引先全155社中，借入比率5％未満の企業は84.51％を占めた。これは都市銀行平均64.91％を約20％も上回る。1企業当たりの拓銀からの平均借入比率（以下，単に平均借入比率と略記）は2.72％と都市銀行平均6.87％を大幅に下回る。このほか，63年9月東証Ⅰ部上場企業633社に占める拓銀取引先数の比率も24.49％と都市銀行平均42.69％を大幅に下回る。東証Ⅱ部上場企業も同様であり，拓銀取引先65社中，借入比率5％未満の取引先41社の割合は63.08％と，都市銀行平均52.74％を10％ほど上回る。拓銀からの平均借入比率も5.79％と都市銀行平均9.10％を大幅に下回る。このほか，66年9月末の東証Ⅱ部上場企業590社に占める拓銀取引先数の比率も11.02％と都市銀行平均27.13％の4割ほどに過ぎない。以

---

(309) 以下，社団法人経済調査協会『年報系列の研究』1964年版，同調査会。なお，協調融資額は「市中協調」で一括されており，拓銀の金額や融資総額に占める比率は算出不能である。拓銀の上場企業に対する出資額や比率も不明である。
(310) 以下，『年報系列の研究（1967）——第2部上場企業編』社団法人経済調査会，1967年6月。なお，拓銀の上場企業への出資比率は不明である。
(311) この状況はバブル期以降も同様である（札幌学院大学金融問題研究会「分析」109頁）。

上,大企業,中堅企業を問わず融資面での拓銀の存在感は小さく,本州の大企業を中心とする製造業貸出先の開拓にはかなり無理があった。

そこで幾つかの経営指標を用いて,この点を検討する。まず,この間の本州での貸出比率は上昇していた(前掲表3-5-2)。その中心は戦略どおり東京を中心とする首都圏であった。[312] 次に貸出基盤面では,この間,製造業(65年3月期末31.7%→70年3月期末28.7%),卸・小売業(同32.5%→37.0%)のほか,新たに建設業(同0%→5.0%),地方公共団体(同5.3%→6.5%)が台頭した。製造業の内容であるが,食料品工業(5.8%),木材(4.1%),紙パルプ(1.9%)の3業種で総貸出残高の11.8%を占めた。[313] これに対して,同じく上記3業種に関する都市銀行全体の値は,それぞれ2.5%,0.8%,1.4%であり,その他が40.6%を占めた。貸出全体では首都圏中心であったが,産業別に見ると他の都市銀行と比較しても,道内の中心産業向けが無視できない比重を示した。

さらにトヨタ系企業との取引の有無を,1969年上期末の調査(貸付額1億円以上)で確認すると,大阪トヨタ(260億円),名古屋トヨペット(170億円)のみであった。[314] また,『有価証券報告書』の収集が可能なトヨタ自動車販売,トヨタ自動車工業,トヨタ車体の66年,70年,75年の9月期(トヨタ自動車工業のみ11月期)の長短借入金を見ると,拓銀との取引は皆無であった。つまり,トヨタ系企業への広範な取引拡大は困難であった。なお,史料制約上,名古屋/関西両地区の大企業関連の中小企業取引の拡大状況を確認できない。それゆえ,両地域の貸出額/総貸出額から間接的にその状況を推定する。[315] 65年,70年,75年の9月末の名古屋地区の値は,それぞれ106億円(3.4%),207億円(3.3%),448億円(3.0%)と低減した。ここから同地区でのトヨタ関連の中小企業も含む貸出先開拓はさほど進展しなかったと推定される。関西

---

(312) 1965年9月末,70年9月末,75年9月末の東京地区での貸出額と本州での貸出総額に占める比率は,それぞれ110,493百万円・72.8%,218,232百万円・69.4%,633,221百万円・80.5%であった。しかも,65年9月末から75年9月末までの本州における貸出増加額の82%を,東京を中心とする首都圏が占めていた。これに対して,大阪は13.8%,名古屋は5.4%に過ぎなかった(北海道拓殖銀行『行内計表旬報』各年より算出)。
(313) 『北海道拓殖銀行史』2-3-14表(422頁)。
(314) 「拓銀,道銀,どこにどれだけ貸している」『財界さっぽろ』1971年2月号,40頁。
(315) 以下,特記のないものは,北海道拓殖銀行『行内計表旬報』より算出。

地区について示すと，それぞれ305億円（9.8%），573億円（9.1%），1,183億円（7.8%）と構成比は低下した。同地区もまた，優良中小企業等との取引拡大は困難だったと推定される。なお，関西電力の資金取引先も，長期借入金・短期借入金ともに拓銀との取引は皆無であった。[316]

これらに加えて，入手史料の関係上，1975年頃のものになるが，拓銀の系列先とされる東証Ⅰ部上場企業は，日本甜菜製糖（借入比率17.25%，持株比率9.69%），合同酒精（同16.62%，6.80%）のほか，この段階ではサブであったが，後にバブル期以降，重要な不良貸付先の一つとなる建設業の東海興業（同12.25%，6.50%。当時のメインは住友銀行）が入った程度であった。[317]同様に，75年9月期末の東証Ⅱ部上場企業をみると，[318]メインが楢崎産業（同22.72%，5.23%）1社のみであり，準メインが三浦印刷（同17.10%，0.00%），かねもり（同14.61%，0.00%）の2社であった。さらに，東証Ⅰ部上場企業814社中，拓銀の取引先数は257社・31.57%であり，都市銀行最低であった。平均借入比率は2.24%，借入比率5%未満の企業の比率は88.72%であった。前者は都市銀行最低，後者は最高である。これらの都市銀行の平均を示すと，平均借入比率は5.25%，借入比率5%未満の企業の比率は66.47%，取引先数／上場企業総数は50.56%であった。同様に東証Ⅱ部上場企業486社中，拓銀の取引先数は91社・上場企業総数の18.72%であった。借入比率は4.84%，借入比率5%未満の企業の比率は68.13%であった。これらは東京銀行に次ぐ低さである。都市銀行平均値を示すと，借入比率は7.14%，借入比率5%未満の企業の比率は59.84%，取引先数／上場企業総数は36.63%であった。東証Ⅰ部，Ⅱ部ともにほぼ全項目で拓銀が最低であった。以上，株式持合を通じた融資系列形成の脆弱性も含めて，大企業や中堅企業向けや製造業向け貸出を中核に据える構造変化は計画どおりには進まなかった。その結果，借り

---

[316] 関西電力『有価証券報告書』各期より確認。
[317] 北海道新聞社編『拓銀』284頁；日本経済新聞社編『金融迷走の10年』2000年，170–171頁。
[318] 以下，社団法人経済調査協会『年報系列の研究――第一部上場企業編第18集』同協会，1978年。なお，75年頃とした根拠は，同書，凡例を参照。なお，以下での他の都市銀行との比較であるが，ここでは紙幅の関係上，都市銀行平均との比較に止める。
[319] 以下，『年報系列の研究――第二部上場企業編』社団法人経済調査協会，1976年9月。

手側から見た場合，大企業，中堅企業共にとっての拓銀の存在感は低かった。

(4) 融資構造改革の帰結（その2）
——本州，特に首都圏の中小企業金融機関化の進展

次に中小企業貸出の比率を見ると，1965年3月から70年3月までに37.8%から36.2%へと停滞気味に推移した[320]。もっとも，個人向け貸出は，数値が確認可能なもののみだが，62年3月期の2.2%から70年3月期時点で5.6%にまで上昇した。しかしながら，重要なことは，70年3月期から75年3月期にかけての総貸出口数の増加数45千口すべてが中小企業向けとなり，その貸出比率が40%を超えたことである。都市銀行全体の中小企業向け貸出比率を見ると，70年末で25.6%，75年末で34.3%であった[321]。ちなみに，拓銀の中小企業融資額／中小企業融資総額を見ると，65年3月末1.0%，70年3月末0.8%，75年3月末0.8%であった。70年3月期末の拓銀の融資額は，信用組合融資総額の15%に相当する。ここから，1行でこの比率は拓銀の中小企業金融に対する貢献の大きさを示す。ただし，同時期の拓銀の中小企業融資額／都市銀行の中小企業融資総額は，4.9%，4.3%，3.7%に過ぎない。この低いシェアは資金量の少ない拓銀の限界を示す。なお，拓銀の75年の数値は「資本金1億円以下の法人および個人」であり，中小企業のみの比率よりは高くなる。しかし，この点を踏まえても，都市銀行他行よりも拓銀の中小企業金融の比重は高い。しかも，中小企業向け貸出が新規貸出増加分を占めた中で，特に大企業関連の貸出が要求された東京，名古屋，大阪の本州各地域で，大幅な貸出取引額の増加が可能になったのは70年代の東京のみである[322]。ここから本州で新規に開拓された取引先は，名古屋や関西の製造業関連企業では

---

(320) 以下，中小企業貸出に関する数値などは『有価証券報告書』各期より算出。
(321) 日本銀行『経済統計年報』各年より算出，引用。直後の中小企業融資比率は，『有価証券報告書』各期と『中小企業白書』各年より算出。
(322) 注(312)の数値を参照。なお，同注の営業期数値による東京地区貸出額／総貸出額は，それぞれ35.3%，34.6%，41.9%であった。このほか，1970年から75年までの拓銀の総貸出の増加分に占める東京地区のそれの比率は47.1%であった。65年から70年までは33.7%であった。以上，拓銀全体として東京地区の比重は大きい。このほか，70年代前半の東京地区の中小企業向け貸出／拓銀全体の貸出増加の重要性も確認される。

第 3 章　高度成長期における金融機関経営の変容　351

なく，当初，想定外であった首都圏の中小企業と考えられる。以上，拓銀は，70 年代以降，特に首都圏の中小企業金融機関としての性格を強めた。このことは，都市銀行としての特徴である，営業範囲の広域性の反映でもあった。なお，新規の中小企業取引先の開拓である。当時の首都圏支店長経験者への聞取りによれば[323]，誇張はあろうが「需要は幾らでもあった」という（前掲表 3-5-1 の本州預貸率も参照）。これ以上の事実は提示できないが，中小企業取引先は比較的容易に確保できたと判断される。

（5）融資構造転換失敗の要因

以上，特に 1970 年代前半には本州を基盤とする六大銀行型の経営体制の構築は，預金量拡充を除き不可能なことが明確化した[324]。聞取りによれば，①東条以前の経営者が六大銀行型の融資系列形成という経営理念をもっていなかったこと，②外貨収支天井の問題を背景とする窓口規制の強さ，③ 60 年代前半における炭鉱救済の必要性という 3 点が，特に六大銀行型の融資系列形成に出遅れ，かつそれを不可能にした要因だったという[325]。このうち，②は拓銀固有の要因とは看做せない。①と③が融資系列形成失敗の主因と言える。

その結果，1960 年代半ばから 75 年 9 月末まで，預貸率，利鞘（1％台後半から 2％前後で推移：前掲表 3-5-1 原史料より算出）はほぼ同水準だったが，運用基盤が確保不能なため[326]，特に 60 年代末以降，一時期を除き，預金量の膨張分だけ再び都市銀行中でも巨額遊資を抱えた。しかも，70 年代半ばには再

---

(323) 元拓銀行員 A 氏（1972〜76 年首都圏 K 支店長）への聞き取りによる（2010 年 6 月 11 日）。なお，ノウハウ等の蓄積については不明である。
(324) 東条は，1973 年 1 月 20 日の営業店長会議で目標未達成の本州地域での「計画必達願いたい」と発言しており，本州での業務計画の未達が窺える。
(325) 前掲元拓銀行員 A 氏への聞き取りによる。①については注（302）史料も踏まえて解釈した。
(326) 前述の 60 年代前半の首都圏店舗の営業成績と比較可能な史料は発見できなかった。そこで，1 店舗当たりの ROA（拓銀全体 ROA ／店舗数。拓銀全体 ROA ＝各営業期純利益／（前営業期末総資産残高＋当期末総資産残高 /2）で概算）を算出した。それ以前に 4〜11％で推移していたが，64 年 3 月期から 71 年 9 月期まではほぼ 2〜3％の間で推移した。その後，72 年 3 月期以降 1％台後半から 2％ほどで推移した。この時期の首都圏での貸出比率上昇（道内比率減少）を想起した時，預金量は増加したが収益性は低下したと強く推定される。

増加し，都市銀行他行との格差も拡大した。この状況下で，60年代末以降，現金・預け金，特に前者が急膨張し，72年9月期以降，CLも発生した。これらからコール・マネー（以下，CM）と借入金の差引額も大幅超過になり遊資額をも大きく上回った（以下，前掲表3-5-1）。なお，大勢に影響は無いが，遊金と同時に，外部借入も発生している。この時期，道内店舗の預貸率は60％台，全体では80％前後で推移した一方で，道外店舗では90～100％超と資金繰りは逼迫していた。もっとも，拓銀全体では逼迫していない。このほか，拓銀の手形取引は，札幌，東京，名古屋，関西の各地区センター別に行われていた[327]。以上から，外部借入は資金繰りが逼迫していた本州店舗のためと判断される[328]。また，当該期に当局の貸出抑制指導に応じるために取られた「含み貸出」（決算当日に取引先に銀行宛に小切手を振出させ，これにより表面上の貸出残高を減らす。その翌日に当該小切手の決済資金を融資して手形の決済を行うとともに，貸出残高を元に戻す。この操作により帳簿上，貸出残高を抑制する手法）が拓銀全体の預貸率に与えた影響も，73年9月期から75年9月期平均で0.26％増と推計されるに過ぎず，大勢には影響は無い[329]。

---

(327) 『北海道拓殖銀行史』435頁。
(328) 実務的には営業終了後の総勘定元帳の作成後，翌営業日の朝までに「手形の勝ち負け」（受取又は支払超過）が判明する。余裕資金中，預け金は日銀預け金の比率が高い（以下，表3-5-1）。支払超過の場合，翌営業日の決済により日銀預け金額は減少する。しかし，日銀預け金には積立目標額が設定されており，減少分は積み増しする必要がある。他方で，他行への預け金も余資の運用であり，一定の預託期間もある。CLも同様である。それゆえ　拓銀の都合に応じて回収できない。現金は，内訳が判明する営業期から殆どが未資金化状態の切手・小切手と見られる。切手は通信業務向けと判断されるが，後者は資金利用効率化のために短資会社から短期のものの購入に回される。「現金」部分は翌営業日の預金払出等に充当される。つまり，遊金は手形交換尻の決済（日銀預け金の積み増し）に充当できない。それゆえ，日銀口座を通じた決済前にCM等を調達し，積立目標額を達成する。これが遊金と外部借入の両方が計上される理由である（B氏，日銀業務広報局広報担当者からの教示，銀行研修社編『新資金運用便覧』同社，1987年，特に91頁による）。
(329) 推計方法は次のとおり（表3-5-1原史料，大蔵省財政史室編『昭和財政史――昭和27～48年度』第19巻，東洋経済新報社，1999年；日本銀行『経済統計年報』1975年版，2013年2月25・28日のA氏への質問と回答）。貸出抑制方法には，大別して新規貸出抑制と回収強化があることを前提に，①拓銀の貸出伸び率が急屈折する1973年9月期から75年9月期までについて，窓口指導の強化等の政策変化が無ければt-1期の増加率＝t期の増加率との仮定を置き，両者の差を算出する（全期間t-1＞t）。②

結論と展望

　周知のとおり，昭和戦前期には普通銀行化傾向が生じるとともに，重化学工業も含めて確固たる融資系列を持っていなかった。しかし，戦後，石炭などの資源供給地としての北海道が重要視される中で，北海道拓殖銀行はその開発に積極的に関与する姿勢を示した。これへの対応として1955年には都市銀行化に着手した。その際，同行は，道内産業金融とともに，道内－本州間の物資移出入に伴う資金仲介・店舗網形成（本州進出），それに応じた資金量を重視した都市銀行像に基づき，強度の上昇志向を伴う経営施策を展開した。このような経営施策は，特に60年前後以降のエネルギー革命により石炭業など道内主要産業が打撃を受ける中で戦前来の融資基盤の弱さが，再度，顕在化した。その結果，都市銀行として規模拡大を図る中で他に採り得る選択肢が無くなったためと考えられるが，地元銀行の使命として炭鉱救済・整理に取組んだ60年代前半の過渡期を経て，65年以降，本州大企業の融資系列化を中心に，関連中小企業や外為業務をも包含する六大銀行型の都市銀行像の実現を目標とする経営政策を採った。

　しかし，有力都市銀行による系列化が完了し，なおかつ重化学工業向け資金需要が減退した状況ではその実現は不可能であり，特に70年代以降，首都圏の中小企業金融機関化する傾向が明確化した。中小企業融資全体に占める比率も，約1％とそれなりに高い値を示した。その結果，強度な上昇志向に伴い預金量増加に見合った融資基盤が確保不能だったため，巨額の遊金を抱え込み，「調達コストの上昇にも晒され」ることが体質化した。[330] 都市銀行他行を強く意識した上昇志向故に，周知の住友銀行が始めた「向う傷は問わない」投機戦略と本部組織改革を都市銀行他行も採る中で，拓銀にとって「そ

　　M2の増加率を日銀が許容した新規資金供給増との仮定し①と同様に算出，③ ①－②を算出。その際，減少超過分を拓銀の回収による圧縮義務部分（＝「含み貸出」）と仮定し，各期の平均値（1.86％）を求める。その際，負の推計値は0で処理した。本値を貸出増加額の差に乗じ「含み貸出」額を推計。なお，「含み貸出」は「どこもやっていた」（注326）というから，他行との比較には影響はあるまい。
(330) 以下，引用と議論は拓銀与信調査委員会「拓銀与信調査委員会報告書」302-309頁。

の体制は」(中略)「少なくとも他行に遅れを取らず競争を乗り切っていくための魅力的な方法と受け止められ」た。このように，組織的な上昇志向と遊金に基づく高コストが体質化したことが，特に組織・戦略改革をした84年以降に，同様の問題を抱えていた他行以上にバブルにのめり込み破綻へと向かってゆく，歴史的前提条件となったと考えられる。[331]

第6節　地方銀行と相互銀行の階層性

はじめに

　地方銀行，相互銀行以下の業態が，特に地方の中小企業を主たる取引先にしていたこと，高度成長期を通じて資金超過状態にあり，主にコール市場を通じた資金供給者であったことはよく知られている。[332] ここでは，次頁表3-6-1により，いわゆるボーダー地銀，有力地方銀行，それ以外の地方銀行という階層区分を持つことが知られている，地方銀行の階層性の決定要因を地域に着目して検討する。その上で，地方銀行と相互銀行の預金，貸出の分散・平均についての差を検定し，活動基盤となる地域に着目して階層差の要因を推計する。[333]

　首都圏・関西圏（関西圏は三重県を除く近畿地方），地方中核（札幌，仙台，新

---

(331) バブル期も含め日高「銀行」など一連の諸研究では，この点が見落されている。なお，1979年9月期末の全体預貸率74.2％，道内預貸率は58.4％，道外預貸率は96.9％，預借率5.7％，預金30,063億円，現金2,038億円，預け金1,068億万円，CL198億円，遊資585億円であった。75年9月期決算（表3-5-1）と比較して，預貸率・預借率は低下，現金と預け金は多額だがやや減少，CLと遊資は増加した。次に貸出リスク管理の弱体化等，バブル期に向けた体制整備の実施直前（前注史料，84年7月）の84年3月期末決算では，全体預貸率74.7％，道内預貸率は72.2％，道外預貸率は76.8％，預借率19.5％，預金49,518億円，現金1,973億円，預け金11,187億円，CL4,124億円，遊資2,606億円であった。上記の決算時における表1のAと同様の数値は常に大幅なプラスであり，遊資額を大きく上回っていた（『銀行局金融年報』各年と表1原史料より算出）。

(332) 経済史研究からの関連研究として，伊藤正直「戦後改革期の地方銀行」同ほか編『金融ビジネスモデルの変遷』日本経済評論社，2010年，地方金融史研究会編『戦後地方銀行史Ⅱ』東洋経済新報社，1994年などがある。しかし，本書と同様の観点からの検討はない。

(333) なお，同様のことを，信用金庫，信用組合についても検証すべきであるが，表3-6-1原史料では個別データを採取できなかったために，それは叶わなかった。

第3章　高度成長期における金融機関経営の変容　355

表 3-6-1　地方銀行・相互銀行の階層性の所在地別要因の推定

被説明変数／説明変数	地方銀行			
	1956.3（N = 65）		1976.3（N = 63）	
	預金シェア	貸出シェア	預金シェア	貸出シェア
首都圏・関西圏（・愛知）ダミー	0.0127*	0.005	0.005	0.000
地方中核都市ダミー	0.006	0.007	0.0083*	0.0026*
定数項	0.0113**	0.013**	0.0133**	0.0044**
adj.R2	0.049	0.013	0.061	0.069
平均	0.015	0.015	0.016	0.005
標準偏差	0.019	0.014	0.011	0.003

被説明変数／説明変数	相互銀行			
	1956.3（N = 71）		1976.3（N = 63）	
	預金シェア	貸出シェア	預金シェア	貸出シェア
首都圏・関西圏（・愛知）ダミー	0.007	0.005	0.0089**	0.0085**
地方中核都市ダミー	0.007	0.007	0.0081**	0.0080**
定数項	0.001**	0.0130**	0.0094**	0.0095**
adj.R2	0.033	0.013	0.149	0.151
平均	0.01	0.543	0.014	0.014
標準偏差	0.02	0.162	0.01	0.010

注：* は5％，** は1％水準で統計的に有意。平均・標準偏差は記述統計のもの。シェアは各業態合計値に対するもの。
出所：『銀行局年報』各年，『全国相互銀行財務分析』各年，後藤新一『銀行合同の実証的研究』日本経済評論社，1991年。

潟，静岡，廣島，高松，福岡の各市の所在道県）を1，それ以外を0とするダミー変数を説明変数とする推計値を示した（OLS 推計）。これによれば，高度成長初期の1956年3月末の預金シェア，貸出シェアについて，すべての符号がプラスに効いている。その中でも預金シェア中の首都圏・関西圏ダミーが5％で統計的に有意になった。このことは高度成長初発時点では，預金量を基準とした地方銀行の階層構成を考える上で，大都市部への立地が強く効いていることを示す。これが高度成長終了後の1976年3月末の値では，預金シェア，

貸出シェアともにすべての符号がプラスに効いているが，地方中核都市ダミーが5％水準で統計的に有意である。つまり，高度成長初期の首都圏・関西圏といった大都市部の優位性が消失し，階層優位の地域的条件が地方中核都市所在府県に本店を持つか否かに移った。

この変化の解釈である。周知のように，1970年前後以降，田中角栄の「列島改造」に典型的に見られるように，経済開発の主眼が地域開発に移った。その恩恵を最も受けたのが地方中核都市所在道県であったと見られる。その影響を受けたのがそれら道県本店所在銀行だった。このことは，1956年3月末とは異なり，預金量だけでは無く，貸出量でも地方中核都市ダミーが統計的に有意に効いていることからも確認される。同時に，このことは，地方中核都市所在道県における貸出の伸びが預金増に繋がっている可能性も示唆する。

次に相互銀行である。地方銀行と相互銀行の預金量と貸出量の差について検定を行った結果，両年末ともに1％水準で統計的に有意な差が検出された。地方銀行と相互銀行の業態間格差は高度成長期を通じて解消されなかった。さらに，地方銀行と同様の検討を相互銀行についても行った。1956年3月末では，各変数ともプラスに効いているが，定数項以外，統計的に有意ではない。しかし，76年3月末ではすべての変数が1％水準で統計的に有意になった。しかも，回帰係数を見ると，首都圏・関西圏・愛知県ダミー，地方中核都市ダミーの順で大きい。高度成長期を経て相互銀行はより大きな都市部に立地したものほど，階層的に上位に位置した。このほか，回帰係数の大きさの順位から，相互銀行は高度成長期に生じた地域開発方針の変化を，地方銀行ほど反映しなかった。

以上，簡単だが，高度成長期における地域間の経済開発，経済発展のあり方の変化を通じて，預金シェアや貸出シェアで見た地方銀行の階層性の決定要因は，首都圏・関西圏に主たる営業基盤が所在するか否かから，地方中核都市所在道県に所在するか否かへと変化した。記述統計の表示は省略するが，このことは地方銀行の階層性の消滅を意味しない。相互銀行は，高度成長期を経てより巨大な都市部に立地するものほど，階層的に上位に位置した。地方銀行，相互銀行，信用金庫といった業態間のものも含めて階層性が存在する中で，これら金融機関経営の内部規律のあり方はどのように変化したのであろうか。史料の制約もあり，地方銀行と相互銀行に重点を置いて検討する。

1 金融検査と金融機関経営の組織的管理体制の構築
—— 経常収支率規制と組織的管理体制構築問題を巡って

(1) 問題の所在

　ここでは，地方銀行と相互銀行を主たる対象にして，1950年代に大蔵省金融検査官が認識した金融機関の組織的管理体制構築に関する問題を検討する。本問題の検討を通じた，行政指導の方向性とその改善への効果も含む，組織的管理体制の構築を巡る行政指導と検査の特質の明確化を，本書の課題とする。その際，金融検査官の業務の前提になる，通牒・通達に示される大蔵省の金融機関に対する行政指導方針，特に経常収支率規制関係のあり方や，これと実際の検査と行政指導との関連も併せて再検討する。

　既に戦前期の時点で，大蔵省銀行検査官たちは，行政指導の対象となる個別金融機関の経営情報を入手するという意味で規制体系実施上の要となる検査と行政指導を通じて，銀行経営，特に地方銀行経営にルールと手続きを重視した「近代官僚制的」な組織的管理体制を構築する必要性を感じてい

---

(334)「近代官僚制」という概念はMax Weberの議論を念頭においている（*Wirtschaft und Gesellschaft,* Fünfte Auflage, J.C.B.Mohr, 1972, s.124-130. 世良晃志郎訳『支配の社会学Ⅰ』創文社，1960年，33-39頁）。その定義は，職務の専門化と事務処理手続きの形式合理化（規則化・没人格化）が大きく進展するとともに，階層的管理組織をもち長期的な計画性に基づき最高管理者を中心とする管理者・管理組織層（企業で言えばコントローラー部門）が組織全体の運営を統括すると概括される。紙幅の関係上，詳細は省くが，このような議論はチャンドラーの「現代企業」論とも相似しているとの指摘がある（鈴木良隆・橋野知子・白鳥圭志『MBAのための日本経営史』有斐閣，2007年，6-7頁）。チャンドラーの議論の対象は，複数事業部と複数階層管理組織とをもつ製造業大企業であり，本書で扱う（中小）金融機関とは事業の在り方や管理組織の在り方が異なる点には注意する必要はあるが，換言すれば，本書で論じる金融機関の管理組織の「近代官僚制化」は，「現代企業」的管理組織化とも言える。このような組織管理体制の整備は，事務処理基準の明確化と省力化や経営行動の計画化（予算統制）を通じた日常業務の規律付けと効率化をもたらすことにより，経費削減や経常収支率の改善に資する側面がある（ほぼ同様な指摘は，経営学者のP.ドラッカーや当時の実務家からも出されている。Drucker P.F., *Management,* Harper & Row, Publishers, 1974, pp.198-230, 有賀裕子訳『マネジメントⅡ』日経BP，2008年，第17・18章；矢木五郎『銀行管理会計』全国地方銀行協会，1956年を参照）。この意味で，経営管理組織の「近代官僚制」化は，経常収支率の改善と関連を持つ。

た。この考えに基づき，確認できる限りで，第一次世界大戦期以降の検査と指導の過程では，単なるプルーデンスには止まらない，事務処理規定などの内規の整備や組織的な管理体制の構築を促した。しかしながら，このような指導は不十分なままに終わった。その後の第二次世界大戦期における銀行合同過程でも，経営規模の拡大がもたらされたものの，合同の急速さゆえに，合併参加銀行の役員間対立の残存も含めて，規模拡大に見合った組織的な管理体制の構築は殆ど未実現なままに終わった。これに加えて，戦後の激しい労働運動の結果，十分な合理化が進展しなかった。このような状況で，各金融機関経営は，ここでの対象である1950年代の歴史的前提条件となる戦後復興期を迎えた。

ところで，戦後日本の金融行政の重要特徴が，中小企業金融機関の保護と金融機関破綻回避を主眼とする，いわゆる護送船団方式にあることは周知のとおりである。序章で示したように，先行研究では，当該期の金融検査や行政指導が金融機関経営内部にまで立ち入ったものではない，単なる数量的な「諸比率指導」又は銀行局長による業態別業界団体宛を中心とする通牒・通達，個別銀行には銀行局長からの口頭伝達および検査結果に基づく示達であったとしている。もっぱら結果から行政指導や金融検査の特質が論じられている点にも問題がある。このほか，戦前来の金融機関の組織的管理体制の構築

---

(335) 戦前・戦時期における銀行検査については，先行研究の抱える問題点も含めて，白鳥『両大戦間期における銀行合同政策の展開』第2・3・5章，終章を，戦時下の銀行合同過程での組織的管理体制の整備の遅延については，両羽銀行の事例を取扱った同「戦時体制下における地方銀行経営の変容」。さらに，後述の埼玉銀行の事例や地方銀行Aの事例も以下での議論を裏付ける。このほか，戦後復興期における金融機関の労働運動の激しさは，地方金融史研究会編『続地方銀行史談』各号，全国地方銀行協会に掲載の各行頭取経験者のヒアリングも参照。
(336) 伊藤『日本型金融の歴史的構造』59, 177 – 246頁；『昭和財政史——昭和27〜48年』第10巻，東洋経済新報社，1991年，第1章第3節，第2章第1節。なお，上記両書は内容的にも殆ど相違はないので，その必要がある場合は，原則として『日本型金融の歴史的構造』のみに注記する。このほか，Hoshi and Kashyap, *Corporate Financing*, pp.91-128；Aoki and Patick (eds.), *Main Bank*, pp.89-108（邦訳105 – 127頁）では，戦後日本の金融システムの特徴として，大蔵省を中心とする金融規制の重要性を強調しているが，その中核を担った検査や行政指導の内容に立ち入った検討をしていない。

を巡る検査と行政指導の歴史的な文脈の中に，1950年代の検査と行政指導のあり方を十分に位置づけてもいない。これらの諸点を踏まえて分析を深化させなければ，当該期の検査と指導を通じた金融機関経営の在り方の歴史的変化の意義やその大きさを十分に理解することはできない。

以上を踏まえて，ここでは第一の課題を，上記の諸問題の検討を通じた，大蔵省の行政指導の特質の明確化に設定する。その際，特に焦点を経常収支率規制に絞る。このほか「諸比率指導」と検査との関連も重視する。特に，経常収支比率に関する指導は，比率の提示に止まり，金融機関内部に直接に立ち入った指導は行われなかったとされている。したがって，この点の吟味が重要な焦点のひとつとなる。なお，先行研究では，50年代における行政指導のあり方を二つの時期に区分している。しかし，そこでは狭く銀行経営ないし金融の問題のみが取り扱われており，借手である企業や産業との関係は考慮外であった。ここでは，この限界を考慮の上で検討する。

第二の検討課題は，検査を通じた組織管理（内部統制）体制構築面での指導の特質の明確化である。先行研究では，「直接的・個別的」検査・指導の主流化が指摘されている。しかしながら，実際に金融機関に直接立ち入った検査官が，その業務を通じて銀行経営に対して抱いた認識と，改善指導の方向性の特徴は不問に付された。しかし，最近の戦前期についての銀行行政・銀行検査研究で明確化されたように[337]，日本の場合，金融機関検査と指導は，資産査定に代表される一般的なプルーデンス政策を中心にしつつも，不正も含む情実的経営阻止の観点から，ルールと手続に基づく計画的かつ「近代官僚制的」[338]な経営管理体制構築へ誘導することも重視した点に特徴があった。50年代も，この限りでは戦前期同様であり，後述の検査は勿論のこと，それ以外でも通牒・通達に示された「諸比率」是正についての要求との関連で，経営の計画化，特に経営管理面の充実，研修・教育による行員養成など，組織的

---

(337) 注（335）文献を参照。
(338) 伊牟田敏充「銀行経営史のフレイムワークについて」『地方金融史研究』第22号，1991年3月，64-77頁では，銀行経営の組織的管理体制の研究の必要性が提起されている。しかし，検査など当局との関わりも含めて，具体的な検討はされなかった。

経営管理体制の充実・強化による合理化を促していた。さらに、検査部作成の解説書には「経理・記録その他事務処理」「罫紙及び報告書要旨の使用法」、「機密の部」での「役職員」に関する検査項目と解説や、「銀行に対する諸資料の作成依頼」の中に「経理・記録その他事務処理に関する設問」項目が盛り込まれており、大蔵省もこの点をプルーデンスと並ぶ、重要な柱のひとつと位置づけていた（52年度史料、413頁）。

もっとも、現状では戦後の検査、特に資産査定関係を中心とするプルーデンスについての内部史料の入手と利用が極めて困難である。それゆえ、検査の重要な柱である不良債権処理に関わる行政指導や、指導全体の効果の検討は断念せざるを得なかった。この点に関しては、管見の限り、一事例が判明するのみである。その際、大蔵省は当該金融機関の不良債権の査定と処理にあたり、一挙に償却すべきとの示達を出した。もっとも、当該金融機関は経営体力との関係から、複数年かけた償却方針を答申し、大蔵省もこれを尊重して不良債権処理を促したという。被検査銀行の意向を尊重した点は戦前期と同様であった。この事実しか判明しない点は、本書の重大な限界である。しかし、当該期は、高度成長期という、都市銀行経営者をして銀行経営を揺るがすような「不良債権が出なかった」と言わせる時期であり、この限界は致命的ではなかろう。

(2) 1950年代から60年代初頭を取り扱う意義

これに加えて、特に地方銀行以下の業態に顕著であるが、内部管理体制整備が「全国的な流れでもあった」との地方銀行関係者の回顧や、地方銀行・相

---

(339) 解説書は、大蔵省銀行局検査部『新しい銀行検査法』大蔵財務協会、1951年、262-281, 322頁。
(340) 以下、大蔵省銀行局『銀行局金融年報』からの引用（記載内容は前年度分）は、本文中に「X年度史料」と記載した上で、引用した文章がある頁数を示す。
(341) 『山形銀行百年史』同行、1998年、402-403頁。戦前の検査と不良債権整理という意味での経営改善への誘導手法は、白鳥『両大戦間期における銀行合同政策の展開』第2・3章を参照。
(342) 松沢卓二・岡崎哲二「日本型金融システムの大いなる功罪」『週刊東洋経済新報』1995年8月12日〜19日号、122頁。
(343) 「山梨中央銀行　樋泉昌起氏との座談会」地方金融史研究会編『続地方銀行史談』

互銀行の業界団体の動き（次頁表3-6-2）に見られるように，当該期は各業態ともに，経営環境の変化・業容拡大を背景に，計画的かつ「近代官僚制的」な経営管理体制の構築に向けて，業界団体を中心に状況改善に努めた時期でもあった。次々頁表3-6-3には，すべてではないが，閲覧できた少なからぬ数の地方銀行，相互銀行の年史をもとにして，組織整備の進展状況に関する幾つかの指標を示した。各行の年史には，必ずしも摘要欄に示した全項目についての記載があるわけではない。この史料上の限界ゆえに，本表はあくまで大まかな傾向を示すに過ぎない。それでも，本表から49年以前の段階で地方銀は，管理部門の独立と強化への動きを示す本部組織と本店営業部の分離や，検査部門の設置が進展していたが，それ以外の点では相互銀行も含めて，「近代官僚制」的組織の重要特徴である事務処理手続きの形式合理化（規程の整備）の着手や，業務内容を検査する部門（検査部門）や，「近代的経営の本質」とされる経営の計画化（長期経営計画の導入）とその実施のための関連部門（企画部門）の設置が1950年代を通じて進展していたことが確認される。原史料によれば，特に50年代後半における「近代的経営」の到達点としての計画化の動きは，表示数以外の銀行については60年代以降に実現する。この意味で，50年代から60年代初頭は，金融機関の「近代的経営」到達への最後の動きが始まった重要な局面だった。次にこの動きの背景である。幾つかの年史によれば，1950年代，特に半ば以降，朝鮮特需ブームの消滅による経済停滞の影響や，大衆化の本格化に伴う事務量の増加もあり，各銀行は合理化の

第10集，全国地方銀行協会，2002年3月，11頁。
(344) 都市銀行は審査体制構築が中心であるが，『住友銀行史』同行，1955年，387頁，『三井銀行80年史』同行，1957年，518頁，『第一銀行史』下巻，同行，1958年，522頁，『富士銀行80年史』同行，1960年，561頁，『三菱銀行史』469-471頁などを参照。杉浦「戦後復興期の銀行・証券」275-277頁も同様の事実を指摘している。個別地方銀行の動向は，白鳥「戦時体制下における地方銀行経営の変容」を参照。
(345) 全国地方銀行協会『地方銀行の本部機構について』同協会，1960年，11-14，44-45頁によれば，これらの諸改革がその実現を目指す「近代的経営」の本質とは本部（コントローラー部門）を中心とする「計画的経営」であった。その際，事務処理基準の形式合理化とともに，その企画立案にあたる企画部門の設置が特に重要であった。この記述が表3-6-3摘要欄の諸項目を選択した根拠である。

表 3-6-2　1950 年代における地方銀行・相互銀行の業界団体の「経営近代化」への動き

開催時期	内容
地方銀行	
1950 年 2 月	地方銀行職員の教育機関創設について例会での審議開始。
6 月	「銀行経営および銀行検査に関する研究会」開催。
	銀行実務叢書刊行開始。
1951 年 4 月	地方銀行職員の研修を協会事業としての実施を決定。
1952 年 4 月	研究賽を設置。
1953 年 1 月	銀行叢書刊行開始。
2 月	調整勘定中間処理研究会開催。
8 月	審議担当者会議開催。
1954 年 6 月	検査方式委員会設置。
12 月	「銀行の検査方式」を取りまとめ，刊行。
1955 年 3 月	検査方式研究会開催。
3 月	銀行経理に関する臨時専門委員会設置。
1956 年 3 月	合理化推進特別委員会設置。
4 月	財務委員会設置。
8 月	「合理化推進資料」(→「合理化資料」) 発行開始。
9 月	第 1 回支店長講座実施。
1957 年 6 月	代理業務委員会設置。
8 月	第 1 回得意先掛指導員訓練講座開催。
9 月	合理化委員会設置。
12 月	合理化第 1 専門委員会，同第 2 専門委員会設置。
1958 年 4 月	得意先掛訓練講座マニュアル作成。
5 月	銀行文庫刊行開始。
7 月	第 1 回経営研究会（→役員経営研究会）実施。
9 月	窓口対応訓練マニュアル，同シート作成。
10 月	合理化第 1 専門委員会「地方銀行の予算統制方式」を取りまとめ。
1959 年 3 月	合理化第 3 専門委員会（→機械化専門委員会設置）。
5 月	法規専門委員会（→法規専門部会→法規部会）設置。
10 月	為替業務部会打合会開催。
相互銀行	
1951 年 7 月	相互銀行実務講習会開催。
12 月	『相互銀行実務講習録』全 3 巻を刊行。
1952 年 10 月	第 1 回相互銀行珠算競技会開催。
1953 年 2 月	第 2 回相互銀行実務講習会開催。
6 月	第 3 回相互銀行実務講習会開催。
12 月	第 2 回『相互銀行実務講習録』全 5 巻を刊行。

1954年2月	預金掛金実務講習会開催。
10月	貸付事務講習会開催。
1955年11月	実務講習会開催。
1956年9月	研究会掛金表改定問題大綱作成。
10月	セールスマン講習会開催。
1957年2月	第1回演習講座開催。
1958年6月	「貯蓄の集い」開催。経営管理講習会開催。
10月	労務講習会開催。
11月	統計調査講習会開催。
1959年6月	中小企業診断員養成講座開催。
8月	相互銀行経営研修会(第1回)開催。

出所:『全国地方銀行協会50年史』(同協会,1988年)付録年表,『相互銀行史』付属年表(相互銀行協会,1971年)より作成。

表3-6-3 経営組織整備の状況

摘要／年代	1949年以前		1950～54年		1955～60年	
	地方銀行	相互銀行(無尽)	地方銀行	相互銀行	地方銀行	相互銀行
本部組織と本店営業部の分離	18	4	14	23	3	2
事務処理規程整備への着手	2	0	21	22	9	3
企画部門の設置	5	0	8	7	12	8
検査部門の設置	18	3	16	20	4	4
長期総合計画の導入	0	0	3	1	9	11

注:1) 長期総合計画については開始年次を基準に集計。原史料によれば,事務処理規程の完成には,着手後,通例,少なくとも数年はかかる。
2) 企画・検査の両部門の設置は独立の部・課化した時点のものを集計した。ある組織の下部組織である場合(例えば部の中の課)は集計対象にしていない。独立のセクション化が両部門が重視されたことを意味すると考えたからである。
3) 対象銀行名は次のとおり。
　地方銀行:千葉,常陽,青森,第四,大分,四国,足利,伊予,秋田,静岡,十六,横浜,岩手,百十四,京都,山口,広島,八十二,泉州,千葉興業,池田,東京都民,清水,福井,鹿児島,琉球,北越,関東,駿河,東邦,佐賀,羽後,山陰合同,山梨中央,武蔵野,福岡,山形,北海道,庄内,沖縄,宮崎,南都,三重。
　相互銀行:西日本,東京,九州,兵庫,神奈川,北洋,秋田,福徳,近畿,殖産,名古屋,富山,日本,広島,大光,大阪,徳陽,中部,高知,弘前,旭,阪神,松江,大東,正金,沖縄,栃木,第三,山口,大生,肥後,国民,名古屋。
4) 1955・60年の地方銀行,相互銀行数はそれぞれ65行と64行,71行と72行(『昭和財政史 終戦から講和まで』第19巻)。

出所:各行『年史』により作成。

必要性を認識したという(346)。このことが，上記の「全国的流れ」の背景であった。この動きに対する検査官の認識や指導の方向性やその効果の検討は，両大戦間期の金融危機下とは異なり，資産内容＝経営健全性の問題が相対的に後景に退く時期だけに重要であろう(347)。

　その際，ここでは史料として若干の個別銀行の内部史料や業界団体史料のほか，主に『銀行局金融年報』所載の検査報告を用いる。同史料は，業態面でも金融機関数面でもカヴァリッジが広く（後述），かつ，逐一引用はしないが，基本的に同一業態内での検査対象行の規模のバランスも良い(348)。特に，本史料は，金融機関経営の抱える管理上の問題点と改善の方向性の指摘を主眼としており，上記の課題に応えるには適切な内容をもつ。もっとも，その記述には，特定の金融機関を論じたと判断される部分と，各金融機関についての記述と判断される部分がある。前者と判断されるものは，金融機関名も含めて，可能な限りその旨を明示し，後者の場合も同様に取扱う。

　ここでは，史料の制約上，地方銀行を中心とする普通銀行と相互銀行が主要な検討対象になる(349)。これ以外の業態は，少なくとも，50年代には，保険業・労働金庫を除く他業態は，恒常的に検査報告が史料に残らない。信用金庫については，検査の受け手側の状況が分かる史料を，二次史料も含めて，少なくとも現時点では見出していない。このほか，保険業・労働金庫・信託銀行は，本書の対象となる業態とは性格が大きく異なり，ここで一緒に扱うには適さない。これが検討対象を限定する理由である。

---

(346) 例えば，『山形銀行百年史』452頁や『西日本相互銀行十年史』同行，1954年，328頁ではこのような説明がされている。
(347) 注(335)のほか，地方金融史研究会編『戦後地方銀行史〔Ⅱ〕』東洋経済新報社，1992年；後藤新一「銀行」米川伸一ほか編『戦後日本経営史』東洋経済新報社，1991年，75-135頁などでも，本書での検討対象は扱われていない。
(348) この点は，各年度史料の各業態項目の冒頭の記載から判断できる。
(349) 杉浦「戦後復興期の銀行・証券」276-277頁も，本項と同じ史料を用いて，メインバンク・システムの形成との関係で貸出審査に問題を絞って検討している。なお，白鳥「大企業と金融システム」鈴木・橘野・白鳥『MBAのための日本経営史』では，本書で取り上げなかった業態について，検査官の認識のみだが検討している。

2　金融機関に対する行政指導——経常収支率規制を中心に

　ここでは上記の第一の課題に関わる問題を検討する。先行研究では[350]，銀行経営に関わる「諸比率指導」の内容として，経常収支率規制，不動産比率規制，預貸率規制，自己資本比率規制，流動性資産比率規制，大口融資規制を挙げている。ここでは，その中でも，特に経常収支率規制に関わる問題に重点を置いて検討する。

　まず，この問題は既に1952年度史料（79-80頁）で取り上げられた。そこでは総人件費抑制を中心に収支状況の改善が強く求められた。51年7月5日付けの蔵銀第3153号には「預金金利との不均衡」の「是正」のほか，「一般企業」は一層の合理化が実施されているため，「率先して経費節減その他経営合理化につとめ」よとある。このほか，店舗規制も含む（同168-169頁）上記通牒についての解説では，製造業企業の国際競争力強化の観点から，資金供給機関である銀行には，「率先し」た経費節減を求めた。つまり，日本製品の輸出競争力強化を目的に，より低い貸出金利でも経営的に成り立つことを可能にするような，預金金利を中心とする資金コスト低減を実現する必要性から，経営の合理化が求められた。翌年度には，相互銀行法制定を受けて，52年7月7日付けの蔵銀3190号などにも見られるように，無尽も含む相互銀行にも同様に合理化を求めた（53年度史料，254，267-268，272頁）。

　これ以後，1952年9月22日の蔵銀4698号，53年3月19日の蔵銀第1084号など，経営合理化を求める諸通牒が出された。これらは「わが国経済の実情からして経済の正常化を図り，産業の国際的競争力を培養するために，産業の実質的金利負担を軽減する必要のある」(中略)「(そのためには)先ず金利引き下げを可能ならしめるような銀行業務の合理化および効率化の方策を取上げ」改善を促す必要性があることや，「この際更に（金融機関経営の）合理化，効率化並びに適正化によって経済の正常化と産業の国際的競争力の培養を図ることが緊要となつ（ママ）た」ことを，その理由に挙げていた（以上，53年度史料，158，162，229頁）。周知のように，50年代前半は日本経済が国際経済に本格

---

(350)　伊藤『日本型金融の歴史的構造』195-216頁。

的に復帰して間もない時期であった。その状況下で国際競争力を強化する必要性が，経済界を中心に国家的に強く認識されていた。さらに，企業競争力強化目的の設備資金は銀行借入に強く依存しており，輸出品のコスト低下実現のためには，資金コストの低下が必要であった。この理由で大蔵省は各金融機関に経営合理化＝コスト低減を求めた。以上を背景に，53年上期決算では，経常収支比率は83％（54年度史料，175頁）にすることを求める決算通牒を出した。

　その後も，このような指導は，基準値は異なるものの継続する（普通銀行は78％，相互銀行は80％。56年度史料，112, 179頁；57年度史料240頁。数値は56年度史料と同様）。その際，問題になるのは大蔵省の指導が単なる「諸比率」の提示とその達成促進に止まっていたのかという点である。この点を検討する上で，興味深い史料が55年度史料に記載されている（以下，143-146頁）。大蔵省は55年12月22日付けで，55年下期損益予想表徴求の通牒を発し，経費節減や合理化に関わる所見の提出を各行に求めた。それを踏まえて，56年3月6日付け通牒「昭和30年度下期決算等当面の銀行経営上留意すべき事項について」では，①人件費・物件費の削減のほか，経費予算制度の強化徹底による経費全般の削減，②個別行にとどまらない，各金融機関の「同業（態）連帯」による合理化，③預金商品の複雑化の排除・簡素化，資金吸収別原価計算の実行と採算のチェックが求められた。これを受けて，各行ともに合理化委員会を新設し，全国銀行協会連合会でも合理化推進委員会を設置した。さらに業界団体の動きを受けて各行，業界団体から大蔵省宛に提出された報告には，本部機能の強化，支店長権限の明確化，支店の独立採算化，長期経営計画の導入，事務処理規定の整備・帳簿書類の書式統一など事務処理手続きの整備，行員教育の実施など，合計56もの組織的管理体制の問題に関わる改善項目が示された。

---

(351) 一例のみ挙げるが，関西経済連合会も1955年3月28日付けの文書で，日本製品の国際競争力強化のための「物価の合理的な引き下げ」のための政策的措置を要求している（「通貨金融政策に対する意見」『日本証券史資料』戦後編，第7巻，160-161頁）。その一環として「中小金融機関」の「経理監督を厳に」すること，「市中金融機関の経営合理化」を含む「金利水準の引き下げ」を掲げていた。

地方銀行については，1956年1月付けで，組織的管理体制の改善状況に関する改善状況の報告を提出させた。さらに，地方銀行協会の合理化推進特別委員会にも委員を派遣した (57年度史料，196-203頁)。このほか，58年6月23日の全国銀行大会における蔵相演説でも，「経営の合理化」への「格段の配慮」が求められており，単なる「経費削減」に止まらない合理化が要求された (58年度史料，165頁)。同様に，相互銀行に対しても，普通銀行に順じた指導がされた (同，207-208頁)。さらには，59年3月2日付けの蔵銀218号「当面の銀行経営上留意すべき事項について」でも，「諸比率」改善のためにスタッフ機構とコントローラー・システムの確立を通じた銀行経営の改善が求められた (59年度史料，151, 224頁)。これに加えて，60年4月8日付け通達では，「貿易為替自由化」に対応するため，金利水準引き下げも含む日本経済全体の効率化の一環として，都市銀行と地方銀行に業務計画表と損益予想表を提出させ，コントローラー制度の確立と長期経営計画の導入を促すとともに，関係する人的資源の育成も求めた (60年度史料，146-150頁)。[352]

以上，1950年代を通じて，大蔵省は経常収支比率改善のために，単なる数値目標の提示とその達成を求めるには止まらない，人的資源の育成も含む金融機関内部の組織的管理体制の改善を巡る問題にまで踏み込んだ指導を行った。その際，かかる指導は，50年代前半から中葉までの時期と，「貿易為替自由化」が問題になり始めた60年あたり以降の時期とでは歴史的位相は異なるものの，一貫して金利低下＝資金コスト圧縮を通じた，日本経済の国際競争力強化に重要目標が置かれていた。周知のように，この時期は日本の産業政策全体として輸出競争力の強化に主眼が置かれていた。ここから，大蔵省銀行局の指導も，このような政策状況を反映したものと強く推測される。この意味で，国家的な課題を反映しており，単なるミクロ次元には止まらない内容を持っていた。[353] この点を踏まえて，次に問題にすべきことは，経常比率規制

---

(352) 『昭和財政史――昭和27〜48年度』第10巻，184頁には地方銀行が「『長期経営計画』を自主的に策定」し，「当局もこれを歓迎した」とある。しかし，後述のAの事例も含めたとき，当局がその策定と導入を促したのが実態であり，理解が転倒している。

(353) この点が1950年代における大蔵省の金融機関経営に関わる重要な政策理念であった点は，伊藤『日本型金融の歴史的構造』217-226頁では指摘されていない。

に関しては，大蔵省による「直接介入」が不可能なために，通牒・通達による「諸比率」提示が実施されたとの先行研究の議論である。(354) この点の妥当性の如何は，「個別」金融機關に「直接」立ち入った金融機関検査の内実，特に問題認識と指導の内容を吟味することで確認される。以下，50年代から60年代初頭における検査体制の変化と検査動向も含めて，この問題を検討する。

3　大蔵省金融検査体制の変容と検査の基本的動向

戦後復興期にはGHQ・日本側ともに金融機関の検査制度改革の必要性を唱え，マニュアル化・検査官専門化を伴う規模拡充を柱とする，アメリカ・モデルの導入による改革を行った。(355)

まず，これを受けた検査体制の整備状況を確認する。本省の銀行局検査部総員は，(356) 51年度末123名から60年度末83名と，50年代を通じて減少傾向にあった。もっとも，検査官（専門検査官）は42名から61名と増加され，総構成員に占める割合は3割台から7割台へと上昇する。これに対して，財務局配置分を見ると総員（兼任検査官＋専任検査官）が同様に82名から181名へと一貫して増加した。専任検査官の比率（専任率）も併せて上昇し，33%から50%にも達した。このほか，地域別に見ると，金融機関数の多い関東（2割台前半）・近畿（1割台半ば）両財務局，特に前者が突出しており，それ以外は，配置数の少ない北陸を除くと，ほぼ同様な配置数を示した。その際，戦前との相違点として，専任検査官配置数の増加に見られる，専門化の進展には留意すべきである。さらに，敗戦後における戦時専門官僚支配に対する批判を踏まえて，金融行政の一環をなす検査に対する一定の説明責任を果たすべく，(357) 本書で用いる検査報告を『銀行局年報』に掲載した。

次に業態別の検査動向を検討する。金融機関全体に対する検査数の比率（検査率）は，60%台から50%程度へと大きく低下する。地方銀行以下の中小企業金融機関全体の比率は低下するが，その値は一貫して8割台を維持する。

---

(354) 伊藤『日本型金融の歴史的構造』196頁。
(355) 詳細は，第2章第3節。
(356) 以下，検査動向も含めて，『年報』各年度による。
(357) 第2章第3節。

これに対して，都市銀行は1951（82％）・53（100％）年度を除き，総じて高くても40％程度と低位であった。全体の検査率低下は55年度以降の農協等への検査対象の拡大が影響している。このことは，検査対象の拡大に応じた体制確保の困難さを意味する。もっとも，通常検査に加えて，50年代から60年代半ばまでに，52年8月，53年4月（以上，粉飾預金特別検査），61年6・10月（「都市銀行に対する特別調査」），63年3月・同年4・5月（「歩積・両建て預金特別検査」）という特別検査が実行されたほか，55年度からは本省と財務局の検査に際しての相互協力，57年度後半以降は日本銀行考査との「連携強化」が図られた。(359)

以上，1950年代から60年代初頭には検査官の専門化の進展とともに，中小企業金融機関を重視した検査が行われたのである。

4　金融機関の組織的経営管理体制に関わる検査官の認識と指導の方向性

(1) 1950年代前半

以下，ⅢからⅣでは，Ⅰで検討した大蔵省の経常収支比率に関わる行政指導方針を受けて実施された，金融検査時の検査官の問題認識や行政指導の方向性の特徴やそれらの妥当性を検討する。このことを通じて，検査過程で組織の効率性向上に関わる問題の指摘と改善指導を実施することで，各金融機関の経常収支比率を是正する方向へ誘導していたことを明確化する。

既述のように，特に地方銀行以下の階層の業態であるが，1950年代には経営組織の構築と経営管理が強く問題にされた。(360) 戦後初めて公刊された『年報』である52年度史料（396-413頁）には，銀行一般に共通する課題として，「(1) 一般的に機構による運営への認識の欠落，「(2) 一般的に各部課間の

---

(358) 当該年度の『年報』による。
(359) 『年報』58年度版，392頁。
(360) 以下，紙幅の都合上，詳細な引用はできないが，1950年代後半分や財務管理・貸出審査体制についての問題も含めて，『年報』に記載されている地方銀行が抱える経営の組織的管理上の問題点は，1950年代に検査実務を担当した末広隆介も実地検査の報告書に基づき指摘している（大蔵省銀行局検査部管理課指導係編『金融検査の史料　第一篇』同族，1967年3月，114-124頁）。ここから，当該引用部分は，執筆者によるバイアスは小さいと判断される。

連絡協調」不十分,「(3) 一般的に審査,経理,検査の陣容」の弱体さが挙げられていた。(1) については,「本部の部課組織と権限は内部規定に」よる「明文化」が「普通であ」るが,「実際の業務運営」は「特定人物の左右する」状況であることが,(2) については (1) とも相俟って,「各部課間の適当な牽制と釣合いが破壊され」,特定部課の発言力が増大し,十分な運営ができていないことがそれぞれ指摘されていた。(3) については,経理部門・検査部門の「人員不足」により「十分に機能」していない事例の多さが指摘される一方で,他方では検査部門は「構成員の質的貧困,怠慢等に(問題が)あることが多い」との指摘が出された。組織内の各部・各課間の調整も含めて,組織的な管理体制の構築の不十分さが認識された。1950年代は独立の部(課)としての企画部(課)・検査部(課)設置が始まり,漸く組織構築上,これらの諸部門の重要性が認識され始めたところであった(前掲表3-6-3)。特に企画部門に関しては,個別事例にすぎないが,設置直後にはその重要性が十分に認識されず,各部・各課の調整に苦労したとの証言もある。検査官の認識は経営実態に基づくと推定される。このほか,都市銀行のみ管理部門の肥大化による不当な「管理費用の増嵩」が指摘された。都市銀行全体の経常収支比率を見ると,50年上期の79.8%から51年上期には80.8%に上昇していた(54年度史料224頁)。検査官の指摘の妥当性が,一定程度,確認される。

　ほぼ同様な指摘は,相互銀行・無尽も見出せる。まず,「(1) 役職員の素質に関する問題／(2) 経営方法の問題」に大別される。前者については「人

---

(361)「山形銀行　丹羽厚悦氏との座談会」地方金融史研究会編『続地方銀行史談』第15集,全国地方銀行協会,2007年3月,13-14頁。ただし,本事例は総務部内への設置である。

(362) 紙幅の都合上,詳細な引用はできないが,以下,1950年代後半分や財務管理・貸出審査体制についての記述も含めて,『年報』に記載されている相互銀行の経営の組織的管理上の問題点は,検査実務を検査した小林春男も指摘している(『金融検査の史料　第一篇』47-53頁)。ここから,当該引用部分は,執筆者によるバイアスは小さいと判断される。このほか,小林稿には相互銀行の業務上の諸問題の要因として,無尽時代には「無益契約を主体としたが故に,契約自体において,信用の授受両面の調整は自動的に営まれていた」ことについての指摘がある。以下での地方銀行に比べての,相互銀行の組織的管理体制の形式合理化の進展度合いの遅延という認識の背景には,前身である無尽の特殊な経営の影響があることが予想される。しかし,本書ではこのことを十分に裏付けられなかった。今後の課題である。

的素質が劣弱」であることが指摘された。具体的には,「役員中」の事業の「私物視」,および「公私を混こうし,情実的な融資及び人事」の実施,職員の事務処理能力の低位と研究心の乏しさや,これに伴う帳簿記帳整理の杜撰化,多数の経理ミスの発生が指摘された。このほか,外務職員の管理の不適切さも強く指摘された。(363)翌年になるとさらなる問題点として,企画指導・内部監査部門の弱体さが指摘されていた。(2)については,①融資時の勘や「外面的な一部の評判等」への依存傾向の強さ,②「計数観念に乏しく損益収支,原価計算等の正確な把握が」されていないこと,③「帳簿書式が極めて複雑多岐」であることが指摘された。行員の質的貧困に加えて,組織運営の前提となる帳簿類,規定類の整備という,組織管理の初歩すらできていないことが問題視された。(364)

　大蔵検査官の指導の効果は,地方銀行に関しては,比較的早期に顕れたと認識された。54年度史料（453頁）には全般的な本部機構整備の進捗,内規・事務処理規定の制定努力など「業務運営体制の一新をみ」たとある。もっとも,問題点として,効果があった事例数の少なさを論じた。その上で,それらの原因として首脳陣の機構による運営の未実施,経営規模を考慮しない機構整備と人員配置,業務分量・事務分掌の不明確さ,各部課の連絡調整の不十分さを挙げた。さらに人的資源と組織構築のミスマッチを重要視していた。度重なる検査経験を通じて,検査官により認識された問題の焦点は,事務処理規定の整備といった基本事項から組織間の業務分担関係や人員配置・人的資源の育成など,組織運営の効率化と円滑化に関わる問題へと変化した。この方向性は50年代後半にも継承された（後述）。なお,行内「検査陣容の充実による各店貸出の統制,内容の把握と検査励行による事務的改善,不祥事件の防止等」は「比較的短期に効果が挙つた(ママ)」とされ,一定の改善を認めていた。

---

(363) 同様な事実は,福田久男検査部長（56年当時）も回顧している（大月高監修『実録戦後金融行政史』金融財政事情研究会,230頁）。
(364) 例えば,兵庫相互銀行『兵庫相互銀行百年史』同行,1970年,255頁；広島相互銀行『広島相互銀行史』同行,195頁などでも,事務処理手続きの形式合理化の未進展を自ら認めている。

(2) 1950年代後半から60年代初頭

1950年代後半になると機構整備の進展度の業態間格差が明確化する。まず、地方銀行を検討する。55年度史料（282頁）でも機構整備の進展度が業績に反映してきたことが、56年度史料（354-356頁）では前年度に指摘した資産内容、業容進展度合いと機構整備との密接な関係は金融緩慢に状況が「一転」しても「引続き」変化がないことがそれぞれ指摘された。57年度史料（405頁）でも組織的な管理・運営体制強化の進展と、これを反映した本部職員の構成員比率の上昇（管理部門の充実）も認識された。

もっとも、同時に、特に「支店長や次席の人材払底」という、人材養成、人事管理面で組織化が困難に逢着しているという限界も指摘された。「この階層に人が揃っている」のは「本年度被検査銀行の中で3～4行、全国地方銀行をみても5～6行」として、検査官は問題視していた。さらに、58年度史料（398-399頁）では①「頭取の独断独裁で行われ、組織が無視され」ている銀行や、②役員の「融和の欠如」した銀行の存在[365]、③本部機構の弱体さ（特に、「総合企画性と組織の有機的連携」の欠如：59年度史料、425頁）、④権限・責任の範囲の不明確さ、⑤権限の幹部への集中による部長・次長・課長などの中間管理職の責任感の希薄化も指摘された。以上の問題や、後述する経理面等で問題を孕みつつも、地方銀行に関しては、大蔵省の検査と指導により、経営組織の構築とこれに基づく管理・運営面では一定の効果が現れていたと認識された。

その後、度重なる検査を通じて得た問題改善認識を踏まえて、問題認識の焦点は再び変化する。つまり、この点は財務面を検討する際に詳論するが、この基盤の上に、1950年代末になると、総合予算制度などの経営の計画化の進展が指摘された。ただし、この時期は総合予算制度導入の黎明期であった（前掲表3-6-3原史料。前述）。このことを検査官は問題視した。この現象は総合企画部設置を通じた企画機能の強化を伴った。60年代初頭に検査官側は「連絡調整」機関に過ぎないとのマイナス面の指摘をしつつも、「長期経営計

---

(365) 役員に関する問題は、東条猛猪銀行局長（1955年8月から57年6月）の回顧にも見出せる（『実録戦後金融行政史』546-551頁）。

画の策定，管理」や「営業店個別指導につながる」として歓迎した。[366]

　しかし，それ以外の業態では，この問題は大きな改善は認識されなかった。この点を相互銀行から確認する。56年度史料（376頁）には「本部機構／本部機構の整備」は，①「一般に」整備が進んだが，経営規模に対して過大なものがあり，これに伴い人員不足や「質的貧困」で機能していないこと，②機構が形式的に止まっていること，③「外務員による掛金費消」「内勤職員による行金横領費消」など不祥事件の増加，④重大欠陥としての「外務員監督の不徹底，人事交流の停滞等人事管理の欠陥」「相互牽制」の未確立，⑤「内部監査の不徹底」が指摘されていた。確かに実態としては機構そのものの整備は進展していた（前掲表3-6-2）。しかしながら，50年代後半になっても，主に人的資源の問題を背景として，その改善（「近代官僚制」化，形式合理化）は殆ど未進展であると認識されていた。

5　財務管理体制に関わる問題認識

（1）普通銀行――地方銀行を中心に

　ここでは，地方銀行を中心に財務管理体制に関わる検査官の認識を検討する。52年度史料（403頁）では都市銀行も含む普通銀行全般について「一般的に審査，経理，検査の陣容が弱体」なことが指摘された。この内，経理については損益等の分析と検討が不十分な銀行が「地方銀行中に散見され」，その原因が行員の「質的貧困，怠慢等にあることが多い」との認識がある。計数分析が欠如した経営が地方銀行に見られ，その要因が行員の「質的貧困，怠慢等」属人的資質に求められていた。さらに，翌53年度史料（514頁）でも，資金計画の漫然とした前期実績の踏襲を背景とする計画と実績の乖離や，債務者に引きずられ，資金手当に忙殺される等の「不安定な運営を」継続しており，その結果，貸出債権の健全性維持にまで影響していたと認識された。人的資源のあり方が問題の焦点と認識されていた。

　この問題認識のあり方は，1950年代中葉以降に変化する。この時期，地方

（366）全国地方銀行協会編『検査から見た地方銀行経営』同協会，1962年，125-126頁における清二彦検査官の講演。

銀行では組織的経営管理体制の整備が進展したと認識された（前述）。しかし，この状況下で「経理部を素通りして経営方針が営業部門に連絡し，経理部が計数の集計とか，業績の結果を数字の上に現わす機関視」（ママ）される傾向があり，「数理にたつ企画性にまだまだ経営者がうとい」との問題が指摘された（55年度史料283頁）。さらに，56年度史料（359頁）では地方銀行への原価管理に基づくコスト低減要求には無理があることが指摘されており，財務管理に関する専門知識に基づく，経営の未進展も限界として認識された。しかし，57年度史料（405頁）では，事務合理化状況が検討され，財務管理に関しては内部機構の再編成，行員教育の充実，総合予算制度の導入や改善の進展が指摘された。もっとも，58年度史料（397頁）では，特に内部機構再編成との関連で，具体的に組織内部での経理部の立場の弱さ，営業店に引きずられる傾向の強さという，営業部門に対する財務部門の統轄力の弱さが指摘された。

さらに，上記の問題改善についての認識を踏まえて，翌59年度史料（425頁）では導入が進んでいた総合予算制度により「本部の連絡調整，支店の指導統制に顕著な進歩を見せているものがある」ことを評価した。もっとも，「単純に収支予想から」逆算されており，「計数的根拠に合理的信憑性」が欠落しているため，経営管理統制の指標として効果が乏しい事例が多く，なおかつ「編成過程」で「単に前年度実績または預金増加のみを基準として各店毎に個別的検討が」なく，予算超過を「安易に容認しているため」，予算が単なる予算表化している事例が見られることが指摘された。検査官側は，計画を実行して行く規律面で，特に問題を認識しており，この意味で，特に財務面での経営の計画性に問題を認識していた。

(2) 相互銀行

これが相互銀行になると，より厳しい指摘がされた。1952年度史料（409-413頁）では，相互銀行に関しては①「計数観念に乏しく損益収支，原価計算等の正確な把握が」されておらず，「経費の繰り延べ，給付補填準備金及び未払利息の不適正計上等のため，損益の実態が歪曲され，経費率及び収益利廻が不明確」なこと，②「帳簿組織が極めて複雑多岐」「旧態のまま」のため「事務上徒らな煩雑と誤謬を招来する」ことが指摘された。この状況は，52年

度において預金が 80.1％・貸出が 76.0％も増加し（掛け金は 40.5％，給付金は 27.2％；52 年度史料 524-529 頁），「相互銀行の普通銀行的な性格を急速にクローズ・アップ」するなど経営規模と内容の両面での大きな変化にもかかわらず，「計数的基礎の上に立つた経営」の実施や「帳簿組織の簡素化，合理化，能率化」の遅延についての指摘にもあるように，大きな改善は見られないと認識されていた。

　この状況は，検査官の認識によれば，1950 年代中葉以降，改善を示したようである。55 年度史料（306 頁）によれば「未使用重要用紙類の受払保管，予備株券の保管等」が乱雑な銀行が見受けられるとしつつも，「記帳記録，手形証書の保管整理等の事務取扱」の不備の減少が認められた。その上で，掛金契約関係諸帳簿について「複雑な記帳様式が事務能率を阻害しているものも見受けられる」との指摘がされた。ただし，57 年度史料（422 頁）では検査対象の 3 分の 1 の相互銀行で，機構整備上の問題の一環として，「経理部門が後退し業務部門のみ前進し運営は跛行状態」であることが指摘されている。59 年度史料（432 頁）にも「経理部で融資規制方針を打出しているが審査部が協調しないため無意味に終わっているもの」もあるとの，ほぼ同様の指摘がある。以上，審査部に見られる業務部門が貸出・預金などの経営規模の拡大を優先して，財務部門の統括が有効性を発揮していないことを，検査官たちは問題視していた。

　もっとも，相互銀行も地方銀行に遅延する形で組織整備が進展していた。その過程で業務部門の改善・充実がもっぱら取り上げられ，組織規模拡大に見合う形での財務部門の充実が疎かにされていたと認識されていた。経営全体に関しても，1960 年度史料（454 頁）で「天降り的な割当資金量の督励以外には，営業店指導のみるべき方策がなく，経営に総合的な企画性，計画性がみられず」，少なからぬ銀行が「営業店の実体把握にかける」とされていた。相互銀行に関しては財務管理に基づく組織的かつ形式合理的な経営管理態勢の構築は，この時点に至っても未構築であると認識されていた。

（3）小　括

　財務管理の問題は，特に地方銀行以下の階層で問題視されていたが，その

位相は業態により異なる。組織的な経営管理体制の構築が進展していた地方銀行は，組織内部における財務管理部門の機能と役割のあり方が問題視された。地方銀行に遅延して組織整備が進められた相互銀行では，財務部門を中核とする企画性・計画性に基づく経営の欠落が問題視された。なお，財務管理部門に関する問題は都市銀行では指摘を受けていない。

6　貸出業務に関わる認識——審査・管理を中心に[(367)]

(1) 普通銀行——地方銀行を中心に

ここでは地方銀行を中心とする普通銀行の貸出手続の問題を検討する。1952年度史料（404頁）では「信用調査については，数年前に比較すれば各行とも可成りの改善が認められる」とされた。その上で，具体的内容として①稟議書も含めて科学的信用調査の様式を整えた点，②取引先財務諸表等の調査資料の店舗への備付け，③ごく一部の銀行ながら，信用分析基準を設定した上で，等級別に貸出条件に制約を加えていることが挙げられていた。しかしながら，「依然として対人信用に依存する貸出が跡を絶たず，『事業』に対する認識に欠け徒らに『勘』に依存して信用調査軽視の傾向は払拭されていない」ことも挙げられていた。さらには，情実的貸出，役職員関係の貸出金も「多くの銀行に認められる」とされていた。つまり，これらの面も含めて事業分析に基づく事前審査・リスク管理は徹底しておらず，属人的要素に依存した貸出審査の実施が広汎であったと認識されていた。この意味で，科学的かつ形式合理的な審査体制」の構築は不十分であると認識されていた。

以上の状況は，地方銀行は1953年度（514頁），都市銀行は54年度（439-440頁）も同様である。ただし，地方銀行については54年度史料（454頁）中で，少数ながらも協調融資等の域外貸出が問題視された。さらに55年度史料（288-289頁）では，一方では金融引締による貸出先選別，債権保全工作の強化と内部検査による保全上の欠陥についての指導推進の必要性が指摘された。もっとも，他方でに「新規既存を問わず担保徴求が進み」（中略）「これが書換

---

(367) このほかに大蔵省金融検査では粉飾預金も問題視された。もっとも，ここでは組織的管理体制構築問題と金融検査との関係の検討を課題にしている関係上，本問題の検討は割愛する。

継続を甘くさせ」たとの指摘が付け加えられた。この意味で，債権保全対策の改善は不十分との認識が窺える。

これが1957年度史料（414頁）になると，本部機構整備，ひいては審査体制の整備状況の如何で，経営内容に格差が発生していることが指摘された。このほか，翌58年度史料（400頁）には，「貸出金の調査，審査振りは，一般的に，依然として科学的でなく，担保，従来の預貸金取引状況世間的風評などにたよるのみで，実体的ではない」とあり，リスク管理体制の強化が見られた地方銀行は比率的に少なかったという。59年度史料（426-427頁），60年度史料（450頁）でもほぼ同様の指摘がされた。審査体制の整備・科学化という点で未だ問題が残ると認識されていた。

以上，特に地方銀行について，組織的な経営管理体制構築の進展度の如何により，各行間での形式合理的かつ科学的な貸出リスク管理体勢の構築の格差発生が指摘された。このほか50年代中葉以降の担保，特に不動産担保徴収が，審査・監督体制の弛緩を招いたとも認識された。高橋俊英大蔵省検査部長の61年の全国地方銀行協会での講演でも，地方銀行の融資姿勢として，稟議書類の複雑化・文書の冗長さや審査に重点を置かない担保主義が指摘されていた。[368]60年代初頭に至っても，この状況は未改善と認識されていた。なお，都市銀行については50年代中葉以降，この指摘は見られない。

（2）相互銀行

1952年度史料（410頁）では融資時の組織的調査の未実施と「勘」や世評などへの依存傾向の強さが問題視された。さらには，資産内容不良の主因として，役員の素質の劣弱さが指摘されており，資産の健全性維持に対する経営者の無理解が，内容不良化の重要要因であるとの認識も確認できる。後者も「不良資産発生の原因は事前調査の粗漏，事後管理の不徹底，情実介在の3点に要約できる」(412頁)とされ，特に事前調査は信用分析が不十分で「世評，勘による貸出許与が多い」と指摘された。ほぼ同様な事柄は，53～56年度史

---

(368)『検査から見た地方銀行経営』14, 154頁。

料でも指摘された。しかも，55年度以降では相互銀行の貸出債権の大口化，56年度史料では不動産担保への依存による審査・監督（貸出リスク管理）の弛緩も指摘された。特に，54年度史料（465頁）では，①貸付金の管理不十分，②延滞口への漫然とした貸増，③本部による支店貸出実態の未把握と無稟議，条例違反の貸出の多さ，④書換，貸増の放任を指摘した上で，その背景として「給付金と貸付金の根本的相違」への不認識が論じられた。貸出審査・管理体制の非科学性・無規律性の貸出債権管理への悪影響が問題視された。

　しかし，1957年度史料（419頁）になると，相互銀行は上記問題の残存が指摘されつつも，「審査機構の拡充，管理部門の整備の外，さらには収益力増加に伴う償却の増加等」も指摘され，状況の改善が認識された。ただし，大口貸出債権については，「堅実な融資方針の樹立或は融資の基本的態度（良質契約の厳選，債務者の厳選——原文）等については，さらに一層の改善を要するもの」があるとの指摘もあり，この面では問題改善の弱さも認識されていた。これが58年度史料（403頁）では「検査相互銀行38行のうち」，資産分類率改善が21行，同率が2行，悪化が15行とされ，次年度以降も貸出債権の審査・管理体制構築の奏効が認識された。ただし，59年度史料（430-431頁）では，検査対象39行中，改善したものが23行であることが指摘された。その上で資産内容が悪化ないし横ばいであった16行について，事後管理も含む「大口融資を扱う審査能力」の欠如にもかかわらず，大口貸出を増加したことによる内容悪化が指摘された。さらに，60年度史料（453頁）では，検査対象40行中の33行について，資産内容が好転したものが24行，上昇率1％を超えるものが2行に過ぎないことが示された。その原因として業容拡大重視による融資の放漫化，内部体制充実の未進展が指摘された。高度成長下において経営規模が拡大する中で，貸出債権の健全性維持に関する内部管理体制の充実が疎かにされた事例が多数指摘された。このことが相互銀行の経営管理体制の充実への動きを制限したとの認識が窺える。

　以上，1950年代初頭には，検査官から相互銀行は貸出債権の審査・監督体制の非科学性が指摘されていた。しかし，50年代中葉以降，相互銀行の

---

(369) それぞれ，527-530, 465, 304-309, 373-384頁。

体制整備は進展したと認識された。このほか，同年代末葉以降の経営規模拡大が相互銀行の管理体制充実への動きを制約したと認識された。検査官はこの問題の改善を重視したのである。

7　受検銀行側から見た金融検査官の問題認識

ここでは厳しい史料制約があるため，地方銀行を中心にしつつも，二次史料ではあるが，副次的に相互銀行側も取り上げて，これまで見てきた大蔵省金融検査官の問題認識を，どのように受検銀行側が受け止めていたのかを考察する。同時に，ここでの考察は，『年報』における記述と被検査銀行側の検査への対応や経営の実態との対比を通じて，『年報』の記述の妥当性を確認することも目的とする。

(1)　『銀行の検査方式』に見られる地方銀行業界の認識[370]

最初に1954年に全国地方銀行協会が作成した内部検査の手引書である『銀行の検査方式』(以下，『検査方式』と略記)を取り上げて，地方銀行側が大蔵省の問題認識に基づく指導をどのように受け止めたのか，という点を考察する。『検査方式』の作成にあたり，大蔵省検査部から検査部長と金融検査官の2名が参加し，協会側を，指導していた。協会側も，各地の地方銀行の検査を通じて，新検査方式策定の必要性を痛感し，ここ二年程「各種資料の蒐集・研究を」してきた「大蔵省検査部御当局の示唆と資料の御提供に基づく」，「大蔵省当局における長い準備段階がこの結果を生んだ基礎である」としていた。つまり，『検査方式』の内容には大蔵省金融検査官の問題認識が強く反映しており，かつ，業界側もこれを妥当なものとして受容していた。

この点を踏まえて，紙幅の関係上，主なもののみにはなるが，『検査方式』での具体的な指摘内容を検討する。まず，経営組織面では，①「分課組織乃至事務分担の適否」，②「牽制組織，二重管理制の実施状況の適否」，③「人員数の適否」，④「次長，副長等補佐者設置の要否」が問題にされている。

---

(370) 以下の議論は，本書の「はしがき」のほか，「第三，実地検査の方式」「第五，内部牽制組織の要領」に依拠した。

①については,「人のために特に設けられた課や係はないか」,③については部課などの「人員数はそれぞれの責任者が監督し牽制し得る範囲を超えていないか」,④については「次長,副長等補佐者は監督の範囲及び担当事務の性質に照らして必要か」とある。さらに,「帳簿組織または伝票書類の様式の適否」という項目では,「取引の種類,業務量から見て現在の帳簿組織のうち事務処理上支障を生ずる点はないか,また改善した方が事務能率の向上に資すると思われる点はないか」とある。これらの指摘は,経営組織の効率性を問題視した,前述の大蔵省側の問題認識と共通する。このほか,信用調査については「紹介貸出或は有名人（ママ）に対する貸出金で信用状態,返済方法等に関する調査不十分なもの」への着目の必要性が,債務者や保証人については「業態推移を常に把握しているか,これがために定期的にまた必要に応じて随時,財務諸表その他必要書類を徴求して常に分析検討しているか」ということがそれぞれ論じられた。これらの諸点は,地方有力者への貸出の際の属人的資質に依拠した非科学的審査の実施に対する大蔵省側の批判（前述）とも照合する。最後に,「内部牽制組織実施上の留意事項」を検討する。そこでは,まず,「内部牽制組織」の定義として,各係員が担当する事務が,他の係員の事務により「組織的かつ自動的に検証される」事務管理組織とされている。続いて,この定義に基づき,「経理手続ならびに事務取扱について全店に共通の準拠すべき一般的標準を設定し,この標準に基き運営する」とある。さらには,各行員の業務範囲と責任の明確化も指摘されていた。これらの諸点は,特定人物が組織行動を左右することや,行員の個人的経験に基づく事務処理や,権限の範囲と責任の所在の不明確さを批判する,前述の大蔵省側の問題認識とも符合する。これらに加えて,『検査方式』では,現金などの「保管係を定め,保管係と役席者との二重管理にするのが最も適切である」ことも論じている。

　それでは,『検査方式』の内容を現場で実務を担当していた地方銀行の行員側はどのように受け止めたのであろうか。この点を高山信介「『銀行の検査方式』私感若干」[371]を用いて検討する。本論考は『検査方式』に対して地方銀行の実務者の立場から論評を加えたものである。まず,全般的な反応である

---

(371)『バンキング』第87号,1955年,118-125頁。

が,「思わず『これなる哉』と絶賛するとともに,銀行の業務運営面に,また事務方式の面に教えられる点,反省させられる点が多々あった」とある。つまり,基本的に『検査方式』の指摘を妥当なものと受け止めていた。次に『検査方式』の内容についての具体的論評である。まず,「第五の『内部牽制組織の要領』の如きは,地方銀行として最も重要な課題であり,実施されなければならない事項であろう／殊に二重管理の不充分は痛切に感づる処で,行員不正の温床となつている感さえある」とある。さらに,『検査方式』での「諸規定の制定或いは整備,経営政策の具体的実施のための通達類の周知,予算による標準の設定,権限と責任の明確化,下部組織への権限委譲等,各種の条件が満たされなければならない」との指摘についても,「事実このように,先ず諸規定の制定乃至は整備が(経営管理体制の構築のための)前提的な条件となる」としている。これら諸事項は,上述のとおり,大蔵省金融検査で,度々,指摘されていた。これらのことを筆者は地方銀行の実務者として,傍点部分に見られるように,人的資源の問題も含めてほぼ全面的に肯定している。

　以上,少なくとも,金融検査を通じた大蔵省側の経営問題認識の核心部分に関しては,業界としてはもちろんのこと,地方銀行の行員側もこれを是認していた。

(2) 地方銀行のケース①──1950年前後における埼玉銀行の事例

　(2)と(3)では,1950年前後における埼玉銀行と地方銀行Aを事例に,1950年代における大蔵省金融検査と組織的管理体制の構築との関係を検討する。事例数は僅か地方銀行2行に限定される。しかし,戦前期でさえ受検銀行側の対応が分かる事例が数例に限定されることを考慮した時,現状では止むを得ない制約であろう。

　まず,埼玉銀行である。同行は判明する限り1949年下半期と51年1月から2月に大蔵省検査を受けている。まず,51年の検査講評では「重役並に行員諸君が心血を注ぎ和衷奮斗せる結果(中略)『総合的に見て実によく改善されている』」との評価を得たとして,51年1月27日の支店長会議ではこのような

---

(372) 白鳥『両大戦間期における銀行合同政策の展開』第2・3章。

結果を喜んでいた。それでは，49年下半期の検査ではどのような指摘を受けたのであろうか。この点を明示する史料は存在しない。ただし，上記の支店長会議ではこの間の業績低迷の理由として，武州・八十五両行出身の重役間対立と不祥事件の発生や，これらに基づく行員の「士気沈滞」と不正行為，ならびに不良債権の発生が挙げられていた。さらに，この間，「融資と監理両部の併合」に見られる貸出リスク管理体制の強化，「支店長に対する一定貸出権限の付与」，取引先などからの「饗応」を受けることの禁止，役員数の半減に見られる重役組織の簡素化，行員採用・行員養成体制の整備を通じた人的資源の質の向上といった改革が図られていた。これらに加えて，平沼頭取（当時）は，上記の諸問題を原因として，この時期の「行内の空気はただれており」，「検査の都度，検査官にいじめられた」と回顧している。

　同行の内情等の改善が図られた上で大蔵検査官の講評でも改善努力が評価されたことや，上記の支店長会議で挙げられた改善が図られた諸問題と大蔵検査官による講評結果に対する喜び様を踏まえた場合，1949年下半期の検査では上記の諸点が，検査官により問題点として指摘を受け，なおかつ埼玉銀行側もその指摘を妥当なものとして受け入れた上で改善に取り組んだと判断される。なお，指摘を受けたと推定される諸点は，50年代前半に関するリスク管理体制の甘さ，行員の質的貧困，特定人物による銀行経営の支配，50年代中葉に向けての地方銀行の経営管理体制の改善への動きといった，前述した大蔵検査官の指摘とほぼ符号する。

(3) 地方銀行のケース②――Aの事例

　次に，地方銀行Aを取り上げて，1950年から60年までの検査と組織管理体制の整備との関係を検討する。同行は60年末地方銀行平均預金量450

---

(373) 埼玉銀行『自昭和二十五年至昭和二十八年　支店長会議資料綴』合綴史料，平沼弥太郎「年頭の辞」1950年1月27日による。
(374) 埼玉銀行調査課『寄玉銀行史料　特No.1号　平沼前頭取に聴く』14–15頁。
(375) ただし，『平沼前頭取に聴く』によれば，経営状況が改善された後で，大蔵省金融検査官側から過度に厳しい批判をしたことについての謝罪があったという。それゆえ，大蔵省側の指摘に行き過ぎた面があったと見られることには留保が必要である。
(376) 以下，A所蔵の大蔵省金融検査関係史料による。なお，銀行名の特定を防止するた

億円を大きく下回る，比較的小規模な銀行であった。この間，現時点で確認可能な残存史料によれば，同行は1950年，52年，54年，56年，58年，60年に各1回，計6回の検査を受けている。このほかにも検査を受けた可能性は否定できないが，史料の制約もあり，これらの史料を用いて検討する。

　最初の検査では，戦時下における銀行合同過程以来，未実現のままでいた全店舗の統一的事務規定の整備，信用調査を中心とする貸出審査の科学化，検査規定の制定を含む内部検査の充実の必要性のほか，保護預かり関係書類の整理保管体制の整備の必要性が指摘された。これに対して，内部検査に関する指摘についての答申は史料中に見られなかったものの，それ以外についてAはこれらの指摘の妥当性を認めた上で，その改善に取り組むという答申を提出した。2回目の検査では本部機構の整備と内規・事務取扱規程の整備の必要性が指摘された。これについても指摘の妥当性を認めて，これらの整備に関する委員会の設置や行員・幹部の育成会・事務研究会を組織し，その改善に取り組むことを答申した。3回目の検査では事務取扱規程の制定の遅延が指摘された。これについても，指摘それ自体の妥当性を認めた上で，一部は完成しており，逐次，営業店に示達していることや，近く全編完成見込みであることを答申した。

　4回目の検査では，予算制度の活用を通じた合理化の必要性が指摘された。その上で，本部機構と事務組織については改善が見られるものの，十分に活用されていないので，さらなる改善の必要性が指摘された。このほか，内部検査体制の充実を含む内部監査体制の強化，営業店長への貸出専決権限の付与を通じた貸出稟議制度・審査体制の強化，貸出先の経営分析の強化といった貸出審査体制・貸出債権管理の強化の必要性も指摘された。これらについての答申は現時点では確認されていない。しかし，第4回検査に関する史料薄冊に合綴されている文書中には，このような指摘に対して特に異論を唱えた形跡は見られない。ここから検査官の指摘を受容したと推定される。5回目

めに，検査の月日や預金量の記載，史料原文の直接の引用などはしなかった。利用許可を受けた史料の範囲の制約から，史料の利用箇所も組織管理体制の整備に関わるものに限定した。60年末の預金量等は全国地方銀行協会編『地方銀行小史』同協会，1961年，別表5による。

の検査では，予算統制の厳格化を含む長期経営計画の導入の必要性と内部事務の合理化，市場調査の導入，規模拡大に対応した業務部組織の整備や，各課の有機的運用を図る必要性が指摘された。これについても，その指摘の妥当性を認めた上で，役員室直轄の総合企画部の設置を通じた各部の管理と調整による経営の計画化と予算統制の厳格化，業務・経理・融資の3課からなる業務機構を拡充した上で，予算統制面から組織全体を総合的に管理することを柱とする改善を考えている旨の答申が出された。最後に6回目の検査の際には，組織を構成する各部，各課の統制強化を通じた本部機能の発揮と営業店統制の強化や，これらを通じた経営合理化の必要性が指摘された。これらの指摘に対しては，貸出稟議については権限の下部組織への委譲とこれに対応した諸規定，諸手段を講じることにより，行員の士気を向上させ，業務の効率化を図ることが答申された。このほか，本部機構の強化に関わって，常務会の確立と，これに直属する総務部設置を通じて，経済の長期的動向を踏まえた長期経営計画の策定，総合予算制度の導入を通じた経営近代化の達成を目的に，経営合理化・事務改善関係の委員会設置が答申された。ただし，当時の同行関係者への聞き取り調査によれば，コントローラー制度の導入にあたり，各部・各課の関係者たちの理解が不足しており，組織間調整は難航したという。ここから，大蔵省に対しては行政指導へ積極的に対応する姿勢を示したが，実際に現場レベルでの実践となると相当の困難があった。

　以上，1950年代後半になると，検査官の指摘の中心は，それまでの書類管理や事務処理規定の整備，貸出審査体制・管理体制の科学化を中心とするものから，予算・財務管理を含む経営の計画化とこれに伴う本部機構の強化，上部組織への権限集中の問題とその是正に関するものに変化する。これらの指摘もまた，検査官の問題認識とほぼ符号する（前述）。受検銀行であるAも，積極的であるか否かはともかく，一応は，その指摘を基本的に妥当であると認めた上で，行員の育成も含む対応に取り組み，しかも，改善すべき点についての指摘を受けながら，検査官の指摘を踏まえて経営管理体制の改善を進めたと検査官に認識されたことが確認される。なお，人材育成体制の整備に伴い，人的資源の質に関する指摘はなくなる。ここから，前述のような検査官が指摘した人的資源の質の問題は，実際には行員の属人的能力そのものの低さ

第3章　高度成長期における金融機関経営の変容　385

に基づくものではなく，主として人材育成体制の不備に起因する側面もあったと判断される。Aの事例から判断する限り，上述のような検査官の指摘は，少なくとも，受検銀行側には妥当性のあるものとして受け入れており，その上で組織的管理体制の整備が図られたと言える。このような大蔵省の指導を踏まえた改善への取組みによって，Aの経常収支率は50年3月期の93％から55年3月期には88％，60年3月期には89％と，理由は不明であるが50年代後半になると停滞するものの，基本的には50年代を通じて改善の方向性を示した。このほか，Aの経営実態からして，『新しい銀行検査法』の記載事項は，金融検査官が指摘したことでもあり，地方銀行経営の実態に基づいていた。

（4）相互銀行側の認識

　ここでは，傍証ではあるが，史料の制約もあり，各行の『銀行史』の記述などから相互銀行の検査での指摘の受け止め方を確認する。まず，相互銀行以下層も，業界全体として，経営管理講習会や実務講習など，経営近代化・業務の「科学化」とその基盤となる人材育成，特に「勘と経験に頼り勝ちな経営」からの脱却目的の研修会を実施した（前掲表3-6-1）。これらの諸点は大蔵省金融検査官が指摘した問題でもあった。ここから業態全体としてこれらの諸問題の解決の必要性を認識していたと言える。

　以上を踏まえて，検査官の指導に対する個別行の認識を幾つかの事例から検討する。弘前相互銀行は，具体的内容は不明であるが，1955年5月実施の大蔵省検査で内部管理体制整備の必要性の指摘を受けた。これを「指針に」56年5月には企画室と審査第一課・二課をもつ審査部を新たに設置した上で，経営帳簿類の整備，原価計算制度，経営方針を決定する経営会を設置・導入する組織改革を実施した。第一に，この内容から大蔵省の指摘が帳簿類の整備や組織的な貸出審査体制の整備という基本的事項も含む内部管理体制の充実であったことが強く推定される。第二に，大蔵省からの指導を「指針」にしたことに見られるように，曲がりなりにも大蔵省側の指摘を妥当なものとして受容した上で，組織改革に臨んだことが分かる。

---

(377)『弘前相互銀行史』同行，1974年，108-112頁。

山陽相互銀行では，具体的内容は不明であるが，1953年3月から56年6月まで6次にわたる事務分掌規定改正を中心とする組織的管理体制の強化を目標とする本部機構改革を実施した(378)。その際に同行側は大蔵省の指導の重要性を認めていた。ここから大蔵省の指導内容の眼目は本部機構の機能強化と整備であったことが推定される。さらに，山口相互銀行は53年6月の大蔵検査で掛金の延滞のほか，内部機構整備の必要性と職員の能力向上など訓練の問題についての指摘を受けた(379)。同行はその指摘の妥当性を認めて，本部機能の強化，内部監査制度の確立，掛金延滞の整理を図った。ここから監査に見られる内部チェック体制の強化と不良債権処理が指導の眼目であったことや，大蔵省の指導が妥当なものとして受容されていたことが確認される。松江相互銀行も(380)，内部管理体制の整備期である50年代前半から中葉期である53年5月と55年8月に大蔵検査を受検した。具体的な指導内容は不明であるが，特に後者は，この間の体制整備の「試金石」とされていた。ここから，同行は検査を通じた指摘を受容した上で，組織的管理体制を整備したことが確認される。このほか，新潟相互銀行も61年11月の大蔵検査で59年下期から64年上期までの5カ年計画の提出を求められた(381)。これ契機に60年代に入って漸く経営計画化に着手していた。ここにも経営の計画化促進に対する大蔵省の指導の影響が確認される。

　以上の諸事例で取り組まれたことの多くは，大蔵省金融検査官が問題にした事柄であった(前述)。さらに，組織的管理体制の改善にあたり，積極的であるか否かはともかく，一応は，各行とも検査官の指摘を受容するか，それを念頭に置いていた。このほか，相互銀行の諸事例と前述した埼玉銀行や地方銀行Aと比較した時，相互銀行の管理体制整備の遅れが確認できる。この点は前述した金融検査官の認識の妥当性を一定程度裏付ける。なお，このように地方銀行と相互銀行との間で組織的管理体制の整備・構築の進展度の相違が生じた理由は，現時点では全く不明である。しかしながら，相互銀行の前

---

(378)『山陽相互銀行50年のあゆみ』同行，1982年，144–145頁。
(379)『西京銀行60年史』同行，1992年，166–168頁。
(380)『松江相互銀行史』同行，1979年，238頁。
(381) 新潟中央銀行『新潟中央銀行50年史』同行，1995年，165頁。

身である無尽とは異なり，戦前以来，地方銀行は組織的管理体制の整備に関わる検査と指導を受けており，組織的管理体制の整備については相対的にはあるがそれなりの歴史的経験を積んでいた[382]。このことが，両者の相違を生んだ背景であると推測される。

(5) 経常収支率改善に対する指導の効果，『年報』の記述の妥当性

　これらの諸事例から，史料の制約上，地方銀行における組織的管理体制構築の進展度の規模別格差など，その妥当性が確認できなかった部分があるものの，大蔵省の認識と指導の方向性は概ね適切であるとして受け入れられるか（地方銀行），ないし適切さの如何は確認できないにしても，各金融機関はこれを肯定的に受容する形で組織体制の整備・改善に取り組んでいた（相互銀行）と言える。このほか，地方銀行と相互銀行の間に組織的管理体制の構築度の差異があったことも一応確認されよう。これらを踏まえて，その改善を直接の指導目標にした経常収支率の改善状況を確認する（以下，各年度史料による）。1950年上期（都市銀行・地方銀行のみ），55年上期，60年上期の業態別の数値を示すと，都市銀行は79.8％→77.2％→83.4％，地方銀行は79.1％→75.8％→76.2％，相互銀行は74.6％→76.7％であった。相互銀行は52年以前の数値が不明である。それゆえ，代わりに大蔵省の指導値を見ると，50年上期の88.0％から52年下期には78.0％に低下しており，50年代における改善の進展が推定される。50年代後半については，都市銀行，地方銀行，相互銀行ともに悪化している。しかし，59年上期と60年上期の値を比較すると，それぞれ，0.6％，0.5％，0.3％ほど改善していた（61年度史料190–191，205頁）。この比率上昇は50年代における上述の検査官による「管理費用の増嵩」の指摘の妥当性を示す。

　次に，史料の制約もあり，50年代を通じて数値が採取できる地方銀行について，51年下期，54年下期，60年下期における貸出証券利回り，預金コスト，利鞘の推移を示す[383]。借手のコスト負担分を示す貸出証券利回りは9.22％

---

[382] とりあえず，このような推測の根拠として注（362）を参照。
[383] 以下の数値は，『年報』1951・1956・1961年度版より算出。

→ 8.84％ → 8.36％，預金コストは 7.37％ → 7.17％ → 6.73％，利鞘は 1.85％ → 1.67％ → 1.63％ で推移していた。貸出証券利回りは 50 年代前半・後半を通じて，ほぼ同程度の減少を示す。預金コストは 50 年代前半には 0.2％の減少であったが，後半になると 0.44％とほぼ 2 倍の減少を示す。この結果，利鞘は 50 年代前半に大きく低下するものの，後半には微減程度に止まる。預金コストには物件費などの経常支出の該当項目が含まれる。それゆえ，前述した経常収支率の低下を踏まえた場合，このような事実は，金融検査と行政指導を通じた個別金融機関経営における組織的管理体制の整備が，預金コストに示される資金コストの圧縮に資する面があったことを示す。同時に，その結果，利鞘の推移に見られるように，特に 50 年代後半には貸出証券利回りの低下にも耐えうる経営体制を構築することを可能にした。このことが，結果的に，貸出証券利回りの低下に見られるように，大蔵省の目論見どおり，金融機関の利鞘を一定程度確保しつつも，借手の資金調達コストの低下に繋がったことは言うまでもない。

　以上，1950 年代には，行政指導にもかかわらず，組織的管理体制構築が本格化した中葉から後半にかけての時期には比率の改善は殆ど見られなかった。しかし，少なくとも 50 年代末から 60 年代初頭の時点になり，一定程度，指導の効果が顕れたと判断される。受検銀行側が検査での指摘を曲がりなりにも容認した上で経営管理体制の改善に取組んでいる事実や，検査官の現場での指摘と『年報』の記述との間の整合性が少なからず見られる事実から，『年報』の記述は妥当性が高いと判断される。

結　論

　1950 年代から 60 年代初頭における大蔵省の金融機関に対する行政指導は，通牒・通達を通じた「諸比率指導」という，数量的なものであるとされてきた。しかし，ここでの検討の結果，特に経常収支比率に関わるものでは，単なる数量的なものに止まらない，検査過程で経営内部に立ち入った上で，人的資源の育成や経営の計画化も含む金融機関の組織的経営管理体制の充実・強化を図ることも包含していた。その際，特に，このような指導の目的は，単なる経営健全化や「金融正常化」には止まらない。大衆化への対応のほか，金融

機関の組織効率の向上に基づくコスト削減＝合理化による貸出利率低下を通じた，当時，国家的な重要課題であった，間接金融を主体とする日本経済の国際競争力強化が主要な目的であった。

次に検査過程での検査官の問題認識と指導の特徴である。再度の詳論はしないが，大蔵省金融検査官の組織的経営管理体制に対する問題認識は業態毎に大きく異なる。しかし，特に都市銀行を除く各業態の抱える経営管理問題として共通して認識されたのは，財務・貸出業務など各行員の日常の作業も含む，「近代官僚制」的意味での組織的かつ専門的・「科学的」な経営管理体制の欠如とその改善の必要性であった。このような必要性を踏まえて，トップから末端の行員に至る，ある特定個人の意向や属人的資質に左右される金融機関経営の非合理性を，ルールと手続による没人格的・組織的かつ「近代官僚制」的で，なおかつ，コントローラー制度に基づく計画的な経営に是正・平準化する方向で，単なる数値目標の提示には止まらない検査・指導を実施した。

このような問題認識と指導は，客観的に見てそれが適切かどうかは別として，地方銀行や相互銀行といった中小企業金融機関については，少なくとも，経営組織整備の指針として基本的に受容されていた。その結果，行員育成への着手の遅れも重要な要因と考えられる人的資源の問題による制約はあるものの，一定の改善を促進する性格を持っていたと判断される。この意味で，少なくとも「経常収支率規制」に関しては，通牒・通達による目標値の提示と非「直接的」指導のみではその達成は不可能であり，金融検査と行政指導を通じた「直接的」指導によって補完されて，はじめてその効果を発揮したと言わねばならない。さらに，ここでの分析結果は，戦後の護送船団方式と称される金融規制が，上述の無規律さの残存にもかかわらず，特に相互銀行以下の金融機関を保護し続けた可能性を示唆する。

以上，1950年代から60年代初頭における金融検査は，金融機関内部に直接立ち入った上で，組織整備を中心とする経営の規律付けから人的資源の育成にまでも及ぶ包括的内容を持っており，資金供給先である個別金融機関の効率化（「近代官僚制化」）を通じて日本の産業経済全般の効率化を企図するものであった。この意味で，当該期の検査を通じた金融機関の業務改善，ひ

いては経営組織の「近代官僚制」化の進展（前掲表3-6-3）は，経営の効率性向上を目的に，トップのみならず，それまで「近代官僚制」的な形式合理性を十分に身に付けていなかった，末端の行員一人一人の日常における作業レベルから根本的かつ重大な変化を促すものであった(384)。これに加えて，経営の規律付けを媒介にして，一見，矛盾するかのような，個別金融機関の破綻回避を志向した護送船団方式と経営の効率化とが結合していた。さらに，より長いタイム・スパンで見ると 1950年代から60年代初頭の状況は，両大戦間期以来の金融機関経営の「近代官僚制化」を促す検査と指導の限界を受けて，行政側の対応のほかに，大衆化の進展に伴う事務量増大への対応という金融機関経営上の必要性とも相俟って，その克服（「近代的経営」の実現）に向けた最終局面に突入し，なおかつ大きく前進した重要な時期とも位置づけられる。これらの諸点は先行研究では全く踏まえられていない。特に強調しておきたい。

　これらの諸点に，1950年代から60年代初頭における大蔵省金融機関行政や，これを基礎とする検査官の検査・指導の意義と限界の特質を見出せる。

おわりに

1　通説的議論とその問題点

　通説的議論によれば，高度成長期におけるメインバンク・システム（あるいは系列）の果たした役割は，協調融資でリスク分散を図ると同時に，特に貸出の審査・管理を通じて銀行（特に幹事行）による借り手企業の規律付けることにあった。このような行動が，産業政策に補完される形で借り手企業（ひいては

---

(384) このような銀行業務を巡る歴史的変化は，市原博「戦後日本のホワイトカラー」『経済学研究』（九州大学）第70巻4・5号，2004年1月や，渡辺峻「都市銀行における労務管理の発展」『経済経営論集』（龍谷大学）第30巻1号，1990年6月など銀行労働史研究でも問題にされていない。
　なお，注(334)に示したチャンドラー的な「現代企業」論への周知の批判として，労働問題が議論の射程外であるとの議論がある。このような批判と本書の分析結果を踏まえれば，「現代企業」的な管理組織の形成に伴う労働様式の変化にあたり，如何にして労働者が適応していったのか，という点が問われる必要性があろう。

産業)の健全な発展を確保する上で重要な役割を果たしたとされた。

しかし，序章及び本章冒頭で示したように，この議論の問題点は，高度成長期に限っていえば，議論そのものが静態的であり，急速な産業発展を背景とする産業金融の歴史的変化に対応して，市中銀行は規律性のある行動を取れたのか否かという論点について，十分に明確化しえなかった点にある。本章では，このような限界を踏まえて，幾つかの論点について検討した。以下，その結果を総括する。

2 日本銀行の金融政策

まず，中央銀行である日本銀行の金融政策（特に引締め政策）による規律付け行動である。その効果であるが，引締め時に資金ポジションが悪化するという三和銀行の事例などからして，引締めに対応した貸付の十分な収縮を図ることはできなかった。したがって，十分な経営規律付け効果を発揮しなかったと考えられる。ただし，復金融資の歴史的経験を踏まえて，市中資金利用の極大化を図ったことが，当該期における周知のような銀行間の激しい預金獲得競争をもたらしたことには留意が必要である。このほか，1950年代の効率適用という非正常な金融調節のあり方を脱すべく，60年代前半に取られた市場を重視した金利操作による金融調節（「新金融調節」）は，それ自体は後景に退かざるを得なかったほか，大衆の動員を通じた証券市場の育成を挫折に導く重要な契機となった（第4章）。このように中央銀行政策に着目しても，そのあり方が「洗練」「制度化」(橋本寿朗)したとは言い難い。

3 開銀，興長銀

次に，市中銀行の規律付け行動の階層性を時期的な変化も踏まえてまとめてみる。まず，1950年代に大企業向け融資で重要な役割を果たした開銀である。同行の審査能力は高く評価されており，このことが背景となり地方銀行の協調融資への参加が見られた。ただし，実際に審査・管理能力が高かったどうかは，現時点では留保が必要であろう。つまり，前述のように，50年代後半に入り都市銀行を中心に市中銀行が資金供給能力を回復すると，当初の政策目的どおり開銀は融資を縮小して市中銀行の補完的地位に就いた。その結

果,50年代末以降に過剰設備,過剰融資が顕在化した時には,既に融資を引き揚げており,これにより不良化を回避することができた。このような意図せざる結果として,開銀の資産内容の健全性が確保された可能性がある。

次に興長銀である。その中でも興銀は,1950年代半ば以降において重化学工業向け融資比率が高かった。しかしながら,早くも60年代になると都市銀行による系列固めの影響もあり,開銀や興長銀の大企業向け融資比率は低下した。その中でも,その経営発展の経路依存性上,特に比較的強い上昇志向を持つ長銀と不動産銀行は独自の融資基盤を確保すべく,重化学工業以外の産業への短期資金貸出へも進出した。その結果,両行は50年代前半から後半にかけて長期資金供給面で地位上昇を図った。しかし,60年代半ば以降,長期資金需要減退に伴い,長信銀制度自体の歴史的使命が終焉する方向を辿った。このような歴史的変化が生じたのは,これらの長期資金供給機関も含む銀行部門が設備投資資金供給の積極的実施を通じた,企業,重化学工業を中心とする諸産業の急速の発展を背景とする,産業金融を巡るスピードの速い状況変化が要因であった。

以上を踏まえた時,1950年代に開銀の持っていた審査能力は,一定程度,考慮する必要はあるものの,興長銀,特に興銀に関しては,重化学工業向け貸出についての審査・管理能力を持っていたにせよ,その能力が発揮されたのは,50年代半ばからせいぜい60年代初頭までという,比較的短期間に限定されると推定される[385]。それゆえ,高度成長期であっても,少なくとも,60年代以降は審査・管理能力を発揮できたかどうかは疑問である。借り手企業の規律付け能力があったとしても,60年代初頭という比較的早い時期にその能力は効力を失っていたと推定される。つまり,産業金融を巡る状況変化に興長銀側が規律付けを受けて,それまで取引が余りなくノウハウも乏しい企業や産業向けの取引拡大へと向かったのではあるまいか。このことが,第2章第2節でも

---

(385) なお,学術研究ではないが,高杉『小説 日本興業銀行』後編,第27〜31章でも,日産自動車とプリンス自動車との救済合併の斡旋・介入,大阪商船と三井商船との救済合併の斡旋・介入といった経営悪化後の救済合併の問題がもっぱら取り上げられている。この点を踏まえた場合,興銀の借手企業規律付け機能にも大きな限界があり,救済機能が発揮されたことの方が多かったようにも見受けられる。

見たように，60年代半ば以降,「金融効率化」が叫ばれる中で，長期信用銀行の活路を何処に見出すのかが重要な論点になった要因であると思われる。

4　都市銀行── 個別行の経営発展の経路依存性に着目する必要性

　第三に，1960年前後以降，大企業向け貸出の中心となる都市銀行である。60年前後から半ばまでの融資系列の形成，50年代後半以降の役員派遣の増加，協調融資の広がり（後述），そして周知の株式持合を通じて，救済機能を軸にして都市銀行を中心とするメインバンク・システムが制度化された。その際，再度，詳論はしないが，都市銀行を階層別に見た場合，最上位行の三菱銀行には比較的自己規律の高さを見出せる。しかし，それでさえ，青木昌彦氏らの理念型に近い借り手を規律付けする審査・管理体制が形成され，その下で融資が行われたのは，1960年代中頃から70年代初頭までである。なお，最近，刊行された元三井住友銀行頭取の西川善文の回顧談によれば[386]，60年代半ばの住友銀行においても，調査部が中心となり，大企業，中小企業を問わず，実地調査を通じて経営内容を把握した上で，借手企業の経営に介入し，事後的な管理を通じて規律付けていたというこの事例からも，都市銀行上位行は貸出債権管理に関する規律性を持っていたことが確認される。

　これに対して，三和銀行以下の階層の都市銀行は，借り手企業の規律付けへと繋がる審査・管理体制の強化以上に，それまで重要な融資先であった綿糸紡績業など繊維産業の衰退や，戦前来の地域経済の融資基盤の弱さを背景に，「重化学工業」に融資基盤の確保を重視する姿勢を最重要視していた。このような状況を踏まえた場合，特に産業金融に限って言えば，1950年代から70年代前半とされる理念なメインバンク・システムの「最盛期」と言われる現象は，50年代末以降の協調融資の拡大を前提にしたとしても[387]，都市銀行

---

(386) 西川『ザ・ラスト・バンカー──西川善文回顧録』講談社，2011年，41-49頁。
(387) 庄司龍一郎「協調融資の実態調査」産業金融部会専門『産業金融部会専門委員会報告書』同委員会，1963年，319頁；杉浦「戦後復興期の銀行・証券」278-279頁。なお，庄司報告によれば，興銀貸出取引先中，資本金5億円以上の会社，「ただし計画造船対象海運会社は悉皆調査」の協調融資対象社数224社中，市中協調融資額は5,341億円，対象会社の総借入金に占める比率は14％であったという。

最上位行に,しかも,短期間にのみ現れた現象に過ぎないと考えられる。従って,日本の「主要銀行」を一括に把握して,「メインバンク」としての借手と規律付けをしていたという議論に無理がある。本書の分析によれば,各行の経営発展の経路依存性により,「メインバンク」としての規律付け機能の発揮の仕方の相違に着目して,各行の個別性を重要視して議論する必要性があることを示している。さらに,本書では,都市銀行各行と取引先企業集団との結合度も検討した。これも,戦前来からの経営発展の経路依存性に照応していた。この事実は,序章で整理した企業集団論的研究も含めて,明確化されていないことには注意すべきである。

5　地方銀行・相互銀行

地方銀行,相互銀行は,1950年代から60年代初頭までに,大蔵省の指導を受け入れつつ,内部管理体制を整えている段階に入った。その進展度には,同じ業態であっても階層性があった。つまり,上記両業態は,経営管理体制構築に階層差が見られたことには留意する必要性があるが,1950年代から60年代初頭に関しては,十分な規律付けのシステムの組織内への内面化を試みていた段階にあった。

6　総　括

開銀が協調融資の主体であった1950年代は協調融資幹事行としての審査能力は持っていた可能性はあるが,都市銀行が幹事行として台頭してくる50年代後半以降,最上位行を除き多くの都市銀行は十分な審査・監督体制を持っていなかった。その後,重化学工業向け資金需要が減退する中で,新たな貸出基盤の開拓に対応した動きは最上位行の三菱銀行でさえ後手に回った面があった。さらに,地方銀行・相互銀行では,階層差はあるものの,総じて50年代から60年代初頭は経営組織内部に自己規律化する制度を内面化する動きが漸く本格化する段階であった。

以上,急速な産業発展に伴う産業金融を巡る状況変化の早さ,人的資源も含む銀行経営内部への規律性の内面化の程度,興長銀を含む都市銀行等の有力金融機関の激しい融資基盤確保競争を踏まえた場合,救済機能と株式持

合機能は発揮されたものの，高度成長期を通じて，通説が主張する貸出審査・管理面でのメインバンク制度の機能は，1950 年代の開銀や上述の 60 年代中頃から 70 年代初頭の三菱銀行に代表される都市銀行最上位行を除けば，殆ど発揮していなかった。このほか，上述の三和銀行の事例に見られるように，産業政策とメインバンク制度に補完されて，借り手企業が健全な発展を示したという議論も，殆ど成立の余地はない。繰り返しになるが，一口に「主要銀行」「都市銀行」といっても，各行の経営発展の経路依存性の在り方により，「メインバンク」としての規律付け機能の発揮の仕方は大きく異なっていた。このほか，日本銀行が金融調節を通じて市中銀行の経営行動を規律付けしようとしても大きな限界があった。経営組織の中に規律性を内面化して状況変化への対応を試みた市中銀行もごく少数であった。つまり，50 年代後半から 70 年頃までの重化学工業の台頭に伴う設備資金を中心とする産業資金需要の急増と 60 年代半ば以降の減退という状況には十分に対応できなかった。まして，地方銀行，相互銀行に至っては，経営組織内に規律付けを図る制度の内面化に着手したばかりで，そのような経営組織のあり方の構築途上にあった。

　このような中で，大手行を中心とする市中銀行は，護送船団方式を背景とする超過利潤の発生を背景とする救済機能と株式持合い機能を果したのみであった。預金量等業容面で大銀行に比べて不利な地方銀行以下の業態は，一部を除いて人的資源を含む銀行経営内部に規律性を十分に定着できておらず，護送船団方式により保護される形で経営を維持していた。これが高度成長期における市中銀行の経営実態だったと考えられる。

第4章　高度成長前半期における証券市場

第1節　概　観

　周知のとおり，間接金融体制優位のもとでは，証券部門（直接金融部門）は限界的資金供給者とも言える地位に甘んじた。証券会社経営の階層性についての統計的概観は，既に二上季代司氏により，昭和「30年代の株式ブームが頂点を打った」，1962年9月期のものと，証券危機後の66年9月期のものとが与えられている。それゆえ，ここでは二上氏の研究に依拠して概観する。[1]

　まず，7つの階層の1社当たり総資産規模を見る。A（大手4社・会社数556社中，0.71%）は144,092百万円（構成比81.71%），B（投信10社・同1.79%）は25,117百万円（同14.24%），C（26社・同4.67%）は3,786百万円（同2.14%），D（31社・同5.57%）1,332百万円（0.75%），E（79社・14.20%）892百万円（同0.50%），F（14社・同2.51%）624百万円（同0.35%），G（26社・同0.21%）386百万円，非会員（363社・同65.82%）で112百万円（同0.06%）であった。会社数の構成比で1%にも満たない大手4社が総資産合計の8割を越え，会社数の構成比で65.82%を占めた非会員が総資産合計の0.06%しか占めなかった点に，大手4社の総資産規模の突出振りと，階層格差の大きさを見出せる。

　次に，上位2階層にあたる大手4社（山一，野村，大和，日興）および投信10社と，その他の中小証券（176社）との間では資産・負債・収支構造が異なる。大手4社と投信10社については，総資産の25%ほどが株式を中心とする商品在庫が占めた。負債面では，借入有価証券（大手4社36.6%，投信10

---

[1]　二上『日本の証券会社経営』，特に第4章，第5章による。ただし，計算ミスと見られる箇所は訂正した。なお，「証券危機」後の経費構造，収益構造など階層別の財務内容まで詳細に検討した研究として，伊牟田敏充「『証券恐慌』後の証券業経営」『証券経済研究』第115号，1972年8月を挙げておく。

社23.1％)，その他の借入金の比重（大手4社，投信10社とも20％強）が高かった。これは，運用預かり等で有価証券を借入，これを担保にコールを取り運用する，いわゆる自主運用預かりの関係によるものであった。

収支については，正会員7つの階層すべてで手数料が60～70％ほどの間を占めた。大手4社については，引受売出募集手数料が，他の階層が0％台（それ以外の階層）から6％弱（投信10社）なのに対して，10％に達しており，これへの依存度が比較的高い。受取利息及び受取配当の比率も，大手4社で12.7％，投信10社で10.9％と比較的高い。経費面では，支払利息比率が大手4社で27.7％，投信10社で20.7％，それ以外は5％～9％台であり，支払利息比率が目立つ。減価償却費を見ると，大手4社が2.4％，投信10社が1.9％，階層Cが2.6％と，これら3階層以外が軒並み1％台であることに比べて，相対的に高い比率を示している。広告宣伝費も上層から3.5％，4.4％，3.4％と，他の階層がせいぜい2.7％であるのに比べると，相対的に高い比率を示している。つまり，これらの数値は，大手証券会社が「高コストの資金を借りて株式や債券を手持ちしたこと，出店や広告による大量販売方式で，株式のみならず投信や割引金融債など募集物商品を売り込」(93頁)むという経営方針を採ったことの帰結であった。

中小証券では，大手とは対照的に資産面では顧客への貸残が20～30％弱（大手4社は12.7％，投信10社は10.9％)，立替金の比率が(4.5％～6.3％。大手4社は1.6％，投信10社が3.6％)が高かった。負債面では受入保証金(34％～46.2％。大手4社は11.2％，投信10社は18.0％)と貸借取引借入金(16.4％～23.0％。大手4社は3.0％，投信10社は7.3％)の比重が高かった。金額の提示は省略するが，受入保証金と保管有価証券とは金額的にほぼ一致している。これらから，中小経営は，信用取引の利用客を顧客としていた。

このような大手4社と中小経営との相違は，1965年の証券危機以後変化する。まず，62年9月期に556社であったものが，66年9月期で証券会社数合計が374社にまで減少した。さらに，75年9月期には232社にまで減少した。66年9月期においては，大手4社，投信10社の数はそのままである。75年9月期は大手4社，投信7社に変化した。つまり，証券危機以後，それ以外の階層で急減したことが分かる。この結果，株式自己売買業務も縮小

し，昭和30年代（1955～65年）には50％を超えていたものが，73年には19％にまで低下した。これに代わり，大手4社の総資産に占める信用取引貸付金比率が，証券危機を挟んで2倍になるなど，「信用取引供与を通じて既存顧客からの受注を増やす傾向」が増加した。同様の傾向は，中小証券にも見られたというから（129頁），ビジネスのあり方という点では，証券恐慌を挟んで，大手と中小との間で同質化が進んだと言えよう。

以上，1965年の証券危機以前は，ビジネスのあり方や規模の面で，大手4社とそれ以外の中小証券の間で大きな違いや格差が存在した。しかし，証券危機を挟んで，証券会社の産業組織の集約化が進展するとともに，ビジネスのあり方も同質化へと向かったのである。

第2節　高度成長前半期における証券市場

はじめに

本節では，1950年代後半から65年前後までの証券危機の時期における証券市場の特徴を検出し，当該期の証券市場の激しい変動おける，オープン型を中心とする投資信託（以下，投信と略記）制度改革による大衆化の推進とその挫折の重要性を明確化することを課題とする[2]。その際，投資信託を分析の中心に据え，副次的に株式や債券についても言及する。

金融制度の不安定性を惹起する要因として，投資家の行動の非合理性に着目した研究は，理論・実証ともに数多い[3]。ここで上記課題に関する研究史を

---

(2)　本節の分析時期と対象からすれば，起債管理等で重要な役割を果たしたとされる日本興業銀行についての検討が不可欠である。しかし，同行の史料へのアクセスは叶わなかった。このほか，最近，伊藤正直編『山一證券資料』極東書店，2008年が刊行された。山一證券の分析も含めて，経営史的検討の必要性を感じているが，研究費の制約上，それは叶わない。

(3)　例えば，代表的研究として，理論面ではMinsky, *Stabilizing an unstable Economy*, Yale University Press, 1986（吉野紀ほか訳：『金融不安定性の経済学』多賀出版，1989年）。実証面ではKindleberger, *Manias, Panics and Crashes : A History of Financial crises*（吉野俊彦ほか訳『熱狂，恐慌，崩壊——金融恐慌の歴史』日本経済新聞社，2004年）が挙げられる。

一瞥する。当該期における重化学工業部門を中心とする設備投資競争により，再びオーバー・ローン，オーバー・ボローイングが激化したことや，その是正が金融政策上の重要課題となったこと（「金融正常化」）は良く知られている[4]。証券市場関係の当局者も，この議論に重要な影響を受けていた[5]。当該期の証券市場については，熊野剛雄氏による現状分析的研究のほか，小林和子氏による1965年の証券恐慌を契機とする証券行政の転換や公社債流通の変化についての研究[6]，中島将隆氏による国債管理政策，二上季代司氏による階層性をもつ証券会社経営の特質究明の観点からの研究が行われてきた。しかし，これらの研究では，50年代後半に実施されたオープン型を中心とする投信制度の改革や，このことが株式市場を中心とする証券市場に与えた影響の歴史的な変化については殆ど検討されなかった。

　しかし，最近の杉浦勢之氏の研究により，先行研究の限界が，ある程度，突破され，重化学工業化の進展に伴う株式の大量発行による需給バランスの崩壊を要因として，ユニット型を中心とする投信の動向を背景に，金融債やコール市場も巻き込む形で市場が不振状態に陥ることが明確化された[7]。このほ

---

(4) 大蔵省財政史室編『昭和財政史——昭和27～48年度』第9巻，東洋経済新報社，1991年，第3章，99-146, 185-214頁。
(5) 大蔵省財政史室編『昭和財政史——昭和27～48年度』第10巻，東洋経済新報社，1991年，581頁以下。なお，同書では，本書の課題は未検討である。
(6) 熊野剛雄「株式市場と景気底入れ」『経済評論』第15巻6号，1966年5月；中島将隆『日本の国債管理政策』東洋経済新報社，1977年；小林和子「証券恐慌前後における公社債流通の諸形態」『証券研究』第72号，1984年5月，同，『産業の昭和社会史10——証券』日本経済評論社，1987年，同「解題」『日本証券史資料』戦後編，第9巻，1994年，同「証券恐慌がもたらした証券行政の転換」『証券研究』第112号，1995年5月，同『株式会社の世紀——証券市場の120年』日本経済評論社，1995年など小林氏の一連の諸研究；二上『日本の証券会社経営』。
(7) 証券市場の動向については，杉浦勢之氏が詳細な検討を行っている（杉浦「1965年の証券危機」289-335頁；同「日本の経済成長と産業資金供給」123-189頁；東京証券取引所編『東京証券取引所50年史』同取引所，2002年，第2章（杉浦氏執筆）。このほか運用預かり金融とその破綻についての現状分析として小竹豊治「運用預り金融と山一証券恐慌」『三田商学研究』第10巻3号，慶應義塾大学商学会，1967年9月，がある。小竹論文は歴史的変化の把握に乏しいほか，運用預かりに分析の焦点が絞られており，本書が問題とする投資信託制度の改革と大衆化の促進と挫折といった諸点の分析はされていない。

か，1965年に倒産した山一證券に関する経営史的研究も進められた[8]。このような市場動向に対して「金融正常化」論に基づく諸政策が与えた影響については，杉浦氏が62年9月以降の日本銀行の「新金融調節方式」導入と証券市場やコール市場などの状況悪化との関係について言及した程度である[9]。

さらに，当該期の「金融正常化」の重要目的のひとつは，大衆投資家の株式市場，公社債市場への誘導を通じた資本構成の是正にあった（後述）。1956年上期の時点で日本企業の自己資本比率は40％程度であった。この比率は英米の6割台に対して低位であり，その改善が求められていた[10]。その実現の鍵を握ると考えられたのは，55年度時点で上場企業の総発行株式の61％を所有していた大衆投資家であった[11]。彼らを証券市場に誘導する手段として，本節の主要な分析対象であるオープン型投資信託制度の改革が行われた。それにもかかわらず，株式投信の受容と離反に関わる大衆投資家の行動様式とも併せて，これら諸点の歴史的変化については不十分な検討のまま残された[12]。こ

---

(8) 橋本寿朗「証券会社の経営破綻と間接金融・長期雇用システム」『証券経済研究』第21号，1999年，5月；同「山一證券の破綻と銀行管理下の再建」『証券経済研究』第21号，1999年9月；鄭文瑄「山一証券と外部ガバナンス――大蔵省検査報告書を手がかりに，1960-1980」『横浜国際社会科学研究』横浜国際社会科学学会，第20巻1・2号，2015年8月所収，など鄭氏の一連の諸研究。山一救済についての政治過程分析として，草野厚『山一證券破綻と危機管理』朝日新聞社，1998年。
(9) 杉浦『日本の経済成長』143頁。なお，関連して，日本銀行側の見解として日本銀行『日本銀行百年史』第5巻，1986年，74-165頁がある。本書では同書が提示した史料などに依拠して議論する部分はあるものの，同書は本書の検討課題は未検討である。
(10) 以下，大衆投資家の所有比率も含めて，『日本証券史資料』戦後編，第7巻，765頁。
(11) 以下，個人投資家の比重は，大蔵省財政史室『昭和財政史――終戦から講和まで』第19巻，東洋経済新報社，1978年，608-609頁。ただし，投信＋「個人その他」で算出。なお，『証券投資信託会報』『証券投資信託月報』の「統計」欄によると，本節の分析期間においては，投信の消化先は個人が安定的に9割を超えていた。
(12) 東京証券取引所『50年史』第2章や志村嘉一監修『日本公社債市場史』東京大学出版会，1980年，209-265頁や注6の諸研究も同様である。なお，大衆投資家の意識分析については，管見の限り，概説書である小林『産業の昭和社会史10――証券』187-198頁が1960年以降の個人投資家の株式離れや専門知識の不足について，小林『証券市場の120年』203-274頁が，本書でも用いる意識調査史料により，大衆投資家たちが新規投資を始める場合，投信か開始することについて，それぞれ言及している。しかし，後述する金融商品に対して預貯金のように自由に出し入れできるなどの利便性を求めていたこと，預貯金金利の利子に売買益を擬制する配当を好んだことなど，大衆投資家が金融商品の利便性という面も含めて，預貯金的観念や志向性が強かったことは明

の点も含めて，当該期における証券市場の変動の特質として，これまで過小評価されてきた，オープン型投信制度を巡る改革とその影響の重要性を明確化することが本節の課題となる。

1　歴史的前提——消化基盤としての地方銀行・個人投資家への着目とその挫折

（1）オーバー・ローンの緩和と社債の消化基盤問題
　　　　——地方銀行と個人投資家への着目

　1950年代の証券市場を巡る変化として，次の諸点が挙げられる。まず，55〜57年に都市銀行・地方銀行の預貸率が7割台から8割台前半への低下し，オーバー・ローンが緩和した。次に，同時期には，株式発行計画の伸び（55年 93,780百万円→57年 228,639百万円）や社債発行の堅調な増加（同 103,519百万円→103,776百万円）が見られた。

　この状況下で，政府・日本銀行を中心に公社債市場再開への動きが顕在化した。既に1955年2月の新聞報道で「日本銀行をはじめとして金融界全般に」社債市場育成の必要性が認識されたことが報道され，同3月には東京証券業界会長名で「債券の流通市場，個人消化等に関連する諮問に対する意見」が出された。さらに，同年11月には大蔵省の起債懇談会の運用改定への意向が，12月には日本銀行による起債懇談会の解散表明が，それぞれ新聞紙上で報道された。これを受ける形で同12日に日本証券業協会連合会が「公社債に対する税制改正に関する要望」を，全国銀行協会連合会ほか八業界団体が「公社債に対する有価証券取引税の減免方に関する再要望」を発表した。以上，公社債市場再開にあたり起債市場の自由化と流通市場の育成が

　　　確化されていない。なお，現状分析であるが，1960年代に個人株主の衰退が生じたことを指摘した奥村宏「株式所有と支配構造の変化」川合一郎編『日本証券市場の構造分析』有斐閣，1966年，69-79頁も同様である。
(13)　この点は証券投資信託協会編『証券投資信託50年史』同協会，2002年，62-73頁では，もっぱら投信を巡る市場動向と政策当局の動きを概観しているのみであり，本書の課題は明確化されていない。
(14)　以下，特に断らない数値は，大蔵省財政史室『昭和財政史——終戦から講和まで』第19巻より算出。
(15)　杉浦「日本の経済成長」144-149頁。
(16)　以下，『日本証券史資料』戦後編，第7巻，192-196, 237-238頁。

問題になった。

　本問題については，既に1956年4月の段階で，新木日本銀行総裁が，再開直後の社債売買市場での流動性の向上を理由に，短期証券市場の育成が政策課題であることを表明していた。(17) さらに，同年6月には，利回りに一定の幅を設ける条件での社債発行自由化の容認という注目すべき発言を行った。一連の発言には，新木発言にもあるように，「金融の正常化に応じて」売りオペを公開市場操作に是正するとの目的があった。日本銀行は，この時期，市場資金を最大限活用し，公定歩合操作による金融調節を行なう「中央銀行本来の姿に戻る」ことを目的に「金融正常化」に取組んでいた。(18) この考えに基づき，都市銀行を対象に貸出緩和に応じて，なおかつそれらを基盤とする公開市場操作の実施を考えた。このほか，上記東京証券業界会長名文書では個人消化と流通市場育成の何れに重点を置くべきかが問題であるとの意見が提示された。大蔵省も，55年7月18日付けの理財局経済課長名文書で個人消化の重要性を論じた。社債市場の自由化実現のために，個人投資家を市場に誘導する方策が問題にされた。

　しかし，1957年以降，貸出増加に伴い，都市銀行の預貸率が56年の77.5％から80～90％台へと上昇した。この状況下で同年2月11日に山際日本銀行総裁は，オーバー・ローン是正と起債市場育成を重視した「金融正常化」への着手を表明し，(19) 都市銀行に日銀借入の計画的返済実施を求めた。さらに，一万田蔵相もオーバー・ローン是正の必要性を表明した。その際，長期資金需要が都市銀行に偏在する中で日銀借入が増加・固定化していた。その是正策として，地方銀行の余裕金が着目された。この資金により企業は金融債・事業債を消化し，債券による調達資金で都市銀行へ借入金を返済する。これらを通じて，最終的に都市銀行の日銀借入の返済を含む「金融正常化」の実現が望ましいとされた。

　以上，社債市場の自由化実現のための消化基盤として，個人投資家と地方銀行が着目された。これを踏まえて，次に，どのような具体策が採られたのか

---

(17) 以下の引用も含めて，『日本証券史資料』戦後編，第7巻，201-202頁。
(18) 日本銀行『日本銀行百年史』同行，1986年，529頁。
(19) 以下，山際，一万田の発言は，『日本証券史資料』戦後編，第7巻，215-217, 220頁。

を検討する。

(2) 地方銀行と個人投資家の市場誘導策

　ここでは株式投信における消化基盤としての個人への着目の歴史的前提として，地方銀行・個人投資家の市場誘導策の内容とその挫折過程を検討する。
　社債消化先として着目される中で，地方銀行が，早くも1955年2月時点で，社債を消化した場合の資金固定化回避のために，基本的にコール資金に依存しつつも，不足時には日銀資金に依存するとの対応案を提出したことが報道された[20]。さらに，58年7月になると[21]，社債関係者の出資によりプール機関を設置し，地方銀行が換金したい場合には同機関に買戻し条件付で売却可能にすることや，同機関の運営のために日本銀行が特別低利融資（日歩2銭）を行うとの育成策の日本銀行政策委員会への提出が報道された。しかしながら，大蔵省側はあるだけの余裕資金が社債投資に振り向けられた場合に「身動きできなくなること」や，「数百億円」にも上る多額の日銀信用に依存することを理由に難色を示したことが報じられた。この動向については，大蔵省理財局経済課長羽柴忠雄も，一方では，社債は換金が困難であり，担保面でも掛目による制約を理由とするその消化の阻害を論じた。しかし，他方で，地方銀行側にも余裕資金での社債消化への動きがあることを論じており[22]，報道された問題点や地方銀行側の動きを指摘した。ここから，上述の新聞報道は事実であったと判断される。「金融正常化」の一環としての起債市場の自由化が，「正常化」に反する日銀信用への依存拡大や地方銀行資金の固定化を生み出す恐れがあることが問題となり，地方銀行の消化基盤化構想は壁にぶち当たった。この結果，周知のように，地方銀行の余裕資金は，50年代後半から63年における，コール・ローン総額の年間平均シェアの17～20％台前半での推移が示すように[23]，年間を通じて季節変動に左右されずに安定的にコール市場で運用

---

(20)『産業経済新聞』1955年2月18日,『日本証券史資料』戦後編, 第7巻, 237頁。
(21)『日本経済新聞』1958年7月17日,『日本証券史資料』戦後編, 第7巻, 220頁。
(22)「社債の個人消化について」『財政経済弘報』第517号, 1955年7月18日（『日本証券史資料』戦後編, 第7巻, 241頁）。
(23) 短資協会編『短資七十年史』同協会, 1966年, 付録統計より作成。

され，同市場での資金供給の主要な柱になった。周知のように，これ証券会社への重要な資金供給源のひとつとなった（後述）。なお，56～64年の各年についての1年12ヶ月の変動係数を見ると，62年の0.31を除き0.20～0.26の間で安定的に推移していた。地方銀行に特有の金融の季節性や地域性に基づく資金運用はこの時期に消滅し，恒常的に発生した遊金をコール市場など域外での運用するように変化した。

　同様に取り上げられたのが，個人投資家による社債消化の拡大である。まず，上記の羽柴執筆史料では，銀行など金融機関の資金固定化回避のために，流通市場形成の必要性が論じられた。その担い手として，個人投資家が着目された。羽柴は彼らを市場に誘導するために，①利子課税の免除，②コール・レート引き下げを通じた社債金利との利鞘形成の必要性を指摘した。これらの提案は，有価証券取引税の減免，数次にわたる利下げという形で実行に移された。[24] さらに同様の主張は，1958年10月に公社債引受協会会長吉野岳三名で出された文書でも明確に打ち出されており，①個人消化に適する社債の起債額増大，②個人消化債の価格適正化，③社債利子に対する免税などが対策として求められた。

　しかしながら，コール・レートの引き下げについては，都市銀行・信託銀行を中心とするコール資金需要の増大と，翌日物で1955年中平均の1％から58年中平均の2.53％への利率高騰を背景に実現せず，地方銀行の余裕資金の[25]殆どは，上述のように流動性の高いコール市場で運用された。この結果，社債引受の基盤形成に不可欠と考えられたコール資金の潤沢化が，[26]地方銀行の資金ポジションの緩和により，一定程度，実現したにもかかわらず，コール・レートの引き下げによる社債金利との利鞘の形成を通じた社債の流通性向上に資することはなかった。特に，川北禎一作成の証券取引審議会への提出資

---

(24) 『日本経済新聞』1955年12月20日；大蔵省理財局経済課「社債流通市場再開のための有価証券取引税の軽減措置について」1956年1月27日（以上，『日本証券史資料』戦後編，第7巻，246-248頁）。
(25) 短資協会編『七十年史』349-350頁より算出。
(26) 羽柴「社債の個人消化について」243頁。

料によれば,起債条件については,政策的要請から発行者コストが重視されたため,実勢利回りを下回る傾向があり,なおかつコール・レートが異常高を示す中で,「これを大幅に下廻る状態であ」ったという。このことは,コール市場の問題も含めて,証券取引審議会も指摘していた。重化学工業化を促進する政策的要請と,同産業部門への資金供給のために,都市銀行の資金繰り確保を図る必要性が社債消化を困難にした。

(3) 大衆誘導策の挫折の要因

次に大衆投資家の市場誘導の挫折の背景を検討する。1956年10月に実施された調査によれば,上場株式所有世帯の88.8％,投信所有世帯の63.6％が公社債を持っていないと回答していた。次に,その要因である。公社債の存在を知らないとの回答は,25歳以上の人の中で45.1％にも上っていた。特に公社債に対する認識は生活水準が下位になるほど低くなり,「中」で46.4％,「中の下」で50.7％,「下」に至っては62.3％にも達する。「中」は調査対象の47.8％,「中の下」は22.9％,「下」は7.6％を占めており,この3者で78.3％にも達していた。本調査は経済発展度の高い関東地域での調査であり,全国レベルではこの状況がさらに悪化することは充分想定できる。なお,その理由は,史料からは詳らかではない。ただし,配当本位か,値上がり本位かとの質問に対して,投資家の70.0％,非投資家の31.4％が配当本位と回答しており,株式を全然持ったことがないと回答した世帯でも86.1％にも達していた。このことを踏まえた時,証券市場はアクセスが容易ではないことに加えて,株式配当率に比較して社債利回りは魅力に乏しい。以上が公社債に対する認識低位,ひいては大衆誘導の失敗に結びついた要因と判断される。

この結果,興銀中心の主要9行による起債統制に帰結した。しかし,挫折

---

(27) 「起債市場の現状と今後の考え方(メモ)」1959年8月6日,『日本証券史資料』戦後編,第8巻,322頁。
(28) 「社債市場育成のための当面の問題について」1959年11月17日,『日本証券史資料』戦後編,第8巻,329頁。
(29) 東京証券業協会「関東地方における証券に関する調査」1956年10月,『日本証券史資料』戦後編,第7巻,465-533頁。
(30) 志村監修『日本公社債市場史』209-265頁。

はしたものの，有価証券の有力な消化基盤として，地方銀行のほか，個人投資家が着目されたのである。

2　株式市場における「金融正常化」
　——オープン型投資信託を中心とする制度改革

(1)　オープン型投資信託の導入

　「金融正常化」の必要性は，株式による調達面にも重要な影響を与えた。このことは業界側も同様であった。このことは，例えば，1955年4月28日に日本証券業協会連合会が出した「証券投資信託に対する税制改正に関する要望」[31]における，企業の資本構成を是正する必要性についての主張からも確認される。この状況下で，社債消化と同様に，投信制度の改善を通じた大衆資金の導入による株式の消化が注目された。現に，日本証券業協会の上掲文書でも投信の役割の重要性増加が論じられた。このような業界側の要望が出される直前の55年2月に，大蔵省がオープン型投信を育成する方向での証券投資信託法の改正が報道された[32]。実際，大蔵省理財局証券課長岸本好男もこの方向での法改正の実施を論じており[33]，大蔵省も，業界同様，投信をオープン型重視にすることで大衆資金を誘導し，企業の資本構成是正を図る考えであったと判断される。

　それでは，ユニット型中心の現行制度の問題とは何か。岸本課長は，①契約期間が3年間と比較的短期であること，②多数のユニットへの分割による事務の煩雑性，③追加投資ができないため，中途の一部解約による元本減少が起こっても，追加により増加させられないこと，④受益証券の募集・売出の際の残額が委託会社の危険負担となること，⑤委託会社と証券会社の兼業による各種弊害を論じた。岸本によれば，オープン型の導入はこれらの諸問題を改善すると期待されていた。特に，追加投資が可能になることは，②の事務的煩雑性を解消し，③の中途解約の弊害も是正され，投信購入者からすれ

---

(31) 『日本証券史資料』戦後編，第7巻，350頁。
(32) 『日本経済新聞』1955年2月8日（『日本証券史資料』戦後編，第7巻，349-350頁）。
(33) 以下でのオープン型導入の利便性の分析も含めて，「追加型（オープン型）をめぐる諸問題」『日本証券史資料』戦後編，第7巻，355-358頁）。

ば，投資資金の追加・解約が容易になる。ユニット型も残存するから，オープン型導入により投資家の選択肢も拡大する。つまり，利便性向上を通じた大衆の株式市場への誘導が目的であった。

さらに，1956年9月になると，大蔵省が評価損発生時に損失補填の上での収益分配義務を改めて，評価損の有無にかかわらず，配当・利子・売買益からの収益の2分の1を投資家に分配可能にする方針であることが報道された[34]。本報道の後，同年12月12日付け通達「蔵理第一二七三一号　追加型証券投資信託について」が出された[35]。その中では「期末現在において有価証券評価損（差損という。以下，同様。）があるときは，有価証券売買益は次の区分により分配することができる。／(イ) 有価証券評価損が，有価証券売買の二分の一に相当する額より大きいときは，その有価証券売買益の二分の一に相当する額をもって有価証券評価損を補てんし（組入有価証券のうち，評価損のある銘柄について評価換を行う。）その残りの有価証券売買益の全額を分配することができる。／(ロ) 有価証券評価損が有価証券売買益の二分の一に相当する額以下であるときは，その有価証券売買益で有価証券評価損を全額補てんし（組入有価証券のうち，評価損のある銘柄について評価換を行う。）その残りの有価証券売買益の全額を分配することができる」（括弧は原文）ことが規定された。本引用中，条項(ロ)の場合は現行どおりであるが，条項(イ)の場合には，傍点部分のように，損失を全額補填せず，収益を投資家への分配金に充当できる。つまり，損失が大きさに従い未補填額が膨張し，しかも収益金は投資家への分配金として外部に漏出する。したがって，元本割れリスクはより一層高まる。このことは，「『元本保証の貯蓄的性格』から『株の中の株』へと大きく性格をかえる」[36]。

以上，1956年秋になると大蔵省はハイリスク・ハイリターンの様相を強めることで，収益面での誘引を強化したオープン型投信の育成を通じて，大衆の株式市場への誘導を狙った。ただし，本制度の導入はリスク強化により，投資家の行動の不安定化をもたらした。

---

(34)『日本経済新聞』1956年9月13日（『日本証券史資料』戦後編，第7巻，377-378頁）。
(35)『日本証券史資料』戦後編，第7巻，380頁。
(36)『日本経済新聞』1956年9月13日（『日本証券史資料』戦後編，第7巻，378頁）。

表 4-1 株式投資

年	ユニット型 設定元本額			ユニット型 解約元本額		
	金額	構成比	増加率	金額	構成比	増加率
1954	24,110	100.0%		12,229	99.7%	
55	25,510	96.7%	5.8%	31,430	98.9%	157.0%
56	51,230	99.6%	100.8%	27,083	99.7%	−13.8%
57	73,060	78.9%	42.6%	16,045	99.2%	−40.8%
58	99,070	93.1%	35.6%	25,741	100.0%	60.4%
59	145,330	79.6%	46.7%	58,876	100.0%	128.7%
60	246,930	68.2%	69.9%	85,832	97.6%	45.8%
61	391,190	66.5%	58.4%	130,082	83.5%	51.6%
62	222,625	64.1%	−43.1%	135,156	59.0%	3.9%
63	287,569	86.7%	29.2%	137,155	50.0%	1.5%
64	174,592	52.9%	−39.3%	168,238	57.3%	22.7%
65	183,773	93.4%	5.3%	235,669	67.4%	40.1%
66	168,000	82.3%	−8.6%	231,241	78.8%	−1.9%
変動係数	0.46777	17.4%	200.8%	0.62837	24.9%	147.4%
平均	199,214	76.6%	19.7%	122,404	79.3%	31.2%
標準偏差	93185.8	13.3%	39.5%	76915.3	19.7%	46.0%

年	償還元本額			元本残高		
	金額	構成比	増加率	金額	構成比	増加率
1954	9,719	100.0%		78,014	99.3%	
55	13,640	100.0%	40.3%	58,453	98.2%	−25.1%
56	16,039	100.0%	17.6%	66,560	98.2%	13.9%
57	7,199	100.0%	−55.1%	116,375	85.0%	74.8%
58	7,890	100.0%	9.6%	181,813	86.7%	56.2%
59	3,219	100.0%	−59.2%	265,048	80.3%	45.8%
60	0	100.0%	−100.0%	426,146	70.5%	60.8%
61	9,810	100.0%	−	677,443	66.0%	59.0%
62	14,161	100.0%	44.4%	750,751	66.4%	10.8%
63	17,884	100.0%	26.3%	883,280	75.5%	17.7%
64	45,415	100.0%	153.9%	844,219	72.7%	−4.4%
65	42,556	100.0%	−6.3%	749,765	77.6%	−11.2%
66	75,976	100.0%	78.5%	610,548	76.2%	−18.6%
変動係数	1.0894	0.0%	716.2%	0.513	9.3%	117.3%
平均	22,411	100.0%	10.2%	550,539	75.7%	29.1%
標準偏差	24414	0.0%	73.3%	282426	7.1%	34.1%

注：1）作表にあたり杉浦「日本の経済成長と産業資金供給」表 12・13 を参考にした。
　　2）変動係数などは，投信制度の改革（本文参照）を踏まえて，1957 年以降の数値で算出（以下の表も同様）。
　　3）ユニット型とオープン型の変動係数は，設定元本は 1%，解約元本は 5%でそれぞれ統計的に有意に異なる。

信託の状況 （単位：億円）

年	オープン型 設定元本額			オープン型 解約元本額			オープン型 元本残高		
	金額	構成比	増加率	金額	構成比	増加率	金額	構成比	増加率
1954	0	0.0%		36	0.3%		556	0.7%	－
55	871	3.3%	－	362	1.1%	905.6%	1,066	1.8%	91.7%
56	201	0.4%	－76.9%	79	0.3%	－78.2%	1,188	1.8%	11.4%
57	19,484	21.1%	9593.5%	133	0.8%	68.4%	20,540	15.0%	1629.0%
58	7,342	6.9%	－62.3%	0	0.0%	－100.0%	27,882	13.3%	35.7%
59	37,150	20.4%	406.0%	0	0.0%	－	65,033	19.7%	133.2%
60	115,136	31.8%	209.9%	2,113	2.4%	－	178,056	29.5%	173.8%
61	197,015	33.5%	71.1%	25,669	16.5%	1114.8%	349,402	34.0%	96.2%
62	124,491	35.9%	－36.8%	94,018	41.0%	266.3%	379,875	33.6%	8.7%
63	44,304	13.3%	－64.4%	137,071	50.0%	45.8%	287,108	24.5%	－24.4%
64	155,566	47.1%	251.1%	125,335	42.7%	－8.6%	317,339	27.3%	10.5%
65	13,056	6.6%	－91.6%	113,832	32.6%	－9.2%	216,563	22.4%	－31.8%
66	36,071	17.7%	176.3%	62,372	21.2%	－45.2%	190,262	23.8%	－12.1%
変動係数	0.89848	56.8%	287.8%	1.0201	95.2%	215.1%	0.64961	29.1%	250.7%
平均	74,962	23.4%	1045.3%	56,054	20.7%	166.5%	203,206	24.3%	201.9%
標準偏差	67351.3	13.3%	3008.1%	57181.2	19.7%	358.3%	132005	7.1%	506.2%

年	合計 設定元本額		合計 解約元本額		合計 償還元本額		合計 元本残高	
	金額	増加率	金額	増加率	金額	増加率	金額	増加率
1954	24,110		12,265		9,719		78,570	
55	26,381	9.4%	31,792	159.2%	13,640	40.3%	59,519	－24.2%
56	51,431	95.0%	27,162	－14.6%	16,039	17.6%	67,748	13.8%
57	92,544	79.9%	16,178	－40.4%	7,199	－55.1%	136,915	102.1%
58	106,412	15.0%	25,741	59.1%	7,890	9.6%	209,695	53.2%
59	182,480	71.5%	58,876	128.7%	3,219	－59.2%	330,081	57.4%
60	362,066	98.4%	87,945	49.4%	0	－100.0%	604,202	83.0%
61	588,205	62.5%	155,751	77.1%	9,810	－	1,026,845	70.0%
62	347,116	－41.0%	229,174	47.1%	14,161	44.4%	1,130,626	10.1%
63	331,873	－4.4%	274,226	19.7%	17,884	26.3%	1,170,388	3.5%
64	330,158	－0.5%	293,573	7.1%	45,415	153.9%	1,161,558	－0.8%
65	196,829	－40.4%	349,501	19.1%	42,556	－6.3%	966,328	－16.8%
66	204,071	3.7%	293,613	－16.0%	75,976	78.5%	800,810	－17.1%
変動係数	0.5417498	205.1%	0.69933	137.9%	1.08938	716.2%	0.538414	126.7%
平均	274,175	24.5%	178,458	35.1%	22,411	10.2%	753,745	34.5%
標準偏差	148534.47	50.2%	124801	48.4%	24414	73.3%	405826.5	43.7%

出所：証券投資信託協会『証券投資信託二十年史』，同協会，1975年より作成。

(2) オープン型投信の投資家における受容と投信の拡大

　ここでは，投信の市場動向を概観した上で，大衆投資家によるオープン型投信の受容要因を検討する[37]。まず，前頁表 4-1 には，商品別の投信の投資動向を示した。1954 年には構成比 0％であったオープン型は，制度改正がされた 56 年末以降，特に個人取引で遅れをとっていた山一，日興証券の強い販売強化もあって急激に構成比を上昇させ[38]，62 年には株式投信全体の 36％にまで達した。しかし，その後，比率は急低下し，65 年には 6.6％にまで下落した。解約元本額の構成比は，62 年から 64 年まで株式投信全体の 40～50％を占めた。この結果，元本残高の構成比は 59 年の 20％ほどから，60 年から 62 年には 30％台前半を占めたものの，その後，下落に転じて，65 年には 2 割台前半にまで低下した。このように，オープン型投信は，ユニット型と比較して，変動の激しい商品であった。このことは，設定元本額，解約元本額の変動係数が 1％水準で統計的に有意に異なるとの検定結果からも裏付けられる。以上，オープン型投信は急激に受容されたものの，それは長続きせず，比較的短期間のうちに人気を喪失した。

　次にオープン型投信の激しい変動の理由である。次々々頁表 4-2 には株式投信の収益状況を示した。これによれば，統計的に有意な差は検出できなかったものの，評価損益の変動係数はユニット型に比べて大きい。純資産額の変動係数は，オープン型はユニット型に対して，1％水準で統計的に有意な差を検出可能である。さらに，史料の制約上，59 年の数値のみではあるが，投信の種類別の分配率を見ると，ユニット型が 7.0％，オープン型が 14.5％であり[39]，後者は前者の 2 倍以上であった。このことは，前述したオープン型投信の制度改革の内容が実際に反映して，分配率はユニット型に対して高まり，収益の内，評価損補填への充当部分が少なくなる分，純資産額の変動リスクの

---

(37) 後述する 1960 年代における大衆投資家の投信に対する投資姿勢の歴史的変化については，本節冒頭で示した先行諸研究では十分な実証的検討は行われていない。
(38) 杉浦「4 社体制確立過程における証券金融問題」。
(39) 証券投資信託協会『証券投資信託協会 20 年史』同協会，1975 年，46‐47 頁。ただし，オープン型の分配率は，59 年 12 月の基準価額 969 円，同月の分配額 141 円を用いて概算。

表 4-2 株式投資信託の収益状況 （単位：億円）

年	ユニット型			オープン型			合　計		
	純資産額	評価損益	比率	純資産額	評価損益	比率	純資産額	評価損益	比率
1954	77,450	−6,648	−8.6%	551	−59	−11%	78,001	−6,707	−8.6%
55	60,174	7,239	12.0%	1,073	90	8%	61,247	7,329	12.0%
56	71,734	10,539	14.7%	1,223	172	14%	72,957	10,711	14.7%
57	124,428	−11,914	−9.6%	21,217	−1,022	−5%	145,645	−12,936	−8.9%
58	195,307	17,892	9.2%	28,388	1,049	4%	223,695	18,941	8.5%
59	295,858	35,237	11.9%	66,667	−1,834	−3%	362,525	33,403	9.2%
60	485,554	99,634	20.5%	180,600	3,167	2%	666,154	102,801	15.4%
61	758,446	−39,681	−5.2%	323,814	11,386	4%	1,082,260	−28,295	−2.6%
62	803,741	−62,672	−7.8%	358,909	345	0%	1,162,650	−62,327	−5.4%
63	932,101	−177,810	−19.1%	237.623	−13,770	−6%	1,169,724	−191,580	−16.4%
64	854,245	−135,463	−15.9%	273.171	−2,865	−1%	1,127,416	−138,328	−12.3%
65	710,924	4,394	0.6%	179,268	13,574	8%	890,192	17,968	2.0%
66	586,507	10,736	1.8%	162,454	5,591	3%	748,961	16,327	2.2%
変動係数	0.500008	−3.15752	−9.3298	0.645668	4.932128	7.4576	0.523661	−3.54541	−12.4079
平均	574,711	−25,965	−0	183,211	1,562	0	757,922	−24,403	−0
標準偏差	287360.3	81984.11	0.12594	118293.6	7704.477	0.0422	396894.1	86517.34	0.101659

注：ユニット型とオープン型の変動係数の差について検定を行ったところ，評価損益，比率は10％でも有意にはならなかったものの，純資産については1％で統計的に有意に異なるとの結果を得た。
出所：表4-1と同様。

増大を意味する。

（3）大衆投資家によるオープン型投信の受容要因

　以上を踏まえて，大衆投資家による当該金融商品の受容要因を検討する。史料は前述の1956年10月の関東地方でのアンケート調査を利用する[40]。投資信託という金融商品の存在を知らないものが実に38.2％にも達した。本商品を認知している61.8％のうち，1口何円かを知っているものは26.6％であり，残りの35.2％はこれを知らなかった。この結果を受けて，同史料では投信の

（40）東京証券業協会「関東地方における証券に関する調査」491, 497-498頁。

特色や利点を理解している人は認知者中の1口金額を分かる人の割合, 43.8%「を遥かに下回る」。このように, 大衆投資家に対する投信商品に関する知識の普及度は極めて低位であった。ただし, 株式との対比で言えば, 投信は「生活程度の高低による所有率」の差が大きくなく,「大衆性が立証されている」。そこで, この状況下でのオープン型投信を中心とする投信急増の理由が問題になる。この点を直接示す史料は存在しないが, 本アンケート調査を用いて, その要因に接近する。投資家・非投資家ともに, 有価証券投資を支持する理由として配当を重視しており, 前者で7割, 後者で3割の値であった（前述）。現に, オープン型は, 変動は激しいが, 60年前後の時期にはユニット型を大きく上回る分配率を示した（既述）。

ここから, 大衆投資家を中心に投信が受容された理由を, 次のように推定できる。投信は, 具体的な投資内容を公開しておらず, 購入者は具体的な投資対象銘柄の具体的内容や, その評価益・評価損の金額は分からない。このような情報の非対称性が存在する中で, 投信が挙げた収益は分配金として各投資家に配分される。この意味で, 投信は, 投資家が相対的に選好しない売却益を, より投資家が選好する配当に転換する機能をもつ。このことは, 投信が, 売却益への強い依存にもかかわらず, これを配当という, 外観上, 大衆が受容しやすいものに転化することを通じて, 大衆投資家の志向性に適合することを意味する。さらに, 大蔵省のオープン型に関する制度改革は配当率の上昇を可能にし, より一層の誘引を投資家に付与する。オープン型は, 投資家の利便性を向上している（上述）。

もっとも, 投信の普及は, オープン型投信中心の投信増加のみをもたらす側面のみには止まらない。つまり, 投信購入後, 株式に関心を持つようになった人の割合が28.4%にも達した。もっとも,「別に（関心を持つようには）ならない」とした回答の七率が68.2%であることには注意する必要がある。以上, 株式への関心向上をもたらすことを通じて, 投信の普及は投資家の市場動向への反応度をより一層敏感にした。なお, 上記の数値は, 株価上昇局面でのものである。このことは株価が下落局面に転じたときに, より急速な投資家の市場からの離反が生じる可能性を示唆する。

（4）制度改革の帰結
——株式市場の過熱，証券金融の変化と政策的管理能力の後退

　1958年9月4日の日本銀行の公定歩合の1厘引き下げを契機に，いわゆる岩戸景気下の好景気の影響もあって，以後，61年7月まで株価は高水準で推移した[41]。この間の株式市場の活況を支えたのは，証券金融面での変化であった。金融市場からの資金供給状況は[42]，それまでの600億円台から856億円，さらには60年9月には2,081億円へと残高が急増した。その中でも，57年9月まで2割台から30％程度でコールが推移したところから，58年から60年にかけての70％代半ばから80％台半ばまでにその比重が急増した。このように，コール資金が金融市場から証券市場への資金供給の中心を占めた。これは「投信コール，運用預り制度などによりマネー取入力が急増し」たことが背景とされている[43]。したがって，前述のオープン型投信導入による大衆資金の流入が影響したと判断される。さらに，同史料によれば，「証券金融会社よりの依存度が次第に低下してきた。この傾向は四大証券と中小証券会社の間の系列強化によりますます強ま」ったとある。当時の証券会社経営は強い階層性をもっていたが[44]，60年9月末の銀行借入依存率を見ると，四大証券が24.6％なのに対して，中小証券会社は13.7％であった。中小証券会社は銀行貸出へのアクセスが相対的に困難であり，四大証券に資金調達面で依存せざるを得なかった。以上を背景にして，投信コール等の資金は，四大証券を通じて，間接的に銀行からの調達が相対的に困難な中小・零細証券会社にも，相当程度，流れていたと推定される[45]。

---

(41) この間の市場動向についての詳細は，杉浦「日本の経済成長」128-143頁による。
(42) 日本銀行調査局「株式流通市場の資金需要と金融市場の関係について」1961年1月9日，『日本証券史資料』戦後編，第8巻，428-429頁。以下での証券会社，証券金融会社に対する融資等に関しても同様。
(43) 以下，特に注記のない引用と議論は，日本銀行調査局「株式流通市場の資金需要と金融市場の関係について」1961年1月9日，『日本証券史資料』戦後編，第8巻，427-437頁：杉浦「1965年の証券危機」。
(44) 二上『証券会社経営』第4章，91-113頁。
(45) 現に，主要4社以外の会員証券会社，非会員証券会員の1959・62年の借入金額・同比率を示すと，それぞれ252億円（150％）→1,133億円（674％），17億円（123％）→61億円（420％）と急増していた（大蔵省理財局『第1回理財局証券年報』1963年）。

次に，証券会社，証券金融会社への銀行貸出残高の推移を見る。1958年3月以降の銀行からの貸出額合計は，最大値を示す59年3月から60年9月まで500～640億円の間で推移した。60年3・9月に1,073億円，1,328億円にまで達するコールに対して金額は小さい。「証券金融会社の金利は，現在相当高く（日歩二銭六厘）且つ硬直的であ」り，コール・レート（「最高日歩二銭三厘」）との対比でのコスト高も影響したのであろう。ここに至り証券金融会社を窓口とする資金供給ルートは大きく後退し，コール市場への依存が決定的になった。このことは証券金融会社が「証券市場をある程度コントロールする手段として設立された」ことを踏まえた時，銀行貸出を通じた証券市場管理の弛緩を意味する。

　この状況を端的に表したのが，1959年10月以降の日本証券金融の担保掛目の変更である。同27日付で日本証券金融は担保金率を28日付けで現行の60％から70％に引き上げ，貸借取引貸借担保代用有価証券の代用掛け目を現行の65％から50％に引き下げる措置を講じた。本措置は蔵臣談話にもあるように投機抑制を目的していた。しかし，証券金融会社ルートによる資金供給比率が低下する中での本ルートを通じた市場加熱の抑制は不可能であった。この結果，東京証券取引所での信用取引額の比率が58年に24.9％にまで上昇し，以後，59年6月まで20％台前半で推移したこと（年平均は19.1％）に見られるように，自己取引を中心とする「信用取引の過度の利用による人気化や投機化」が激化した。さらに，投信販売が拡大した結果（57～61年までの同比率は4.7％，6.6％，7.6％，7.5％，8.6％），個人株主の所有株数の比率は57年に54.8％まで下がったものが，58～61年にかけて55.6％，55.4％，53.8％，55.3％で推移し，個人株主の所有株数の比率は下げ止まりを見せた。

---

(46) 以下での引用等も含めて，全国銀行協会連合会「全業第三一号　コール取引の改善について」1954年6月29日，『日本証券史資料』戦後編，第8巻，411頁。
(47) 「社発第八八号　貸借取引における貸借担保率改定の件」『日本証券史資料』戦後編，第7巻，413-414頁。
(48) 東京証券取引所『東京証券取引所20年史　規則・統計編』同取引所，1970年，373頁。
(49) 大蔵省「大蔵省令第六号実施に際して大蔵省当局談」1960年2月8日，『日本証券史資料』戦後編，第8巻，418頁。

ここに至り大蔵省によるオープン型投信の育成方針は，投信コール・運用預かり制度を基盤とするコール市場からの調達資金に依存した株式市場の投機的活況を惹起した。同時に，このことは，資金調達面における中小・零細証券会社の四大証券への依存を強めるとともに，銀行→証券金融会社ルートを要因として，大蔵省当局による株式市場の管理能力を大幅に低下させた。

3 「金融正常化」路線の強化と証券市場の悪化――投信を中心に

(1)「金融正常化」路線の強化と金融引締め

1960年代の政策動向の中心は，「金融正常化」路線の背景や，このことが証券市場に与えた影響とその対応について検討する。

1950年代後半以降，市中公募を伴う大型増資が行なわれた中で好調だった株式相場は，東証Ⅰ部の平均値で61年の年中平均1548.94をピークに，62年には1419.44，64年8月には月中平均1288.71にまで下落し，需給のインバランスが顕在化した。この動向をもたらした重要要因の一つとして，それまで単にオーバー・ローン，オーバー・ボローイングの是正を考えていた日本銀行が方針を転換し，市場機能の活用を重視した「新金融調節方針」を採ったことが既に指摘されている。その内容は窓口規制の廃止，最低歩合適用限度額を超える貸出に日歩3厘（後に1厘）高の高率を適用する「貸出限度額適用手続」の導入，政策委員会の決定なしに，弾力的な政府保証付き債券のオペを可能とすべく，「債券買入および売戻手続き」を決定したほか，債券オペや公定歩合操作による調節を柱とした。

以上を踏まえて，まず，先行研究で未検討であった，本措置が採られた背景を検討する。この点に関連して，1960年4月14日の第9回全国証券業大会での山際正道日本銀行総裁の発言が注目される。山際は60年以降の貿易

---

(50) 『日本証券史資料』戦後編，第9巻，167頁。なお，当時の増資ラッシュについては，杉浦「日本の経済成長」144-149頁。
(51) 杉浦「日本の経済成長」143頁。「新金融調節方式」の内容は，日本銀行『日本銀行百年史』第5巻，103頁以下。
(52) この点は大蔵省財政史室『終戦から講和まで』第19巻，194-195頁でも，オーバー・ローン是正が単純に指摘されるのみで充分な検討はされていない。

為替自由化の本格化を論じた上で,「弾力的な通貨政策と自由化とが表裏相携えて進むべきこと」(中略)「に関連して,今後更に広く金融の正常化を進めることが従来以上に切実な大きな課題にな」った述べた。同様な発言は,IMF8条国への移行に伴う状況変化への対応の必要性を強調した,翌年の全国証券業大会での挨拶でも確認される。「新金融調整方式」の目的には,市場メカニズムに沿った金融調節手段が望ましいとの「基本的金融政策観」があったほか,それまで消極的であったオーバー・ローンの早急な是正,財政資金引揚超過額増加への対応としての市中からの政府保証債券の買入があった。特に,市場メカニズムによる調整とオーバー・ローン是正(＝企業の資本構成改善)という点で,「金融正常化」の早期達成が目的であった。山際総裁の発言や日本銀行内部での政策路線から,貿易為替自由化の本格化への対応として,上記の内容の「金融正常化」路線が強化され,その一環として市場メカニズムを反映させ,金利による金融調節を重視する「新金融調節方針」が採られたと言える。このような政策内容が,証券市場に強い衝撃を与え,上述の需給バランスの崩壊をもたらした。

　本措置に伴う市場状況の悪化への対応として,「証券金融会社の会員別融資ワクの拡大,貸借担保金代用有価証券適格銘柄の拡大,信用取引保証金率の引き下げ,株式投資信託の設定ワクの撤廃およびコール運用枠の一部解除等の措置が相次いで講じられ」た。これらの措置は,証券金融会社の会員別融資枠の拡大に見られる銀行部門→証券金融会社ルートを通じた梃入れという意味で,銀行依存の深化をもたらした。同時に,信用取引保証率の引き下げ,株式投信設定枠・コール運用枠の解除・撤廃など,投機制約の緩和による市況回復も目的としていた。つまり,ここでの対応は市場の不安定性を増大させる内容であった。

---

(53)「昭和三十五年日本証券業協会連合会定時会員総会経過報告(抄)付第九回全国証券業大会」1960年4月14日,『日本証券史資料』戦後編,第8巻,1,024頁。
(54)「昭和三十六年日本証券業協会連合会定時会員総会・第十回全国証券業大会経過報告(抄)」1961年4月13日,『日本証券史資料』戦後編,第8巻,1,045頁。
(55) 日本銀行『日本銀行百年史』第5巻,97-104頁。
(56) 大蔵省(推定)「最近における証券業界の主要問題(メモ)」1961年11月10日,『日本証券史資料』戦後編,第8巻,97頁。

このほか，株式需給の調整を図る措置として，大蔵省理財局長，銀行局長，通産省企業局長，日本銀行営業局長，証券会社，都市銀行代表らからなる増資調整に関する懇談会が組織された[57]。この結果，1961年11月13日には同年度第4四半期に増資申込期日が予定されていた，八幡製鉄・富士製鉄・東京芝浦電気の三社への申込期日の2ヶ月繰り延べが要請された[58]。さらに，田中蔵相から，これら以外の未発表の増資についても，申込期日を原則として62年4月以降への繰り延べを通じた増資調整への協力が求められた。これらのは，企業の資本構成是正を目的とする増資払込を延期するものであった。したがって，貿易為替自由化を控えて，企業増資の促進による自己資本充実が「当面する緊急の課題である[59]」との大蔵省側の考えと背反する。株価下落は大衆投資家の市場からの離反を招く。この意味で，「金融正常化」策＝新金融調節方式は，大衆の証券市場への誘導も含む企業の資本構成の問題と背反した。

　以上，この時期になると，日本銀行は，対外金融との関係を意識する形で政策当局の「金融正常化」路線が強化された。しかし，本路線の強化は，投信制度の改革を通じた大衆投資家の株式市場への誘導を一助とする，企業の資本構成の是正や証券市場の育成という意味での「金融正常化」の実現を却って遠ざけた。このほか，社債流通市場の形成面でも，「新金融調節方式」[60]の導入にあたり，社債を日銀オペの対象に加える措置が採られ，公開流通市場の欠如を日銀信用で代替した。この意味で「金融正常化」政策が，それ自体が「非正常」とする日銀信用への依存の深化に帰結した。

(2)「金融正常化」と個人投資家誘導との矛盾の顕在化
　　　――公社債投信拡大の挫折

　1961年の公社債投信の導入に関して，起債市場の活性化を目論む大蔵省側

---

(57)「増資等調整懇談会メンバー及び増資調整に関する申合せ事項」1961年11月13日，『日本証券史資料』戦後編，第8巻，98-99頁。
(58) 以下，田中蔵相からの要請も含めて，「増資繰り延べに関する大蔵大臣談話」1961年11月16日，『日本証券史資料』戦後編，第8巻，99頁。
(59) 大蔵省（推定）「最近における証券業界の主要問題（メモ）」98頁。
(60) 志村監修『日本公社債市場史』261-262頁。

と流通市場活性化を目論む証券業界側で思惑が異なっており，さらに証券業界が特に預金吸収を重視する地方銀行を中心とする銀行業界の利害と対立し，同年1月以降，改定利回りが低位に改定・抑制された。その結果，販売当初の金額急増にもかかわらず解約が増加し，ひいてはその販売を推奨していた証券会社の経営体力を奪った。その意味で65年証券危機の歴史的前提条件のひとつとなった[61]。ここでは，これまで未検討であった，政策当局の「金融正常化」路線を巡る意見の相違との関係で，公社債投信の導入と挫折の過程を補足検討する。

公社債投信販売開始後，1ヶ月経過した2月になると，政策当局から関連する発言が見られた。まず，同8日に山際日本銀行総裁が定例記者会見において「スタート早々からの公社債投信の日銀買いオペは感心できない」と語り[62]，日銀資金を通じた公社債投信の普及・拡大には批判的な姿勢を示した。日本銀行は，市場機能の重視と公定歩合操作や債券オペによる金融調節の実現（「新金融調節方針」）を目標にしていた（前述）。ここから本方針と矛盾するベース・マネーの直接供給を回避したかったことが山際の発言の背景であろう。これに対して，水田蔵相は同10日の会見で「日本の金融政策を国際金融に直結させ」「金融正常化」を実現する観点からも，公社債投信の拡大を通じた社債市場育成の必要性を論じた[63]。その上で，銀行界からの反発については，長期資金調達の場を広げる観点から，公社債投信振興の観点から銀行界と調整する方針を示した。

このように，日本銀行と大蔵省の間では，対外金融との関係を意識した「金融正常化」の実現という点では方針は一致していた。しかし，そのための公社債投信の振興姿勢は違っていた。日本銀行は前述した意味での「金融正常化」＝「新金融調節方式」の実現優先の姿勢を示して，公社債投信オペには消極

---

(61) 以下での日本銀行の公定歩合操作と公社債投信の設定・解約動向も含めて，杉浦「1965年の証券危機」299-306頁，表9-2。
(62) 『日本証券史資料』戦後編，第8巻，496頁。
(63) 「蔵相，公社債投信拡大は当然と認め，長期資金調達の総合計画の面から銀行と調整の方針」『日本経済新聞』1961年2月10日（『日本証券史資料』戦後編，第8巻，496頁）。

的だった。これに対して大蔵省側はその拡大を重視する姿勢を示した。しかし，1961年4月になると大蔵省は運用基準を改定し，それまでの設定額の80％を新発債組入れ，コール・既発債をそれぞれ10％ずつ組入れから，新発債50％，既発債30％，コール20％に変更した。つまり，大蔵省が「流通市場に直接結びついた」公社債投信を，「起債市場のテコ入れ」に用いた結果，61年4月の新発債の利回り低下の影響をまともに受けた。続いて，同年9月にはこれらをそれぞれ40％・40％・20％に，さらに62年1月以降は自主的組入れに変更し，流通市場を重視する方針を示した。しかし，「新金融調節方針」の導入を契機とする株式市場の暴落と株式投信の解約増加が進展する中で，証券会社が増加組入れした社債の資金化を迫られたために，証券会社の手持ち公社債が急増した。この中で，証券会社経営の悪化をもたらす公社債投信解約増加の阻止が，上記の措置の目的であった。しかし，「新金融調節方式」導入以降，証券市場が悪化する中で解約額は増加し，61年1月に460億円だった設定額は，同年12月には65億円にまで減少した。このほか，公定歩合が引き上げられた同年7月以降，解約額も基本的に月間100億円を上回るペースで進行した。投資家の4割が特に配当を重視する中で，評価損は発生しなかったが，公社債利回りの低下は公社債投信の解約に強く作用した。

その結果，公社債投信組み入れ公社債額の公社債市場における比率は，1961年末の5.1％から翌62年末には3.5％に急落し，以後，3％台前半で推移する。コールについては，61年の9.2％から62・63年と19.3％・18.9％に上昇した後，65年に6.9％にまで下落しており，変動はあるものの，同様に低下傾向にあった。つまり，証券業界と大蔵省，あるいは銀行業界と証券業

---

(64) 大蔵省の公社債市場育成方針の問題点，証券会社の経営事情も含めて，証券外史刊行委員会編『証券外史』東洋経済新報社，1971年，252－254頁。なお，これらは杉浦「1965年の証券危機」299－301頁でも指摘されている。しかし，「金融正常化」路線を巡る政策当局内部での方針の相違が公社債投信育成の挫折要因であることは指摘されていない。
(65) 東京証券業協会「証券貯蓄の調査リポート」1961年10月実施，『日本証券史資料』戦後編，第8巻，670頁。同調査は全国規模の調査だが，標本抽出の方法は不明である。
(66) 公社債投信の運用対象有価証券に評価損が発生するのは，66年の－795億円が最初である（証券投資信託協会『証券投資信託二十年史』の付録統計による）。
(67) コールも含めて日本銀行調査局「株式流通市場の資金需要と金融市場の関係について」。

界・政策当局のみならず，当局内部での「金融正常化」路線を巡る方針の相違とともに，本路線に基づく公社債投信の振興策が銀行業界の反発を招くことにより，企業の資本構成是正の一環としての公社債市場の育成は挫折に向かった。このような状況の中で，62年になると政策当局も動き出した。1月31日の定例記者会見で，山際日本銀行総裁は，大蔵省と連絡をとって検討している段階であるとはしたものの，「財政収支の揚げ超対策」の範囲内で「いずれ売り戻しを行う」と留保を付けながらも，投信組入れ公社債を買いオペ対象にする考えを示した。同じ時期に大蔵省側は「公社債投資信託について」という文書を作成した。これによれば，まず，最初に国民の零細貯蓄資金を用いた起債量拡大が発行目的とされた。しかし，上述の金融動向の変化に伴い，公社債流通市場の欠落を重要要因とする募集低下のほか，証券会社による買取や解約の増加が指摘された。その上で，本問題への対応として，何らかの方法で「公社債投資信託組入公社債の流動化（資金化－原文）を図る」必要性を論じた。山際日銀総裁が，大蔵省とも協議中と述べたことから，上述の投信組入れ公社債に対する方針変化は，大蔵省側の要請を受容したと判断できる。以上を踏まえて，最終的に日本銀行は投信組入れ公社債を買いオペ対象に加えることを決断した（前述）。なお，同年10月になると，証券投資信託協会からも，株価暴落への対策から投信組入れ公社債に対する担保金融の実施の要望も出された。

以上，「金融正常化」路線の強化は，本来，「正常化」とは相反する中央銀行の投信組入れ公社債の買いオペ対象化という事態を招来した。

（3）市場不安定要因としての投資信託の解約増加と市場へのインパクト

「金融正常化」路線の強化に加えて，1963年のアメリカ政府による金利平

---

(68)「山際日銀総裁，投信組み入れ公社債を買いオペの対象にすることを検討中，財政揚げ超対策の範囲で行なう」『日本経済新聞』1962年2月1日（『日本証券史資料』戦後編，第8巻，547頁）。
(69)『日本証券史資料』戦後編，第8巻，547-549頁。
(70)「投資信託組入公社債の流動化についての要望」1962年10月24日，『日本証券史資料』戦後編，第8巻，558-559頁。

衡税の発表を要因とする株式相場の暴落により[71]，投信は縮小を余儀なくされた。その動向については，既に1965年にユニット型の大量償還が発生することが，同年の証券危機の要因として指摘されている[72]。ここではその見解を再検討する。

　種類別の投信の動向は，前掲表4-1に示した。ユニット型も1963年の287千億円をピークに65年には183千億円と100千億円も減少したのに対して，解約元本は64年の168千億円，65年の235千億円と急激に増加し，これに伴い元本残高もピーク時である63年の883千億円から65年には749千億円とピーク時の85%にまで急低下した。オープン型も設定元本額は64年に理由は不明であるが，一時的な変化はあるものの，ピーク時である61年の197千億円から63年には44千億円，65年には13千億円とピーク時の6.5%にまで激減した。これに対して，解約元本額は61年に25千億円に過ぎなかったものが，62年には94千億円と4倍弱程度に増加した後，さらに63～65年までに137千億円，125千億円，113千億円と極めて高い水準で推移した。この結果，元本残高はピーク時の62年の379千億円から65年には216千億円と，わずか3年でピーク時の57%にまで激減した。特に元本残高の変動に見られるように，株式投信の中でもオープン型投信の縮小は，ユニット型に比べて深刻であった。投資信託の購入を通じて，購入者である大衆投資家は株式価格の動向により敏感になっていた（前述）。現に，ユニット型・オープン型双方の投信分配率を見ると，59年にはそれぞれ7.0%・14.5%であったが，62年末には同じく6.25%，7.3%であり，特にオープン型の分配率の低落振りは目を覆わんばかりであった[73]。ここから，60年前後にオープン型を中心に投信を購入した大衆投資家は株式相場の下落と，これに伴う分配率の低下に比較的迅速に反応したと推察される。

---

(71) 杉浦「1965年」306-309頁。ただし，同論文308頁でオープン型の残存元本の純減が指摘されているが，市場全体に対するインパクトは詳らかではない。
(72) 杉浦「日本の経済成長」175-182頁。
(73) 証券投資信託協会『証券投資信託20年史』同協会，1975年，46-47, 56頁。なお，1962年末のオープン型分配率は，当年中の新規設定・全部解約されたファンドを除外した修正基準額で973円を用いて算出した。除外値を含む基準額は957円であり，これを用いた場合の分配率は7.3%になる。

この投信の動向は，金融・資本市場，特に，株式市場とコール市場の動向に強いインパクトを与えた[74]。まず，株式市場から検討する。株式投信組入れ株式残高は，ピーク時の1963年末には株式市場残高全体の13.3％にまで達した。それが，65年には7.2％とほぼ半減した。株式市場残高の1割を超えていたものが半減しており，投信全体の縮小は株式市場に重大な影響を与えていた。次に，この間の投信種類別の動向を見ると，オープン型の構成比は63年の2.8％から65年には1.6％と1.2％減少した。これに対して，ユニット型は63年の10.5％から65年には5.6％とほぼ半減した。ここから，ユニット型を中心にして，投信は株式市場に対して大きな影響を与えていたように見える。

　しかし，通説は無条件に首肯できるのか。その確認のために，投信の変動のコール市場に対する影響を検討する。まず，投信全体では，1960年に市場全体に占める比率が22％とピークに達した。それ以降，64年の8％を底にして，65年には11％と若干増加に転じるものの，それでも構成比はピーク時の半分に過ぎない。これを種類別に検討する。ユニット型のコール運用資金は，61年に21.6％とピークを迎えた後，62年から64年にかけて11％から9％に下落し，65年には15％弱にまで回復した。これに対して，オープン型は60年にコール市場全体のシェアが14％とピークを迎え，株式投信のコール運用額全体の4割を占めるに至った。その後，62年のコール市場シェアは10％にまで低下したが，株式投信のコール運用総額の45％とほぼ半分を占めた。しかし，その後，株式投信のコール運用額に占める構成比は急激に低下し，65年には16％にまで減少した。このほか，コール市場全体に対するシェアも2.7％にまで低下した。さらに，オープン額のコール運用額の変動係数がユニット型のそれを1％水準で統計的に有意に異なるまでに上回ったことも，無視できない構成比をもったオープン型の不安定性の程度の相対的な強さを示す。

　このように株式投信全体のコール運用額がピーク時にあたり，かつ，株式市場が活況を呈した1960・61年にコール市場の3割以上を占め，この時期にそれまでネグリジブルであったオープン型投信資金のコール運用が投信全体の約4割を占めており，その後，急激に縮小した。さらに金額面での株式投信全

---

(74) 以下での数値は　表4-1原史料からの算出値。

体の最高値である60年から最低値の63年の株式投信全体の減少額160億円中，ユニット型が102億円の増加なのに対して，オープン型が262億円もの減少を示し投信コール収縮の重要要因であった（表4-1より算出）。これらから，60年代前半におけるオープン型投信のコール市場の混乱に対する影響は，ユニット型のそれを上回っていた。さらに，投信コールの多くが「紐付きコール」であったために[75]，短資市場の動向を左右した。このほか，周知のように証券会社の運用預かりを通じた自己勘定取引の動向や資金繰りにも重要な影響力を持ったことを想起した場合，オープン型投信により吸収した資金のコール運用での動向が，証券市場に与えた影響は重大であった。

　この点を，時系列分析を通じて定量的に確認する。まず，次頁表4-3に示した①から⑦まで（②③を除く）の投信純資産残高の変化率と株式・コール両市場との相互関係についての回帰分析により，次の関係性が検出できる[76]。つまり，①投信純資産残高の変化が証券会社CMに，④証券会社CMの変化が株価の変化に，⑤株価の変化が株式売買高の変化に，⑥株式売買高の変化が株価にそれぞれ正の影響を与える。さらに，⑦株価の変化が投信純資産残高の変化に正の影響を与える。その結果，投信純資産残高の減少が証券会社のコール調達を媒介に株価，ひいては株式売買高の変化に正の影響を与える。その結果，株価の下落局面では売買高減少とスパイラル状態になり，投信純資産残高のさらなる減少をもたらす。以上から次の議論が可能である。証券価格の上昇＝投信純資産残高の増加局面では，証券会社のコール・マネー調達の増加を通じて株価の上昇が生じた。その結果，証券会社による自己勘定取引の順調な拡大を可能にした。さらに，株価の上昇は，株式の売買高を増加させた。しかし，1960年代以降の逆局面では，コール・マネーの調達難が株価の下落，ひいては株式売買高や残存元本減少・解約の重要要因となる投信純資産残高の減少をもたらした。その結果，周知の山一證券を典型に，株価下落により自己勘定取引が行き詰った証券会社経営が窮地に陥った。

　さらに，前掲表4-3の②と③との比較から，特に市場が明確に悪化に転じ

---

(75) 杉浦「1965年」316-322頁。
(76) 以下，投信や証券市場の状況の記載は，表4-3で用いた現史料・記述統計による。

表 4-3　株式投信とコール・株式両市場との関連（1959年1月から65年12月）

被説明変数／説明変数	① 証券会社CMの変化率	② 証券会社CMの変化率	③ 証券会社CMの変化率	④ 株価の変化率	⑤ 株式売買高の変化率	⑥ 株価の変化率	⑦ 投信純資産残高の変化率
投信純資産残高の変化率	0.3385						
t値	2.102*						
ユニット型投信残高の変化率		0.264					
t値		1.486					
オープン型投信純資産残高の変化率			0.2469				
t値			2.74**				
証券会社CMの変化率				0.1278			
t値				2.20*			
株価の変化率					3.622		
t値					4.753**		
株式売買高の変化率						0.060	
t値						4.753**	
株価の変化率							0.3502
t値							141.6**
定数項	0.0067	1.8388	0.0056	0.007	0.033	0.005	−31.133
t値	0.766	0.968	0.657	1.441	0.921	1.172	1.108
観測数	83	83	83	83	83	83	84
adjR2	0.0401	0.014	0.073	0.045	0.208	0.208	0.996
DW	1.876	1.888	1.880	1.603	2.235	1.486	1.874

注：1）OLS推定。月次データを用いて推計。
　　2）** は5％、* は1％でそれぞれ統計的に有意。
　　3）株価は東証修正平均株価225種のもの。株式売買高は東証Ⅰ部月平均売買高。
　　4）①〜⑥において系列相関が検出されたため、コクラン・オーカット法で修正の上で推計した。なお、分散不均一性は⑦のみ検出された。これは加重最小二乗法で修正の上で推計した。
　　5）東証修正平均株価225種は1959年以降のものしか入手できなかった。投信制度の改革は56年末以降であるが（本文参照）、推計期間を上記期間としたのは、このような史料上の制約による。なお、単純平均株価ではなく、東証修正平均株価225種を選んだのは、日本経済を代表する企業銘柄が集められ、なおかつ修正平均値が用いられることによって、より市場情勢を敏感かつ的確に反映していると考えられるからである。
　　6）投信純資産残高を変数に選択したのは、購入・所有や売却の判断の基礎となる資産価値を表しているからである。
出所：東京証券取引所（1961）（1970），『証券投資信託会報』『証券投資信託月報』各号より算出・作成。

た1960年から65年までの純資産額の減少と，62年2月以降のほぼ恒常的な元本割れを背景とした解約元本額の激増を主因に，残高を激減させたオープン型の変動（前掲表4-1）が，上述のように証券会社のコール・マネーの調達量の変動の増幅を通じて，株式市場を中心とする証券市場の振幅の増大ぶりが確認できる。まず，ユニット型の純資産残高の変化率は，証券会社取入れコール・マネーのそれに対して統計的有意性をもたない。これに対して，オープン型のそれは，決定係数は低いものの，符号は正で統計的に有意である。つまり，証券会社からのコール資金流失を促進する効果があった。1950年代の制度改革前におけるオープン型の構成比の低さと60年前後の急上昇を考慮した時，この結果は，制度改革前後以降のオープン型の急激な台頭と縮小の産物と判断される（以上，前掲表4-1）。

このほか，1959年から，ユニット型の大量償還期限が来る65年の前年である64年までの期間について，被説明変数にユニット型の純資産額，説明変数にオープン型のそれをとった回帰分析とその逆の回帰分析を試みた。[77] 偏回帰係数では前者が後者を上回るものの，標準化回帰係数は後者が0.976，前者が0.678と後者が前者を大きく上回る。つまり，ユニット型も純資産額の減少に伴い，63年上半期を除き，62年4月以降，ほぼ恒常的に元本割れしていたが，オープン型の動向に引き摺られて状況が悪化した。このことが，65年にユニット型が借替不能な要因となり，証券市場全体を悪化させた。

このような投信の動向は，コール市場に資金を供給している金融機関に悪影響を与える危険性を孕んでいた。1964年時点での地方銀行，相互銀行，農中県信連のコール・ローン市場における年間平均シェアは，それぞれ12.5％，21.6％，17.5％，合計51.6％と過半を占めた。つまり，投信の動向を背景とするコール市場の混乱発生は，比較的経営基盤が弱い中小企業向け金融機関の

---

(77) 被説明変数をユニット型純資産額の変化率，説明変数をオープン型のそれとした回帰式（OLS推定，出所は表3原データ）は，$Y = 1.354 + 0.7022 \times$（$t = 37.6$），adjR2 = 0.952，被説明変数と説明変数を入れ替えた回帰式は $Y = 0.010 + 1.364 \times$（$t = 7.72$），adjR2 = 0.45であった（いずれも，説明変数のt値は1％水準で有意。N = 72）。前者は分散不均一性が検出されたので，加重最小二乗法で修正した。後者は1％水準で分散不均一性，系列相関は未検出であった。

経営を直撃する恐れがあった[78]。このことは，中山素平の日証金は「全金融界」が「あげて応援している株式会社です」との発言からも確認される。

以上，オープン型の動向が，ユニット型の大量償還が生じる1965年に，その再投資を妨げ，証券危機を激化させた重要な要因になった。

（4）大衆投資家の投資姿勢の変化

オープン型投信を購入し，1960年以降の危機に至る過程で，手を引いた大衆投資家はどんな行動様式を持っていたのか。ここでは証券関係調査を用いてこの問題に接近する。

まず，証券市場が不振に陥る前の1959年4月の調査である[79]。これによれば，「過去1年間にふやした貯蓄」という質問項目に対して，株式は4.8％，投信は1.6％，割引債券は0.6％という回答結果になった。さらに，「今後一年間にふやしたいという意向を貯蓄種類別」という質問項目に関しては，株式は20.6％，投信は12.0％，割引債券は7.9％という結果が出た。特に，株式投資を行なった人について，「非常によかった」を含めて，「とにかく満足している人」の割合は70％をこえており，「『よくなかった』と断定した人」は8％に満たなかった。投信についても，7割以上が満足したとされた。投信は他の貯蓄より利回りがよかったとの回答が半数であり，「株式より比較的安全だから」との回答も3割あったという。ここから，比較的低リスクで，かつ利回りの良さが，この回答の要因と判断される。ここで注目すべきは，株式投資に対する不安を抱いている人の割合の変化である。56年10月調査時には二人に一人が不安であると回答していたが，今回は33％にまで低落している。前述した追加投資の容易さなど，預貯金に類似したオープン型投信の金融商品としての利便性とともに，この時期の証券市場の活況が，この結果をもたらしたのであろう。

---

(78) 1964年時点での地方銀行，相互銀行，農中県信連のコール・ローン市場における年間シェアは短資協会『七十年史』付録統計より算出。以下での中山の発言は，『日本証券史資料』昭和編，第10巻，21頁。

(79) 以下，東京証券業協会「証券を中心とした貯蓄動向調査について」『日本証券史資料』戦後編，第8巻，622-628頁による。同調査は，関東地方に居住する25歳以上の男女を層化多段無作為抽出法で3,000名（うち男子2,250名）を抽出した調査である。

次に，1959年の調査とほぼ同様のサンプル抽出方法で行なわれた，64年7月の調査に基づき，証券不振下における大衆投資家の投資姿勢を検討する[80]。まず，株式は61年調査時同様15.2％であったが，投資信託の保有世帯比率は，10.1％から8.9％に減少しており，投信不信を確認できる。投信に満足感を持つ者の比率は24％であり，約半数は「よかったとは思わない」との意見を述べた。この時期，投信は運用成績が悪かったから（前述），この状況の反映と判断される。保有世帯比率では横ばいであった株式投資に対する満足感に関する質問では，満足感を示した者の比率は37％に過ぎない。調査方法や対象は異なるものの，59年調査の結果とは対極的な結果が出ている。それに対して，不満感をあらわした者の比率は27％にも達した。さらに，以前，株を保有していた世帯（サンプルの8％）に対する，いつ株を手離したのかという質問については，その24％が62年に手離したと回答した。61年以前と回答したものの比率は71％であった。そのうち，58年から61年までの間に手離した者の比率は36.1％，61年は13.8％であった。特に，全体の14.3％を占める58・59年に手離したもののうち，株式投資をして「よかった」と回答したものの比率はほぼ4割に達しており，その後，20～30％に急落する。ここから，61年の株価暴落以前，特に58・59年に株式を手離すことによりキャピタル・ゲインを得たものや，61年の株価下落と同時に危機感を感じて手離したものが相当数いた一方で，他方では，株価暴落から1年経過し，証券不振が明確化した時期に，まとまった数が株式を手離したことが分かる。最後に，今後の投資計画についての質問を見ると，株式は7.4％であり，61年調査時の7.9％から微減した。投信は同様に5％から4％へと微減した。調査結果は，株式，投信ともに大衆投資家の投資姿勢が消極化へと変化したことを示す。
　このような傾向は，1965年の証券危機後の調査では明確になる[81]。まず，

---

(80) 東京証券業協会外九協会「証券貯蓄の調査リポート（第二回全国調査）」1964年11月，『日本証券史資料』戦後編，第9巻，578-620頁。本調査は「全国の一般世帯から層化副次無作為抽出法により抽出した2万世帯を対象に」実施された。
(81) 内閣総理大臣広報室「証券貯蓄に関する世論調査」1966年11月，『日本証券史資料』戦後編，第9巻，620-632頁。母集団は全国の世帯員2人以上の普通世帯の男の世帯主，標本数は3,000，層別2段無作為抽出法で抽出。調査時期は66年8月27～31日。

投信であるが、保有者に限定して、今後、購入したいとは思わないと回答した人の比率は61％、非保有者は73％にも上った。その理由であるが、「資金がない」が54％（保有者）・39％（非保有者），「嫌いだから」が21％・16％，「投資信託についての知識がないから」が19％・14％，「財産運用として危険があるから」が13％・9％，「証券会社が信用できないから」が5％・4％であった。投信や証券会社への不信を示す項目の比率は39％・29％にも達しており（回答率累積値は125％、92％），特に保有者の不信ぶりは著しい。安定的運用と元本割れがあっても売却益を狙う運用のどちらが望ましいかとの質問項目に対して，投信購入希望者の78％（合計値100％）、非保有者の7％（合計値は9％）が安定運用を希望しており，強い貯蓄志向を示していた。株についても同様であった。「買いたいとは思わない」との回答は，35％（保有者）・73％（非保有者）にも達した。その理由を見ると，「資金がないから」が53％・39％，「株式に対する知識を持つていないから」23％・15％，「嫌いだから」23％・15％，「財産運用として危険があるから」が17％・13％，「証券会社が信用できないから」が2％・2％であり，株式や証券会社への不信を示す項目の比率は65％・43％に達し（回答率累積値は143％・107％），投信同様に保有者の不信感は著しい。

1960年代には，かなりの有価証券評価損の発生により運用が不安定化した（前述）。これに加えて，大衆投資家側の投信という金融商品に対する知識の欠如というある種の情報の非対称性や証券会社不信が生じた。これらも重要な一因となり大衆投資家が貯蓄志向を強める中で，多額の評価損が発生したことが大衆投資家の投信離れの背景であった。この変化により企業の資本構成の是正を含む「金融正常化」路線は実現基盤を喪失した。

(5) 市況悪化と証券市場対策——間接金融部門の影響力増大

以上の市況悪化を踏まえて，1961年7月以降，大蔵省は矢継ぎ早に証券市場対策を打ち出した。[82] 主要なもののみをあげれば，同年10月に省令を改正し，

---

(82) 以下での市場対策は，大蔵省「政府の株価振興対策」『日本証券史資料』戦後編，第9巻，202-203頁。なお，現状分析的研究ではあるが，大畠重衛「証券恐慌と救済融資に関する覚書（1）」『金融経済研究』第222号，1987年11月では，日銀などの証券救済融資について検討している。しかし，投資信託ブームの発生と崩壊との関係から

委託保証金率の60％から50％への引き下げ，代用有価証券の60％から70％への引き上げ，株式投信設定枠，コール運用枠の撤廃を皮切りに，郵政省の協力を得て12月には簡保資金により証券19社の割引金融債30億円分の買い上げを決定し，翌年6月15日にこれを実施した。さらに，同年10月には，信用取引保証金率を30％に引き下げた。このほか，60億円の公社債担保金融の実施を決定し，7月には市中銀行に対して50億円の協調融資増額を求めた。同年6月に全銀協も公社債投信4社に対して，28億円の公社債担保金融の実施を決定しており，さらなる協力を求めた。この間，数次にわたる増資調整も実施された[83]。

　このように大蔵省の対策の中心は，銀行部門や郵貯関係資金といった間接金融部門の資金の導入とともに，投機規制や運用制限規制の緩和にあった。しかしながら，既述のように，市況悪化への動きを食い止められなかった。この状況下で，1964年1月10日になると，株式買い上げ機関として日本共同証券の設立が発表された。ここでは同社の設立過程の特徴を検討する。まず，既に63年8月の段階で東京証券業協会において株式買取シンジケートの結成が決定された[84]。そこでの決定によれば，「取引所の違約損失補償準備金約九〇億円，と正会員組合からの約一〇億円，計一〇〇億円」を頭金に，「金融機関から四〜五〇〇億円程度の融資を予定する」とされた。この中の100億円は「当面証券界で捻出できる最大限の資金」とされており，買取機関の資金の殆どは銀行依存が考えられていた。別の史料によれば[85]，頭金の額は上記のままであるが，金融機関からの融資額は「政府，日本銀行の考えにより」決まること，具体的割合は小委員会を開催して決定するとはしながらも，危険分担率は大手4社が6割，その他が4割とされ，大手4社を中心にリスク負担をするとされた。さらに上西委員が作成した「資本市場対策委の問題点に対す

　　の分析は欠落している。
(83) 杉浦「日本の経済成長」144-149頁。
(84) 東京証券取引業協会「株式プール機関の設置について」1963年8月3日，『日本証券史資料』戦後編，第9巻，205頁。
(85) 東京証券業協会「株式プール機関の設置について」1963年8月14日，『日本証券史資料』戦後編，第9巻，205-206頁。

る提案」(86)によれば，公的性格を強化する方向性が示された。このような市中銀行や日本銀行に依存した買上げ機関設置論は，日東証券社長土屋陽三郎や野村證券からも提案されていた(87)。このほか，資本市場対策特別委員会が12月25日付けで出した「需給のアンバランス解消」(88)という最終案でも，日証金経由で日本銀行への特別融通要求が決議された。つまり，この議論は証券業界では有力な意見であった。

　以上を踏まえて，金融債の消化面で証券市場の動向に強い利害を持っていた興銀の中山素平ほか9名を発起人に1964年1月20日に日本共同証券が設立された(89)。同社の資金調達状況を見ると(90)，64年中の日本銀行からの借入金調達額は578億円，調達総額の16％程度を占めたに過ぎず，しかも，日銀からの調達は同年12月に初めて実施された。さらに65年になってからも日銀からの融資は増額・継続し，65年1～3月までの供給額は676億円・この間の調達総額の40％ほどにまで上昇する。同社は，証券危機の激化以前には，基本的に市中資金に依存した調達を行い，危機激化以降，日本銀行に強く依存した。次に同社による市場介入の効果である。史料の制約上，64年3月・4月中のもののみを検討する(91)。同社は，この2ヶ月間に13回にわたる買い出動を行なった。その中心は大手4社，投信10社であった。前者はすべての介入の対象になっており，投信10社は6回（10社中の2社対象が1回を含めて7回）であった。これに対して，中小グループが対象にされたのは僅かに3回に過ぎない。このように，投資信託を大量に販売し，運用預かりも実施していた大手4社と投信会社が主要な救済対象であった。これにより，60年前後に借入金依存度の上昇により経営を拡大した（前述），多数の弱小証券会社が淘汰

---

(86)『日本証券史資料』戦後編，第9巻，206-207頁。
(87) 資本市場対策特別委員会「需給のアンバランス解消に関する諸意見」1963年12月20日，『日本証券史資料』戦後編，第9巻，210頁。
(88)『日本証券史資料』戦後編，第9巻，216頁。
(89) 杉浦「1965年」308頁；財団法人日本共同証券財団『日本協同証券投資株式会社社史』同財団，1978年，6-7頁。
(90) 日本銀行『日本銀行百年史』第5巻，140頁より算出。
(91) 日本銀行『日本銀行百年史』第5巻，表3-3（137頁）。

されたと推定される[92]。さらに，株価指数の前日比騰落を見ると，13回の介入中，指数が上昇したのは7回に達した。ここから，当初は介入の効果があったと判断される。しかし，65年7月以降，特に9月以降，同社の介入買いや日本証券金融を通じた日本銀行から大手4社に対する救済資金の供給（10月末で162億円）にもかかわらず[93]，市況は悪化の一途を辿った。

　この状況を受けて，1965年1月に日本証券保有組合という，別の買上げ機関が設立された[94]。同社は65年1月12日から同年7月23日まで6次にわたり，合計2,328億円（内証券本業分は計2次501億円，それ以外は投資信託分）の株式買入れを実施した。投信が大半を占めており，投信対策の側面の濃厚さが窺える。次に問題になるのは，買入資金の調達である。日本銀行からの信用供与は実に2,156億円，買入額の91.6％を占めた。これに増資による取得22億円，出資見合貸付85億円を加えれば，日本銀行からの信用供与の比率は96.1％にも及ぶ。最大限，市中資金で救済を行なった日本共同証券とは異なり，恐慌顕在化の危機が差し迫った65年に設立された日本証券保有組合に至っては，当初からほぼ全額日銀信用に依存した救済が実施された。

　これらの諸措置に加えて，周知の山一證券への特別融通もあって，1965年8月以降，株式市場は回復に向かった。しかし，政策当局による「金融正常化」路線は，逆説的に，その改善を目標とした，間接金融部門の支配力をより一層強化した[95]。

おわりに

　1950年代後半から60年代前半にかけて，企業金融面から見た場合，ほぼ一貫して追求されたのは，特に，大蔵省主導による企業の銀行部門への過剰依存の是正という「金融正常化」の実現であった。この政策課題に証券市場

---

(92) 二上『日本の証券会社経営』130頁。
(93) 以下，日本銀行の救済資金供給も含めて，日本銀行『日本銀行百年史』第6巻，141－142頁。
(94) 以下，株価の動向，同社については，日本銀行『日本銀行百年史』第6巻，149頁，特に表3-6による。
(95) 証券危機以降の証券経営については，伊牟田「『証券恐慌』後の証券経営」；二上『日本の証券会社経営』を参照。

の再編成政策は強い影響を受けた。その中心はオープン型の導入に代表される株式投信制度の改革であった。本改革は，証券金融（銀行部門）と株式市場とのさらに密接化して，投信をより高リスク，高リターンにしたほか，ユニット型にはない投資金額の自由な追加など，利便性も含めて預貯金的性格に近くした。これにより，利益志向とともに利便性も含めて預貯金的観念もまた根強く，金融商品に関する専門的知識に乏しく，証券会社に対する信用度も低い大衆投資家を証券市場へと誘導することを狙った。実際，大衆投資家も，当初はこの改革を歓迎し，オープン型へ投資した。その調達資金は，運用面で株式市場のみならずコール市場でも無視し難い比重を占めた。それゆえ，61年に貿易為替自由化との関連を重視して実施された，日本銀行の「新金融調節方針」に伴う株式市場における需給不均衡の顕在化の影響を受けた。

　その結果，証券会社に対する不信感も高まり，大衆投資家の証券市場への急速な流入と短期間での離反を招いた。このことは，運用預かりの原資である「紐付きコール」を中心に，コール市場の急速な縮小と不安定化を惹起した。その上で，株式市場の状況を一層悪化させた。これが65年に大量償還を迎えるユニット型への再投資を不可能にした重要要因になった。その際，コール市場を介して，オープン型投信はユニット型に匹敵する衝撃を市場に与えた。当該期におけるオープン型を中心とする投信制度の改革は，50年代半ばの債券市場への大衆誘導の失敗に学ばないままに，本改革を「金融正常化」の一助にしようとした政策当局の意図に反して，投信市場や株式市場の混乱をもたらしたに過ぎなかった。

　しかし，皮肉にも1970年前後になると，メディアなどでは「金融効率化」の一環として，「間接金融の効率化」[96]とともに，再び資本市場優位の体制の

---

(96) 西村吉正『日本の金融制度改革』東洋経済新報社，2003年，16頁では，金融制度調査会答申（1970年7月2日「一般民間金融機関のあり方等について」を引用している。しかし，そこでは「金融制度見直し機運」が1967〜74年頃に求められることが指摘されているのみであり，引用文にある「直接金融と間接金融と」の「適正なバランス」の実現のために，「資本市場の育成」を「一層積極的に行」うという，直接金融の育成をより重視する方針を提示したことには言及が無い。同書の改訂版『金融システム改革50年の軌跡』4-5頁も同様である。すぐ後で述べる日本共同証券による株式保有と売買については，同『日本証券投資株式会社史』による。

構築が唱えられた。もっとも，その受け皿となるべき，大衆が証券市場から離反する中では，この主張は実現する基盤を持ち得なかった。このことは，銀行部門主導で設立された日本共同証券が70年代まで株式を保有し続け，その後，大企業にはめ込む形で保有株式の処分を行い法人株主優位の体制を築きあげた事実からも確認される。そのことが重要な要因となり，大衆が再び重要な株主を中心とする投資家層として再び脚光を浴びるのは，周知のとおり，バブル崩壊以降，特に90年代後半以降の超低金利が継続した時機にまで遅れることになった。

終章　総括と展望

　戦後日本金融システムは，敗戦と戦後改革（特に復金の歴史的経験の反省）の影響を大きく受けて1ドル＝360円レートを前提にしたインフレ抑制的・産業発展促進型システムが形成された。ただし，メインバンク・システムの成立はそれより遅れ，市中金融機関を中心にしつつも，政府系金融機関に補完される形で高度成長前半期，特に1960年前後から65年頃までに救済機能と株式持合機能（特に前者）を中心に形成された。本章では戦後日本金融システムの形成過程の特質を再考する。その際，①戦後日本金融システムの形成における戦後金融制度改革の画期性と，②システムの中核と目される「銀行（メインバンク）による借り手企業規律付けの再考」の2点に絞る[1]。

第1節　戦後日本金融システムの変遷と戦後金融制度改革の画期性

　総力戦体制下ではインフレ促進型・産業発展阻害型の性格が濃厚となり，通貨価値面での金融システムの規律性は強く弛緩した。この状況は敗戦により軍事関連資金供給の必要性が消滅した点では大きく変化した。しかし，貿易金融も含む復興関連資金が中央銀行からのベースマネー供給に強く依存しており，復興金融金庫もレント・シーキングがみられた。このため非効率な資金供給が行われた。それ故，上記の性格は暫く払拭されなかった。
　しかし，ドッジ・ラインに伴う金融制度改革による激変し，1ドル＝360円単一為替レート設定により，重化学工業の発展を主眼とするインフレ抑制型・

---

[1]　原朗「戦後五〇年と日本経済」『年報・日本現代史』創刊号，1995年5月も，戦時期の不可逆的変化を認めつつ，それ以上に戦後改革や高度成長の影響の大きさを指摘している。本書の金融システム変化の検討についても，この議論に裨益するところが大きい。

産業発展促進型のシステムが形成された(2)。これにより日本銀行が供給する外生的資金が悪性インフレをもたらす制度が払拭され，メインバンク制を中核にして，金融面から重化学工業中心の産業発展を促す制度的素地が作られた。先行研究では，この点を看過して，ドッジ・ライン期の緊縮財政による通貨縮小を強調するのみであった(3)。これに加えて，統制解除と市場の復位に伴い，民需生産の中核を担った分厚い中小企業層保護のために，金融規制の在り方も，より経営規模的に下位の業態の金融機関を保護する護送船団型へと変化した。このことがより階層的に上位の金融機関に，より多額のレントを生じさせた。これがメインバンク制の救済機能が発揮される重要な条件となった。このことは，大蔵省指導のいわゆる奉加帳方式による破綻金融機関の救済原資にもなった。その意味で両者の制度的補完関係は，戦後日本金融システムの不安定性の顕在化を回避する一要素となった。これと同時に「サプライヤー・システム」が機能する金融的条件が形成された(4)。その際，日本の銀行界では「強制的同権化」(5)は総力戦体制下の軍需生産拡大の産物ではなく，戦後の民需の劇的増大に対して，生産拡大により円滑に対応すべく実現したことには注意が必要である(6)。

　さらに，単一為替レートの設定に伴う経済正常化の一環として，証券取引所が改革・再開された。同時期には財閥解体により巨額の株式が市中に放出された。その消化のため，如何にして所得・資産水準や，投資知識的にみて早熟であり，しかも金融商品に確定利回り・元本保証の預貯金的性格を求める意識や行動の不安定さの強い大衆層を消化基盤化するのか，という課題が生じた(7)

---

(2)　ただし，本論で述べたように，1ドル=360円レートは，多くの地方産業（在来産業）を衰退に導くものであった点には留保が必要である。
(3)　浅井「高度成長と財政金融」特に152-153, 162-165頁はその典型である。
(4)　西口『戦略的アウトソーシングの進化』105-112頁でも，「サプライヤー・システム」が機能する金融面での条件の形成にとっての戦後改革の画期性についての言及はない。
(5)　山之内靖，ヴィクター・コシュマン，成田龍一『総力戦と現代化』。なお，この点は，伊藤『日本型金融の歴史的構造』など氏の一連の研究でも言及がない。
(6)　杉浦「戦後金融システムの形成」132-146頁も政府系の中小企業金融機関の設立が重要視されているだけで，如何なる意味で戦後復興期にメインバンク制との制度的補完関係が形成されてきたのかは論じられていない。
(7)　証券市場から来る戦後日本の金融システムの不安定性は，既に杉浦勢之氏が指摘し

当該期の証券部門は，銀行部門からの資金供給（証券金融）に支えられていた。銀行部門からの証券金融の拡充は証券市場に対する規律性を弛緩させた。これに加えて，オープン型投信制度の改革に見られる大衆誘導のためのインセンティブ・メカニズムは，短期的には市場への大衆の誘導に効果を発揮した。しかし，長続きしなかった。その歴史的帰結が65年の証券危機であった。

　これらの事実は，1950年代から65年不況までの時期に，機関投資家を中心とする証券市場とメインバンクの双方向から企業の規律付けが行われたとの宮島英昭氏の議論に疑問を投げかける[8]。所有者として不安定な個人投資家の影響力の強さがあったからこそ，それを封じるために機関投資家が発言力を得た。関連して，メインバンクによる株式持合の起源を戦前の財閥に求めた上で，それを戦後の銀行中心の持合に直結して理解する勝又氏の見解では[9]，戦後改革に伴う変化や，60年代半ばまでの株式持合の安定的実現までの証券市場の動向を巡る歴史過程を見落としている。このほかにも，外貨収支天井の問題に基づく日本銀行の金融調整や大蔵省の行政指導も，1ドル＝360円レートの維持を念頭に実施された。以上，戦後日本金融システムは，証券市場から来る不安定性を持ちつつも，ニクソン・ショックまでは単一為替レートの維持を念頭に置いた限りで，一定の規律性を持っていた[10]。言うまでも無く，通貨価値の適切な制御なくしては，資本主義経済社会は破壊される[11]。この点を含めて戦後改革期，特にドッジ・ラインに伴い行われた，特に日銀信用を巡る金融制度改革によるシステム変化の意義の大きさを看過すべきではない。

ている。しかし，大衆の所得・資産水準が十分な水準に達していないにもかかわらず，非専門的で行動様式が不安定である大衆を性急かつ転倒的に消化基盤化せざるを得なかった点に，戦後日本金融システムが包含する不安定性の特殊性が見出されることは論じられていない。

(8)　宮島「財界追放と経営者の選充」。個人投資家の影響力封じ込めを要因とする機関投資家の影響力行使の実態については，一例だが白鳥「1950年代高島屋の財務行動」を参照。

(9)　勝又「メインバンク・システムの形成に関する史的考察」106-113頁など。

(10)　この点は，転倒的な大衆の消化基盤化の問題を除けば，杉浦氏が既に指摘している。

(11)　Keynes J.M., *Essays in Persuasion*, The Collected Writings of John Maynard Keynes Vol.Ⅸ, The Macmillan Press, 1972, pp.57-58. 宮崎義一訳『説得論集』（全集版），東洋経済出版社，1981年，67-68頁。

第 2 節　再　考
——「銀行(メインバンク)による借り手企業に対する規律付け」——

　周知のように，メインバンク制は，戦後日本金融システムの中核と目されてきた。第二次世界大戦期に都市銀行，地方銀行を問わず貸出審査・管理体制が著しく機能を喪失したのは，最早，通説である。このほか，結果的に敗戦後には実現しなかったが，戦時補償もあり，戦時下のメインバンクが救済機能を発揮する必要性は皆無であった。その後，戦時統制解除の結果，市場原理が復活したために，各行が貸出リスクを直接負う状況になった。その結果，各行で組織的な貸出債権審査・管理体制が整備され，戦時期に比べれば相対的にリスク管理体制が整備された。その際，重要なのは，メインバンク制は，審査・監督体制の組織的整備に加えて，独占禁止政策と親和性の強い中小企業金融機関保護政策(収益性付与を通じた地方銀行以下の業態の体制内への安定的統合)との関係で救済機能をより重視する形で，戦後改革期に形成が始まった点である。これにより両者の間に制度的補完関係が生じて，階層的に上位行になるほど，救済原資となるより多額のレントが発生した。両者の制度的補完関係の強弱は，特にメインバンクの階層的位置により異なっていた。これらのことは，逆説的であるが，反独占的な中小企業金融機関保護制度が，大銀行による産業支配を強めたことを意味する。

　さらには，1960年代半ばまでにかけて安定株主化・融資系列が形成された。その中での資金供給者として銀行の果たした役割の大きさも，最早，否定できない。つまり，多額の重化学工業向けを中心とする産業資金供給を迅速に行なったという限りでは，高度成長期はメインバンク制の「最盛期」であった。しかし，通説的なメインバンク・システム論が指摘する形で「銀行(メインバンク)による借り手企業に対する規律付け」が機能したのは，結果的には三菱

---

(12)　本書ではいわゆる「状態依存型ガヴァナンス」の実情には殆ど接近できなかった。青木氏による定義によれば本用語は「企業の財務状態が健全であるかぎり，企業のコントロール権は従業員の内部ヒエラルキーをへて昇進・選抜された経営者(インサイダー)に完全に委ねられているが，企業の財務状態が悪化した場合」(中略)「メインバンクへ，

銀行に代表される都市銀行上位行のみだった[13]。しかも，同行でさえ50年代前半には貸出審査・監督体制には不備があり，同半ば以降，その改善に努めた。これに対して，貸出リスク分散の状況から見て，「中位行」「下位行」と階層が下がるに従い取引先選別能力が低下した。中位行の三和，下位行の拓銀のケース・スタディから見ても，「借り手企業規律付け」は通説どおりには機能しなかった。その背景には，各々の銀行が辿ってきた戦前来の蓄積基盤の在り方を中心とする経路依存性的問題（連続面）と，もっぱら融資基盤の確保や規模拡大を強く志向する経営者の戦略や上昇志向があった。このことが奏功して，高度成長期のように重化学工業化の進展に伴い，リーディング産業の急速な交代が生じ，50年代後半から60年代前半にかけての激しい融資系列への取込競争が行われた歴史的局面では，戦前来，重工業に蓄積基盤を築いていた都市銀行上位行を除く多くの都市銀行にとって十分な借手規律付けをする上で制約要因になった[14]。その結果，戦時期に比べれば相対的に貸出審査・管理体制は一定，整備が進んだものの，ごく短期間のみで，しかも人的

コントロール権が自動的に移行する，そういうことが当事者のあいだで前もって了解されめているようなガヴァナンス構造」（青木『経済システムの深化と多元性——比較制度分析序説』東洋経済新報社，1995年，21頁）を指す。しかし，本書が明らかにしたように，三菱銀行などごく一部の金融機関以外，通説的な借手規律付け機能を発揮できた銀行がなかったこと，中央銀行も含む市場から規律付けを受けて健全経営を重視していた1950年代の高島屋の事例を想起した場合，「状態依存型ガヴァナンス」に類似したものが見られたのは，せいぜい融資準則により厳しい資金供給制約を強く受けた業種に属する企業ぐらいではなかろうか。もっとも，青木氏の概念はメインバンクによるモニタリングや規律付けの存在が前提になっていることを想起した時，厳密な意味での「状態依存型ガヴァナンス」は殆ど存在しなかったことが推測される。なお，この点について勝又『メインバンク・システムの歴史的生成過程』517頁では，「最先端分野において，技術も含めた経営ノウハウをメインバンクが保持していたとは考えられない」として，ドイツの銀行業についてのチャンドラーの議論に依拠して状態依存ガヴァナンス論が批判されている。しかし，勝又氏の議論は，高度成長期日本の史実に裏付けられていない。この点の実証的検討は今後の課題であろう。

(13) 宮島英昭「企業集団・メインバンク形成と設備投資競争」武田晴人編『日本産業発展のダイナミズム』東京大学出版会，1995年，第7章でも，この点は未検討である。

(14) この点が大蔵省金融検査官に問題視されていたことは，宮島「財界追放と経営者の選抜」92頁も指摘している。ただし，宮島氏の議論では，歴史的事実にそぐわない橋本氏の「発生，洗練，制度化」という段階論に囚われており，その歴史的位置付けは不明確・不適切である。

資源の問題も含む，借手規律付けの前提となる自己の規律性（融資姿勢のほか，ルールと手続きに基づく融資審査・監督体制の整備と絶えざる改善意識を含む）は総じて不十分であった。この意味で，通説的なメインバンク制は，最上位行を除き成立しなかった。そのため，特に都市銀行中位行以下では融資先企業が経営不振に陥り不良債権が発生し，救済機能が重要な役割を果たした。つまり，先行研究では全く指摘がないが，経営の経路依存性を重要な背景とする多くの都市銀行側の規律性の弱さと救済機能の発揮は表裏一体であった。この事実は，戦後メインバンク・システムの形成が，戦後改革期にはじまり（前述），系列形成競争の影響を受けて60年代前半に救済機能と株式持合い機能を中心に最終的に形成されたことを示す。同時に戦後改革による連続面と断絶面は，金融制度面では60年前後の融資系列の形成の際における，経営の経路依存性を背景とするメインバンクの救済機能の発揮ぶりや貸出リスク分散に見られる借手規律付け機能強弱として統一的に現れてくる。なお，関連して，メインバンクの「最終貸付保障」を重視し，その歴史的起源を明治期の銀行業の形成に求める勝又氏の見解では[15]，メインバンクが持つ借手規律付け機能が弱く，救済機能が少なくとも相対的に強く発揮された高度成長期の歴史的条件や背景が捉えられていない。階層別相違も考慮外である。

　本書が提示した事実は，日本の大銀行を「主要銀行」として一括して捉えた上で，メインバンクの借手企業に対する規律付けを高く評価する青木氏らや勝又氏の見解は勿論のこと，Hoshi and Kashyapが指摘した，高度成長期における政府の産業政策により育成された産業を貸出基盤できたか否かで，安定成長期からバブル期までの銀行経営の盛衰が決まるかのような議論に強い疑問を提示する[16]。関連して，岡崎哲二氏らが強調する産業政策とメインバンク制の補完関係を通じた借手企業に対する経営規律付けや効率性確保という議論にも再考を要請する[17]。青木氏同様に，日本の大銀行をメインバンクとして一括して捉え，なおかつ各行の蓄積基盤面での戦前期からの経路依存性を看過する勝又寿良氏の見解とも異なる。本書の分析結果からは，拓銀のように

---

(15)　勝又『メインバンク制の歴史的生成過程』など関連諸研究。
(16)　このほか，寺西『日本の経済システム』の戦後についての分析も同様である。
(17)　岡崎ほか『戦後日本の資金配分』終章。特に383-384頁。

産業政策の変更(エネルギー革命)の影響が無視できないものもあるが,むしろ蓄積基盤を中心とする各銀行の経営発展経路の在り方やそれへの依存性の強さが,安定成長期以降の各行の盛衰に相対的に強い影響力を持ったと結論づけられる。この問題は,戦後改革による連続・断絶問題とは異なるが,敗戦後から50年代までに創立されたが故に蓄積基盤の弱く,融資先の厳選(規律付け)以上に,融資先確保を重視した経営戦略をとった日本長期信用銀行,日本不動産銀行や,これらとは異なり戦前来から重工業に蓄積基盤を持っていたが故に,無理に貸出基盤を形成せずに済んだ興銀(以上,前述)にも妥当する。この意味で,戦後日本のメインバンク制の形成を,救済機能を中心に見た場合,その歴史的起点は戦後改革期に求めるべきである。[18]その歴史的基盤の上に立って,高度成長期における三和銀行や拓銀による炭鉱救済の事例,65年の山一證券破綻時の興銀,富士,三菱各行による同社救済などに見られるように,救済機能が規律付け機能よりも強く作用した。特に拓銀の事例が示すように,都市銀行下位行に関しては,本店所在地域の金融経済の円滑化という問題が,借手規律付けを弱める方向に作用した可能性すらある。救済機能全般に関わって,史料制約上,68年から73年の各下期の全国銀行の貸倒引当金繰入/経常利益を見ると平均で19.7%にも達することからも,各銀行が貸倒引当金を積極的に繰入れることで借手救済機能を発揮したことが窺える。[19]その後,宮島英昭氏やHoshi and Kashyapの前掲諸研究[20]が指摘するように,重化学工業中心の1ドル=360円レートを前提とするインフレ抑制,産業発展促進型システムの崩壊と投機的なものへの変質が明確化した1970年代,特に後半以降,実体経済の成長が鈍化し,高度成長期の過剰投資が

---

(18) この点は,メインバンク・システムの歴史的起点を明治期に求める勝又「メインバンク・システムの形成に関する史的考察」,同『メインバンク・システムの歴史的生成過程』第7・8章(247-341頁)とは議論が異なる。なお,審査・監督機能の整備の観点から見ても,戦時統制の解除が進み市場経済への復帰が進む戦後改革期がメインバンク・システム形成の歴史的起点になる。株式持合機能も財閥解体の影響を受けており同様である。
(19) 『昭和財政史——終戦から講和まで』第19巻より算出。
(20) 宮島「戦後日本における状態依存的ガヴァナンスの進化と変容」;Hoshi and Kashyap, *Corporate Financing*, pp.145-183.

顕在化する中で，相対的に重要な役割を果たした。ただし，これは金融システムを含む日本経済の低成長化（状況の相対的悪化）に伴う救済機能という「陰」の側面の発揮である。したがって，宮島氏のように，この時期をメインバンク制の「最盛期」と位置づける青木氏らの見解を批判することはできない。その後，バブル崩壊後に不良債権が増嵩した結果，銀行の内部留保（レント）のみでの処理能力は限界に達した。このことを背景にして「公的資金」が注入されるまで，メインバンクの救済機能・株式持合機能（特に前者）は大きな役割を果たした。

このほか，未だ仮説段階であるが，本書で明らかにした諸事実は，協調融資時のいわゆる Delegated Monitoring 論が成立しないことを示唆する[21]。つまり，協調融資参加の各行はメインバンクの審査・監督能力を当てにしていたというよりは，メインが救済機能を発揮することで損失回避が可能になることを当てにして協調融資に参加したのではあるまいか[22]。一例に過ぎないが，青森銀行頭取経験者であり，60年代末前後頃に（推定）東京支店長として協調融資の実務経験もある梅内俊浩は[23]，協調融資参加の動機として「メインバンクっていう存在があるから大丈夫だろうということです」とした上で，「メイン銀行が主導して中小の田舎の銀行，小さい金融機関には迷惑をかけないからということで，全部取引を引き取ったり，保証を与えて，迷惑を掛けないようにするとか，そういうことをきちっとやったのが，旧都市銀行でした」と回顧している。梅内の回顧も上記の議論を裏付ける。さらに，メインバンクに審査監

---

(21) 以下の点は，青木・パトリック説や岡崎説に対する批判である。冒頭で示した勝又壽良氏の見解でもこの問題は検討されていない。
(22) 管見の限りでは，勝又『メインバンク』等の一連の諸研究では地方銀行側から見た協調融資への参加の動機を，メインバンク（都市銀行幹事行）側との関係から考察していない。また，メインと非メインとの相違であるが，①幹事行として融資先の経営情報を確保して，非メインなど参考行に提供することをローン・シンジケートが中心となって組織する点，②貸出先が経営不振・破綻に陥った場合，「メイン寄せ」という表現にみられるように，メインが救済機能を発揮することで，非メインに損失を負わせない役割を果たす点，の2点に求められる。これは，直後の青森銀行梅内敏浩の回顧とも整合する。
(23) 以下，梅内敏浩，杉山和雄，白鳥圭志「青森銀行　梅内敏浩氏との座談会」『続地方銀行史談』第13集，全国地方銀行協会，2005年3月，147-148頁。

督を「委任」していたが故に，非幹事行である青森銀行は損失が出た場合，メインバンクが負担することを前提に，自ら融資先の審査監督や状況のモニタリングをせず，損失が出た場合は大蔵省に泣きつくという，モラル・ハザード的行動をとった。この点でも戦後日本のメインバンク・システムは規律性が乏しかったと見られる。

　以上，メインバンク・システムの規律性は総じて緩かった。そのことが審査・監督の時間的コストを省き，迅速な大量の資金供給を可能にした。このことは序章で示した，金融検査官として実態を観察した鷲尾透氏の議論からも裏づけられる。結果的に，そのことがリーディング産業の短期間での急速な交代を伴う，高度成長の実現をもたらした。通説の議論とは異なることに注意されたいが，この意味で高度成長期はメインバンク制の「最盛期」であった。もっとも，この急速な変化に多くのメインバンクは追いつけなかった。それ故に，逆説的だが，適切な借手規律付けを行う，融資審査・管理体制の構築又はその実施は一層困難になった。このため，救済機能と株式持合機能（特に前者）を中心にして，1960年前後ごろにメインバンク・システムは安定的に成立することになった。この意味で上記のような借手規律付け機能の弱さと救済機能は制度的補完関係にあった。

第3節　地方銀行以下の業態

　これが地方銀行以下の階層の業態になると，1950年代を通じて「ルールと手続き」を重視した，近代官僚制的な組織的管理体制の構築が解決すべき重要な課題となる。その際，重要なのは，行員の自発的意思で経営改善が図られたというよりは，金融検査を通じた大蔵省当局による誘導がより大きな役割を果たした点である。その理由は，末端に至るまでの多くの銀行員たちに，「ルールや手続き」を整備の上，これらに基づき個々の行員たちの属人的要素を可能な限り排除して組織的かつ計画的な経営管理を行う，といったある種の合理化意識が欠落又は不十分にしか持っていなかった点である。この状況は，階層別または業態別に相違はあるが，50年代以降，改善に向かったものの，すべての問題が解消された訳ではない。ここにも，戦前来，小規模な金

融機関として，属人的資質を排除することなく経営を行いつつも，第3章第6節で見た地方銀行以下の中小企業金融機関の経営発展に関わる経路依存性的問題，人的資源の在り方に関わる問題が存在していた。[24]

第4節　戦後日本金融システムが包含した不安定性

　以上，リーディング産業の盛衰が激しい中では，人的資源の在り方も含む，各々の金融機関の経路依存性的問題の存在やリーディンが産業の急速な交代が見られたが故に，都市銀行最上位行を除き，通説的な借り手規律付け機能は殆ど存在しなかった。このことが，協調融資参加の非メインの規律性の乏しさとも相俟って，過剰融資・過剰投資をもたらした。借手に対する規律付けの弱さと表裏一体の関係にある金融機関側の規律の弱さが，戦後日本金融システムが包含した第一の不安定要因となる。この事実は，メインバンク制の形成を考える上で，都市銀行上位行も含めて，人的資源のあり方と組織構築との関係，地方銀行協会など同業者組合のものも含む行員研修，金融検査を通じた大蔵省当局との関係を問う必要性を示唆する。その際，行政指導を通じた当局による規律付けが効果を発揮するには時間がかかったことも指摘しておく必要があろう。やや仮説的だが，このような事態の人間的基礎として，「規律性の緩さ，拡大・上昇志向（の強さ）」があったことも提起しておく。

　第二の要因は，預貯金的観念が強く，それ故に不安定な大衆行動を背景とする証券市場の不安定性が，1965年不況までの金融システムの不安定性の増幅要因になったことである。証券市場の不安定性が，戦後日本金融システムの不安定要因であったこと，証券危機後にそれが解消すること，これによりシステムの不安定化要因のひとつがなくなることは，既に杉浦勢之氏が指摘している。しかし，その根本にある大衆の持つ預貯金的観念や不安定な行動や彼らを証券市場に誘導する際のインセンティブ・メカニズム（証券金融や収益分配も含む投資信託商品の性格の問題など）は検討されなかった。

---

(24)　さしあたり，白鳥『両大戦間期における銀行合同政策の展開』を参照

第5節　戦後日本金融システムが危機的状況に陥らなかった理由

　それでは，当該期には，なぜ，深刻な金融危機を経験しなかったのであろうか。戦後日本金融システムが産業発展促進型であったことを踏まえた時，既に論じた1965年不況への対応や奉加帳方式も含む救済機能の発揮をのぞけば，次の諸点に求められよう。第一に，銀行を通じた資金供給による資本設備の増大が，乗数効果とも相俟ってマクロ・レベルで見た実体経済面で高い経済成長率が維持されたこと[25]，第二には，第一の要因を背景とする「企業社会的統合」の進展[26]，第三に，60年代半ば以降については第二の要因を背景とする日本経済の国際競争力強化に基づく，ベトナム戦争を主な要因とする外需拡大への対応＝輸出の増大である[27]。特に第一の点に関わるが，銀行からの資金供給が急速なリーディング産業の交代をもたらし，それが多くの大銀行の借手規律付けを難しくしたことを想起した時，銀行からの資金供給はシステムの安定性に対して，矛盾を包むかのような二面性を帯びていたと言える。

　第四点目として，上記のメインバンクの救済機能（借り手規律付け機能の弱さ）と戦後金融規制体系との間の制度的補完関係が，金融システムに制度の不安定性を緩和するメカニズムをビルト・インしていたことも指摘しておきたい。ただし，高い経済成長率を背景に貸し手である金融機関に利益が発生し，なおかつ不良債権の発生額が主に都市銀行に発生するレント額内に収まる必要性がある。このことがメインバンクの救済機能が危機顕在化を抑制する要因となる条件であることには注意が必要である。

---

(25)　尾高煌之助「成長の軌跡（2）」『日本経済史8——高度成長』岩波書店，1989年，163-165頁；香西泰『高度成長の時代』日本評論社，1981年，3-4, 106-138頁などによる。

(26)　高度成長期における「企業社会的統合」の進展については，渡辺治『豊かな社会——日本の構造』労働旬報社，1990年など，渡辺氏の一連の著作を参照。

(27)　鶴田満彦「高度戎長の矛盾と帰結」鶴田ほか編『講座今日の日本資本主義2——日本資本主義の展開過程』大月書店，1981年，226-227頁。

第6節 展　望

　最後に1970年代以降への展望を示す。60年代半ば以降，興長銀や都市銀行に対する企業部門の資金需要の減退への動きのほか，ニクソン・ショックにより戦後日本金融システムが前提としていた1ドル＝360円固定為替レートの崩壊や第一次石油危機が重要要因となり過剰流動性が発生する中で[28]，新たな融資基盤の確保が課題となりはじめた60年代後半から70年代前半にかけての金融状況の変化が[29]，インフレ抑制的・産業発展促進型の戦後日本金融システムに重大な変容を迫った。周知のように，ここでの変化がその後の不動産関連融資や株式関連融資に繋がった。このことを想起した時，80年代後半以降のバブル経済の発生と崩壊の歴史的起点と評価できよう。このほか，救済機能を中心とするメインバンク制と「企業主義的統合」との相互補完的関係は，70年代初頭以降，低成長への移行と金融自由化への動き（特に80年以降）が強まっていく中で変容しはじめ，特にバブル崩壊以降，両者の補完関係が崩壊し，各々の制度も機能不全に陥る。この点についての具体的検討が課題として残されている。

---

(28)　伊藤『戦後日本の対外金融』第3章第4～5節。
(29)　西村『日本の金融制度改革』；日高千景「戦後日本の産業金融システム」『武蔵大学論集』第47巻3・4号，2000年3月なども参照。なお，先行研究では漫然と企業部門の資料ポジションの改善（資金余剰化）を論じている感があるが（例えば橋本寿朗・長谷川信・宮島英昭『現代日本経済』有斐閣，1998年，293-294頁。なお，同書の新版，2006年，227-228頁は財テクに重きがあり，内容が異なる），メインバンクが救済機能を発揮したことの帰結である可能性がある。今後の研究で実証的検討が必要であろう。

初出一覧

本書は次の拙稿を基礎にして，加除修正を行った．

序　章　書き下ろし．ただし，一部，「1950年代における大蔵省の金融機関行政と金融検査」『経営史学』第43巻4号，2009年3月の研究史整理部分を利用した．

第1章　「戦時体制下における日本銀行と地方銀行」『社会経済史学』第72巻5号，2007年1月；「戦時体制下における地方銀行経営の変容」『社会経済史学』第74巻1号，2008年1月．

第2章

「はじめに」「おわりに」補論　書き下ろし．

　第1節　『戦後復興期における単一為替レートの設定』一橋大学日本企業研究センター・ディスカッション・ペーパーNo. 29，2006年6月．

　第2節　「復興金融から成長促進型金融制度へ」『地方金融史研究』第39号，2008年5月．

　第3節　「戦後復興期における金融規制の再編成」『地方金融史研究』第35号，2004年5月．

　第4節　『戦後復興期における証券市場の再編成』一橋大学日本企業研究センター・ディスカッション・ペーパーNo. 34，2006年6月．

第3章

　第1～3節　書き下ろし．

　第4節　『高度成長期における都市銀行の融資姿勢，貸出審査・管理体制の変化——上位行＝三菱銀行の事例』東北学院大学経済学部ディスカッション・ペーパーNo. 2014-4，2014年8月；「戦後復興期から高度成長期における三和銀行——「重化学工業化路線」と企業統治」『地方金融史研究』第43号，2012年5月；「1950年代高島屋の財務行動」一橋大学日本企業研究センター編『日本企業研究のフロンティア②』有斐閣，2007年；「戦後復興期から高度成長期における大日本紡績の財務行動」『経営史学』第45巻2号，2009年9月；「高度成長期における日本レイヨンの財務行動」『商学論集』（福島大学経済学会）第83巻4号，2015年3月．

　第5節　「高度成長期における北海道拓殖銀行の都市銀行過程」『社会経済史学』第81巻1号，2015年5月．

　第6節　「1950年代における大蔵省の金融機関行政と金融検査」『経営史学』第43巻4号，2009年3月．

第4章

　第1節　書き下ろし．

　第2節　「高度成長前半期における証券市場」『金融経済研究』第33号，2011年10月．

　終　章　書き下ろし．

文献一覧

●外国語文献

Aoki M., and Patrick H. (eds.) 〔1994〕*The Japanese Main Bank System* Oxford University Press.(白鳥正喜監訳〔1994〕『日本のメインバンク・システム』東洋経済新報社).

Casis Y. (ed.) 〔1992〕*Finance and Financiers in European History 1880-1960*, Cambridge University Press.

Chandler, A.Jr〔1964〕*Strategy and Structure* Oxford University Press.

Collins M.〔1995〕*Banks and Industrial Finance in Britain 1880-1939*, Cambridge University Press.

Deutchbundesbank (Hg.)〔1976〕*Wahrung und Wirtschaft in Deutchland 1876-1975*, 2., unveranderte Auflage,Frankfurt am Main.(日本銀行金融史研究会訳『ドイツの通貨と経済』上巻,東洋経済新報社,1994).

Drucker P.F.〔1974〕*Management*, Harper & Row, Publishers(有賀裕子訳『マネジメントⅡ——務め,責任,実践』日経BP社,2008年).

Feinstein C. (ed.)〔1995〕*Banking, Currency & Financebetween the wars*, Oxford University Press.

Hadley E.M. with Kuwayama P.H.〔2003〕*Memoir of a Trustbuster* University of Hawaii Press(田代やす子訳『財閥解体——GHQエコノミストの回想』東洋経済新報社,2004年).

Harrison M. (ed.)〔1998〕*The economics of World War Ⅱ*, Cambridge University Press.

Horiuchi A. and Quing-yuan S."Influence of the Japan Development Bank loans on Corporate Investment Behavior", in *Journal of the Japanese and International Economies*, 7.

Hoshi T. and Kashyap A.〔1999〕*Corporate Financing and Governance in Japan*, The MIT Press(鯉渕賢訳『日本金融システム進化論』日本経済新聞社,2006年).

Kindleberger C.P.〔1978〕*Manias, Panics and Crashes:A History of Financial Crises*, Macmillan.(吉野俊彦ほか訳『熱狂,恐慌,崩壊——金融恐慌の歴史』日本経済新聞社,2004年).

Keynes J.M.〔1972〕*Essays in Persuasion*, The Collected Writings of John Maynard Keynes Vol.Ⅸ, The Macmillan Press.(宮崎義一訳『説得論集』(全集版),東洋経済出版社,1981年).

Minsky H.〔1986〕*Stablizing an unstable Economy*, Yale University Press.(吉野紀ほか訳『金融不安定性の経済学』多賀出版,1989年).

Okazaki T. and Korenaga T.〔1999〕"The Foreign Exchange Allocation Policy in Postwar Japan" in Ito.T. and Krueger A.O. (eds.), *Changes in Exchange Rates in Rapidly Developing Countries*, The Chicago University Press.

Okazaki T. and Ueda K.〔1995〕"The Performance of Development Bank:The Case of the Reconstruction Finance Bank" in *Journal of the Japanese and International Economies Vol.9-4*.

Scher M.S. 〔1997〕*Japanese Interfirm Networks and Their Main Banks*, Macmillan. (シャー・マーク・J.（奥村宏監訳）〔1998〕『メインバンク神話の崩壊』東洋経済新報社）．

Schumpeter J. 〔1997〕*Theorie der wirtschaftlichen Entwicklung*, Neunte Auflage (Erste Auflage, 1911) Duncker & Humblot, Berlin.（塩野谷祐一・中山伊知郎・東畑精一訳『経済発展の理論（上）』岩波文庫，1995年）．

SHIRATORI Keishi 〔2008〕"Local Bank and Local Magnets-A Historical Overview-", in *The Japanese Research in Business History, Vol.25*.

Tsutsui W.M. 〔1988〕*Banking Policy in Japan*, Princeton University Press.

Weber M. 〔1972〕*Wirtschaft und Gesellschaft*, Fünfte Auflage, J.C.B.Mohr.（世良晃志郎訳『支配の社会学Ⅰ』創文社，1960年）

●邦語文献
A.B.C. 〔1963〕「問題の企業を探る⑥三和銀行」『経済評論』1963年6月号．
青木昌彦〔1995〕『経済システムの進化と多元性――比較制度分析序説』東洋経済新報社．
青地正史〔2009〕「持株会社によるコーポレート・ガヴァナンスの戦時期における変容」『富大経済論集』（富山大学）第54巻3号．
浅井良夫〔1995〕「解題『貿易・為替・外資』編」『経済安定本部――戦後経済政策資料』第24巻．
浅井良夫〔2000a〕「1927年銀行法から戦後金融制度改革へ」伊藤正直・靎見誠良・浅井良夫編〔2000〕．
浅井良夫〔2000b〕『戦後改革と民主主義』吉川弘文館．
浅井良夫〔2010〕「高度成長と財政金融」石井寛治・原朗・武田晴人編『日本経済史5――高度成長』東京大学出版会．
浅井良夫〔2011〕「360円レートの謎」『成城大学経済研究』第192号, 3月．
浅井良夫〔2015〕『IMF8条国移行』日本経済評論社．
麻島昭一〔1976〕『住友信託銀行五十年史』同行．
麻島昭一〔1998〕「戦時金融統制の一考察」『社会科学年報』（専修大学）第32号, 3月．
朝倉孝吉編〔1980〕『両大戦間における金融構造』御茶の水書房．
あさひ銀行〔1996a〕『埼玉銀行通史』同行．
あさひ銀行〔1996b〕『協和銀行通史』同行．
荒川邦寿・野口祐・山本繁「三和銀行」野口祐編〔1968a〕．
安藤良雄編著〔1966〕『昭和経済史への証言』毎日新聞社．
後藤新一〔1968〕『本邦銀行合同史』金融財政事情研究会．
後藤新一〔1991〕『銀行合同の実証的研究』日本経済評論社．
飯田隆〔1997〕「昭和20年代わが国証券業の4社経営について」『証券経済研究』（証券経済研究所）第5号, 1月．
飯田隆〔2005〕「『護送船団方式』についての一考察」『経済志林』（法政大学）第72巻4号, 3月．
池享先生還暦記念会〔2010〕『池享先生還暦記念会小冊子――池ゼミの軌跡』同記念会実行委員会, 9月．
伊木誠〔1973〕「単一為替レート設定の影響分析」『国学院経済学』第21巻4号, 7月．
石井寛治〔1999〕『近代日本金融史序説』東京大学出版会．

石井寛治〔2010〕「企業金融の展開」『講座日本経営史 3 ――組織と戦略の時代』ミネルヴァ書房．
石井晋〔1998〕「1950 年代前半の財政金融政策」『学習院大学経済論集』第 35 巻 1 号，3 月．
石井晋〔2010〕「戦後日本の銀行経営」下谷政弘・鈴木恒夫編『講座日本経営史 5 ――「経済大国」への軌跡』ミネルヴァ書房．
伊藤修〔1983〕「日本開発銀行」大蔵省財政史室編〔1983〕．
伊藤修〔1983-84〕「戦時金融再編成（上下）」『金融経済』第 203・204 号，1983 年 12 月，1984 年 2 月．
伊藤修〔1986〕「戦後日本金融システムの形成」近代日本研究会編『年報　近代日本研究 8 ――官僚制の形成と展開』山川出版．
伊藤修〔1995〕『日本型金融システムの歴史的構造』東京大学出版会．
伊藤修〔2007〕「戦時戦後の財政と金融」石井寛治・原朗・武田晴人編『日本経済史 4 ――戦時戦後期』東京大学出版会．
伊藤正直〔1980〕「戦時体制下の地方銀行」朝倉孝吉編『両大戦間における金融構造』御茶の水書房．
伊藤正直〔1990〕「外貨・為替管理と単一為替レートの設定」通商産業省・通商産業政策史編纂委員会編『通商産業政策史』第 4 巻，通商産業調査会．
伊藤正直〔1994a〕「解題『経済計画』編」『経済安定本部――戦後経済政策資料』第 7 巻．
伊藤正直〔1994b〕「財政・金融」大石嘉一郎編『日本帝国主義史』第 3 巻，東京大学出版会．
伊藤正直〔2002〕『戦後ハイパーインフレと中央銀行』IMES Discussion Paper №. 2002-J-35，日本銀行金融研究所．
伊藤正直〔2009〕『戦後日本の対外金融』名古屋大学出版会．
伊藤正直〔2010〕「戦後改革期の地方銀行」同ほか編〔2010〕．
伊藤正直〔2012〕「国民所得倍増計画と財政・金融政策」原朗編〔2012〕．
伊藤正直・靎見誠良・浅井良夫編〔2000〕『金融危機と革新』日本経済評論社．
伊牟田敏充〔1966〕「企業の資金調達政策」川合一郎編〔1966〕『日本証券市場の構造分析』有斐閣．
伊牟田敏充〔1972〕「『証券恐慌』後の証券業経営」『証券経済研究』（証券経済研究所）第 115 号，8 月．
伊牟田敏充〔1990〕「第二次大戦期の金融構造」伊牟田編〔1990〕．
伊牟田敏充〔1991〕「銀行経営史のフレームワークについて」『地方金融史研究』第 22 号，3 月．
伊牟田敏充〔2003〕『昭和金融恐慌の構造』経済産業調査会．
伊牟田敏充編〔1990〕『戦時体制下の金融構造』日本評論社．
植田和男〔1993〕「金融システム・規制」岡崎哲二・奥野正寛編〔1993〕．
宇沢弘文・武田晴人編〔2009〕『日本の政策金融 I ――高度成長と日本開発銀行』東京大学出版会．
大石嘉一郎〔1974〕「戦後改革と日本資本主義の構造変化」東京大学社会科学研究所編『戦後改革 1 ――課題と視角』東京大学出版会（大石著『日本資本主義史論』東京大学出版会，1999 年，第 9 章として再録）．
大石直樹〔2011〕「戦時期における株式市場の再編成」『社会経済史学会第 80 回全国大会

報告要旨集』同学会 80 回全国大会実行委員会。
大蔵省財政史室編〔1976a〕『昭和財政史——終戦から講和まで』第 12 巻, 東洋経済新報社。
大蔵省財政史室編〔1976b〕『昭和財政史——終戦から講和まで』第 15 巻, 東洋経済新報社。
大蔵省財政史室編〔1976c〕『昭和財政史——終戦から講和まで』第 20 巻, 東洋経済新報社。
大蔵省財政史室編〔1983〕『昭和財政史——終戦から講和まで』第 13 巻, 東洋経済新報社。
大蔵省財政史室編〔1985〕『終戦直後の財政・通貨・物価対策』霞出版。
大蔵省財政史室編〔1979〕『昭和財政史——終戦から講和まで』第 14 巻, 東洋経済新報社。
大蔵省財政史室編〔1991a〕『昭和財政史——昭和 27～48 年度』第 9 巻, 東洋経済新報社。
大蔵省財政史室編〔1991b〕『昭和財政史——昭和 27～48 年度』第 10 巻, 東洋経済新報社。
大蔵省財政史室編〔1999〕『昭和財政史——終戦から講和まで』第 19 巻, 東洋経済新報社。
大月高監修〔1985〕『実録 戦後金融行政史』金融財政事情研究会。
大槻文平編著〔1987〕『私の三菱昭和史』東洋経済新報社。
大畠重衛〔1987〕「証券恐慌と救済融資に関する覚書 (1)」『金融経済研究』第 222 号, 11 月。
岡崎哲二〔1991〕「戦時計画経済と企業」東京大学社会科学研究所編『現代日本社会』第 5 巻, 東京大学出版会。
岡崎哲二〔1992〕「資本自由化以後の企業集団」法政大学産業情報センター・橋本寿朗・武田晴人編〔1992〕。
岡崎哲二〔1995a〕「第 2 次世界大戦期の金融制度改革と金融システムの変化」原朗編『日本の戦時経済』東京大学出版会。
岡崎哲二〔1995b〕「戦後日本の金融システム」森川英正・米倉誠一郎編『日本経営史 5 ——高度成長を超えて』岩波書店。
岡崎哲二〔1996〕「戦後経済復興期の金融システムと日本銀行斡旋融資」『経済学論集』(東京大学) 第 61 巻 4 号, 1 月。
岡崎哲二〔2009〕「戦時期における三菱本社の資本取引」『三菱史料館論集』第 10 号, 3 月。
岡崎哲二・奥野正寛編〔1993〕『現代日本経済システムの源流』日本経済新聞社。
岡崎哲二・奥野正寛・植田和男・石井晋・堀宣昭〔2003〕『戦後日本の資金配分』東京大学出版会。
奥村宏〔1966〕「株式所有と支配構造の変化」川合編〔1966〕。
尾高煌之助〔1989〕「成長の軌跡 (2)」安場安吉・猪木武徳編『日本経済史 8 ——高度成長』岩波書店。
数阪孝志〔2002〕「都市銀行」『大月金融辞典』大月書店。
粕谷誠・伊藤正直・齋藤憲編〔2010〕『金融ビジネスモデルの変遷』日本経済評論社。
勝又寿良〔1997〕「メインバンク・システムの形成に関する史的考察」『東海大学紀要 教養学部』第 28 号。
勝又寿良〔2003〕『メインバンク制の歴史的生成過程と戦後日本の企業成長』東海大学出版会。
加藤健太〔2011〕「戦間期三菱商事の機械取引」『三菱史料館論集』第 12 号, 3 月。
加藤俊彦〔1962〕「復金インフレ」『鈴木武雄先生還暦記念論文集——経済成長と財政金融』至誠堂。
加藤俊彦〔1973〕「長期信用銀行の一考察」『社会科学研究』(東京大学) 第 25 巻 1 号。
加藤俊彦〔1974〕「金融制度改革」東京大学社会科学研究所編〔1974〕『戦後改革 7 ——経

済改革』東京大学出版会。
加藤俊彦〔1975〕「資本蓄積と金融市場」東京大学社会科学研究所編『戦後改革 8 ——改革後の日本経済』東京大学出版会。
川合一郎編〔1966〕『日本証券市場の構造分析』有斐閣。
川合一郎〔1981〕『川合一郎著作集』第 4 巻，有斐閣。
川口弘・川合一郎編〔1965〕『金融論講座 5 ——日本の金融』有斐閣。
川口弘〔1977〕『金融論』筑摩書房。
岸田真〔2014〕「日本の IMF 加盟と戦前期外債処理問題」伊藤正直・浅井良夫編『戦後 IMF 史』名古屋大学出版会。
橘川武郎〔1992〕「戦後型企業集団の形成」法政大学産業情報センター・橋本寿朗・武田晴人編〔1992〕。
橘川武郎〔1996〕『企業集団』有斐閣。
橘川武郎・加藤健太〔1996〕「戦後日本の企業集団と系列融資」『社会科学研究』（東京大学）第 48 巻 1 号，7 月。
協和銀行〔1969〕『協和銀行史』同行。
銀行研修社〔1987〕『新資金運用便覧』同社。
草野厚〔1998〕『山一證券破綻と危機管理』朝日新聞社。
熊野剛雄〔1966〕「株式市場と景気底入れ」『経済評論』第 15 巻 6 号，5 月。
小磯修二〔2005〕『戦後北海道開発金融システムの形成過程』財団法人北海道開発協会。
香西泰〔1981〕『高度成長の時代』日本評論社。
小竹豊治〔1967〕「運用預り金融と山一証券恐慌」『三田商学研究』第 10 巻 3 号，慶應義塾大学商学会，9 月。
後藤新一〔1968〕『本邦銀行合同史』金融財政事情研究会。
小林和子〔1981〕「証券市場の戦後改革と公社債市場」『証券研究』（証券経済研究所）第 64 号。
小林和子〔1984〕「証券恐慌前後における公社債流通の諸形態」『証券研究』第 72 号，5 月。
小林和子〔1987a〕「証券市場の復興と整備　解題」財団法人日本証券経済研究所編『日本証券史資料』戦後編，第 6 巻，同法人。
小林和子〔1987b〕『産業の昭和史 10 ——証券』日本経済評論社。
小林和子〔1995a〕「証券恐慌がもたらした証券行政の転換」『証券研究』第 112 号，5 月。
小林和子〔1995b〕『株式会社の世紀——証券市場の 120 年』日本経済評論社。
小林和子〔2012〕『日本証券史論』日本経済評論社。
小湊浩二〔2000〕「第 5 次計画造船と船舶輸出をめぐる占領政策」『土地制度史学』第 169 号，10 月。
松村秀夫〔1952〕「戦時，戦後の共同融資」『金融』第 66 号，全国銀行協会連合会，1952 年 9 月。
西條信弘〔2002〕「戦後金融システムと証券市場」『証券経済研究』第 36 号，3 月。
財団法人日本共同証券財団〔1978〕『日本共同証券投資株式会社社史』同財団。
斎藤仁〔1957〕『旧北海道拓殖銀行論——北海道における農業金融の展開構造』農林省農業総合研究所（日本経済評論社版，1999 年）。
斎藤正〔2003〕『戦後日本の中小企業金融』ミネルヴァ書房。
札幌学院大学金融問題研究会〔2001〕「北海道拓殖銀行破綻の分析」『札幌学院大学商経

論集』第 17 巻 3 号，3 月。
佐藤政則〔1990〕「合同政策と三和系地方銀行」伊牟田編〔1990〕。
佐藤政則〔2000〕「日本銀行の銀行統合構想」伊藤正直・浅井良夫・靎見誠良編〔2000〕。
沢井実〔2002〕「戦争による制度の破壊と革新」社会経済史学会編『社会経済史学会創立 70 周年記念——社会経済史学の回顧と展望』有斐閣。
三和銀行〔1974〕『三和銀行の歴史』同行。
三和銀行編〔1988〕『上枝一雄追想録』同行。
柴田善雅〔1983〕「見返資金」大蔵省財政史室編〔1983〕。
柴田善雅〔2011〕『戦時日本の金融統制』日本経済評論社。
島西智輝〔2011〕『日本石炭産業の戦後史』慶應義塾大学出版会。
志村嘉一〔1969〕『日本資本市場分析』東京大学出版会。
志村嘉一〔1974〕「証券制度改革」東京大学社会科学研究所編〔1974〕。
志村嘉一〔1976〕「復興金融金庫」大蔵省財政史室編〔1976a〕。
志村嘉一監修〔1980〕『日本公社債市場史』東京大学出版会。
志村嘉一監修・エコノミスト編集部編〔1978〕『戦後産業史への証言 4 —— 金融の再編成』毎日新聞社。
志村嘉一監修・エコノミスト編集部編〔1979〕『戦後産業史への証言 5 —— 企業集団』毎日新聞社。
社団法人証券投資信託協会編〔1975〕『証券投資信託二十年史』同協会。
証券外史刊行委員会編〔1971〕『証券外史』東洋経済新報社。
証券投資信託協会〔1975〕『証券投資信託協会 20 年史』同協会。
昭和電工〔1977〕『昭和電工 50 年史』同社。
白坂亨〔2000〕「メインバンクの形成とコーポレート・ガヴァナンス」『経営論集』（明治大学）第 47 巻第 2・3 号，3 月。
白鳥圭志〔2000〕「戦前東北振興政策の形成と変容」『歴史学研究』第 740 号，9 月。
白鳥圭志〔2004〕「明治後期から第一次世界大戦期における地方資産家の事業展開」『経営史学』第 39 巻 1 号，7 月。
白鳥圭志〔2005〕『戦時から戦後復興期における地方銀行経営の変容』一橋大学大日本企業研究センター・ワーキング・ペーパー，2005-17。
白鳥圭志〔2006a〕『両大戦間期における銀行合同政策の展開』八朔社。
白鳥圭志〔2006b〕『戦後復興期における単一為替レートの設定』日本企業研究センター・ワーキング・ペーパーNo. 29，6 月。
白鳥圭志〔2006c〕『戦後復興期における証券市場の再編成』一橋大学日本企業研究センター・ワーキング・ペーパーNo. 34，8 月。
白鳥圭志〔2006d〕「戦後復興期における金融規制の再編成」『地方金融史研究』第 37 号，6 月。
白鳥圭志〔2007a〕「戦時体制下における日本銀行の金融調節と地方銀行」『社会経済史学』第 72 巻 5 号，1 月。
白鳥圭志〔2007b〕「1950 年代高島屋の財務行動」一橋大学日本企業研究センター編『日本企業研究のフロンティア②』有斐閣。
白鳥圭志〔2008a〕「復興金融から成長促進型金融制度へ」『地方金融史研究第 39 号，5 月。
白鳥圭志〔2008b〕「戦時体制下における地方銀行経営の変容」『社会経済史学』第 74 巻 1

号，6月。
白鳥圭志〔2009a〕「1950年代における大蔵省の金融機関行政と金融検査」『経営史学』第43巻4号，3月。
白鳥圭志〔2009b〕「戦後復興期から高度成長前半期における大日本紡績の財務行動」『経営史学』第45巻2号，9月。
白鳥圭志〔2011〕「高度成長期における証券市場」『金融経済研究』第33号，2011年10月。
白鳥圭志〔2012a〕「戦後復興期から高度成長期における三和銀行」『地方金融史研究』第43号，5月。
白鳥圭志〔2012b〕「書評　粕谷誠・伊藤正直・齋藤憲編『金融ビジネスモデルの変遷』」『経営史学』第47巻2号，9月。
白鳥圭志〔2014a〕「第一次世界大戦期から関東大震災期までの横浜正金銀行」『地方金融史研究』第45号，全国地方銀行協会，5月。
白鳥圭志〔2014b〕『高度成長期における都市銀行の融資姿勢，貸出審査・管理体制の変化——上位行＝三菱銀行の事例』東北学院大学経済学部ディスカッション・ペーパーNo. 2014-4，8月。
白鳥圭志〔2015a〕「高度成長期における日本レイヨンの財務行動」『商学論集』（福島大学）第83巻4号，3月。
白鳥圭志〔2015b〕「高度成長期における北海道拓殖銀行の都市銀行化過程」『社会経済史学』第81巻1号，5月。
進藤寛〔1982〕「昭和18年貯蓄兼営法の歴史的意義」朝倉孝吉先生還暦記念論文集〔1982〕『経済発展と金融』創文社。
杉浦勢之〔1995a〕「戦後復興期の銀行・証券」橋本編〔1995〕。
杉浦勢之〔1995b〕「占領期日本の中小企業金融と地方銀行」『地方金融史研究』第25号，3月。
杉浦勢之〔1998〕「戦後金融システムの生成」青山学院大学総合研究所編『金融史の国際比較』同研究所，3月。
杉浦勢之〔2000〕「1965年の証券危機」伊藤正直・浅井良夫・靎見誠良編〔2000〕。
杉浦勢之〔2001〕「4社体制確立過程における証券金融問題」『青山経済論集』（青山学院大学）第51巻4号，3月。
杉浦勢之〔2002〕「日本の経済成長と産業資金供給」『ファイナンスとファンデメンタルズ』青山学院大学総合研究所経済研究センター研究叢書第11号，3月。
杉浦勢之〔2004〕「占領政策の転換と証券取引所」『青山経済論集』（青山学院大学）第55巻4号，3月。
杉山和雄〔1982〕「『地方的合同』の人的側面」朝倉孝吉先生還暦記念論文集〔1982〕。
鈴木健〔1998〕『メインバンクと企業集団』ミネルヴァ書房。
鈴木武雄〔1956〕『現代日本財政史』第2巻，東京大学出版会。
鈴木良隆・橋野知子・白鳥圭志〔2007〕『MBAのための日本経営史』有斐閣。
住友銀行〔1955〕『住友銀行史』同行。
全国地方銀行協会編〔1961〕『地方銀行小史』同協会。
第一銀行〔1958〕『第一銀行史』下巻，同行。
平智之〔2002〕「地方銀行経営の実態と再建整備」原朗編〔2002〕。
高島屋〔1982〕『高島屋150年史』同社。

高杉良〔1996〕『小説　日本興業銀行』前編・後編，角川書店，1996年。
武田晴人〔2007〕「企業金融」武田編〔2007〕。
武田晴人編〔1995〕『日本産業発展のダイナミズム』東京大学出版会。
武田晴人編〔2007〕『日本経済の戦後復興』有斐閣。
田中一弘〔2012〕「メインバンクは日本型企業統治の主役だったのか」一橋大学日本企業研究センター編『日本企業研究のフロンティア⑧』有斐閣。
短資協会〔1966〕『短資七十年史』同協会。
地方金融史研究会編〔1994〕『戦後地方銀行史〔Ⅱ〕』東洋経済新報社。
通商産業政策史編纂委員会編〔1993〕『通商産業政策史』第3巻，通商産業調査会。
鶴田満彦〔1981〕「高度成長の矛盾と帰結」鶴田ほか編『講座今日の日本資本主義2——日本資本主義の展開過程』大月書店。
鄭文瑄〔2014〕「1965年証券危機前後における山一証券の経営実態」『横浜国際社会科学研究』横浜国際社会科学学会，第19巻1・2号，8月。
鄭文瑄〔2015〕「山一証券と外部ガバナンス——大蔵省検査報告書を手がかりに，1960-1980」『横浜国際社会科学研究』横浜国際社会科学学会，第20巻1・2号，8月。
寺西重郎〔1982〕『日本の経済発展と金融』岩波書店。
寺西重郎〔1991〕『工業化と金融システム』東洋経済新報社。
寺西重郎〔1993a〕「安定化政策と生産拡大・成長」香西泰・寺西重郎編〔1993〕『戦後日本の経済改革——市場と政府』東京大学出版会。
寺西重郎〔1993b〕「終戦直後における金融制度改革」香西・寺西編〔1993〕。
寺西重郎〔2003〕『日本の経済システム』岩波書店。
寺西重郎〔2011〕『戦前日本の金融システム』岩波書店。
東海銀行〔1961〕『東海銀行史』同行。
東海銀行〔1982〕『続東海銀行史』同行。
東京証券取引所編〔2002〕『東京証券取引所50年史』同取引所。
中島将隆〔1977〕『日本の国債管理政策』東洋経済新報社。
中嶋昌彦〔2003〕「富士銀行系企業集団におけるメインバンク・システムの形成」『北九州市立大学大学院紀要』第17号，9月。
中村隆英編〔1997〕『日本の経済発展と在来産業』山川出版。
南條隆・粕谷誠〔2006〕「銀行ポートフォリオ選択の効率性に関する一考察」『金融研究』第23巻5号，日本銀行金融研究所，3月。
二上季代司〔1990〕『日本の証券会社経営』東洋経済新報社。
西川善文〔2010〕『ザ・ラスト・バンカー——西川善文回顧録』講談社。
西口敏宏〔1995〕『戦略的アウトソーシングの進化』東京大学出版会。
西村吉正〔2003〕『日本の金融制度改革』東洋経済新報社。
西村吉正〔2011〕『金融システム改革50年の軌跡』東洋経済新報社。
日本銀行〔1980〕『戦後の金融制度改革論議』同行。
日本銀行〔1985〕『日本銀行百年史』第4巻，同行。
日本銀行〔1986a〕『日本銀行百年史』第5巻，同行。
日本銀行〔1986b〕『日本銀行百年史』第6巻，同行。
日本銀行〔1986c〕『日本銀行百年史』資料編。
日本経済新聞社編〔1980〕『私の履歴書——経済人11』同社。
日本興業銀行〔1957〕『日本興業銀行50年史』同行。

日本興業銀行〔2002〕『日本興業銀行百年史』同行。
日本輸出入銀行〔1983〕『30年のあゆみ』同行。
野口祐編〔1968a〕『日本の都市銀行』青木書店。
野口祐編〔1968b〕『続日本の都市銀行』青木書店。
原朗編〔2012〕『高度成長展開期の日本経済』日本経済評論社。
橋本寿朗〔1995〕「戦後の金融システムと日本開発銀行の役割」『社会科学研究』(東京大学) 第47巻5号, 8月 (後に橋本寿朗〔2001〕に再録)。
橋本寿朗〔1999a〕「証券会社の経営破綻と間接金融・長期雇用システム」『証券経済研究』第19号, 5月。
橋本寿朗〔1999b〕「山一證券の破綻と銀行管理下の再建」『証券経済研究』第21号, 9月。
橋本寿朗編〔1995〕『日本企業システムの戦後史』東京大学出版会。
橋本寿朗〔2001〕『戦後日本経済の成長構造』有斐閣。
橋本寿朗・長谷川信・宮島英昭〔1998〕『現代日本経済』有斐閣 (新版は2006年刊)。
服部泰彦〔2003〕「拓銀の経営破綻とコーポレートガバナンス」『立命館経営学』(立命館大学) 第41巻5号, 1月。
花崎正晴〔2008〕『企業金融とコーポレート・ガヴァナンス』東京大学出版会。
原薫〔1997〕『戦後インフレーション』八朔社。
原薫〔2003–2005〕「戦時インフレーション」『経済志林』(法政大学) 第70巻4号, 第71巻2・3号, 第72巻1・2号, 第72巻4号。
原司郎〔1963〕『現代長期金融機構の性格』中央書房。
原朗・山崎志郎編〔2006〕『戦時日本の経済再編成』日本経済評論社。
原朗〔1995〕「戦後五〇年と日本経済」『年報 日本現代史』創刊号, 5月。
原朗編〔2002〕『復興期の日本経済』東京大学出版会。
原朗編〔2012〕『高度成長展開期の日本経済』日本経済評論社。
日高千景〔2000a〕「銀行」橘川武郎・宇田川勝・新宅純二郎編『日本の企業間競争』有斐閣。
日高千景〔2000b〕「戦後日本の産業金融システム」『武蔵大学論集』第47巻3・4号, 3月。
日高千景・橘川武郎〔1998〕「戦後日本のメインバンク・システムとコーポレート・ガヴァナンス」『社会科学研究』(東京大学) 第49巻6号, 3月。
深尾光洋・大海正雄・衛藤公洋〔1993〕「単一為替レート採用と貿易民営化」香西・寺西編〔1993〕。
福田慎一・寺西重郎〔2003〕「経済発展と長期金融」『経済研究』第54巻2号, 4月。
福田慎一編著〔2003〕『日本の長期金融』有斐閣。
法政大学産業情報センター・橋本寿朗・武田晴人編〔1992〕『日本経済の発展と企業集団』東京大学出版会。
北海道新聞社編〔1999〕『拓銀はなぜ消滅したか』同社。
北海道拓殖銀行〔1971〕『北海道拓殖銀行史』同行。
北海道編〔1977〕『新北海道史』第6巻通説5, 北海道。
丸善石油〔1969〕『35年のあゆみ』同社。
三井銀行〔1957〕『三井銀行八十年史』同行。
三菱銀行〔1980〕『続三菱銀行史』同行。
三菱製紙〔1999〕『三菱製紙百年史』同社。
宮崎義一〔1966〕『戦後日本の経済機構』新評論。

宮崎義一〔1976〕『日本の企業集団（普及版）』日本経済新聞社。
宮崎忠恒〔2005〕『1950年代前半における日本開発銀行と承継債権』東京大学ものづくり経営研究センター・ディスカッション・ペーパー 2005MMRC-57.
宮崎忠恒〔2008〕「1950年代前半における復興金融金庫貸付債権と日本開発銀行による回収」『経営史学』第43巻1号，6月。
宮崎忠恒〔2011a〕「設備資金調達と都市銀行」武田編〔2011〕。
宮崎忠恒〔2011b〕「1950年代前半における日本開発銀行の第一次審査」『社会科学論集』（茨城大学人文学部）第51号，5月。
宮崎忠恒〔2014〕「復興金融金庫融資の実施過程に関する一考察」『社会科学論集』（茨城大学人文学部）第57号，3月。
宮島英昭〔1992〕「財閥解体」法政大学産業情報センター・橋本寿朗・武田晴人編〔1992〕。
宮島英昭〔1995a〕「証券民主化再考」『証券研究』（証券経済研究所）第112号，5月。
宮島英昭〔1995b〕「財界追放と経営者の選抜」橋本編〔1995〕。
宮島英昭〔1995c〕「企業集団・メインバンクの形成と設備投資競争」武田編〔1995〕。
宮島英昭〔1998〕「戦後日本における状態依存的ガヴァナンスの進化と変容」『経済研究』（一橋大学）第49巻2号，4月。
宮島英昭〔2004〕『産業政策と企業統治の経済史』有斐閣。
三輪宗弘〔2010〕「National Archives II（米国国立文書館II）の実践的利用法」『九州大学付属図書館研究開発室年報 2009/2010』九州大学。
迎由男〔2005〕「戦時銀行統合と安田保全社」『地方金融史研究』第36号。
武藤正明〔1984〕「『バンキング・ボード』設置構想」『創価経営論集』第9巻1号。
村野辰雄〔1990〕『国際化の進展の中で』国際評論社。
森昭三〔1999〕「メインバンク・システムの形成と組織間関係」『横浜国際開発研究』（横浜国立大学）第4巻3号，9月。
箭内昇〔2002〕『メガバンクの誤算』中公新書。
柳沢遊〔2002〕「戦後復興期の中小商業者」原朗編〔2002〕。
山形銀行百年史編纂部会編〔1997〕『山形銀行百年史』同行。
山形銀行百年史編纂部会編〔1998〕『回想・わが心の山形銀行』同行。
山形銀行編〔2003〕『山形銀行所蔵経営資料目録』同行。
山口健次郎〔1996〕『360円単一為替レート設定過程について』IMES Discussion Paper Series 96-J-4, 日本銀行金融研究所。
山崎志郎〔1986〕「戦時金融統制と金融市場」『土地制度史学』第112号，7月。
山崎志郎〔1987〕「生産力拡充計画の展開過程」近代日本研究会編『年報　近代日本研究9──戦時経済』山川出版社。
山崎志郎〔1990〕「協調金融体制の展開過程」伊牟田編〔1990〕。
山崎志郎〔1996〕「戦時鉱工業動員体制の成立と展開」『土地制度史学』第151号，4月。
山崎志郎〔2005〕「経済総動員体制の経済構造」歴史学研究会・日本史研究会編『日本史講座9──近代の転換』東京大学出版会。
山崎志郎〔2009〕『戦時金融金庫の研究』日本経済評論社。
山崎志郎〔2011〕『戦時経済総動員体制の研究』日本経済評論社。
山崎澄江〔2006〕「価格統制と企業動員」原・山崎編〔2006〕。
山崎広明〔1979〕「戦時下の産業構造と独占組織」東京大学社会科学研究所編『ファシズム期の国家と社会2──戦時経済』東京大学出版会。

山崎広明〔1995〕「日本産業発展のダイナミズム」武田編〔1995〕。
山之内靖,ヴィクター・コシュマン,成田龍一編〔1997〕『総力戦と現代化』柏書房。
山本繁〔1968a〕「三菱銀行」野口祐編〔1968a〕。
山本繁〔1968b〕「北海道拓殖銀行」野口祐編〔1968b〕。
横浜銀行〔1980〕『横浜銀行六十年史』同行。
吉岡昭彦〔1990〕『歴史への旅』未来社。
吉田賢一〔2010〕『北海道金融史研究』学術出版会。
両羽銀行〔1956〕『両羽銀行六十年史』同行。
鷲尾透〔1964〕「系列融資論」『銀行研究』No. 392,5月。
鷲尾透〔1968-69〕「都市銀行の系列融資」『銀行研究』No. 440-451,68年4月-69年1月。
渡辺純子〔2011〕『産業発展・衰退の経済史』有斐閣。
渡辺治〔1990〕『豊かな社会——日本の構造』労働旬報社。
渡邉秀明〔2009〕『長銀四十六年の興亡——彼の体験記録から』創英社／三省堂書店。

あとがき

　本書は，約17年前から取り組んできた，第二次世界大戦期から1970年前後までの日本金融史に関する研究を取りまとめたものである。

　全く拙いものではあるが，本書の成立には多くの方々に大変なお世話をいただいた。しかし，大変失礼ながら全員のお名前を挙げることはできない。それゆえ，ここでは，本書成立にあたり，直接，お世話をいただいた方，諸機関のみに謝辞を記させていただく。まず，歴史研究に不可欠な史料収集面では，株式会社山形銀行，日本銀行金融研究所，全国地方銀行協会，ユニチカ記念館，財務省財政史室，国立国会図書館，北海道博物館，新保芳栄の皆様方には特にご協力をいただいた。衷心より厚く御礼を申し上げる次第である。特に故三浦新前会長，丹羽厚悦顧問，長谷川吉茂頭取，大江良松氏をはじめとする山形銀行の皆様方には大変お世話をいただいた。ここでは，2013年3月にご逝去された三浦新前会長に特に厚く御礼を申し上げたい。顧みれば，破格のご配慮をいただいたにもかかわらず，力量不足で稚拙な成果しか挙げることができず，大変申し訳ない限りである。三浦前会長から同行所蔵史料の閲覧と使用許可をいただくことができなければ，本書も含めて私は研究を進展させることは，到底，不可能であった。三浦前会長には，何と御礼を申し上げてよいのやら，適切な言葉も見つけられない。御生前に賜った格別のご高配に衷心より厚く御礼を申し上げますとともに，心より御冥福をお祈り申し上げます次第です。

　次にご指導をいただいた諸先生方である。まず，大学院入試の面接官として1994年10月9日にはじめてその謦咳に接し，私の大学院入学以来の「生活指導担当教官」である，自称「最後の戦後歴史学」こと池享先生（「池大先生」と自称することもある）に御礼を申し上げたい。「歴史家としての知識が深くありながら，彼の人柄の暖かさがその広い知識を越えられている」（ジェフ・倉重氏。『池享先生還暦記念会小冊子——池ゼミの軌跡』同記念会，2010年，2頁）と評される池先生の人柄の良さは，関係者には遍く知られている。実は，東北関東大震災発生後の2013年3月に，池先生が共同研究（その成果は，池享・

遠藤ゆり子編『産金村落と奥州の地域社会』岩田書院，2012年として公刊された）の調査で気仙沼，陸前高田といった被災地の方にお世話になったとのことで，著書の献呈ならびに御礼とお見舞いを目的に被災地を訪問した。その際，津波で流される前，現地調査の際に池先生たちが宿泊した民宿が再建されたこともあり，お見舞いを兼ねてそこに宿泊した。前回の宿泊が，余程，印象的だったのであろう，経営者の御婆さんが池先生のことを覚えていた（調査に同行した同僚の七海雅人氏によれば，池先生自ら秋刀魚を焼き，民宿の方に「お客さんに秋刀魚を焼いてもらったのははじめてだ！」と驚かれたそうである。何とも池先生らしいエピソードである）。先生がお見舞いの言葉をかけて共同研究の成果を手渡し「津波で以前の民宿が流される前に泊った時のことを『あとがき』に書いたんですよ」と話をしたところ，その御婆さんは感激のあまり落涙された。恐らく，その涙は震災以降の苦労も重なったものだと思う。私は，池先生が余人を以て代え難い，人類史上稀なる「良い人」であることは認識していたつもりであったが，率直なところ，それほどまでに人の苦労や心の痛みを癒す能力があるとは全く知らなかった。池先生には，学問面ではなく，素行の矯正と人生の善導で多大なるご指導をいただき続けている。有り難いことである。

　大学院時代から今日まで日本政治史，政治学についてご指導をいただき続けており，御著書を出すたびに恵与いただいている渡辺治先生に御礼を申し上げたい。そもそも，渡辺先生がいらしたからこそ，政治過程も含めて，領域的に幅を広げる形で研究ができると考えて一橋の大学院に進学しようと決めた。池先生が「生活指導担当教官」であるならば，渡辺先生は実質的に学問上の「指導教官」であった。渡辺先生には，つきつめて物事を考えるとはどういうものか，そして，特定領域に止まらない幅広い視野で研究をすることの重要性をご教示いただいた。さらには，常に社会的弱者の立場から，社会状況を改善すべく研究や社会運動に取り組まれている姿勢やお人柄にも大変感銘を受けた。もっとも，渡辺先生からのご指導をどこまで生かせたのかは全く心許ないのは，大変申し訳ないことではある。

　修士課程2年目の時にとある書物の合評会に参加を許されて以来，数量経済史研究の重要性とその手法をご指導いただいた斎藤修先生からは，仙台に帰った後もご指導とご鞭撻，激励を頂戴した。特に本書を出版するか否か迷

った時に，斎藤先生からは大変有益な助言をいただけたことはとても幸いであった。このほか，鈴木良隆先生を中心とする一橋大学大学院商学研究科の21世紀COEプログラムの研究会では何度か報告の機会を得て，参加各位から有益な助言をいただいた。前著の「あとがき」で鈴木先生からいただいた手厚いご指導については記載したので繰り返さないが，『MBAのための日本経営史』への執筆のチャンスをいただくことで本書の元になる論文を執筆する機会を与えられたほか，博士論文の審査でも大変なご配慮をいただいた。鈴木先生からご指導をいただけたことも大変幸せなことであった。鈴木先生とともにご指導下さった米山高生先生にも同様に感謝を申し上げたい。学部学生時代からの恩師である吉原泰助先生からも，度々，戦後についての研究を取りまとめるように激励をいただいた。思えば，学生時代の講義の折に，吉原先生は1960年代末から70年代前半に，バブル経済の発生と崩壊の歴史的起点を求めるべきであるとおっしゃっていた。本書は，先生の御議論を，ある程度，史料で裏付けた程度のものに終わった。優れた理論家は，史料を積み上げるだけの凡庸な歴史家以上の洞察力を持つものだと，改めて吉原先生の教えの重要性を痛感している。同様に学生時代以来の恩師である故樋口徹，富澤克己両先生からもお手紙など絶えず激励をいただいた。特に，今回の研究では，思いもかけずGHQ/SCAP史料などの英文文書を読むことになったが，これが可能になったのも学生時代の両先生から語学の御指導の賜物である。なお，2013年7月に樋口先生がご逝去された。私の力量不足もあり，ご生前に本書を謹呈申し上げることができなかった。このことは誠に痛恨の極みである。学生時代の私は西洋経済史についての認識が殆ど全くといっていいほど欠落していた。そのため，出席を認めていただいていた先生の演習では，毎週，厳しいお叱りを受けてただただ帰るばかりであった。特に，ある時，「君は，将来，教壇に立つつもりなのだろう。それなのに，この程度のことも勉強していないとは，一体，どういうことなのか。そのようなことで許されると思っているのか」と厳しい叱責を受けたことが思い出される。あのお叱りは，本当に骨身に染みた。それ以後，少しでも遅れを取り戻すべく，何とか勉強をしてきた。それでも，お恥ずかしい話であるが，到底，先生がご納得される水準には到達することはできなかった。そんな私でも，ここまで何とか研究が継続できたの

は，樋口先生からの厳しくも暖かい叱責があってのことである。先生から賜った学恩に厚く御礼を申し上げますとともに，謹んで衷心よりご冥福をお祈り申し上げます次第です。

　このほか，杉山伸也，渡辺昭一，谷口明丈，三輪宗宏，小田中直樹，杉浦勢之，中村尚史，中林真幸，青地正史，岡田有功，太田原準，岩間剛城の諸先生方からもお手紙や学会等でお目にかかった際などに大変懇切丁寧なご指導と激励をいただいた。さらに，報告を通じてご指導を賜った地方金融史研究会の諸先生方のほか，阿部武司，渡辺純子の両先生からも紡績金融等の個別の論点について草稿をご覧いただいた上でご指導を賜った。このほか，下谷政弘先生を中心とする持株会社に関する研究会へ参加された諸先生方からも財閥系大企業の資金調達や利用，企業統治を考える上で重要な示唆をいただいた。この研究会の参加にあたり，青地先生より重要な教示と刺激を受けるとともに，太田原氏に多大なご配慮をいただいた。さらに，大学院時代の先輩の橋野知子氏，友人の平尾毅，古瀬公博，金承美，飯塚陽介，山内雄気の各氏らと行った高度成長期についての研究会でも本書に関わる研究について報告の機会を得て，有益なコメントをいただいた。この研究会での成果を2010年度の経営史学会全国大会のパネルで報告した。その際，黒沢隆文，宇田理両氏にコメンテーターをお願いし，有益なコメントを頂戴した。2015年9月5日には，草野真樹先生のご配慮により経営史学会西日本部会で報告の機会を与えられた。その際，司会をお願いした永江眞夫先生，フロアーの先生方から有益なコメントを頂戴した。

　なお，本書に反映させることができた研究は，2017年6月末日時点で著書・論文として公表されたものまでである。この点に限界がある。この間，体調を崩してしまい刊行が大幅に遅れてしまった。出版事情が厳しい中，本書の刊行を引き受けて下さった八朔社の片倉和夫氏にも感謝申し上げたい。校正の過程で，体調面でもご配慮をいただいたことにも，お礼を申し上げる次第である。

　最後に，私事で大変恐縮であるが，2011年12月27日に父が他界した。同年3月11日に発生した東北関東大震災の直後，寒い中，給水や買出への行列に並ぶこと等を分担した時もそうであったが，父の看護過程で家族の絆の大

切さを改めて痛感させられた。父が他界してから随分と長い期間，研究に限らず，何もやる気がでなかった。親不孝者の私は，恥ずかしながら，父が亡くなってはじめて，その存在の重さを知った。全くの親不孝息子であった。亡き父と遺された母をはじめとする家族に感謝したい。

2017年8月

白 鳥　圭 志

[著者略歴]

白鳥　圭志（しらとり　けいし）

1972 年生まれ。
2000 年　一橋大学大学院経済学研究科単位取得退学。
2004 年　一橋大学大学院商学研究科日本企業研究センターフェローを兼任（～2008 年）。
2007 年　博士（商学）学位取得。
現　職　東北学院大学経済学部教授。

主要業績

『両大戦間期における銀行合同政策の展開』八朔社，2006 年。
『金融危機と地方銀行』（共著）東京大学出版会，2001 年。
『日本地方金融史』（共著）日本経済新聞社，2003 年。
『MBA のための日本経営史』（共著）有斐閣，2007 年。

戦後日本金融システムの形成

2017 年 10 月 25 日　第 1 刷発行

著　者　　白　鳥　圭　志
発行者　　片　倉　和　夫
発行所　株式会社　八　朔　社
東京都新宿区神楽坂 2-19 銀鈴会館内
電話 03-3235-1553　Fax03-3235-5910
E-mail：hassaku-sha@nifty.com

Ⓒ白鳥圭志，2017　　　　組版：鈴木まり　印刷／製本：藤原印刷
ISBN978-4-86014-086-1

―― 八朔社 ――

佐藤昌一郎著
陸軍工廠の研究 八八〇〇円

佐藤昌一郎著
官営八幡製鉄所の研究 六〇〇〇円

野田正穂・老川慶喜編
日本鉄道史の研究
政策・経営・金融・地域社会 五五〇〇円

藤井秀登著
交通論の祖型
関一研究 四二〇〇円

梶本哲世著
戦前日本資本主義と電力 五八〇〇円

白鳥圭志著
両大戦間期における銀行合同政策の展開 七八〇〇円

価格は本体価格です